Comunicação não-verbal
na interação humana

Comunicação não-verbal na interação humana

Mark L. Knapp
  Universidade do Texas

Judith A. Hall
  Universidade Northeastern

Dados Internacionais de Catalogação na Publicação (CIP)
(Câmara Brasileira do Livro, SP, Brasil)

Knapp, Mark L.
  Comunicação não-verbal na interação humana / Mark L. Knapp, Judith A. Hall ; [tradução Mary Amazonas Leite de Barros]. — São Paulo : JSN Editora, 1999.

  Título original: Nonverbal communication in human interaction.

  1. Comunicação interpessoal 2. Comunicação não-verbal 3. Interação social 4. Relações interpessoais I. Título

95-5629   CDD-302.222

Índices para catálogo sistemático:

1. Comunicação não-verbal : Psicologia social : Sociologia   302.222

Copyright © 1992, 1978, 1972 by Holt, Reinehart and Winston, Inc.
Copyright © 1999 da tradução em língua portuguesa JSN Editora Ltda.

Título original: NONVERBAL COMMUNICATION IN HUMAN INTERACTION, Third Edition

Tradução: Mary Amazonas Leite de Barros
Edição do texto e revisão: Mauro Feliciano Alves, Isis Augusta Loyolla, Oswaldo Viviani
Capa: Chico Max

Todos os direitos reservados.
É proibida a duplicação deste volume, no todo ou em parte,
sob quaisquer formas ou por quaisquer meios (eletrônico, mecânico,
gravação, fotocópia ou outros), sem permissão expressa da Editora.

ISBN 85-85985-05-4

Índice

Prefácio   9

Parte I   **Uma introdução ao estudo da comunicação não-verbal**

Capítulo 1 Comunicação não-verbal: perspectivas básicas   15
Perspectivas para a concepção e a definição de comunicação não-verbal   17
Perspectivas para a classificação do comportamento não-verbal   24
Perspectivas da comunicação não-verbal no processo total de comunicação   28
Perspectivas históricas   36
Perspectivas atuais: a comunicação não-verbal e a sociedade americana   39
Sumário   48

Parte II   **O ambiente da comunicação**

Capítulo 2 Os efeitos do ambiente na comunicação humana   63
Percepções de nosso meio   66
Percepções de tempo   68
O ambiente natural   71
Outras pessoas no ambiente   74
Desenho arquitetônico e objetos móveis   76
Sumário   89

Parte III   **Os comunicadores**

Capítulo 3 Os efeitos da aparência física e do odor na comunicação humana   101
Nosso corpo: sua atratividade geral   102
Nosso corpo: características específicas   112
Nosso corpo: roupas e outros artefatos   129
Sumário   139

Parte IV O comportamento do comunicador

Capítulo 4 Os efeitos do espaço pessoal e do território na comunicação humana — 155
O conceito de territorialidade — 155
Territorialidade: invasão e defesa — 157
Densidade e aglomeração — 160
Distância entre interlocutores — 164
Comportamento de posicionamento à mesa e disposições espaciais em pequenos grupos — 173
Sumário — 181

Capítulo 5 Os efeitos do gesto e da postura na comunicação humana — 191
Gestos independentes da fala — 192
Gestos relacionados à fala — 202
A coordenação do gesto, da postura e da fala — 210
Sumário — 220

Capítulo 6 Os efeitos do toque na comunicação humana — 231
Toque e desenvolvimento humano — 233
Quem toca quem, onde e quanto — 235
Diferentes tipos de toque — 240
Autotoque — 243
Significados do toque — 247
Diferenças culturais no toque — 251
Sumário — 252

Capítulo 7 Os efeitos da face na comunicação humana — 261
A face e os julgamentos da personalidade — 261
A face e o gerenciamento da interação — 262
A face e as expressões de emoção — 264
Fisiologia e face — 280
Expressões faciais e reações subseqüentes — 283
Sumário — 286

Capítulo 8 Os efeitos do comportamento visual na comunicação humana — 294
Olhar fixo e olhar fixo mútuo — 296
Funções do olhar fixo — 297
Condições que influenciam os padrões do olhar — 304
Dilatação e contração da pupila — 310
Sumário — 313

Capítulo 9 Os efeitos dos sinais vocais que acompanham as palavras faladas — 324
Os ingredientes da paralinguagem — 327
Sinais vocais e reconhecimento do orador — 329
Sinais vocais e personalidade — 331
Sinais vocais e julgamentos de características pessoais — 337
Sinais vocais e julgamentos de emoções — 342
Sinais vocais, compreensão e persuasão — 347
Sinais vocais e revezamento na conversação — 350
Hesitações, pausas, silêncio e fala — 352
Sumário — 357

Capítulo 10 Em resumo: mensagens multissígnicas — 368
Comunicando intimidade — 369
Comunicando dominância/*status* — 374
Gerenciando a interação — 377
Comunicando nossa identidade — 383
Enganando os outros — 386
Sumário — 389

Parte V Obtenção, compreensão e uso de sinais não-verbais

Capítulo 11 A aquisição do comportamento não-verbal — 401
Desenvolvimento do comportamento não-verbal na história humana: filogenia — 403
Desenvolvimento do comportamento não-verbal na criança: ontogenia — 427
Sumário — 437

Capítulo 12 A habilidade de enviar e receber sinais não-verbais — 448
Métodos para o desenvolvimento de habilidades não-verbais — 450
Perfis de emitentes e receptores não-verbais — 454
Tornando-se um observador da comunicação não-verbal — 468
Sumário — 472

Índice de autores — 481

Prefácio

Normalmente, a última coisa que os autores fazem no prefácio é agradecer àqueles que contribuíram no desenvolvimento de seu livro. Gostaríamos de nos afastar um pouco dessa tradição, iniciando este prefácio com sinceros agradecimentos aos milhares de alunos e instrutores que ao longo dos últimos vinte anos vêm usando este livro e nos fornecendo *feedback*. Mais do que ninguém, vocês são os responsáveis por essa longevidade. Por essa razão, procuramos, nesta terceira edição[1], enfocar no texto o que consideramos ser útil para alunos e instrutores. Como nas edições anteriores, gostaríamos de ser informados se fomos ou não bem-sucedidos.

Esta edição de *Comunicação não-verbal na interação humana* difere das anteriores em alguns pontos importantes. Talvez a diferença mais evidente seja que a obra passou a ter co-autoria. Desde a primeira publicação, em 1972, o livro vem sendo utilizado por estudiosos e também em salas de aula, abrangendo grande variedade de interesses acadêmicos nas áreas de comunicação, orientação, psicologia, etologia, desenvolvimento infantil e relações familiares, educação, lingüística, sociologia, administração, fala e ciência da fala. Isso não surpreende, uma vez que o material utilizado provém da pesquisa conduzida por estudiosos dessas mesmas áreas. Entender a comunicação não-verbal é na verdade uma empreitada multidisciplinar. O fato de um dos autores representar a área de comunicação e o outro a de psicologia social apenas reforça a integração existente nesses setores. Esperamos que a fusão de nossas experiências sirva ao leitor, assim como nos serviu durante o trabalho.

A autoria não é a única novidade nesta edição. Há também dois novos capítulos. O entendimento do gesto e da postura (capítulo 5) é um dos mais antigos objetivos do estudo da comunicação não-verbal, e o ressurgimento nos últimos anos do interesse por essa área justifica um capítulo à parte. O capítulo 10, novo também, mostra como os comportamentos tratados em outros capítulos (expressões faciais, toque, olhar, signos vocais etc.) se combinam e operam juntos quando buscamos atingir certas metas na comunicação cotidiana. Como muito do livro faz referência a várias partes do corpo, tomamos o cuidado de lembrar constantemente ao leitor que a comunicação é, com freqüência, o resultado da atuação conjunta dessas partes. O capítulo 10 visa tornar clara essa idéia.

Durante o trabalho de atualização de cada capítulo à luz da teoria e da pesqui-

---

[1] N. do editor: a edição brasileira tomou como base para tradução esta terceira edição americana.

sa recentes, aproveitamos para também incluir material novo. Por exemplo, a questão do tempo foi acrescentada ao capítulo dos fatores ambientais; a intrigante controvérsia a respeito da *hipótese do feedback facial* é abordada no capítulo 7; e a provocativa pesquisa que postula *a origem genética de alguns comportamentos não-verbais* é apresentada no capítulo 11. Os leitores poderão observar que algumas áreas do estudo da comunicação não-verbal têm referências mais recentes que outras. Isso apenas reflete mudanças nas prioridades e nos interesses da pesquisa em vários campos da comunicação não-verbal. Por exemplo, inúmeros estudos fundamentais à nossa compreensão de *crowding* (multidão) foram conduzidos nas décadas de 60 e 70. Até o momento, tais estudos representam a base de nosso conhecimento nessa área. Em algum ponto do futuro, porém, não há dúvida de que veremos uma retomada do interesse por esse assunto e um declínio da pesquisa em áreas que hoje atraem mais a nossa atenção.

Ainda que tenhamos feito muitas mudanças nesta edição, mantivemos características que alunos e instrutores valorizaram nas anteriores. Extensas bibliografias seguem cada capítulo; há ilustrações em profusão; e tentamos manter um estilo de texto que seja cientificamente preciso bem como interessante ao leitor. Como no passado, este livro pode ser usado tanto como livro-texto ou obra de referência.

Uma palavra sobre cultura é oportuna. A pesquisa neste livro é originária de muitas fontes, mas em maior escala trata do comportamento de interlocutores nos Estados Unidos. Quando a pesquisa se refere a pessoas de outros países ou a grupos específicos de estudantes universitários, assim o indicamos. Infelizmente, a maior parte da pesquisa da comunicação não-verbal publicada em inglês até hoje se concentra em estudantes universitários americanos brancos. Muito de nosso comportamento não-verbal está ligado a ensinamentos culturais, por essa razão esperamos que nos próximos anos haja muito mais pesquisas ligadas a outras culturas. Edições anteriores desta obra foram traduzidas para o português e o japonês. Duas consultas acerca de tradução foram encaminhadas por estudiosos chineses. Os tradutores sabem que o livro é bastante restrito culturalmente, mas esperam que as traduções estimulem trabalhos similares em sua cultura.

Por vinte anos, milhares de leitores defrontaram-se com a última página deste livro (a fotografia do papel higiênico), para a qual não havia nenhuma explicação. Alguns talvez a tenham considerado um mistério; outros, somente "um erro". Inúmeros estudantes de todas as partes dos Estados Unidos escreveram cartas indagando sobre a foto. Como destaque desta terceira edição, vamos revelar a história da foto do papel higiênico. Quando a primeira edição deste livro estava para ser enviada ao editor, alguém falou com o autor de uma foto que aparecia ao final de um outro livro. Tratava-se da fotografia de uma barreira, semelhante a uma porteira, ao final de uma estrada em construção, e que foi usada para comunicar o "fim" do livro *Comunicação não-verbal: notas sobre a percepção visual das relações humanas* – o primeiro livro a usar a expressão "não-verbal" no título. Na tentativa de aprimorar essa idéia, o autor queria comunicar aos leitores que, embora aquele fosse o fim de uma experiência de aprendizagem (representada pelo rolo de papel higiênico vazio), outras experiências estavam por vir se o estudante tomasse a iniciativa (representada pelo rolo de papel cheio esperando para ser colocado no suporte de madeira). De imediato, o editor devolveu a foto, julgando que tivesse sido enviada por engano junto com os originais. Posteriormente houve conversas entre o editor e o autor acerca da adequação da foto. O editor só cedeu quando a paginação estava pronta e se percebeu que havia sobrado uma página em branco ao final. Desde essa época, a foto tornou-se um dos aspectos mais comentados (se não o mais) do livro. Desnecessário dizer que bem poucos leitores interpretaram a foto da maneira pretendida. Por vezes, mensagens não-verbais ficam muito mais claras quando acompanhadas de verbalizações. Esperamos que esta explicação faça isso.

Cada um de nós tem os seus próprios agradecimentos especiais relacionados às diversas etapas do desenvolvimento desta edição do livro. A energia, competência, agudeza, vontade e força de trabalho de Judy Hall tornaram este projeto possível, e o primeiro autor deve muito a ela. Deanna Matthews passou tanto tempo com este original em seu computador que provavelmente poderia recitar a maior parte dele de memória. Sua competência e dedicação foram extraordinárias. E a Terri House, nossa editora de projeto, a Pat Jones, nossa *copy*, e a Laura Van Toll: obrigado por estarem lá na hora certa.

A segunda autora agradece de coração ao primeiro autor pela maravilhosa oportunidade de aprender e a chance de trabalhar com ele e se tornar sua amiga. É uma pena que o fax e a fotocopiadora propiciem tão pouca chance para comunicação não-verbal! Ela também agradece à sua família por tolerar a bagunça que fez em casa, especialmente no quarto da bebê, onde as pilhas de papel impresso ameaçavam soterrar por completo seu mundinho. Sarah, prometo não começar outro livro tão cedo.

M. L. K., Austin, Texas
J. A. H., Boston, Massachusetts

PARTE I

Uma introdução ao estudo da comunicação não-verbal

O que é comunicação não-verbal? Por que é importante compreender esse tipo de comportamento humano? Como funciona o comportamento não-verbal em relação ao comportamento verbal? Como a comunicação não-verbal afeta o nosso dia-a-dia? As respostas a essas perguntas estarão em foco nesta parte I.

1

Comunicação não-verbal: perspectivas básicas

Aqueles que mantêm os olhos abertos são capazes de ler a realidade à sua volta.

E. T. Hall

Quando, na Berlim de 1900, Herr von Osten comprou um cavalo e começou a ensiná-lo a contar batendo uma das patas dianteiras, não poderia imaginar que em breve Hans se tornaria um dos cavalos mais célebres da história. Hans aprendia rápido e em pouco tempo passou para a adição, a multiplicação, a divisão, a subtração e, finalmente, à resolução de problemas que envolviam frações e fatoração. Mais surpreso ainda ficava o público durante as exibições de Hans, ao vê-lo contar o número de pessoas presentes ou quantas dentre elas usavam óculos. Sempre respondendo apenas com golpes do casco, Hans podia dizer a hora, usar um calendário, lembrar notas musicais e realizar um sem-número de outros feitos igualmente fantásticos. Depois de ter aprendido com seu dono um alfabeto codificado em batidas de casco, Hans passou a virtualmente responder a qualquer pergunta – feita por escrito ou oralmente. Era como se Hans, um cavalo comum, tivesse completa compreensão do idioma alemão, habilidade para produzir o equivalente a palavras e numerais e uma inteligência superior à de muitos seres humanos.

Mesmo sem nenhuma propaganda, a notícia espalhou-se rapidamente, e Hans tornou-se conhecido mundo afora. E pouco depois apelidavam-no de "Hans, o Esperto". Por causa das profundas implicações para diversas áreas científicas e porque alguns céticos pensassem haver um truque no processo, uma comissão de investigação foi constituída para decidir, de uma vez por todas, se as apresentações de Hans eram maculadas pela fraude. Professores universitários de psicologia e fisiologia, o diretor do Jardim Zoológico de Berlim, um diretor de circo, veterinários e oficiais de cavalaria foram nomeados para essa comissão. Uma experiência sem a presença de Von Osten não demonstrou nenhuma mudança na aparente inteligência de Hans, prova suficiente para que a comissão anunciasse a inexistência de qualquer artifício.

A nomeação de uma segunda comissão foi o começo do fim para Hans, o Esperto. Dessa vez, pediu-se a Von Osten que cochichasse um número no ouvido direito do cavalo enquanto um cientista, membro da comissão, cochichava outro número no ouvido esquerdo. A seguir, ordenou-se ao cavalo que somasse os dois números – soma cuja resposta todos os presentes desconheciam. E Hans errou. E continuou errando em testes posteriores. O que Pfungst, o cientista, descobrira era que Hans somente podia responder uma dada questão se alguém em seu campo visual soubesse a resposta e estivesse atento à situação (Pfungst, 1911/1965).

Quando a pergunta era formulada a Hans, os espectadores que sabiam a resposta assumiam uma postura de expectativa, aumentavam sua tensão corporal e inclinavam a cabeça ligeiramente para a frente. Quando Hans chegava ao número correto de batidas, os espectadores relaxavam e, num movimento quase imperceptível, endireitavam a cabeça, o que era o sinal para que Hans parasse de bater o casco. Certas evidências sugerem que Hans podia detectar movimentos de cabeça de até um quinto de milímetro. Experimentos posteriores demonstraram que Hans também cessava de bater o casco quando um espectador erguia as sobrancelhas ou mesmo se tivesse dilatação das narinas.

A história de Hans, o Esperto, é mencionada às vezes em discussões sobre a capacidade de um animal aprender linguagem verbal, mas aqui deve ser entendida como uma vívida introdução ao campo da comunicação não-verbal (Sebeok e Umiker-Sebeok, 1980; Sebeok e Rosenthal, 1981). A esperteza de Hans não residia em sua habilidade de entender ou responder a comandos verbais, mas em sua capacidade de captar movimentos inconscientes e quase imperceptíveis daqueles que o cercavam. É possível que a esperteza de um cavalo francês chamado Bertrand, o Esperto, tenha se desenvolvido a partir de sinais inteiramente diferentes, ainda que igualmente sutis – embora não tenha sido estudado cientificamente. Há relatos de que Bertrand conseguia fazer tudo o que Hans fazia. Mas Bertrand era cego! De fato, algumas das experiências com Hans haviam mostrado também que sua precisão aumentava se além do estímulo visual ele tivesse um estímulo sonoro. Logo, a esperteza de Hans não se limitava a estímulos visuais.

A história de Hans, o Esperto, demonstra dois pontos importantes em relação ao papel do comportamento não-verbal nos contatos humanos: 1) quando estamos na presença de outra pessoa, ficamos constantemente emitindo sinais sobre nossas atitudes, sentimentos e personalidade; 2) algumas pessoas podem tornar-se bastante hábeis em perceber e interpretar esses sinais. Tal habilidade não é diferente da percepção e da sensibilidade a estímulos não-verbais demonstradas por determinadas pessoas quando fecham um negócio, apresentam uma imagem de inteligência e dedicação ao professor na faculdade, sabem quando sair de uma festa e agem com inteligência em muitas outras situações corriqueiras. Também fazemos interpretações ante a *ausência* de estímulos, da mesma forma como reagimos a outros. Por exemplo, quando um sobrinho não recebe o costumeiro beijo de cumprimento da sua tia favorita, ele se pergunta o que há de errado. (Talvez ele nunca tivesse percebido o beijo tanto quanto naquele momento percebe sua ausência.) Outro exemplo é o do médico que tenta atuar com "frieza" profissional e mostra-se impassível, inexpressivo, atitude cuja ausência de sinais pode gerar no paciente leituras de desinteresse e descaso ou até mesmo suspeitas de falta de informação. Esse é um bom exemplo de como o que *pensamos* estar comunicando pode ser bastante diferente daquilo que de fato comunicamos.

O propósito deste livro é fazer com que tomemos consciência dos inúmeros estímulos não-verbais que são produzidos e com os quais nos defrontamos nos diálogos cotidianos. Cada capítulo resume a pesquisa da ciência do comportamento em uma área específica da comunicação não-verbal. Antes, entretanto, é necessário desenvolver algumas perspectivas básicas – uma referência, uma lente através da qual possamos ver os demais capítulos.

Perspectivas para a concepção e a definição de comunicação não-verbal

Para a maioria das pessoas, a expressão *comunicação não-verbal* refere-se à comunicação feita por meios diferentes das palavras (supondo as palavras como elemento "verbal"). Embora tal definição forneça uma perspectiva inicial útil, ela se torna menos adequada (e precisa) à medida que aprendemos mais sobre a complexidade da comunicação enquanto comportamento.

Por exemplo: seriam os comportamentos estudados sob o título de *não-verbais* literalmente *não*-verbais? Ray Birdwhistell, um pesquisador pioneiro, teria dito que estudar comunicação *não-verbal* é como estudar fisiologia *não-cardíaca*. De fato, não é fácil dissecar a interação humana e apresentar um diagnóstico restrito ao comportamento verbal e outro relativo apenas ao não-verbal. A dimensão verbal está tão intimamente entrelaçada e representada com tal sutileza em tudo aquilo a princípio rotulado de *não*-verbal que o termo nem sempre descreve de modo adequado o comportamento em estudo. Alguns dos mais notáveis estudiosos do assunto recusam-se a separar palavras de gestos; daí trabalharem com expressões mais amplas como *comunicação* ou *interação face a face*.

Por exemplo, os gestos que compõem a linguagem de sinais dos surdos são claramente lingüísticos, ou seja, verbais. No entanto, gestos com as mãos com freqüência são considerados comportamentos "diferentes das palavras". Por outro lado, nem todas as palavras faladas ou "aparentes" cadeias de palavras são clara ou estritamente verbais, a exemplo de palavras onomatopéicas e da fala particular usada por leiloeiros e alguns afásicos. Às vezes, a linha entre comunicação verbal e não-verbal é muito difusa. Esperar por categorias precisas e organizadas é com freqüência menos realista do que esperar por pontos de interseção, em que determinados comportamentos apresentam aspectos de duas categorias distintas.

Outra possível fonte de confusão surge ao definirmos comunicação não-verbal como comportamentos que utilizam meios "diferentes das palavras". Dependendo, é claro, do fato de estarmos falando do tipo de sinal *produzido* (não-verbal) ou do código do receptor para *interpretação* do sinal (normalmente verbal). Em geral, quando as pessoas se referem ao comportamento não-verbal, estão falando dos sinais aos quais será atribuído significado, e não do processo de atribuição de significado. (Mas nem sempre, como veremos mais adiante.)

A perspectiva de definição baseia-se num alto grau de abstração. É compreensível a dificuldade em encontrar uma palavra e defini-la de tal modo que possa descrever a contento todo o trabalho acerca das sutilezas da interação humana. Tal separação ajuda-nos, no entanto, a adquirir uma compreensão *geral* do tema em discussão. Resulta daí que a definição "diferente das palavras" ainda seja amplamente utilizada, mesmo por aqueles cientistas cujo trabalho nem sempre possa nela se encaixar. Para esses pesquisadores, as definições mais importantes dizem respeito ao comportamento específico que estão examinando (por exemplo, expressões faciais, olhares etc.). Sua maior preocupação é compreender como o comportamento humano se processa quando duas pessoas se comunicam, e não se estão realizando pesquisas que outros classificam de verbal, não-verbal ou outro rótulo intermediário.

Outra maneira de definir verbal e não-verbal é a que considera suas respectivas funções, embora tal abordagem não seja satisfatória, dada a sobreposição de funções. Por exemplo, a distinção verbal/não-verbal pode ser vista como decorrente da idéia de que o comportamento verbal é narrativo e conceitual – transmite idéias –, ao passo que o não-verbal comunica emoções. Embora seja difícil expressar conceitos abstratos e descrições de eventos mediante canais não-verbais e usualmente expressemos emoção com a face, o corpo e o tom de voz, a distinção conceito/emoção não é adequada para definir comportamento verbal e não-verbal. As palavras podem carregar muita emoção: podemos falar explicitamente de emoções e também comunicar emoção nas "entrelinhas", por meio de artifícios verbais. Do mesmo modo, sinais não-verbais são com freqüência usados com propósitos outros que não o de passar emoção. Por exemplo, ao conversar, as pessoas usam movimentos dos olhos para indicar ao outro seu momento de falar, e comumente gesticulam com as mãos enquanto falam para tornar mais clara uma idéia.

Outra maneira de verificar essa dicotomia verbal/não-verbal é examinar o processamento da informação no cérebro. Como dissemos antes, o referente usual dos signos não-verbais é o comportamento produzido; contudo, às vezes o modo de interpretação desses signos no cérebro é o referente.

Processamento da informação não-verbal

Embora com freqüência coloquemos rótulos verbais em comportamentos não-verbais, há momentos em que não podemos ou não precisamos verbalizar algo. É comum reagirmos a um rosto ou a uma voz sem primeiro designarmos nossa impressão. Há vezes em que não nos apercebemos de nossas respostas e/ou do que as provocou. Outras em que podemos nos referir a nossas respostas apenas como "intuição". Alguma vez você já percebeu como é fácil localizar um amigo num grupo de pessoas e quão difícil pode ser explicar a outra pessoa como localizar esse mesmo amigo pela descrição de suas características físicas? O cérebro, desnecessário dizer, é um mecanismo complexo. Nossa compreensão de como ele funciona é ainda precária e estamos constantemente revisando teorias e propondo outras.

Atualmente, muitos pesquisadores do cérebro crêem que os dois hemisférios cerebrais se especializam em processar informações diferentes. Acredita-se que o hemisfério esquerdo processa principalmente informação digital, ordenada em seqüência, verbal, ou seja, informação lingüística; e o hemisfério direito, principalmente informação não-verbal, analógica, ou seja, informação Gestalt. Assim, credita-se ao hemisfério direito o processamento de informações visuais/espaciais, que compõem grande parte do que tradicionalmente é tratado como estímulos não-verbais. O hemisfério direito parece ter também responsabilidade primária pelos componentes vocais que dão emoção a nosso discurso, como a entonação, a altura e o ritmo. Poucos estudiosos sustentam que cada lado do cérebro lida exclusivamente com um tipo particular de informação. O caso a seguir mostra a capacidade de adaptação do cérebro.

Bruce Lipstadt teve o hemisfério esquerdo do cérebro removido aos cinco anos e meio de idade (Koutlak, 1976). Poucos médicos tinham esperança de que o menino desenvolvesse a habilidade verbal, e a maioria julgava que a operação paralisaria parte de seu corpo. Vinte e seis anos depois, Bruce apresentava QI 126 (superior ao de nove em cada dez pessoas), nadava, andava de bicicleta e obtinha avaliação "A" em um curso de estatística. Já que sua fala era normal, pressupôs-se que o hemisfério direito assumira muitas das funções que a princípio eram realizadas pelo lado esquerdo, mas, obviamente, nem sempre operações desse tipo têm o mesmo resultado, em especial depois da puberdade. O caso de Bruce Lipstadt sugere que, embora os hemisférios esquerdo e direito pareçam especializar-se no processamento de determinado tipo de informação, não se limitam a isso.

Mesmo quando a informação está sendo primariamente processada por um hemisfério, é improvável que o outro hemisfério fique inativo por completo. Durante a leitura de um livro, o hemisfério direito pode cumprir um papel especializado na compreensão de uma metáfora ou apreciar o conteúdo emocional, enquanto, simultaneamente, o lado esquerdo trabalha de modo intenso para extrair significado de complexas relações entre palavras e frases. As diversas funções dos dois hemisférios cerebrais não parecem diferenciadas tanto nas mulheres quanto nos homens, e sabe-se que alguns canhotos têm funções hemisféricas opostas às habituais (Andersen, Garrison e Andersen, 1979; Safer, 1981).

De certa maneira, os fenômenos não-verbais poderiam ser classificados como os processados pelo hemisfério direito do cérebro, e os fenômenos verbais como os processados pelo hemisfério esquerdo. Entretanto, a aparente não-exclusividade de cada hemisfério sujeitaria essa classificação a uma margem de erro, significativa no caso de Lipstadt. Determinados comportamentos não-verbais também se mostram mais próximos ao tipo de processamento normalmente associado aos comportamentos verbais, a exemplo dos gestos independentes da fala (veja capítulo 5). Logo, uma afirmação mais precisa talvez seja a de que *muito* do chamado comportamento não-verbal constitua atividade do hemisfério direito. Um dos aspectos mais importantes do conhecimento acerca do processamento da informação talvez esteja relacionado aos métodos dos testes de habilidade não-verbal e das pesquisas. Por exemplo, os pesquisadores podem se valer em demasia de procedimentos verbais para avaliar reações ou habilidades não-verbais.

Um modo de situar o estudo seria delimitar o tipo de comportamento a examinar. Isso leva à seguinte questão: todos os eventos não-lingüísticos devem ser considerados fenômenos não-verbais (por exemplo, pingos de chuva caindo na cabeça) ou o enfoque deve ficar restrito a um tipo particular de intercâmbio humano? Isso, por sua vez, nos coloca diante da importante questão da intencionalidade, ou seja, da plena consciência de que signos emitidos e/ou recebidos têm um propósito particular.

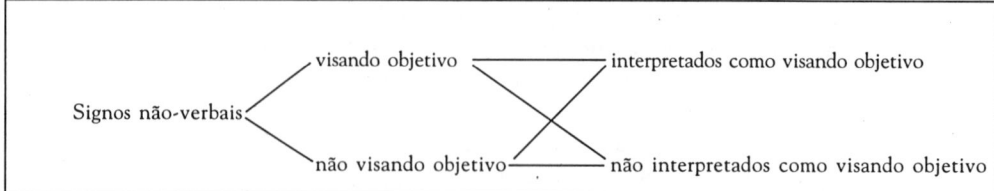

Figura 1.1 Modelo de intencionalidade de MacKay

Intencionalidade

Às vezes produzimos uma mensagem com o máximo de cuidado e a outra pessoa não a entende. Outras, fazemos coisas das quais nem mesmo tínhamos consciência e os outros reagem como se tivéssemos a intenção, com tal comportamento, de obter uma determinada resposta. A figura 1.1 ilustra esses e outros padrões possíveis.

As distinções apresentadas na figura 1.1 podem ter importantes implicações para a definição, a investigação e a interpretação da área a que estamos chamando de comunicação não-verbal. Segundo MacKay (1972, p. 24):

> "É provável que as situações enquadradas nesses quatro tipos sejam radicalmente diferentes, tanto em sua dinâmica quanto nas categorias de explicação científica que demandarão a fim de ser inteiramente compreendidas. Parece importante que sejam realizadas tantas experiências em 'comunicação' não-verbal quantas forem possíveis para que possamos distingui-las".

Talvez o processo de decisão de situar um ato num ou noutro extremo (intencional, ou visando objetivo, *versus* não-intencional, ou não visando objetivo) force-nos a escolher uma alternativa que possa ser melhor explicada, considerando-se o *grau* de intencionalidade. De fato, há experiências que parecem questionar essa classificação de intenção. Como emissor, você pode estar ciente de que seu comportamento fez com que outra pessoa não gostasse de você, mas não pode ter certeza de que seu comportamento foi conscientemente planejado ou se surgiu de forma espontânea diante das qualidades desagradáveis que viu na outra pessoa. Como receptor, você pode achar que uma pessoa foi rude com você, mas não fica claro até que ponto a pessoa "é assim mesmo" ou *queria* fazê-lo sentir-se mal. Kendon (1981) crê ser menos produtivo concentrar a atenção na questão da mensagem ou comportamento que um comunicador pretendeu *de fato* do que no exame dos comportamentos que cada interagente trata *como se* fossem intencionais ou não-intencionais. Diversos fatores podem influenciar a atribuição de intenção dos interlocutores.

O grau de intencionalidade pode ser muito importante. Nossa percepção do que fazemos durante a interação pode ser inicialmente pequena. Entretanto, tão logo tomemos consciência, poderemos sentir necessidade de explicar o grau de intenção (quer nossa percepção tenha mudado ou não), como por exemplo:

"Você percebeu que estava dando socos na mesa durante nossa discussão ontem à noite?"	"Não. Se estava, não queria dizer nada." OU "Não notei, mas eu devia estar, inconscientemente, tentando lhe mostrar a raiva que você me fez sentir."

A atribuição de intencionalidade também pode variar, dependendo da natureza do comportamento em questão. Algumas pessoas crêem que temos um objetivo em mente quando dizemos algo, mas como explicar as situações em que você "não queria dizer isso" ou, então, em trocas verbais ritualísticas? Como, por exemplo: "Oi." "Oi." "Como vai?" "Bem. E você?" "Tudo bem." Quanta intenção está presente nesse diálogo? Até mesmo o gesto de positivo feito com o polegar é geralmente planejado, mas não é difícil imaginar como o uso habitual pode quase eliminar a consciência do emissor ao fazê-lo – mesmo que um receptor possa pensar que tenha sido feito conscientemente. Algumas pessoas acreditam que os comportamentos que podem ser observados mais facilmente estão sujeitos a maior controle e, portanto, têm maior probabilidade de ser intencionais. Em outras circunstâncias, alteramos nossas expectativas de intencionalidade, dependendo da pessoa a quem nos dirigimos. Por exemplo: "A gente se conhece há dez anos. Não me diga que você não sabia o que estava fazendo". É claro que nos tornamos mais confiantes em atribuir intencionalidade a alguém se percebemos a mesma mensagem em diversos canais: rosto, voz, palavras etc.

Em algumas situações é importante saber por que uma pessoa está julgando o grau de intencionalidade de outra. Trata-se de alguém que precisa atribuir certa intenção ao outro a fim de justificar a própria atitude? E, por fim, certos ambientes, mais que outros, nos farão dar maior importância à questão da intenção. Tome-se o ato de ser esbarrado por outra pessoa. Num estádio de futebol lotado, a questão da intenção do outro talvez nem seja considerada; mas, se somos esbarrados andando num corredor quase vazio, a história é bem diferente. Uma compreensão abrangente das nuances da intencionalidade apresenta muitas barreiras difíceis (Stamp e Knapp, 1990). Separar as intenções com base em – ou atribuí-las a – expectativas, percepções e análises *a posteriori* é apenas o começo. No entanto, também sabemos que essas questões são importantes o bastante para não ser descartadas ou ignoradas. Conhecer até que ponto o comportamento de uma pessoa foi planejado conscientemente para obter determinada resposta é uma informação relevante para qualquer comunicador. Para o estudioso de comunicação, pode constituir um fator na delimitação do tipo de comportamento estudado.

Códigos não-verbais e codificação

Wiener e seus colegas (1972) propuseram um programa de pesquisa em comunicação não-verbal inteiramente centrado naqueles comportamentos considerados parte de um código compartilhado. Nessa conceituação, um conjunto de comportamentos constitui um código se for conhecido e usado por um grupo de pessoas. Consciência e intenção assumem então um papel central. Para ter uma imagem da comunicação não-verbal, de acordo com esse esquema, basta observar uma pessoa utilizando o código não-verbal e um receptor respondendo sistematicamente ao código. Segundo aqueles autores, o termo "comunicação" deveria ser reservado aos casos em que se pode assegurar que está em uso um código partilhado: onde unidades individuais de comportamento podem ser especificadas; onde cada unidade comportamental tem uma significação específica; e onde o significado de um comportamento é distinto do significado de outro.

A lógica dessa conceituação funciona assim: 1) inicia-se com um código conhecido, como a linguagem verbal, por exemplo; 2) identificam-se, em seguida, os comportamentos não-verbais associados a determinados comportamentos verbais; 3) quando o canal verbal for eliminado, esses comportamentos não-verbais serão previsivelmente introduzidos para comunicação; 4) se a introdução dos comportamentos não-verbais não alterar significativamente a compreensão da mensagem pelo receptor, então esses comportamentos não-verbais serão considerados um substituto do comportamento verbal e, portanto, componentes de um código não-verbal, isto é, um conjunto acordado de regras de determinação dos significados atribuídos a certos signos.

Na verdade, por esse padrão, relativamente poucos comportamentos não-verbais poderiam ser qualificados de "comunicação". Com freqüência, os fenômenos não-verbais são usados pelo receptor para fazer inferências, como quando inferimos depressão pelos ombros caídos de uma pessoa. Certamente a pessoa deprimida não está tentando "comunicar" depressão. Outros exemplos do que Wiener não consideraria "comunicação" são os comportamentos correlacionados com gênero ou personalidade, porque estes são governados por hábitos ou convenções aprendidas, e expressões faciais de emoção universalmente reconhecidas porque, por definição, um código (como uma língua) não seria reconhecível interculturalmente. Embora reconhecendo a importância da distinção feita por Wiener entre "comunicação" e outros comportamentos informativos, a maioria dos autores, entre os quais nos incluímos, considera extremamente difícil estabelecer tal distinção na prática. Continuamos a usar o termo de modo mais livre para nos referir a todas as maneiras pelas quais habilidades e comportamentos não-verbais são usados e nos influenciam no dia-a-dia.

Mehrabian (1972) foi um dos que consideraram impraticável a identificação de um código não-verbal. Embora reconhecesse a existência de signos não-verbais interculturais e monoculturais que pareciam preencher os critérios para um código, argumentava:

> "Enquanto os sinais verbais são definíveis por um dicionário e por regras de sintaxe, para a significação de vários comportamentos não-verbais há tão-somente explicações vagas e informais. Do mesmo modo, não há regras explícitas para a codificação ou decodificação dos fenômenos paralingüísticos ou das combinações de comportamentos verbal e não-verbal mais complexas, em que os elementos não-verbais têm uma contribuição importante para a significação de uma mensagem". [p. 2]

Em vez de tentar classificar comportamentos como verbais e não-verbais, Mehrabian optou por usar a dicotomia "implícito/explícito". Em outras palavras,

Mehrabian achava que a sutileza de um signo faria com que este pertencesse ao domínio do não-verbal, e a idéia de sutileza parecia estar diretamente ligada à ausência de regras explícitas de codificação.

A obra de Mehrabian (1970; 1981) concentrou-se principalmente nos referentes que as pessoas têm para várias configurações de comportamento não-verbal e/ou implícito, ou seja, o significado que damos a esses comportamentos. Os resultados de exaustivos testes revelaram uma perspectiva com três aspectos: 1) **Imediatismo**. Às vezes reagimos a coisas avaliando-as – positiva ou negativa, boa ou má, agradável ou desagradável. 2) **Status**. Há ocasiões em que temos ou percebemos comportamentos indicativos de vários aspectos de *status* – forte ou fraco, superior ou subordinado. 3) **Resposta**. Esta terceira categoria refere-se às nossas percepções de atividade – lenta ou rápida, ativa ou passiva. Em muitos estudos da comunicação verbal e não-verbal ao longo das últimas três décadas, aspectos similares aos apontados por Mehrabian foram relatados por investigadores de diversas áreas em pesquisas de diferentes fenômenos. É razoável concluir, portanto, que esses três aspectos parecem ser respostas básicas ao nosso meio e estão refletidos na maneira como atribuímos significado aos comportamentos verbal e não-verbal. Entretanto, a maior parte desse trabalho é dependente de sujeitos que traduzem suas reações a um ato não-verbal por meio de descrições verbais. Essa questão já foi abordada na discussão sobre o modo como o cérebro processa diferentes informações. Examinemos a questão agora do ponto de vista do tipo de codificação.

Ekman e Friesen (1969) mostraram que os signos verbais e não-verbais podem ser codificados de muitas maneiras diferentes. Sua conceituação segue um *continuum* como este:

CODIFICAÇÃO	CODIFICAÇÃO	CODIFICAÇÃO
INTRÍNSECA	ICÔNICA	ARBITRÁRIA

Antes que esses termos sejam explicados, é importante lembrar que:

1) trata-se de um *continuum*, não de categorias distintas, portanto é possível identificar comportamentos que pareçam estar entre dois desses pontos;

2) embora o comportamento verbal dê a impressão de se ajustar melhor ao lado direito do *continuum* e o não-verbal ao centro e ao lado esquerdo, há exceções;

3) o traço distintivo primário entre os três tipos de codificação é a proximidade do código ao seu referente, ou seja, aquilo a que se refere.

A *codificação arbitrária* é a que coloca a maior distância entre o código usado e seus referentes. Inexiste semelhança entre código e referente. A maioria das palavras, por exemplo, é arbitrariamente codificada com letras que em nada se assemelham às coisas a que se referem. Nem a palavra *cão* nem qualquer de suas letras assemelham-se a um cão. Já palavras onomatopéicas como *zumbir* e *zunzum* carregam aspectos dos sons que procuram descrever. Alguns signos não-verbais também parecem ser arbitrariamente codificados, a exemplo dos acenos de mão durante o ritual do adeus, que não parecem retratar a atividade da partida com muita fidelidade. São esses signos não-verbais arbitrariamente codificados que Wiener estudaria como parte de um "código" não-verbal.

A *codificação icônica* preserva alguns aspectos do referente, isto é, há alguma semelhança entre o código e o referente. Traçar o contorno de um violão no ar para simbolizar as belas formas de uma mulher é um exemplo de codificação icônica, assim como fazer com que sua mão pareça um revólver, "cortar" sua garganta com o dedo para indicar que você está "acabado" ou indicar com as mãos quão perto de alguém você gostaria de estar (cada mão representando uma pessoa).

A *codificação intrínseca* é a que menor distância coloca entre o código e o referente. Em seu limite, poder-se-ia dizer que o modo de codificação é o próprio referente. Apontar, aproximar-se de alguém e realmente bater em alguém são exemplos de comportamentos que não se parecem com outra coisa, mas são, de fato, aquilo que representam.

Até aqui introduzimos numerosos termos, conceitos e pontos de vista conflitantes. É hora de ver o que aprendemos. Examinamos dicotomias: verbal/não-verbal; vocal/não-vocal; hemisfério cerebral direito/hemisfério cerebral esquerdo; intencional/não-intencional; codificado/não-codificado. Em cada caso, a dicotomia mostrou-se inadequada para descrever coisas que de fato ocorrem em graus variáveis. A análise do cérebro ajudou-nos a compreender por que a verbalização de alguns fenômenos não-verbais é às vezes tão difícil. A maneira como a informação é processada no cérebro também sugeriu a possibilidade de estudarmos atos não-verbais solicitando às pessoas que respondam de modo não-verbal. O exame da intenção na comunicação alertou-nos para observar a intenção do emissor e seu relacionamento com a intenção percebida pelo receptor. Em lugar de respostas completas, os estudiosos têm fornecido testemunhos vivos da complexidade do mundo não-verbal e sua relação com o domínio do verbal. Para ser preciso, não podemos mais aceitar a explicação simplista de que, se palavras não são faladas ou escritas, estamos lidando com comportamento não-verbal.

Perspectivas para a classificação do comportamento não-verbal

Em seu clássico *Comunicação não-verbal: notas sobre a percepção visual das relações humanas*, Ruesch e Kees (1956) esboçaram o que consideravam os elementos primários do estudo da comunicação não-verbal. E o sistema de classificação que utilizaram teve enorme influência no embasamento da maior parte do trabalho inicial realizado no campo da comunicação não-verbal.

De maneira genérica, as formas não-verbais de codificação obedecem a três classificações distintas:

A *linguagem dos sinais* inclui todas aquelas formas de codificação em que palavras, números e sinais de pontuação foram suplantados por gestos, variando do gesto "monossilábico" do caroneiro àqueles sistemas completos como a linguagem dos surdos.

A *linguagem das ações* abarca todos os movimentos que não são usados exclusivamente como signos. Ações como caminhar e beber, por exemplo, têm dupla função: por um lado, servem a propósitos pessoais e, por outro, constituem declarações para quem é capaz de interpretá-las.

A *linguagem dos objetos* compreende toda exibição intencional e não-intencional de coisas materiais, tais como implementos, máquinas, objetos de arte, estruturas arquitetônicas e por último, embora não menos importante, o corpo humano e o que quer que o cubra ou vista. O tamanho e a forma dos caracteres do texto de um livro têm uma substância material, e esse aspecto das palavras também tem de ser considerado linguagem dos objetos.

O esquema classificatório usado por Ruesch e Kees foi recentemente reorganizado. A seguir temos as categorias que descrevem as áreas do estudo não-verbal.

I. O ambiente da comunicação

Embora na pesquisa não-verbal a ênfase maior recaia sobre a aparência e o comportamento das pessoas em comunicação, atenção cada vez maior tem sido dispensada à influência dos fatores não-humanos nas transações humanas. As pessoas mudam de ambiente a fim de melhor atingir seus objetivos comunicativos e, do mesmo modo, os ambientes podem afetar nosso humor, escolha de palavras e ações. Assim, essa categoria se refere àqueles elementos que interferem no relacionamento humano mas não são parte dele "diretamente". Os fatores ambientais incluem mobiliário, estilo arquitetônico, decoração de interiores, condições de iluminação, cores, temperatura, ruídos adicionais ou música, e similares, em que a interação ocorre. Variações de disposição, materiais, formas ou superfícies dos objetos do ambiente da interação podem ter grande influência no resultado de relacionamento interpessoal. Esta categoria inclui ainda o que poderíamos chamar de vestígios de ação. Por exemplo: ao observar as pontas de cigarro, as cascas de laranja e o papel amassado deixados pela pessoa com quem vai interagir em seguida, você está formando uma impressão que poderá mais tarde influenciar a relação. As percepções de tempo e de ritmo compreendem outra importante parte do ambiente da comunicação. Quando algo ocorre, com que freqüência ocorre e o ritmo das ações são partes inquestionáveis do mundo comunicativo, ainda que não integrem o ambiente físico propriamente dito.

II. A aparência física do comunicador

Esta categoria cobre aqueles aspectos que permanecem relativamente inalterados durante o período da interação. São influentes sinais não-verbais que, externamente, não são governados pelo movimento. Incluem-se aí o físico ou forma do corpo, beleza, altura, peso, cabelo e cor ou tom de pele etc. Os odores (do hálito ou do corpo) associados com a pessoa normalmente são considerados parte da aparência física dela. Além disso, objetos associados aos interlocutores também podem afetar sua aparência física. Esses artefatos, como são chamados, incluem coisas tais como roupas, maquiagem, óculos, perucas, cílios postiços, jóias e acessórios, como pastas executivas.

III. Proxêmica

A proxêmica é definida como o estudo da utilização e da percepção do espaço social e pessoal. Com esse enfoque há um trabalho denominado ecologia de pequenos grupos, que se interessa pelo modo como as pessoas usam e reagem à disposição espacial em relacionamentos que envolvem grupos formais e informais. Tais estudos lidam com a ocupação do espaço, levando em conta o posicionamento em relação à liderança, ao fluxo da comunicação e à tarefa a cumprir. Em nível mais amplo, alguma atenção foi dispensada aos relacionamentos que ocorrem em espaços com multidões e em locais densamente povoados. A orientação espacial pessoal é algumas vezes estudada no contexto da distância de conversação e das variações em relação a sexo, *status*, papéis, formação cultural etc. O termo territorialidade é também usado com freqüência no estudo da proxêmica para denotar a tendência humana de demarcar o território pessoal (ou espaço intocável), à semelhança do que acontece com pássaros e animais selvagens.

IV. Movimento do corpo ou comportamento cinestésico

O movimento do corpo, ou comportamento cinestésico, inclui gestos, movimentos do corpo (membros, mãos, cabeça, pés e pernas), expressões faciais (sorrisos), comportamento ocular (a direção e duração do olhar, o piscar e a dilatação da pupila) e a postura. O franzido do cenho assim como a posição dos ombros e da cabeça encontram-se no âmbito da cinestesia. Suas áreas específicas são:

A. Gestos. Há vários tipos de gesto (e variações dos tipos), mas os estudados com maior freqüência são:

1) **Independentes da fala.** Esses gestos não estão ligados à fala, mas têm tradução verbal direta ou definição lexicográfica, que, em geral, consiste em uma ou duas palavras ou uma locução. Entre os membros de uma cultura ou subcultura há alto grau de concordância quanto à "tradução" verbal desses signos. Os gestos usados para representar "OK" ou "paz" (também conhecido durante a Segunda Guerra Mundial como o sinal da vitória) são exemplos de gestos independentes da fala para amplos segmentos da cultura americana.

2) **Relacionados à fala.** Esses gestos estão diretamente ligados à fala, ou a acompanham – servindo com freqüência para ilustrar o que está sendo dito verbalmente. Tais movimentos podem acentuar ou enfatizar uma palavra ou locução, traçar uma linha de pensamento, apontar objetos presentes, descrever uma relação espacial, descrever o ritmo ou andamento de um evento, fazer um desenho do referente, descrever uma ação corporal ou servir de comentário acerca da regulação e organização do processo interativo.

B. Postura. Normalmente a postura é estudada junto com outros signos não-verbais a fim de determinar o nível de atenção ou envolvimento, o grau de *status* em relação ao outro parceiro na interação ou o grau de empatia pelo outro interlocutor. A inclinação do corpo para a frente, por exemplo, tem sido associada a maior envolvimento, maior empatia e menor *status* em estudos em que os interagentes não se conheciam muito bem. Ademais, a postura é um indicador-chave da intensidade de alguns estados emocionais, a exemplo da postura curvada associada à tristeza ou da postura tensa e rígida associada à raiva. Até que ponto os comunicadores espelham a postura uns dos outros também pode ser reflexo de empatia ou de tentativa de estabelecer bom relacionamento.

C. Comportamento tátil. O toque pode ter um auto-enfoque ou um enfoque em outra pessoa. As manipulações do tipo auto-enfoque, em geral não realizadas com o intuito de comunicar, podem refletir um hábito ou um estado particular de determinada pessoa. Muitos são comumente chamados de maneirismos nervosos. Algumas dessas ações são relíquias de um período anterior da vida – de épocas em que aprendíamos pela primeira vez como lidar com nossas emoções, como desenvolver contatos sociais ou como desempenhar alguma tarefa. Às vezes realizamos tais manipulações enquanto nos adaptamos a novas experiências de aprendizagem, e as repetimos quando nos defrontamos com situações similares mais tarde na vida, embora em geral apenas como parte do movimento original. Ekman e Friesen (1969) chamam esse tipo de automanipulação de *adaptadores*. Tais adaptadores podem compreender diversas manipulações do próprio corpo, como lamber, beliscar, arranhar e tocar. Adaptadores-objeto são manipulações praticadas junto com um objeto, como quando o ex-fumante leva a mão ao bolso superior da camisa em busca do maço de cigarros inexistente. É claro que nem todos os comportamentos que refletem ações habituais ou ansiedade podem ser atribuídos a adaptações anteriores, mas certamente representam uma parte do padrão geral das ações corporais.

Uma das mais intensas formas de comunicação não-verbal ocorre quando duas pessoas se tocam. O toque pode ser virtualmente elétrico, mas também ser condescendente, irritante ou reconfortante. Trata-se de uma forma de comportamento altamente ambígua, cujo significado em geral depende mais do contexto, da natureza do relacionamento e da maneira como é executado do que da configuração do toque propriamente dito. Alguns pesquisadores têm mais interesse no toque como um importante fator no desenvolvimento inicial da criança, outros preocupam-se mais com o comportamento tátil dos adultos. As subcategorias do toque incluem o afago, o ato de bater, os acenos de saudação e de despedida, o segurar e o orientar os movimentos de outrem.

D. Expressões faciais. A maior parte dos estudos do rosto têm como objeto as configurações que revelam estados afetivos, pois o rosto é a fonte primária do afeto. Os seis afetos primários mais estudados são raiva, tristeza, surpresa, alegria, medo e nojo. As expressões faciais podem ainda ser usadas como gestos reguladores, fornecendo suporte e controlando o fluxo da interação.

E. Comportamento ocular. Para onde, quando e por quanto tempo olhamos no decorrer da interação são os pontos primários dos estudos sobre o olhar. Olhar refere-se ao movimento ocular que fazemos em direção ao rosto de outra pessoa. A dilatação e a contração das pupilas também são de interesse dos estudiosos da comunicação não-verbal porque podem às vezes funcionar como indicação de interesse, atenção ou envolvimento.

V. Paralinguagem

Simplificadamente, a paralinguagem examina a maneira *como* se diz algo e não o que foi dito. Estuda os sinais vocais não-verbais que cercam a fala comum. Diversos lingüistas desenvolveram sistemas detalhados na tentativa de descrever a natureza da produção sonora humana (Trager,1958; Crystal, 1975; Crystal e Quirk, 1964). Ainda que os detalhes de tais sistemas sejam úteis aos pesquisadores dos signos vocais, não são necessários para compreender como a voz é estudada. Em geral, a distinção é feita entre dois tipos de som: 1) variações sonoras produzidas pelas cordas vocais durante a conversa, que consistem em mudanças na altura, duração, intensidade e silêncio; 2) sons primariamente resultantes de outros mecanismos fisiológicos que não as cordas vocais, como as cavidades faríngea, nasal ou oral.

A maior parte da pesquisa do comportamento vocal e de seus efeitos na interação humana se refere a: nível de altura e variabilidade; duração dos sons (rápidos ou lentos); pausas em meio ao fluxo da fala e da resposta durante as alternâncias de interlocutores; nível de intensidade e variabilidade; ressonância; articulação precisa ou palavras "engolidas"; ritmo; velocidade; e sons intrusos durante a fala, tais como "ah" e "humm". O estudo dos signos vocais compreende um amplo espectro de interesses, desde questões que envolvem estereótipos ligados a certos tipos de voz até questões sobre os efeitos da fala na compreensão e na persuasão. Assim, mesmo sons como riso, bocejo, arroto, gemido e assemelhados despertam interesse, na medida em que podem afetar o resultado da interação.

Perspectivas da comunicação não-verbal no processo total de comunicação

Estamos conscientes do risco de apresentar material fora de contexto, temendo que o leitor esqueça que a comunicação não-verbal não pode ser estudada isoladamente do processo total de comunicação. Comunicação verbal e não-verbal são inseparáveis e, portanto, devem ser tratadas como uma unidade. Birdwhistell (1967, p. 71) sustenta essa posição quando diz:

> "Minha própria pesquisa conduziu-me ao ponto em que não mais desejo chamar ambos os sistemas lingüístico e cinestésico de sistemas de comunicação. Parece-me que toda a informação levantada sustenta o argumento de que a lingüística e a cinestesia são sistemas *infra*comunicacionais. Somente a partir de seu inter-relacionamento e do inter-relacionamento de ambas com sistemas comparáveis de outras modalidades sensoriais é que o sistema de comunicação emergente se realiza".

Kendon (1983, pp. 17 e 20) apresenta a questão assim:

> "Não é difícil constatar o fato de que, quando uma pessoa fala, com freqüência outros sistemas musculares, além dos lábios, língua e mandíbulas, tornam-se ativos... a gesticulação é organizada como parte da mesma unidade geral de ação a partir da qual a fala é organizada... gesto e fala são acessíveis como dois modos de representação separados, embora coordenados porque guiados pelo mesmo objetivo geral. Tal objetivo é a produção de um padrão de ação que complete a representação de um significado".

Como os sistemas verbal e não-verbal se inter-relacionam? Uma maneira de responder a essa pergunta é examinar as funções do comportamento não-verbal em face do comportamento verbal. Tenhamos em mente, porém, que um dado comportamento é *capaz* de desempenhar mais de uma função por vez. Por exemplo, o modo como tornamos claro ao outro que queremos continuar a falar pode expressar também nossa necessidade de dominação do outro e até mesmo nosso estado emocional. Quando seguramos uma criança pelo ombro enquanto a repreendemos, podemos contribuir para aumentar sua compreensão e reflexão, mas também gerar uma avaliação negativa de que ela é desobediente. Um sorriso pode ser parte de uma expressão emocional, uma mensagem representativa de uma atitude ou a reação de um ouvinte para ser admitido na conversa. É possível ainda que o mesmo comportamento tenha significado diverso, dependendo do contexto em que ocorre. Por exemplo, olhar para o chão pode refletir tristeza em uma situação e submissão ou falta de envolvimento em outra. Portanto, como as palavras, os signos não-verbais têm múltiplos usos e significados; como as palavras, muitos signos não-verbais têm significados denotativos e conotativos. Somente pelo exame do contexto da interação somos capazes de avaliar com alto grau de confiança o modo como comportamentos específicos funcionam. Às vezes, os comportamentos parecem servir a uma única função, mas a compreensão das multifuncionalidades de um comportamento e da importância do contexto na determinação da função constitui pré-requisito necessário à discussão das funções do comportamento não-verbal.

Argyle (1988) identificou as funções básicas do comportamento não-verbal na comunicação humana como sendo: 1) expressar emoção; 2) transmitir atitudes interpessoais (afeto/desafeto, dominação/submissão etc.); 3) apresentar nossa personalidade ao outro; 4) acompanhar a fala com o propósito de controlar a alternância entre os interlocutores, o tema da conversa, a atenção etc. Argyle nota ainda que os comportamentos não-verbais são importantes em muitos rituais, tais como as saudações. Mais adiante serão detalhados os comportamentos não-verbais tipicamente associados a esforços para executar essas funções. Além disso, duas outras funções são apresentadas: comunicação como forma de influenciar outra pessoa e comunicação visando correção e compreensão. Observe-se que nenhuma dessas funções do comportamento não-verbal está limitada apenas ao comportamento não-verbal; isto é, podemos expressar emoções, atitudes, apresentar uma característica particular e controlar a interação usando também sinais verbais. Contudo, utilizamos os comportamentos verbais para determinados propósitos e os não-verbais para outros.

Scherer (1980) identificou quatro funções de signos não-verbais: semântica, sintática, pragmática e dialogal. Os signos não-verbais funcionam semanticamente quando por si sós significam um referente ou afetam o significado de signos verbais concomitantes. Em outras palavras, signos não-verbais podem atuar como substitutos de signos verbais, como no caso dos emblemas, ou podem esclarecer, contradizer ou modular (amplificar ou baixar o tom) a mensagem verbal concomitante. A função semântica compreende o relacionamento do signo não-verbal com seu referente.

A função sintática refere-se ao relacionamento entre os próprios signos. Por exemplo, às vezes usamos signos não-verbais para segmentar unidades de interação. Mudanças de postura podem demarcar uma mudança de tópico; pausas ajudam a organizar a informação falada em unidades. Quando falamos de uma série de coisas, podemos dividir as partes distintas por movimentos lineares interrompidos dos braços e das mãos, como no exemplo: "Temos de considerar A, B e C". Ao inserir gestos demarcatórios, como se estivéssemos executando cortes, após cada uma das letras, podemos sugerir que cada parte seja considerada separadamente; uma única demarcação depois de C pode indicar tanto a consideração de todas as três letras em grupo ou de C em particular. A função sintática também se refere ao que Scherer chama de sincronização de signos. O fato de que alguns signos parecem preceder, seguir ou ocorrer simultaneamente a signos verbais e não-verbais com certa regularidade é uma indicação de sincronia. A analogia cinestésica-lingüística de Birdwhistell (capítulo 5) sustenta que o comportamento não-verbal tem uma estrutura sintática comparável à dos fonemas, morfemas e outras unidades sintáticas identificadas com a linguagem falada.

Signos não-verbais funcionam *pragmaticamente* quando indicam características ou estados de seus usuários ou interagentes. Os signos não-verbais podem fornecer indicação de características permanentes (sexo, idade), aspectos de moderada ou longa duração (personalidade, atitudes, grupo social) e estados de duração relativamente curta (reações às falas do outro).

Finalmente, a natureza do relacionamento entre os interagentes que utilizam os signos pode transparecer pela maneira como coordenam suas ações. Essa coordenação pode se dar pelo modo como os parceiros regulam os momentos de falar ou pode concentrar-se no relacionamento interativo. Por exemplo, toda vez que uma pessoa fica furiosa e grita, a outra comporta-se de maneira solícita.

Embora a conexão dessas funções não-verbais com o comportamento verbal pareça mais óbvia nas funções sintática e semântica, a interdependência do comportamento verbal e não-verbal deveria ser óbvia para todas as funções listadas. A abordagem de Ekman às funções do comportamento não-verbal usa alguns dos conceitos propostos por Argyle e Scherer, mas os inter-relacionamentos com o comportamento verbal são destacados (Ekman, 1965). O comportamento não-verbal pode repetir, contradizer, substituir, complementar, acentuar ou regular o comportamento verbal.

Repetição

A comunicação não-verbal pode tão-somente repetir o que foi dito verbalmente. Por exemplo: se além de dizer a uma pessoa para que siga em frente para chegar à banca de jornais, apontássemos, isso seria considerado repetição.

Contradição

O comportamento não-verbal pode contradizer o comportamento verbal. O exemplo clássico é o do pai ou da mãe que gritam com o filho com raiva: "Claro que eu amo você!". Ou do orador não muito confiante que, a despeito das mãos trêmulas, joelhos bamboleantes e suor de nervoso na testa, diz: "Eu não estou nervoso". Quando tentamos expressar uma idéia da qual discordamos, as escolhas lingüísticas também podem revelar diferenças quanto a expressões mais ou menos diretas. Por exemplo: "João sempre foi um bom funcionário" é menos direto do que "João é um bom funcionário" (Wiener e Mehrabian, 1968).

Por que essas mensagens contraditórias ocorrem? Em alguns casos é uma resposta natural à situação em que comunicadores se percebem num dilema: não querem dizer a verdade e não querem mentir. Como resultado, sua ambivalência e frustração produzem uma mensagem discrepante. Suponha que você tenha acabado de fazer uma péssima apresentação e me pergunte o que achei. Posso dizer que você esteve bem, mas minha voz e minha expressão talvez não corroborem as palavras. Em certas situações, ocorrem mensagens contraditórias porque as pessoas mentem com imperfeição. Em outras ocasiões, mensagens contraditórias podem ser o resultado da tentativa de comunicar sarcasmo ou ironia, dizendo uma coisa em palavras e o contrário com o tom de voz e/ou expressão facial.

Como ocorrem esses signos contraditórios? Há muitas maneiras de produzir duas mensagens contraditórias. Às vezes, dois canais não-verbais (auditivo e visual) podem se contradizer, mas o que segue ilustra várias contradições comuns dos canais verbal e não-verbal: voz positiva/palavras negativas; voz negativa/palavras positivas; expressão facial positiva/palavras negativas; expressão facial negativa/palavras positivas.

Quando confrontados com mensagens verbal e não-verbal contraditórias, como reagimos? Leathers (1979) identificou um processo comum de três passos: 1) a primeira reação é de confusão e incerteza, logo 2) buscamos informação adicional que esclareça a situação e, se não surgir esclarecimento algum, 3) provavelmente reagiremos com desprazer, hostilidade ou mesmo afastamento. Respostas a mensagens contraditórias são, com freqüência, também ambíguas. Há quem acredite que um fluxo constante de mensagens inconsistentes pode contribuir para uma psicopatologia do receptor. Isso pode ser verdade particularmente nos casos em que as pessoas têm um relacionamento próximo e o receptor não dispõe de outras pessoas a quem recorrer para discutir e talvez esclarecer a confusão. Algumas pesquisas levantaram que pais de crianças perturbadas produzem maior número de mensagens conflitantes (Bugental, Love, Kaswan e April, 1971). Outro trabalho sugere que as diferenças não residem nas mensagens conflitantes, mas nas mensagens negativas, isto é, pais de crianças com distúrbios enviam mais mensagens negativas (Beakel e Mehrabian, 1969). A combinação de negatividade, confusão e punição pode ser bastante prejudicial se for o estilo de comunicação habitual usado com a criança.

Não desejamos dar a impressão de que todas as formas de discrepância são prejudiciais. Pequenas contradições entre as mensagens podem passar despercebidas, e mesmo grandes contradições tornam-se prejudiciais somente quando a comunicação envolve amor e afeto. Ademais, como afirmamos antes, certos efeitos requerem discrepância: o sarcasmo ocorre quando as palavras são agradáveis e a entonação da voz é desagradável; quando as palavras são desagradáveis mas o tom da voz é agradável, é provável que comuniquemos a mensagem "estou só brincando".

Por fim, algumas discrepâncias podem ser úteis em certas situações. Em um experimento, professores usaram mensagens mistas durante uma aula para alunos de 6ª série. Quando os professores combinavam palavras positivas com uma conduta não-verbal negativa, os alunos aprendiam mais do que com qualquer outra combinação (Woolfolk, 1978). Do mesmo modo, em um estudo que envolvia médicos conversando com pacientes, descobriu-se que a combinação de palavras positivas ditas em tom de voz negativo foi associada com os níveis mais altos de

Figura 1.2 a) Signos verbal/não-verbal contraditórios. b) Que situação é esta: agressão ou diversão? Que observações influenciaram sua decisão?

satisfação com a visita (Hall, Roter e Rand, 1981). Talvez a combinação verbal positivo/não-verbal negativo seja, nos consultórios médicos e salas de aula, considerada séria e preocupada e, portanto, cause melhor impressão do que um estilo de comunicação basicamente positivo, que pode parecer leviano ou de um otimismo não realista.

Parte da pesquisa questionou se confiamos e acreditamos mais em signos não-verbais do que nos verbais quando defrontamos com mensagens contraditórias (Stiff, Hale, Garlick e Rogan, 1990; Tabor, 1970; Mehrabian, 1972; Bugental, 1974). Burgoon (1980, p. 184), após investigar numerosos estudos na área, concluiu:

> "... os canais não-verbais carregam mais informação e são mais críveis do que os verbais, e os sinais visuais, em geral, têm mais peso do que os vocais".

Burgoon passa então a discutir importantes reservas a essa conclusão geral. É comum a suposição de que os signos não-verbais sejam mais espontâneos, difíceis de fingir e com menor probabilidade de ser manipulados – daí serem mais críveis. Entretanto, é provavelmente mais exato dizer que alguns comportamentos não-verbais são mais espontâneos e difíceis de fingir do que outros e que algumas pessoas são mais hábeis que outras em dissimulação não-verbal. Diante de duas informações contraditórias (ambas não-verbais), tendemos a confiar naquela que consideramos mais difícil de fingir. Uma equipe de pesquisa descobriu que, nas discrepâncias visual/auditivo, as pessoas tendiam a confiar primeiro nos sinais visuais, mas depois, quando a discrepância era grande, a confiar nos sinais auditivos (DePaulo, Rosenthal, Eisenstat, Rogers e Finkelstein, 1978).

A credibilidade da informação apresentada também constitui importante fator na determinação dos sinais mais confiáveis nas mensagens inconsistentes. Se a informação veiculada em um canal carecer de credibilidade, tenderemos a descartá-la e a buscar em outros canais a mensagem "real" (Bugental, 1974). Por vezes, vemo-nos diante do difícil dilema de perceber o significado através de sinais "difíceis de fingir" que não parecem críveis. Se uma pessoa diz "Que legal!" com um tom de voz triste ao receber um presente que sabemos desejado há muito tempo, certamente procuraremos outras explicações para isso, como alguma coisa que possa estar incomodando a pessoa.

Curiosamente, crianças parecem dar menos crédito a certos sinais não-verbais do que os adultos quando expostas a mensagens verbais e não-verbais conflitantes (Bugental, Kaswan, Love e Fox, 1970; Bugental, Love e Gianetto, 1971; Volkmar e Siegel, 1982). Mensagens conflitantes em que o falante sorriu ao fazer uma afirmação crítica foram interpretadas mais negativamente pelas crianças do que pelos adultos, particularmente quando o falante era uma mulher.

Outro trabalho lança mais uma dúvida sobre a teoria da "crença em sinais não-verbais em situações contraditórias". Shapiro (1968) descobriu que, quando se tratava de uma comunicação incongruente de afeto, os alunos de uma sala de aula se dividiam entre confiar em sinais lingüísticos ou faciais, se a mensagem fosse feita por escrito e por meio de rostos desenhados, e eles tivessem de ser coerentes em suas escolhas. Vande Creek e Watkins (1972) ampliaram o trabalho de Shapiro pelo uso de vozes reais e filmes. As pessoas-estímulo representavam, nos canais verbal e não-verbal, situações em que a incongruência variava em grau de intensidade. Os pesquisadores descobriram que alguns entrevistados baseavam-se primeiro nos sinais verbais; outros, nos sinais não-verbais; e alguns reagiram ao grau de intensidade em geral, independentemente do canal de comunicação. A pesquisa intercultural de Solomon e Ali (1975) sugere que a familiaridade com a linguagem verbal pode afetar a dependência nos sinais verbal ou não-verbal. Eles descobriram, por exemplo, que pessoas não muito familiarizadas com a língua usada para construir a mensagem contraditória dependiam do conteúdo para julgamentos do significado afetivo. Aqueles que conheciam bem a língua estavam mais aptos a depender da entonação vocal para depreender o significado afetivo. Assim, algumas pessoas parecem depender mais da mensagem verbal enquanto outras dependem da não-verbal.

Não conhecemos todos os fatores que determinam a escolha do método, mas o peso dos sinais verbais, vocais e visuais provavelmente muda de acordo com as situações (Furnham, Trevethan e Gaskell, 1981; Krauss, Apple, Morency, Wenzel e Winton, 1981; Trimboli e Walker, 1987; Zahn, 1980). Friedman (1978) demonstrou que as pessoas dependem mais de sinais não-verbais para as indicações de sentimentos e de sinais verbais para informação quanto às intenções ou crenças de uma pessoa. Embora não seja surpreendente, esse resultado ajuda a compreender por que vários estudos indicam que os sinais não-verbais recebem peso maior do que os verbais: a maioria dos estudos mediu percepções das emoções nas mensagens julgadas.

Substituição

Mensagens verbais podem ser substituídas por comportamentos não-verbais. Quando um abatido e massacrado executivo entra em sua casa após o trabalho, uma expressão facial substitui a afirmação: "Tive um dia infernal". Com um pouco de prática, logo aprendemos a identificar ampla gama desses substitutos não-verbais – desde "O dia foi ótimo hoje!" até "Meu Deus, como sou infeliz!". Nesses casos não necessitamos pedir confirmação verbal de nossa percepção.

Às vezes, quando o comportamento não-verbal substituto falha, o comunicador recorre ao canal verbal. Tomemos o exemplo da mulher que quer que o homem com quem saiu pare de forçar uma intimidade física. Ela pode primeiro enrijecer-se, fitar ao longe, distanciar-se. Se o pretendente ainda assim não parar, ela poderá dizer algo como: "Por favor, não estrague uma boa amizade".

Complementação

O comportamento não-verbal pode modificar ou aprimorar mensagens verbais. Quando os canais verbal e não-verbal são complementares, e não contraditórios, nossas mensagens normalmente são decodificadas com maior precisão. Algumas evidências sugerem que signos não-verbais complementares podem ser úteis na recordação de mensagens verbais. O aluno que mostra uma atitude de embaraço enquanto fala com o professor acerca de seu mau desempenho nos trabalhos exibe comportamento não-verbal que complementa o verbal. Mais, o comportamento não-verbal pode refletir mudanças no relacionamento entre o aluno e o professor. Quando as verbalizações lentas e calmas do aluno e sua postura relaxada mudam – a postura torna-se tensa e o nível emocional das afirmações verbalizadas aumenta –, tais comportamentos podem sinalizar mudanças no relacionamento geral dos interlocutores.

Acentuação

O comportamento não-verbal pode acentuar partes da mensagem verbal tanto quanto o sublinhado ou o itálico de palavras escritas as enfatizam. Movimentos das mãos e da cabeça são freqüentemente usados para acentuar a mensagem verbal. Quando um pai recrimina seu filho por ter chegado tarde, ele pode acentuar uma frase em particular com um aperto no ombro do filho acompanhado de um olhar de censura. Em certos casos, um conjunto de sinais não-verbais pode acentuar outros sinais não-verbais. Ekman, por exemplo, descobriu que as emoções são primariamente exibidas pelas expressões faciais, mas que o corpo com freqüência carrega os mais precisos indicadores do nível de emoção (Ekman, 1964; Ekman e Friesen, 1967).

Regulação

Os comportamentos não-verbais também são usados para regular o fluxo verbal entre os interlocutores. O modo como uma pessoa pára de falar e outra começa, de modo suave e sincronizado, pode ser tão importante para uma interação satisfatória quanto o conteúdo verbal intercambiado. Afinal, julgamos as pessoas conforme sua capacidade reguladora, como, por exemplo: "Falar com ele é como falar com uma porta" ou "Ela parece uma matraca". Quando uma pessoa interrompe com freqüência ou está desatenta, podemos achar que está fazendo uma afirmação acerca da relação, talvez uma afirmação de desrespeito. Há regras para a regulação da conversa, ainda que sejam regras implícitas, não escritas. Parecemos "saber" que duas pessoas não devem falar ao mesmo tempo, que cada pessoa deve ter um número igual de oportunidades para falar se assim desejar, que uma pergunta deve ser respondida, e assim por diante. A pesquisa de Wiemann (1977) mostrou que mudanças relativamente diminutas nesses comportamentos reguladores (interrupções, pausas acima de três segundos, mudança unilateral de tópicos etc.) interferiam nas avaliações da competência de um dado comunicador. Como ouvintes, aparentemente prestamos atenção e avaliamos uma gama de traços fugazes, sutis e habituais do comportamento conversacional do outro. É provável que existam diferenças entre os comportamentos utilizados para gerir o fluxo conversacional em diferentes culturas ou em subgrupos culturais. Como as crianças têm primeiro de aprender tais regras, usam sinais menos sutis, como puxar pela roupa e levantar a mão, por exemplo. As crianças também estão menos habilitadas a conseguir alternâncias suaves, como é possível notar em conversas com elas ao telefone.

Reguladores conversacionais envolvem diversos tipos de sinais não-verbais. Quando queremos indicar que terminamos de falar e a outra pessoa pode começar, podemos olhar mais intensamente para o interlocutor. Isso é comumente acompanhado dos sinais vocais associados às frases finais declarativas ou interrogativas. Se ainda assim a outra pessoa não der seqüência à conversa, poderemos prolongar o silêncio ou usar interjeições como: "Então, ah...." ou "É...". Impedir que o outro fale em uma conversa significa que temos de evitar a ocorrência de pausas longas, olhá-lo com menor intensidade e talvez aumentar o volume da voz se o interlocutor tentar "entrar". Quando desejamos ceder nossa vez de falar, poderemos dar ao outro algum reforço assentindo com a cabeça, mantendo um olhar atento e, é claro, abster-nos de falar quando ele ameaçar dar a vez. Se quisermos tomar a palavra, poderemos erguer o dedo indicador ou inspirar o ar de maneira audível, adotando uma postura como se estivéssemos prontos para assumir a conversa. Rápidos movimentos de concordância com a cabeça podem sinalizar ao outro que se apresse e termine, mas, se tivermos problemas para retomar a palavra, talvez precisemos falar simultaneamente durante alguns instantes ou então lançar mão de "começos gaguejantes", o que por certo deixará claro qual é nossa intenção.

Inícios e finais de conversas também funcionam como pontos reguladores. Quando cumprimentamos outra pessoa, o olhar indica que os canais estão abertos. Um ligeiro movimento de cabeça e um rápido soerguer de sobrancelha de reconhecimento (um movimento quase imperceptível da sobrancelha para cima e para baixo) podem estar presentes. As mãos também são usadas nos cumprimentos para continências, acenos, apertos de mão, signos emblemáticos como o da paz ou vitória, um punho erguido ou um polegar para cima. As mãos podem ainda prestar-se à tarefa de pentear (correr os dedos pelo cabelo) ou estar envolvidas em várias atividades de toque, como abraçar ou bater no ombro de alguém. A boca pode produzir um sorriso ou assumir uma forma como se estivéssemos prestes a começar a falar (Krivonos e Knapp, 1975).

Um estudo demonstrou que a fala de despedida em entrevistas semiformais pode desencadear muitos comportamentos não-verbais. Entre os mais comuns incluem-se a ausência de olhares diretos por períodos de tempo mais longos e mais freqüentes, posicionamento do corpo em direção a uma saída, inclinação para a frente e assentimento com a cabeça. Menos freqüentes, embora bastante perceptíveis, são os comportamentos acentuadores que sinalizam: "Este é o término de nossa conversa e é bom que você entenda isso!". Esses acentuadores incluem movimentos bruscos dos pés e das mãos, tais como levantar mãos e/ou pés e baixá-los com força bastante para produzir um som audível, enquanto as mãos e os pés são usados como alavanca para catapultar o interlocutor de seu assento. Uma manifestação menos direta é colocar as mãos nas coxas ou joelhos em posição de "alavancagem" (como se em breve fôssemos nos catapultar), esperando que a outra pessoa perceba o sinal de despedida (Knapp, Hart, Friedrich e Shulman, 1975).

Os estudos sobre saudações e despedidas apresentados também examinaram o comportamento verbal. Como vimos, as funções superpostas e a natureza interdependente dos comportamentos verbal e não-verbal irão exigir que as futuras análises da comunicação humana considerem ambos os sistemas. Aguilera (1967), por exemplo, descobriu que toques de enfermeiras alteravam a natureza de sua interação verbal com os pacientes. Ainda assim, a maioria dos estudos relatados neste livro enfocam exclusivamente signos não-verbais. Separar os sistemas verbal e não-verbal para facilitar a compreensão pode ser útil, desde que não nos esqueçamos de remontar o todo ao iniciarmos a observação do comportamento humano.

Perspectivas históricas

O estudo científico da comunicação não-verbal é basicamente uma atividade posterior à Segunda Guerra Mundial, o que não significa que não possamos encontrar importantes legados de conhecimento entre os antigos; estudiosos gregos e romanos comentaram acerca do que hoje chamaríamos de comportamento não-verbal. A obra *Institutio Oratoria*, de Quintiliano, por exemplo, é considerada importante fonte de informação sobre o gesto e foi escrita no século I. Se observarmos a história de áreas como comportamento animal, antropologia, dança, lingüística, filosofia, psiquiatria, psicologia, sociologia e fala, sem dúvida encontraremos importantes antecedentes para o trabalho atual (Davis, 1979; Asendorpf e Wallbott, 1982). O estudo da comunicação não-verbal nunca foi exclusividade de uma única disciplina. Na segunda metade do século XIX, Delsarte (entre outros) buscou levantar e codificar regras para lidar tanto com "a cultura da voz" quanto com movimentos do corpo/gestos (Shawn, 1954). Embora a "ciência da estética aplicada" e o movimento elocutório de Delsarte tenham dado lugar a um século XX menos formal e menos estilizado, esse estudo representa uma das muitas tentativas iniciais para identificar diversas formas de expressão corporal. Uma das obras mais influentes produzidas antes do século XX foi *A expressão das emoções em homens e animais*, de Darwin, em 1872. Essa obra gerou o estudo moderno das expressões faciais, e muitas de suas observações e idéias estão sendo confirmadas hoje por outros pesquisadores (Ekman, 1973).

Durante a primeira metade do século XX fizeram-se estudos isolados da voz, da aparência física e da vestimenta e da face. Uma olhada assistemática nas publicações durante esse período sugere que os estudos de proxêmica, meio ambiente e cinestesia receberam pouca atenção, enquanto a investigação do comportamento ocular e do toque recebia menos ainda. Pelo menos três obras importantes surgiram nesse período. O estudo dos tipos de corpo ganhou atenção redobrada a partir da publicação das obras *Physique and Character*, de Kretschmer, em 1925, e *The*

Variations of Human Physique, de Sheldon, em 1940. O clássico *Gesture and Environment*, obra de Efron publicada em 1941, apresentou maneiras inovadoras de estudar a linguagem do corpo, demonstrando o importante papel da cultura na moldagem de nossos gestos, e construiu as bases para a classificação dos comportamentos não-verbais que até hoje influencia os pesquisadores.

Os anos 50 apresentaram um aumento significativo do número de trabalhos de pesquisa em comportamento não-verbal. Entre os destaques dessa década estão: 1) As obras *Introduction to Kinesics*, de Birdwhistell, e *Silent Language*, de Hall, publicadas em 1952 e 1959, respectivamente. Esses antropólogos foram responsáveis por tomar alguns dos princípios da lingüística e aplicá-los aos fenômenos não-verbais, fornecendo novos rótulos ao estudo do movimento corporal (cinestesia) e do espaço (proxêmica), e por lançar um programa de pesquisa em cada área. 2) A descrição feita por Trager, em 1958, dos componentes da paralinguagem. Sua obra aumentou em muito a precisão com que classificamos e estudamos sinais vocais. 3) O psiquiatra Jurgen Ruesch e o fotógrafo Weldon Kees combinaram esforços para produzir um livro popular intitulado *Nonverbal Communication: Notes on the Visual Perception of Human Relations*, em 1956. É provável que esse tenha sido o primeiro livro a usar a expressão *comunicação não-verbal* no título. Terapeutas, incluindo Freud, haviam se interessado por sinais não-verbais anteriormente aos anos 50, mas essa obra forneceu elementos teóricos adicionais quanto a origens, uso e codificação do comportamento não-verbal e mais uma extensa documentação visual do papel dos ambientes na comunicação. Ainda em 1956, o estudo de Maslow e Mintz sobre os efeitos ambientais de um quarto "bonito" e "feio" foi publicado. Bastante citado, esse estudo atingiria posição de destaque na história dos efeitos do ambiente sobre a comunicação humana. 4) Em 1957, surge extenso artigo de Frank, intitulado "Tactile Communication", sugerindo uma série de hipóteses sobre o toque na interação humana.

Se nos anos 50 ocorreu uma explosão no número de estudos sobre comunicação não-verbal, na década de 60 houve verdadeira avalanche. Áreas específicas do corpo eram objeto de longos programas de pesquisa: o trabalho de Exline com o comportamento ocular; o de Davitz sobre as expressões vocais da emoção, que culminou no livro *The Communication of Emotional Meaning*, em 1964; o trabalho de Hess sobre a dilatação da pupila; a contínua exploração do espaço pessoal e do *design* de Sommer; o estudo das pausas e hesitações na fala espontânea de Goldman-Eisler; e o estudo de inúmeras atividades corporais elaborado por Dittmann, Argyle, Kendon, Scheflen e Mehrabian. Durante esse período, o psicólogo Robert Rosenthal chamou a atenção para o impacto potencial das sutilezas não-verbais ao mostrar-nos como um pesquisador pode afetar o resultado de experiências e como um professor pode influenciar no crescimento intelectual de seus alunos pelo comportamento não-verbal (*Experimenter Effects in Behavioral Research*, 1966, e *Pygmalion in the Classroom*, 1968). Talvez a peça teórica clássica dos anos 60 tenha sido o artigo de Ekman e Friesen sobre origens, uso e codificação do comportamento não-verbal. Esse artigo, como apontamos anteriormente, distinguia cinco áreas de estudo da comunicação não-verbal que abrangem a maior parte da atual pesquisa de Ekman e Friesen – emblemas, ilustradores, demonstrações de emoção, reguladores e adaptadores.

Os anos 70 começaram com a exposição de um jornalista sobre o estudo da comunicação não-verbal a partir dos pontos de vista de vários pesquisadores, em *Body Language*, de Fast, 1970. Foi um sucesso de vendas, acompanhado de uma seqüência ininterrupta de livros que visavam tornar as descobertas acerca dos comportamentos não-verbais acessíveis e utilizáveis pelo público americano. Esses livros, na tentativa de simplificar e facilitar a leitura, com freqüência apresentavam erroneamente as conclusões das pesquisas ao mostrar como fazer uma venda, perceber fingimento, obter parceiro sexual, afirmar superioridade e coisas do gênero.

Embora tais livros tenham despertado o interesse do público para a comunicação não-verbal, também ocasionaram distorções previsíveis (Koivumaki, 1975). Com bastante freqüência, os leitores ficavam com a idéia de que a leitura dos sinais não-verbais era *a chave* do sucesso em qualquer encontro humano; alguns desses livros sugeriam que um único sinal (pernas separadas) representava um único significado (convite sexual). Não é importante apenas olhar o *conjunto* dos comportamentos não-verbais, mas também reconhecer que o significado do comportamento não-verbal, a exemplo do verbal, raramente está limitado a um único significado denotativo. Algumas dessas versões popularizadas pecam por não enfatizar que, em geral, o significado de dado comportamento é compreendido por meio da observação do contexto em que este ocorre; por exemplo, olhar nos olhos de uma pessoa pode refletir afeto em dada situação e agressão em outra.

Outro aspecto comum a esses livros era a preocupação de que, tão logo o código não-verbal fosse desvendado, nos tornaríamos totalmente transparentes; as pessoas saberiam tudo a nosso respeito porque não poderíamos controlar os signos não-verbais. Como se verá neste livro, na realidade temos graus variáveis de controle sobre nosso comportamento não-verbal. Alguns comportamentos estão mais sob nosso controle; outros, não (embora possam vir a estar, se deles adquirirmos maior consciência). Ademais, é possível que, tão logo alguém demonstre compreender sua linguagem corporal, você a modifique e faça adaptações. Há mais de 2.000 anos a linguagem verbal é estudada e sabemos bastante acerca do impacto de certas estratégias verbais, mas ainda estamos muito longe de compreender a totalidade do comportamento verbal.

A década de 70 foi também um tempo de resumir e sintetizar. A pesquisa de Ekman sobre o rosto humano (*Emotion in the Human Face*, 1972, com W. V. Friesen e P. Ellsworth), a pesquisa de Mehrabian sobre o significado dos sinais não-verbais de proximidade, *status* e receptividade (*Nonverbal Communication*, 1972), a pesquisa cinésica de Scheflen à luz da teoria geral dos sistemas (*Body Language and Social Order*, 1972), o estudo de pupilometria de Hess (*The Tell-Tale Eye*, 1975), o estudo de Argyle sobre o movimento do corpo e o comportamento ocular (*Bodily Communication*, 1975, e *Gaze and Mutual Gaze*, com M. Cook, 1975), *Touching*, de Montagu (1971), e *Kinesics and Context*, de Birdwhistell (1970), foram todos tentativas de reunir a literatura ou um programa particular de pesquisa em um único volume.

Durante os anos 80, alguns estudiosos continuaram a particularizar, enquanto outros se concentravam na identificação das maneiras pelas quais uma variedade de signos não-verbais atua em conjunto a fim de atingir objetivos comuns, como, por exemplo, levar alguém a fazer algo por você, mostrar afeto, mentir a alguém etc. (Patterson, 1983). Tornara-se claro que não poderíamos compreender inteiramente o papel do comportamento não-verbal na obtenção desses objetivos, a menos que também observássemos o papel do comportamento verbal concomitante e tentássemos desenvolver teorias sobre como diversos sinais verbais e não-verbais interagem no processo (Streek e Knapp, 1991). Desse modo, gradualmente começamos a aprender como recolocar as peças juntas de novo após várias décadas separando-as com o propósito de examiná-las microscopicamente. Tal tendência constitui manifestação de um movimento mais amplo para aproximar nossos esforços de pesquisa da maneira como sabemos que a comunicação humana ocorre no laboratório da vida (Knapp, 1984; Patterson, 1984). Portanto, a pesquisa acerca da comunicação não-verbal segue modificando-se das seguintes maneiras:

- do estudo das situações não-interativas às interativas
- do estudo de uma pessoa a ambos os interlocutores
- do estudo de um único ponto do tempo a mudanças ao longo do tempo
- de estudo de comportamentos únicos a estudos multicomportamentais
- da visão de que percebemos tudo o que está ocorrendo ao reconhecimento de que necessitamos saber mais acerca do modo como as pessoas de fato percebem os signos durante a interação
- de perspectivas monossignificativas e monointencionadas ao reconhecimento de que é freqüente a ocorrência de significados múltiplos e a existência de objetivos múltiplos
- de uma perspectiva de mensuração que se concentrou quase exclusivamente na freqüência e duração a uma perspectiva que também inclui questões relacionadas ao quando e ao como da ocorrência do comportamento
- da tentativa de controlar o contexto pela eliminação de importantes e influentes elementos à tentativa de levar tais efeitos em conta

Numa perspectiva histórica tão breve é inevitável que fiquem de fora muitas contribuições importantes. A discussão anterior é tão-somente nossa tentativa de destacar alguns desenvolvimentos importantes e fornecer um pano de fundo geral para as perspectivas atuais.

Perspectivas atuais: a comunicação não-verbal e a sociedade americana

A importância da comunicação não-verbal é inegável em termos quantitativos. Birdwhistell, uma autoridade em comportamento não-verbal, apresenta alguns dados surpreendentes sobre a quantidade de comunicação não-verbal que ocorre em nosso dia-a-dia. Segundo suas estimativas, uma pessoa comum fala apenas um total de 10 a 11 minutos diariamente, sendo que a sentença falada padrão leva apenas 2,5 segundos. Além disso, em conversa normal entre duas pessoas, os componentes verbais provavelmente carregam menos de 35% do significado social da situação; mais de 65% é transmitido por canais não-verbais.

Outro modo de olhar a quantidade de mensagens não-verbais é observar os diversos sistemas de que os seres humanos se utilizam para se comunicar. Hall

(1959) esboça dez diferentes tipos de atividade humana a que chama de "sistemas de mensagens primárias" e sugere que apenas dois envolvem a linguagem. Ruesch e Kees (1956) apontam pelo menos sete sistemas: aparência pessoal e vestimenta, gestos ou movimentos deliberados, ação aleatória, vestígios de ações, sons vocais, palavras faladas e palavras escritas. Somente dois dos sete envolvem o uso claro de palavras.

Não é nosso propósito discutir a importância dos vários sistemas de mensagens humanas, mas antes colocar o mundo não-verbal em perspectiva. É correto dizer que o estudo da comunicação humana ignorou por demasiado tempo parte significativa do processo.

Testemunhos adicionais da importância da comunicação não-verbal surgem ao esmiuçarmos facetas específicas de nossa sociedade. Por exemplo: considere o papel dos signos não-verbais em situações terapêuticas; compreender o comportamento não-verbal "perturbado" certamente ajudaria no diagnóstico e tratamento. Sinais não-verbais também são importantes nas situações em que a comunicação verbal está cerceada, a exemplo da interação médico-enfermeira durante uma operação. A relevância dos sinais não-verbais nas artes é óbvia – dança, apresentações teatrais, música, filmes, fotografia e assim por diante. O simbolismo não-verbal de várias cerimônias e rituais provoca respostas importantes e necessárias em seus participantes, tais como a pompa da cerimônia de casamento, as decorações de Natal, rituais religiosos, funerais etc. É fácil percebermos também como a compreensão dos sinais não-verbais nos prepararia melhor para nos comunicarmos com outras culturas, classes ou faixas etárias e com diferentes grupos étnicos dentro de nossas culturas. Compreender e ensinar cegos e surdos depende em grande medida de desenvolver eficientes signos não-verbais. Situações corriqueiras – como as impressões acerca das pessoas a quem nos dirigimos pela primeira vez, uma entrevista para emprego, compreender uma propaganda ou perceber a relação orador/audiência durante um discurso – estão intensamente carregadas de comportamento não-verbal. Administradores estão aprendendo sobre o papel dos signos não-verbais na comunidade dos negócios (McCaskey, 1979; Cooper, 1979). Diplomatas talvez prefiram acordos implícitos a explícitos, daí usarem e dependerem bastante dos signos não-verbais. Uma lista das situações em que a comunicação não-verbal é essencial seria interminável, logo descreveremos brevemente apenas cinco áreas: crime e castigo, a política na televisão, comportamento em sala de aula, pesquisa comportamental e ritual da conquista do sexo oposto.

Crime e castigo

O desejo de identificar "tipos" criminosos tem sido objeto de estudo há séculos. Já que parece improvável que alguém se confesse um criminoso ou um criminoso em potencial, indicadores não-verbais tornam-se particularmente importantes. Houve época em que se acreditava ser possível identificar um criminoso por seus traços faciais ou calombos na cabeça. Nos últimos anos, os cientistas vêm se utilizando do conhecimento do comportamento não-verbal para examinar tanto atos criminosos quanto a arena de julgamento da culpa ou da inocência, a sala do tribunal.

Um estudo analisou a aparência e os movimentos de pessoas que passavam por uma das áreas de maior número de assaltos na cidade de Nova York (Grayson e Stein, 1981). Em seguida, pedia-se a assaltantes que vissem os filmes das vítimas potenciais e indicassem a probabilidade de um assalto. Além de descobrir que pessoas de idade são alvos preferidos, os pesquisadores descobriram que as vítimas potenciais andavam de modo diferente, ora com passadas largas, ora curtas, nunca médias. As partes do corpo não pareciam se mover em sincronia, ou seja, pareciam menos graciosos e fluidos nos movimentos. Outros estudos tentaram identificar as características não-verbais que os estupradores usavam para selecionar suas vítimas. Alguns estupradores buscam mulheres que demonstram passividade, falta de confiança e vulnerabilidade; outros preferem o oposto, desejando "colocar uma mulher orgulhosa no seu devido lugar". A conclusão parece recomendar uma conduta pública não-verbal que seja confiável sem ser agressiva (Myers, Templer e Brown, 1984).

Outro estudo que avaliou atos potencialmente agressivos concentrou-se em mães que abusavam dos filhos (Givens, 1978). Notou-se que, enquanto "brincavam" com os filhos, essas mães comunicavam seu desprazer (não sorrindo, afastando-se etc.) pelo comportamento não-verbal. Assim como o comportamento de mães que maltratam os filhos é diferente do daquelas que não os maltratam, crianças maltratadas e bem tratadas diferem em seu comportamento não-verbal (Hecht, Foster, Dunn, Williams, Anderson e Pulbratek, 1986). Certos comportamentos da criança podem até mesmo funcionar como "gatilhos" para os maustratos. Em estudo relatado no capítulo 7, mostra-se que as expressões faciais de crianças diante da violência exibida na televisão podem apresentar um caráter de previsibilidade na identificação do comportamento agressivo (Ekman, Liebert, Friesen, Harrison, Zlatchin, Malmstrom e Baron, 1972). Em resumo, os cientistas estão examinando signos não-verbais tanto de potenciais perpetradores de violência quanto das vítimas potenciais dessa mesma violência.

Quando uma pessoa acusada de um crime é submetida a julgamento, podem-se perceber diversas fontes de sinais não-verbais (Peskin, 1980; Stefano, 1977; Pryor e Buchanan, 1984). Um dos autores destes textos recebeu carta de um advogado da Flórida que buscava informação sobre comportamento não-verbal, para identificar os possíveis efeitos sobre um recurso, quando um juiz de apelação assumia o caso de um juiz de sentença e tomava uma decisão baseado nos textos dos autos do processo, sem quaisquer signos não-verbais. Em razão das sérias implicações das decisões tomadas nas cortes e do desejo de manter comunicação imparcial, estão sendo analisadas quase todas as facetas do processo em corte. Juízes têm sido alertados para minimizar possíveis sinais de parcialidade na voz e na postura. A pesquisa sugere que atitudes e sinais não-verbais dos juízes podem influenciar o resultado de um julgamento (Blanck, Rosenthal e Cordell, 1985). No capítulo 3, são relatados diversos casos relacionados aos efeitos de testemunhas e depoentes fisicamente atraentes. Em alguns casos, advogados e testemunhas foram filmados em sessões de "treino" antes do julgamento para determinar se estavam transmitindo mensagens não-verbais que queriam evitar. O estudo do comportamento não-verbal também pode mostrar-se importante no processo de seleção do júri. Um advogado pede a um possível jurado que olhe para seu cliente e então pergunta: "Diga-me se você poderia vê-lo como inocente". Ao mesmo tempo, perscruta a fisionomia do possível jurado para identificar reações favoráveis ou desfavoráveis. Outros advogados restringem-se a observar tremores das mãos durante o processo de seleção do júri antes do julgamento. Embora a atenção aos sinais não-verbais emitidos por possíveis jurados possa indicar um grau de sensibilidade sem precedentes, não há necessidade de nos preocuparmos com a possibilidade de advogados e cientistas sociais se tornarem tão hábeis a ponto de burlar os jurados (Saks, 1976).

A política na televisão

Chefes políticos cansados, acima do peso e fisicamente pouco atraentes são substituídos por candidatos jovens, vigorosos e bem-apessoados, que conseguem conquistar o voto do público com a ajuda de sua atração não-verbal. Atualmente, um americano médio assiste à televisão entre trinta e quarenta horas por semana. A televisão certamente contribuiu para estruturar algumas de nossas percepções não-verbais, e cada vez mais os candidatos políticos reconhecem a grande influência que tais percepções podem ter no resultado final da eleição. Durante os debates entre os candidatos à presidência Nixon e Kennedy, em 1960, os analistas freqüentemente discutiam a "derrota" de Nixon levando em conta a maneira como ele se apresentava na televisão: barba por fazer aparecendo através da maquiagem, condições de iluminação que acentuavam seu rosto cansado, um terno que se mesclava com o fundo etc. Nixon teria dito que gastara muito tempo estudando e muito pouco tempo com sua aparência (Tiemens, 1978; Bryski e Frye, 1979-80). Foi amplamente noticiado, e tido como verdadeiro, o fato de que os ouvintes de rádio consideraram o debate empatado, ao passo que os telespectadores viam Kennedy como vitorioso. Embora a exatidão dessa conclusão tenha sido questionada, a crença de que era correta pode ter sido responsável em grande medida pela subseqüente preocupação com a influência dos signos não-verbais em campanhas e debates políticos (Vancil e Pendell, 1987). Em 1968, porém, o candidato Nixon julgava saber bastante mais acerca do papel dos signos não-verbais e do uso da televisão. O livro de McGinniss, *The Selling of the President 1968*, apresenta um quadro expressivo, se não atemorizador, do papel que os signos não-verbais podem desempenhar na política televisionada:

> A televisão é particularmente útil ao político que saiba ser charmoso mas careça de idéias... Na televisão é de menor importância que ele não tenha idéias. É sua personalidade que os espectadores querem compartilhar. Ele não precisa ser estadista nem cruzado; apenas aparecer na hora. Sucesso e fracasso são facilmente medidos: quantas vezes o convidaram de novo? A quantidade suficiente, e ele atingiu seu objetivo: avançar de "político" a "celebridade", um salto de *status* aplaudido por telespectadores que pensam enfim ter encontrado base para fazer a escolha.
>
> O candidato da televisão passa então a ser medido não em relação a seus antecessores – não em relação a um padrão de desempenho estabelecido por dois séculos de democracia –, mas em relação a Michael Douglas. Como ele se sai em público? Ele me faz rir, pisca, resmunga? Sinto-me intimamente satisfeito? [p. 29-30]

As palavras seriam as mesmas que Nixon sempre usou, desde o discurso de aceitação da candidatura. Mas soariam renovadas e cheias de vida porque uma série de imagens seria projetada na tela durante seu discurso. Isso permitiria à Treleaven criar uma imagem de Nixon inteiramente independente das palavras. Nixon diria as mesmas velhas coisas chatas, mas ninguém precisaria escutar. As palavras se tornariam música, como uma canção de ninar agradável ao fundo. As imagens seriam escolhidas com cuidado para criar a impressão de que Nixon representava competência, respeito à tradição, serenidade, crença em que o povo americano é melhor do que as pessoas de qualquer outro lugar, e de que todos esses problemas a respeito dos quais os outros gritam não significavam nada em uma terra abençoada pelo edifício mais alto, os exércitos mais fortes, as maiores fábricas, as crianças mais lindas e o pôr-do-sol mais rosado do mundo. Ainda melhor: com a associação a essas imagens, Richard Nixon poderia ele próprio tornar-se essas coisas. ... [p. 85]

Uma análise dos debates presidenciais Carter-Ford de 1976 argumenta que a "derrota" de Ford poderia ser atribuída a um menor contato do olhar com a câmara, expressões faciais mais severas e ângulos de câmara menos favoráveis (Tiemens, 1978). Felizmente, os *experts* da mídia não controlam todas as variáveis – entre as quais está o crescente conhecimento do público de como imagens políticas podem ser moldadas pela televisão. Um dos construtores da imagem de Nixon em 1968, Roger Ailes, apresentou o seguinte depoimento quinze anos mais tarde: "O público de TV é muito esperto e, de algum modo, as pessoas conseguem fazer um julgamento dos candidatos que vêem. Qualquer um que alegue compreender o comportamento dos candidatos já estará influenciado".

Signos não-verbais eram importantes para o comportamento político antes de o *marketing* da televisão se tornar popular. Dizem que o presidente Lyndon Johnson preocupava-se muito com os efeitos da comunicação não-verbal. Segundo testemunhos, ele alertou sua equipe a não permanecer diante das janelas nem olhar para a Casa Branca, do outro lado da rua, um dia após o assassinato do presidente Kennedy, receoso de que parecesse que procuravam o poder. Piquetes, paradas, música, bandeiras, uniformes, tochas, estilos de cabelo, ocupações, manifestações em que grande número de pessoas fazem passeata de braços dados – todas essas manifestações e outras mais fazem parte de nossa herança política não-verbal.

Comportamento em sala de aula

A sala de aula é uma mina de ouro de comportamento não-verbal (Galloway, 1979; Thompson, 1973; Smith, 1979; Woolfolk e Brooks, 1983; Woolfolk e Brooks, 1985). Aceitação e compreensão de idéias e sentimentos por professores e alunos, encorajamento e crítica, silêncio e questionamento, todos envolvem elementos não-verbais. Considere os seguintes exemplos como representativos da variedade de sinais não-verbais da sala de aula: 1) o rapaz acenando freneticamente com a mão, certo de ter a resposta correta; 2) a aluna que não sabe a resposta e tenta evitar qualquer contato do olhar com o professor; 3) os efeitos do comprimento do cabelo e da vestimenta dos alunos na interação aluno-professor; 4) as expressões faciais furiosas, gestos ameaçadores e tom de voz crítico freqüentemente usados disciplinarmente em escolas primárias; 5) professores que solicitam questionamentos e críticas dos alunos, mas cujo comportamento não-verbal deixa claro não estarem receptivos; 6) a repreensão por estar distraído na aula; 7) a disposição das carteiras e a forma de fiscalização durante exames revelando o grau de confiança do professor nos alunos; 8) a variedade de técnicas que os alunos usam para fazer com que o dormir pareça estudar ou prestar atenção; 9) professores universitários que anunciam ter tempo de sobra para participar de reuniões de alunos, mas que ficam todo o tempo olhando para o relógio, a sugerir o contrário; 10) professores que utilizam recurso visual para facilitar a compreensão dos alunos (Jecker, Maccoby, Breitrose e Rose, 1964); 11) o modo como a apresentação da sala de aula (cores das paredes, espaço entre assentos, janelas) influencia a participação do aluno e a aprendizagem (Todd-Mancillas, 1982; Weinstein, 1979); 12) os sinais não-verbais que indicam a "proximidade" professor-aluno (Andersen e Andersen, 1982).

Por vezes, uma sutil influência não-verbal na sala de aula pode acarretar resultados desastrosos, como Rosenthal e Jacobson (1968) descobriram. Testes de QI foram aplicados em alunos de escolas primárias no início do segundo bimestre letivo. *Aleatoriamente* (e não de acordo com as pontuações), alguns alunos foram classificados com altos níveis em um "teste de florescimento intelectual", indicativo de que apresentariam desenvolvimento intelectual incomum no ano seguinte. Esses alunos mostraram um aumento significativo em testes de QI aplicados ao final do semestre, fato que foi atribuído às expectativas dos professores e ao modo como esses alunos "especiais" foram tratados.

> Para sintetizar nossas especulações, poderíamos dizer que, pelo que foi dito, pela maneira e momento em que foi dito, por suas expressões faciais, posturas e até mesmo pelo toque, a professora pode ter comunicado às crianças do grupo experimental que esperava desempenho intelectual superior. Tais comunicados, junto com possíveis mudanças nas técnicas de ensino, podem ter ajudado a criança a aprender pela mudança de seu autoconceito, de suas expectativas em relação ao próprio comportamento e de sua motivação, bem como de seu estilo cognitivo e de suas habilidades. [p. 180]

Em outro experimento, pesquisadores foram informados de que seus ratos (embora da mesma população) eram "bons de labirinto" ou "burros de labirinto", com referência à habilidade para percorrer determinado labirinto. Os pesquisadores que esperavam melhor desempenho dos ratos o obtiveram (Rosenthal e Fode, 1963). O papel das expectativas que afetam o comportamento não-verbal, que, por sua vez, afeta as respostas de outros, é uma via de duas mãos. Tanto alunos quanto professores têm expectativas que afetam o comportamento do professor e o seu próprio.

Pesquisa comportamental

Intimamente associada ao trabalho de Rosenthal sobre o comportamento não-verbal em sala de aula está sua exposição sobre "predisposição do pesquisador", o modo como aspectos não-verbais na ciência comportamental com freqüência influenciam os resultados do pesquisador.

Rosenthal formulou a seguinte questão: "Comunicações veladas ocorrem rotineiramente em todas as outras interações duais, por que então não haveriam de ocorrer na díade composta pelo pesquisador e seu sujeito?" (Rosenthal, 1967, p. 357). Partindo dessa premissa, Rosenthal passou a explorar as dimensões não-verbais da relação pesquisador-sujeito (Rosenthal, 1966). Algumas conclusões de seu trabalho e de outros relacionados são: 1) Há uma considerável quantidade de evidências disponíveis que demonstram que pesquisadores de sexos opostos obtêm dados significativamente diferentes de seus sujeitos. Pesquisadores homens podem comportar-se de maneira "interessada" em relação a sujeitos mulheres, despendendo mais tempo no comportamento de preparação, aproximando-se mais. Sujeitos mulheres às vezes são tratados com maior protecionismo durante investigações que envolvem tensão e estresse. Sujeitos mulheres podem receber mais atenção e consideração do que homens. 2) Em alguns casos, pesquisadores negros obtiveram diferentes respostas a questionários e a equipamento de medição de reação da pele a estímulo galvânico do que seus pares brancos. 3) Mudanças na aparência de uma entrevistada, visando torná-la mais ou menos "judia", alteraram as respostas a uma pesquisa pública contendo questões anti-semitas. 4) Pesquisadores considerados de maior prestígio obtiveram respostas diferentes daquelas obtidas por pesquisadores de menor *status*. 5) A necessidade de aprovação do pesquisador, dominação, autoritarismo, calor ou frieza, contato prévio com os sujeitos e quantidade de experiência em pesquisa com bastante freqüência influenciam a relação dual e, portanto, os resultados da pesquisa. 6) Às vezes, os sujeitos funcionam como fonte de comportamentos manifestados *a posteriori* pelo pesquisador. Tome, por exemplo, o sujeito particularmente antipático que afeta o dia inteiro de testes do pesquisador, tornando-o hostil e mal-humorado. 7) Esses efeitos, por certo, serão mais acentuados se o pesquisador for um eficiente codificador de signos não-verbais e monitorar-se pouco (como não atentar para a impressão que está causando nos outros), e se o participante do experimento for um decodificador eficiente de tais signos (Zuckerman, DeFrank, Hall e Rosenthal, 1978; Sullins, Friedman e Harris, 1985).

Os sinais particulares emitidos pelos pesquisadores cobrem ampla gama de sinais acústicos e visuais (Timaeus, 1973; Finkelstein, 1976). Se pesquisador e sujeito precisarem interagir, pode ser uma questão de "aprovar" uma resposta com um "ah-ah", um sorriso, um olhar ou uma combinação desses comportamentos. Não há necessidade de interação explícita, entretanto. O pesquisador pode estabelecer o clima e transmitir suas expectativas pelo modo como lê as instruções – enfatizando certas palavras, lendo em diferentes velocidades e assim por diante. É possível perceber também o relaxamento de tensão e o movimento de cabeça discutidos anteriormente no caso de Hans, o Esperto. Um experimento revelou que, quando pesquisadores japoneses obtinham respostas diferentes daquelas esperadas, observadores podiam notar diferenças em seu tom de voz, mesmo não entendendo a língua japonesa (Scherer, Uno e Rosenthal, 1972). Em outro esforço para identificar os sinais associados com a predisposição do pesquisador, algumas pessoas foram solicitadas a dar aulas a um menino de doze anos (Chaikin, Sigler e Derlega, 1974). Para uns, o garoto era descrito como bom; para outros, como difícil, ao passo que um terceiro grupo não recebeu informação alguma acerca da inteligência do menino. Uma gravação de cinco minutos da aula foi analisada para detecção de comportamentos de empatia e aprovação. Os instrutores do dito bom aluno sorriam mais, tinham mais contato ocular, aproximavam-se mais e assentiam mais com a cabeça do que os outros dois grupos. Em geral, portanto, pessoas que esperam que o outro se saia bem (em comparação àquelas que esperam um desempenho sofrível) parecem: 1) criar um clima socioemocional caloroso; 2) fornecer retorno mais diferenciado para o desempenho; 3) apresentar material mais (e cada vez mais) difícil; 4) propiciar mais oportunidades para o sujeito responder (Rosenthal, 1985).

Ritual da conquista

Um comentário sobre o comportamento não-verbal da conquista encontra-se nos seguintes excertos da canção *Something*, dos Beatles:

> Something in the way she moves
> Attracts me like no other lover
> Something in the way she woos me...
>
> Something in her smile she knows
> That I don't need no other lover
> Something in her style that shows me...
>
> You're asking me will my love grow...
> You stick around, now
> It may show...[2]

Como a canção sugere, sabemos que há "algo" altamente influente no comportamento não-verbal da conquista. À semelhança de outras áreas do estudo da comunicação não-verbal, no entanto, ainda estamos em estágio inicial para quantificarmos esses padrões de comportamento. Intuitivamente, sabemos que alguns homens e mulheres conseguem transmitir mensagens tais como "estou disponível", "sou inteligente" ou "quero você" sem dizer uma palavra. Essas mensagens podem ser expressadas pelo movimento dos quadris, tipos de toque, contato ocular demorado, olhar atento ao corpo do outro, mostrando excitação e desejo em fugazes expressões faciais e mantendo a proximidade. Quando sutis o bastante, tais movimentos permitirão a ambas as partes negar haver realizado um ritual de cortejo.

Um estudo realizado pelos alunos de um dos autores examinou o comportamento não-verbal em bares de solteiros. Um charuto era tabu para qualquer homem que quisesse conquistar uma mulher nesse ambiente. Outros comportamentos de particular importância para os homens pareciam ser olhar a mulher nos olhos a todo momento, vestir-se de modo geral de acordo com as tendências atuais (mas evitando extremos) e ficar com uma mulher a noite toda. Mas as mulheres exibem ainda sinais que aumentam o interesse dos homens. Em outro estudo sobre flertes em bares de solteiros, observaram-se os seguintes sinais fre-

---

[2] Algo na maneira como ela se move/ me atrai mais que qualquer outra amada/ algo no modo como me corteja.../ algo em seu sorriso ela sabe/ que não preciso de outra amada/ algo em seu jeito me mostra.../ você me pergunta se meu amor aumentará.../ Espere.../ Talvez apareça...

qüentes nas mulheres: um olhar panorâmico do ambiente; sorriso para alguém em particular; uma dança solitária (no compasso da música); um olhar penetrante a alguém em particular; um olhar fixo de três segundos; um meneio de cabeça; um movimento de cabelo; e uma atenção dirigida a um homem, que às vezes incluía esbarrar nele. Para validar tais sinais como especificamente associados ao flerte, os pesquisadores examinaram a freqüência deles em mulheres dentro de uma lanchonete, em uma biblioteca e durante um encontro de mulheres. Nenhum desses contextos revelou algo próximo ao número de comportamentos de flerte encontrado nos bares (Moore, 1985).

Um grupo de graduandos da Universidade de Wisconsin, em Milwaukee (de uma das turmas do autor), enfocou o comportamento não-verbal da conquista em homossexuais do sexo masculino e descobriu muitas semelhanças com os rituais de cortejo de heterossexuais. Descobriu-se que os homossexuais enfeitavam seus aposentos para impressionar os parceiros, usavam a roupa como forma de atração e identificação e o olhar para comunicar intenções. Scheflen (1965) delineou quatro categorias do comportamento não-verbal da conquista de heterossexuais: disposição para cortejar, preocupação com a própria aparência, mostra de interesse e atos de apelo ou convite. Os estudantes de Milwaukee julgaram ser tais categorias válidas também para a análise do comportamento não-verbal de homossexuais ao cortejarem. Contrariamente ao estereótipo popular, a maioria dos homossexuais não tem características efeminadas. Isso levanta a interessante questão de que sinais são usados com o propósito de identificação entre dois homossexuais (Delph, 1978). Certamente que o contexto ambiental deve ser de enorme influência (bares *gay*), mas outros sinais são usados, tais como gírias, breve contato corporal (perna contra perna) e outros movimentos do corpo, como trejeitos de mão ou cabeça. Em lugares públicos, contudo, os signos mais comuns e eficazes são olhares demorados. Homens desinteressados muito provavelmente evitarão longos olhares, enquanto aqueles que mantenham esse tipo de contato ocular sugerem estar abertos a uma aproximação.

Nielsen (1962), citando Birdwhistell, descreveu a "dança do cortejo" do adolescente americano e alega haver identificado 24 passos do "contato inicial entre a jovem e o jovem até a cópula". E explica que tais passos apresentam uma seqüência particular: quando o menino começa segurando a mão da menina, deve esperar até que ela aperte sua mão (sinalizando um "vá em frente") antes que ele possa dar o próximo passo de entrelaçar seus dedos com os dela. Meninos e meninas são rotulados de "rápidos" ou "lentos" conforme realizem a seqüência de passos. Se um passo é esquecido ou pulado, a pessoa que assim procede é rotulada de "rápida". Se um indivíduo ignora o sinal para avançar ao próximo passo, ou age de maneira a evitá-lo, é considerado "lento". Essa ordenação sugere que somente após o beijo inicial o macho tenta aproximar-se dos seios da fêmea. Ela provavelmente bloqueará sua aproximação com o antebraço junto ao corpo, já que o protocolo proíbe tocar os seios pela frente. O macho de fato não espera chegar ao seio antes de uma quantidade considerável de beijos.

Até aqui nos concentramos na conquista entre homens e mulheres solteiros. Por certo há outros livros a serem escritos sobre os padrões do comportamento não-verbal do cortejo dos casados. Todo o repertório de mensagens sugerindo ou rejeitando a relação sexual é sobretudo não-verbal. Alguns observadores, a título de exemplo, notaram que "ficar acordado até tarde vendo televisão" é um método comum de dizer "hoje não".

Morris (1971) acredita que casais heterossexuais na cultura ocidental normalmente percorrem uma seqüência de passos, como os padrões de cortejo de outros animais, na estrada da intimidade sexual. Observe o tema não-verbal predominante: 1) olho ao corpo; 2) olho a olho; 3) voz a voz; 4) mão a mão; 5) braço ao ombro; 6) braço à cintura; 7) boca à boca; 8) mão à cabeça; 9) mão ao corpo; 10) boca ao seio; 11) mão aos genitais; 12) genitais a genitais e/ou boca a genitais. Morris, como Nielsen, acredita que esses passos sigam em geral a mesma ordem, embora admita que haja variações. Pular passos ou passar a um nível de intimidade além daquele esperado ocorre em certos tipos de contato físico socialmente formalizados, como, por exemplo, um beijo de boa-noite ou um aperto de mão social.

Sumário

O termo *não-verbal* é comumente usado para descrever todos os eventos da comunicação humana que transcendem as palavras escritas ou faladas. Ao mesmo tempo, deve-se notar que esses eventos e comportamentos não-verbais podem ser interpretados por signos verbais. Descobrimos também que qualquer esquema classificatório que separe coisas em duas categorias diferentes (verbal/não-verbal, hemisfério cerebral direito/esquerdo, oral/não-oral etc.) não considerará fatores que parecem não se enquadrar em uma das categorias. Mais adequado seria pensarmos em comportamentos existindo num *continuum* com alguns comportamentos sobrepondo-se a dois *continua*.

Embora credite-se ao hemisfério cerebral direito muito do processamento da informação não-verbal, há uma considerável sobreposição de funções entre ambos os hemisférios – em especial, se um lado necessita compensar uma cirurgia no outro hemisfério. Para compreender qualquer ato comunicativo em seu todo (não-verbal, neste caso) é mister considerar a intenção do emitente e a intenção percebida pelo receptor. Uma razão para que essas conceitualizações de intenção sejam tão importantes é que elas podem estabelecer os limites do que é considerado comunicação não-verbal *stricto sensu*. Em um caso, os pesquisadores julgaram que apenas os comportamentos que fizessem parte de um código partilhado entre emissor e receptor poderiam ser chamados de signos em comunicação não-verbal. Repassamos um *continuum* do comportamento codificador do intrínseco (o referente) ao icônico (algum aspecto do referente preservado), ao arbitrário (pouco ou nada do referente preservado).

Os escritos teóricos e as pesquisas sobre comunicação não-verbal podem ser subdivididos nas cinco áreas seguintes: 1) o ambiente comunicacional; 2) a aparência física do comunicador; 3) proxêmica; 4) movimento corporal ou comportamento cinestésico (gestos, postura, toque, expressões faciais e comportamento ocular); 5) paralinguagem (qualidades vocais e vocalizações, incluindo latência de resposta, pausas e silêncio). A comunicação não-verbal não deve ser estudada como fenômeno isolado, mas como parte inseparável do processo comunicativo total. Os inter-relacionamentos de comportamentos verbal e não-verbal foram ilustrados em nossa discussão acerca das funções do comportamento não-verbal.

As funções semântica, sintática, pragmática e dialogal do comportamento não-verbal também foram abordadas, bem como o papel do comportamento não-verbal na repetição, contradição, substituição, complementação, acentuação e regulação da comunicação verbal. A comunicação não-verbal é importante por seu papel no sistema total de comunicação, pela enorme quantidade de sinais informacionais que fornece em dada situação e por seu uso em áreas fundamentais de nosso cotidiano.

Neste capítulo examinamos alguns dos destaques históricos, referindo-nos à influência atual das obras de Darwin, Efron, Birdwhistell, Hall, Ruesch e Kees, Mehrabian, Rosenthal, Ekman e Friesen, entre outros. A importância do papel e das limitações da literatura popular também foi considerada. Concluiu-se o capítulo com um relato da predominância e da importância dos signos não-verbais em áreas selecionadas do cotidiano. Abordamos manifestações não-verbais no comportamento de sala de aula, na pesquisa comportamental, no ritual da conquista e na política na televisão.

Referências

Aguillera, D. C. (1967). Relationship between physical contact and verbal interaction between nurses and patientes. *Journal of Psychiatric Nursing and Mental Health Services, 5,* 5–21.

Argyle, M. (1975). *Bodily communication.* Nova York: International Universities Press.

Argyle, M., & Cook, M. (1976). *Gaze and mutual gaze.* Nova York: Cambridge University Press.

Argyle, M. (1988). *Bodily communication.* 2d ed. Londres. Methuen.

Andersen, P. A., & Andersen, J. (1982). Nonverbal immediacy in instruction. In L. L. Barker (Ed.), *Communication in the classroom* (pp. 98–120). Englewood Cliffs, NJ: Prentice-Hall.

Andersen, P. A., Garrison, J. P., & Andersen, J. F. (1979). Implications of a neurophysiological approach for the study of nonverbal communication. *Human Communication Research, 6,* 74–89.

Asendorpf, J., & Wallbott, H. G. (1982). Contributions of the German "Expression Psychology" to nonverbal communication research. *Journal of Nonverbal Behavior, 6,* 135–47, 199–219; e 7, 20–32.

Beakel, N. G., & Mehrabian, A. (1969). Inconsistent communications and psychopathology. *Journal of Abnormal Psychology, 74,* 126–130.

Birdwhistell, R. L. (1952). *Introduction to kinesics: An annotation system for analysis of body motion and gesture.* Washington, DC: Foreign Service Institute, U.S. Department of State/Ann Arbor, Michigan: University Microfilms.

Birdwhistell, R. L. (1967). Some body motion elements accompanying spoken American English. In I. Thayer (Ed.), *Communication: Concepts and perspectives.* Washington, DC: Spartan Books.

Birdwhistell, R. L. (1970). *Kinesics and context.* Filadélfia: University of Pennsylvania Press.

Blanck, P. D., Rosenthal, R., & Cordell, L. H. (1985). The appearance of justice:

Judges' verbal and nonverbal behavior in criminal jury trials. *Stanford Law Review, 38*, 89–164.

Bryski, B. G., & Frye, J. K. (1979–80). Nonverbal communication in presidential debates. *Australian Scan, 7*, and 8, 25–31.

Bugental, D. E. (1974). Interpretations of naturally occurring discrepancies between words and intonation: Modes of inconsistency resolution. *Journal of Personality and Social Psychology, 30*, 125–33.

Bugental, D. E., Love, L. R., & Gianetto, R. M. (1971). Perfidious feminine faces. *Journal of Personality and Social Psychology, 17*, 314–18.

Bugental, D. E., Love, L. R., Kaswan, J. W., & April, C. (1971). Verbal-nonverbal conflict in parental messages to normal and disturbed children. *Journal of Abnormal Psychology, 77*, 6–10.

Bugental, D. E., Kaswan, J. W., Lowe, L. R., & Fox, M. N. (1970). Child versus adult perception of evaluative messages in verbal, vocal, and visual channels. *Developmental Pshychology, 2*, 367–75.

Burgoon, J. K. (1980). Nonverbal communication research in the 1970s: An overview. In D. Nimmo (Ed.), *Communication yearbook 4*. New Brunswick, NJ: Transaction.

Chaikin, A. L., Sigler, E., & Derlega, V. J. (1974). Nonverbal mediators of teacher expectancy effects. *Journal of Personality and Social Psychology, 30*, 144–49.

Cooper, K. (1979). *Nonverbal communication for business success.* Nova York: Amacom.

Crystal, D. (1975). *The English tone of voice: Essays in intonation, prosody and paralanguage.* Londres: Edward Arnold.

Crystal, D., & Quirk, R. (1964). *Systems of prosodic and paralinguistic features in English.* The Hague: Mouton.

Darwin, C. (1872). *The expression of the emotions in man and animals.* Londres: John Murray.

Davis, M. (1979). The state of the art: Past and present trends in body movement research. In A. Wolfgang (Ed.), *Nonverbal behavior: Applications and cultural implications* (pp. 51–66). Nova York: Academic Press.

Davitz, J. R. (1964). *The communication of emotional meaning.* Nova York: McGraw-Hill.

Delph, E. W. (1978). *The silent community: Public homosexual encounters.* Beverly Hills, CA: Sage.

DePaulo, B. M., Rosenthal, R., Eisenstat, R., Rogers, P.L., & Finkelstein, S. (1978). Decoding discrepant nonverbal cues. *Journal of Personality and Social Psychology, 36*, 313–23.

Dittmann, A. T. (1977). The role of body movement in communication. In A. W. Siegman & S. Feldstein (Eds.), *Nonverbal behavior and communication* (pp. 37–64). Potomac, MD: Erlbaum.

Efron, D. (1941). *Gesture and environment.* Nova York: King's Crown Press (Republicado como *Gesture, race and culture* em 1972).

Ekman, P. (1964). Body position, facial expression and verbal behavior during interviews. *Journal of Abnormal and Social Psychology, 68*, 194–301.

Ekman, P. (1965). Communication through nonverbal behavior: A source of information about an interpersonal relationship. *In* S. S. Tomkins & C. E. Izard (Eds.), *Affect, cognition and personality*. Nova York: Springer.

Ekman, P. (Ed.), (1973). *Darwin and facial expression: A century of research in review*. Nova York: Academic Press.

Ekman, P., & Friesen, W. V. (1967). Head and body cues in the judgement of emotion: A reformulation. *Perceptual and Motor Skills, 24*, 711–24.

Ekman, P., & Friesen, W. V. (1969). The repertoire of nonverbal behavior: Categories, origins, usage, and coding. *Semiotica, 1*, 49–98.

Ekman, P., Friesen, W. V., & Ellsworth, P. (1972). *Emotion in the human face*. Elmsford, NY: Pergamon Press.

Ekman, P., Liebert, R. M., Friesen, W. H., Harrison, R., Zlatchin, C., Malmstrom, E. J., & Baron, R. A. (Eds.), (1972). Facial expressions of emotion while watching televised violence as predictors of subsequent aggression. *In* G. A. Comstock, E. A. Rubinstein, & J. P. Murray, *Television and social behavior: Vol. 5*. Washington, DC: U.S. Government Printing Office.

Exline, R. V. (1971). Visual interaction: The glances of power and preference. *In* J. K. Cole (Ed.), *Nebraska symposium on motivation* (pp. 163–206). Lincoln: University of Nebraska Press.

Fast, J. (1970). *Body language*. Nova York: M. Evans.

Finkelstein, J. C. (1976). Experimenter expectancy effects. *Journal of Communication, 26*, 31–8.

Frank, L. K. (1957). Tactile communication. *Genetic Pshychology Monographs, 56*, 209–55.

Friedman, H. S. (1978). The relative strength of verbal versus nonverbal cues. *Personality and Social Psychology Bulletin, 4*, 147–50.

Furnham, A., Trevethan, R., & Gaskell, G. (1981). The relative contribution of verbal, vocal, and visual channels to person perception: Experiment and critique. *Semiotica, 37*, 39–57.

Galloway, C. M. (1979). Teaching and nonverbal behavior. *In* A. Wolfgang (Ed.), *Nonverbal behavior: Applications and cultural implications* (pp. 197–207). Nova York: Academic Press.

Givens, D. B. (1978). Contrasting nonverbal styles in mother-child interaction: Examples from a study of child abuse. *Semiotica, 24*, 33–47.

Goldman-Eisler, F. (1968). *Psycholinguistics: Experiments in spontaneous speech*. Nova York: Academic Press.

Grayson, B., & Stein, M. I. (1981). Attracting assault: Victims' nonverbal cues. *Journal of Communication, 31*, 68–75.

Hall, E. T. (1959). *The silent language*. Garden City, NY: Doubleday.

Hall, J. A., Roter, D. L., & Rand, C. S. (1981). Communication of affect between patient and physician. *Journal of Health and Social Behavior, 22*, 18–30.

Harrison, R. (1975). Body language revisited. *Journal of Communication, 25*, 223–24.

Hecht, M., Foster, S. H., Dunn, D. J., Williams, J. K., Anderson, D. R., & Pulbratek, D. (1986). Nonverbal behavior of young abused and neglected children. *Communication Education, 35*, 134–42.

Hess, E. H. (1975). *The tell-tale eye*. Nova York: Van Nostrand Reinhold.

Jecker, J., Maccoby, M., Breitrose, M., & Rose, E. (1964). Teacher accuracy in assessing cognitive visual feedback from students. *Journal of Applied Psychology, 48*, 393–97.

Kendon, A. (1977). *Studies in the behavior of social interaction*. Bloomington, IN: University of Indiana Press.

Kendon, A. (1981). Introduction: Current issues in the stydy of "nonverbal communication". In A. Kendon (Ed.), *Nonverbal communication, interaction and gesture* (pp. 8–10). The Hague: Mouton.

Kendon, A. (1983). Gesture and speech: How they interact. In J. M. Wiemann & R. P. Harrison (Eds.), *Nonverbal interaction*. Beverly Hills, CA: Sage.

Knapp, M. L. (1984). The study of nonverbal behavior vis-a-vis human communication theory. In A. Wolfgang (Ed.), *Nonverbal behavior: Perspectives, applications, and intercultural insights* (pp. 15–40). Nova York: Hogrefe.

Knapp, M. L., Hart, R. P., Friedrich, G. W., & Shulman, G. M. (1975). The rhetoric of goodbye: Verbal and nonverbal correlates of human leave-taking. *Speech Monographs, 40*, 182–98.

Koivumaki, J. H. (1975). "Body language taught here." *Journal of Communication, 25*, 26–30.

Koutlak, R. (7 de novembro de 1976). With half a brain, his IQ is 126, and doctors are dumbfounded [Section one]. *Chicago Tribune*, p. 6.

Krauss, R. M., Apple, W., Morency, N., Wenzel, C., & Winston, W. (1981). Verbal, vocal, and visible factors in judgments of another's affect. *Journal of Personality and Social Psychology, 40*, 312–20.

Kretschmer, E. (1925). *Physique and character*. NovaYork: Harcourt Brace Jovanovich.

Krivonos, P. D., & Knapp, M. L. (1975). Initiating communication: What do you say when you say hello? *Central States Speech Journal, 26*, 115–25.

Leathers, D. G. (1979). The impact of multichannel message inconsistency on verbal and nonverbal decoding behaviors. *Communication Monographs, 46*, 88–100.

MacKay, D. M. (1972). Formal analysis of communicative processes. In R. A. Hinde (Ed.), *Nonverbal communication*. Nova York: Cambridge University Press.

Maslow, A. H., & Mintz, N. L. (1956). Effects of esthetic surroundings: I. Initial effects of three esthetic conditions upon perceiving "energy" and "well-being" in faces. *Journal of Psychology, 41*, 247–54.

McCaskey, M. B. (1979, novembro/dezembro). The hidden messages managers send. *Harvard Business Review*, pp. 137–48.

McGinnis, J. (1969). *The selling of the President 1968*. Nova York: Simon & Schuster, Inc.

Mehrabian, A. (1970). A semantic space for nonverbal behavior. *Journal of Consulting and Clinical Psychology, 35*, 248–57.

Mehrabian, A. (1972). *Nonverbal Communication*. Chicago: Aldine-Atherton.

Mehrabian, A. (1972). Inconsistent messages and sarcasm. In A. Mehrabian (Ed.), *Nonverbal communication* (pp. 104–32). Chicago: Aldine-Atherton.

Mehrabian, A. (1981). *Silent messages*. 2d ed. Belmont, CA: Wadsworth.

Montagu, M. F. A. (1971). *Touching: The human significance of the skin*. Nova York: Columbia University Press.
Moore, M. M. (1985). Nonverbal courtship patterns in women: Content and consequences. *Ethology and Sociobiology, 6*, 237–47.
Morris, D. (1971). *Intimate behavior*. Nova York: Random House.
Myers, M. B., Templer, D. I., & Brown, R. (1984). Coping ability of women who become victims of rape. *Journal of Consulting and Clinical Psychology, 52*, 73–8.
Nielsen, G. (1962). *Studies in self-confrontation*. Copenhagen: Munksgaard; Cleveland: Howard Allen.
Patterson, M. L. (1983). *Nonverbal behavior: A functional perspective*. Nova York: Springer-Verlag.
Patterson, M. L. (1984). Nonverbal exchange: Past, present, and future. *Journal of Nonverbal Behavior, 8*, 350–59.
Peskin, S. H. (1980). Nonverbal communication in the courtroom. *Trial Diplomacy Journal, 3*, 8–9 (Spring); 6–7, 55 (Summer).
Pfungst, O. (1965). *Clever Hans (The horse of Mr. Von Osten): A contribution to experimental, animal and human psychology* (C. L. Rahn, Trans.). Nova York: Holt, Rinehart & Winston. (Artigo original publicado em 1911).
Pryor, B., & Buchanan, R. W. (1984). The effects of a defendant's demeanor on juror perceptions of credibility and guilt. *Journal of Communication, 34*, 92–9.
Quintilian, M. F. (1922). *Quintiliani instituiones* (H. E. Butler, Trans.). Londres: Heinemann. (Original conhecido no ano 100 da era cristã).
Rosenthal, R. (1966). *Experimenter effects in behavioral research*. Nova York: Appleton-Century-Crofts.
Rosenthal, R. (1967). Covert communication in the psychological experiment. *Psychological Bulletin, 67*, 356–67.
Rosenthal, R. (1985). Nonverbal cues in the mediation of interpersonal expectancy effects. In A. W. Siegman & S. Feldstein (Eds.), *Multichannel integrations of nonverbal behavior* (pp. 105–28). Hillsdale, NJ: Erlbaum.
Rosenthal, R., & Fode, K. (1963). Psychology of the scientist: V. Three experiments in experimenter bias. *Psychological Reports, 12*, 491–511.
Rosenthal, R., & Jacobson, L. (1968). *Pygmalion in the classroom*. Nova York: Holt, Rinehart & Winston.
Ruesch, J., & Kees, W. (1956). *Nonverbal communication: Notes on the visual perception of human relations*. Los Angeles: University of California Press.
Safer, M. A. (1981). Sex and hemisphere differences in access to codes for processing emotional expressions and faces. *Journal of Experimental Psychology: General, 110*, 86–100.
Saks, M. J. (1976). Social scientists can't rig juries. *Psychology Today, 9*, 48–50, 55–7.
Scheflen, A. E. (1965). Quasi-courtship behavior in psychotherapy. *Psychiatry, 28*, 245–57.
Scheflen, A. E. (1972). *Body language and the social order*. Englewood Cliffs, NJ: Prentice-Hall.
Scherer, K. B., Uno, Y., & Rosenthal, R. (1972). A cross-cultural analysis of

vocal behavior as a determinant of experimenter expectancy effects: A Japanese case. *International Journal of Psychology, 1,* 109–7.

Scherer, K. R. (1980). The functions of nonverbal signs in conversation. *In* R. N. St. Clair & H. Giles (Eds.), *The social and psychological contexts of language* (pp. 225–44). Hillsdale, NJ: Erlbaum.

Sebeok, T. A., & Rosenthal, R. (Eds.), (1981). The Clever Hans phenomenon. *Annals of the New York Academy of Sciences, 364.*

Sebeok, T. A., & Umiker-Sebeok, J. (1980). *Speaking of apes: Critical anthology of two-way communication with man.* Nova York: Plenum.

Shapiro, J. G. (1968). Responsivity to facial and linguistic cues. *Journal of Communication, 18,* 11–7.

Shawn, T. (1954). *Every little movement: A look about Francois Delsarte.* Pittsfield, MA: Eagle Print & Binding Co.

Sheldon, W. H. (1940). *The varieties of human physique.* Nova York: Harper and Row.

Smith, H. A. (1979). Nonverbal communication in teaching. *Review of Educational Research, 49,* 631–72.

Solomon, D., & Ali, F. A. (1975). Influence of verbal content and intonation on meaning attributions of first-and-second language speakers. *Journal of Social Psychology, 95,* 3–8.

Sommer, R. (1969). *Personal space.* Englewood Cliffs, NJ: Prentice-Hall.

Stamp, G., & Knapp, M. L. (1990). The construct of intent in interpersonal communication. *Quarterly Journal of Speech, 76,* 282–99.

Stefano, J. (1977). Body language and persuasion. *Litigation, 3,* 31–3, 54–5.

Stiff, J. B., Hale, J. L., Garlick, R., & Rogan, R. G. (1990). Effect of cue incongruence and social normative influences on individual judgements of honesty and deceit. *Southern Communication Journal, 55,* 206–29.

Streeck, J., & Knapp, M. L. (1991). The interaction of visual and verbal features in human communication. *In* F. Poyatos (Ed.), *Studies in nonverbal communication: Interdisciplinary approaches through the social and clinical sciences, literature and arts.* Amsterdã: John Benjamins.

Sullins, E. S., Friedman, H. S., & Harris, M. J. (1985). Individual differences in expressive style as mediator of expectancy communication. *Journal of Nonverbal Behavior, 9,* 229–38.

Tabor, E. (1970). *Decoding of consistent and inconsistent attitudes in communication.* Dissertação de doutorado não publicada, Illinois Institute of Technology.

Thompson, J. J. (1973). *Beyond words: Nonverbal communication in the classroom.* Nova York: Citation Press.

Tiemens, R. K. (1978). Television's portrayal of the 1976 presidential debates: An analysis of visual content. *Communication Monographs, 45,* 362–70.

Timaeus, E. (1973). Some non-verbal and paralinguistic cues as mediators of experimenter expectancy effects. *In* M. von Cranach & I. Vine (Eds.), *Social communication and movement* (pp. 445–64). Nova York: Academic Press.

Todd-Mancillas, W. R. (1982). Classroom environments and nonverbal behavior. *In* L. L. Barker (Ed.), *Communication in the classroom* (pp. 77–97). Englewood Cliffs, NJ: Prentice-Hall.

Trager, G. L. (1958). Paralanguage: A first approximation. *Studies in Linguistics*, *13*, 1–12.
Trimboli, A., & Walker, M. B. (1987). Nonverbal dominance in the communication of affect: A myth? *Journal of Nonverbal Behavior*, *11*, 180–90.
Vancil, D. L., & Pendell, S. D. (1987). The myth of viewer-listener disagreement in the first Kennedy-Nixon debate. *Central States Speech Journal*, *38*, 16–27.
Vande Creek, L., & Watkins, J. T. (1972). Responses to incongruent verbal and nonverbal emotional cues. *Journal of Communication*, *22*, 311–16.
Volkmar, F. R., & Siegel, A. E. (1982). Responses to consistent and discrepant social communications. In R. S. Feldman (Ed.), *Development of nonverbal behavior in children* (pp. 231–55). Nova York: Springer-Verlag.
Weinstein, C. S. (1979). The physical environment of the school: A review of research. *Review of Educational Research*, *49*, 577–610.
Wiemann, J. M. (1977). Explication and test of a model of communicative competence. *Human Communication Research*, *3*, 195–213.
Wiener, M., Devoe, S., Rubinow, S., & Geller, J. (1972). Nonverbal behavior and nonverbal communication. *Psychological Review*, *79*, 185–214.
Wiener, M., & Mehrabian, A. (1968). *Language within language*. Nova York: Appleton-Century-Crofts.
Woolfolk, A. (1978). Student learning and performance under varying conditions of teacher verbal and nonverbal evaluative communication. *Journal of Educational Psychology*, *70*, 87–94.
Woolfolk, A. E., & Brooks, D. M. (1983). Nonverbal communication in teaching. In E. Gordon (Ed.), *Review of Research in Education*, *10*. Washington, DC: American Educational Research Association.
Woolfolk, A. E., & Brooks, D. M. (1985). The influence of teachers' nonverbal behaviors on students' perceptions and performance. *The Elementary School Journal*, *85*, 513–28.
Zahn, G. L. (1980). Nonverbal communication from superiors and peers: Perceived impact. *Communication Research*, *7*, 495–509.
Zuckerman, M., DeFrank, R. S., Hall, J. A., & Rosenthal, R. (1978). Accuracy of nonverbal communication as determinant of interpersonal expectancy effects. *Environmental Pshychology and Nonverbal Behavior*, *2*, 206–14.

Bibliografia selecionada

As fontes a seguir foram selecionadas usando o mesmo critério adotado para o material do capítulo 1: provê uma larga perspectiva introdutória para o entendimento da comunicação não-verbal.

Teorias, resumos e estudos
Benthall, J., & Polhemus, T. (Eds.), (1975). *The body as a medium of expression*. Nova York: E. P. Dutton.
Braroe, N. W. (1976). State of nonverbal communication as a field of inquiry. *American Anthropologist*, *78*, 866–70.
Buck, R. (1984). *The communication of emotion*. Nova York: Guilford.
Bull, P. (1983). *Body movement and interpersonal communication*. Nova York: Wiley.

Burgoon, J. (1980). Nonverbal communication in the 1970s: An overview. *In* Nimmo, D. (Ed.), *Communication yearbook Vol. 4* (pp. 179–97). New Brunswick, NJ: Transaction.

Burgoon, J. K. (1985). Nonverbal signals. *In* M. L. Knapp & G. R. Miller (Eds.), *Handbook of interpersonal communication* (pp. 344–90). Beverly Hills, CA: Sage.

Cappella, J. N. (1981). Mutual influence in expressive behavior: Adult-adult and infant-adult dyadic interaction. *Psychological Bulletin, 89*, 101–32.

Crouch, W. W. (1979–80). The nonverbal communication literature: A book review. *Australian Scan: Journal of Human Communication, 7 & 8*, 1–11.

Druckman, D., Rozelle, R. M., & Baxter, J. C. (1982). *Nonverbal communication: Survey, theory and research*. Beverly Hills, CA,: Sage.

Duncan, S. (1969). Nonverbal communication. *Psychological Bulletin, 72*, 118–37.

Duncan, S., Jr., & Fiske, D. W. (1977). *Face-to-face interaction: Research, methods, and theory*. Hillsdale, NJ: Erlbaum.

Ekman, P. (1977). What's in a name? *Journal of Communication, 27*, 237–9.

Ekman, P., & Friesen, W. V. (1969). The repertoire of nonverbal behavior: Categories, origins, usage, and coding. *Semiotica, 1*, 49–98.

Ellyson, S. L., & Dovidio, J. F. (Eds.), (1985). *Power, dominance, and nonverbal behavior*. Nova York: Springer-Verlag.

Goffman, E. (1971). *Relations in public*. Nova York: Basic Books.

Hall, J. A. (1984). *Nonverbal sex differences: Communication accuracy and expressive style*. Baltimore: Johns Hopkins University Press.

Harper, R. G., Wiens, A. N., & Matarazzo, J. D. (1978). *Nonverbal communication: The state of the art*. Nova York: John Wiley & Sons.

Harrison, R. P. (1972). Nonverbal behavior: An approach to human communication. *In* R. W. Budd, & B. D. Ruben (Eds.). *Approaches to human communication* (pp. 253–68). Nova York: Spartan Books.

Harrison, R. P. (1973). Nonverbal communication. *In* I. deSola Pool, W. Schramm, F. W. Frey, N. Maccoby, & E. B. Parker (Eds.), *Handbook of communication* (pp. 93–115). Chicago: Rand McNally.

Harrison, R. P., & Knapp, M. L. (1972). Toward an understanding of nonverbal communication systems. *Journal of Communication, 22*, 339–52.

Hinde, R. A. (Ed.), (1972). *Nonverbal communication*. Nova York: Cambridge University Press.

Kendon, A. (1981). Introduction: Current issues in the study of "nonverbal communication". *In* A. Kendon (Ed.), *Nonverbal communication, interaction, and gesture* (pp. 1–53). The Hague: Mouton.

Kendon, A., Harris, R. M., & Key, M. R. (Eds.), (1975). *Organization of behavior in face-to-face interaction*. The Hague: Mouton.

Key, M. R. (Ed.), (1980). *The relationship of verbal and nonverbal communication*. The Hague: Mouton.

Knapp, M. L., Wiemann, J. M., & Daly, J. A. (1978). Nonverbal communication: Issues and appraisal. *Human Communication Research, 4*, 271–80.

Koneya, M. (1977). Nonverbal movements or verbal surrogates? *Journal of Communication, 27*, 235–37.

McMahan, E. M. (1976). Nonverbal communication as a function of attribution in impression formation. *Communication Monographs, 43,* 287–94.

Mehrabian, A. (1972). *Nonverbal communication.* Chicago: Aldine-Atherton.

Melbin, M. (1974). Some issues in nonverbal communication. *Semiotica, 10,* 293–304.

Nolan, M. J. (1975). The relationship between verbal and nonverbal communication. In G. J. Hanneman & W. J. McEwen (Eds.), *Communication and behavior* (pp. 98–119). Reading, MA: Addison-Wesley.

Patterson, M. L. (1983). *Nonverbal behavior: A functional perspective.* Nova York: Springer-Verlag.

Polhemus, T. (Ed.), (1978). *The body reader: Social aspects of the human body.* Nova York: Pantheon Books.

Poyatos, F. (1980). Interactive functions and limitations of verbal and nonverbal behaviors in natural conversation. *Semiotica, 30,* 211–44.

Ruesch, J., & Kees, W. (1956). *Nonverbal communication: Notes on the visual perception of human relations.* Berkeley and Los Angeles: University of California Press.

Scherer, K. R., & Ekman, P. (Eds.), (1982). *Handbook of nonverbal behavior research.* Nova York: Cambridge University Press.

Sebeok, T. A., Hayes, A. S., & Bateson, M. C. (Eds.), (1964). *Approaches to semiotics.* The Hague: Mouton.

Siegman, A. W., & Feldstein, S. (Eds.), (1985). *Multichannel integrations of nonverbal behavior.* Hillsdale, NJ: Erlbaum.

Siegman, A. W., & Feldstein, S. (Eds.), (1987). *Nonverbal behavior and communication.* 2d ed. Hillsdale, NJ: Erlbaum.

Spiegel, J., & Machotka, P. (1974). *Messages of the body.* Nova York: Free Press.

von Cranach, M., & Vine, I. (Eds.), (1973). *Social communication and movement.* Nova York: Academic Press.

Wertz, M. D. (1972). Toward a theory of nonverbal communication: A critical analysis of Albert Scheflen, Edward Hall, George Mahl and Paul Ekman. Dissertação de doutorado não publicada, University of Michigan.

Wiemann, J. M., & Harrison, R. P. (Eds.), (1983). *Nonverbal interaction.* Beverly Hills, CA: Sage.

Wiener, M., Devoe, S., Rubinow, S., & Geller, J. (1972). Nonverbal behavior and nonverbal communication. *Psychological Review, 79,* 185-214.

Wolfgang, A. (Ed.), (1979). *Nonverbal behavior: Applications and cultural implications.* Nova York: Academic Press.

Wolfgang, A. (Ed.), (1984). *Nonverbal behavior: Perspectives, applications, intercultural insights.* Nova York: Hogrefe.

Bibliografias

Davis, M., & Skupien, J. (Eds.), (1982). *Body movement and nonverbal communication: An annotated bibliography, 1971–1981.* Bloomington: Indiana University Press.

Frye, J. K. (1980). *FIND: Frye's index to nonverbal data.* Duluth: University of Minnesota Computer Center.

Harrison, R. P., Cohen, A. A., Crouch, W. W., Genova, B. K. L., & Steinberg,

M. (1972). The nonverbal communication literature. *Journal of Communication, 22*, 460-76.
Hore, T., & Paget, N. S. (1977). *Nonverbal behavior: A selected annotated bibliography*. Victoria, Australia: Australian Council for Educational Research.
Key, M. R. (1977). *Nonverbal communication: A research guide and bibliography*. Metuchen, NJ: Scarecrow Press.
Key, M. R. (1977). *Paralanguage and kinesics*. Metuchen, NJ: Scarecrow Press.
Rasberry, R. W. (1979). A collection of nonverbal communication research: An annotated bibliography. *Journal of Business Communication, 16*, 21-9.
Stang, D. J. (1973). Bibliography of nonverbal communication. *JSAS Catalog of Selected Documents in Psychology, 3*, 8.

Livros-texto
Argyle, M. (1988). *Bodily communication*. 2d ed. Londres: Methuen.
Benson, T. W., & Frandsen, K. D. (1976). An orientation to nonverbal communication. In R. L. Applebaum & R. P. Hart (Eds.), *Modcom: Modules in speech communication*. Chicago: SRA.
Bosmajian, H. (Ed.), (1971). *The rhetoric of nonverbal communication*. Glenview, IL: Scott-Foresman.
Burgoon, J. K., Buller, D. B., & Woodall, W. G. (1989). *Nonverbal communication: The unspoken dialogue*. Nova York: Harper & Row.
Devito, J. A. (1989). *The nonverbal communication workbook*. Prospect Heights, IL: Waveland Press.
Devito, J. A., & Hecht, M. L. (1990). *The nonverbal communication reader*. Prospect Heights, IL: Waveland Press.
Eisenberg, A. M., & Smith, R. R. (1971). *Nonverbal communication*. Nova York: Bobbs-Merrill.
Harrison, R. P. (1974). *Beyond words*. Englewood Cliffs, NJ: Prentice-Hall.
Heslin, R., & Patterson, M. L. (1982). *Nonverbal behavior and social psychology*. Nova York: Plenum Press.
Hickson, M. L., & Stacks, D. W. (1985). *Nonverbal communication*. Dubuque, IA: W. C. Brown.
Katz, A. M., & Katz, V. T. (Eds.), (1983). *Foundations of nonverbal communication*. Carbondale, IL: Southern Illinois University Press.
Knapp, M. L. (1980). *Essentials of nonverbal communication*. Nova York: Holt, Rinehart & Winston.
LaFrance, M., & Mayo, C. (1978). *Moving bodies*. Monterey, CA: Brooks/Cole.
Leathers, D. G. (1976). *Nonverbal communication systems*. Boston: Allyn & Bacon.
Leathers, D. G. (1986). *Successful nonverbal communication*. Nova York: Macmillan.
Malandro, L. A., Barker, L., & Barker, D. A. (1989). *Nonverbal communication*. 2d ed. Nova York: Random House.
McCardle, E. S. (1974). *Nonverbal communication*. Nova York: Marcel Dekker.
Mehrabian, A. (1981). *Silent messages*. 2d ed. Belmont, CA: Wadsworth.
Rosenfeld, L. B., & Civikly, J. M. (1976). *With words unspoken*. Nova York: Holt, Rinehart & Winston.

Weitz, S. (Ed.), (1979). *Nonverbal communication: Readings with commentary*. 2d ed. Nova York: Oxford University Press.

Livros populares para consumo de massa

Davis, F. (1971). *Inside intuition*. Nova York: McGraw-Hill.

Fast, J. (1970). *Body language*. Nova York: M. Evans.

Mar, T. T. (1974). *Face reading*. Nova York: New American Library (Signet Book).

Marsh, P. (1988). *Eye to eye: How people interact*. Topsfield, MA: Salem House.

Morris, D. (1985). *Body watching*. Nova York: Crown.

Morris, D. (1977). *Manwatching: A field guide to human behavior*. Nova York: Harry N. Abrams.

Nierenberg, G. I., & Calero, H. H. (1971). *How to read a person like a book*. Nova York: Hawthorn.

Poiret, M. (1970). *Body talk*. Nova York: Award Books.

PARTE II

O ambiente da comunicação

Normalmente nosso comportamento varia conforme o comportamento da pessoa com quem nos comunicamos. Outro importante fator a influenciar nosso comportamento é o ambiente em que nos comunicamos. Alguns aspectos do ambiente podem ser deliberadamente estruturados com o objetivo de obter certas respostas da outra pessoa. Nesse sentido, o ambiente é uma fonte de signos não-verbais aos quais reagimos e que podemos usar como parte de nosso repertório comunicativo para obter certas reações do outro.

2

Os efeitos do ambiente na comunicação humana

O interior de uma residência revela as particularidades não-verbais de seus moradores. A escolha de materiais, a distribuição do espaço, o tipo de objetos a chamar a atenção ou a despertar o interesse de tocá-los – em contraposição àqueles que intimidam ou repelem – têm muito a contar sobre a sensibilidade dessas pessoas.

Ruesch e Kees

A real influência que o diálogo aluno-professor nas salas de aula dos Estados Unidos tem sobre os alunos é desconhecida. A maioria concordaria que esse contexto comunicativo é relevante para muitos alunos. Qual é a natureza do ambiente em que tem lugar esse importante diálogo? Que diferença faz o ambiente?

Em geral, as salas de aula norte-americanas são retangulares, com cadeiras dispostas em fileiras. As salas têm janelas amplas que permitem a entrada da luz por sobre os ombros dos alunos. O posicionamento da janela determina a direção para a qual os alunos olham e designa a "frente" da sala. Em muitas salas de aula, os assentos são fixados ao piso para facilitar a manutenção e a ordem. A maioria delas tem algum tipo de divisão (em geral, uma mesa) que separa professor e alunos. Grande parte de professores e alunos certamente poderia fornecer uma extensa lista de problemas nos ambientes destinados à aprendizagem: iluminação e acústica deficientes; controle climático inadequado; ruídos de construções externas; aparelhos barulhentos; tomadas elétricas que não funcionam; assentos não móveis; cores feias, escuras ou que distraem; odores desagradáveis etc. Tanto alunos como professores reconhecem que tais problemas interferem no propósito para o qual se reúnem nessas salas retangulares: aumentar o conhecimento com a efetiva interação aluno-professor. A influência do ambiente da sala de aula sobre o comportamento de alunos e professores, porém, ainda é pouco estudada. A pesquisa de Sommer a seguir, no entanto, fornece dados iniciais sobre o desempenho de alunos em diversos ambientes de sala de aula (Sommer, 1969).

Sommer selecionou seis tipos diferentes de sala de aula em seu estudo. Ele queria comparar o nível de participação de alunos nessas salas de aula e analisar aspectos do comportamento participativo em cada tipo. Selecionou salas de seminário com cadeiras móveis, usualmente dispostas em forma de ferradura; laboratórios (completos, com bicos de Bunsen, recipientes e bicos de gás) que representavam um avanço, com a disposição de assentos em fileiras; uma sala sem janelas; e outra com uma janela que ocupava toda uma parede. A aversão pelas salas de laboratório e pela sala sem janelas fez com que instrutores e alunos buscassem mudar de sala ou ter aulas ao ar livre. Não houve diferença entre as salas abertas e a sem janelas no tocante ao comportamento participativo. Comparações entre tipos de sala mostraram que nas de seminário menos pessoas participaram, mas as que o fizeram foi por períodos mais longos de tempo. Num estudo relacionado, Sommer e seus colegas descobriram que o tempo médio de participação variava entre salas grandes e pequenas: 2,5 minutos durante o período de uma aula para grandes audiências e 5,8 minutos nas salas de vinte ou menos alunos (Sommer, 1967; 1974). Assim, a probabilidade de um aluno participar de uma discussão é ligeiramente maior quando os grupos são menores. Um importante aspecto do conteúdo ao qual Sommer alude é a significativa diferença, em potencial, quanto ao *tipo* de participação. A participação dos alunos nas turmas maiores parece ater-se a questões de esclarecimento ou pedidos para repetição de alguma idéia – um tipo de participação que difere radicalmente da troca intelectual entre duas pessoas que buscam compreender, esclarecer, analisar detalhes e idéias afins.

Analisando as salas de seminário separadamente, Sommer notou que a maior participação vinha dos alunos sentados diante do instrutor. Em geral, os alunos evitavam as duas cadeiras ao lado do instrutor, mesmo quando todas as demais estavam ocupadas. Se algum aluno ocupava um desses lugares, em geral permanecia em silêncio durante todo o período. Nas salas com carteiras em fileiras, foram feitas as seguintes observações: 1) alunos situados na área do campo visual do instrutor participam mais; 2) costuma ocorrer maior participação nas áreas centrais; 3) há um decréscimo de participação a partir das fileiras da frente para as de trás; essa tendência, porém, não é evidente quando alunos interessados se sentam em lugares fora da área de contato visual máximo com o instrutor; 4) a participação cai com o crescimento dos grupos.

Uma pesquisa envolvendo o assunto oferece elementos adicionais em favor das observações de Sommer sobre a participação em salas de aulas com fileiras de carteiras. Adams e Biddle (1970) perceberam um padrão de interação bastante freqüente na primeira, sexta e 11ª filas transversais, que indicou maior participação dos alunos sentados na região central da sala. Dos 1.176 comportamentos observados, 63% foram de alunos localizados em três posições, uma atrás da outra, no centro da sala. Quase todos os comentários iniciados pelos alunos vieram da área sombreada na figura 2.1. Em nenhum caso, os professores escolheram determinados alunos para que se sentassem nesses lugares. Os autores então afirmaram: "Agora é possível determinar uma área da sala de aula que parece ser verdadeiramente o centro da atividade".

Koneya (1973) percebeu que ainda havia algumas questões que Sommer, Adams e Biddle não haviam explorado suficientemente. Os alunos mais participantes escolhem certos lugares ou a própria localização dos lugares ocasiona uma

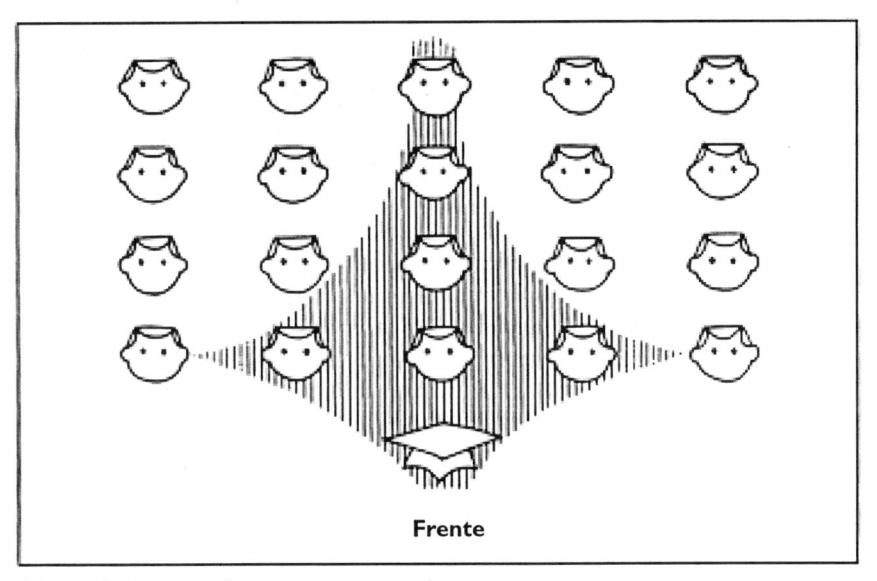

Figura 2.1 A zona de participação em aula

maior participação? Alunos mais e menos participativos tiveram a oportunidade de escolher um lugar num diagrama de sala de aula. Os mais falantes tenderam a escolher lugares na zona de participação com mais freqüência do que os menos falantes. Koneya colocou alunos previamente identificados como de participação alta, moderada e baixa em diferentes lugares e observou sua participação durante sete períodos de aula. Tanto os mais participantes como os de participação moderada falaram mais na zona de participação que seus colegas nas áreas não-centrais. Aqueles alunos pouco participativos mantiveram uma participação baixa, quer dentro ou fora das áreas centrais. Em estudo realizado em cinco faculdades, minorias étnicas, raciais e religiosas tenderam a escolher lugares periféricos mesmo quando constituíam maioria em determinada faculdade (Haber, 1982). Podemos concluir desses estudos que a ocupação dos lugares em sala de aula não é aleatória, que determinados tipos de pessoas escolhem as áreas centrais e outros as não-centrais, e que a zona de participação (altamente influenciada pela visibilidade professor-aluno) promove a participação de todos, exceto daqueles tidos inicialmente como pouco participativos. E, ainda, que é possível verificar aumento da participação em algum ponto da classe mesmo após a sétima aula, desde que o professor a estimule e recompense. A participação é importante porque contribui para esclarecer idéias difíceis de entender e para aproximar professor e aluno, o que pode gerar um ambiente de aprendizagem mais favorável. E, algo que não é novidade para nenhum aluno, "conhecer seu instrutor" também pode influenciar as notas.

Sommer concluiu suas observações sobre o comportamento em sala de aula e influências ambientais dizendo:

No momento presente, os professores estão sendo prejudicados por sua insensibilidade ao ambiente de sala de aula e pelo fatalismo com que o aceitam. Os professores têm de "se ligar" em seu ambiente, sob pena de seus alunos desenvolverem o mesmo tipo de fatalismo. [Sommer 1969, p.119]

A discussão anterior acerca da sala de aula constituiu um exemplo de contexto específico em que relacionamentos espaciais, arquitetura e objetos que circundam os participantes influenciam o nível e o tipo de interação que ocorre. Examinaremos outros fatores ambientais que afetam o comportamento comunicativo humano, mas devemos lembrar que o ambiente é apenas um elemento a estruturar tal comportamento. Se alunos, administradores, professores, secretárias e supervisores quiserem gerir uma universidade como uma prisão ou uma repartição burocratizada, mudanças na estrutura da sala de aula podem ter um impacto muito pequeno.

Ao longo deste capítulo, discutimos diversas características dos ambientes, mas comecemos a explorá-los pelo exame do modo como percebemos nosso meio.

Percepções de nosso meio

O número de lugares em que nos comunicamos com outros é ilimitado – ônibus, restaurantes, casas, apartamentos, escritórios, parques, hotéis, áreas esportivas, fábricas, bibliotecas, cinemas, museus. Apesar da diversidade, esses ambientes apresentam particularidades semelhantes. Conforme vamos percebendo as particularidades de nosso ambiente, incorporamos tais percepções no desenvolvimento das mensagens que enviamos. E, tão logo tais mensagens forem emitidas, as percepções ambientais da outra pessoa serão alteradas. Assim, influenciamos e somos influenciados por nossos ambientes.

Mehrabian (1976) diz que reagimos emocionalmente a nosso meio. Essas reações emocionais podem ser avaliadas conforme a *excitação* que o ambiente nos faz sentir, o *prazer* que experimentamos e o *domínio* que sentimos possuir. Excitação refere-se a quão ativos, frenéticos, estimulados e alertas estamos. Ambientes novos, surpreendentes, complexos e cheios de gente provavelmente produzirão sentimentos de maior excitação. Prazer refere-se a sentimentos de alegria, satisfação ou felicidade. E dominação sugere que nos sentimos capazes, importantes, livres para agir de várias maneiras.

A classificação a seguir é útil para examinar as percepções dos ambientes de interação (Knapp, 1978). Embora essas percepções básicas não possam ser inteiramente relegadas a respostas emocionais, é fácil ver as convergências com o esquema de Mehrabian.

Percepções de formalidade

Uma dimensão familiar, segundo a qual os ambientes podem ser classificados, é um *continuum* formal/informal. As reações podem basear-se nos objetos presentes, nas pessoas presentes, nas funções desempenhadas ou num sem-número de variáveis. Escritórios individuais podem ser mais formais do que a recepção do edifício; um banquete de fim de ano demanda mais formalidade do que uma festa improvisada; uma noite em casa com outro casal pode ser mais informal do que uma noite com dez outros casais. Quanto maior a formalidade, maiores as chances de que o comportamento comunicativo seja menos relaxado e mais superficial, hesitante e estilizado.

Percepções de acolhimento
Ambientes que nos fazem sentir psicologicamente acolhidos nos encorajam a ficar, a sentir-nos relaxados e à vontade. Isso pode dever-se à cor das cortinas ou das paredes, aos quadros, ao carpete, à textura dos móveis, à maciez das cadeiras, ao tratamento acústico etc. É interessante ressaltar que os ambientes que nos fazem sentir psicologicamente acolhidos também podem nos fazer sentir fisicamente acolhidos. Foi solicitado a alunos que passassem duas horas estudando ou lendo num ambiente com decoração neutra, semelhante ao de uma sala de aula. Em seguida, os alunos foram solicitados a ler ou estudar num ambiente que se assemelhava a uma câmara frigorífica. Quase todos acharam o segundo ambiente mais frio, ainda que a temperatura em ambos fosse exatamente a mesma. Depois, a "câmara frigorífica" foi equipada com quadros, carpete, iluminação indireta e outras melhorias. Pediu-se então a outro grupo de alunos que lesse ou estudasse em cada um dos ambientes. Dessa vez, na "câmara frigorífica" com novo *design*, foi percebida uma temperatura mais alta do que a da sala de aula. Novamente as temperaturas reais eram as mesmas (Rohles, 1980).

Percepções de privacidade
Ambientes fechados, em geral, sugerem maior privacidade, principalmente se ocupados por poucas pessoas. Se a possibilidade de que outras pessoas entrem e/ou ouçam nossa conversa é pequena (mesmo se estivermos ao ar livre), há maior sensação de privacidade. Às vezes, determinados objetos do ambiente aumentam a percepção de privacidade, como, por exemplo, artigos de higiene e objetos pessoais. Com maior privacidade, é provável que encurtemos a distância para conversar e que as mensagens sejam mais pessoais, elaboradas e adaptadas especificamente para a outra pessoa e não para "pessoas em geral".

Percepções de familiaridade
Quando conhecemos uma pessoa ou estamos num ambiente não familiar, nossas respostas são geralmente cautelosas, estudadas e convencionais. Ambientes não familiares estão carregados de rituais e normas que ainda não conhecemos, daí ficarmos hesitantes para não ir rápido demais. É provável que prossigamos devagar até poder associar esse ambiente não familiar a um conhecido. Uma interpretação para os estereótipos dos locais onde se servem refeições rápidas é que nos permitem (uma sociedade móvel) prontamente encontrar um lugar familiar e previsível que garantirá o mínimo contato ativo com estranhos. Em ambientes não familiares, o tópico de conversa mais provável girará inicialmente em torno do próprio ambiente, a exemplo de: "Você já esteve aqui? É bom? Quem vem aqui?"

Percepções de constrangimento

Parte de nossa reação ao ambiente está baseada em perceber se podemos sair dele e se será fácil ou difícil. Alguns estudantes sentem-se confinados em suas próprias casas durante as férias escolares. Mas considere a diferença entre esse constrangimento de algumas semanas e a obrigatoriedade de ficar definitivamente em casa. A intensidade dessas percepções de constrangimento está intimamente relacionada ao espaço que nos é destinado (e com a privacidade desse espaço) durante o tempo em que permaneçamos nesse ambiente. Alguns ambientes parecem ser temporariamente confinantes, como, por exemplo, um automóvel durante longa viagem; outros ambientes parecem ser mais duradouramente confinantes, a exemplo de prisões, naves espaciais, clínicas de repouso e assemelhados.

Percepções de distância

Por vezes, nossas respostas dentro de um determinado ambiente são influenciadas pela distância em que temos de conduzir a comunicação com o outro. Isso pode refletir real afastamento físico (um escritório em outro andar, uma casa em outra parte da cidade) ou distanciamento psicológico (barreiras que separam pessoas mesmo que estejam fisicamente próximas). Podemos estar sentados perto de alguém e ainda assim não sentir proximidade alguma, como, por exemplo, nas poltronas modulares do saguão de um aeroporto. Quando o ambiente nos força a ficar encerrados com outras pessoas que mal ou nem conhecemos (elevadores, ônibus lotados), tentamos aumentar a distância psicologicamente para diminuir sensações ameaçadoras de intimidade por intermédio de menor contato visual, tensão corporal e imobilidade, frio silêncio, riso nervoso, piadas sobre intimidade e conversas públicas dirigidas a todos os presentes.

As percepções aqui apresentadas representam apenas algumas das dimensões pelas quais os ambientes da comunicação podem ser entendidos. Em geral, a comunicação mais íntima está associada a ambientes informais, sem constrangimentos, privados, familiares, fechados e acolhedores. Em situações cotidianas, no entanto, essas dimensões se combinam de maneiras complexas, como, por exemplo, alguma formalidade com muito constrangimento e uma pequena parte de privacidade. A mistura de fatores de intimidade e de não-intimidade pode ser apreciada num elevador, se este parecer fechado, familiar e temporariamente confinante, bem como público, formal e frio. Desconhecemos o modo como essas combinações afetam a maneira de nos comunicarmos. Ademais, Mehrabian salienta que as pessoas podem apresentar traços de personalidade ou habilidades que afetam sua maneira de reagir aos ambientes. Ele afirma que algumas pessoas são capazes de excluir informações ambientais indesejadas, enquanto outras parecem responder não seletivamente a grandes quantidades de informação ambiental. Embora todos possam ser "seletivos" e "não-seletivos" em diferentes ocasiões, algumas pessoas tendem a responder mais como seletivos ou como não-seletivos. Uma excitabilidade maior geralmente está associada à reação do não-seletivo.

Percepções de tempo

O tempo também é parte do ambiente comunicativo. De início, pode parecer estranho incluir algo aparentemente intangível como o tempo no mesmo conjunto ambiental de cadeiras, paredes, ruídos ou até condições climáticas. Entretanto, as pessoas nos Estados Unidos de fato tratam o tempo como algo tangível, uma mercadoria que pode ser dividida, economizada, gasta e produzida. Além disso, é comum projetarmos qualidades temporais em objetos circunscritos a nosso ambiente, tais como uma cadeira que parece ter estado "sempre" ali ou um elevador que "parece nunca estar na hora".

O tempo é importante para nós. Ele regula nossos momentos de comer e dormir; freqüentemente determina quanto recebemos no trabalho; e estabelece os limites da quantidade de matéria que os alunos podem aprender numa determinada aula. Tem papel fundamental na interação social também. Ele influencia nossa maneira de ver as pessoas, ou seja, pessoas responsáveis são "pontuais", pessoas chatas falam "tempo demais", pessoas sem consideração deixam os alarmes de seus relógios soando enquanto estamos conversando com elas etc. (Werner e Haggard, 1985; Leonard, 1978). Um curso de "gerenciamento de tempo" é básico para quem deseje galgar postos em empresas dos Estados Unidos. O tempo tem um papel tão importante em nossas vidas que comumente carregamos a data e a hora conosco em nossos pulsos. A maioria dos carros tem relógios e alguns até mesmo instrumentos para calcular o tempo que levará de um ponto a outro. Pensamos em "férias" como um retiro num lugar onde o tempo não importa. Ironicamente, contudo, as férias em si são em geral consideradas um período definido de tempo.

O tempo é percebido de maneira muito diversa em cada cultura (Hall, 1959). Essas diferentes percepções em relação ao tempo são com freqüência o motivo central de mal-entendidos entre membros de diferentes culturas. O professor de psicologia Robert Levine dá este testemunho de sua experiência como docente no Brasil:

> Ao deixar minha casa em meu primeiro dia de aula, perguntei as horas a alguém. Eram 9:05 da manhã, o que me dava algum tempo para relaxar e dar uma olhada pelo *campus* antes de minha palestra das 10:00. Depois do que julguei ser meia hora, dei uma olhada no relógio em frente ao qual passava. Eram 10:20! Em pânico, corri para a sala de aula ao som de cumprimentos como "Olá, professor" e "Tudo bem, professor?" de alunos não apressados, muitos dos quais, mais tarde descobri, eram meus. Cheguei sem fôlego a uma sala de aula vazia. Transtornado, perguntei as horas a quem passava. "Nove e quarenta e cinco" foi a resposta. Não podia ser. Perguntei a mais alguém. "Nove e cinqüenta e cinco." Uma outra disse: "Exatamente 9:43". O relógio em uma secretaria próxima marcava 3:15. Eu aprendera minha primeira lição sobre os brasileiros: seus relógios estão sempre errados. E ninguém liga. Minha aula era das 10 ao meio-dia. Muitos alunos chegaram atrasados, alguns muito atrasados... nenhum parecia muito preocupado com o fato... A verdadeira surpresa aconteceu ao meio-dia... apenas uns poucos alunos saíram imediatamente. Outros foram saindo lentamente durante os quinze minutos seguintes e alguns continuaram a me fazer perguntas bem depois disso. [Levine e Wolff, 1985, p. 30]

Para compreender as variações culturais na percepção do tempo, é importante antes entender nossa própria cultura. Sabemos que nossas respostas são influenciadas por nossas experiências com o tempo em diversos níveis diferentes

(Cottle, 1976; Doob, 1964; Hall, 1983; McGrath e Kelly, 1986). Biologicamente, nossos corpos parecem ser programados de tal forma que "relógios internos" regulam o funcionamento físico, emocional e intelectual (Luce, 1971). Também sabemos que as pessoas têm diferentes orientações psicológicas em relação ao tempo. Há importantes diferenças entre as pessoas de uma mesma cultura a respeito de suas orientações quanto ao passado, presente e futuro. Essas orientações podem referir-se a um longo prazo ou estar sujeitas a mudanças. Por exemplo, uma pessoa que "vive para o momento" em alguma fase de sua vida pode mais tarde adaptar-se a um comportamento orientado para o futuro que implique avaliar os "momentos" presentes em termos do "quadro de longo prazo" (Gonzalez e Zimbardo, 1985). Quando avaliamos nossos encontros sociais, há quatro modos fundamentais de vermos o tempo: como localização dos eventos; como duração dos eventos; como intervalo entre eventos; e como padronização de intervalos. À medida que compreendemos os estímulos ambientais e as condições geradoras das percepções decorrentes, podemos usar tal conhecimento para construir ambientes que emitam as mensagens temporais que desejamos.

O tempo como localização

Algumas de nossas percepções do tempo se referem ao "quando" algo acontece, o momento de um evento. Alguns acontecimentos podem ser considerados oportunos, como, por exemplo: "Você me abraçou justamente na hora em que eu mais precisava". Outros são vistos como fora de hora, a exemplo de: "Não gosto de jantar às 10 da noite". Às vezes nossas percepções do "quando" algo acontece são precisas e às vezes representam uma referência de tempo genérica. Para algumas pessoas, a hora de almoçar é exatamente ao meio-dia; para outras, pode ser em qualquer momento entre as 11 e as 2 da tarde. Do mesmo modo que atribuímos diferentes significados à hora dos eventos em nossas vidas, podemos também comunicar mensagens múltiplas quando definimos prazos para a ocorrência de eventos no futuro. Por exemplo, se algo é previsto para muito antes do que seria de se esperar, isso pode significar uma forma de punição, uma recompensa, algo muito importante ou algo sem nenhuma importância.

O tempo como duração

Nossas percepções temporais também incluem "quanto tempo" alguns eventos duram. Desenvolvemos expectativas quanto à duração adequada ou inadequada dos eventos, mas as percepções de duração nem sempre são reflexo da duração real. Um ambiente com pouca atividade pode parecer tão enfadonho que nos cause a impressão de ali termos permanecido por "muito tempo".

O tempo como intervalos

Os períodos entre eventos também constituem uma maneira de perceber o tempo. A periodicidade em que algo ocorre é de fato a percepção do tempo desde a última ocorrência. É provável que o ritmo percebido de nossas vidas seja um reflexo de quanto ou quão pouco tempo separa cada uma de nossas atividades. Aprendemos a esperar certos intervalos em determinadas atividades. A frase "faz muito tempo que não nos vemos" sugere uma norma contato-intervalo associada a um relacionamento próximo que foi excedida. Do mesmo modo, talvez não sejamos contra o uso de linguagem obscena, mas podemos fazer objeção quanto à brevidade dos intervalos entre sua utilização.

O tempo como padrões de intervalos

À medida que observamos seqüências periódicas de intervalos, começamos a pressentir o ritmo social – a regularidade/irregularidade, ordem/desordem que compreendem os ciclos de nosso comportamento e das rotinas. Entre todas as nossas percepções regidas pelo tempo, o padrão dos intervalos é o mais complexo e o mais difícil de ser vinculado a outros. Entender a padronização dos intervalos é, porém, fundamental para que entendamos nós mesmos e nossa interação com alguém. Quando nos sentimos "afinados" com outra pessoa, trata-se de percepção prazerosa de sincronia interativa; quando nos sentimos estranhos com alguém, isso talvez se deva ao fato de seu padrão de expressões não-verbais e pausas ser muito diferente do nosso. A compreensão dos padrões dos intervalos em nosso ambiente, seja um padrão fala/silêncio ou um padrão atmosférico ensolarado/nublado, é fundamental para realizar previsões diárias sobre nossas vidas.

O restante deste capítulo é devotado às características dos ambientes que formam a base das percepções recém-esboçadas. Cada ambiente tem três componentes principais: 1) o ambiente natural – geografia, localização, condições atmosféricas; 2) a presença ou ausência de outras pessoas; 3) aspectos arquitetônicos e de projeto, incluindo objetos móveis.

O ambiente natural

As pessoas vivem em áreas urbanas densamente povoadas, cidades menores, subúrbios nos arredores dessas cidades grandes ou pequenas áreas rurais. Nas áreas maiores, encontramos características ambientais que afetam a natureza da interação humana, como blocos de apartamentos, bairros, arranha-céus etc. Os lugares em que moramos, brincamos e trabalhamos tendem a influenciar nosso comportamento. O número de pessoas com quem nos comunicamos também pode exercer influência no tipo de nossa interação, mas talvez o mais importante seja o número de diferentes pessoas para as quais temos de adaptar nossas mensagens. Alguns ambientes são bastante homogêneos e propiciam a seus habitantes número menor de experiências e exemplos de ações, valores e comportamentos. O ritmo de vida e o tempo devotado ao desenvolvimento de relacionamentos sociais e pessoais também podem variar em função do lugar em que vivemos. Nas favelas em áreas urbanas, é comum encontrarmos um clima social que encoraja ou nutre comportamentos não convencionais e transviados – ou que pelo menos os tolere. Decorre daí que áreas de favelas apresentem alta incidência de delinqüência juvenil, prostituição, doenças mentais sérias, alcoolismo e vício em drogas, incapacidade física e mental e crimes violentos (Krupat, 1985).

Segundo Lee, a localização geográfica também pode afetar o comportamento e, em climas tropicais em particular, provocar maior letargia física e mental:

> Provavelmente o mais importante resultado direto da exposição ao ambiente tropical seja alguma perda de iniciativa mental... Certamente, o pa-

drão médio de vida em países tropicais tem mais lazer e produz menos bens materiais do que aquele encontrado na maioria dos países de latitudes temperadas, e pode-se argumentar em favor de pelo menos alguma influência do clima nesse tocante. O homem nas zonas temperadas erigiu sua civilização em torno de importantes exigências criadas pelo clima frio, quais sejam as de garantir comida e abrigo antecipadamente. Assim procedendo, desenvolveu uma cultura em que a atividade e o aprovisionamento para o futuro constituem altos valores sociais.

Nas populações tropicais, por outro lado, o clima não fornece motivos sociais ou psicológicos para a atividade e o aprovisionamento além das necessidades de um futuro mais ou menos imediato. Essa diferença na atividade "espontânea" marca um dos conflitos mais importantes no plano das pessoas entre os modos de comportamento temperado e tropical. [Lee 1957, pp. 99, 100]

A análise acima baseia-se na premissa de que o clima e as condições de tempo afetam o comportamento e de que algumas partes do mundo têm condições muito diferentes de outras. Há interesse e estudos entre os cientistas comportamentais nos Estados Unidos hoje a respeito dos efeitos das diversas condições climáticas no comportamento humano. Por exemplo: pressões barométricas altas ou em alta foram associadas a sensações de boa saúde; pressões barométricas baixas ou em queda têm maior probabilidade de ser ligadas a sensações de dor ou depressão. Comportamento e desempenho estudantil exemplares foram observados quando o barômetro estava alto ou subindo e em dias frios com pouco vento e precipitação. O aumento de íons positivos no ar também parece aumentar a irritabilidade e a tensão das pessoas.

As mudanças de estação também causariam um impacto no comportamento. Mesmo em áreas dos Estados Unidos com mínimas variações sazonais de temperatura, as rotinas nacionais associadas à mudança das estações ainda são seguidas: tirar férias de verão e começar as aulas no outono. Algumas das maneiras como nosso comportamento varia com as estações incluem o seguinte: 1) as taxas de suicídio e as internações em hospitais psiquiátricos públicos aumentam significativamente na primavera e atingem o pico no verão; 2) alunos de faculdades norte-americanas tendem a romper namoros nos começos e finais de semestres (maio/junho, setembro ou dezembro/janeiro); 3) durante o verão, as pessoas tendem a ver os amigos com mais freqüência; 4) durante o verão, aumentam crimes de estupro e assalto; 5) de julho a novembro, as pessoas tendem a demonstrar menos felicidade mas mais atividade e menos tédio; 6) um estudo mostrou que as pessoas usam menos o telefone no verão do que no inverno; 7) alguns pesquisadores crêem que realizamos nosso melhor trabalho mental no final do inverno, começo da primavera e no outono (Moos, 1976; Rubin, 1979).

A temperatura e o modo como afeta as reações humanas é o fator climático que mais recebeu atenção científica. McClelland, em sua análise de lendas folclóricas nas sociedades primitivas, percebeu que a motivação para o sucesso era maior em áreas onde a temperatura média anual variava entre 5 e 15 graus centígrados (McClelland, 1961). Também concluiu que a variação da temperatura era importante na determinação da motivação para o sucesso. No início do século XX, Huntington apresentou a teoria de que, para o vigor mental, uma temperatura externa média de 10 a 15 graus era melhor do que acima dos 20 graus centígrados (Huntington, 1915). Outros argumentam que a temperatura ideal deveria ficar em 18 graus centígrados, em média. Longos períodos de intenso calor são freqüentemente associados a desconforto, irritabilidade, produção de trabalho reduzida e avaliações desfavoráveis de pessoas estranhas.

A questão de o extremo calor ser um estímulo ao comportamento agressivo tem sido objeto de inúmeros estudos. Sabemos que às vezes nos sentimos anormalmente deprimidos em dias nublados e escuros. Pesquisadores notaram que a combinação certa de pressão atmosférica e altas temperaturas pode provocar inquietação, irritabilidade, ataques de mau humor e até mesmo atos agressivos. Uma análise de arruaças na Índia em um período de 22 anos apontou que a maioria ocorreu durante os meses em que a temperatura estava entre 27 e 33 graus centígrados (Berke e Wilson, 1951). O Comitê Consultivo Nacional para Desordem Civil, em relatório sobre distúrbios de rua nos Estados Unidos, relatou que as noites quentes de verão agravavam uma situação já explosiva, resultando em distúrbios generalizados em áreas de guetos: "Na maioria dos casos, a temperatura durante o dia em que a violência irrompeu foi bastante alta" (Comitê Consultivo Nacional para Desordem Civil, 1968; Goranson e King, 1970). Uma análise de 102 distúrbios nos Estados Unidos entre 1967 e 1971 concluiu que a seqüência temperatura/distúrbio mais provável ocorria quando a temperatura subisse a 27/29 graus centígrados e permanecesse nessa faixa durante os sete dias precedentes ao distúrbio. À medida que a temperatura se aproximava dos 32 graus ou mais, os distúrbios tendiam a não ocorrer. Conquanto alguns argumentem que temperaturas extremamente altas tendem a minimizar os distúrbios, eles não acreditam que tal efeito ocorra antes que a temperatura atinja 35 graus centígrados (Baron e Ransberger, 1978; Carlsmith e Anderson, 1979).

Obviamente, a relação entre temperatura e agressão não é simples. É provável que um sem-número de fatores interaja com a temperatura para aumentar a possibilidade de agressão, a exemplo de provocação anterior, a presença de fatores agressivos, efeitos negativos de outras fontes que não a temperatura e assim por diante. Uma cuidadosa análise a respeito conclui:

> Claramente, altas temperaturas exacerbam os motivos e as tendências agressivas. As regiões mais quentes do mundo provocam mais agressão; isso é particularmente percebido quando as análises são feitas diretamente nos países. Dias, meses, estações, trimestres do ano e anos mais quentes, todos produzem comportamentos relativamente mais agressivos, como assassinatos, estupros, assaltos, distúrbios e espancamentos de esposas, entre outros. Por fim, os estudos concomitantes de temperatura/agressão realizados em campo também identificaram claras evidências de que temperaturas desconfortavelmente elevadas potencializam comportamentos e motivos agressivos. [Anderson 1989, p. 93]

Griffith variou temperatura e umidade sob condições laboratoriais controladas para um grupo de alunos e percebeu a influência na relação entre as pessoas. À medida que a temperatura e a umidade aumentaram, a simpatia entre alunos diminuiu (Griffith, 1970; Griffith e Veitch, 1971). Pode haver mais verdade que ficção nesta explicação familiar acerca de um encontro particularmente desagradável: "Ele estava de cabeça quente e irritado". É importante notar, porém, que às vezes fatores ambientais desagradáveis, tais como calor e barulho, podem aumentar a simpatia pelo outro. Em tais casos, o estímulo negativo pode funcionar como "algo que ambos temos em comum" (Kenrick e Johnson, 1979; Schneider, Lesko e Garrett, 1980). Até que ponto o calor e outras variáveis ambientais aumentam ou diminuem a simpatia vai depender de como os interlocutores se comportam diante de outros fatores – a personalidade de cada um, presença ou ausência de estímulos recompensadores que estejam ocorrendo simultaneamente, por exemplo.

Os efeitos da Lua e das manchas solares no comportamento humano também foram estudados cientificamente. O psiquiatra Arnold Lieber entende que os seres humanos, como a Terra, estão sujeitos a forças gravitacionais geradas pelas diferentes posições da Lua. (Os seres humanos, como o próprio planeta, são 80% água e 20% sólidos.) Ele então comparou o número de assassinatos com a posição da Lua e concluiu haver uma forte relação entre os dois (Lieber, 1978). Há considerável ceticismo acerca da teoria de Lieber e obras similares, porque pesquisas desse tipo mostram como duas coisas variam, e não que uma determinada posição lunar cause de fato certos comportamentos. É bem provável que muitos outros fatores estejam interagindo e afetando ambos os fatores. Duas análises distintas de mais de 37 estudos que pretendiam ligar as posições da Lua à freqüência de admissões em hospitais psiquiátricos, suicídios, homicídios, acidentes de tráfego e mudanças nos índices Dow-Jones concluíram haver uma relação entre as fases da Lua e o comportamento humano (Campbell e Beets, 1978; Rotton e Kelly, 1985).

Esses relatórios sobre geografia, clima e corpos celestes nos fornecem bem pouca informação válida e confiável. Que nosso comportamento seja afetado por esses fatores parece ser uma suposição razoável, mas a exata natureza dessa influência, as condições específicas sob as quais ela ocorre e sua intensidade ainda são desconhecidas. A maioria das pessoas parece acreditar que as condições do tempo tenham menor impacto sobre o seu próprio comportamento do que sobre o de outros; que têm menor impacto sobre o comportamento do que sobre os estados emocionais; e que têm maior impacto sobre os estados positivos do que sobre os negativos (Jorgenson, 1981). Kraut e Johnston (1979) descobriram que pessoas caminhando pela calçada sorriam mais quando o tempo estava ensolarado e agradável do que quando nublado e chuvoso. Essa diferença de comportamento se acentuava quando as pessoas estavam com outras; sorriam muito mais quando em interação do que sozinhas. Portanto, comparadas a fatores sociais, as variáveis climáticas e outras ambientais podem exercer pouca influência sobre nosso comportamento.

Outras pessoas no ambiente

O capítulo 4 examina as reações de pessoas a ambientes superpovoados. Por ora, destacaremos que as pessoas constituem parte do ambiente e exercem influências sobre o comportamento dos outros. Essas pessoas podem ser entendidas como participantes "ativos" ou "passivos", dependendo do grau em que estejam "envolvidas" (falando ou escutando) em conversas. Em muitas situações, essas pessoas serão vistas como "ativas", especialmente se capazes de escutar a conversa de outras. Em algumas ocasiões ignoramos a presença de alguém e praticamente a consideramos uma "não-pessoa". Isso pode ocorrer em locais cheios de gente, mas também é comum com apenas mais uma pessoa. Motoristas de táxi, zeladores e crianças freqüentemente estão na condição de não-pessoa. A presença de não-pessoas permite um fluxo de interação desinibido porque os participantes ativos, segundo seu ponto de vista, são os únicos interlocutores humanos presentes. Pais às vezes falam com outras pessoas de aspectos muito pessoais de seus filhos enquanto a criança está brincando perto. Para os interlocutores, é como se a criança "não estivesse ali". Qualquer manifestação verbal ou não-verbal relevante da parte da não-pessoa que seja detectada pelos interlocutores imediatamente anula a condição de não-pessoa.

Quando uma pessoa considera outra como componente ativo do ambiente, certos tipos de comunicação podem ser facilitados ou inibidos. A principal diferença na comunicação com vários ativos é que as mensagens precisam ser adaptadas a audiências múltiplas e não a uma única. Mesmo conversas telefônicas, em que a terceira pessoa pode ouvir apenas um dos interlocutores, são alteradas por conta do ouvinte não convidado. Algumas vezes, a existência dessas audiências adicionais representa tamanha tensão ou ameaça que um ou ambos os comunicadores deixam a cena. Por outro lado, o surgimento de uma terceira pessoa pode fornecer a oportunidade para um dos interlocutores sair "de fininho", e de forma educada, de uma conversa com alguém indesejável, deixando que o foco da interação seja direcionado à terceira pessoa.

A presença de outras pessoas pode aumentar nossa motivação para "parecer bem" no que fazemos ou dizemos, o que tanto pode ser prejudicial (distorcendo informação) como benéfico. O benefício de parecer bem perante os outros pode ser observado em comportamentos construtivos frente a conflitos. Por exemplo: a presença de outros pode evitar uma luta aberta, ainda que temporariamente. Outras pessoas no ambiente asseguram um adiamento, que pode funcionar como um período para "esfriar", frustrar ou irritar ainda mais a pessoa que teve de reprimir seus sentimentos. Se as pessoas presentes não são muito interdependentes, a comunicação provavelmente será menos pessoal, mais convencional e estereotipada – uma forma de comunicação destinada a audiências mais amplas e menos específicas.

Quando se observou que uma equipe local era, geralmente, a ganhadora de disputas esportivas (53% das vezes no beisebol profissional, 58% no futebol americano profissional, 60% no futebol americano universitário, 67% em partidas de basquetebol profissional e 64% em hóquei profissional), isso foi atribuído, num primeiro momento, à sua familiaridade com o campo ou à fadiga da viagem da equipe visitante. Análises posteriores, contudo, mostraram que o principal fator a contribuir para as vitórias das equipes locais eram os espectadores, que pareciam proporcionar um apoio psicológico que melhorava o desempenho. Conseqüentemente, torcidas locais inamistosas podem aumentar erros no desempenho (Schwartz e Barsky, 1977; Thirer e Rampey, 1979). Completando essas generalizações, podemos observar ainda que, às vezes, por se ter como certo o apoio de uma torcida local, o desempenho não é dos melhores, ou que determinados jogadores apresentam um desempenho superior em resposta às provocações da outra torcida. O ponto a ser lembrado, porém, é que, no ambiente comunicativo, do mesmo modo que nos eventos esportivos, "torcedores locais" a favor ou contra muito provavelmente afetarão o desempenho.

As maneiras como os grupos influenciam o desempenho individual são demasiado numerosas e constituem tópico muito amplo para ser discutido aqui. Uns poucos exemplos ilustrarão a sutileza de alguns desses efeitos: 1) em um dos primeiros experimentos da psicologia social, Triplett descobriu que meninos enrolavam linha em molinetes de pesca mais rápido quando havia outras pessoas presentes realizando a mesma atividade, ainda que não houvesse competição ou qualquer ênfase na velocidade; desde então, muitos estudos confirmaram esse efeito de "facilitação social" pelo qual o desempenho (em tarefas simples e bem aprendidas, pelo menos) é melhorado pela mera presença de outras pessoas; 2) se as pessoas percebem que outras estão trabalhando com elas numa atividade conjunta, em geral ficam mais vagarosas, inconscientemente – a "vadiagem social" é mais forte quando as pessoas sentem que sua contribuição não pode ser quantificada ou avaliada (Harkins e Szymanski, 1987).

Desenho arquitetônico e objetos móveis

Hall (1966) classificou a arquitetura e os objetos em nosso ambiente de espaço com características fixas e espaço com características semifixas. *Característica fixa* refere-se ao espaço organizado por fronteiras não móveis (ambientes da casa); *característica semifixa* refere-se à disposição dos objetos móveis, tais como cadeiras e mesas. Ambas podem ter um profundo impacto em nosso comportamento comunicativo.

Em certa época da história dos Estados Unidos, os bancos eram deliberadamente desenhados para projetar uma imagem de força e segurança. Freqüentemente, o projeto caracterizava-se pela presença de grandes pilares de mármore, abundância de barras e portas metálicas, pisos não revestidos e paredes nuas. Esse estilo em geral projetava aos visitantes uma imagem fria e impessoal. Mais tarde, os banqueiros perceberam a necessidade de mudar o ambiente, criar um lugar amistoso, caloroso e "caseiro", onde as pessoas gostassem de se sentar e discutir as dificuldades e necessidades financeiras. Os interiores dos bancos começaram a mudar. Acrescentaram-se carpetes; a madeira substituiu o metal; foram colocadas cadeiras estofadas; plantas em vasos e objetos de arte foram trazidos para aumentar o "calor". Esse é apenas um exemplo do reconhecimento de que muitas vezes a natureza da interação pode ser significativamente influenciada pelo ambiente no qual ocorre. Donos de casas de diversões e restaurantes têm consciência de que iluminação suave e superfícies que absorvam o som, como carpetes, cortinas e tetos revestidos, permitem maior intimidade e fazem com que os fregueses permaneçam mais tempo do que ficariam se o local fosse intensamente iluminado e não tivesse tratamento acústico.

O modo como as pessoas decoram seus ambientes também pode revelar comportamentos futuros. Em um estudo, foram fotografados 83 quartos de calouros universitários. Quando foram analisadas as fotos dos quartos dos alunos que um ano e meio depois desistiram do curso, notou-se que os desistentes tinham mais decorações que refletiam a escola de segundo grau e suas casas e um menor número relacionado à comunidade universitária. Os desistentes também pareceram ter menos maneiras de proteger sua privacidade. Sua maneira favorita de combater um barulho indesejado era produzir um barulho ainda mais alto (Vinsel, Brown, Altman e Foss, 1980).

Às vezes recebemos mensagens bastante claras sobre as pessoas a partir de seu ambiente doméstico. Nossa concepção dos habitantes de uma casa pode ser formada antes que os conheçamos – se julgarmos que eles decoraram sua casa para si próprios, para os outros, pela utilidade, por conforto e assim por diante (Sandalla, 1987). Podemos ser influenciados pelo clima gerado pelo papel de parede, pela simetria e/ou arrumação dos objetos exibidos, por quadros nas paredes, pela qualidade e custo aparente dos artigos distribuídos pela casa. Quase todos já passaram pela experiência de entrar numa sala de estar que deu a impressão de não ter sido feita para "estar". Hesitamos em sentar ou tocar alguma coisa porque o ambiente parece dizer: "Este local se presta apenas a ser mostrado; sente-se, caminhe e toque cuidadosamente. São necessários tempo e esforço para manter esta sala arrumada, limpa e ajeitada; não queremos ter de limpá-la depois que você sair". A disposição de outras salas de estar parece dizer: "Sente-se, fique à vontade, sinta-se livre para falar informalmente e não se preocupe se derrubar alguma coisa". Decoradores de interiores e especialistas em promoção de produtos fazem com freqüência julgamentos intuitivos e baseados na experiência acerca da influência de certas cores, objetos, formas, disposições etc., mas poucas tentativas empíricas foram realizadas para validar tais sentimentos.

Um dos primeiros estudos empíricos que enfocaram a influência da decoração de interiores nas respostas humanas foi conduzido por Maslow e Mintz (1956) e Mintz (1956). Maslow e Mintz escolheram três ambientes para estudo: um deles era "feio" (projetado para dar a impressão de um quartinho de faxineiro em completa bagunça); outro era "bonito" (provido de carpete, cortinas etc.); e o último era um ambiente "médio" (a sala de trabalho de um professor). Pessoas foram solicitadas a se sentar nesses ambientes e classificar uma série de fotos de rostos. Os pesquisadores tentaram manter constantes certas condições nos três locais, tais como hora do dia, cheiro, ruído, assentos e pesquisador, de modo que os resultados pudessem ser atribuídos ao tipo de ambiente. Os resultados mostraram que as pessoas no ambiente bonito deram notas mais altas nos itens "energia" e "bem-estar" aos rostos do que os participantes do ambiente feio. Tanto os pesquisadores como as pessoas tentaram vários comportamentos escapistas para evitar o ambiente feio, que foi descrito de várias maneiras como monótono e gerador de fadiga, dor de cabeça, descontentamento, sono, irritabilidade e hostilidade. O ambiente bonito, no entanto, gerou sensações de satisfação, prazer, conforto, importância, energia e desejo de continuar a atividade. Nesse caso, temos um estudo bem controlado que oferece algumas provas do impacto de aspectos visuais/estéticos do ambiente sobre a natureza da interação humana. Estudos similares apontaram que estudantes saem-se melhor em testes, têm melhor conceito dos professores e resolvem problemas com maior eficiência em ambientes "bonitos" do que nos "feios" (Wollin e Montagre, 1981; Campbell, 1979; Wong e Brown, 1923). Como nenhum estudo concluiu que o humor ou as avaliações das pessoas mudam com alterações drásticas na disposição de objetos e na decoração (Kasmar, Griffin e Mauritzen, 1968), somos levados a considerar

Figura 2.2 Teste de percepção ambiental: a) descreva a pessoa ou pessoas que mora(m) aqui; b) diga por que você gostaria, ou não gostaria, de conhecer a(s) pessoa(s) que mora(m) aqui; c) quanta comunicação acontece aqui?; d) que tópicos têm maior probabilidade de ser discutidos?; e) quais das dimensões listadas nas páginas 66-68 influenciaram mais sua percepção?; f) compare suas respostas com as de outros. Foto © John T. Hill, Bethany, Connecticut.

que o impacto do ambiente é apenas uma fonte de influência de nossas percepções. Às vezes, essa fonte constitui uma força poderosa, mas em outras a íntima relação entre as partes, a compreensão da bagunça, o comportamento positivo do outro, assim como outros fatores, contrabalançam os efeitos negativos emanados de um ambiente "feio".

Cor

Dois relatos em jornais de 1972 indicavam que as prisões estavam sendo pintadas para "reduzir a má conduta dos prisioneiros". De acordo com o texto, os muros da cadeia pública de San Diego foram pintados de rosa, azul-celeste e pêssego, com base no pressuposto de que as cores pastéis teriam efeito calmante sobre os detentos. Em Salem, no Oregon, as barras das celas da Instituição Correcional do Oregon foram pintadas de verde, azul e cáqui suaves; as portas de algumas celas foram pintadas de amarelo, alaranjado, verde e azul berrantes. Além disso, o superintendente da instituição disse que os padrões de cores seriam constantemente mudados para que aquele se mantivesse "um lugar estimulante para trabalhar e morar". Em 1980, um estudo de pesquisa concluiu que olhar para a cor rosa tornaria as pessoas mais fracas (Pelligrini e Schauss, 1980). Em 1981, segundo um relato, a cadeia do condado de San Jose, na Califórnia, teve duas celas pintadas de rosa-choque, na crença de que a hostilidade dos prisioneiros seria reduzida. Os prisioneiros pareceram menos hostis por cerca de quinze minutos, mas logo a hostilidade atingia o pico, e depois de três horas alguns detentos passaram a arrancar a tinta da parede. Alguns anos mais tarde, pesquisadores tornaram a testar a cor rosa. Desta feita, o rosa mostrou-se estimulante em vez de calmante (Smith, Bell e Fusco, 1986). Resultados mais efetivos parecem ter vindo do programa que permitiu aos prisioneiros pintarem suas celas das cores que escolhessem. Esses são alguns dos exemplos de tentativas procurando comprovar que em certos ambientes as cores, em conjunção com outros fatores, influenciam temperamentos e comportamentos.

Desde 1970, um grupo de pesquisadores em Munique, Alemanha, vem estudando o impacto das cores no desenvolvimento mental e nas relações sociais (*Blue is Beautiful*, 1973). Crianças testadas em quartos que julgavam bonitos fizeram em torno de doze pontos a mais em um teste de QI do que aquelas em quartos que julgavam feios. Azul, amarelo, amarelo-esverdeado e alaranjado foram consideradas cores bonitas; branco, preto e marrom consideradas feias. Os quartos pintados com as cores bonitas também pareceram estimular o estado de

Tabela 2.1   Cores associadas a estados de espírito

Estado de espírito	Cor	Freqüência de vezes escolhida
Excitante–estimulante	Vermelho	61
Seguro–confortável	Azul	41
Aflito–perturbado–incomodado	Alaranjado	34
Terno–reconfortante	Azul	41
Protetor–defensor	Vermelho	21
	Marrom	17
	Azul	15
	Preto	15
	Roxo	14
Infeliz–melancólico–abatido–desanimado	Preto	25
	Marrom	25
Calmo–pacífico–sereno	Azul	38
	Verde	31
Digno–majestoso	Roxo	45
Alegre–jovial–radiante	Amarelo	40
Desafiador–discordante–hostil	Vermelho	23
	Alaranjado	21
	Preto	18
Poderoso–forte–autoritário	Preto	48

alerta e a criatividade. No quarto alaranjado, os psicólogos descobriram que reações sociais positivas (palavras amistosas, sorrisos) cresceram 53%, enquanto as reações negativas (irritabilidade, hostilidade) decresceram 12%.

Mehrabian diz que os tons *mais agradáveis* são, pela ordem, azul, verde, roxo, vermelho e amarelo (Mehrabian, 1976) e sugere que o *mais excitante* é o vermelho, seguido do alaranjado, amarelo, violeta, azul e verde. Embora as propostas de Mehrabian não sejam comparáveis às de Wexner, com papel e lápis, relacionando cores a estados de espírito, há inúmeras semelhanças. Wexner apresentou oito cores e onze tonalidades de estados de espírito a 94 pessoas. Os resultados (veja tabela 2.1) mostraram que para alguns estados de espírito uma única cor é significativamente relacionada; para outros, pode haver duas ou mais cores (Wexner, 1954; Murray e Deabler, 1957).

O problema da interpretação de tais pesquisas está em determinar se as pessoas escolhem cores realmente associadas a determinados estados de espírito ou se respondem usando estereótipos verbais aprendidos. Outro problema com as pesquisas de preferência de cor refere-se à ausência de associações entre cores e objetos. Rosa pode ser sua cor favorita, mas você pode não gostar de cabelo rosa. Um terceiro problema diz respeito à falha na separação dos efeitos da mudança de cores de um ambiente dos efeitos da cor propriamente ditos. Não obstante, não podemos ignorar a literatura educacional e sobre *design* sugerindo que padrões de cores cuidadosamente planejados parecem ter *alguma* influência na melhoria dos resultados escolares. Obviamente, não podemos fazer julgamentos definitivos sobre o impacto da cor na interação humana até que os estudos comportamentais liguem diferentes ambientes coloridos a diferentes tipos de comportamento verbal ou padrões de comunicação.

Uma série de estudos sobre a cor dos uniformes usados por jogadores de futebol americano e de hóquei mostrou as maneiras complexas pelas quais as cores podem afetar o comportamento. Frank e Gilovich (1988) começaram por demonstrar que alunos viam nos uniformes pretos uma conotação de mais malvadeza e agressividade do que nas outras cores. Em seguida examinaram estatísticas de jogos profissionais e descobriram que times de futebol americano e de hóquei que usavam uniformes pretos eram mais penalizados do que times que usavam outras cores. E, quando um time trocava sua cor pelo preto, passava a receber mais penalidades! Os pesquisadores começaram então a indagar se o efeito seria causado pelos próprios jogadores (talvez agissem com mais maldade e agressividade por estar vestindo preto) ou pelas percepções estereotipadas dos árbitros. Fizeram filmes experimentais em que variavam os uniformes dos jogadores envolvidos em jogadas idênticas e depois os mostraram a pessoas que atuavam como árbitros. De fato, esses árbitros encontraram maior número de comportamentos penalizáveis dentre aqueles que trajavam preto, ainda que na realidade não houvesse diferenças. No entanto, quando os pesquisadores puseram os uniformes pretos em estudantes, encontraram provas de que produziam comportamento mais agressivo no usuário. Portanto, ambos os processos parecem coexistir: jogadores usando preto podem ser mais violentos, mas as pessoas também *percebem* o jogo daqueles em uniformes pretos como sendo mais violento. Essa percepção poderia, por certo, tornar jogadores com uniforme preto ainda mais violentos por causa da maneira como as pessoas os tratam.

Som

Tipos de sons e sua intensidade também parecem afetar o comportamento interpessoal. Podemos ter reações muito diferentes ao burburinho de várias vozes, ao barulho insuportável de um martelo hidráulico ou aos sons reconfortantes e estimulantes da música. "A música", diz Mehrabian (1976, p. 50), "pode ter um efeito mais forte e mais imediato no nível de alerta e prazer do que, digamos, várias xícaras de café." Aquele som freqüentemente desagradável, despertante e forte do alarme matinal do relógio pode ter muita influência na irritabilidade de algumas pessoas ao se levantar. Em geral, quanto mais agradável a música, maior a probabilidade de que adotemos um comportamento de "aproximação" do que de "afastamento". Música lenta, suave, simples e familiar certamente reduz os níveis de excitação enquanto mantém o prazer, ao gerar uma sensação de tranqüilidade e satisfação.

Glass e Singer (1972) conduziram uma série de estudos sobre o impacto do barulho no desempenho. Pessoas foram solicitadas a realizar diversas tarefas, de complexidade variável, enquanto os pesquisadores manipulavam os ruídos. Os níveis de ruído variavam; alguns ruídos eram previsíveis (seguindo um padrão); outros, não. Diversas fontes de ruído foram testadas (por exemplo, máquinas de escrever, maquinário, gente falando uma língua estrangeira). Embora o ruído isoladamente não pareça ter produzido um efeito considerável sobre o desempenho, observou-se uma deterioração quando o ruído interagia com outros fatores. Por exemplo: o desempenho caía quando a carga de trabalho era alta e o ruído incontrolável e imprevisível. Outros fatores que determinam se o ruído é um problema ou um prazer incluem o tipo de ruído (música e pessoas falando, por exemplo), o volume, o tempo de duração do ruído e se o ouvinte está "acostumado a ele" ou não. Obviamente, alguns indivíduos podem ser mais suscetíveis ao ruído do que outros. Calouros sensíveis ao barulho percebiam mais ruído do que os outros alunos, e essas percepções aumentaram depois de sete meses do início do ano letivo. Os alunos sensíveis ao barulho também recebiam notas mais baixas, sentiam-se menos seguros em suas interações sociais e tinham maior desejo de privacidade do que seus colegas menos sensíveis ao barulho (Weinstein, 1978).

Em alguns ambientes, queremos mudar o som para conseguir mudanças de comportamento. Por exemplo: a elevação do volume da música de um supermercado estimulará mais compras em períodos de tempo menores. Em um hospital de tratamento mental, o piso cerâmico foi trocado por carpete, o que se julgou deixar os pacientes menos irritáveis e o local mais acolhedor e mais parecido com um "lar". Isso, por sua vez, encorajou os pacientes a passarem mais tempo cuidando de seu ambiente (Cheek, Maxwell e Weisman, 1971). Outro estudo testou o efeito de quartos de diferentes tamanhos (50 metros cúbicos e 530 metros cúbicos), diferentes formatos (circular e retangular) e diferentes tempos de reverberação (0,8 a 1 segundo e 0,2 a 0,3 segundo) em relação à velocidade e intensidade de alguém lendo em voz alta (Black, 1950). De modo geral, os dados sugerem que a velocidade e a intensidade da leitura foram afetadas pelo tamanho do quarto e pelo tempo de reverberação, mas não pelo formato. A velocidade pareceu menor nos quartos menores e com menos reverberação; a intensidade vocal foi maior nos quartos menores e com menos reverberação; e a intensidade aumentou consideravelmente à medida que a pessoa lia as doze frases fornecidas nos quartos com menos reverberação.

Iluminação

A iluminação também contribui para estruturar nossas percepções de um ambiente, e essas percepções podem influenciar o tipo de mensagem que enviamos. Se entramos num ambiente pouco iluminado ou à luz de velas, é possível que falemos com mais suavidade, que nos sentamos mais próximos dos outros e que presumamos que a comunicação ocorrerá de modo mais pessoal (Meer, 1985). Quando a intensidade da luz é aumentada, porém, o ambiente parece ser menos convidativo à interação íntima. Em boates pouco iluminadas, se luzes fortes começam a piscar, em geral é um sinal de que a hora de fechar está próxima, e isso dá algum tempo aos fregueses para que façam a transição de um estado a outro. Carr e Dabbs descobriram que a comunicação de questões íntimas em ambiente com pouca luz entre pessoas não íntimas causa uma significativa hesitação na resposta, um decréscimo significativo de olhares e uma diminuição na duração média dos olhares (Carr e Dabbs, 1974). Todos esses comportamentos não-verbais parecem ser esforços para aumentar a distância psicológica e diminuir a inadequação da intimidade criada pela iluminação e pelas questões.

A ausência de luz parece ser um problema central para as pessoas que sofrem de "desordem afetiva sazonal", uma forma de depressão particularmente aguda nos meses de inverno. Terapeutas têm tratado dessas pessoas com sucesso expondo-as a iluminação extremamente forte por várias horas pela manhã. Iluminação artificial que forneça um amplo espectro de luz como a do Sol é a mais eficaz nessa terapia (Lewry, Sack, Miller e Hoban, 1987).

Objetos móveis

Se sabemos que a disposição de certos objetos em nosso ambiente pode contribuir para estruturar a comunicação, não é de surpreender que muitas vezes tentemos manipular objetos como forma de obter determinados tipos de resposta. Noites especiais e íntimas são geralmente realçadas por luz de vela, música suave, bebidas favoritas, almofadas fofas no sofá e a ausência de pratos sujos, lixo e outros materiais não intimistas associados ao dia-a-dia. Os objetos em nosso ambiente também podem ser dispostos para refletir certos papéis nos relacionamentos – para demarcar limites ou para estimular uma maior aproximação. O interior do escritório de um executivo pode claramente indicar o *status* do ocupante – por exemplo, quadros caros, mesa grande, sofá macio, cadeiras estofadas, cortinas etc. Uma atmosfera como essa pode não ser apropriada a uma situação de aconselhamento pessoal, mas pode ser modificada para que se torne mais propícia a tal propósito. Não há dúvida de que às vezes somos capazes de nos comunicar bem em ambientes aparentemente "inadequados", como acontece com amantes que se despedem em aeroportos relativamente frios e públicos.

Mesas de escritório parecem ser objetos importantes na conduta da comunicação interpessoal. Um experimento montado no consultório de um médico sugere que a ausência ou presença de uma mesa pode alterar significativamente o estado de "à vontade" do paciente (White, 1953). Com a mesa separando paciente e médico, apenas 10% dos pacientes eram percebidos como "à vontade", enquanto a remoção da mesa aumentava a porcentagem dos pacientes "à vontade" para 55%. A relação professor-aluno também parece ser afetada pela posição da mesa (Zweigenhaft, 1976). Pediu-se a professores universitários que desenhassem a disposição dos móveis de suas salas. Os desenhos foram recolhidos e analisados juntamente com outras informações obtidas dos professores, assim como uma avaliação geral desses professores feita pela universidade. Vinte e quatro, de um total de 33 professores titulares, colocaram suas mesas entre eles e os alunos, mas apenas catorze, de trinta professores assistentes e convidados, o fizeram. Além disso, os estudantes avaliaram os professores "não entrincheirados" como mais propensos a "estimular o desenvolvimento de diferentes pontos de vista dos alunos", prontos a dar "atenção individual aos alunos que a necessitam" e menos propensos a exibir "favoritismo indevido". Como outro estudo não apontou a barreira da mesa como relacionada a experiências indesejáveis em interações professor-aluno, somos levados a acreditar que outros fatores podem neutralizar ou sobrepujar os efeitos potencialmente problemáticos da barreira da mesa (Campbell e Herren, 1978). Por exemplo, estudantes esperam maior formalidade nas relações professor-aluno em algumas situações do que em outras, ou a base para um efetivo relacionamento de trabalho pode ter sido estabelecida fora da sala do professor, de modo que a "barreira" não é percebida como uma barreira. O anteparo que separa o secretário de imprensa do presidente dos jornalistas durante comunicados à imprensa na Casa Branca também foi percebido tanto como "apropriado" quanto como uma "barreira" a uma comunicação efetiva. Durante a administração Nixon, os comunicados à imprensa eram formalizados, e o secretário de imprensa ficava atrás de um anteparo. Ron Nessen, o secretário de imprensa do presidente Ford, achava que o anteparo contribuía para um improdutivo sentimento de "nós e eles", o que o levou a fazer os comunicados sem o obstáculo.

Barreiras menos óbvias também existem. Por exemplo, se deparamos com um delicado objeto de arte colocado diante de alguns livros em uma estante, é provável que hesitemos em pegar os livros. É preciso ter em mente que mesas e outras "barreiras" não são inerentemente boas ou más. Caso desejemos manter um relacionamento formal e distante, a mesa pode ajudar a criar essa sensação.

A disposição de outras peças de mobiliário pode facilitar ou inibir a comunicação. A localização do aparelho de televisão em um ambiente muito provavelmente afetará a colocação das cadeiras e, por conseguinte, o padrão das conversas nesse ambiente. Sommer e Ross descobriram que alguns pacientes residentes de uma clínica geriátrica eram "apáticos" e tinham poucos amigos, a despeito de um ambiente alegre e bem iluminado de modo geral. A redistribuição dos móveis para encorajar a interação dobrou a freqüência das conversas entre os pacientes (Sommer e Ross, 1958). Mesmo quando as possibilidades de conversação são maximizadas, nem todas as pessoas falarão com as demais. Consideremos a disposição na figura 2.3. Seria de prever que as trocas marcadas pelas setas fossem as mais freqüentes, mas as quatro pessoas sentadas no sofá bem como as pessoas F e G provavelmente conversarão entre si com baixíssima freqüência. As quatro pessoas de uma extremidade provavelmente não se comunicarão com freqüência com as quatro pessoas da outra extremidade. Se os participantes forem periodicamente redistribuídos, os agrupamentos de conversação podem ser alterados. Por

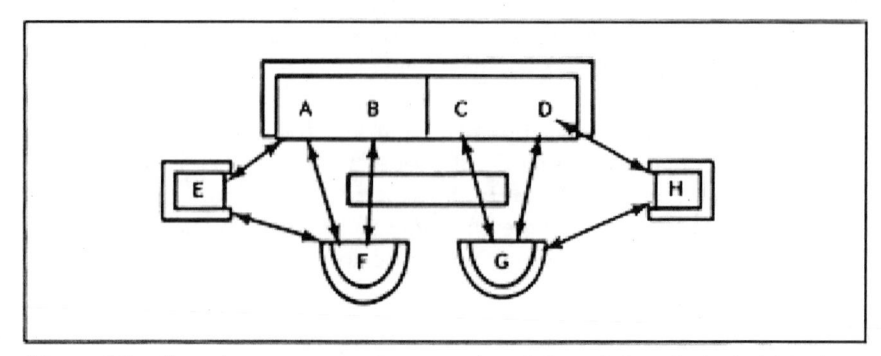

Figura 2.3 Fluxo de conversação e disposição de mobiliário (adaptado de A. Mehrabian, Public Places and Private Spaces, Nova York: Basic Books, 1976, p. 92).

fim, observe que não há cadeiras vazias nessa disposição, o que levanta a questão de para onde nos dirigir quando estivermos entediados com o agrupamento de conversação momentâneo.

Em pelo menos um caso, um desenhista de móveis projetou deliberadamente uma cadeira que exercia uma desagradável pressão na coluna vertebral do ocupante após alguns minutos sentado. A cadeira Larsen foi originalmente projetada para evitar que os clientes ficassem demasiado confortáveis e permanecessem em assentos que pudessem ser ocupados por outros clientes (Sommer, 1969, p. 121). Donos de hotéis e projetistas de aeroportos parecem já estar cientes do fenômeno do "demasiado confortável". Daí a disposição dos assentos ser deliberadamente desconfortável para permanências e conversas longas, de modo que os clientes "seguirão adiante" e talvez vagueiem até entrar nas lojas próximas onde possam gastar dinheiro. Um terminal de ônibus da cidade de Nova York (Port Authority Bus Terminal) substituiu seus velhos assentos de madeira por assentos dobráveis de plástico de cerca de 15 centímetros de profundidade que "demandam tamanha concentração para se manter equilibrado, que dormir ou mesmo sentar por muito tempo é impossível". Isso foi feito para evitar que as pessoas sem teto pudessem dormir no terminal (*For Homeless*, 1989).

Alguns ambientes parecem ter um código não escrito que proíbe a interação. Homens sós que entram, se sentam e depois deixam salas de cinema de filmes pornográficos sem dizer uma palavra ilustram o caso em questão.

Estrutura e projeto

Passamos a maior parte de nosso tempo em edificações. A maioria de nós passa o dia em uma construção supostamente projetada para o desempenho efetivo de nosso trabalho; ao fim do dia, entramos em outra estrutura supostamente projetada para a efetiva condução de nossa vida pessoal e familiar. A arquitetura desses prédios pode nos permitir determinar quem se encontrará com quem, onde e por quanto tempo.

A vida dos animais domésticos é controlada, entre outras coisas, por intermédio de cercas, portas de vaivém ou a colocação de água e comida em lugares específicos. Embora os atos verbais e não-verbais ajudem a controlar as situações

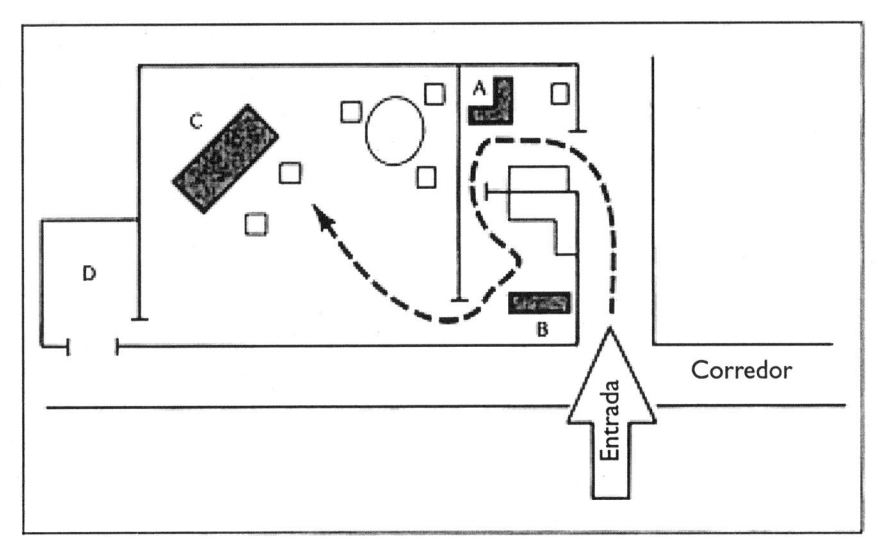

Figura 2.4 Dirigindo-se ao escritório do presidente. A = recepcionista. B = secretária particular. C = presidente. D = sala privativa com saída pelos fundos.

humanas, a utilização de barreiras, aberturas e outros arranjos físicos também contribui. Locais de encontro podem ser adequadamente organizados para regular o tráfego humano e, até certo ponto, a rede de comunicação (Ruesch e Kees, 1956, p. 126).

Prédios comerciais americanos são freqüentemente construídos a partir de uma planta padrão que reflete uma organização piramidal. Um grande contingente de pessoas é supervisionado por uns poucos executivos nos níveis mais altos. Em geral, esses executivos possuem o espaço mais amplo, a maior privacidade e os melhores locais para escritório, ou seja, no andar mais alto da estrutura. Conseguir uma altura acima das "massas" e ocupar um espaço considerável são apenas duas indicações de poder. Escritórios de canto, grandes janelas panorâmicas e elevadores privativos também estão associados a *status* e poder. Um escritório ao lado de um executivo importante também pode sugerir uma situação de poder. Padrão semelhante parece existir também nos ambientes acadêmicos, com os professores de maior grau hierárquico normalmente tendo mais espaço, janelas, privacidade e escolha do local da sala (Farrenkopf e Roth, 1980). Com freqüência, os escritórios de altos executivos são de difícil acesso, de acordo com o pressuposto de que quanto mais complicado o caminho para se chegar ao executivo mais poderoso ele parecerá. A figura 2.4 é um exemplo hipotético, mas não descabido, da longa e sinuosa rota até a sala de um presidente. Para chegar ao escritório, o visitante deve passar por uma recepcionista e por uma secretária particular, e num ou noutro lugar, ou em ambos, lhe será solicitado sentar-se e esperar. Portanto, embora o *status* e o poder de um executivo possam estar relacionados à sua inacessibilidade, secretárias e recepcionistas podem valorizar espaços abertos que lhes permitam agir como sentinelas e defensoras con-

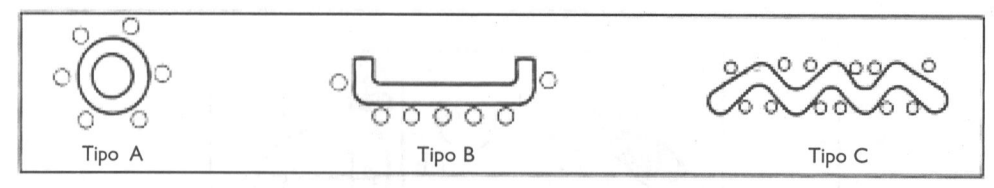

Figura 2.5 Projetos para bares

tra intrusões indesejadas. É comum que pessoas nos escalões mais baixos da estrutura organizacional se vejam num grande "fosso" aberto. Esses "escritórios" (mesas) têm pouca ou nenhuma privacidade, e as reclamações são comuns. Embora a privacidade seja mínima, as oportunidades de comunicação são abundantes.

Alguns prédios de apartamentos são construídos a partir de plantas que lembram edifícios de escritórios e antigos hotéis. Especulou-se que esses prédios, do "tipo corredor", tendem a encorajar uma administração burocrática, que parece se encaixar numa estrutura arrumada e uniforme. É mais fácil implementar regras rígidas nessas estruturas, e a interação entre os moradores é desencorajada. Comparados aos prédios de apartamentos "tipo suíte", os do "tipo corredor" são percebidos pelos residentes como mais povoados, menos privados e induzindo as pessoas a se evitarem (Baum e Vallins, 1979). Senso comunitário e a decorrente responsabilidade pelo espaço comum são difíceis de conseguir. Saguões têm às vezes o propósito de facilitar tal interação, mas sua utilidade tem sido questionada por arquitetos e cientistas comportamentalistas. Como outros detalhes do projeto, os saguões devem ser integrados ao todo da planta arquitetônica, desenvolvida a partir da análise das *necessidades humanas* – não inseridos em locais onde "se encaixem perfeitamente" ou "fiquem bons" para parentes e visitantes.

Se olharmos com atenção, poderemos ver muitas estruturas ambientais que inibem ou impedem a comunicação. Cercas que separam quintais criam barreiras óbvias, mesmo que alcancem apenas até a altura da cintura; localizar lavanderias em áreas escuras e isoladas de prédios de apartamentos e conjuntos habitacionais desencoraja seu uso, especialmente à noite; dar acesso a salas somente através do quarto de dormir provavelmente desencorajará seu uso e assim por diante.

Outras situações ambientais parecem facilitar a interação. Casas localizadas no meio de um quarteirão parecem atrair mais relacionamentos pessoais do que as localizadas em outras posições. Casas com entradas de carro adjacentes parecem ter uma estrutura comum, juntando os vizinhos e convidando à comunicação. Cavan (1966) relata que a probabilidade de interação entre estranhos num bar varia diretamente com a distância entre eles. Como regra, o espaço de três assentos de bar é a distância máxima em que os fregueses tentarão iniciar contato. Dois homens conversando, mas separados por um assento de bar vazio, provavelmente permanecerão nessa posição, já que ficariam muito próximos se sentassem lado a lado. No entanto, se um homem estiver conversando com uma mulher e houver um assento vazio entre eles, é provável que o homem se mude para lá – para impedir que outra pessoa se interponha entre eles. A maioria dos bares, contudo, não é projetada para facilitar a interação. Note que os três projetos de bar na figura 2.5

possibilitam oportunidades muito diferentes de ficar de frente para um parceiro de interação, para olhares mútuos e para uma aproximação física. A maioria dos bares é similar ao tipo B, que parece desencorajar mais a interação.

Alguns projetos habitacionais para idosos levam em consideração a necessidade de contato social. Nessas moradias, as portas dos apartamentos em cada andar dão para uma entrada comum. Isso aumenta bastante as chances de intercâmbio social, em comparação a prédios em que as portas dos apartamentos estão dispostas de um ou de outro lado de um longo corredor, sem portas de frente. Se quisermos uma estrutura que favoreça interação social, é imperativo que tenhamos caminhos que se cruzem; mas, se quisermos que as pessoas interajam, deve haver algo que as estimule a se demorar. Diferenças na freqüência da interação são comumente relacionadas à distância que as pessoas têm de percorrer entre as atividades. Por exemplo, fez-se uma comparação entre duas escolas secundárias: uma era "centralizada", com salas de aula em um ou dois prédios; a outra era em "estilo de *campus*", com as salas de aula distribuídas por diversos edifícios. O projeto de *campus* favorecia de 5% a 10% mais as interações nos corredores, escadas e recepções, mas de 7% a 10% menos nas salas de aula do que o projeto centralizado. Houve 20% de interação a menos entre alunos e professores antes e depois da aula na escola secundária de estilo *campus* (Myrick e Marx, 1968).

Além disso, a natureza do projeto pode favorecer ou não certos tipos de comunicação – isto é, a estrutura pode determinar quanta interação ocorrerá e qual será seu conteúdo genérico. Drew (1971) relata um estudo não publicado de três diferentes projetos de setores de atendimento dentro de um hospital psiquiátrico. Em um deles, era necessário abrir uma porta para que a interação ocorresse; em outro, a interação ocorria em um balcão com separação de vidro; e, no terceiro, a interação tinha lugar por sobre um balcão aberto. Embora substancialmente mais pacientes entrassem no setor com a porta, as interações ocorriam com menor freqüência do que nos outros dois setores. Uma média de uma interação a cada período de observação de quinze minutos ocorria com a porta, 5,3 interações por período ocorriam no balcão envidraçado e 8,7 ocorriam com o balcão aberto. Embora a interação fosse maior para o balcão aberto, o autor notou uma preponderância de conversas sociais aí; o projeto de porta parecia favorecer maior número de pedidos de itens e interações de permissão. *Em suma, o ambiente mais inacessível reduzia a freqüência de interação e aumentava as mensagens orientadas para atividades; o ambiente mais acessível aumentava a freqüência de interação e aumentava a quantidade de "bate-papo".*

Uma análise mais completa sobre proximidade física e distância espacial está no capítulo 4, mas a que Stouffer coloca a seguir também é relevante nesta discussão sobre o ambiente:

> Quer estejamos buscando explicar por que as pessoas vão a determinado lugar à procura de emprego, por que compram em determinadas lojas, por que vão a determinado bairro para cometer um crime ou por que desposam determinado cônjuge que escolhem, o fator da distância espacial é de importância óbvia. [Stouffer, 1940, p. 845]

Muitos estudos confirmam a observação de Stouffer. Estudantes tendem a

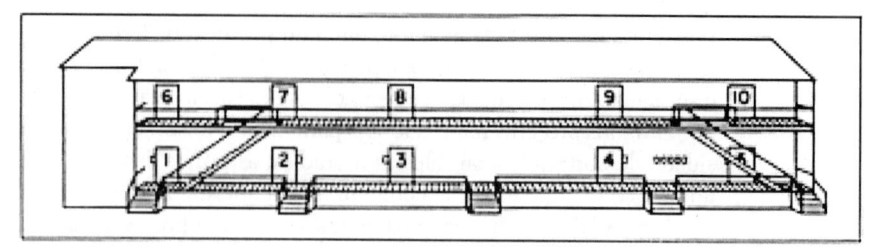

Figura 2.6

desenvolver amizades mais fortes com aqueles com quem compartilham as aulas, dormitórios ou prédio de apartamento, ou que se sentam próximos a eles, do que com outros que estão geograficamente distantes. Trabalhadores tendem a desenvolver amizades mais próximas com aqueles que trabalham perto. O efeito da proximidade parece ser mais forte para os empregados com menor *status* na empresa. Gerentes tendem a escolher amigos no trabalho de acordo com o *status* e não com a proximidade (Schutte e Light, 1978). Algumas pesquisas (Deutsch e Collins, 1951) concluem que a maior proximidade de pessoas brancas e negras favorece a redução do preconceito. É interessante que alguns critiquem a legislação social voltada para a eliminação da segregação porque ela não altera as atitudes e apenas força à obediência civil. Esse estudo, entre outros, sugere que às vezes agrupar pessoas de diferentes raças gerará uma correspondente mudança positiva de atitude. Entretanto, é necessário cautela ao generalizar tal idéia. Se os dois grupos forem extremamente fechados ou se não percebem problemas mútuos ou projetos que requeiram cooperação, a proximidade pode apenas aumentar as hostilidades.

Diversos estudos mostram uma relação inversa entre a distância que separa potenciais parceiros de casamento e o número de casamentos. Em New Haven, por exemplo, Kennedy (1943) relatou que 76% dos casamentos ocorriam entre pessoas que moravam a até vinte quadras de distância umas das outras e 35% entre pessoas que moravam a até cinco quadras. A proximidade nos permite obter mais informação acerca da outra pessoa. A conclusão irrefutável é a de que, à medida que a proximidade aumenta, é provável um aumento da atração. Poderíamos dizer também que, à medida que a atração aumenta, a proximidade tenderá a aumentar.

Inúmeros estudos têm mostrado como as amizades são influenciadas pela proximidade. Em estudo realizado num conjunto habitacional, a maioria das amizades aconteceu entre pessoas que moravam a até 30 metros umas das outras. Vizinhos de porta tornaram-se amigos próximos 46% das vezes; vizinhos que viviam a duas ou três portas de distância tornaram-se amigos 24% das vezes; e pessoas que viviam a três ou quatro portas de distância tornaram-se amigas 13% das vezes (Athanasiou e Yoshioka, 1973). Provavelmente, o mais famoso estudo acerca de proximidade, escolha de amizade e contato interpessoal tenha sido realizado por Festinger, Schachter e Back (1950), num conjunto habitacional para estudantes casados. A preocupação com o que os autores chamaram de "distância funcional" levou a dados que demonstram claramente que arquitetos podem ter uma grande influência na vida social dos residentes desses conjuntos habitacionais. A distância funcional é determinada pelo número de contatos que a posição e o projeto favorecem, como, por exemplo, para que direção os apartamentos estão voltados, onde as saídas e entradas estão localizadas, a localização das escadas, caixas de correio e similares. A figura 2.6 mostra o projeto básico de um tipo de construção estudada.

Os pesquisadores perguntaram aos residentes de dezessete prédios (projetados como o da figura 2.6) quais as pessoas que mais viam socialmente e com quais travaram amizade. Entre os resultados encontrados nesse estudo, os seguintes são dignos de nota: 1) Parece haver um maior número de escolhas de amigos entre aqueles mais próximos fisicamente (no mesmo andar ou no mesmo edifício). Foi raro encontrar uma amizade entre pessoas separadas por mais de quatro ou cinco apartamentos. 2) Os moradores dos apartamentos 1 e 5 obtiveram e forneceram o maior número de escolhas de amizade dos residentes do andar superior do que os moradores de quaisquer outros apartamentos no andar inferior. 3) Os residentes dos apartamentos 1 e 6 fizeram mais amizades do que os dos apartamentos 2 e 7. Do mesmo modo, os moradores dos apartamentos 5 e 10 fizeram mais amizades do que os dos apartamentos 4 e 9. Embora a distância física fosse a mesma, a distância funcional diferiu. 4) Os residentes do apartamento 7 escolheram os do 6 mais do que os do 8; os moradores do apartamento 9 escolheram mais os do 10 do que os do 8. Essa relação não se provou verdadeira no tocante aos apartamentos do primeiro andar. 5) Devido às caixas de correio, os residentes do apartamento 5 escolheram mais amigos do piso superior, a maioria dessas escolhas recaindo sobre os dos apartamentos 9 e 10. Há muitas maneiras de fazer amigos, mas a distância funcional parece ter alta influência no processo e, às vezes, essa distância é conseqüência do desenho arquitetônico.

Sumário

O ambiente em que as pessoas se comunicam freqüentemente contribui para o resultado final dos encontros. Tanto a freqüência como o conteúdo de nossas mensagens são influenciados por vários aspectos do ambiente em que nos comunicamos. Vimos como o ambiente influencia nosso comportamento, mas também ficamos sabendo que podemos alterar os ambientes a fim de provocar certos tipos de resposta. À medida que nosso conhecimento dos ambientes aumenta, podemos deliberadamente usá-lo para nos ajudar a obter respostas desejadas. De fato, é esse o ponto de um livro de B. F. Skinner (1971), um dos mais renomados psicólogos de nosso século. Skinner acredita que somos produtos de nosso ambiente e que, se queremos mudanças de comportamento, precisamos aprender a controlar o ambiente em que interagimos.

Ao longo deste capítulo nos referimos a vários tipos diferentes de ambiente – sala de aula, apartamentos, escritórios, prisões, lares e bares. Sugerimos que há diversas maneiras de entender os ambientes. Mehrabian, seguindo pesquisas em outras áreas da percepção humana, sugeriu que todos os ambientes poderiam ser examinados pela observação das reações emocionais que suscitam. Essas emoções, ou sentimentos, diz Mehrabian, podem ser analisadas em três dimensões:

excitante/não excitante, prazeroso/não prazeroso e dominante/submisso. Sugerimos seis bases perceptivas para examinar os ambientes: formal/informal, acolhedor/frio, público/privado, familiar/não familiar, constrangedor/livre e distante/próximo. Também destacamos que os indivíduos percebem os aspectos temporais de seus ambientes quando as coisas acontecem, o tempo que duram, o tempo existente entre os acontecimentos e o padrão ou ritmo dos eventos.

Cada ambiente parece ter três características principais: 1) o ambiente natural; 2) a presença ou ausência de outras pessoas; 3) o desenho arquitetônico e objetos móveis, incluindo iluminação, som, cor e o apelo estético-visual geral. A quantidade e a qualidade da pesquisa em cada uma dessas áreas variam consideravelmente, mas está claro que qualquer análise do comportamento humano deve levar em conta a influência das características ambientais.

Referências e bibliografia selecionada

Adams, R. S. (1969). Location as a feature of instructional interaction. *Merrill-Palmer Quarterly, 15*, 309–21.

Adams, R. S., & Biddle, B. (1970). *Realities of teaching: Explorations with video tape.* Nova York: Holt, Rinehart & Winston.

Allen, E. C., & Guilford, J. P. (1936). Factors determining the affective values of color combinations. *American Journal of Psychology, 48*, 643–48.

Altman, I., & Chemers, M. M. (1988). *Culture and environment.* Nova York: Cambridge University Press.

Anderson, C. A., & Anderson, D. C. (1984). Ambient temperature and violent crime: Tests of the linear and curvilinear hypotheses. *Journal of Personality and Social Pshychology, 46*, 91–7.

Anderson, C. A. (1989). Temperature and aggression: Ubiquitous effects of heat on occurrence of human violence. *Psychological Bulletin, 106*, 74–96.

Argyle, M., Furnham, A., & Graham, J. A. (1981). *Social situations.* Nova York: Cambridge University Press. Chapter 10, The environmental setting, pp. 267–92.

Athanasiou, R., & Yoshioka, G. A. (1973). The spatial character of friendship formation. *Environment and Behavior, 5*, 43–65.

Baird, D. A. (1930). The effects of noise: A summary of experimental literature. *Journal of the Acoustical Society of America, 1*, 256–61.

Barker, R. G. (1963). On the nature of the environment. *Journal of Social Issues, 19*, 1–14.

Barker, R. (1968). *Ecological psychology.* Palo Alto, CA: Stanford University Press.

Barker, R., & Wright, H. (1957). *Midwest and its children.* Lawrence, KS: University of Kansas Press.

Barnes, R. D. (1963). Thermography of the human body. *Science, 140*, 870–77.

Baron, R. A. (1972). Aggression as a function of ambient temperature and prior anger arousal. *Journal of Personality and Social Psychology, 21*, 183–89.

Baron, R. A., & Bell, P. A. (1975). Aggression and heat: Mediating effects of prior provocation and exposure to an aggressive model. *Journal of Personality and Social Psychology, 31*, 825–32.

Baron, R. A., & Bell, P. A. (1976). Aggression and heat: The influence of ambient temperature, negative affect, and a cooling drink on physical aggression. *Journal of Personality and Social Psychology, 33*, 245–55.

Baron, R. A., & Lawton, S. F. (1972). Environmental influences on aggression: The facilitation of modeling effects by high ambient temperatures. *Psychonomic Science, 26*, 80–82.

Baron, R. A., & Ransberger, V. M. (1978). Ambient temperature and the occurance of collective violence: The "long hot summer" revisited. *Journal of Personality and Social Psychology, 36*, 351–60.

Baum, A., & Davis, G. E. (1980). Reducing the stress of high density living: An architectural intervention. *Journal of Personality and Social Psychology, 38*, 471–81.

Baum, A., & Valins, S. (1979). Architectural mediation of residential density and control: Crowding and regulation of social contact. In L. Berkowitz (Ed.), *Advances in experimental social psychology*. Vol. 12 (pp. 131–75). Nova York: Academic Press.

Bechtel, R. B. (1967). Human movement and architecture. *Trans-Action, 4*, 53–6.

Bedford, T. (1961). Researches on thermal confort. *Ergonomics, 4*, 289–310.

Berke, J., & Wilson, V. (1951). *Watch out for the weather*. Nova York: Viking.

Birren, F. (1950). *Color psychology and color therapy*. Nova York: McGraw-Hill.

Birren, F. (1969). *Light, color and environment*. Nova York: Van Nostrand Reinhold.

Black, J. W. (1950). The effect of room characteristics upon vocal intensity and rate. *Journal of the Acoustical Society of America, 22*, 174–6.

Blake, R. R., Rhead, C. C., Wedge, B., & Mouton, J. S. (1956). Housing architecture and social interaction. *Sociometry, 19*, 133–9.

Blue is beautiful. (1973, September 17). *Time*, p. 66.

Breed, G., & Colaiuta, V. (1974). Looking, blinking, and sitting: Nonverbal dynamics in the classroom. *Journal of Communication, 24*, 75–81.

Byrne, D. (1961). The influence of propinquity and opportunities for interaction on classroom relationships. *Human Relations, 14*, 63–70.

Campbell, D. E. (1979). Interior office design and visitor response. *Journal of Applied Psychology, 64*, 648–53.

Campbell, D. E., & Beets, J. L. (1978). Lunacy and the moon. *Psychological Bulletin, 85*, 1123–9.

Campbell, D. E., & Herren, K. A. (1978). Interior arrangement of the faculty office. *Psychological Reports, 43*, 234.

Canter, D. (1977). *The psychology of place*. Londres: Architectural Press.

Carlsmith, J. M., & Anderson, C. A. (1979). Ambient temperature and the occurrence of collective violence: A new analysis. *Journal of Personality and Social Psychology, 37*, 337–44.

Carr, S. J., & Dabbs, J. M. (1974). The effect of lighting, distance and intimacy of topic on verbal and visual behavior. *Sociometry, 37*, 592–600.

Cavan, S. (1966). *Liquor license*. Chicago: Aldine Publishing.

Cheek, F. E., Maxwell, R., & Weisman, R. (1971). Carpeting the ward: An exploratory study in environmental psychiatry. *Mental Hygiene, 55*, 109–18.

Child, I. L. (1968). Esthetics. In G. Lindsey & E. Aronson (Eds.), *Handbook of Social Psychology*, vol. 3 (pp. 853–916). Reading, MA: Addison-Wesley.

Cottle, T. J. (1976). *Perceiving time*. Nova York: John Wiley and Sons.

Craik, K. (1981). Environmental assessment and situational analysis. In D. Magnusson (Ed.), *Toward a psychology of situations: An interactional perspective* (pp. 37–48). Nova York: Erlbaum.

Deutsch, M., & Collins, M. (1951). *Interracial housing: A psychological evaluation of a social experiment*. Minneapolis, MN: University of Minnesota Press.

Doob, L. (1964). *Patterning of time*. New Haven, CT: Yale University Press.

Drew, C. J. (1971). Research on the psychological-behavioral effects of the physical environment. *Review of Educational Research, 41*, 447–63.

Duncan, F. (1981). Dormitory architecture influences patterns of student social relations over time. *Environment and Behavior, 13*, 23–41.

Falender, C. A., & Mehrabian, A. (1978). Environmental effects on parent-infant interaction. *Genetic Psychology Monographs, 97*, Pt. 1, 3–41.

Farrenkopf, T., & Roth, V. (1980). The university faculty office as an environment. *Environment and Behavior, 12*, 467–77.

Festinger, L. (1951). Architecture and group membership. *Journal of Social Issues, 1*, 152–63.

Festinger, L., Schachter, S., & Back, K. (1950). *Social pressures in informal groups: A study of human factors in housing*. Nova York: Harper & Row.

Ford, C. S., Rothro, E. T., & Child, I. L. (1966). Some transcultural comparisons of esthetic judgment. *Journal of Social Psychology, 68*, 19–26.

Frank, M. S., & Gilovich, T. (1988). The dark side of self- and social perception: Black uniforms and aggression in professional sports. *Journal of Personality and Social Psychology, 54*, 74–85.

Gans, H. J. (1961). Planning and social life: Friendship and neighbor relations in suburban communities. *Journal of the American Institute of Planners, 27*, 134–40.

Glass, D., & Singer, J. E. (1973). Experimental studies of uncontrollable and unpredictable noise. *Representative Research in Social Psychology, 4*, 165.

Gonzales, A., & Zimbardo, P. G. (1985). Time in perspective. *Psychology Today, 19*, 21–6.

Goranson, R. E., & King, D. (1970). *Rioting and daily temperature: Analysis of the U. S. riots in 1967*. Manuscrito não publicado, York University, Ontario, Canadá.

Griffin, W. V., Mauritzen, J. H., & Kasmar, J. V. (1969). The psychological aspects of the architectural environment: A review. *American Journal of Psychiatry, 125*, 1057–62.

Griffith, W. (1970). Environmental effects of interpersonal affective behavior: Ambient effective temperature and attraction. *Journal of Personality and Social Psychology, 15*, 240–4.

Griffith, W., & Veitch, R. (1971). Hot and crowded: Influence of population density and temperature on interpersonal affective behavior. *Journal of Personality and Social Psychology, 17*, 92–8.

Guilford, J. P., & Smith, P. C. (1959). A system of color preferences. *American Journal of Psychology, 72*, 487–502.

Haber, G. M. (1982). Spatial relations between dominants and marginals. *Social Psychology Quarterly, 45*, 221–8.

Hall, E. T. (1959). *The silent language*. Garden City, NY: Doubleday.
Hall, E. T. (1966). *The hidden dimension*. Garden City, NY: Doubleday.
Hall, E. T. (1983). *The dance of life*. Garden City, NY: Anchor Books.
Hambrick-Dixon, P. J. (1986). Effects of experimentally imposed noise on task performance of black children attending day care centers near elevated subway trains. *Developmental Psychology, 22*, 259–64.
Harkins, S., & Szymanksi, K. (1987). Social facilitation and social loafing: New wine in old bottles. In C. Hendrick (Ed.), *Review of personality and social psychology*, vol. 9 (pp. 167–88). Beverly Hills, CA: Sage.
Hazard, J. N. (1962). Furniture arrangement as a symbol of judicial roles. *ETC, 19*, 181–8.
Heilweil, M. (Ed.), (1973). Student housing, architecture, and social behavior. *Environment and Behavior, 5*, edição inteira.
Holahan, C. J. (1972). Seating patterns and patient behavior in an experimental dayroom. *Journal of Abnormal Psychology, 80*, 115–24.
Holahan, C. J., Wilcox, B. L., Burnam, M. A., & Culler, R. E. (1978). Social satisfaction and friendship formation as a function of floor level in high-rise student housing. *Journal of Applied Psychology, 63*, 527–9.
For homeless, no welcome in public places. (18 de novembro de 1989). *New York Times*.
Huntington, E. (1915). *Civilization and climate*. New Haven, CT: Yale University Press.
Hutte, H. (1972). Door-knocks in terms of authority and urgency. *European Journal of Social Psychology, 2*, 98–9.
Infante, D. A., & Berg, C. M. (1979). The impact of music modality on the perception of communication situations in video sequences. *Communication Monographs, 46*, 135–41.
Isumi, K. (1965). Psychological phenomena and building design. *Building Research, 2*, 9–11.
Jackson, P. W. (1968). *Life in classrooms*. Nova York: Holt, Rinehart & Winston.
Johnson, J. D. (1987). Development of the communication and physical environment scale. *Central States Speech Journal, 38*, 35–43.
Jorgenson, D. O. (1981). Perceived causal influence of weather: Rating the weather's influence on affective states and behaviors. *Environment and Behavior, 13*, 239–56.
Kasmar, J. V., Griffin, W. V., & Mauritzen, J. H. (1968). The effect of environmental surroundings on outpatients' mood and perception of psychiatrists. *Journal of Consulting and Clinical Psychology, 32*, 223–6.
Katz, A. M., & Hill, R. (1958). Residential propinquity and marital selection: A review of theory, method, and fact. *Marriage and Family Living, 20*, 327–35.
Kennedy, R. (1943). Premarital residential propinquity. *American Journal of Sociology, 48*, 580–4.
Kenrick, D. T., & Johnson, G. A. (1979). Interpersonal attraction in aversive environments: A problem for the classical conditioning paradigm? *Journal of Personality and Social Psychology, 37*, 572–9.
Knapp, M. L. (1978). *Social intercourse: From greeting to goodbye*. Boston: Allyn & Bacon.

Koneya, M. (1973). *The relationship between verbal interaction and seat location of members of large groups*. Dissertação de doutorado não publicada. Denver University.

Korda, M. (13 de janeiro de 1975). Office power — You are where you sit. *New York*, pp. 36–44.

Kraut, R. E., & Johnston, R. E. (1979). Social and emotional messages of smiling: An ethological approach. *Journal of Personality and Social Psychology, 37*, 1539–53.

Krupat, E. (1985). *People in cities: The urban environment and its effects*. Nova York: Cambridge University Press.

Krupat, E., & Kubzansky, P. E. (1987). Designing to deter crime. *Psychology Today, 21*, 58–61.

Lawton, M. P., & Cohen, J. (1974). Environments and the well-being of elderly inner-city residents. *Environment and Behavior, 6*, 194–211.

Lee, D. (1957). *Climate and economic development in the tropics*. Nova York: Harper & Row.

Leonard, G. (1978). The rhythms of relationships. *In* G. Leonard (Ed.), *The silent pulse*. Nova York: Elsevier-Dutton.

Lester, D. (1988). Geographical variables and behavior: XLVIII. Climate and personal violence (suicide and homicide): A cross cultural study. *Perceptual and Motor Skills, 66*, 602.

Levine, D. W., O'Neal, E. C., Garwood, S. G., & McDonald, P. J. (1980). Classroom ecology: The effects of seating position on grades and participation. *Personality and Social Psychology Bulletin, 6*, 409–12.

Levine, R., & Wolff, E. (1985). Social time: The heartbeat of culture. *Psychology Today, 19*, 30.

Lewry, A. J., Sack, R. L., Miller, L. S., & Hoban, T. M. (1987). Antidepressant and circadian phase shifting effects of light. *Science, 235*, 352–3.

Lieber, A. L. (1978). *The lunar effect: Biological tides and human emotions*. Nova York: Anchor/Doubleday.

Lipman, A. (1968). Building design and social interaction. *The Architect's Journal, 147*, 23–30.

Luce, G. G. (1971). *Biological rhythms in human and animal physiology*. Nova York: Dover.

Maslow, A. H., & Mintz, N. L. (1956). Effects of esthetic surroundings: I. Initial effects of three esthetic conditions upon perceiving "energy" and "well-being" in faces. *Journal of Psychology, 41*, 247–54.

McClanahan, L. E., & Risly, T. R. (1975). Design of living environments for nursing home residents: Increasing participation in recreation activities. *Journal of Applied Behavior Analysis, 8*, 261–8.

McClelland, D. (1961). *The achieving society*. Nova York: Van Nostrand Reinhold.

McCroskey, J. C., & McVetta, W. R. (1978). Classroom seating arrangements: Instructional communication theory versus student preferences. *Communication Education, 27*, 99–110.

McGrath, J. E., & Kelly, J. R. (1986). *Time and human interaction*. Nova York: Guilford Press.

McLuhan, M. (1976). Inside on the outside or the spaced-out American. *Journal of Communication, 26*, 46–53.

Meer, J. (1985). The light touch. *Psychology Today, 19* (setembro), 60–7.
Mehrabian, A. (1976). *Public places and private spaces.* Nova York: Basic Books.
Mehrabian, A., & Diamond, S. G. (1971). The effects of furniture arrangement, props, and personality on social interaction. *Journal of Personality and Social Psychology, 20,* 18–30.
Mehrabian, A., & Russel, J. A. (1974). The basic emotional impact of environments. *Perceptual and Motor Skills, 38,* 283–301.
Mehrabian, A., & Russel, J. A. (1975). Environmental effects on affiliation among strangers. *Humanitas, 11,* 219–30.
Merton, R. (1948). The social psychology of housing. In W. Dennis (Ed.), *Current trends in social psychology.* Pittsburgh: University of Pittsburgh Press.
Michael, R. P., & Zumpe, D. (1983). Sexual violence in the United States and the role of season. *American Journal of Psychiatry, 140,* 883–6.
Michelson, W. (1971). Some like it hot: Social participation and environmental use as functions of the season. *American Journal of Sociology, 76,* 1072–83.
Mintz, N. L. (1956). Effects of esthetic surroundings: II. Prolonged and repeated experience in a "beautiful" and "ugly" room. *Journal of Psychology, 41,* 459–66.
Moos, R. H. (1976). *The human context: Environmental determinants of behavior.* Nova York: John Wiley and Sons.
Moos, R. H., Harris, R., & Schonborn, K. (1969). Psychiatric patients and staff reaction to their physical environment. *Journal of Clinical Psychology, 25,* 322–4.
Moriarty, B. M. (1974). Socioeconomic status and residential location choice. *Environment and Behavior, 6,* 448–69.
Murray, D. C., & Deabler, H. L. (1957). Colors and mood-stones. *Journal of Applied Psychology, 41,* 279–83.
Myrick, R., & Marx, B. S. (1968). An exploratory study of the relationship between high school building design and student learning. U. S. Department of Health, Education and Welfare, Office of Education, Bureau of Research, Washington, DC.
National Advisory Commission on Civil Disorders (1968). Report from the U. S. Government Printing Office, Washington, DC.
Newman, O. (1973). *Defensible space.* Nova York: Macmillan.
Norman, R. D., & Scott, W. A. (1952). Color and affect: A review and semantic evaluation. *Journal of General Psychology, 46,* 185–223.
Osmond, H. (1957). Function as the basis of psychiatric ward design. *Mental Hospitals, 8,* 23–9.
Pellegrini, R. F., & Schauss, A. G. (1980). Muscle strenght as a function of exposure to hue differences in visual stimuli: An experiential test of Kinesoid theory. *Journal of Orthomolecular Psychiatry, 2,* 144–7.
Pressey, J. L. (1921). The influence of color on mental and motor efficiency. *American Journal of Psychology, 32,* 326–56.
Proshansky, H. M., Ittelson, W. H., & Rivlin, L. G. (Eds.), (1970). *Environmental psychology: Man and his physical setting.* Nova York: Holt, Rinehart & Winston.
Rapoport, A. (1982). *The meaning of the built environment.* Beverly Hills, CA: Sage.

Rice, A. H. (1953). Color: What research knows about the classroom. *Nation's Schools*, 52, 1–8, 64.

Rieber, M. (1965). The effect of music on the activity level of children. *Psychonomic Science*, 3, 325–6.

Roethlisberger, F. J., & Dickson, W. J. (1939). *Management and the worker*. Cambridge, MA: Harvard University Press.

Rohles, F. H. (1967). Environmental psychology: A bucket of worms. *Psychology Today*, 1, 54–62.

Rohles, F. H. Jr. (1980). Temperature or temperament: A psychologist looks at thermal comfort. *ASHRAE Transactions*, 86, (I) 541–51.

Rosenfield, P., Lambert, N. M., & Black, A. (1985). Desk arrangement effects on pupil classroom behavior. *Journal of Educational Psychology*, 77, 101–8.

Rotton, J., & Kelly, I. W. (1985). Much ado about the full moon: A meta-analysis of lunar-lunacy research. *Psychological Bulletin*, 97, 286–306.

Rubin, Z. (1979). Seasonal rhythms in behavior. *Psychology Today*, 12, 12–6.

Ruesch, J., & Kess, W. (1956). *Nonverbal communication*. Berkeley & Los Angeles: University of California Press.

Russell, J. A., & Mehrabian, A. (1976). Environmental variables in consumer research. *Journal of Consumer Research*, 3, 62–3.

Sandalla, E. (1987). Identity symbolism in housing. *Environment and Behavior*, 19, 569–87.

Schutte, J. G., & Light, N. M. (1978). The relative importance of proximity and status for friendship choices in social hierarchies. *Social Psychology*, 41, 260–4.

Schneider, F. W., Lesko, W. A., & Garrett, W. A. (1980). Helping behavior in hot, comfortable, and cold temperatures: A field study. *Environment and Behavior*, 12, 231–40.

Schwartz, B., & Barsky, S. (1977). The home advantage. *Social Forces*, 55, 641–61.

Schwebel, A. I., & Cherlin, D. L. (1972). Physical and social distancing in teacher-pupil relationships. *Journal of Educational Psychology*, 63, 543–50.

Skinner, B. F. (1971). *Beyond freedom and dignity*. Nova York: Alfred A. Knopf.

Smith, E., Bell, P. A., & Fusco, M. E. (1986). The influence of color and demand characteristics on muscle strength and affective ratings of the environment. *Journal of General Psychology*, 113, 289–97.

Smith, R. H., Downer, D. B., Lynch, M. T., & Winter, M. (1969). Privacy and interaction within the family as related to dwelling space. *Journal of Marriage and the Family*, 31, 559–66.

Solomon, P., Leiderman, P. H., Mendelsohn, J., & Wexler, D. (1957). Sensory deprivation: A review. *American Journal of Psychiatry*, 114, 357–63.

Sommer, R. (1967). Classroom ecology. *Journal of Applied Behavioral Science*, 3, 487–503.

Sommer, R. (1969). *Personal space*. Englewood Cliffs, NJ: Prentice-Hall.

Sommer, R. (1972). *Design awareness*. San Francisco: Rinehart Press.

Sommer, R. (1974). *Tight spaces: Hard architecture and how to humanize it*. Englewood Cliffs, NJ: Prentice-Hall.

Sommer, R., & Gilliland, G. W. (1961). Design for friendship. *Canadian Architect*, 6, 59–61.

Sommer, R. & Ross, H. (1958). Social interaction in a geriatric ward. *International Journal of Social Psychiatry, 4*, 128–33.

Staples, R., & Walton, W. E. (1933). A study of pleasurable experiences as a factor in color preferences. *Journal of Genetic Psychology, 43*, 217–23.

Stires, L. (1980). Classroom seating location, student grades, and attitudes: Environment or self selection? *Environment and Behavior, 12*, 241–54.

Stokois, D. (1981). Group x place transactions: Some neglected issues in psychological research on settings. In D. Magnusson (Ed.), *Toward a psychology of situations: An interactional perspective* (pp. 393–415). Nova York: Erlbaum.

Stouffer, S. A. (1940). Intervening opportunities: A theory relating mobility and distance. *American Sociological Review, 5*, 845–67.

Sundstrom, E. (1986). *Work places: The psychology of the physical environment in offices and factories*. Nova York: Cambridge University Press.

Tars, S., & Appleby, L. (1974). The same child in home and institution. *Environment and Behavior, 5*, 3.

Thirer, J., & Rampey, M. S. (1979). Effects of abusive spectators' behavior on performance of home and visiting intercollegiate basketball teams. *Perceptual and Motor Skills, 48*, 1047–53.

Todd-Mancillas, W. R. (1982). Classroom environments and nonverbal behavior. In L. L. Barker (Ed.), *Communication in the classroom* (pp. 77–97). Englewood Cliffs, NJ: Prentice-Hall.

Vinsel, A., Brown, B. B., Altman, I., & Foss, C. (1980). Privacy regulation, territorial displays, and effectiveness of individual functioning. *Journal of Personality and Social Psychology, 39*, 1104–15.

Weinstein, C. S. (1979). The physical environment of the school: A review of research. *Review of Educational Research, 49*, 577–610.

Weinstein, N. D. (1978). Individual differences in reactions to noise: A longitudinal study in a college dormitory. *Journal of Applied Psychology, 63*, 458–66.

Wells, B. W. P. (1965). The psycho-social influence of building environment: Sociometric findings in large and small office spaces. *Building Spaces, 1*, 153–65.

Werner, C. M., & Haggard, L. M. (1985). Temporal qualities of interpersonal relationships. In M. L. Knapp & J. R. Miller. (Eds.), *Handbook of interpersonal communication* (pp. 59–99). Beverly Hills, CA: Sage.

Wexner, L. B. (1954). The degree to which colors (hues) are associated with mood-tones. *Journal of Applied Psychology, 38*, 432–5.

Wheeler, L., (1967). *Behavioral research for architectural planning and design*. Terre Haute, IN: Ewing Miller Associates.

White, A. G. (1953). The patient sits down: A clinical note. *Psychosomatic Medicine, 15*, 256–7.

Whyte, W. (1943). *Street corner society*. Chicago: University of Chicago Press.

Whyte, W. (1949). The social structure of a restaurant. *American Journal of Sociology, 54*, 302–10.

Whyte, W. (1956). *The organization man*. Nova York: Simon & Schuster.

Wilner, D., Walkeley, R. P., & Cook, S. W. (1952). Residential proximity and intergroup relations in public housing projects. *Journal of Social Issues, 8*, 45–69.

Wollin, D. D., & Montagre, M. (1981). College classroom environment: Effects of sterility versus amiability on student and teacher performance. *Environment and Behavior, 13*, 707–16.

Wong, H., & Brown, W. (1923). Effects of surroundings upon mental work as measured by Yerkes' multiple choice method. *Journal of Comparative Psychology, 3*, 319–31.

Zweigenhaft, R. (1976). Personal space in the faculty office: Desk placement and the student-faculty interaction. *Journal of Applied Psychology, 61*, 529–32.

PARTE III

Os comunicadores

Grande parte de nosso comportamento não-verbal caracteriza-se pela mudança de atitude e pelo movimento corporal durante uma conversa. Mas alguns dos sinais não-verbais que trazemos para cada interação permanecem relativamente imutáveis no decorrer da interação. Algumas das particularidades que podem caracterizar uma pessoa ao se comunicar são as seguintes: cor da pele, corte de cabelo, traços faciais, altura, peso, roupas etc. Elas influenciam a percepção que outras pessoas têm de nós e a maneira pela qual se comunicam conosco.

3

Os efeitos da aparência físicα e do odor na comunicação humana

Os anéis nos dedos de um homem, as mangas de seu paletó, suas botas, as joelheiras em sua calça, as calosidades de seu indicador e polegar, sua expressão facial, os punhos de sua camisa – cada uma dessas coisas revela plenamente a profissão de um homem. É quase inconcebível que tudo isso reunido não pudesse esclarecer, em cada caso, o competente investigador.
Sherlock Holmes

Imagine a cena seguinte: o sr. e a sra. Estadunidense despertam e se preparam para começar o dia. A sra. Estadunidense tira o sutiã que usa ao dormir e o substitui por um sutiã "soerguido, levemente acolchoado". Depois de remover a faixa de queixo, ela se enfia na cinta. Em seguida, começa a "ajeitar o rosto". Isso pode envolver sombra para olhos, delineador, base, cílios postiços, batom e ruge. Ela removeu os pêlos das axilas e das pernas. Coloca uma peruca na cabeça. Unhas postiças, esmalte para unhas e lentes de contato coloridas precedem o desodorante, o perfume e, finalmente, as decisões referentes às roupas. O sr. Estadunidense raspa a barba do rosto e coloca uma peruca na cabeça. Retira a dentadura de uma solução usada para clarear os dentes, gargareja com um desodorante bucal, escolhe a loção pós-barba, calça os sapatos com saltos alteadores, e começa a tomar decisões sobre o vestuário. Esse exemplo hipotético representa uma situação extrema; as pessoas fazem grandes sacrifícios, submetendo-se até à cirurgia, para se tornar atraentes. A cirurgia pode reconstruir o nariz; mudar o tamanho dos seios; eliminar bolsas sob os olhos, rugas ou marcas de nascença; orelhas de abano, barriga; aspirar a gordura do corpo (lipoaspiração) ou inserir gordura (lipoenchimento); ou até remover a camada superior da pele se ela parecer demasiado manchada ou áspera (esfoliamento químico). Por que homens e mulheres empregam tanto esforço e investem tanto dinheiro tentando melhorar sua atratividade física? Será que ela influencia os contatos interpessoais?

Nosso corpo: sua atratividade geral

As pessoas têm uma grande preocupação com a aparência. Você já notou que, quando um amigo se refere a alguém que você não conhece pessoalmente, sua tendência é perguntar como ele é – você quer um rosto para associar à informação que está recebendo. Por quê? Os romancistas apresentam descrições cheias de detalhes minuciosos da aparência de seus personagens. Os editores colocam fotos dos autores dos livros nas sobrecapas e anúncios. Por quê? Mesmo o austero *Wall Street Journal*, que não imprime fotos de notícias, inclui desenhos dos rostos das principais pessoas apresentadas em suas matérias das primeiras páginas. Por que os leitores têm de ver a pessoa que é discutida num artigo sobre a desorganização das linhas aéreas, fraude nas bolsas ou produção de *chips* de computador? Porque as pessoas pensam que aprendem coisas a partir da aparência. As aparências são consideradas indicadores da história, caráter, personalidade, talentos e provável comportamento futuro de uma pessoa.

Embora não seja incomum ouvir as pessoas refletirem sobre a beleza interior como a única coisa que realmente importa, pesquisas sugerem que a beleza externa, ou a atratividade física, desempenha um papel importante na determinação de respostas para uma ampla gama de encontros interpessoais. A evidência dessa cultura fundamenta esmagadoramente a noção de que *inicialmente* respondemos muito mais favoravelmente àqueles que percebemos como fisicamente atraentes do que aos que vemos como sem atrativos. Inúmeros estudos revelam que fisicamente as pessoas atraentes superam as sem atrativos numa grande variedade de avaliações socialmente desejáveis, como sucesso, personalidade, popularidade, sociabilidade, sexualidade, capacidade de persuasão e, com freqüência, felicidade (Hatfield e Sprecher, 1986; Herman, Zanna e Higgins, 1986). Mesmo quando traços de personalidade positivos não são atribuídos a pessoas fisicamente atraentes, tais pessoas ainda parecem ter um apelo positivo (Timmerman e Hewitt, 1980). Por outro lado, nosso comportamento em relação a pessoas sem atrativos parece ser bastante negativo. Por exemplo, foi registrado que os pacientes sem atrativos são menos visitados nos hospitais, permanecem hospitalizados mais tempo, são considerados menos agradáveis, e têm menos envolvimento com os outros (Farina, Fischer, Sherman, Smith, Groh e Mermin, 1977).

Os julgamentos ligados à atratividade de uma pessoa começam cedo na vida (Algozzine, 1976; Berscheid e Walster, 1972; Wilson e Nias, 1976; Clifford e Walster, 1973). Um estudo descobriu que crianças de apenas dois a três meses olhavam por um tempo significativamente maior para um rosto atraente (conforme julgamento dos adultos) do que para um rosto sem atrativos. Essa tendência ocorria independentemente do fato de a mãe da criança ser considerada atraente ou pouco atraente (Langlois, Roggman, Casey, Ritter, Rieser-Danner e Jenkins, 1987). À medida que as crianças se desenvolvem, ficam expostas às atitudes e avaliações feitas por professores e pais. Não apenas os professores parecem interagir menos (e de maneira menos positiva) com a assim chamada criança sem atrativos na escola de ensino fundamental, como os colegas da criança também reagem a ela desfavoravelmente. Há muitas ocasiões na vida de uma criança em que o adulto pergunta: "Quem fez isso?". Se houver por perto uma criança sem atrativos, são maiores as probabilidades de que ela seja apontada como culpada (Algozzine, 1976; Berscheid e Walster, 1972; Clifford e Walster, 1973; Wilson e Nias, 1976). Quando a criança sem atrativos cresce, provavelmente não será discriminada se seu desempenho no trabalho tiver destaque; assim que o desempenho declina, porém, a pessoa sem atrativos recebe mais reprovações do que outra atraente.

Embora muitas provas atestem a existência de uma norma que diz "o que é belo é bom", a atratividade física também pode ser associada a traços indesejáveis, por exemplo, a vaidade, o egoísmo, o esnobismo, atitudes pouco simpáticas em relação a pessoas oprimidas, e uma maior tendência a ter problemas conjugais (Dermer e Thiel, 1975). Esses atributos negativos e o conhecimento de que as pessoas bonitas algumas vezes experimentam problemas relacionados à aparência sugerem que nem tudo é um mar de rosas para elas. As pesquisas têm indicado, contudo, que é muito melhor ser atraente do que não ter atrativos. De fato, mulheres que tinham uma aparência apenas "mediana" obtinham uma classificação mais alta quando vistas numa fotografia com outras mulheres que eram atraentes. Subseqüentemente, essas mulheres de aparência mediana eram vistas com outras mulheres de aparência mediana e percebidas como mais atraentes por aqueles que as tinham visto com as mulheres atraentes. Parece, pois, que as mulheres podem melhorar a cotação de sua atratividade sendo vistas com mulheres mais atraentes, e essa ligação não parece diminuir a classificação das mulheres atraentes (Geiselman, Haight e Kimata, 1984).

Embora algumas pessoas prefiram acreditar que "tudo é bonito à sua maneira" (como foi dito por um cantor *pop* em 1970), algumas pessoas são bonitas quase da mesma maneira para grandes segmentos da população. Os estereótipos da beleza americana promovidos pela *Playboy* e pelo concurso Miss America Pageant, entre outros, parecem exercer influência no estabelecimento de normas culturais. O reconhecimento dessa influência fez com que muitas mulheres condenassem a descrição da mulher ideal e estimulassem alguns líderes negros a organizar uma Miss Black America Pageant. Como era de esperar, em um caso, mais de 4.000 juízes, que difeririam em idade, sexo, ocupação e localização geográfica, demonstraram altos níveis de concordância em relação à beleza dos rostos de mulheres jovens (Iliffe, 1960). Tal concordância entre as pessoas que julgam a atratividade está por trás do importante papel físico que ela parece desempenhar em várias facetas da vida diária: escolher parceiros para encontros ou casamento; ter sucesso no emprego; persuadir outras pessoas; manter auto-estima elevada; e lidar com o comportamento anti-social de outras pessoas.

Encontros e casamento

A atratividade física é provavelmente mais importante para parceiros de encontros do que para amigos ou para pessoas casadas, embora para estes as percepções de atratividade física também possam exercer um papel essencial nos relacionamentos (Stroebe, Insko, Thompson e Layton, 1971).

Tabela 3.1 Atratividade e o homem e a mulher ideais

	Entrevistados do sexo masculino	Entrevistados do sexo feminino
Homem ideal	26%	29%
Mulher ideal	47%	32%

A atração física pode ser muito importante quando marcar um encontro envolver objetivos de curto prazo e atividades mais públicas do que privadas. Certamente, não faltam testemunhos dados por homens e mulheres solteiros de que a atratividade física também é uma característica valorizada na escolha de um parceiro. Um antigo estudo perguntava aos estudantes se eles se casariam com uma pessoa com baixa classificação em qualidades como situação econômica, boa aparência, temperamento, religião da família, moral, saúde, educação, inteligência ou idade (Baber, 1939). Os homens, com maior freqüência, rejeitavam mulheres que não tinham boa cotação em aparência, temperamento, moral e saúde. As mulheres não pareciam se preocupar tanto com se casar com um homem que não tivesse boa aparência. Pode ser que a atratividade física, então, seja mais importante para um homem, quando se trata de marcar encontro ou de suas preferências conjugais, do que para uma mulher (Coombs e Kenkel, 1966). Com base nas respostas de 28.000 leitores de *Psychology Today*, a tabela 3.1 também mostra uma ênfase na atratividade feminina principalmente pelos homens, mas geralmente apoiada por mulheres. As porcentagens indicam o número de entrevistados que disseram que a atratividade era "essencial" ou "muito importante" para o homem ou mulher ideal (Tavris, 1977).

Essa preocupação desproporcional com a atratividade física levou Susan Sontag (1972) a argumentar contra a convenção social de que o envelhecimento melhora a aparência de um homem, mas diminui progressivamente a de uma mulher. Ela observa que as mulheres são ensinadas desde a infância a se preocupar de uma "maneira patologicamente exagerada" com sua aparência. Os homens, diz ela, precisam apenas ter um rosto limpo, mas o rosto de uma mulher é uma "tela na qual ela pinta um retrato retocado, corrigido, de si mesma". Há "homens rudes mas atraentes", segundo um conceito comum, mas existe para as mulheres uma forma semelhante de atratividade que não esteja de acordo com a ideal? Em muitos lugares, masculinidade significa, entre outras coisas, não se preocupar com a própria aparência; a feminilidade, por outro lado, significa preocupar-se muito com ela. Ouvimos falar muito de discriminação contra mulheres, mas, quando os homens se candidatam a empregos que tradicionalmente foram ocupados por mulheres, freqüentemente se sentem discriminados. É possível que uma secretária, por exemplo, seja percebida por alguns empregadores do sexo masculino como uma "figura decorativa" tanto quanto um trabalhador? Um homem pode ser capaz de usar um computador com competência, mas será que os supervisores do sexo masculino gostariam de olhar para ele o dia inteiro?

Por outro lado, o sexo pareceu fazer pouca diferença num estudo que pedia que as pessoas avaliassem estranhos do mesmo sexo ou do sexo oposto previamente avaliados como fisicamente atraentes ou como fisicamente sem atrativos (Byrne, London e Reeves, 1968). A atração interpessoal era maior para com os estranhos fisicamente atraentes, não importando o sexo. Nessa fase do estudo, os indivíduos não tinham outra informação sobre o estranho; em estudo subseqüente, os mesmos pesquisadores descobriram que a atratividade física era ainda um importante determinante de atração quando os indivíduos tinham informação adicional sobre os estranhos, suas atitudes, por exemplo. Essas descobertas não parecem limitadas aos Estados Unidos. Um estudo feito na Índia descobriu que os homens queriam esposas que fossem fisicamente mais bonitas do que eles mesmos, e as mulheres queriam maridos que fossem iguais a elas em termos de beleza física (Singh, 1964).

Devemos imaginar que os verdadeiros padrões para marcar encontros reflitam a preferência por um parceiro fisicamente atraente. Essa hipótese foi confirmada por uma série de estudos de "dança por computador" nas universidades do Texas, Illinois e Minnesota, em que a atratividade física suplantava uma grande quantidade de outras variáveis na determinação da preferência por um parceiro e do desejo de encontro futuro. Por exemplo, Walster e seus colegas formaram pares aleatoriamente de 752 estudantes universitários para um baile de calouros (Walster, Aronson, Abrahams e Rottmann, 1966). Foi reunida uma grande quantidade de informações sobre cada estudante, incluindo relatórios sobre popularidade, preferência religiosa, altura, raça, expectativas sobre o encontro, auto-estima, aptidão escolar e teste de personalidade. Além disso, a atratividade de cada estudante era avaliada por vários pesquisadores. A atratividade física era, de longe, o determinante mais importante no grau de apreciação de um encontro pelo parceiro. Aparentemente, a atratividade física constituía um item tão importante para um homem como para uma mulher, pois funcionava como um fator de confiabilidade entre ambos. Brislin e Lewis reaplicaram esse estudo com 58 homens e mulheres que não se conheciam, tendo descoberto novamente uma forte correlação (0,89) entre "desejo de um novo encontro" e "atratividade física" (Brislin e Lewis, 1968). Além disso, esse estudo perguntava a cada pessoa se gostaria de marcar encontro com alguma outra pessoa no baile. Das treze outras pessoas indicadas, todas tinham sido consideradas muito atraentes, prévia e independentemente. Além dessas preferências por parceiros fisicamente atraentes, parece que as pessoas atraentes obtêm mais satisfação nos seus relacionamentos sociais com o sexo oposto. Essa descoberta derivou de um estudo de oito meses com calouros universitários que também revelou que os homens fisicamente atraentes se relacionavam com mais freqüência com mulheres do que com homens. À luz das muitas descobertas que parecem "favorecer" os fisicamente atraentes, pode ser de algum conforto notar que esse estudo também descobriu que as mulheres que tinham classificações de atratividade mais variáveis (não julgadas uniformemente como muito atraentes ou sem atrativos) eram o grupo mais satisfeito com sua sociabilidade em geral tanto com homens como com mulheres (Reis, Nezlek e Wheeler, 1980; Reis, Wheeler, Spiegel, Kernis, Nezlek e Perri, 1982).

Em muitas situações, todos preferem o parceiro mais atraente possível, independentemente de sua própria atratividade ou sem considerar a possibilidade de ser rejeitado pelo parceiro mais atraente. Há óbvias exceções. Alguns homens acreditam que, aproximando-se de uma mulher menos atraente que estiver na companhia de mulheres muito atraentes, a probabilidade de que essas mulheres sejam vistas como uma escolha atraente para um novo relacionamento aumenta. Algumas pessoas atraentes têm mais oportunidades do que desejariam de marcar um encontro; outras, contudo, são quase inatingidas pelo impulso de marcar encontro. Por quê? Walster e seus colegas propuseram a "hipótese de combinação". Desde que essa hipótese foi apresentada, outros estudos confirmaram sua validade, incluindo também um sobre casados de meia-idade. Essencialmente, a hipótese de combinação diz que cada pessoa pode ser atraída apenas pelos parceiros de melhor aparência, mas a realidade se impõe quando os encontros são concretizados. Você pode enfrentar uma rejeição não desejada se apenas selecionar a pessoa de melhor aparência disponível, de modo que a tendência é escolher uma pessoa semelhante a si mesmo em atratividade física. Ou, alternativamente, as pessoas com pior aparência devem decidir-se umas pelas outras depois que as pessoas com melhor aparência fizerem sua escolha (Kalick e Hamilton, 1986). De fato, um estudo descobriu indícios que sugerem que, quanto maior a combinação de atratividade física para pares românticos em baixos níveis de intimidade, tanto maiores as chances de que esses casais desenvolvam uma relação mais íntima (White, 1980). Amigos do mesmo sexo também foram avaliados de maneira semelhante em atratividade física (Cash e Derlega, 1978). Parece que, ao escolher uma pessoa, maximizamos sua atratividade, enquanto simultaneamente minimizamos as possibilidades de rejeição. Se você tiver uma auto-estima elevada, poderá procurar parceiros muito atraentes, apesar de um considerável desnível entre sua aparência e a deles (Berscheid e Walster, 1969). A auto-estima, nesse caso, afetará a percepção e a reação possível à rejeição.

Algumas vezes observamos casais cujas atratividades físicas parecem "mal combinadas". Um estudo sugere que as avaliações sobre homens podem mudar drasticamente quando eles são vistos como "casados" com alguém muito diferente em atratividade (Bar-Tal e Saxe, 1976). Homens não-atraentes vistos com mulheres atraentes foram julgados, entre outras coisas, como pessoas que ganharam mais dinheiro, foram bem-sucedidas em suas ocupações ou eram mais inteligentes do que atraentes. Os julgadores devem ter raciocinado que, para um homem não-atraente se casar com uma mulher atraente, deve ter compensado esse desequilíbrio obtendo êxito em outras áreas, como ganhar dinheiro. Mulheres sem atrativos vistas com homens atraentes, contudo, não receberam atributos compensatórios. Esse estudo levanta a questão de quais seriam os "outros recursos" que se costuma perceber nas mulheres sem atrativos que compensam a falta de atratividade física.

Todas as indagações sobre o que é apelo sexual parecem relevantes a essa altura (Murstein, Gadpaille e Byrne, 1971). Mas é difícil respondê-las, porque muitos aspectos variam com a situação, a época (tanto na vida de uma pessoa como na história), e as experiências e preferências individuais. Uma pessoa, por exemplo, pode fazer diferentes avaliações sobre o apelo sexual de outra, dependendo se esta é conhecida ou estranha. Um estudante que freqüenta uma universidade numa área rural pode considerar outra pessoa especialmente sensual, mas depois descobrir que seu julgamento mudou ao retornar à cidade, onde existe uma variedade maior de pessoas para sua escolha. Algumas pessoas podem rotular de sensual aquelas com quem sentem ter alguma chance de sucesso num encontro sexual. Elas podem captar insinuações que sugerem disponibilidade ou interesse. Outras ainda podem assemelhar o apelo sexual a anteriores experiências amorosas agradáveis (com pais ou parentes) e escolher pessoas com as mesmas características agradáveis, interesses ou valores. Possivelmente, a reação mais comum sobre o que constitui apelo sexual envolve julgamentos quanto a características físicas; por exemplo: "Eu sou ligado em peitos", ou "Ele tem uma cara enrugada", ou "Eu me amarro em pernas", ou "Ele tem belo corpo". Freqüentemente, essas reações a características físicas identificam uma pessoa em um grupo ou nos meios de comunicação de massa (por exemplo, ídolos de cinema), e têm relativamente pouco a ver com conhecimento sexual. Em uma pesquisa, estudantes universitários do sexo masculino disseram que estavam interessados em diferentes características numa mulher, dependendo de se tratar de um relacionamento puramente sexual ou duradouro. Uma ampla variedade de características associadas com atratividade física foi escolhida para o parceiro sexual, mas essas características desempenhavam um papel muito menos importante no caso de parceiros de longo prazo. As mulheres estudantes queriam as mesmas coisas que os homens num relacionamento duradouro (honestidade, fidelidade, sensibilidade, calor humano, personalidade, bondade, caráter, ternura, paciência e gentileza); mas, diferentemente dos homens, elas pretendiam algo mais do que a mera atratividade física no caso de um relacionamento sexual (Nevid, 1984).

Um estudo para determinar mais precisamente o que as mulheres gostam no corpo de um homem pesquisou setenta mulheres com idade entre dezoito e trinta anos. O físico masculino favorito tinha um tronco superior medianamente largo, um tronco inferior medianamente fino e pernas finas (imagem de um "V"). O físico menos apreciado tinha ou um tronco superior fino ou um tronco inferior mais largo (forma de pêra). As mulheres que se viam como tradicionalmente femininas e conservadoras em seu estilo de vida preferiam "homens musculosos"; as mulheres mais "liberadas" gostavam de corpos mais esbeltos e longilíneos; mulheres grandes gostavam de homens grandes. Todavia, o melhor indício sobre o físico masculino preferido pela mulher correspondia ao do homem que era, na época da pesquisa, "muito importante para ela" (Beck, Ward-Hull e McLear, 1976; Lavrakas, 1975; Wiggins e Wiggins, 1969; Wiggins, Wiggins e Conger, 1968). Percepções de características físicas ideais mudam com o tempo. A beleza está relacionada não só ao olho do observador, mas à sua época.

No emprego
Vários estudos sugerem que a atratividade física pode ser uma vantagem no momento de arranjar emprego, conseguir um emprego mais prestigioso, obter um salário maior (Cash, Gillen e Burns, 1977; Dipboye, Arvey e Terpstra, 1977). Se o emprego não for considerado "impróprio" ou inadequado em relação à atratividade do candidato, os candidatos mais atraentes terão mais chances de obtê-lo, caso todas

as outras qualidades sejam iguais. Algumas vezes, a atratividade fornecerá uma vantagem, mesmo quando o concorrente menos atraente for mais qualificado para a função. Uma vez obtido o emprego, trabalhadores menos atraentes podem ser discriminados nas avaliações de desempenho, a menos que mantenham um alto e constante nível de produtividade.

A atratividade, entretanto, nem sempre é benéfica no local de trabalho. Parece ser um fator favorável no progresso das mulheres, mas nem tanto no caso dos homens. As mulheres que não são muito atraentes e as sem nenhum atrativo têm mais possibilidade de ser bem-sucedidas em muitos ambientes corporativos nos dias atuais. A atratividade extrema freqüentemente pode ser uma barreira para um rápido sucesso, em alto nível. Pode acontecer que o sucesso em níveis mais altos esteja também associado com habilidades masculinas, e uma mulher atraente seja considerada demasiado feminina para a posição (Heilman e Saruwatari, 1979). A presença de uma mulher atraente no trabalho – ao contrário do que ocorre numa reunião social – pode se tornar inconveniente, perturbadora, dificultando a supervisão e a administração por parte dos homens. Nesses casos, as mulheres poderão vestir-se de modo que sua beleza física não seja um foco imediato da atenção.

Persuadindo os outros

Conseguir a amizade ou a ajuda das pessoas depende, freqüentemente, do grau de conhecimento ou perícia demonstrado por você, bem como de sua habilidade para usar argumentos convincentes (Maddux e Rogers, 1980). Mas, como revelam várias pesquisas, ser fisicamente atraente também pode ajudar (Chaiken, 1986). Isso é especialmente verdadeiro quando: o persuasor busca aceitação de questões que envolvem pouco raciocínio; a persuasão envolve uma solicitação relativamente curta, talvez de uma única vez; as impressões iniciais são cruciais para exercer influência. Embora a maior parte dessa pesquisa tenha sido feita com estudantes secundaristas, a associação de capacidade de persuasão com atratividade física foi observada no comportamento de crianças de dez e onze anos de idade (Dion e Stein, 1978).

A pesquisa seguinte sobre persuasão enfocou a atratividade feminina na comunicabilidade (Mills e Aronson, 1965). Uma mulher foi preparada para parecer diferente sob duas condições. Na condição não-atrativa, foi considerada "repulsiva" pelos observadores; usou roupas folgadas, o cabelo estava desgrenhado, o rosto sem maquilagem, um buço esboçava-se sobre o lábio superior, a pele apresentava-se oleosa e "com aspecto doentio". O pesquisador sugeriu a um grupo de estudantes que eles completariam alguns questionários mais depressa se um voluntário lesse as questões em voz alta e as explicasse. O "voluntário" era a mesma mulher, mas apresentada na forma atraente ou na sem atrativo. A mulher atraente, especialmente quando procurava influenciar a audiência, era muito mais eficaz para modificar as opiniões dos estudantes sobre questões que tratavam de educação superior. Outros estudos também sofriam a influência da atratividade em situações persuasivas (Horai, Naccari e Faloultah, 1974; Widgery, 1974).

Embora a pesquisa focalizasse principalmente comunicadores femininos, a atratividade também parece ajudar os masculinos. Avaliações independentes de seu desempenho verbal e habilidade para obter assinaturas numa petição mostraram que os homens e mulheres atraentes superaram o desempenho dos considerados sem atrativos. A persuasão dos comunicadores atraentes deve-se unicamente à sua aparência ou eles realmente têm habilidades persuasivas? Uma análise de testes efetuados mostrou que os estudantes atraentes tinham notas, avaliações em aptidão escolar, autoconceitos e habilidades de comunicação mais elevados (Chaiken, 1979). Em resumo, persuasores fisicamente atraentes (quando comparados com os sem atrativos) inicialmente evocam credibilidade e expectativas maiores de um desempenho qualificado. Há indícios de que as pessoas fisicamente atraentes teriam essas habilidades. Os efeitos favoráveis da atratividade física de alguém são provavelmente mais marcantes durante os estágios iniciais da tentativa de persuasão.

Auto-estima

A atratividade física aumenta a auto-estima? A resposta parece ser afirmativa, especialmente no caso das mulheres. Mulheres que percebem ser fisicamente atraentes parecem sentir maior felicidade, auto-estima e menos neurose do que as que se acham sem atrativos (Mathes e Kahn, 1975). Como observado anteriormente, a atratividade física desempenha papel mais importante na vida da mulher do que na do homem. Não é de admirar, portanto, que as mulheres tenham um conceito mais elevado de si mesmas quando se sentem mais atraentes. Como dizem Mathes e Kahn, a beleza parece atualmente "valer mais" para mulheres nesta sociedade do que para os homens. Mulheres entre dezoito e sessenta anos que usavam cosméticos para melhorar sua aparência também relataram benefícios psicológicos. Melhorar a aparência antes dos quarenta anos parece ser benéfico aos relacionamentos com o sexo oposto. A atratividade em pessoas entre quarenta e sessenta anos pode ser benéfica, dissimulando o envelhecimento e favorecendo a saúde física e mental (Graham e Jouhar, 1982). O uso de cosméticos adequados por mulheres mais idosas, mediante treinamento, teve também um efeito positivo sobre a auto-imagem.

A atratividade física parece ter maior impacto durante os estágios iniciais de um relacionamento. Assim, é razoável supor que homens e mulheres atraentes que costumam se reunir com pessoas em encontros de curta duração – em razão de necessidades profissionais ou do próprio estilo de vida – podem perceber melhor sua atratividade física do que uma pessoa também atraente que tenha poucos e longos relacionamentos. Embora a auto-estima proveniente da aparência seja importante, constitui apenas um fator que faz as pessoas se sentirem bem consigo mesmas. Às vezes, ter boa aparência é muito importante; outras, não. Mas saber que podemos ser atraentes quando quisermos certamente nos faz sentir muito melhor do que a pessoa que não tem essa certeza. Hatfield e Sprecher (1986) observam que certas pessoas nos aumentam a auto-estima ao avaliar favoravelmente nossa aparência. Estão entre essas pessoas, por exemplo, as que têm auto-estima elevada, as sexualmente provocantes, as que se parecem conosco, as que nos conhecem, e as que não tendem a comparar nossa aparência com a de ídolos da mídia.

Comportamento anti-social

O que acontece quando pessoas atraentes e pessoas sem atrativos são acusadas de cometer um ato criminoso? São os juízes e jurados influenciados pela aparência de uma pessoa? Como era de esperar, uma série de estudos mostra que réus atraentes têm menos probabilidades de ser julgados culpados e, se condenados, mais possibilidade de receber sentença mais branda (Kulka e Kessler, 1978; Efran, 1974; Weiten, 1980). A evidência de que réus atraentes recebem sentenças mais leves é superior à que liga atratividade a culpa ou inocência. Embora grande parte da pesquisa esteja baseada nos resultados de júris e casos simulados, Stewart (1980) avaliou a atratividade de 67 réus verdadeiros. Os réus menos atraentes foram acusados de crimes mais sérios e receberam condenações mais longas, mas a atratividade não afetou significativamente julgamentos de condenação ou de absolvição.

Obviamente, a atratividade de um réu raramente é avaliada isoladamente no tribunal, e outros fatores interagem com ela; por exemplo, o grau de arrependimento expresso pelo réu, o grau de compromisso dos jurados com a imparcialidade, o empenho com que os jurados "discutem" o caso, a semelhança percebida entre jurados e réu, verbalizações do réu, e a natureza do crime que está sendo examinado. Em alguns crimes, o uso da atratividade pelo réu pode agravar sua situação, como quando usada para cometer uma fraude. No crime de estupro, a relativa atratividade da vítima e/ou a do réu podem influenciar o júri. Vítimas de estupro atraentes podem parecer mais sujeitas a sofrer o ataque (Seligman, Brickman e Koulack, 1977; Jacobson, 1981).

Em alguns casos de pessoas condenadas à prisão, parece que seu comportamento anti-social seria abrandado por mudanças radicais na aparência. Foi relatado, por exemplo, que uma mulher de dezenove anos com um rosto "tão deformado que as criancinhas fugiam dela chorando" atirou um tijolo na janela de um banco e ficou esperando que a polícia viesse prendê-la. "Eu estava até me arriscando a morrer para conseguir um rosto melhor", disse ela. O juiz ordenou que fosse feita uma extensa cirurgia plástica ("Atiradora de tijolo deformada", 1975). O mesmo raciocínio deu início a um maciço programa de cirurgia plástica para reparar narizes, remover tatuagens, esticar peles flácidas, disfarçar cicatrizes feias, eliminar orelhas de abano, e remover outras deformidades de condenados no Reformatório do Estado de Kentucky (Watson, 1975, p. A-8). As autoridades daquela instituição raciocinaram que a exposição constante ao ridículo social e a discriminação na contratação para trabalho podem levar a um sentimento de rejeição e frustração que se manifesta como comportamento anti-social. Programas semelhantes efetuados por médicos nas universidades de Virgínia e Johns Hopkins não mostraram alterações significativas no comportamento de condenados após mudanças em sua aparência. Obviamente, a aparência é apenas um fator a contribuir para o comportamento anti-social. Para alguns, todavia, ele pode ser o mais importante.

Nas considerações anteriores, destacamos algumas particularidades importantes em relação ao ditado que diz: "O que é bonito é bom". A seguir, estão outras observações que devem ser apontadas (Knapp, 1985).

1) Resultados de estudos podem oferecer algum conforto àqueles que se acham sem atrativos. Embora não ocorra em todos os estudos de atratividade física, a maior parte deles usa inicialmente fotografias frontais da face, classificadas por um grupo de especialistas como pertencentes à categoria de "bonitas" ou "feias".

Quando os estudos posteriores examinam as situações do dia-a-dia no relacionamento das pessoas, percebe-se de que maneira o ato de falar e outros comportamentos afetam as percepções de atratividade. Sabemos que a fala pode mudar nossos julgamentos. Fortes atrações de pessoas com atitudes semelhantes (ou comportamentalmente semelhantes) foram completamente mudadas quando os sujeitos pesquisados passaram a falar uns com os outros durante cinco minutos. Interagentes comportamentalmente dessemelhantes eram mais atraídos por seus parceiros do que não-interagentes comportamentalmente dessemelhantes (Sunnafrank e Miller, 1981). As atitudes pessoais envolvidas, a força que elas têm e sua relevância para a interação constituem fatores importantes na determinação da influência da interação sobre os comportamentos (Cappella e Palmer, 1990). Sabemos pouco sobre as influências da aparência de uma pessoa socialmente aceita, mas sem atrativos; e também pouco sobre o que constitui a beleza comunicativa. Sabemos que, quando falamos com os outros, tornamo-nos uma parte do objeto que estamos avaliando. Esse envolvimento pode mudar a maneira como vemos a aparência de nosso interlocutor.

2) Julgamentos da aparência de alguém na vida cotidiana interagem com outros fatores. Nossos julgamentos sobre a aparência podem ser relativos ao contexto em que ela é julgada; por exemplo, podemos avaliar um cantor ou cantora popular no palco ou na televisão como *sexy*, mas a mesma pessoa em nossa sala pode parecer muito menos atraente. Homens que avaliaram a atratividade de mulheres de meia-idade mostraram tendência a classificá-las com índices mais baixos quando estavam na presença de outros homens e sua opinião era manifestada em público do que quando estavam na companhia de mulheres ou sua classificação era particular (Berman, O'Nan e Floyd, 1981). Algumas vezes os julgamentos de atratividade são afetados tanto pelo que a outra pessoa diz como por sua aparência física. Isso pode ser especialmente verdadeiro no caso de pessoas que conhecemos melhor. Os índices de atração também podem variar em função do sexo do avaliador. Freqüentemente, as avaliações mais altas de atratividade vêm do sexo oposto. Em suma, muitos fatores contribuem para que uma pessoa seja julgada atraente ou sem atrativos por outra, embora essa avaliação possa mudar posteriormente, em razão de certas influências.

3) Os julgamentos de atratividade podem mudar com o tempo ou ser alterados a qualquer momento. Enquanto os conceitos de atratividade facial (não do corpo) parecem ser estáveis desde aproximadamente os dezesseis até os cinqüenta anos, as avaliações gerais de atratividade em homens e mulheres tendem a declinar à medida que atingidas a meia-idade e a velhice. O declínio é mais acentuado para as mulheres.

Em estudo dos efeitos do tempo sobre a atratividade, fotos de colégio de 1.300 homens e mulheres foram avaliadas. As vidas dessas pessoas foram examinadas quinze anos depois. Mulheres atraentes no colégio tinham maridos com mais instrução e salários mais elevados, mas sua situação ocupacional e de renda não era significativamente diferente da vivida por suas colegas menos atraentes. Os homens menos atraentes no colégio tinham ocupações mais prestigiosas e mais instrução, e se casaram com mulheres com mais instrução do que os homens julgados atraentes no colégio. Os níveis de renda não diferiam. Pesquisadores supõem que o insucesso social dos homens menos atraentes no colégio voltaria sua atenção para adquirir conhecimentos que lhes valeram mais no fim da vida

(Udry e Eckland, 1982). O envelhecimento pode também revelar mudanças associadas com a auto-estima e a atratividade. As mulheres de meia-idade identificadas como estudantes atraentes pareciam ser menos felizes, menos satisfeitas com suas vidas, e menos ajustadas a seus "insípidos" cônjuges (Berscheid e Walster, 1974, pp. 200-201).

Como a aparência poder ser mudada, pessoas consideradas sem atrativos não estão necessariamente fadadas a enfrentar pela vida afora desapontamentos. Mudanças na maquilagem e no corte de cabelo aumentam a atratividade geral e acentuam características favoráveis da personalidade (Graham e Jouhar, 1981). Cosméticos foram até usados para ajudar na reabilitação e condicionamento de pessoas que se recuperavam de doenças.

Examinando o conceito global de atratividade, podemos então perguntar: que aspectos *específicos* da aparência das pessoas nos atraem? A maneira como percebemos o próprio corpo influencia-nos? As respostas a essas perguntas são o tema do restante deste capítulo.

Nosso corpo: características específicas

O rosto

Embora o rosto seja há muito tempo a característica do corpo mais examinada em estudos de atratividade física, uma questão básica exige resposta. O que é a beleza facial? Pesquisadores acreditavam que a resposta estava na análise das características faciais, mas dependia das opiniões das pessoas sobre a atratividade em geral. Pesquisa de Langlois e Roggman (1990) não só apontou o caminho para medir a atratividade facial, mas fez surpreendente descoberta. Contrariamente ao que se costuma acreditar, Langlois e Roggman descobriram que os rostos fisicamente atraentes se aproximavam da média de todos os rostos de um determinado grupo de pessoas. Por exemplo, a pesquisa previa que o homem mais atraente numa escola é aquele cujas características faciais mais se aproximam da média dos alunos.

Langlois e Roggman tiraram fotografias de 96 universitários e 96 universitárias. As fotos foram escaneadas por uma lente de vídeo conectada a um computador, que converteu cada uma em uma matriz de minúsculas unidades digitais com valores numéricos. Os pesquisadores dividiram os rostos masculinos e femininos em três subséries de 32 rostos cada. De cada subsérie, o computador escolhia aleatoriamente duas faces e tirava a média matemática de seus valores digitalizados. Em seguida, transformava essa informação numa face composta por dois indivíduos. As faces compostas eram então geradas para quatro, oito, dezesseis e 32 membros de cada série. Os índices por estudantes mostraram que as faces compostas eram mais atraentes do que virtualmente cada uma das faces individuais, e as faces mais atraentes eram compostas por dezesseis e 32. Os pesquisadores também perceberam que em alguns casos as pessoas são julgadas atraentes por grande número de pessoas, mesmo que suas características não sejam a da média da população. No caso da cantora Cher, por exemplo, fatores independentes das características faciais são responsáveis por sua atratividade.

Fundamental nos julgamentos da atratividade, não é de admirar que alguns vejam no rosto uma fonte de informações sobre a pessoa. Acreditou-se por muito tempo que o rosto revela aspectos importantes do caráter e da personalidade. Aristóteles descreveu características que julgava estarem associadas a força e fraqueza, genialidade e estupidez e assim por diante. O mais famoso defensor da idéia de que as características faciais indicam a personalidade foi J. C. Lavater, o "fisionomista" suíço nascido em 1741. O livro de Lavater (1783), que divulgava o que ele considerava uma ciência, era extremamente popular, alcançando mais de uma dúzia de edições em várias línguas. Embora encaremos com ceticismo a idéia de que as sobrancelhas, o nariz ou a forma da boca de alguém revelam tratar-se de uma pessoa mesquinha, esperta ou benevolente, Lavater acreditava sinceramente no caráter científico de sua obra.

Semelhantemente ao que hoje faria um cientista comportamentalista, Lavater advogava o desenvolvimento da observação do comportamento das pessoas estudando-as constantemente em seu ambiente. Ele se orgulhava de seu sistema se basear na realidade objetiva: exatamente como julgamos a natureza física por sua aparência (olhamos para o céu, por exemplo, à procura de pistas sobre o clima), devemos olhar para o exterior do corpo em busca de pistas sobre o temperamento da pessoa. Lavater acreditava que as características faciais eram mais confiáveis do que as expressões faciais, porque as pessoas podem dissimular com suas expressões, mas não com suas características físicas. (Lavater sentia que as mulheres eram particularmente difíceis de julgar a partir de expressões, porque elas podiam assumir as que julgavam agradar aos homens!) Lavater tentou reduzir suas observações a "uma regra", isto é, a princípios sistemáticos, que a elas dariam mais credibilidade do que meras opiniões idiossincráticas de uma pessoa.

O livro de Lavater está cheio de desenhos de rostos com descrições como brutal, anti-heróico, calmo, amigável, apaixonado e empreendedor. Ele acreditava que os que se pareciam de alguma forma com um animal teriam traços a este associados — espertos, se a semelhança fosse com um macaco; obtusos, se com um boi, e assim por diante.

É inegável que Lavater procurou ser científico. Todavia, confundiu *estereótipos* faciais com associações *reais* entre características do rosto e comportamento; relatou, como outros também, o que acreditava ser tais associações, sem reconhecer a necessidade de testar a validade dessa premissa inicial. Aparentemente, seus inúmeros leitores, bem como os de livros similares publicados no século seguinte, tampouco fizeram essa distinção. Mesmo nos anos 70, tais livros ainda eram escritos: *Face Reading*, de Timothy T. Mar, foi publicado por uma importante editora de brochuras americana, em 1974. Entre as inumeráveis asserções no livro, estão:

- numa face redonda, os ossos maxilares sugerem afeição, generosidade e autocontrole;
- um sinal de nascença escuro logo acima das sobrancelhas é um obstáculo para promoção profissional e uma indicação de mudança repetida de carreira;
- três linhas verticais abaixo dos olhos pressagiam um casamento infeliz, que terminará em divórcio ou morte;
- orelhas cheias, firmes e grandes indicam nobreza e prosperidade, enquanto orelhas com o centro demasiado grande significam inabilidade para poupar dinheiro.

Não relatamos essas afirmações simplesmente para divertir os leitores. Pesquisadores do comportamento humano encontram aqui dois preciosos ensinamentos. Primeiro, a disposição das pessoas, séculos a fio, para acreditar na "fisionomia" revela algo importante sobre a natureza humana: elas se agarram a esses princípios falsos porque as ajudam a reduzir a incerteza nas próprias mentes e fornecem um sentido de controle e compreensão na vida diária. E, uma vez o estereótipo implantado na mente, cada registro é relembrado e serve para fortalecer o estereótipo ("O homem que me assaltou tinha sobrancelhas espessas e cerradas tal como um criminoso!"), enquanto toda desconfirmação (o ladrão de banco que usa óculos com armação de metal e paletó de *tweed*) é convenientemente esquecida.

Outro ensinamento é que, apesar de falsos, os estereótipos faciais certamente influem no comportamento de seu portador. Se uma pessoa acredita que nariz curvado é sinal de traição (outro disparate de Mar), um desafortunado vizinho com esse tipo de nariz está em considerável desvantagem nas relações interpessoais. Além disso, a maneira como as pessoas são tratadas pode produzir-lhes alterações comportamentais (ver capítulo 1), de modo que os estereótipos faciais terão, nesse sentido, efeitos poderosos.

Cientistas do comportamento interessaram-se durante muito tempo por estereótipos faciais e seus efeitos possíveis no comportamento. (Secord, Dukes e Bevan, 1954; Keating, Mazur e Segall, 1977; Laser e Mathie, 1982; Keating, Mazur e Segall, 1981). Laser e Mathie (1982), por exemplo, pediram a um artista para fazer nove desenhos a carvão de um rosto masculino, variando a espessura das sobrancelhas e lábios e o formato do rosto. Pessoas avaliaram esses rostos com adjetivos. Os traços tinham efeitos marcantes sobre as avaliações: o rosto com sobrancelhas grossas era visto como menos caloroso, mais irado, mais duro, menos jovial, e menos à vontade do que os que tinham sobrancelhas finas ou normais; lábios mais grossos conotavam uma personalidade calorosa e menos tensa do que lábios mais finos; e as faces estreitas eram vistas como mais tensas e desconfiadas do que as outras.

McArthur e seus colegas foram além de simplesmente descrever os estereótipos faciais, chegando a desenvolver uma teoria sobre a razão de sua existência. Sua obra focaliza os traços faciais associados com a idade e com os tipos de interpretações que as pessoas fazem dos rostos que têm mais ou menos características "jovens"; em especial, analisa o adulto com traços faciais "de bebê", como testa ampla, queixo curto, e olhos grandes. McArthur e Baron (1983) sugeriram que as pessoas diferenciam corretamente os traços que acompanham a idade mais jovem, mas os atribuem incorretamente (numa supergeneralização) a pessoas com rostos de aparência mais jovem, ainda que não sejam necessariamente jovens. McArthur e seus colegas descobriram, para apoiar essa idéia, que as pessoas avaliavam as faces adultas de aparência infantil como mais fracas, mais submissas, e intelectualmente mais ingênuas do que as faces com aspecto maduro (Berry e McArthur, 1986).

Esses mesmos pesquisadores também simularam um júri numa sala de tribunal, no qual um réu era acusado de uma transgressão marcada tanto por negligência como por uma ação deliberada; a aparência do réu era manipulada para adquirir os traços de um rosto de bebê ou um rosto maduro. Pessoas, atuando como jurados, condenaram com mais freqüência o homem de rosto infantil por crimes de negligência e o de rosto adulto por crimes intencionais. Esse resultado era previsto, com base em sua descoberta anterior de que os adultos com traços infantis eram vistos como mais ingênuos e mais honestos.

Em suma, não há dúvida de que o modo como a face de uma pessoa está estruturada e delineada cria fortes impressões sobre os outros. A aparência facial pode prejudicar ou beneficiar uma pessoa, dependendo dos estereótipos associados aos traços. Pesquisas poderão nos dizer até que ponto a personalidade real e as maneiras de se expressar superarão as impressões iniciais baseadas no estereótipo facial; suspeitamos que tais impressões iniciais são facilmente revertidas pela prova comportamental.

Forma do corpo

Para acrescentar uma dimensão pessoal a algumas das teorias e pesquisas relatadas, você tem a seguir um breve teste de autodescrição (Cortes e Gatti, 1965). Realizando o teste, terá alguns dados sobre você mesmo, que podem ser comparados aos de outras pessoas que o fizeram.

Instruções: Preencha os espaços em branco com uma palavra extraída da lista que acompanha cada afirmação. Para cada espaço, três em cada afirmação, você pode selecionar da lista de doze imediatamente abaixo. Uma palavra exata que lhe sirva pode não estar na lista, mas escolha as palavras que *mais se aproximarem* da sua maneira de ser.

1. Na maior parte do tempo, sinto-me_____, _____ e _____

calmo	relaxado	complacente
ansioso	confiante	reticente
alegre	tenso	vigoroso
contente	impetuoso	autoconsciente

2. Quando estudo ou trabalho, pareço ser _____, _____ e _____

eficiente	preguiçoso	preciso
entusiasmado	competitivo	determinado
reflexivo	sossegado	pensativo
plácido	meticuloso	cooperativo

3. Socialmente, sou _____, _____ e _____

expansivo	atencioso	questionador
afável	desastrado	tímido
tolerante	afetado	falante
gentil	suave	esquentado

4. Sou um tanto _____, _____ e _____

ativo	benevolente	simpático
caloroso	corajoso	sério
dominador	desconfiado	de bom coração
introspectivo	calmo	empreendedor

5. Os outros me consideram meio _____, _____ e _____

| generoso | otimista | sensível |
| ousado | afetuoso | bondoso |

ousado	afetuoso	bondoso
retraído	imprudente	cauteloso
dominante	desinteressado	dependente

6. Sublinhe uma palavra das três em cada uma das linhas seguintes que descreve de modo mais aproximado sua maneira de ser:
a) assertivo, relaxado, tenso
b) temperamental, calmo, caloroso
c) retraído, sociável, ativo
d) confiante, diplomático, bondoso
e) dependente, dominante, desligado
f) empreendedor, afável, ansioso

Esse teste foi aplicado a inúmeros indivíduos em estudos sobre o relacionamento entre certos traços de personalidade e temperamento e certos tipos ou constituições de corpo. Geralmente, os estudos analisam a semelhança física de uma pessoa em relação a três variedades extremas do físico humano, mostradas na figura 3.1.

Em razão de muitas pessoas não se ajustarem exatamente a esses extremos, desenvolveu-se um sistema para um tipo de corpo específico supondo que ele pode ter alguns dos traços de todos os três tipos. Estudos de Sheldon procuram esclarecer esse sistema (Sheldon, 1940; Sheldon, 1954). As características físicas de uma pessoa foram distribuídas numa escala de 1 a 7 (7 representando a maior correspondência com um dos três tipos de corpo). O primeiro número refere-se ao grau de endomorfia, o segundo ao grau de mesomorfia e o terceiro ao grau de ectomorfia. Uma pessoa excessivamente gorda seria 7/1/1; uma pessoa atlética, de ombros largos, seria 1/7/1; e uma pessoa muito magra seria 1/1/7. Consta que Jackie Gleason era aproximadamente 6/4/1, Muhammad Ali 2/7/1 (em sua juventude), e Abraham Lincoln 1/5/6. Embora a obra de Sheldon tenha sido criticada por cientistas, foi a base de muitos estudos que investigavam a mesma questão. Apesar dos erros da metodologia de Sheldon, vários estudos posteriores que usaram medidas e objetivos de pesquisa mais precisos confirmaram muitas de suas primeiras conclusões.

Agora, veja o teste que você fez anteriormente. Cortes e Gatti usaram esse teste para medir o temperamento. Quando correlacionaram os resultados com medidas do físico, descobriram uma correspondência muito grande. Com base nisso, talvez você possa ter uma boa idéia da sua estrutura corporal pelas respostas que deu no teste de autodescrição. Para calcular sua contagem no teste, simplesmente some o número de adjetivos que escolheu de cada uma das categorias endomórfico, mesomórfico e ectomórfico listadas na tabela 3.2.

Se você escolher seis adjetivos da lista de endomórfico, doze de mesomórfico, e três de ectomórfico, sua contagem de temperamento seria 6/12/3. Se estabelecermos uma alta correlação com traços corporais, teremos que você é principalmente mesomórfico com uma tendência ao endomorfismo. O primeiro autor deste texto era 5/11/5 em 1978, 8/10/3 em 1982 e 8/9/4 em 1988. Esse teste e a pesquisa de personalidade do corpo nos permitem fazer algumas predições baseadas em probabilidades, mas, é claro, pode haver exceções individuais. Vários estudos sugerem que o relacionamento entre compleição física e temperamento

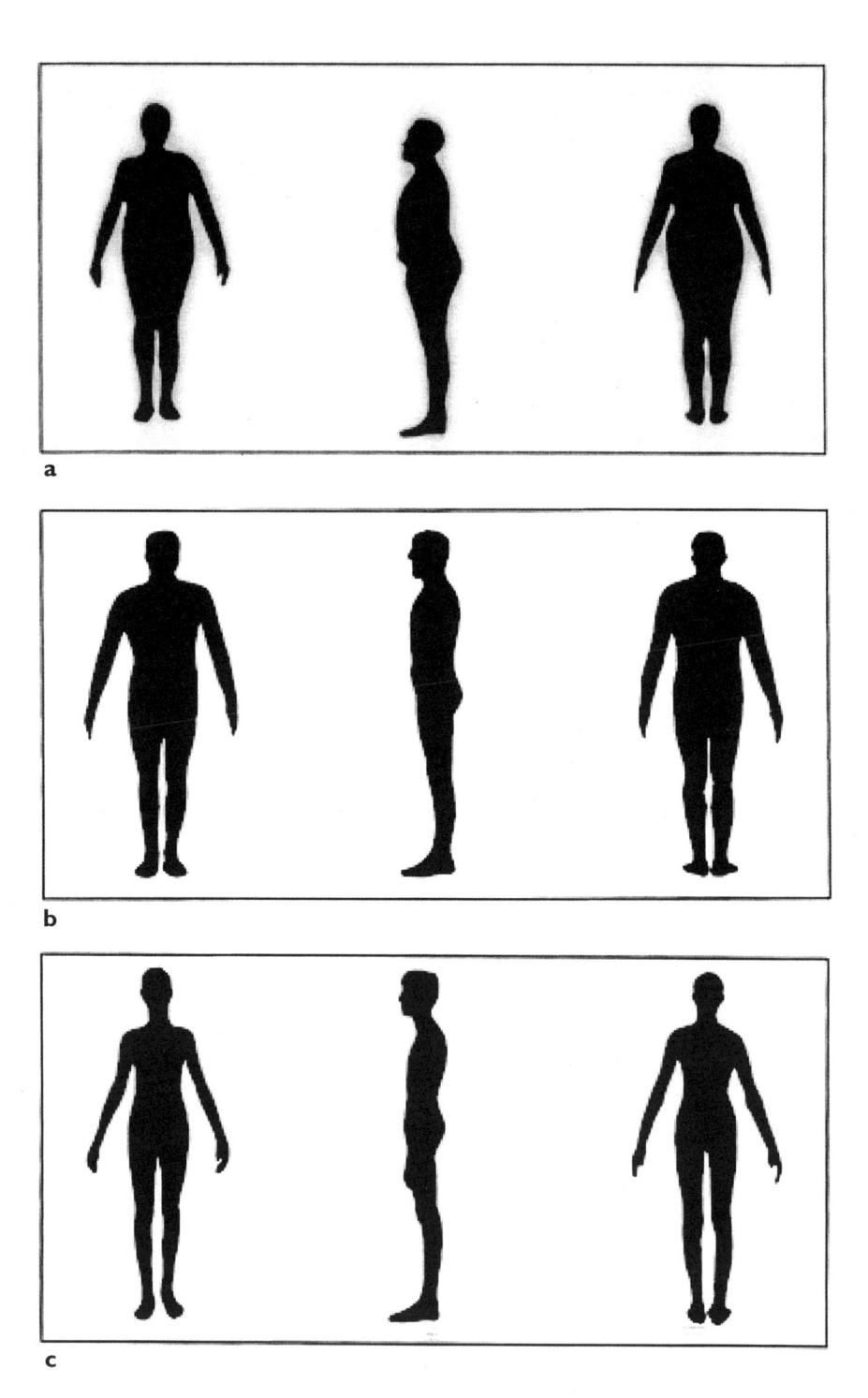

Os efeitos da aparência física e do odor na comunicação humana   117

Figura 3.1 a) O endomórfico: macio, arredondado, gordo. b) O mesomórfico: ossudo, musculoso, atlético. c) O ectomórfico: alto, delgado, frágil.

Tabela 3.2

Endomórfico	Mesomórfico	Ectomórfico
dependente	dominante	desinteressado
calmo	alegre	tenso
relaxado	confiante	ansioso
complacente	vigoroso	reticente
contente	impetuoso	autoconsciente
preguiçoso	eficiente	meticuloso
plácido	entusiasmado	reflexivo
sossegado	competitivo	preciso
cooperativo	determinado	pensativo
afável	expansivo	atencioso
tolerante	questionador	tímido
afetado	falante	desastrado
caloroso	ativo	calmo
benevolente	dominador	desconfiado
simpático	corajoso	introspectivo
compassivo	empreendedor	sério
generoso	ousado	cauteloso
afetuoso	imprudente	diplomático
bondoso	firme	sensível
sociável	otimista	retraído
cordial	esquentado	gentil

também é válido no caso de crianças (Parnell, 1958; Walker, 1963). Por exemplo, meninos e meninas delgados ectomórficos eram mais ansiosos, mais conscienciosos e mais meticulosos do que crianças de outra compleição.

Não devemos evidentemente presumir, a partir deste estudo, que o corpo determina traços do temperamento. A correspondência entre certos traços do temperamento e compleições físicas pode decorrer de experiências de vida, fatores ambientais, autoconceito, e uma legião de outras variáveis, até mesmo as expectativas das outras pessoas. Se existem estereótipos de físico-temperamento geralmente aceitos, podemos concluir que eles influenciam na maneira como as pessoas são percebidas e os outros reagem a elas, e nos traços de personalidade que delas se espera. Wells e Siegel (1961) ocultaram alguns dados que sustentavam a existência desses estereótipos. Foram apresentadas silhuetas desenhadas dos tipos endomórfico, ectomórfico e mesomórfico a 120 pessoas adultas, que deveriam avaliá-las numa seqüência de 24 escalas de adjetivos bipolares como preguiçoso-vigoroso, gordo-magro, inteligente-não-inteligente, dependente-autoconfiante etc. Os pesquisadores escolheram deliberadamente pessoas que não tinham freqüentado faculdade, presumindo que esse público não seria sugestionado por informações de estudos anteriores que pudessem estruturar suas respostas. Os resultados mostram que: 1) o *endomórfico* foi avaliado como mais gordo, mais velho, mais baixo (as silhuetas tinham a mesma altura), mais antiquado, menos forte fisicamente, menos atraente, mais falante, mais caloroso e simpático, mais benévolo e agradável, mais dependente dos outros, e mais confiante nos outros; 2) o *mesomórfico* foi avaliado como mais forte, mais masculino, mais bem-apessoado, mais audacioso, mais jovem, mais alto, de comportamento mais maduro, e mais autoconfiante; 3) o *ectomórfico* foi avaliado como mais delgado, mais jovem, mais ambicioso, mais alto, mais desconfiado, mais tenso e nervoso, menos masculino, mais teimoso e inclinado a ser intratável, mais pessimista, e mais tranqüilo. Outro estudo, que utilizou descrições escritas das partes do corpo, fez perguntas a certas personalidades sobre essas descrições e chegou a resultados semelhantes (Strongman e Hart, 1968).

Fomos induzidos durante tanto tempo a acreditar que os estereótipos são distorções prejudiciais da verdade, que com freqüência deixamos de considerar outra explicação igualmente plausível – a de que um determinado estereótipo pode ser o resultado de anos de experiência social. Em outras palavras, um estereótipo pode ser mais acurado do que imaginamos; pode haver outros aspectos ligados ao estereótipo além dos prejudiciais. Há provas claras de que associamos certos traços de personalidade e temperamento a determinadas constituições físicas. Tais associações podem ou não ser verdadeiras, mas existem; fazem parte da argamassa psicológica na comunicação interpessoal. Esses estereótipos constituem estímulos potenciais para reações na comunicação, como poderemos observar.

Reações negativas a indivíduos com excesso de peso são freqüentemente relatadas. Eles contam que são discriminados quando procuram obter seguro de vida, adotar crianças, conseguir empregos, e até ingressar na faculdade (Channing e Mayer, 1966). Apesar de poucas experiências fundamentarem essas alegações (DeJong e Kleck, 1986), pode-se afirmar com segurança que estar acima do peso constitui em nossa cultura geralmente uma desvantagem. Aos indivíduos obesos é concedido mais espaço físico (as pessoas guardam distância deles), e isso pode refletir uma atitude estigmatizada em relação a eles (Lerner, 1973; Lerner, Karabenick e Meisels, 1975). Comparada com outras desvantagens, as pessoas com freqüência acreditam que a inabilidade para perder peso reflete um defeito de caráter ainda mais profundo. De 1960 a 1980, a tendência foi de uma silhueta ideal mais delgada para as mulheres. As medidas das garotas dos pôsteres da revista *Playboy* e das concorrentes ao Miss America Pageant, mais o enorme aumento dos artigos de revista sobre dietas refletiam essa tendência (Garner, Garfinkel, Schwartz e Thompson, 1980; Polivy, Garner e Garfinkel, 1986). Como outras características da atratividade física feminina, também o peso aceitável está numa estreita faixa, provavelmente menor do que para os homens.

Altura

Outra dimensão da compleição física que pode influenciar as reações interpessoais é a altura. As pessoas acreditam que a altura pode ser importante para a vida social e profissional. Os pediatras observam que alguns pais ficam preocupados por seu filho não ser tão alto quanto eles numa certa idade. As próprias crianças prestam atenção na altura quando os professores lhes pedem para fazer fila por tamanho. Os adultos parecem superestimar sua altura. Anúncios para parceiros românticos freqüentemente indicam a altura como elemento de seleção (Harrison e Saeed, 1977; Cameron, Oskamp e Sparks, 1978). Em algumas áreas dos Estados Unidos, os oficiais de polícia e os bombeiros precisam ajustar-se a requisitos de altura mínima. Alguns candidatos, segundo notícias de jornais, bateram a cabeça, na esperança de que o inchaço pudesse completar a diferença entre sua altura e a requerida!

A importância da altura deriva da crença largamente difundida de que desvios significativos da estatura mediana (cerca de 1,60 m para mulheres e 1,72 m para os homens) atraem apreciações desfavoráveis das outras pessoas. Enquanto "alto demais" é aceitável, estão associadas à pouca altura opiniões negativas. Como observaram Stabler e seus colegas (1980): "Há uma difundida atitude social que associa a estatura alta com características positivas e atribui qualidades negativas à pouca altura". Existe alguma verdade nisso? A maioria das observações a respeito tem um caráter jocoso, em vez de pesquisa. Além disso, grande parte das pesquisas focaliza apenas os homens (Roberts e Herman, 1986). Parece, entretanto, que tendemos a preferir as pessoas altas em nossa cultura. Em pesquisa foram examinadas três percepções dominantes associadas a altura: posição social, atratividade e competência.

A altura foi por muito tempo um passo para poder e prestígio. O mais alto de dois candidatos presidenciais dos Estados Unidos foi vencedor desde 1900, sendo Jimmy Carter, com altura de 1,72 m, uma exceção em 1976. Outra evidência do estigma associado às pessoas baixas e o poder é que o comportamento chamado de "competitivo" nos homens mais altos é rotulado de "complexo napoleônico" nos baixos. Se o *status* e o poder são inerentes às pessoas mais altas, são elas também mais persuasivas? Indícios preliminares mostram que isso não é verdade (Baker e Redding, 1962). Foram tiradas fotografias da mesma pessoa (um homem) de dois ângulos diferentes: uma destinada a fazê-lo parecer baixo; outra para fazê-lo parecer alto. Esses retratos e um discurso persuasivo registrado em fita foram os estímulos para vários grupos de estudantes. As pesquisas indicaram não haver diferenças estatisticamente significativas entre os oradores "altos" e os "baixos".

O mais provável é que a altura interaja com outros fatores como tamanho geral do corpo, medida da cintura e traços faciais. Em sua própria experiência de vida, talvez você se lembre de alguns indivíduos altos que pareciam "dominar" quase assustadoramente, enquanto outros da mesma altura não apresentavam essa característica. A ciência ainda não estabeleceu uma relação bem definida entre a altura de uma pessoa e sua posição social. Todavia, é freqüente a conexão quando, sem nenhuma outra informação, pede-se a alguém que faça um julgamento sobre altura e *status*. Ouvimos falar de uma mulher que obteve seu doutorado junto a um psicólogo muito famoso e achava, enquanto ainda era sua aluna, que ele era uma figura alta e imponente. Mais tarde, ficou surpresa ao perceber que era um homem de baixa estatura! Ele simplesmente lhe *parecia* alto.

Os homens mais altos são freqüentemente considerados mais atraentes do que os mais baixos. O amante ideal não é descrito como "*baixo*, escuro e simpático". Os galãs românticos nos filmes são geralmente altos ou apresentados de maneira a assim parecerem por técnicas fotográficas. Inúmeros casos atestam o papel importante da altura na atratividade, mas obviamente não a julgamos numa pessoa com base apenas na altura. Portanto, podemos concluir que a altura é uma característica importante nos julgamentos de atratividade, mas não que a altura esteja sempre associada aos mais elevados conceitos de atratividade.

Alguns estudos indicam que em certos casos homens altos são considerados mais competentes no trabalho e recebem maiores salários. Embora os registros de desempenho mostrem poucas diferenças entre os policiais mais baixos e os mais altos, seus supervisores percebiam que os mais baixos eram executores da lei mais agressivos e tendentes a causar descontentamento no departamento de polícia (Lester e Sheehan, 1980). Outro estudo mostrou que os homens selecionados para se adiantar nos programas de treinamento da corporação eram significativamente mais altos que a média (Farb, 1978). Outra prova de discriminação contra o homem baixo vem de um estudo de 140 recrutadores de vendas aos quais se pedia que escolhessem entre dois candidatos apenas pela leitura de seus pedidos de emprego. Os pedidos eram os mesmos, exceto que um indicava uma altura de 1,85 m e o outro de 1,65 m. Apenas 1% escolheu o homem baixo (Kurtz, 1969).

Imagem do corpo

Até aqui, discutimos nossas percepções a respeito dos outros. Uma dimensão igualmente importante de comunicação interpessoal é o que pensamos de nós mesmos – a auto-imagem. A auto-imagem é o suporte para o desenvolvimento da nossa maneira particular de nos comunicar com as pessoas. Esse comportamento comunicacional é uma extensão das experiências acumuladas que formaram nossa compreensão do eu. Em suma, o que você é, ou pensa que é, organiza o que você diz e faz. Uma parte importante da auto-imagem é a imagem corporal, talvez começando já a se formar nas crianças ainda pequenas (Shontz, 1969; Gorman, 1969). Jourard e Secord (1955) descobriram que os homens ficavam mais satisfeitos com seus corpos quando eram maiores do que o normal; as mulheres mostravam-se mais satisfeitas quando seus corpos eram menores que o normal, e também se seus bustos eram maiores que a média. Num esforço para testar a crença de que bustos maiores eram mais desejáveis que outros, foram tiradas fotografias de três mulheres que alteraram artificialmente seu tamanho. A de menor busto (cerca de 85,5 centímetros) recebeu as melhores avaliações sobre competência, ambição, inteligência, moralidade e modéstia (Kleinke e Staneski, 1980; Ayalah e Weinstock, 1980). Pesquisadores sexuais freqüentemente notavam problemas emocionais em homens em razão da diferença que percebiam entre o tamanho de seu órgão genital e o suposto ideal masculino divulgado por nossa herança literária e verbal. Enquanto nos desenvolvemos, aprendemos o ideal cultural daquela que deveria ser a aparência do corpo. Isso resulta em graus diversos de satisfação com o próprio corpo, particularmente durante a adolescência.

Outra pesquisa mostra que os homens e mulheres adultos sentiam mais insatisfação com seus corpos em 1986 do que em 1972. Em 1972, 15% dos homens, numa amostragem nacional de vários milhares de adultos, disseram que estavam insatisfeitos com seus corpos; em 1986, 34% indicavam uma insatisfação semelhante. Vinte e cinco por cento das mulheres na pesquisa de 1972 expressaram insatisfação com sua imagem corporal total; em 1986, esse índice pulou para 38% (Cash, Winstead e Janda, 1986). O peso era um fator importante que contribuía para a insatisfação tanto dos homens quanto das mulheres. Diversos estudos mostram, contudo, que somos inexatos nas percepções sobre o tamanho e o peso de nosso corpo. Além disso, pelo menos uma pesquisa indica que também julgamos incorretamente o tipo de corpo mais atraente para o sexo oposto. As mulheres parecem pensar que os homens preferem uma figura mais esbelta do que na verdade eles desejam; os homens parecem pensar que as mulheres querem um homem mais pesado do que as mulheres realmente dizem preferir (Fallon e Rozin, 1985).

Cor da pele

Em muitos aspectos, a cor da pele foi o estímulo corporal maior na determinação das reações interpessoais nesta sociedade. Nesse sentido, acumulam-se os abusos sobre as pessoas negras nos Estados Unidos com base apenas na cor da pele. As palavras de um homem branco que mudou a pigmentação da pele e experimentou a dramática vida de um homem negro nos Estados Unidos constituem lembrança suficiente:

> Quando todo discurso, toda propaganda são postos de lado, o critério passa a ser simplesmente a cor da pele. Minha experiência o comprova. Eles não me julgavam por nenhuma outra qualidade. Minha pele era escura. Isso era razão suficiente para que me negassem direitos e liberdades, sem os quais a vida perde seu significado e se transforma numa questão pouco mais importante que a sobrevivência animal.
>
> Procurei por alguma outra resposta e nada encontrei. Passei um dia sem alimento e sem água pelo simples motivo de minha pele ser escura. Não havia outra razão para que eu estivesse sentado numa tina no pântano [Griffin, 1960, pp. 121-122].

Tais abusos produzem freqüentemente auto-imagens prejudiciais aos negros – cujos efeitos servem para confirmar a auto-realização dos ofensores. Brody (1963) relata casos trágicos de rapazes negros que sentiam muita ansiedade e tinham complexos de culpa oriundos do desejo de ser branco. Ele também relata a doutrinação deliberada, ainda que inconsciente, sobre a situação das pessoas de cor pelas mães de crianças negras. O *slogan "black is beautiful"* e a Miss Black America Pageant foram duas entre muitas iniciativas procurando enfrentar esse problema de identidade. O conceito de cor de pele complicou-se ainda mais por uma tentativa de rotular todas as pessoas com ascendência africana negra como "negras". Além das objeções associadas a se rotular pessoas conforme a cor da pele, algumas não se viam como "negras", mas dotadas de uma coloração mais clara. Além de restar pouca dúvida de que os negros estão em desvantagem na comunicação com pessoas preconceituosas, outro fenômeno interessante se desenvolveu nos últimos anos. Em alguns casos, ocorre como que um efeito bumerangue: a pessoa negra ainda é julgada apenas por sua cor de pele, mas o julgamento agora é indiscriminadamente positivo, em vez de negativo. Alguns explicam esse fenômeno como uma super-reação causada pelos sentimentos de culpa entre os brancos. Muitos negros provavelmente argumentariam que esse efeito não tem muita abrangência.

Vários julgamentos que fazemos dos outros se baseiam em grande parte na cor da pele. A tez pálida sugere uma pessoa doente; a pele bronzeada está associada a uma pessoa saudável. Enrubescimento indica embaraço, assim como pescoço vermelho pode ser um indício de raiva.

Cheiro do corpo

É óbvio que a visão e a audição são os sentidos mais importantes para as relações sociais nas sociedades ocidentais, mas o olfato também pode influir nas reações. O estudo científico do sistema olfativo humano está apenas engatinhando, embora saibamos que outros animais obtêm grande quantidade de informação de seu sentido olfativo: presença de inimigo, identificação de território, descoberta de membros da mesma espécie ou rebanho, estimulação sexual, e estados emocionais. Os cães são bem conhecidos por sua habilidade de perceber o medo, o ódio ou a amizade nos seres humanos e rastreá-los apenas pelo cheiro de suas roupas. A dificuldade que os cães parecem ter em distinguir entre os cheiros de gêmeos idênticos impeliu Davis (1971) a sugerir que cada um de nós tem uma "assinatura olfativa".

Os americanos não parecem confiar tão conscientemente em seu sentido do olfato em muitas informações interpessoais, a menos que o odor da transpiração, do hálito, ou algum outro cheiro seja inusitadamente forte ou inapropriado à situação. Acredita-se que todos nós poderemos apurar a sensibilidade olfativa se tivermos as palavras necessárias para diferenciar vários odores. Temos um vocabulário um tanto limitado para discutir diferenças sutis em cheiros, o que por sua vez pode impedir a identificação. Se é verdade que tendemos a negligenciar nossas habilidades olfativas, parece irônico investirmos tanto tempo e dinheiro em odores artificiais. Todos os anos, homens e mulheres americanos gastam milhões de dólares em sabonetes e desodorantes em *spray*, desodorantes bucais, vaporizadores para hálito, perfumes, loções pós-barba, e outros produtos usados para acrescentar ou para encobrir odores corporais naturais. Em 1980, a revista *Time* (16 de junho, p. 72) relatou que 750 milhões de dólares foram gastos apenas em fragrâncias para homens naquele ano. Publicamente, o assim chamado odor natural parece ter baixa prioridade nessa altura de nosso desenvolvimento cultural, mas não somos de modo algum avessos a comprar um produto comercial que nos fará supostamente ter um cheiro "*natural* e sensual".

Odores artificiais nem sempre são destinados a reações agradáveis. Durante a Segunda Guerra Mundial, os cientistas desenvolveram um composto de odor mefítico que eles chamaram de "Quem, eu?". Esse produto era colocado em tubos plásticos flexíveis e distribuído a crianças chinesas nas cidades ocupadas pelos japoneses. As crianças esguichavam o "Quem, eu?" nas calças dos oficiais japoneses. O mau cheiro era mais do que uma irritação temporária; era quase impossível removê-lo da roupa (Russell, 1981).

Qual o papel dos odores humanos na interação diária? Nossas reações podem ser consciente ou inconscientemente processadas, mas a mensagem pode ser bastante forte. Os odores humanos provêm de glândulas encontradas na região anal/genital, glândulas de secreção no rosto, mãos, pés e, algumas vezes, através do peito. Os odores se concentram na boca e nas regiões do corpo revestidas de pêlos. Vários experimentos atestam o fato de que as pessoas são geralmente capazes de identificar os odores de outros seres humanos específicos. Alguns estudos de "camisetas sujas" instruíam as pessoas a usar uma camiseta de algodão por períodos que variavam de um dia a uma semana e a evitar usar qualquer perfume ou desodorante. Das pessoas testadas, 75% foram capazes de identificar pelo cheiro a própria camiseta; 50% das esposas foram capazes de encontrar a camiseta do marido. Os pais podem identificar suas crianças (algumas com apenas duas horas de idade) com uma frequência por vezes superior a 90%; e as crianças são geralmente capazes de identificar seus irmãos (Porter e Moore, 1981; Porter, Cernoch e Balogh, 1985; Porter, Cernoch e McLaughlin, 1983; Russell, 1976; Lord e Kasprzak, 1989). Por volta de seis semanas, os bebês reagem ao odor de uma almofada usada na amamentação por suas mães e não a um estranho. Um estudo chegou a descobrir pessoas capazes de identificar o sexo pelos cheiros das mãos. Ainda que, aparentemente, sejamos capazes de identificar outras pessoas pelo cheiro, o grau de precisão depende em grande parte de quantos estímulos concorrentes temos de julgar.

O odor parece também desempenhar um papel na sincronização dos ciclos menstruais femininos. Verificou-se que o intervalo médio de 8,5 dias entre os ciclos menstruais de amigas e colegas de quarto numa universidade se alterava para menos de cinco dias durante o ano letivo. Um pesquisador tentou explicar por que isso acontecia, retirando amostras do odor das axilas da colega de uma mulher, que ele chamou de "Essência de Geneviève". Esse odor foi borrifado nos lábios superiores de mulheres voluntárias três vezes por semana durante quatro meses. Outro grupo de mulheres era borrifado com álcool. O grupo do álcool não apresentou nenhuma mudança, mas o grupo que recebeu a "Essência de Geneviève" mostrou uma tendência a sincronizar seu ciclo com o de Geneviève. Este grupo mudou de uma diferença média de 9,3 dias em seu ciclo para 3,4, com quatro mulheres mudando para um dia no interior do ciclo de Geneviève. Pesquisa subseqüente examinou o papel do odor de transpiração de um homem nos ciclos menstruais femininos. Os procedimentos usados no estudo da "Essência de Geneviève" foram repetidos, usando mulheres cujos ciclos eram maiores e menores do que o normal. Aquelas cujos lábios superiores foram borrifados com o odor masculino desenvolveram ciclos que se aproximaram mais do normal, o que não ocorreu com o grupo de controle (McClintock, 1971; Russell, 1976; Cutler, Preti, Krieger, Huggins, Garcia e Lawley, 1986). A importância dessa pesquisa reside em seu lembrete acerca da ligação entre processos fisiológicos e odor. Os médicos sabiam havia muito que as pessoas com certas doenças tendem a exalar determinados odores, mas agora estamos descobrindo que alguns processos fisiológicos podem ser modificados pelo odor. Não é de surpreender que tais efeitos se dêem no mundo animal, mas até recentemente não pensávamos no comportamento humano dessa maneira. Agora, existem pessoas que praticam a aromaterapia, usando odores para aliviar a ansiedade, dores de cabeça e hipertensão, por exemplo.

Outra fonte de odor são os flatos, geralmente acrescentando uma aura negativa ou insultuosa a um encontro interpessoal em nossa cultura (Lippman, 1980). De fato, a antecipação do ato de expelir flatos pode levar a uma rápida conclusão de um contato interpessoal. Em certas circunstâncias, todavia, a emissão de gases pode ser usada deliberadamente para chamar a atenção sobre si mesmo. A avaliação negativa dos odores atribuídos aos flatos ou aos odores corporais desagradáveis depende, provavelmente, do fato de os outros acreditarem que as pessoas estão conscientes deles e de estes serem controláveis.

O papel dos odores na interação humana varia consideravelmente de cultura para cultura. Os asiáticos têm fama de raramente apresentar odor debaixo do braço. Mas o odor parece desempenhar papel de destaque em alguns países árabes:

O olfato ocupa um lugar importante na vida árabe. Não só ele é um dos mecanismos de fixação de distância, mas é parte vital de um complexo sistema de comportamento. Os árabes freqüentemente respiram sobre as pessoas quando falam. Contudo, esse hábito é mais do que uma questão de diferença de costumes. Para o árabe, cheiros bons são agradáveis e uma maneira de se envolver um com o outro. Cheirar um amigo é não só bonito, como desejável, pois negar-lhe seu hálito é agir com vergonha. Os americanos, por outro lado, acostumados como são a não respirar próximo do rosto das pessoas, automaticamente comunicam vergonha tentando ser corteses. [Hall, 1966, pp. 159-160]

Além dos odores humanos, os odores ambientais podem afetar os encontros, estabelecendo o humor ou trazendo de volta lembranças associadas com o cheiro. Para o primeiro autor deste livro, havia um odor particular associado com os colégios; toda vez que ele entrava num deles, acudia-lhe ao espírito uma cadeia de lembranças de sua própria história.

Pêlos do corpo

O comprimento dos cabelos de uma pessoa pode afetar seriamente as percepções e a interação humanas. Em 1902, o comissário de Negócios Indianos expediu uma ordem de cortar, se necessário à força, o cabelo de todos os indianos para que eles tivessem um aspecto "civilizado". Um comportamento igualmente estranho ocorreu dos anos 60 até o início dos anos 90.

Durante os anos 60, os homens que deixavam o cabelo crescer sobre as orelhas e na testa e algumas vezes até os ombros descobriram que freqüentemente atraíam abusos semelhantes àqueles dirigidos aos indivíduos com pele escura. Eram numerosos os casos de discriminação referentes a moradia, admissão em escola, empregos e estabelecimentos comerciais, para mencionar apenas alguns.

No final de 1971, o exército americano distribuiu anúncios usando o *slogan* "Estamos mais preocupados com o que você pensa do que com o seu corte de cabelo", aparentemente porque muitos recrutas acreditavam nisso! O exército, patrocinador original do anúncio, mais tarde afirmou que não condenava os cabelos compridos e que os jovens apresentados na campanha não se opunham aos regulamentos do exército. Visitantes de Taiwan no início dos anos 70 recebiam cartões que diziam: "Bem-vindo à República da China. Nada de cabelo ou barba compridos, por favor". Com efeito, a mania contra o cabelo comprido pode até ser fatal: a United Press International divulgou uma história, em abril de 1970, sobre um pai que matou o filho com um tiro numa discussão sobre cabelo comprido e sua "atitude negativa para com a sociedade". A expressão "cabelo comprido" não mais se refere exclusivamente aos reverenciados músicos e escritores do passado; também se transformou num rótulo que pode designar jovens (e velhos) "indesejáveis".

A mídia divulga regularmente histórias que envolvem reações ao cabelo humano ou regulamentos relativos a ele, principalmente ao cabelo masculino. A seguir, uma amostra do que ocorreu durante vinte anos:

Alemanha Ocidental (revista *Time*, 1972). Quinze meses atrás, o ministro da Defesa Helmut Schmidt disse que os membros do exército alemão podiam usar

barbas e cabelo comprido desde que estivessem limpos e bem cuidados. O alvoroço criado por essa ordem – inclusive velhos soldados que se queixavam de que o cabelo comprido interferia com a disciplina e a prontidão da tropa – fez com que Schmidt a revisse, de modo que nenhum soldado deixasse o cabelo ultrapassar a altura do colarinho.
Dallas (1991). O corte de cabelo do quintanista Donvannah Brawn era demasiado rente, na opinião dos funcionários da escola, de modo que eles o suspenderam da aula... O diretor, dizendo que o corte de cabelo violava a "surpreendente e inusitada" cláusula do código de conduta da escola distrital, suspendeu o rapaz por três dias... Os pais do menino disseram que, se houvesse mais estudantes negros, ou se houvesse algum professor negro na escola, o corte de cabelo de Donvannah teria sido considerado comum... "Estamos tentando encorajar essa criança a usar tudo que houver à sua disposição para se ajustar à sociedade", disse Dixie Parris, porta-voz da escola distrital.
Berlim (1974). Um oficial (tenente Carroll) e seis homens alistados enfrentaram a corte marcial sob a acusação de desobedecer uma ordem de cortar seus cabelos ou barbas. Os regulamentos dizem que os bigodes devem ser aparados bem rente, as barbas não são permitidas (embora o fossem na marinha), e o cabelo não pode cair sobre as orelhas ou sobre as sobrancelhas ou tocar no colarinho, exceto no caso de cabelo cortado rente ao pescoço.
Connecticut (1975). Uma mulher foi despedida de seu emprego de garçonete porque se recusou a depilar as pernas.
Frankfurt (1975). O exército retirou as acusações contra o tenente Carroll por violar os regulamentos sobre cabelo, porque ele concordou em deixar o exército com uma dispensa honrosa. Outros recrutas, contudo, estão cumprindo penas nas prisões do exército por essas violações.
Austin, Texas (1973). Cabelos compridos nos meninos e nos homens são coisas de maricas e devem ser banidos dos campos de atletismo americanos, de acordo com o principal artigo no número de maio da revista da Associação de Treinadores de Colégio do Texas. Tony Simpson, o principal treinador de futebol da Northshore Junior High School, no subúrbio de Galena Park, em Houston, disse que Deus fez o homem para dominar a mulher; isso significava, portanto, que o homem devia usar cabelo curto... Simpson disse aos colegas treinadores nesse artigo que "um bom código sobre cabelo excluiria os anormais do atletismo antes que eles se tornassem treinadores e transferissem seus padrões 'de perdedores' para a profissão de treinador".
Scottsdale, Arizona (1977). José Cardenal, jogador de beisebol do Chicago Cub, disse que o gerente geral Bob Kennedy lhe pedira para cortar o cabelo. Cardenal observou que o comprimento de seu cabelo, num corte afro, não havia mudado nos últimos cinco anos.
Nova Jersey (1973). O diretor da Escola Preparatória Seton Hall (que usa barba e bigode) disse que cerca de sessenta alunos serão suspensos se não cortarem o cabelo para cumprir os regulamentos sobre cuidados com o cabelo. Um estudante contou que o diretor lhe dissera: "Tenho em mãos o seu diploma, mas você só o receberá se cortar o cabelo".
Houston, Texas (1989). Dois irmãos que se recusavam a cortar o cabelo, que estava caindo nos ombros, fizeram votos de passar um segundo ano fora da escola, a menos que o distrito escolar mudasse a política que proibia suas longas madeixas. "Quero voltar, mas quero voltar como eu sou", disse um dos irmãos.
Los Angeles (1989). John Magness usara bigode durante 42 anos. Agora, como primeiro-oficial do Queen Mary (uma recente aquisição da companhia Disney), teria de escolher entre raspá-lo ou ser despedido. Walt Disney, que usava ele

mesmo um bigode, instituiu uma política que vetava barbas, bigodes e cabelos compridos nos homens. A política vigorou por 35 anos.
Seul, Coréia (1980). A polícia nacional recebeu ordens de evitar prender homens por causa de seu cabelo comprido. Durante os primeiros oito meses desse ano, 14.911 homens foram presos sob essa acusação.
Lubbock, Texas (1990). Kathy Buckberry não compreende por que o penteado de rabo-de-rato, que seu filho de onze anos vem usando há três anos, tornou-se repentinamente uma violação do código sobre apresentação pessoal do Distrito Escolar Independente de Lubbock... Os funcionários do DEIL estão impondo uma política que proíbe os meninos de usar cabelos que ultrapassem a altura dos ombros, rabos-de-cavalo, rabos-de-rato, desenhos raspados no couro cabeludo e tranças... Michael, um escoteiro e estudante de honra da Wilson Elementary School antes de seu afastamento da escola, está sendo instruído em casa porque se recusa a aceitar essa nova política.
Bastrop, Texas (1990). Zachariah Toungate, um garoto de oito anos, deve cortar seu rabo-de-cavalo se quiser voltar para sua classe regular, ordenou um juiz do distrito, mas a mãe do menino disse que o ensinará em casa para não ter de cortar-lhe o cabelo. Desde 5 de outubro, o terceiranista esteve numa sala de 3,5 m por 4,5 m na Mina Elementary School. As janelas que dão para os corredores da escola estão cobertas com papel e o menino não teve permissão para almoçar com seus colegas, freqüentar o recreio, cantar no coro ou participar das aulas de educação física ou música.

A maior parte das reações contra o cabelo comprido é dirigida aos homens; reações negativas contra o cabelo demasiado curto geralmente são dirigidas às mulheres. Mas os homens que adotam a atitude extrema de raspar totalmente o cabelo, como fez um grupo denominado Skinheads, suscitam condenação social. Posteriormente, os Skinheads tornaram-se conhecidos por seu comportamento anti-social mais do que por suas cabeças raspadas. Em 1974, uma organização chamada Carecas da América foi formada para "cultivar um sentimento de orgulho e eliminar a vaidade associada com a perda de cabelo". A motivação para reações negativas a esses estilos extremos de cabelo por alguns membros de nossa cultura é uma questão interessante, mas não é nossa principal preocupação aqui. O importante é o fato de o pêlo do corpo provocar sentimentos quer de apreciação, quer de repugnância. O cabelo de outro corpo também parece ser importante em julgamentos de atratividade, ilustrados pelo comentário: "Eu gosto dele, mas ele é *tão* cabeludo". Durante anos, a revista *Playboy*, uma importante obra de referência para muitos homens sobre a figura feminina nua, "removia" inteiramente ou não exibia os pêlos púbicos das modelos. As revistas que retratavam figuras em colônias nudistas eram tão conhecidas por causa dessas alterações do pêlo púbico que muitas delas passaram a colocar a advertência "sem retoques". Mas, quando fotos da cantora *pop* Madonna apareceram em duas revistas nacionais, muitas pessoas comentaram mais sobre os pêlos sob os braços do que sobre sua falta de roupas. Alguns gostaram; outros, não. Comentou-se que índios da floresta tropical amazônica cortam e penteiam cuidadosamente seus cabelos, mas acham que os outros pêlos do corpo não são atraentes; eles eliminam metodicamente as sobrancelhas, arrancando-as. A falta de sobrancelhas na Mona Lisa é um indício de que, numa certa época, considerava-se desejável arrancá-las, em nome da beleza.

Figura 3.2 De que maneira o comprimento e o estilo do cabelo influem em nossas percepções?

Finalmente, consideremos a barba. A obra de Freedman (1969), embora longe de ser um tratado conclusivo, oferece algumas hipóteses interessantes. Em 1969, ele perguntou a um grupo de estudantes não graduados o que pensavam sobre a barba. Nenhum dos homens usava barba. A maioria dos homens e mulheres utilizou adjetivos que conotavam juventude para descrever homens sem barba. Dos homens, 22% descreveram as personalidades de homens com barba como independentes, e 20% descreveram-nos como extrovertidos. As mulheres pensavam num marido idealizado, diz Freedman, quando descreviam homens barbados como másculos, sofisticados e maduros, que recebiam 55% dos adjetivos usados por elas. Freedman diz em seguida que as pessoas ficariam mais perto de homens sem barba, enquanto homens com barba relataram que ficavam menos tensos com estranhos sem barba do que com outros homens barbados. Em outro estudo, foram tiradas fotos de oito homens em quatro condições: totalmente barbudos, com apenas um cavanhaque, apenas com um bigode e com o rosto inteiramente raspado (Pellegrini, 1973). Essas fotos foram mostradas a 128 estudantes, que as avaliaram. Quanto mais cabelo tinha um homem, mais ele era considerado másculo, maduro, de boa aparência, autoconfiante, dominador, corajoso, liberal, não-conformista e trabalhador. Outro estudo, usando estudantes universitários como juízes, descobriu que os homens com barba eram avaliados como mais másculos, agressivos, dominadores e mais fortes do que os homens sem barba (Addison, 1989). Se essas descobertas se estendem além do ambiente do *campus* é ainda uma questão em aberto. Desde que alguns estudos sobre o uso de barba nos homens relatam avaliações positivas e algumas negativas, parece razoável presumir que o contexto desempenha papel importante na maneira como a barba afeta os outros ou a maneira como reagimos a um homem barbudo. Em entrevista para emprego no cargo de professor, uma barba pode ser secundária na decisão de contratação, mas fundamental para uma pessoa que se candidate a um cargo de vendas na IBM.

Obviamente, há muitos outros aspectos relativos ao corpo que deixamos de lado, como sardas, sinais de nascença, acne e as assim chamadas marcas de beleza; todas podem ser muito importantes numa determinada situação. Os inúmeros indivíduos que fizeram cirurgia plástica no nariz devem ter sentido que ele criou uma impressão indesejável numa interação face a face. Contudo, nossas reações à forma do corpo, cor, cheiro e cabelo parecem ser os fatores principais, além das roupas e artefatos como cosméticos, óculos, bijuteria etc.

Nosso corpo: roupas e outros artefatos

Examine os tipos de roupa mostrados na figura 3.3. Quais são suas primeiras impressões?

Na lista seguinte estão vinte características que podem ser associadas a um ou mais desses tipos de roupa. Confira os espaços que você acha que se aplicam a tipos específicos de roupa e compare suas impressões com as de seus colegas ou familiares.

Homens				Mulheres				
1	2	3	4	1	2	3	4	
—	—	—	—	—	—	—	—	1. Fumou maconha.
—	—	—	—	—	—	—	—	2. É tímido, não fala muito.
—	—	—	—	—	—	—	—	3. É membro de confraria ou irmandade.
—	—	—	—	—	—	—	—	4. É um democrata.

— — — —	— — — —	5. Tem ligações com atletismo.
— — — —	— — — —	6. É casado.
— — — —	— — — —	7. É generoso.
— — — —	— — — —	8. Dirige um carro esporte.
— — — —	— — — —	9. É um republicano.
— — — —	— — — —	10. Tem orientação vocacional.
— — — —	— — — —	11. É politicamente ativo.
— — — —	— — — —	12. É digno de confiança.
— — — —	— — — —	13. Ouve mais música clássica.
— — — —	— — — —	14. Vive com os pais.
— — — —	— — — —	15. Tem cabelo comprido.
— — — —	— — — —	16. Tem muitos amigos.
— — — —	— — — —	17. É inteligente.
— — — —	— — — —	18. É religioso.
— — — —	— — — —	19. É liberal.
— — — —	— — — —	20. É mais velho.

Você encontrou semelhanças entre suas respostas e as de seus colegas? Houve diferenças importantes entre suas respostas e as das pessoas com histórias de vida muito diferentes? Mais adiante focalizaremos neste capítulo as impressões comunicadas pelas roupas, mas antes precisamos responder a uma pergunta ainda mais básica: "As roupas *comunicam?*". São abundantes as evidências episódicas de que isso é verdadeiro. Por exemplo, a Associated Press certa vez noticiou que a Igreja Luterana percebeu que o traje usado pelos ministros no púlpito era responsável pela evasão de alguns fiéis. Muitos alfaiates, fabricantes e vendedores de roupas intitulam-se "engenheiros de guarda-roupa" – fazendo a engenharia da aparência externa de seus clientes a fim de aumentar suas vendas, afirmar sua autoridade ou ganhar mais casos nos tribunais. Numa pesquisa com 415 executivos na área de Chicago (*Chicago Tribune,* 7 de outubro de 1979, Seção 15) 91% deles alegavam que a roupa e o penteado de um candidato a emprego mostravam sua atitude em relação à companhia; 95% disseram que a roupa era uma ajuda definitiva no progresso profissional; 31% disseram ter um código de vestimenta formalizado. Em outro estudo, as mulheres identificadas como "conscientes da roupa" a partir de respostas a um teste com papel e lápis tinham também mais probabilidade de se vestir de modo conservador no trabalho e ficar mais satisfeitas com seus empregos (Gorden, Tengler e Infante, 1982). As roupas também parecem ser importantes nas primeiras impressões. Foi indagado a homens e mulheres o que costumavam notar numa pessoa quando a encontravam pela primeira vez. Foram fornecidas dez características de aparência para escolha. As mulheres notavam as roupas primeiramente, tanto no caso de pessoas do mesmo sexo como no de sexo oposto; os homens também olhavam primeiramente as roupas das pessoas do mesmo sexo, mas, no caso das pessoas do sexo oposto, as roupas assumiam o terceiro lugar, depois da figura e do rosto ("Primeiras Impressões", agosto/setembro 1983). No início dos anos 70, a Associated Press noticiou que uma garota da oitava série em Clifton, Arizona, foi mandada para casa, por

Figura 3.3. (a) Homens. (b) Mulheres.

ocasião da cerimônia de formatura, porque não estava vestida adequadamente para o evento. Depois de declarar que o vestido da garota feria a exigência do tom "pastel", o chefe da junta de educação local disse, ainda, que o vestido era florido, e que "não podemos ter ninguém diferente. Ela estava desafiando a autoridade".

Todos os incidentes mencionados acima sugerem que as roupas podem desempenhar um importante papel nas relações interpessoais. Eles também sugerem que, em geral, as decisões a respeito de roupas devem ser adaptadas ao papel e ao ambiente de uma pessoa. Esse princípio foi claramente demonstrado quando pessoas que estavam bem vestidas (em oposição a desleixadas) pediam às outras uma moeda para dar um telefonema. Quando bem vestidos, aqueles que pediam ajuda recebiam mais cooperação, num aeroporto limpo, bem equipado, onde a maior parte das pessoas também estava bem vestida; quando pobremente vestidas, elas receberam maior cooperação de indivíduos que estavam numa parada de ônibus, onde as pessoas e o ambiente se pareciam mais com aqueles que estavam pobremente vestidos (Hensley, 1981).

Talvez você já tenha passado pela experiência num restaurante de reagir apenas ao uniforme do garçom ou garçonete, e posteriormente, quando estava pronto para sair, ficar sem saber quem havia servido sua mesa. É razoável presumir que, em muitos casos, nossa percepção dos outros é influenciada pelas roupas e parcialmente por outros fatores. A fim de determinar se nossos julgamentos sobre os outros são feitos com base apenas nas roupas, é necessário medir os efeitos de uma mudança no tipo de roupa enquanto todas as outras coisas se mantêm iguais. Baseado nesse objetivo, Hoult (1954) conduziu alguns experimentos. Primeiramente, 46 estudantes avaliaram treze colegas de classe do sexo masculino sobre coisas como "a melhor aparência", "com mais possibilidade de ter êxito", "mais inteligente", "com mais possibilidade de ter um encontro ou dois", "melhor personalidade", e "com mais possibilidade de ser escolhido como representante da classe". Foi pedido aos quatro homens com as melhores avaliações que "se vestissem sem capricho", enquanto aos quatro com as avaliações mais baixas foi pedido que "se vestissem com capricho". Os demais foram solicitados a se vestir do mesmo modo. Duas semanas depois, foram feitas novas avaliações. Hoult não descobriu provas de que as roupas houvessem influenciado na mudança das avaliações, embora as avaliações independentes das roupas mostrassem que elas indicavam, de fato, "esmero no vestir-se" ou "falta de esmero no vestir-se" a partir dos trajes anteriores. Uma alta correlação entre a proximidade social dos avaliadores e dos modelos e as avaliações sociais impeliu Hoult a fazer outro estudo usando modelos completamente estranhos aos avaliadores. Nesse estudo, ele utilizou fotos de homens desconhecidos, que foram avaliadas por 254 estudantes de duas faculdades. Tendo obtido avaliações independentes das roupas e das classes sociais dos modelos, Hoult foi capaz de colocar trajes de alta costura em modelos de classe social mais baixa. Trajes de categoria inferior eram colocados em modelos de classe social alta. Ele descobriu que as roupas das classes mais altas estavam associadas com uma promoção social, enquanto roupas de categoria mais baixa estavam associadas com perda de posição social. A roupa parecia ser, portanto, um fator significativo a afetar os julgamentos que os estudantes faziam desses estranhos.

Embora a obra de Hoult seja útil para demonstrar o valor comunicacional das roupas, uma conclusão igualmente importante pode ser deduzida do fracasso de seu primeiro experimento. Este demonstra uma das condições sob as quais as roupas podem não ser um fator muito importante na percepção interpessoal dos outros: quando o observador conhece bem a pessoa que está sendo observada. Mudanças nos trajes de um membro de uma família ou de um amigo íntimo podem indicar uma mudança temporária de disposição, mas provavelmente não perceberemos nenhuma mudança básica nos valores, atitudes ou traços de personalidade, a menos que a mudança de roupas se torne permanente naquele indivíduo. Além da proximidade social com a pessoa que está sendo observada, outros fatores podem modificar as reações às roupas, como a orientação e a história psicossocial do observador e a tarefa ou situação particular na qual é feita a observação. Devemos também lembrar que qualquer item de vestuário pode transmitir vários significados diferentes. Por exemplo, a gravata usada por uma pessoa pode refletir "sofisticação" ou " posição social elevada", mas a maneira como a gravata é usada, isto é, com nó apertado, frouxo, jogada por cima de um ombro etc., pode fornecer outras informações sobre o usuário e evocar diferentes reações.

Para entender a relação entre roupas e comunicação, devemos estar familiarizados com as várias funções que as roupas podem desempenhar: adorno, proteção (tanto física como psicológica), atração sexual, auto-afirmação, autonegação, ocultamento, identificação de grupo, e exibição de *status* ou papel. Uma vez que há algumas regras culturais amplamente aceitas para combinar certas cores com certos estilos de vestidos, as roupas podem também funcionar para informar ao observador o conhecimento dessas regras. Parece haver uma tendência corrente pela qual cópias baratas, produzidas em massa, de itens de alto *status* dão a quase todas as pessoas uma chance de exibir *status* em algumas ocasiões; por exemplo, relógios parecidos com os de Cartier, cópias de *jeans* de marcas conhecidas etc. Depois de saturar o mercado, todavia, esses itens perdem muito de seu valor de *status*.

Um estudo interessante de Lefkowitz, Blake e Mouton (1955) mostra não apenas como as roupas desempenham uma função especial, mas também como afetam o comportamento dos outros. Eles descobriram que os pedestres costumam violar as instruções fornecidas por um sinal de trânsito mais freqüentemente quando outra pessoa as transgride antes deles. Mais importante, violações mais significativas ocorreriam quando o primeiro transgressor estava vestido para representar uma pessoa de alto nível social. Estudos adicionais desse tipo descobriram que vários requisitos (facilitar o troco, aceitar folhetos, dar direções detalhadas de ruas, devolver uma ficha deixada numa cabina telefônica, e assim por diante) são mais facilmente garantidos se a pessoa estiver vestida de acordo com a situação ou com uma roupa considerada de alto nível (Fortenberry, MacLean, Morris e O'Connell, 1978). Bickman (1974a, 1974b), por exemplo, distribuiu quatro homens em ruas do Brooklyn com a tarefa de parar 153 adultos e fazer-lhes várias solicitações. As roupas dos homens variavam e incluíam trajes civis (jaqueta esportiva e gravata), de leiteiro (uniforme, calças brancas, garrafas de leite) e de guardas (uniforme, distintivo, insígnia, sem arma). Os homens pediam aos pedestres ou para pegar uma bolsa, pôr uma moeda num parquímetro para outra pessoa, ou para ficar no lado oposto de uma parada de ônibus. Em cada caso, quando vestidos com uniforme de guarda, os homens recebiam maior aquiescência. De fato, 83% daqueles a quem se pediu para pôr uma moeda no parquímetro obedeceram, mesmo depois que a pessoa com uniforme de guarda tinha saído de cena.

Os advogados há muito perceberam que a maneira de se vestir de seu cliente pode ter um impacto sobre os julgamentos feitos pelo juiz e/ou júri. Alguns réus foram até encorajados a usar uma aliança de noivado falsa para afastar algum preconceito contra pessoas solteiras. Isso nos remete à pergunta: quais são as coisas específicas que as roupas comunicam?

Fazer uma lista das coisas comunicadas invariavelmente pelas roupas seria impossível; essa lista mudaria de acordo com a demanda de cada situação particular, grupo étnico, tempo (dia e época), região do país etc. Se a indústria da moda pudesse planejar essa lista, despenderia bem menos em publicidade destinada a persuadir homens e mulheres de que um determinado cosmético ou roupa realmente comunicam "beleza". Alguns dos atributos pessoais potenciais que podem ser comunicados pela roupa incluem: sexo, idade, nacionalidade, relação com o sexo oposto (uma função, algumas vezes, de suéteres combinados), situação socioeconômica, identificação com um grupo específico, situação ocupacional ou oficial, disposição, personalidade, atitudes, interesses e valores. As roupas também estabelecem nossas expectativas em relação ao comportamento do usuário, especialmente no caso de algum tipo de uniforme. Obviamente, a precisão desses julgamentos varia consideravelmente; os itens mais concretos como idade, sexo, nacionalidade e *status* socioeconômico são indicados com mais precisão do que as qualidades mais abstratas, como atitudes, valores e personalidade. Atualmente, a camiseta com "mensagem" tornou-se um veículo para comunicar algumas atitudes que, de outro modo, seriam mais difíceis de avaliar.

Os julgamentos sobre personalidade provavelmente dependem dos traços em julgamento. Os observadores podem depender mais de roupas para avaliar coisas como eficiência ou agressividade e mais de características faciais, no caso de afabilidade ou timidez. Para alguns julgamentos sobre personalidade, as roupas provavelmente desempenham um papel mínimo. Outro fator que influencia a precisão desses julgamentos é a semelhança do observador com a pessoa que está sendo observada, com respeito aos traços que estão sendo submetidos a avaliação. Se o observador pertence ao mesmo grupo ou tem características semelhantes às da pessoa que está sendo observada, seu julgamento de tais características pode ser mais preciso. Um projeto de pesquisa encontrou uma concordância considerável nos julgamentos sobre características abstratas como liberalismo/conservadorismo político e social como representados pelo comportamento no vestir-se (Kelley, 1969; Kelley e Star, 1971). O fato de tais julgamentos terem sido feitos num *campus* de faculdade no final dos anos 60 pode ter contribuído com a precisão. As entrevistas foram conduzidas por 410 estudantes que usavam fotos de desenhos coloridos de vários tipos de roupa, variando do convencional ao não-convencional. A figura 3.3 ilustra uma igual variedade de estilos. Pedia-se então às pessoas para julgar sua própria aparência e fornecer informação sobre estereótipos que achavam estar associados à roupa. O que consistentemente era associado a roupas menos convencionais eram itens como "contra a guerra no Vietnã", "pró-negros", "rotula-se como radical", "usava maconha", "usava LSD", e "político ativo da ala esquerda". Itens associados a roupas convencionais incluíam coisas como "orientação vocacional" e "voltado para diversão tradicional e cultura de futebol universitário". O interesse em juntar-se ao Corpo de Paz era associado a dois estilos médios de se vestir, nem extremamente convencional nem extremamente "mundano". Havia pouca associação entre roupa e julgamentos sobre se a pessoa podia ter um interesse em trabalho acadêmico ou em cultura literária, ou se ele ou ela poderia tutelar crianças carentes. Kelley (1969) conclui sua análise da seguinte maneira:

> A roupa pode ser considerada uma forma de comunicação não-verbal: numa comunidade universitária, ela dá uma tosca indicação da ideologia política e social. A comunicação é razoavelmente precisa em grande parte porque o usuário escolhe, talvez inadvertidamente, um estilo de roupa que indica sua posição. A imprecisão na comunicação emerge de várias razões: o simbolismo da roupa não é suficientemente elaborado para expressar combinações atípicas de atitudes políticas e sociais; a informação do significado dos estilos de roupa é adquirida por processos informais sujeitos a apreciável imprecisão; finalmente,

algumas vezes há pressão sobre os indivíduos para que não usem estilos apropriados a suas crenças. Tornando mais visível a posição política, a roupa de alguma forma facilita a formação de círculos de amizade politicamente homogêneos e desse modo estimula as divisões políticas. [Kelley, 1969, p. 18]

Falamos anteriormente sobre o efeito da auto-imagem no comportamento comunicacional de uma pessoa. Ampliando essa mesma idéia, devemos considerar os possíveis efeitos das roupas no usuário. Alguns autores sentem que as roupas ajudam a satisfazer uma imagem pessoal do eu ideal de uma pessoa. Gibbins, em sua pesquisa com garotas de quinze e dezesseis anos, por exemplo, descobriu um relacionamento definido entre as roupas que eram apreciadas e as avaliações do eu ideal. As roupas eram um meio de comunicar mensagens sobre o usuário, e a preferência por um traje era "relacionada ao grau de semelhança dessa mensagem com a auto-imagem ideal" (Gibbins, 1969). Em outra fascinante descoberta, vemos um elo potencial entre as roupas e o autoconceito. Alunos que tinham as notas mais altas nos testes, mas que usavam roupas vistas como "inaceitáveis" por seus colegas, eram considerados detentores de pontuações médias inferiores às daqueles que usavam roupas "aceitáveis" (Hamilton e Warden, 1966). Este último grupo também tinha menos conflito e participava mais das atividades escolares. As roupas, portanto, podem encorajar ou desencorajar certos padrões de comunicação. Uma nova roupa pode promover sentimentos de alegria e felicidade; as pessoas podem sentir-se menos eficientes com sapatos que machucam os pés; a autoconsciência pode resultar do uso de um traje "inapropriado" – sentimento comum em adolescentes que tentam compreender a própria auto-imagem. Alguns monitores de ensino usam nas aulas trajes para se distinguir dos alunos, que freqüentemente têm quase a mesma idade que eles. Contam que tais trajes lhes dão mais confiança ou segurança para tratar com seus alunos. Esses monitores de ensino estão numa fase de transição do estudante para o professor. Nos departamentos acadêmicos, os novos professores às vezes vestem a parte "profissional" mais do que o docente sênior, que pode freqüentemente ser visto usando roupas descuidadas e fora de moda. Talvez os professores mais velhos estejam também enviando as próprias mensagens com suas roupas: o estilo "desmazelado" pode assinalar que estão demasiado ocupados ou que são demasiado importantes para se preocuparem com uma simples roupa. Do mesmo modo, nos negócios, as pessoas que enfatizam mais a roupa são as recém-chegadas a uma posição ou menos confiantes na própria habilidade para realizar seu papel. Essas também são, freqüentemente, pessoas em transição.

Supondo que a auto-imagem se expresse na seleção de tecidos para roupa, Compton (1962) comparou as preferências por cor e desenho de 145 universitárias novatas com outras medidas de suas características físicas e de personalidade. Nenhuma das características físicas como cor de olhos, cor de cabelo e peso/estatura estava ligada com algumas das preferências por cor e desenho. Contudo, três medidas de personalidade eram fortemente associadas com a escolha de um tamanho de desenho pequeno (menos evidente). Esses fatores incluíam: interesse pelo comércio de roupas, feminilidade, e uma medida de personalidade que indicava uma mulher que se apresenta como natural, não afetada, e modesta. As mulheres mais sociáveis escolhiam tons escuros e cores saturadas em vez de cores leves, que eram escolhidas por mulheres tranqüilas, submissas e passivas. Compton admite que seu estudo fornece apenas uma tentativa exploratória muito rudimentar de investigar essa questão.

Intimamente relacionada com a obra de Compton está a de Aiken (1963). Aiken queria determinar se a escolha de certos tipos de roupas estava relacionada com certos traços de personalidade. Seu questionário sobre roupas testava cinco fatores sobre a população feminina:

1) **Interesse em vestir-se.** Traços de personalidade relacionados a esse fator incluíam "convencional", "conscienciosa", "submissa à autoridade", "maneira de pensar estereotipada", "persistente", "desconfiada", "insegura" e "tensa". Geralmente, o fator sugere o seguinte padrão: não-complicada e socialmente conscienciosa, com indicações de problemas de ajustamento. Duas pesquisas feitas por estudantes não graduados do primeiro autor descobriram que as mulheres pertencentes a uma irmandade na Universidade de Wisconsin-Milwaukee tinham as notas mais altas nessa categoria. Os seguintes fatores são listados em ordem descendente como foram marcados por mulheres dessa irmandade.

2) **Economia em vestir-se.** Medidas de personalidade relacionadas a esse fator incluíam: "responsável", "conscienciosa", "alerta", "eficiente", "precisa", "inteligente" e "controlada". Outro trabalho estudantil que utilizou o questionário de Aiken descobriu que a situação marital e a idade maior contribuíam fortemente para a orientação econômica.

3) **Ornamentação na roupa.** Medidas de personalidade relacionadas com esse fator incluíam "conscienciosa", "convencional", "estereotipada", "não-intelectual", "simpática", "sociável" e "submissa".

4) **Conformidade no vestir-se.** As variáveis de personalidades associadas a esse fator incluíam um grande número de variáveis de conformidade: "restrita", "socialmente consciente", "íntegra", "sociável", "tradicional", "submissa", "ênfase em valores econômicos, sociais e religiosos" e "valores estéticos minimizados".

5) **Conforto no vestir-se.** As medidas de personalidade relacionadas a esse fator incluíam "autocontrolada", "socialmente cooperativa", "sociável", "meticulosa" e "submissa à autoridade", isto é, controladamente extrovertida.

Um extenso estudo de acompanhamento da obra de Aiken foi feito por Rosenfeld e Plax (1977). Esse estudo obteve resposta de homens e de mulheres num questionário sobre atitudes em relação à roupa. Uma maciça bateria de testes de personalidade também foi fornecida a esse grupo de 371 homens e mulheres. Os resultados desses testes de personalidade foram então cruzados com os resultados nas quatro dimensões do questionário sobre roupa. Esses resultados estão arrolados a seguir, de acordo com os homens e as mulheres que obtiveram o melhor ou o pior resultado em cada dimensão.

1. **Consciência do vestir-se** ("As pessoas que eu conheço sempre notam o que estou usando.")
   Os homens com altas avaliações foram considerados cautelosos, submissos à

autoridade, costumes e tradição. Não valorizavam muito beleza, forma e unidade, e acreditavam que as pessoas eram facilmente manipuladas.

As mulheres com resultados altos eram inibidas, ansiosas, submissas à autoridade, bondosas, simpáticas, leais aos amigos.

Os homens com baixos resultados eram agressivos, independentes e não acreditavam que as pessoas pudessem ser facilmente manipuladas.

Mulheres com baixos resultados eram vigorosas, independentes, dominadoras, pensavam com clareza, e não mostravam muito interesse em relações heterossexuais ou na manipulação dos outros.

2. **Exibicionismo** ("Sou a favor de roupas de banho exíguas e não me importaria de usar uma.")

Os homens com notas altas eram agressivos, confiantes, extrovertidos, indiferentes, não-afetuosos, temperamentais, impulsivos, e tinham um baixo autoconceito em relação a suas interações familiares.

As mulheres com notas altas eram radicais, desligadas de relacionamentos interpessoais, e tinham uma alta opinião sobre si mesmas e seu próprio valor e crenças moral-éticas.

Os homens com notas baixas eram cautelosos a respeito de auto-revelações. Tinham um autoconceito baixo em relação a suas interações familiares e acreditavam que as pessoas podem ser facilmente manipuladas.

As mulheres com notas baixas eram tímidas, sinceras, tolerantes com os outros, pacientes, e não mostravam muito interesse por relacionamentos heterossexuais. Também tinham sentimentos de inferioridade.

3. **Praticidade** ("Quando estou comprando roupas, estou mais interessado na praticidade do que na beleza.")

Os homens com notas altas eram inibidos, cautelosos, rebeldes, insatisfeitos, e não tinham muito interesse em fazer amigos, cultivar relacionamentos ou ganhar reconhecimento das autoridades.

As mulheres com notas altas eram espertas, entusiastas, confiantes, extrovertidas e reservadas no tocante a auto-revelações. Tinham sentimentos de superioridade, mas não queriam chefiar.

Os homens com notas baixas eram voltados para o sucesso, maduros, vigorosos, sérios, analíticos e tentavam prever as reações dos outros em várias situações.

As mulheres com notas baixas eram autocentradas, independentes, desligadas.

4. **Estilista** ("Eu adoraria ser um desenhista de modas".)

Os homens com notas altas eram cooperativos, simpáticos, calorosos, prestativos, impulsivos, irritáveis, exigentes e bem adaptados. Estavam preocupados com seu comportamento e procuravam encorajamento nos outros.

As mulheres com notas altas eram irracionais, não-críticas, estereotipadas na maneira de pensar, ágeis, expressivas e exaltadas.

Os homens com notas baixas eram aventureiros, egoístas, insatisfeitos e ansiosos. Nutriam sentimentos de superioridade e não tinham grande interesse em fazer amizades.

As mulheres com notas baixas eram eficientes, pensavam com clareza, eram habilidosas, persistentes, e se desorganizavam facilmente sob pressão. Acreditavam que as pessoas eram facilmente manipuladas, e eram pessimistas sobre seu futuro profissional.

Reed (1973) usou uma metodologia um pouco diferente em outra tentativa de delinear as grandes categorias de moda e as características de atitude e de personalidade que parecem tipificar essas categorias. Mais de duzentas mulheres responderam a um questionário que primeiramente fazia perguntas sobre o que uma pessoa devia usar em vários lugares, como em concertos, festas de cerveja, e assim por diante; a segunda parte do questionário tabulava histórico, atitudes e características de personalidade. Os respondentes de Reed encaixavam-se nas quatro categorias seguintes:

1. **Alta moda** (convencional; estilos mais recentes)
   Essas mulheres, entre outras coisas, eram as mais interessadas em moda e gastavam muito com roupas. Tinham as médias de avaliações mais baixas e eram as menos tendentes a discordar de seus pais sobre questões sociais. Tinham maior tendência a dar importância a atividades religiosas e menos tendência a advogar uma filosofia de "nova esquerda". Eram com freqüência recrutadas para programas humanitários.
2. **Modinha** (casual)
   Essas mulheres, entre outras coisas, percebiam-se como pessoas desejosas de ser mais atrativas. Em muitas outras áreas, esse grupo tendia a ser moderado.
3. **Não-moda** (linhas simples; não-novidadeiras; usam roupas que são de vários anos atrás e meio fora de moda)
   Essas mulheres, entre outras coisas, tinham um histórico socioeconômico inferior, mas apresentavam as médias de avaliação mais elevadas. Eram as mais dogmáticas, as politicamente mais conservadoras, e tinham as notas mais altas nas táticas maquiavélicas. Tendiam a ser mais velhas do que as pessoas dos outros três grupos e eram menos dadas ao uso de drogas do que qualquer pessoa dos outros grupos.
4. **Antimoda** (contrário a roupas convencionais; ênfase no conforto, não em elegância)
   Essas mulheres eram, entre outras coisas, as mais jovens e as menos interessadas em moda, competição atlética ou religião. Eram as menos dogmáticas, mas as com maior tendência a discordar de seus pais nas questões sociais. Tinham maior tendência a advogar a filosofia da "nova esquerda" e a usar drogas. Percebiam-se a si mesmas como individualistas, conscientes, ternas, apreensivas e liberais. Também percebiam-se como menos conscientes do *status*, menos formais e menos sofisticadas do que as pessoas de outros grupos.

As pessoas se enfeitam com uma grande quantidade de outros *artefatos*, tais como distintivos, tatuagens, máscaras, brincos e bijuteria. Qualquer discussão sobre roupas deve levar em consideração esses artefatos, porque também são estímulos comunicativos potenciais. Um anel usado num determinado dedo, um broche de uma irmandade numa configuração particular, um único brinco usado numa determinada orelha, tudo pode comunicar alguma coisa sobre a natureza das relações de alguém. Há carência de pesquisas sobre tais artefatos.

Sabemos que as pessoas em outras culturas adornam e alteram seus corpos de variadas maneiras (Brain, 1979). Observaram-se escarificação, pintura e anéis usados no nariz ou no prepúcio do pênis. Algumas vezes, até a estrutura do osso é remodelada, como no enfaixamento dos pés. Nossa sociedade tende a evitar a maior parte da mutilação corporal e a ornamentação permanente, embora a circuncisão, a perfuração da orelha e a tatuagem ainda sejam amplamente praticadas.

Thornton (1944) descobriu que as pessoas que usavam óculos eram consideradas mais inteligentes e ativas pelos estudantes universitários em 1944. Argyle e McHenry (1971), 27 anos depois, descobriram o mesmo efeito para exposições breves (quinze segundos), mas avaliações de inteligência mostravam uma diminuição após cerca de cinco minutos. McKeachie (1952) submeteu entrevistadores do sexo feminino a avaliações de entrevistadores do sexo masculino, após uma entrevista de dez minutos. As mulheres comportaram-se de modo semelhante, mas variavam em relação ao uso ou não de batom. Com batom, eram consideradas mais frívolas do que sérias, mais plácidas do que preocupadas, mais falantes, mais conscienciosas do que não-conscienciosas, e menos interessadas no sexo oposto. Embora estudos como esse façam esforços para manter outras variáveis constantes, as generalizações são limitadas à cor do batom, o tipo de óculos, e outros fatores. Cosméticos e outros artefatos interagem com outras roupas, traços faciais, características verbais e corporais (Hamid, 1972), mas, sob algumas condições ainda não especificadas, podem ser a principal fonte de informações transmitidas sobre uma determinada pessoa.

Sumário

O papel exato da aparência e da roupa no sistema total de comunicação não-verbal é ainda desconhecido. Sabemos, contudo, que a aparência e a roupa são parte dos estímulos não-verbais totais que influem nas reações interpessoais, e sob algumas condições são os principais determinantes dessas reações. A atratividade física pode influenciar para se determinar se uma pessoa é ou não requisitada; ela pode ter relação com o fato de uma pessoa ser capaz de persuadir ou de manipular as outras. É com freqüência um fator importante na escolha de parceiros para encontros ou para casamento; pode determinar o julgamento de um réu como culpado ou inocente; pode até ter um efeito sobre a capacidade de um prisioneiro para reforçar o comportamento anti-social, responsável por sua prisão. Pode ser um fator importante na maneira de os outros julgarem a personalidade, sexualidade, popularidade, sucesso e por vezes a felicidade. Felizmente para alguns e infelizmente para outros, tais julgamentos começam cedo na vida. Nem todas as crianças são "bonitas". Há indicações de que os professores não apenas fazem julgamentos sobre a atratividade de crianças pequenas, mas comunicam-se menos com as crianças sem atrativos e utilizam comunicações menos positivas em relação a elas. Uma proporção considerável do público americano ainda pensa num homem ou numa mulher ideal em termos de atratividade física.

Apesar da evidência esmagadora de que a atratividade física é uma qualidade altamente desejável nas situações interpessoais, outros fatores temperam essas descobertas gerais. Por exemplo, todas as descobertas positivas sobre a atratividade estão baseadas em probabilidades, e não em certezas. Muitas pessoas sem atrativos não serão avaliadas desfavoravelmente. Por exemplo, os julgamentos podem ser abrandados pelas pessoas com quem são vistas, o ambiente no qual são julgadas, outro comportamento comunicativo em que elas se engajam, e/ou a época da vida em que são avaliadas. Além disso, muitos dos estudos sobre atratividade usaram fotografias mais do que seres humanos interagentes vivos.

Além da importância da atratividade física geral na influência sobre as reações dos outros, temos alguma informação sobre as reações estereotipadas a características específicas: constituição geral do corpo, cor da pele, odor, cabelo e roupas. Essas características específicas podem ter uma influência profunda na auto-imagem de uma pessoa e, conseqüentemente, nos padrões de comunicação com os outros. Uma pesquisa futura nessa área terá de considerar questões básicas como: sob que condições a aparência física e as roupas fazem uma diferença crítica no evento total da comunicação? Qual é o impacto relativo da aparência física e das roupas quando combinadas com outros aspectos verbais e não-verbais? Existem características específicas de aparência física que consistentemente agem como primeiras fontes de informação do observador? Se não, quais características agem como fontes primeiras de informações sob certas circunstâncias? Até que ponto são válidos os vários estereótipos associados à aparência física e às roupas? Que efeito tem uma auto-imagem referente à aparência e às roupas de uma pessoa sobre o comportamento de comunicação interpessoal?

Referências e bibliografia selecionada

Adams, G. R. (1977). Physical attractiveness research: Toward a developmental social psychology of beauty. *Human Development*, 20, 217–39.

Addison, W. E. (1989). Beardedness as a factor in perceived masculinity. *Perceptual and Motor Skills*, 68, 921–22.

Aiken, L. (1963). Relationship of dress to selected measures of personality in undergraduate women. *Journal of Social Psychology*, 59, 119–28.

Algozzine, R. (1976). What teachers perceive–children receive? *Communication Quarterly*, 24, 41–7.

Amira, S., & Abramovitz, S. I. (1979). Therapeutic attractiveness as a function of therapist attire and office furnishings. *Journal of Consulting and Clinical Psychology*, 47, 198–200.

Anderson, R., & Nida, S. (1978). Effects of physical attractiveness on opposite and same sex evaluations. *Journal of Personality*, 46, 401–13.

Argyle, M., & McHenry, R. (1971). Do spectacles really affect judgments of intelligence? *British Journal of Social and Clinical Psychology*, 10, 27–9.

Aronson, E., & Golden, B. W. (1962). The effect of relevant and irrelevant aspects of communicator credibility on opinion change. *Journal of Personality*, 30, 135–46.

Ayalah, D., & Weinstock, I. (1980). *Breasts and their lives*. Nova York: Summit Books.

Baber, R. E. (1939). *Marriage and family*. Nova York: McGraw-Hill.

Baker, E. E., & Redding, W. C. (1962). The effects of perceived tallness in persuasive speaking: An experiment. *Journal of Communication*, 12, 51–3.

Bar-Tal, D., & Saxe, L. (1976). Perceptions of similarly and dissimilarly attractive

couples and individuals. *Journal of Personality and Social Psychology, 33,* 772–81.
Basset, R. E. (1979). Effects of source attire on judgments of credibility. *Central States Speech Journal, 30,* 282–5.
Beck, S. B., Ward-Hull, C. I., & McLear, P. M. (1976). Variables related to women's somatic preferences of the male and female body. *Journal of Personality and Social Psychology, 34,* 1200–10.
Berman, P. W., O'Nan, B. A., & Floyd, W. (1981). The double standard of aging and the social situation: Judgments of attractiveness of the middle-aged woman. *Sex Roles, 7,* 87–96.
Berry, D. S., & McArthur, L. Z. (1986). Perceiving character in faces: The impact of age-related craniofacial changes on social perception. *Psychological Bullettin, 100,* 3–18.
Berscheid, E., & Walster, E. H. (1969). *Interpersonal attraction.* Reading, MA: Addison-Wesley.
Berscheid, E., & Walster, E. (1972). Beauty and the best. *Psychology Today, 5,* 42–6.
Berscheid, E., & Walster, E. H. (1974). Physical attractiveness. In L. Berkowitz (Ed.), *Advances in experimental social psychology,* Vol. 7 (pp. 158–215). Nova York: Academic Press.
Bickman, L. (1971). The effects of social status on the honesty of others. *Journal of Social Psychology, 85,* 87–92.
Bickman, L. (1974a). The social power of a uniform. *Journal of Applied Social Psychology, 4,* 47–61.
Bickman, L. (1974b). Social roles and uniforms: Clothes make the person. *Psychology Today, 7,* 48–51.
Brain, R. (1979). *The decorated body.* Nova York: Harper & Row.
Brislin, R. W., & Lewis, S. A. (1968). Dating and physical attractiveness: Replication. *Psychological Reports, 22,* 976.
Brody, E. B. (1963). Color and identity conflict in young boys. *Psychiatry, 26,* 188–201.
Bush, G., & London, P. (1960). On the disappearance of knickers: Hypothesis for the functional analysis of clothing. *Journal of Social Psychology, 51,* 359–66.
Byrne, D., Ervin, C. R., & Lamberth, J. (1970). Contiguity between the experimental study of attraction and real-life computer dating. *Journal of Personality and Social Psychology, 16,* 157–65.
Byrne, D., London, O., & Reeves, K. (1968). The effects of physical attractiveness, sex, and attitude similarity on interpersonal attraction. *Journal of Personality, 36,* 259–72.
Cahnman, W. J. (1968). The stigma of obesity. *Sociological Quarterly, 9,* 283–99.
Cameron, C., Oskamp, S., & Sparks, W. (1978). Courtship American style: Newspaper advertisements. *The Family Coordinator, 26,* 27–30.
Cappella, J. N., & Palmer, M. T. (1990). Attitude similarity, relational history, and attraction: The mediating effects of kinesic and vocal behaviors. *Communication Monographs, 57,* 161–83.
Cash, T. F., & Derlega, V. J. (1978). The matching hypothesis: Physical attractiveness among same-sexed friends. *Personality and Social Psychology Bulletin, 4,* 240–3.

Cash, T. F., Gillen, B., & Burns, S. (1977). Sexism and 'beautism' in personnel consultant decision making. *Journal of Applied Psychology, 62*, 301–10.

Cash, T. F., Winstead, B. A., & Janda, L. H. (1986). The great American shape-up. *Psychology Today, 20*, 30–7.

Cavior, N. (1970). *Physical attractiveness, perceived attitude similarity and interpersonal attraction among 5th and 11th grade boys and girls*. Tese de doutorado não-publicada, University of Houston.

Cavior, N., & Dokecki, P. R. (1972). Physical attractiveness, perceived attitude similarity and academic achievement as contributors to interpersonal attractiveness. *Development Psychology, 9*, 44–54.

Cavior, N., & Lombardi, D. H. (1973). Developmental aspects of judgment of physical attractiveness in children. *Developmental Psychology, 8*, 67–71.

Chaiken, S. (1979). Communicator physical attractiveness and persuasion. *Journal of Personality and Social Psychology, 37*, 1387–97.

Chaiken, S. (1986). Physical appearance and social influence. *In* C. P. Herman, M. P. Zanna, & E. T. Higgins (Eds.), *Physical appearance, stigma, and social behavior: The Ontario Symposium*, Vol. 3 (pp. 143–77). Hillsdale, NJ: Erlbaum.

Chaikin, A. L., Derlega, V. J., Yoder, J., & Phillips, D. (1974). The effects of appearance on compliance. *Journal of Social Psychology, 92*, 199–200.

Channing, H., & Mayer, J. (1966). Obesity – Its possible effect on college acceptance. *New England Journal of Medicine, 275*, 1172–4.

Clifford, M. M., & Walster, E. (1973). The effect of physical attractiveness on teacher expectation. *Sociology of Education, 46*, 248–58.

Compton, N. (1962). Personal attributes of color and design preferences in clothing fabrics. *Journal of Psychology, 54*, 191–5.

Coombs, R. H., & Kenkel, W. F. (1966). Sex differences in dating aspirations and satisfaction with computer-selected partners. *Journal of Marriage and the Family, 28*, 62–6.

Cooper, W. (1971). *Hair: Sex, society, simbolism*. Nova York: Stein & Day.

Corson, R. (1965). *Fashions in hair: The first five thousand years*. Nova York: Hastings House.

Cortes, J. B., & Gatti, F. M. (1965). Physique and self-description of temperament. *Journal of Consulting Psychology, 29*, 432–9.

Cortes, J. B., & Gatti, F. M. (1966). Physique and motivation. *Journal of Consulting Psychology, 30*, 408–14.

Curran, J. P. (1973). Correlates of physical attractiveness and interpersonal attraction in the dating situation. *Social Behavior and Personality, 1*, 153–7.

Curran, J. P., & Lippold, S. (1975). The effects of physical attraction and attitude similarity on dating dyads. *Journal of Personality, 43*, 528–39.

Cutler, W. B., Preti, G., Krieger, A., Huggins, G. R., Garcia, C. R., & Lawley, H. J. (1986). Human axillary secretions influence women's menstrual cycles: The role of donor extract from men. *Hormones and Behavior, 20*, 463–73.

Dannenmaier, W., & Thumin, F. (1964). Authority status as a factor in perceptual distortion of size. *Journal of Social Psychology, 63*, 361–5.

Darden, E. (1972). Masculinity-femininity body rankings by males and females. *Journal of Psychology, 80*, 205–12.

Darley, J. M., & Cooper, J. (1972). The 'Clean Gene' phenomenon: The effect of students' appearance on political campaigning. *Journal of Applied Social Psychology, 2*, 24–33.

Davis, F. (1971). *Inside intuition*. Nova York: McGraw-Hill.

Deformed brick-thrower eyes future with new face (15 de dezembro de 1975). *Lafayette Journal and Courier*, p. A-6.

DeJong, W., & Kleck, R. E. (1986). The social psychological effects of overweight. In C. P. Herman, M. P. Zanna, & E. T. Higgins (Eds.), *Physical appearance, stigma, and social behavior: The Ontario Symposium*, Vol. 3 (pp. 65–87). Hillsdale, NJ: Erlbaum.

DeLong, R. R. (1978). Dimensions of visual perceptions of clothing. *Perceptual and Motor Skills, 47*, 907–10.

Dermer, M., & Thiel, D. L. (1975). When beauty may fail. *Journal of Personality and Social Psychology, 31*, 1168–76.

Dibiase, W. J., & Hjelle, L. A. (1968). Body-image stereotype and body-type preferences among male college students. *Perceptual and Motor Skills, 27*, 1143–6.

Dion, K. K. (1972). Physical attractiveness and evaluation of children's transgressions. *Journal of Personality and Social Psychology, 24*, 207–13.

Dion, K. K. (1973). Young children's stereotyping of facial attractiveness. *Developmental Psychology, 9*, 183–8.

Dion, K. K., Berscheid, E. (1972). Physical attractiveness and peer perception among children. *Sociometry, 37*, 1–12.

Dion, K. K., Berscheid, E., & Walster, E. (1972). What is beautiful is good. *Journal of Personality and Social Psychology, 24*, 285–90.

Dion, K. K., & Stein, S. (1978). Physical attractiveness and interpersonal influence. *Journal of Experimental Social Psychology, 14*, 97–108.

Dipboye, R. L., Arvey, R. D., & Terpstra, D. E. (1977). Sex and physical attractiveness of raters and applicants as determinants of resume evaluations. *Journal of Applied Psychology, 62*, 288–94.

Doty, R. L. (1981). Olfactory communication in humans. *Chemical Senses, 6*, 351–76.

Doty, R. L., Orndorff, M. M., Leyden, J., & Kligman, A. (1978). Communication of gender from human axillary odors: Relationship to perceived intensity and dedonicity. *Behavioral Biology, 23*, 373–80.

Douty, H. I. (1963). Influence of clothing on perception of persons. *Journal of Home Economics, 55*, 197–202.

Efran, M. G. (1974). The effect of physical appearance on the judgment of guilt, interpersonal attraction and severity of recommended punishment in a simulated jury task. *Journal of Experimental Research in Personality, 8*, 45–54.

Fallon, A., & Rozin, P. (1985). Sex differences in perceptions of desirable body shape. *Journal of Abnormal Psychology, 94*, 102–5.

Farb, B. (1978). *Humankind*. Boston: Houghton-Mifflin.

Farina, A., Fischer, E., Sherman, S., Smith, W., Groh, T., & Mermin, P. (1977). Physical attractiveness and mental illness. *Journal of Abnormal Psychology, 86*, 510–17.

Feinman, S., & Gill, G. W. (1977). Females' response to males' beardedness. *Perceptual and Motor Skills, 44*, 533–4.

First impressions. *Public Opinion*, 6 (agosto/setembro, 1983).

Fisher, S. (1964). Sex differences in body perception. *Psychological Monographs*, 78, n° 14 (n° 591, inteiro).

Flugel, J. (1930). *The psychology of clothes*. Londres: Hogarth Press.

Fortenberry, J. H., MacLean, J., Morris, P., & O'Connell, M. (1978). Modes of dress as a perceptual cue to deference. *Journal of Personality and Social Psychology*, 104, 139–40.

Freedman, D. G. (1969). The survival value of the beard. *Psychology Today*, 3, 36–9.

Friend, R. M., & Vinson, M. (1974). Leaning over backwards: Jurors' responses to defendants' attractiveness. *Journal of Communication*, 24, 124–9.

Garner, D. M., Garfinkel, P. E., Schwartz, D., & Thompson, M. (1980). Cultural expectations of thinness in women. *Psychological Reports*, 47, 483–91.

Gascaly, S. A., & Borges, C. A. (1979). The male physique and behavioral expectancies. *Journal of Psychology*, 101, 97–102.

Geiselman, R. E., Haight, N., & Kimata, L. (1984). Context effects of the perceived physical attractiveness of faces. *Journal of Experimental Social Psychology*, 20, 409–24.

Gibbins, K. (1969). Communication aspects of women's clothes and their relation to fashionability. *British Journal of Social and Clinical Psychology*, 8, 301–12.

Giles, H., & Chavasse, W. (1975). Communication length as a function of dress style and social status. *Perceptual and Motor Skills*, 40, 961–2.

Gillis, J. S., & Avis, W. E. (1980). The male-taller norm in mate selection. *Personality and Social Psychology Bulletin*, 6, 396–401.

Goffman, E. (1959). *The presentation of self in everyday life*. Garden City, NY: Doubleday.

Goldberg, P. A., Gottesdiener, N., & Abramson, P. R. (1975). Another put-down of women?: Perceived attractiveness as a function of support for the feminist movement. *Journal of Personality and Social Psychology*, 32, 113–5.

Gorden, W. I., Tengler, C. D., & Infante, D. A. (1982). Women's clothing predispositions as predictors of dress at work, job satisfaction, and career advancement. *Southern Speech Communication Journal*, 17, 422–34.

Gorman, W. (1969). *Body image and the image of the brain*. St. Louis: W. H. Green.

Graham, J. A., & Jouhar, A. J. (1980). Cosmetics considered in the context of physical attractiveness: A review. *International Journal of Cosmetic Science*, 2, 77–101.

Graham, J. A., & Jouhar, A. J. (1981). The effects of cosmetics on person perception. *International Journal of Cosmetic Science*, 3, 199–210.

Graham, J. A., & Jouhar, A. J. (1982). The effects of cosmetics on self perception: How we see ourselves. Manuscrito não-publicado, University of Pennsylvania.

Graham, J. A., & Kligman, A. M. (Eds.), (1985). *The psychology of cosmetic treatments*. NovaYork: Praeger.

Griffin, J. H. (1960). *Black like me*. Boston: Houghton Mifflin.

Gurel, L., Wilbur, J. C., & Gurel, L. (1972). Personality correlates of adolescent clothing styles. *Journal of Home Economics*, 64, 42–7.

Hall, E. T. (1966). *The hidden dimension*. Garden City, NY: Doubleday.

Hallpike, C. R. (1969). Social hair. *Man*, 4, 256–64.

Hamid, P. (1972). Some effects of dress cues on observational accuracy: A perceptual estimate, and impression formation. *Journal of Social Psychology*, 86, 279–89.

Hamilton, J., & Warden, J. (1966). Student's role in a high school community and his clothing behavior. *Journal of Home Economics*, 58, 789–91.

Harris, M. B., & Baudin, H. (1973). The language of altruism: The effects of language, dress, and ethnic group. *Journal of Social Psychology*, 91, 37–41.

Harrison, A. A., & Saeed, L. (1977). Let's make a deal: An analysis of revelations and stipulations in Lonely Hearts advertisements. *Journal of Personality and Social Psychology*, 35, 257–74.

Hartmann, G. W. (1949). Clothing: Personal problem and social issue. *Journal of Home Economics*, 41, 295–8.

Hatfield, E., & Sprecher, S. (1986). *Mirror, mirror...: The importance of looks in everyday life*. Albany, NY: SUNY Press.

Heilman, M. E., & Saruwatari, L. F. (1979). When beauty is beastly: The effects of appearance and sex on evaluations of job applicants for managerial and nonmanagerial jobs. *Organizational Behavior and Human Performance*, 22, 360–72.

Hendricks, S. H., Kelley, E. A., & Eicher, J. B. (1968). Senior girls' appearance and social acceptance. *Journal of Home Economics*, 60, 167–72.

Hensley, W. E. (1981). The effects of attire, location, and sex on aiding behavior: A similarity explanation. *Journal of Nonverbal Behavior*, 6, 3–11.

Herman, C. P., Zanna, M. P., & Higgins, E. T. (Eds.), (1986). *Physical appearance, stigma, and social behavior: The Ontario Symposium*, Vol. 3. Hillsdale, NJ: Erlbaum.

Holman, R. H. (1980). A transcription and analysis system for the study of women's clothing. *Semiotica*, 32, 11–34.

Hopson, J. L. (1979). *Scent signals*. Nova York: William Morrow.

Horai, J., Naccari, N., & Faloultah, E. (1974). The effects of expertise and physical attractiveness upon opinion agreement and liking. *Sociometry*, 37, 601–6.

Hoult, R. (1954). Experimental measurement of clothing as a factor in some social ratings of selected American men. *American Sociological Review*, 19, 324–8.

Hubble, M. A., & Gelso, C. J. (1978). Effect of counselor attire in an initial interview. *Journal of Counseling Psychology*, 25, 581–4.

Iliffe, A. M. (1960). A study of preferences in feminine beauty. *British Journal of Psychology*, 51, 267–73.

Izzett, R. R., & Leginski, W. (1974). Group discussion and the influence of defendant characteristics in a simulated jury setting. *Journal of Social Psychology*, 93, 271–9.

Jacobson, M. B. (1981). Effects of victim's and defendant's physical attractiveness on subjects' judgments in a rape case. *Sex Roles*, 7, 247–55.

Jacobson, S. K., & Berger, C. R. (1974). Communication and justice: Defendant attributes and their effects on the severity of his sentence. *Speech Monographs*, 41, 282–6.

Johnson, B. H., Nagasawa, R. H., & Peters, K. (1977). Clothing style differences: Their effect on the impression of sociability. *Home Economics Research Journal*, 6, 58–63.

Joseph, N., & Alex, N. (1972). The uniform: A sociological perspective. *American Journal of Sociology, 77*, 719–30.

Jourard, S. M., & Secord, P. F. (1955). Body-cathexis and personality. *British Journal of Psychology, 46*, 130–8.

Jourard, S. M., & Secord, P. F. (1955). Body-cathexis and the ideal female figure. *Journal of Abnormal and Social Psychology, 50*, 243–6.

Kaiser, S. B. (1985). *The social psychology of clothing.* Nova York: Macmillan.

Kalick, S. M., & Hamilton, T. E. (1986). The matching hypothesis reexamined. *Journal of Personality and Social Psychology, 51*, 673–82.

Keating, C. F. (1985). Gender and the physiognomy of dominance and attractiveness. *Social Psychology Quarterly, 48*, 61–70.

Keating, C. F., Mazur, A., & Segall, M. H. (1977). Facial features which influence the perception of status. *Sociometry, 40*, 374–8.

Keating, C. F., Mazur, A., & Segall, M. H. (1981). A cross-cultural exploration of physiognomic traits of dominance and happiness. *Ethology and Sociobiology, 2*, 41–48.

Kelley, J. (1969). Dress as non-verbal communication. Documento apresentado na Annual Conference of the American Association for Public Opinion Research, maio.

Kelley, J., & Star, S. A. (1971). Dress and ideology: The nonverbal communication of political attitudes. Documento apresentado na Annual Meeting of the American Sociological Association, agosto.

Kenny, C., & Fletcher, D. (1973). Effects of beardedness on person perception. *Perceptual and Motor Skills, 37*, 413–4.

Kenrick, D. T., & Gutierres, S. E. (1980). Contrast effects and judgments of physical attractiveness: When beauty becomes a social problem. *Journal of Personality and Social Psychology, 38*, 131–40.

Keunaleguen, A. (1973). Selected perceptual and personality variables related to orientation to clothing. *Perceptual and Motor Skills, 36*, 843–8.

Keyes, R. (1980). *The height of your life.* Nova York: Warner Books.

Kiesler, S. B., & Baral, R. L. (1970). The search for a romantic partner: The effects of self-esteem and physical attractiveness on romantic behavior. In K. J. Gergen & D. Marlowe (Eds.), *Personality and social behavior* (pp. 155–165). Reading, MA: Addison-Wesley.

Kitson, H. D. (1922). Height and weight as factors in salesmanship. *Journal of Personnel Research, 1*.

Kleck, R. E., Richardson, S. A., & Ronald, L. (1974). Physical appearance cues and interpersonal attraction in children. *Child Development, 45*, 305–10.

Kleinke, C. L., & Staneski, R. A. (1980). First impressions of female bust size. *Journal of Social Psychology, 110*, 123–4.

Knapp, M. L. (1985). The study of physical appearance and cosmetics in Western culture. In J. A. Graham & A. M. Kligman (Eds.), *The psychology of cosmetic treatments* (pp. 45–76). Nova York: Praeger.

Krebs, D., & Adinolfi, A. A. (1975). Physical attractiveness, social relations and personality style. *Journal of Personality and Social Psychology, 31*, 107–14.

Kretschmer, E. (1925). *Physique and character.* Nova York: Harcourt Brace Jovanovich.

Kulka, R. A., & Kessler, J. B. (1978). Is justice really blind? – The influence of litigant physical attractiveness on juridical judgment. *Journal of Applied Social Psychology, 8*, 366–81.

Kurtz, D. L. (1969, dezembro). Physical appearance and stature: Important variables in sales recruiting. *Personnel Journal*, 981–3.

Lakoff, R. T., & Scherr, R. L. (1985). *Face value: The politics of beauty*. Londres: Routledge & Kegan Paul.

Lambert, S. (1972). Reactions to a stranger as a function of style of dress. *Perceptual and Motor Skills, 35*, 711–12.

Landy, D., & Sigall, H. (1974). Beauty is talent: Task evaluation as a function of the performer's physical attractiveness. *Journal of Personality and Social Psychology, 29*, 299–304.

Langlois, J. H., & Downs, A. C. (1979). Peer relations as a function of physical attractiveness: The eye of the beholder or behavioral reality? *Child Development, 50*, 409–18.

Langlois, J. H., & Roggman, L. A. (1990). Attractive faces are only average. *Psychological Science, 1*, 115–21.

Langlois, J. H., Roggman, L. A., Casey, R. J., Ritter, J. M., Rieser-Danner, L. A., & Jenkins, V. Y. (1987). Infant preferences for attractive faces: Rudiments of a stereotype? *Developmental Psychology, 23*, 363–9.

Largey, G. P., & Watson, D. R. (1972). The sociology of odors. *American Journal of Sociology, 77*, 1021–34.

Laser, P. S., & Mathie, V. A. (1982). Face facts: An unbidden role for features in communication. *Journal of Nonverbal Behavior, 7*, 3–19.

Lavater, J. C. (1783). *Essays on physiognomy*. Londres: Ward, Lock.

Lavrakas, P. J. (1975). Female preferences for male physiques. *Journal of Research in Personality, 9*, 324–34.

Lefkowitz, M., Blake, R., & Mouton, J. (1955). Status factors in pedestrian violation of traffic signals. *Journal of Abnormal and Social Psychology, 51*, 704–6.

Lerner, R. M. (1969). Some female stereotypes of male body build-behavior relationships. *Perceptual and Motor Skills, 28*, 363–6.

Lerner, R. M. (1973). The development of personal space schemata toward body build. *Journal of Psychology, 84*, 229–35.

Lerner, R. M., Karabenick, S. A., & Meisels, M. (1975). Effects of age and sex on the development of personal space schemata toward body build. *Journal of Genetic Psychology, 127*, 91–101.

Lerner, R. M., Karabenick, S. A., & Stuart, J. L. (1973). Relations among physical attractiveness, body attitudes, and self-concept in male and female college students. *Journal of Psychology, 85*, 119–29.

Lester, D., & Sheehan, D. (1980). Attitudes of supervisors toward short police officers. *Psychological Reports, 47*, 462.

Levine, J. M., & McBurney, D. H. (1977). Causes and consequences of effluvia: Body odor awareness and controllability as determinants of interpersonal evaluation. *Personality and Social Psychology Bulletin, 3*, 442–5.

Lippman, L. G. (1980). Toward a social psychology of flatulence: The interpersonal regulation of natural gas. *Psychology: A Quarterly Journal of Human Behavior, 17*, 41–50.

Long, T. J. (1978). Influence of uniform and religious status on interviewees. *Journal of Counseling Psychology, 25,* 405–9.

Lord, T., & Kasprzak, M. (1989). Identification of self through olfaction. *Perceptual and Motor Skills, 69,* 219–24.

Lurie, A. (1981). *The language of clothes.* Nova York: Random House.

Maddux, J. E., & Rogers, R. W. (1980). Effects of source expertness, physical attractiveness, and supporting arguments on persuasion: A case of brains over beauty. *Journal of Personality and Social Psychology, 39,* 235–44.

Malloy, J. T. (1975). *Dress for success.* Nova York: P. H. Wyden.

Malloy, J. T. (1977). *The women's dress for success book.* Chicago: Follet.

Mar, T. T. (1974). *Face reading.* Nova York: New American Library (Signet Book).

Marks, G., Miller, N., & Maruyama, G. (1981). Effect of targets' physical attractiveness on assumptions of similarity. *Journal of Personality and Social Psychology, 41,* 198–206.

Martin, J. G. (1964). Racial ethnocentrism and judgment of beauty. *Journal of Social Psychology, 63,* 59–63.

Mathes, E. W., & Kahn, A. (1975). Physical attractiveness, happiness, neuroticism and self esteem. *Journal of Psychology, 90,* 27–30.

McArthur, L. Z., & Baron, R. M. (1983). Toward an ecological theory of social perception. *Psychological Review, 90,* 215–38.

McBurney, D. H., Levine, J. N., & Cavanaugh, P. H. (1977). Psychophysical and social ratings of human body odor. *Personality and Social Psychology Bulletin, 3,* 135–8.

McClintock, M. K. (1971). Menstrual synchrony and suppression. *Nature, 229,* 244–5.

McKeachie, W. (1952). Lipstick as a determiner of first impressions of personality: An experiment for the general psychology course. *Journal of Social Psychology, 36,* 241–4.

Mills, J., & Aronson, E. (1965). Opinion change as a function of the communicators' attractiveness and desire to influence. *Journal of Personality and Social Psychology, 1,* 173–7.

Monetmayor, R. (1978). Men and their bodies: The relationship between body type and behavior. *Journal of Social Issues, 34,* 48–64.

Moss, M. K., Miller, R., & Page, R. A. (1975). The effects of racial context on the perception of physical attractiveness. *Sociometry, 38,* 525–35.

Murstein, B. I. (1972). Physical attractiveness and marital choice. *Journal of Personality and Social Psychology, 23,* 8–12.

Murstein, B. I., & Christy, P. (1976). Physical attractiveness and marriage adjustment in middle-aged couples. *Journal of Personality and Social Psychology, 34,* 537–42.

Murstein, B. I., Gadpaille, W. J., & Byrne, D. (1971). What makes people sexually appealing? *Sexual Behavior, 1,* 75–7.

Nemmeth, C., & Hyland, R. (1973). A simulated jury study: Characteristics of the defendant and the jurors. *Journal of Social Psychology, 90,* 223–9.

Nevid, J. S. (1984). Sex differences in factors of romantic attraction. *Sex Roles, 11,* 401–411.

Parnell, R. W. (1958). *Behavior and physique: An introduction to practical and applied somatometry.* Londres: Edward Arnold.

Pellegrini, R. J. (1973). The virtue of hairiness. *Psychology Today*, 6, 14.

Pellegrini, R. J. (1989). Beardedness as a stimulus variable: Note on methodology and meta-analysis of impression-formation data. *Perceptual and Motor Skills*, 69, 161–2.

Pennebaker, J. W., Dyer, M. A., Caulkins, R. S., Litowitz, D. L., Ackerman, P. L., Anderson, D. B., & McGraw, K. M. (1979). Don't the girls get prettier at closing time: A country and western application to psychology. *Personality and Social Psychology Bulletin*, 5, 122–5.

Polhemus, T., & Proctor, L. (1978). *Fashion and anti-fashion: An anthropology of clothing and adornment*. Londres: Thames & Hudson.

Polivy, J., Garner, D. M., & Garfinkel, P. E. (1986). Causes and consequences of the current preference for thin female physiques. In C. P. Herman, M. P. Zanna, & E. T. Higgins (Eds.), *Physical appearance, stigma and social behavior: The Ontario Symposium*, Vol. 3 (pp. 89–112). Hillsdale, NJ: Erlbaum.

Porter, R. H., Cernoch, J. M., & Balogh, R. D. (1985). Odor signatures and kin recognition. *Physiology and Behavior*, 34, 445–8.

Porter, R. H., Cernoch, J. M., & McLaughlin, F. J. (1983). Maternal recognition of neonates through olfactory cues. *Physiology and Behavior*, 30, 151–4.

Porter, R. H., & Moore, J. D. (1981). Human kin recognition by olfactory cues. *Physiology and Behavior*, 27, 493–5.

Ray, W. S. (1958). Judgments of intelligence based on brief observation of physiognomy. *Psychological Reports*, 13, 478.

Raymond, B., & Unger, R. (1972). The apparel oft proclaims the man. *Journal of Social Psychology*, 87, 75–82.

Reed, J. A. P. (1973). *Clothing: A symbolic indicator of the self*. Dissertação doutoral não-publicada, Purdue University.

Reis, H. T., Nezlek, J., & Wheeler, L. (1980). Physical attractiveness in social interaction. *Journal of Personality and Social Psychology*, 38, 604–17.

Reis, H. T., Wheeler, L., Spiegel, N., Kernis, M. H., Nezlek, J., & Perri, M. (1982). Physical attractiveness in social interaction: II. Why does appearance affect social experience? *Journal of Personality and Social Psychology*, 43, 979–96.

Roach, M. E., & Eicher, J. B. (Eds.), (1965). *Dress, adornment, and the social order*. Nova York: John Wiley and Sons.

Roberts, J. V., & Herman, C. P. (1986). The psychology of height: An empirical review. In C. P. Herman, M. P. Zanna, & E. T. Higgins (Eds.), *Physical appearance, stigma, and social behavior: The Ontario Symposium*, Vol. 3 (pp. 113-40). Hillsdale, NJ: Erlbaum.

Robinson, D. E. (1975). Style changes: Cyclical, inexorable, and foreseeable. *Harvard Business Review*, 53, 121–31.

Rosencranz, M. L. (1962). Clothing symbolism. *Journal of Home Economics*, 54, 18–22.

Rosenfeld, L. B., & Plax, T. G. (1977). Clothing as communication. *Journal of Communication*, 27, 24–31.

Rosenthal, T. L., & White, G. M. (1972). On the importance of hair in students' clinical inferences. *Journal of Clinical Psychology*, 28, 43–7.

Rudofsky, B. (1971). *The unfashionable human body*. Garden City, NY: Doubleday.

Rump, E. E., & Delin, P. S. (1973). Differential accuracy in the status-height phenomenon and an experimenter effect. *Journal of Personality and Social Psychology, 28,* 343–7.

Russell, F. (1981). *The secret war.* Chicago: Time Life Books.

Russell, M. J. (1976). Human olfactory communication. *Nature, 260,* 520-2.

Ryan, M. S. (1966). *Clothing: A study in human behavior.* Nova York: Holt, Rinehart & Winston.

Secord, P. F., Dukes, W. F., & Bevan, W. W. (1954). Personalities in faces: I. An experiment in social perceiving. *Genetic Psychology Monographs, 49,* 231–79.

Secord, P. F., & Jourard, S. M. (1953). The appraisal of body cathexis: Body cathexis and the self. *Journal of Consulting Psychology, 17,* 343–7.

Seligman, C., Brickman, J., & Koulack, D. (1977). Rape and physical attractiveness: Assigning responsibility to victims. *Journal of Personality, 45,* 554–63.

Sheldon, W. H. (1940). *The varieties of human physique.* Nova York: Harper & Row.

Sheldon, W. H. (1942). *The varieties of temperament.* Nova York: Harper & Row.

Sheldon, W. H. (1954). *Atlas of man: A guide for somatyping the adult male at all ages.* Nova York: Harper & Row.

Shontz, F. C. (1969). *Perceptual and cognitive aspects of body experience.* Nova York: Academic Press.

Sigall, H., & Landy, D. (1973). Radiating beauty: Effects of having a physically attractive partner on person perception. *Journal of Personality and Social Psychology, 26,* 218–23.

Sigall, H., & Ostrove, N. (1975). Beautiful but dangerous: Effects of offender attractiveness and nature of the crime on juridic judgment. *Journal of Personality and Social Psychology, 31,* 410–4.

Singer, J. E. (1964). The use of manipulative strategies: Machiavellianism and attractiveness. *Sociometry, 27,* 128–51.

Singer, J. E., & Lamb, P. F. (1966). Social concern, body size, and birth order. *Journal of Social Psychology, 68,* 143–51.

Singh, B. N. (1964). A study of certain personal qualities as preferred by college students in their marital partners. *Journal of Psychological Researches, 8,* 37–48.

Smith, K., & Sines, J. O. (1960). Demonstration of a peculiar odor in the sweat of schizophrenic patients. *Archives of General Psychiatry, 2,* 184–8.

Solender, E. K., & Solender, E. (1976). Minimizing the effect of the unattractive client on the jury: A study of the interaction of physical appearance with assertions and self-experience references. *Human Rights, 5,* 201–14.

Solomon, M. R. (Ed.), (1985). *The psychology of fashion.* Nova York: Lexington Books.

Sontag, S. (23 de setembro de 1972). The double standard of aging. *Saturday Review,* 29–38.

Stabler, B., Whitt, K., Moreault, D., D'Ercole, A., & Underwood, L. (1980). Social judgments by children of short stature. *Psychological Reports, 46,* 743–6.

Stewart, J. E. (1980). Defendant's attractiveness as a factor in the outcome of criminal trials: An observational study. *Journal of Applied Social Psychology, 10*, 348–61.

Stewart, R. A., Tufton, S. J., & Steel, R. E. (1973). Stereotyping and personality: Sex differences in perception of female physiques. *Perceptual and Motor Skills, 36*, 811–14.

Stroebe, W., Insko, C. A., Thompson, V. D., & Layton, B. D. (1971). Effects of physical attractiveness, attitudes, similarity and sex on various aspects of interpersonal attraction. *Journal of Personality and Social Psychology, 79*, 79–91.

Strongman, K. T., & Hart, C. J. (1968). Stereotyped reactions to body build. *Psychological Reports, 23*, 1175–8.

Suedfeld, P., Bochner, S., & Matas, C. (1971). Petitioner's attire and petition signing by peace demonstrators: A field experiment. *Journal of Applied Social Psychology, 1*, 278–83.

Sugerman, A. A., & Haronian, F. (1964). Body type and sophistication of body concept. *Journal of Personality, 32*, 380–94.

Sunnafrank, M. J., & Miller, G. R. (1981). The role of initial conversations in determining attraction to similar and dissimilar strangers. *Human Communication Research, 8*, 16–25.

Sybers, R., & Roach, M. E. (1962). Clothing and human behavior. *Journal of Home Economics, 54*, 184–7.

Tavris, C. (1977). Men and women report their views on masculinity. *Psychology Today, 10*, 34-42, 82.

Taylor, L. C., & Compton, N. H. (1968). Personality correlates of dress conformity. *Journal of Home Economics, 60*, 653–6.

Thornton, G. (1944). The effect of wearing glasses upon judgments of personality traits of persons seen briefly. *Journal of Applied Psychology, 28*, 203–7.

Timmerman, K., & Hewitt, J. (1980). Examining the halo effect of physical attractiveness. *Perceptual and Motor Skills, 51*, 607–12.

Udry, J. R., & Eckland, B. K. (setembro de 1982). *The benefits of being attractive: Differential payoffs for men and women*. Documento apresentado no encontro da American Sociological Association.

Unger, R., & Raymond, B. (1974). External criteria as predictors of values: The importance of race and attire. *Journal of Social Psychology, 93*, 295–6.

Walker, R. N. (1963). Body build and behavior in young children: II. Body build and parents' ratings. *Child Development, 34*, 1–23.

Wallace, P. (1977). Individual discrimination of human by odor. *Physiology and Behavior, 19*, 577–9.

Walster, E., Aronson, V., Abrahams, D., & Rottmann, L. (1966). Importance of physical attractiveness in dating behavior. *Journal of Personality and Social Psychology, 4*, 508–16.

Warr, P. B., & Knapper, C. (1968). *The perception of people and events*. Nova York: John Wiley and Sons.

Watson, B. (16 de maio de 1975). Cons get cosmetic surgery. *Lafayette Journal and Courier*, p. A-8.

Weiten, W. (1980). The attraction-leniency effect in jury research: An examination of external validity. *Journal of Applied Social Psychology, 10*, 340–7.

Wells, W., & Siegel, B. (1961). Stereotyped somatypes. *Psychological Reports, 8,* 77–8.

White, G. L. (1980). Physical attractiveness and courtship progress. *Journal of Personality and Social Psychology, 39,* 660–8.

Widgery, R. N. (1974). Sex of receiver and physical attractiveness of source as determinants of initial credibility perception. *Western Speech, 38,* 13–7.

Widgery, R. N., & Ruch, R. S. (1981). Beauty and the Machiavellian. *Communication Quarterly, 29,* 297–301.

Wiener, H. (1966). External chemical messengers: I. Emission and reception in man. *New York State Journal of Medicine, 66,* 3153.

Wiggins, J. S., Wiggins, N., & Conger, J. C. (1968). Correlates of heterosexual somatic preference. *Journal of Personality and Social Psychology, 10,* 82–90.

Wiggins, N., & Wiggins, J. S. (1969). A topological analysis of male preferences for female body types. *Multivariate Behavioral Research, 4,* 89–102.

Wilson, G., & Nias, D. (1976). Beauty can't be beat. *Psychology Today, 10,* 96–8, 103.

Wilson, P. R. (1968). Perceptual distortion of height as a function of ascribed academic status. *Journal of Social Psychology, 10,* 97–102.

Yates, J., & Taylor, J. (1978). Stereotypes for somatypes: Shared beliefs about Sheldon's physiques. *Psychological Reports, 43,* 777–8.

PARTE IV

O comportamento do comunicador

A maior parte de nosso comportamento não-verbal envolve mudanças de atitude ou movimentação. Interagimos com as pessoas mantendo distâncias variáveis; exibimos diferentes gestos e posturas durante um encontro; algumas vezes tocamos nos outros; outras, não; rosto, olhos e voz apresentam formas diversas. Esta parte examina esses comportamentos individualmente; mas, na conversação diária, a combinação desses sinais, funcionando de maneira ajustada, caracteriza nosso comportamento na comunicação. O capítulo 10 mostra como usamos uma variedade de sinais não-verbais para alcançar o objetivo de nos comunicar.

PARTE IV

O comportamento do consumidor

4

Os efeitos do espaço pessoal e do território na comunicação humana

Mudanças espaciais dão um tom a uma comunicação e a enfatizam, chegando até a sobrepor-se à palavra falada.

E. T. Hall

"Se você consegue ler isto, é porque está perto demais", anuncia uma conhecida frase de pára-choque de carro. É uma tentativa de regular a distância entre os veículos para segurança do tráfego. Placas onde se lêem "Mantenha distância" e "Apenas pessoal autorizado" são também tentativas de regular a distância entre os seres humanos. Não utilizamos placas nas conversas cotidianas, mas outros sinais para evitar ajuntamentos desconfortáveis e outras invasões de nosso espaço pessoal. A maneira como usamos o espaço (o nosso e o das outras pessoas) pode influenciar significativamente a capacidade para alcançarmos certos objetivos comunicacionais desejados, quer envolvam romance, diplomacia ou agressão. Um conceito fundamental que funciona como interface em qualquer discussão sobre o comportamento espacial humano é a noção de territorialidade. A compreensão desse conceito fornece uma perspectiva útil para o exame que faremos do espaço entre interlocutores.

O conceito de territorialidade

O termo territorialidade foi usado durante anos no estudo do comportamento animal, como, por exemplo, o das aves. Geralmente, significa um comportamento caracterizado pela identificação com uma área geográfica de maneira a indicar domínio e defesa do território contra "invasores". Alguns indicadores territoriais referentes ao lar são particularmente significativos: cadeira do papai, sala de leitura da mamãe, estéreo do Billy ou telefone da Barbara. Há muitos tipos diferentes de comportamento territorial e, freqüentemente, eles desempenham funções úteis para determinadas espécies. Por exemplo, os comportamentos territoriais podem ajudar a coordenar atividades, regular a densidade, garantir a propagação das espécies, manter o grupo unido e fornecer esconderijos e áreas de exibição para corte, nidificação ou alimentação.

A maior parte dos cientistas comportamentais concorda que a territorialidade existe também no comportamento humano. Ela ajuda a regular a interação social, mas pode igualmente ser fonte de conflito social. Como os animais, os humanos mais poderosos e dominadores parecem ter controle sobre uma extensão territorial maior – enquanto o grupo ou estrutura societária for estável. Muitos pesquisadores não apóiam a afirmação de Ardrey (1966), baseada principalmente no estudo de animais e aves, de que a territorialidade é um traço geneticamente herdado, de certa forma semelhante à inata agressividade humana (Klopfer, 1968; Montague, 1968).

Altman (1975) identificou três tipos de território: primário, secundário e público. Os *territórios primários* são, claramente, o domínio exclusivo do proprietário. Essenciais ao desempenho diário do dono, são cuidadosamente protegidos contra intrusos indesejáveis. Lares ou dormitórios freqüentemente se qualificam como território primário. A descrição de Goffman (1971) de territórios possessionais também parece adequar-se aos requisitos do território primário. Os territórios possessionais incluem bens pessoais, como jaquetas, bolsas e até crianças dependentes. Nessa mesma categoria, Goffman propõe objetos que podem ser temporariamente reivindicados pelas pessoas, por exemplo, uma revista, um aparelho de televisão ou utensílios de comer. Estes, todavia, parecem ser mais representativos daquilo que Altman denomina *territórios secundários*, que não são tão fundamentais na vida diária do proprietário nem percebidos como claramente exclusivos do dono. O bar da vizinhança ou os objetos acima citados são exemplos de territórios secundários. Conflitos mais freqüentes tendem a se desenvolver nesses territórios, porque o limite público/privado é esmaecido. Por exemplo: "Deixa eu ver meu programa na tevê. Você não é dono dela". Os *territórios públicos* são disponíveis a quase todas as pessoas como propriedade temporária, por exemplo, parques, praias, ruas, assentos no transporte público, cabinas telefônicas, um lugar na fila, ou um local de onde se possa observar algo de interesse particular. A expressão *ocupação temporária* é importante. Muitos não considerariam uma violação territorial se um empregado da limpeza entrasse no escritório para limpá-lo sem nossa permissão. Todavia, seria bem diferente se essa pessoa ocupasse o escritório o dia todo ou o usasse para atividades sem ligação com limpeza, por exemplo, almoçar.

Embora esse comportamento territorial seja aparentemente habitual em nosso contato diário com os outros, parece evidenciar-se quando não há um contato social satisfatório. Altman e Haythorn (1967) analisaram o comportamento territorial de pares de homens socialmente isolados e não-isolados. Por dez dias, grupos de dois indivíduos viveram em pequenos quartos sem nenhum contato externo, enquanto grupos semelhantes recebiam contatos externos. Os homens nos grupos isolados mostraram uma exacerbação gradual no comportamento territorial e um generalizado retraimento social. Eles desejavam ficar mais tempo sós. Seu comportamento territorial primeiro se evidenciou com objetos fixos (áreas do quarto) e objetos pessoais (camas). Depois, começaram a reivindicar objetos mais móveis e menos pessoais. A incompatibilidade entre os dois homens que viviam juntos em relação a domínio e sociabilidade resultou em alta territorialidade, enquanto a incompatibilidade em relação a aptidões e pontos de vista não teve fortes conseqüências territoriais.

Territorialidade: invasão e defesa

Instruções a inquiridores policiais às vezes sugerem sentar-se junto ao suspeito, sem a separação de uma mesa que possa fornecer proteção ou conforto. Esse procedimento presume que a invasão do território pessoal do suspeito (sem dar-lhe oportunidade de defesa) proporcionará ao policial uma vantagem psicológica. Notamos no capítulo 3 que a separação por uma mesa ou uma barreira semelhante podia inibir a interação "amigável" e percepções de "proximidade". Numa escala mais ampla, sabemos que as gangues de adolescentes e os grupos étnicos delimitam o território em áreas urbanas e o defendem contra intrusos. A preservação de fronteiras nacionais com freqüência é motivo de disputas internacionais. O que acontece quando alguém invade "seu" território? Por exemplo, como você se sente quando o carro de trás fica colado ao seu? Como você se sente quando tem de ficar de pé num saguão de teatro ou num ônibus cheio? Como se sente quando alguém se senta em "seu" lugar? O que você faz? Os pesquisadores fizeram perguntas semelhantes, e as respostas nos ajudam a entender melhor como usamos o espaço ao nosso redor.

Obviamente, nem todas as intrusões territoriais são iguais. Lyman e Scott (1967) identificaram três tipos: 1) A **violação** envolve o uso sem autorização do território de outra pessoa. Isso pode ser feito com os olhos (encarar alguém que está comendo num restaurante público); com a voz ou com outros sons (equipamento sonoro junto a uma sala de aula); ou com o corpo (ocupação de dois lugares no metrô). 2) A **invasão** é mais abrangente e permanente. É uma tentativa de tomar o território do outro. Pode ser uma invasão armada do território do outro, ou o ato de uma esposa que transforma o gabinete do marido em sala para o computador. 3) A **contaminação** é a poluição do território de outra pessoa, não por nossa presença, mas pelo que deixamos atrás de nós. Quando ocupamos um quarto de hotel, por exemplo, não queremos encontrar artigos de toalete e camisas sujas do ocupante anterior. Do mesmo modo, podemos ser perturbados por fezes de cachorros em nossa calçada ou partículas de comida em "nossos" talheres nos restaurantes.

Invasões de nosso território nem sempre produzem manobras defensivas. A intensidade de nossa reação à invasão territorial varia de acordo com diversos fatores, que incluem: 1) Quem violou nosso território? Podemos ter reações muito diferentes a amigos, em oposição a estranhos; a homens, em oposição a mulheres; a indivíduos de posição social superior, em oposição a pessoas de baixa escala social; a objetos, em oposição a pessoas; a colegas, em oposição a pessoas de idades muito diferentes. 2) Por que violaram nosso território? Se sentirmos que o violador "sabia o que estava fazendo", poderemos reagir mais fortemente do que se sentirmos que ele ou ela "não pôde evitar" ou era "ingênuo(a)". 3) Que tipo de território era? Podemos sentir uma violação de nosso território particular como algo muito mais sério do que uma violação de um território público. 4) Como foi realizada a violação? Se nosso corpo foi tocado, podemos nos exaltar mais do que se alguém pisasse nosso jardim. 5) Quanto tempo durou a intrusão? Se a violação é percebida como temporária, as reações podem ser menos sérias. 6) Estamos esperando novas violações no futuro? Em caso positivo, a defesa do território pode ser mais intensa. 7) Onde ocorreu a violação? A densidade populacional e as oportunidades para negociar novas fronteiras territoriais certamente afetarão nossa reação. Mais adiante, neste capítulo, discutiremos situações de alta densidade e a maneira como reagem as pessoas.

Os dois métodos principais para a defesa territorial são a *prevenção* e a *reação*. A prevenção é um meio de balizar nosso território para que os outros reconheçam que ele é nosso e se mudem para outro lugar. A mera presença de uma pessoa num local pode evitar que outras pessoas entrem nele. Se ficarmos num lugar por algum tempo ou com certa freqüência, as outras pessoas pensarão que somos "donos" dele, por exemplo, uma cadeira numa sala de aula. Algumas vezes, pedimos a outras pessoas que nos ajudem a marcar e defender um território: "Você poderia guardar meu lugar enquanto vou comprar pipoca?" A ajuda dos vizinhos varia, evidentemente, dependendo do grau de urgência com que ela é solicitada, por quanto tempo, quão importante parece o território, e assim por diante. Usam-se também objetos como "marcadores" para designar "sua" área espacial (Becker, 1973). Em lugares com densidade relativamente baixa, marcadores como guarda-chuvas, casacos, cadernos de anotações etc. em geral são eficazes. Às vezes, esses marcadores reservarão não apenas um assento numa área pública, mas uma mesa inteira! Os marcadores que parecem mais pessoais provavelmente são mais eficazes para prevenir violações. Se o território marcado é desejado por muita gente na área próxima, os marcadores provavelmente manterão sua eficácia por períodos de tempo mais curtos. Em territórios públicos, às vezes é mais eficaz deixar vários marcadores, pois essas áreas são livres para quase todos. Uniformes podem ajudar a identificar o território a ser legitimamente usado por determinada pessoa. Com freqüência, usamos cercas e plantamos sebes para demarcar o território. E por vezes delimitamos um território simplesmente pelo modo como conduzimos nossa interação verbal; por exemplo, um sotaque ou linguajar característicos podem advertir outras pessoas de que um espaço particular está reservado para aqueles que "conhecem a língua".

Se a prevenção de violações territoriais não funciona, como as pessoas reagem? Quando as pessoas se aproximam, somos fisiologicamente estimulados; o ritmo cardíaco e as reações galvânicas da pele aumentam (Finando, 1973; McBride, King e James, 1965). Patterson (1976) observou que a estimulação varia com o olhar e o toque, bem como com a distância. Uma vez estimulados, poderemos classificar nosso estado como "positivo" (simpatia, amor, alívio) ou "negativo" (desagrado, embaraço, tensão, ansiedade). Se o estado de estimulação for classificado como positivo, Patterson diz que corresponderemos ao comportamento; se for classificado como negativo, tomaremos medidas para compensá-lo. Se alguém é estimulado pela aproximação de outra pessoa e identifica isso como uma situação indesejável, prevê-se um comportamento destinado a restabelecer a distância

Figura 4.1 Marcando território público. © 1991 Psychotex/Kevin E. White, P.O. Box 470701, Fort Worth, Texas 76147. Todos os direitos reservados.

"apropriada" entre os interagentes, olhando para longe, mudando o assunto para outro menos pessoal, cruzando os braços para formar uma barreira frontal à invasão, cobrindo partes do corpo, esfregando o pescoço (o que faz com que o cotovelo se projete em direção ao invasor), e assim por diante.

Durante dois anos, Russo conduziu um estudo que consistia em invadir o território de estudantes universitárias sentadas na biblioteca de uma faculdade (Sommer, 1969, pp. 35, 46–48, 64). O estudo comparou as respostas desse grupo e de outro similar, que não fora invadido. Várias técnicas diferentes de invasão foram usadas: sentar-se ao lado das estudantes, em seu caminho etc. A saída ou fuga mais rápida era iniciada quando o pesquisador se sentava junto à estudante e movia sua cadeira para mais perto (aproximadamente 30 cm). Outros pesquisadores haviam sugerido que, quando pessoas estranhas estão envolvidas, os homens sentem mais tensão com invasões frontais, enquanto as mulheres reagem de modo mais desfavorável a invasões adjacentes (Fisher e Byrne, 1975; Hall, 1984). Após aproximadamente trinta minutos, cerca de 70% das pessoas de quem Russo se aproximou 30 cm mudaram de lugar. A partir do estudo de Russo, desenvolveu-se todo um comportamento de defesa. Por exemplo, as manifestações defensivas e ofensivas incluíam o uso da posição, da postura e do gesto. A *posição* refere-se ao local num aposento; um recém-chegado a uma sala interpretará a situação de modo diferente se a outra pessoa tiver escolhido uma posição de canto, em vez de central na sala. A *postura* refere-se a indicadores sobre se uma pessoa espalha seus objetos "como se fosse dona do lugar" ou se eles são dispostos de maneira organizada. Os *gestos* podem ser usados para indicar receptividade ou rejeição na comunicação, por exemplo, olhares hostis, afastar-se ou inclinar-se para trás, bloquear com as mãos ou com os braços, e assim por diante. Finalmente, embora sob algumas circunstâncias a defesa verbal seja menos provável de ocorrer, pode ser usada como linguagem indecorosa (ou, com freqüência, comportamento irritante) com eficácia. A obra de Russo é resumida por Sommer (1969):

> Há grandes diferenças individuais no modo como as vítimas reagem — não há uma única reação ao fato de uma pessoa sentar-se perto demais; há gestos defensivos, mudanças na postura e tentativas de mudar-se para longe. Se eles falham ou são ignorados pelo invasor, ou se este também muda de posição, a vítima finalmente foge... Houve poucas respostas verbais diretas às invasões... Apenas uma em oitenta estudantes pediram ao invasor que mudasse de lugar [pp. 35–36].

As normas de civilidade são em geral fortes o bastante para impedir respostas verbais diretas às invasões. Isso demonstra uma importante característica da comunicação não-verbal: ela é amiúde "confidencial" e pode transmitir mensagens sutilmente, sem provocar confronto. A pessoa que lança olhares ferozes, muda o jornal de posição ou se desvia não precisa reconhecer publicamente sua irritação. As afirmações verbais são registradas publicamente mais do que os gestos, o que parece irônico, porque as mensagens não-verbais são, muitas vezes, mais ricas de significado emocional! Barash (1973) realizou um estudo semelhante ao de Russo, mas falseando a posição social dos invasores da biblioteca. Os estudantes fugiam mais rapidamente dos que estavam vestidos com mais formalidade, os invasores de "alta classe". Knowles (1973) também testou um tipo de invasão familiar: falar com alguém num corredor enquanto outras pessoas decidiam se passavam entre os interlocutores ou ao lado deles. Apenas 25% dos transeuntes passavam entre os interlocutores. O número menor de intrusões ocorreu com grupos de quatro pessoas (em vez de duas) e com interlocutores de "alto nível" (mais velhos e vestidos com mais formalidade). Esse estudo mostra que, além de não querer que outras pessoas violem nosso território, geralmente tampouco queremos violar o território alheio – como atestam as desculpas murmuradas e as inclinações de cabeça de alguns dos invasores na pesquisa de Knowles.

O aumento da densidade de uma espécie também resultará em violações territoriais. O que acontece quando a população aumenta tanto que uma pessoa não pode exercer seu comportamento territorial habitual? A ameaça de superpopulação humana torna-se uma preocupação particularmente importante.

Densidade e aglomeração

Para começar, vamos examinar alguns exemplos de comportamento animal sob condições de alta densidade ou superpopulação. Durante anos, os cientistas ficaram intrigados com o grande número de suicídios de lemingues, coelhos e ratos. Seu interesse aumentou pelo fato de que, na época dos suicídios, parecia haver fartura de alimento, os predadores não estavam em evidência, e não ocorriam doenças infecciosas. Um etologista com conhecimentos em medicina levantou a hipótese de que tais suicídios ocorriam por uma reação endócrina nos animais e que resultavam do estresse provocado pelo aumento de população (Christian e

Davis, 1964). A hipótese foi confirmada num estudo sobre a população de cervos na ilha James, perto da costa de Maryland, na baía de Chesapeake. Cuidadosos estudos histológicos durante anos mostraram que o cervo na ilha James morria devido à superatividade das glândulas supra-renais resultante do estresse. As glândulas supra-renais desempenham papel importante na regulação do crescimento, da reprodução e das defesas orgânicas. Assim, a superpopulação provocava a morte não por fome, infecção ou agressão entre os animais, mas por uma reação fisiológica ao estresse dela decorrente.

Os experimentos de Calhoun (1962) vão mais longe, sugerindo modos peculiares de comportamento sob condições de superpopulação. Calhoun observou que, com bastante alimento e sem a ameaça de predadores, ratos da Noruega, vivendo numa área cercada de aproximadamente mil metros quadrados, estabilizaram sua população em cerca de 150. As observações, que duraram 28 meses, indicaram que as relações espaciais eram extremamente importantes. Ele realizou então um experimento para manter uma situação estressante causada por superpopulação, enquanto eram criadas três gerações de ratos. Deu a esse experimento o nome de "cuba comportamental", uma área ou recipiente nos quais a maior parte dos ratos apresentava grandes distorções de comportamento. Algumas observações de Calhoun são dignas de nota: 1) Alguns ratos se afastavam completamente da relação social e sexual; outros começaram a cobrir qualquer coisa à vista; os padrões de conquista foram totalmente rompidos, e as fêmeas com freqüência eram perseguidas por vários machos. 2) Os padrões de construção de ninho (comumente limpos) tornaram-se desleixados ou desapareceram. 3) As ninhadas misturaram-se; os recém-nascidos e os jovens eram pisoteados ou comidos por machos invasores hiperativos. 4) Incapazes de estabelecer territórios espaciais, os machos dominantes lutavam por posições próximas aos recipientes de comida; as "classes" de ratos dividiam territórios e apresentavam comportamentos semelhantes; os machos hiperativos violavam todos os direitos territoriais andando em bandos e desrespeitando todos os limites, exceto aqueles defendidos à força. 5) As ratas prenhes freqüentemente abortavam; perturbações dos órgãos sexuais eram numerosas; apenas a quarta parte dos 558 recém-nascidos na "cuba" sobreviveu para o desmame. 6) O comportamento agressivo aumentou significativamente.

Será que podemos, a partir de ratos, generalizar para homens e mulheres? Alguns estudos anteriores, que descobriram correlações moderadas entre vários resultados socialmente indesejáveis, como crime, delinqüência, perturbações mentais e físicas e alta população, parecem indicar que sim. Outros jocosamente dizem que a única generalização que podemos fazer da obra de Calhoun é: "Não amontoem os ratos!" À luz de estudos adicionais que usavam ratos e outros animais, entretanto, aqueles resultados precisam ser esclarecidos. Aparentemente, animais não-humanos nem sempre respondem à alta densidade de maneiras negativas ou agressivas (Freedman, 1979). Cubas comportamentais não são um resultado natural do crescimento populacional descontrolado, e as mudanças fisiológicas podem decorrer do número de animais presentes ou da quantidade de espaço disponível. Em outras palavras, os resultados amplamente divulgados da obra de Calhoun, que sugeriam de modo inequívoco conseqüências prejudiciais em decorrência do aumento da densidade, eram incorretos. Baseados na densidade humana e na pesquisa sobre aglomeração, os resultados são complexos e não conduzem a uma resposta conclusiva se "aglomeração é uma coisa boa ou ruim".

Para entender os efeitos da densidade populacional sobre os seres humanos, é necessário primeiramente distinguir entre os termos "densidade" e "aglomeração". A densidade se refere ao número de pessoas por unidade de espaço; a aglomeração *é um estado emocional que pode se desenvolver em situações de alta ou baixa densidade*. Que fatores determinam a tendência de nos sentirmos no meio de uma aglomeração (Schmidt e Keating, 1979; Stockdale, 1978)? As sensações de aglomeração podem ser influenciadas por: 1) *fatores ambientais* como espaço reduzido, ruído indesejável, falta de recursos necessários ou da capacidade de obtê-los, e a ausência de marcadores territoriais, como telas e divisões; 2) *fatores pessoais* como o gênero (os machos tendem a sentir mais intensamente os efeitos da densidade do que as fêmeas), características de personalidade que reflitam baixa auto-estima, dominância, controle e desejo de contato social, e experiências anteriormente inesperadas com alta densidade; 3) *fatores sociais* como freqüente contato social indesejado de muitas pessoas em locais fechados (e incapacidade de mudar tais padrões), interações com pessoas pertencentes a um grupo diferente, e interações desagradáveis (hostis ou competitivas); 4) *fatores ligados a objetivos*, como a incapacidade de realizar o que é desejado.

Um dos aspectos principais da pesquisa nessa área é que as sensações de aglomeração tendem a aumentar quando percebemos uma diminuição em nossa habilidade para dominar e influenciar o ambiente físico e social em que vivemos. Enquanto os mencionados fatores acima podem produzir sensações de aglomeração, muitas situações de alta densidade são caracterizadas por fatores imprevisíveis. Assim, o que podemos dizer sobre os efeitos da alta densidade nas reações humanas?

Os efeitos da alta densidade

As definições de densidade são complexas e variadas. Nesse sentido, estudos tomam como referência número de pessoas por cidade, censo por região, unidade por habitação, número de quartos por unidade habitacional, número de construções por bairro, e assim por diante. Estudos experimentais às vezes colocam o grupo de mesmo tamanho em aposentos de diferentes tamanhos; outros variam o número de pessoas no mesmo aposento. Galle e outros pesquisadores (1972) examinaram algumas medidas de densidade previamente associadas com alta atividade criminosa. Mas, diferentemente de seus predecessores, essa equipe de pesquisa examinou níveis educacionais, formação étnica, situação ocupacional e aspectos correlatos. A quantidade de pessoas por aposento mostrou alta correlação entre densidade e delinqüência juvenil, índices de mortalidade e de fertilidade, e mais assistência pública. Estudos de laboratório com variações de densidade para analisar seus efeitos nas percepções de aglomeração podem ter relevância apenas nas situações em que a alta densidade é uma condição temporária, por exemplo, em elevadores, ônibus etc. Poucos estudos consideraram o grau de variação da alta densidade ou se os participantes puderam se controlar diante do desenvolvimento de uma situação de alta densidade.

Para classificar essas variações em medidas, vejamos as conclusões a seguir.

Parece claro que o aumento de densidade não aumenta automaticamente a tensão ou o comportamento anti-social nos seres humanos. Algumas vezes, até procuramos os prazeres dos ajuntamentos. Jogos de futebol e concertos de *rock* são exemplos comuns. Se assumirmos uma presença responsável numa situação de alta densidade populacional, e se soubermos que a condição terminará em questão de horas, as possibilidades de efeitos negativos serão mínimas. Embora alguns estudos tenham chegado a resultados que poderiam lembrar uma teoria de "cuba comportamental" (por exemplo, agressão, estresse, atividade criminosa, hostilidade com os outros, e deterioração da saúde mental e física), há outros estudos que não confirmam esses efeitos. Em geral, a diferença reside no fato de que um dos fatores mencionados anteriormente (ambiental, pessoal, social, voltado para um objetivo) fornecia uma forma de controle que compensava as influências indesejáveis. Altman (1975, pp. 157, 165, 182) cita um estudo de Rohe e Patterson (1974), que descobriu que, se fossem dados às crianças brinquedos desejados por elas, o aumento da densidade não produziria o retraimento e a agressão sugeridos por estudos anteriores. Algumas áreas muito povoadas mas dotadas de alto senso de união e boa vizinhança têm incidência menor de problemas físicos e mentais.

Censuramos às vezes a alta densidade por efeitos indesejáveis que ela traria como uma de suas características "óbvias" e por sua "reputação" de causar problemas, ou porque as causas reais de nossos problemas são coisas que não desejamos enfrentar. Estudantes que levaram muito tempo para conseguir se matricular na faculdade tendiam a ver a causa do problema no grande número de estudantes que tentavam a matrícula. Não atribuíram seus atrasos ao esquecimento dos formulários necessários, ao preenchimento incorreto destes nem à falta de previsão de segundas opções de curso antes da matrícula (Gochman e Keating, 1980). A alta densidade *pode* produzir uma legião de problemas, mas os seres humanos não permanecem passivamente à espera nas situações em que ela perdura por longo prazo. Em vez disso, tentam vários métodos para enfrentar ou contrabalançar os efeitos prejudiciais. Quais são alguns dos métodos para enfrentar a situação?

Enfrentando a alta densidade

Milgram (1970) afirma que os habitantes da cidade estão expostos a uma sobrecarga de informações, pessoas, coisas, problemas etc. Como resultado, eles adotam comportamentos destinados a reduzir essa sobrecarga, que algumas vezes fazem com que os forasteiros os considerem distantes e emocionalmente desligados dos outros. Alguns desses métodos para enfrentar cidades populosas incluem: 1) despender menos tempo em cada contato, por exemplo, ter conversações mais curtas com as pessoas; 2) não considerar contatos com baixa prioridade, por exemplo, ignorar o bêbado na calçada ou não falar com pessoas que vêem no metrô todos os dias; 3) transferir a responsabilidade por algumas transações para outros, por exemplo, deixar para os cobradores de ônibus a responsabilidade de fazer o troco; 4) bloquear entradas, por exemplo, o uso de porteiros para vigiar prédios de apartamentos etc.

Como enfrentam o problema as pessoas nas áreas densamente povoadas em outras culturas? Um resumo desses estudos pode ser encontrado em Aiello e

Thompson (1980) e Altman e Chemers (1988). Entre as estratégias para lidar com o problema estão coisas como: estabelecer regras de relacionamento claramente definidas para pessoas de posição social alta/baixa, homens e mulheres, crianças e adultos etc.; valorizar a perfeição de pequenas coisas; construir casas com divisões móveis.

Munroe e Munroe (1972) estudaram três sociedades da África oriental com densidade populacional que variava de 250 a 1.400 pessoas por milha quadrada (*aproximadamente, 1,6 quilômetro quadrado*). Os grupos de densidade maiores parecem desenvolver práticas que incluem evitar contato muito estreito com os outros, atribuir menos valor às outras pessoas, e menos desejo por atividades associativas. Como os residentes das áreas urbanas estudados por Milgram, essas pessoas estavam desenvolvendo meios de controlar os contatos indesejáveis resultantes da alta densidade. Os *qkungs* no sudoeste da África também haviam despertado o interesse dos que estudavam as reações à alta densidade (Draper, 1973). Aí está uma comunidade bosquímana com uma das mais baixas densidades populacionais do mundo (cerca de uma pessoa por 10 milhas quadradas) que deliberadamente constrói acampamentos que criam condições de vida de muita proximidade. O desenho de suas cabanas leva a uma situação similar à de trinta pessoas vivendo num quarto! Há contato muito próximo e extensa interação social, mas parece não haver efeitos adversos. Vários outros fatos mostram como os *qkungs* se comportam em relação à densidade populacional. Os indivíduos ou as famílias podem deixar um acampamento e juntar-se a outro, que geralmente fica a mais de 20 quilômetros de distância. Assim, cada pessoa sente que pode "escapar" quando desejar – e, o que é talvez mais importante, para um local amigável, um acampamento com os mesmos estilos de vida e valores. Um novo ambiente pode ser encontrado, onde as pessoas não são estranhas nem pouco hospitaleiras. O fato de os acampamentos serem muito afastados uns dos outros também pode ser benéfico.

Mudemos agora nossa atenção das relações espaciais em condições de superpopulação para as que envolvem uma conversa entre duas pessoas.

Distância entre interlocutores

Você provavelmente já teve a experiência (talvez não consciente) de se afastar ou aproximar de outra pessoa ao lhe falar. Algumas vezes, esse movimento é causado pela necessidade de encontrar uma distância confortável para conversar. Em diferentes situações, ao discutir diferentes assuntos, essas distâncias "confortáveis" variam. Há alguma coerência na escolha das distâncias? Existe uma distância específica que a maior parte das pessoas escolhe ao falar com outras?

As perspicazes observações do antropólogo Edward T. Hall sobre o comportamento espacial humano foram publicadas pela primeira vez em *The Silent Language* (1954). Esse livro e sua obra subseqüente, *The Hidden Dimension* (1966), são em grande parte responsáveis pela onda de interesse dos cientistas em tentar responder a questões anteriores relacionadas ao tema. Hall identificou vários tipos de espaço, mas nossa preocupação aqui é com o que ele chamou de "espaço informal". Outros haviam se referido a isso como "espaço pessoal", mas, já que o espaço entre as pessoas é resultado de suas preferências pessoais, é mais apropriado rotulá-lo de "espaço interpessoal". O espaço informal de cada indivíduo se expande e contrai de acordo com as circunstâncias, dependendo do tipo de encontro, da relação das pessoas que se comunicam, de suas personalidades e de muitos outros fatores. Hall posteriormente classificou o espaço informal em quatro subcategorias: íntimo, casual-pessoal, social-consultivo e público. De acordo com Hall, as distâncias íntimas vão desde o contato físico real até um afastamento de cerca de 50 centímetros; a casual-pessoal se estende de, aproximadamente, 50 centímetros até 1,30 metro; a social-consultiva (para negócios interpessoais) varia de cerca de 1,30 metro a 3,70 metros; a distância pública cobre a área aproximada de 3,70 metros até os limites da visibilidade ou da audição. Hall se apressou em ressaltar que essas distâncias se basearam em suas observações de uma amostragem particular de adultos a partir de negócios e de ocupações profissionais, principalmente de homens brancos da classe média, e nativos do nordeste dos Estados Unidos, e que qualquer generalização para outros grupos étnicos e raciais nesse país devia ser feita com bastante cautela.

Robert Sommer (1961) também procurou respostas a perguntas sobre distância confortável numa conversação. Estudou pessoas que eram levadas para um cômodo e a quem se pedia que discutissem vários tópicos "impessoais". Os dois sofás na sala eram colocados a distâncias variadas, e as pessoas eram observadas para ver se sentavam-se guardando distância ou lado a lado. Foi levantada a hipótese de que, quando começavam a se sentar lado a lado, significava que a distância de conversação era demasiado grande para que se sentassem em sofás separados. De 30 centímetros a 90 centímetros, aproximadamente, as pessoas sentavam-se em diferentes sofás, uma na frente da outra. Com distâncias maiores que 1 metro, as pessoas sentavam-se lado a lado. Num estudo de acompanhamento, Sommer usou cadeiras e, por isso, pôde variar a distância lado a lado, bem como a distância do lado oposto. Descobriu então que as pessoas preferiam sentar-se diante uma da outra, até o momento em que a distância passava a exceder a distância lado a lado – então, elas se sentavam lado a lado.

Como generalizar essas descobertas? Um olhar crítico nesse estudo leva-nos imediatamente a perguntar que outras variáveis podem afetar a relação de distância. Por exemplo, o estudo foi realizado com pessoas que se conheciam ligeiramente, que estavam discutindo assuntos "impessoais", acomodadas num grande sofá. De que maneira outros fatores afetam a relação de distância? Argyle e Dean (1965) teorizaram que a distância se baseia no equilíbrio de forças de aproximação e de evitação. Que forças são essas? Burgoon e Jones (1976) dizem que a distância esperada numa determinada conversação depende da combinação de normas sociais com padrões idiossincráticos dos interagentes. Quais são alguns desses padrões e normas idiossincráticos? Que fatores modificam as distâncias que escolhemos?

A resposta a essas perguntas constitui o foco do restante deste capítulo. Antes de tudo, entretanto, devemos considerar que ocorrem resultados conflitantes devidos a variações na metodologia de pesquisa e conceitualização do espaço pessoal. Sabemos que a distância na conversação depende do entendimento entre os interlocutores. Mas parte da pesquisa é baseada no comportamento de uma única pessoa; parte não distingue entre distância física real e percepções de distância; parte mede a distância por peças de assoalho ou pelo espaço entre as pernas da cadeira e ignora totalmente a capacidade dos comunicadores de variar a "distância psicológica" por mudança de assunto, olhar, e inclinação do corpo; e a maior parte da pesquisa não distingue entre a distância inicial e as mudanças que se verificam durante uma conversação. Como os métodos de medir o espaço pessoal variam, temos de ser cuidadosos até com os resultados que confirmam outros estudos. Nas pesquisas, pede-se às pessoas que respondam a questionários sobre distâncias preferidas; ou que se aproximem de objetos, por exemplo, um cabide ou fotografias em tamanho natural; algumas vezes, são inadvertidamente abordadas por outras pessoas, a distâncias variadas; e, ainda, pede-se a elas que disponham no espaço bonecas, fotografias ou silhuetas como se estivessem em várias situações comunicacionais. A análise desses e outros fatores leva às seguintes fontes de variação na distância de conversação:

1) **Sexo.** Vários estudos examinaram as diferenças sexuais no espaço interpessoal, usando todas as metodologias referidas acima. Judith Hall (1984) resumiu essa pesquisa. Numa interação natural, isto é, em ambientes onde as pessoas interagem mais ou menos naturalmente e não percebem estar sendo observadas, as mulheres escolhem predominantemente se comunicar com outras pessoas (seja de que sexo for) com mais intimidade do que os homens. Essa tendência é evidente entre crianças que estão começando a andar e crianças mais velhas, bem como entre adultos; entretanto, os dados sobre as crianças que começam a andar podem ter a generalização limitada, já que a outra pessoa na interação era geralmente a mãe. DiPietro (1981) reuniu crianças em grupos de três do mesmo sexo e descobriu uma forte tendência das meninas a manter as maiores distâncias. Todavia, essa situação nos leva a pensar nas brincadeiras violentas dos meninos, que naturalmente envolveriam altos níveis de proximidade e contato.

Não são todos os métodos de medição que detectam a preferência das mulheres pelas distâncias menores. Por exemplo, em alguns estudos, pede-se diretamente às pessoas que fiquem a uma distância confortável de outra pessoa conhecida; em outros, são utilizados adesivos com figuras ou recortes de pessoas. A pesquisa que usa esses métodos não-naturais encontra poucos indícios de que as mulheres prefiram distâncias menores. Por que isso acontece? Hall (1984) sugere que a resposta esteja no tom emocional dos encontros estudados. Nos estudos naturais, os encontros são quase sempre amigáveis, ou pelo menos emocionalmente neutros. Nos estudos mais artificiais, o pesquisador freqüentemente varia a outra pessoa, por exemplo, um interlocutor ameaçador ou zangado em oposição a outro que é apreciado ou amigável. Quando isso é feito, as diferenças de sexo tendem a divergir, com as mulheres estabelecendo então distâncias menores do que os homens com interlocutores amigáveis (o que é coerente com os estudos naturais), mas distâncias *maiores* com interlocutores estranhos. Essa divergência pode fazer desaparecer a diferença global nesses tipos de estudo. Desse modo, parece que as mulheres preferem distâncias menores na medida em que as interações são neutras ou amistosas.

Outro meio de compreender as diferenças sexuais na distância interpessoal é examinar a influência que o *sexo de uma pessoa* exerce na distância estabelecida por outra. (A discussão precedente era sobre a influência do *próprio* sexo nessa distância.) A pesquisa mostra de forma muito convincente que as pessoas se aproximam das mulheres mais do que dos homens, e que isso permanece verdadeiro em qualquer tipo de metodologia usado. A combinação dos efeitos da aproximação ou do afastamento, de acordo com o sexo, produz um padrão de interação tal que os pares mulher-mulher interagem de modo mais íntimo e os pares homem-homem interagem de modo mais distante, com os pares mistos estabelecendo distâncias intermediárias. Esse padrão aparece com freqüência na pesquisa, especialmente nas amostras anglo-americanas.

Com base nessa evidência, podem-se fazer previsões sobre o que acontecerá quando alguém (homem ou mulher) invadir o espaço pessoal, sentando-se ou permanecendo muito perto: as pessoas se afastam mais rapidamente de um invasor masculino. Será que isso acontece porque os homens aparentam uma ameaça, quando posicionados muito próximos, ou porque as pessoas ficam simplesmente irritadas quando outras não se comportam como "deveriam"? Isto é, as pessoas *esperam* que os homens mantenham distâncias maiores, e quando eles não fazem isso podem provocar perturbação.

Então surge uma pergunta mais geral: como explicar as diferenças sexuais nas distâncias preferidas? Alguns autores consideram que as menores distâncias estabelecidas por mulheres, e em relação a elas, refletem seu *status* inferior. Elas não impõem respeito, e isso se reflete na tendência das pessoas de "violar" seu espaço pessoal (Henley, 1977). Não se pode afirmar que essa interpretação seja correta, já que, evidentemente, é difícil testar explicações de diferenças sexuais. Uma questão envolve saber se distâncias menores em geral constituem uma "invasão"; o simples fato de estar mais próximo não significa necessariamente que alguém esteja invadindo ou sendo invadido, já que a "invasão" implica desconforto psicológico. Do mesmo modo, algumas pesquisas não sustentam a interpretação de "*status* inferior" no caso das diferenças sexuais. Por exemplo, independentemente de sexo, as pessoas tendem a se aproximar mais de outras com o mesmo *status*, e não de pessoas com *status* inferior (Gifford, 1982; Latta, 1978). Dois estudos que indicaram a existência de invasão (quais pessoas deslocavam outras quando tinham de passar por uma calçada estreita) mostraram que as mulheres eram deslocadas com menos freqüência do que os homens, não mais do que se as mulheres tivessem um *status* inferior e mais possibilidade de ser espacialmente invadidas (Sobel e Lillith, 1975; Willis, Gier e Smith, 1979).

Outras explicações para o diferente comportamento de homens e mulheres em relação ao espaço pessoal envolvem diferenças entre ambos de personalidade e orientação social. Por exemplo, se as mulheres são mais voltadas para o social e se sentem mais à vontade e ligadas na interação, devem preferir distâncias menores, que geralmente compreendem cordialidade, confiança e amizade (como será discutido mais adiante). Um aspecto a respeito é fornecido pela teoria de Eagly quanto ao papel social, segundo o qual as diferenças sexuais no comportamento social são determinadas pelos papéis presentes ou futuros que as pessoas desempenham na sociedade (Eagly,

1987). As mulheres, tradicionalmente, desempenham papéis mais voltados para relações pessoais e pró-sociais, e portanto é de esperar que seus vários comportamentos sociais (também na comunicação não-verbal) reflitam essa orientação.

2) **Idade.** Se a distância reflete nossa descontração diante de uma pessoa, pode-se supor que interagiríamos mais próximos com pessoas da nossa faixa etária. As exceções são as pessoas muito velhas e as muito jovens, que, por várias razões, freqüentemente efetuam uma interação mais próxima. De modo geral, a distância de interação parece se ampliar gradualmente a partir de cerca de seis anos até o início da adolescência, quando as normas adultas passam a exercer influência (Aiello e Aiello, 1974). Além disso, os adultos presumem que crianças mais velhas tenham compreensão das normas adultas. Quando crianças de cinco anos invadiram o espaço pessoal de pessoas que esperavam na fila para ver um filme, foram recebidas positivamente; mas, quando crianças de dez anos eram os invasores, enfrentaram reações negativas (Fry e Willis, 1971).

Um paralelo interessante entre pessoas jovens e mais idosas, em termos de distância interpessoal, é aquele entre pessoas mais baixas e mais altas. Independentemente do sexo, os indivíduos mais baixos parecem guardar distâncias interpessoais menores do que os mais altos (Caplan e Goldman, 1981; Hartnett, Bailey e Hartley, 1974). A altura, portanto, pode ajudar a explicar a tendência das crianças de se aproximarem umas das outras mais do que os adultos.

3) **Bagagem cultural e étnica.** Observações pessoais isoladas e de material folclórico sugerem que as relações espaciais em outras culturas com diferentes necessidades e normas podem gerar distâncias muito diferentes na interação. Watson (1970) relatou inúmeras observações sobre indivíduos que representavam culturas de "contato" e de "não-contato". O *contato* refere-se a interagentes que se encaram mais diretamente, interagem mais de perto um com o outro, tocam-se mais, olham-se mais nos olhos, e falam com voz mais alta. Os grupos de contato no estudo de Watson eram árabes, latino-americanos e europeus do sul. Os grupos de não-contato eram asiáticos, indianos e paquistaneses, europeus do norte e americanos. Watson e Graves (1966) descobriram diferenças substanciais entre duplas de estudantes árabes e duplas de estudantes americanos quando em conversação. Essas diferenças incluíam coisas como: 1) os árabes confrontavam-se mais diretamente; 2) os árabes aproximavam-se mais uns dos outros; 3) os árabes usavam mais o toque; 4) os árabes tendiam a olhar nos olhos uns dos outros de maneira mais direta, fato menos freqüente com as duplas americanas. Em geral, os estudos que comparavam interagentes de culturas de contato e de não-contato confirmam essas diferenças. É importante lembrar, porém, que esses resultados tendem a crescer quando os interagentes estão falando sua língua nativa. Os estudantes bilíngües, freqüentemente utilizados para estudos de comparações culturais, podem ser influenciados por comportamentos associados à língua que estiverem falando (Sussman e Rosenfeld, 1982).

Observações práticas de Shuter (1976, 1977) sugerem sermos muito imprecisos quando falamos sobre grupos culturais de contato ou não-contato. Ele descobriu, por exemplo, que havia diferenças significativas no chamado grupo cultural latino-americano. Os costarriquenhos interagiam mais próximos do que os panamenhos ou colombianos. E, contrariamente às previsões, encontrou residentes da classe média em Milwaukee, Wisconsin, que interagiam a distâncias maiores do que os residentes da mesma classe socioeconômica em Veneza, na Itália, e Heidelberg, na Alemanha. Os homens italianos não adotavam posições de interação mais próximas nem encaravam seus parceiros de interação mais diretamente do que os alemães, mas usavam mais o toque. Isso parece sugerir que, dentro das tendências gerais de uma cultura, há diferenças subculturais.

As variações nos padrões de proximidade nos Estados Unidos foram objeto de várias pesquisas. Em razão do comentário de Edward Hall de que "os negros têm um envolvimento muito maior", estudou-se para saber se os negros interagem em distâncias menores do que os brancos. Os estudos mostram que, quando entram na escola primária, as crianças negras podem apresentar distâncias de interação menores do que as brancas, mas na quinta série essas diferenças podem ser diminuídas e, na idade de dezesseis anos, os americanos negros tendem a manter distâncias de conversação maiores (Aiello e Thompson, 1980; Halberstadt, 1985). Muitos estudos revelam que as interações de comunicadores negros e brancos ocorrem a distâncias maiores do que as que envolvem pessoas da mesma raça. Outro grande grupo subcultural nos Estados Unidos, os hispano-americanos, também foi observado. Esses estudos geralmente sustentam que os hispano-americanos interagem a distâncias menores do que os anglo-americanos.

Scherer (1974) contestou que as diferenças entre negros e brancos (e presumivelmente hispano-americanos) sejam socioeconômicas e afirmou que não devem ser atribuídas a um motivo étnico. O estudo descobriu que as crianças de classe média mantinham distância de conversação maior do que as de classe baixa, mas não havia diferenças entre negros e brancos de classe média nem entre negros e brancos de classe baixa. Finalmente, uma intrigante questão apresentada por Connolly (1975) requer mais pesquisas. Ele observou interagentes negros movendo-se em círculos e alterando as distâncias durante a conversação mais do que os interagentes brancos. Esse fato pode ser de interesse especial à luz da observação de Erickson, relatada a seguir.

4) **Tópico ou assunto.** Erickson (1975) queria descobrir se as mudanças de proximidade (para a frente ou para trás) estavam associadas a alguma outra ocorrência numa conversação. Classificando os tipos de comportamento, percebeu que as mudanças de proximidade podem marcar segmentos importantes do encontro, por exemplo, começos, finais e mudanças de assunto.

Anteriormente vimos que Sommer, em seus estudos para examinar os limites da distância da conversação, tentou usar assuntos "impessoais" que não influenciassem as distâncias escolhidas. Assuntos pessoais, mais íntimos, podem gerar menor distância na conversação, a menos que outros fatores, como um cenário impessoal, neutralizem essa tendência.

Pesquisas de Leipold (1963) demonstram como o tratamento antecipado do mesmo assunto geral pode influir na distância da conversação. Os estudantes entravam numa sala e recebiam um comentário negativo ("Sua nota está baixa, e você não tem se esforçado"), um elogio ("Você está indo muito bem, e o sr. Leipold quer falar com você mais tarde") ou um comentário neutro ("O sr. Leipold quer saber como você se sente em relação ao curso introdutório"). Os estudantes que recebiam o comentário negativo sentavam-se mais longe do pesquisador, enquanto os elogiados sentavam-se mais perto. Depois de uma desaprovação, as pessoas podem querer guardar uma distância maior do que normalmente o fariam, sobretudo se a pessoa que fez a repreensão é percebida como de nível mais alto (O'Neal e outros pesquisadores, 1980). Vale a pena notar também que, não importando o assunto, distâncias menores podem resultar em menos conversa (Schulz e Barefoot, 1974).

5) **Ambiente para a interação.** O ambiente social faz grande diferença na maneira como nos colocamos em relação aos outros na conversação. Um coquetel cheio de gente demanda uma distância diferente daquela de uma reunião confortável à noite na sala com a esposa. A iluminação, a temperatura, o ruído e o espaço disponível afetarão a distância da interação. Alguns autores levantaram a hipótese de que, quanto maior o tamanho do cômodo, maior a tendência de as pessoas se sentarem mais próximas umas das outras. Se o ambiente é percebido como formal e/ou pouco familiar, a tendência é guardar distâncias maiores de outras pessoas desconhecidas e distâncias menores de pessoas conhecidas. Little (1965) determinou que pessoas vestidas como atrizes fossem colocadas em certos cenários, para estabelecer as distâncias interpessoais percebidas como necessárias em várias situações. Cada estudante era um diretor e devia colocar os interagentes num cenário de esquina de rua, numa sala de espera de um escritório, no saguão de um edifício público e num local num *campus* universitário. A distância máxima de colocação aconteceu no escritório, e a mais próxima na cena de rua.

6) **Características físicas.** Como dissemos ao descrever as diferenças de idade, a altura de uma pessoa pode requerer mudanças na distância de interação, talvez para evitar uma posição excessivamente acima ou abaixo, ou simplesmente para obter melhor ângulo de visão. Há também indícios de que as pessoas mantêm maiores distâncias de interação em relação aos obesos (Lerner, Venning e Knapp, 1975). Uma série de estudos dirigidos por Kleck (1969; Kleck e Strenta, 1985) mostra que as pessoas que interagem com indivíduos estigmatizados (uma amputação da perna esquerda foi simulada com uma cadeira de rodas especial) escolhem distâncias iniciais para conversação maiores do que com pessoas não-estigmatizadas ou "normais", mas que essa distância diminui à medida que o tempo de interação aumenta. Resultados semelhantes foram encontrados em relação a epilépticos e pessoas com desfigurações faciais (cicatrizes e marcas de nascença). Kleck enfatiza que, quando pessoas com defeitos físicos esperam que as outras se comportem de maneira distante, elas podem se predispor para encarar tais reações e, desse modo, aumentar as probabilidades de que aquilo realmente aconteça.

7) **Orientação da atitude e da emoção.** A obra de Kleck também incluía situações nas quais se dizia à pessoa que outra era "calorosa e amigável" ou "pouco amigável". Como era de esperar, as pessoas mantinham distâncias maiores quando interagiam com outra percebida como pouco amigável. De forma

semelhante, quando lhes era dito para conversar com outra pessoa e comportar-se de maneira amigável, escolhiam distâncias menores do que quando lhes diziam "faça-o saber que você não é amigável". Esse relacionamento amigável-não-amigável com distância parece manifestar-se até em crianças da pré-escola (King, 1966). O número de atos inamistosos estava diretamente relacionado à distância mantida pelo atingido por esses atos durante situações normais. A distância podia ser reduzida, contudo, colocando-se junto a uma criança agressiva um brinquedo apreciado por ela. Às vezes, nossa raiva nos fará afastar dos outros, mas, quando buscamos revidar, podemos evidentemente reduzir a distância (Meisels e Dosey, 1971). As mudanças no estado emocional podem provocar grandes diferenças na proximidade ou distanciamento que queremos manter em relação aos outros, por exemplo, estados de depressão ou fadiga e estados de extrema excitação ou alegria.

Um estudo relatado por Patterson (1968) revela que podemos fazer uma série de julgamentos sobre outra pessoa baseados na distância. Pediu-se a algumas pessoas que entrevistassem outras e as avaliassem sigilosamente quanto a traços de amabilidade, agressividade, autoridade, extroversão e inteligência. Os entrevistados aproximaram-se dos entrevistadores a diferentes distâncias e deram respostas simples à pergunta formulada. As classificações médias para todos os traços em quatro diferentes distâncias foram tabuladas e revelaram que a posição mais distante produzia classificações significativamente mais baixas (menos favoráveis). Assim, impedindo qualquer informação contraditória, as pessoas que escolhiam distâncias menores eram freqüentemente vistas como mais calorosas, que gostavam dos outros, mais empáticas e compreensivas.

Quando procuramos ganhar a aprovação de outra pessoa, reduzimos a distância de conversação; ao contrário, passamos a distâncias maiores quando tentamos deliberadamente evitar a aprovação. As pessoas do sexo feminino pesquisadas por Rosenfeld (1965; 1966) que procuravam aprovação mantinham uma distância média de 1,44 metro; as que tentavam evitar aprovação, 2,38 metros. Quando a distância era mantida constante em 1,52 metro, os que buscavam aprovação compensavam isso sorrindo mais e empenhando-se numa atividade gestual. Mehrabian (1969) concluiu sua pesquisa sobre atitude-distância dizendo:

> ... as descobertas de um grande número de estudos confirmam-se e indicam que a distância comunicador-destinatário está relacionada ao grau da atitude negativa comunicada para o destinatário e por ele inferida. Além disso, estudos realizados por sociólogos e antropólogos indicam que as distâncias demasiadamente menores, isto é, impróprias para determinada situação interpessoal, podem produzir atitudes negativas quando o relacionamento comunicador-destinatário não é íntimo [p. 363].

8) **Características do relacionamento interpessoal.** Willis (1966) descobriu que pessoas estranhas pareciam começar as conversações numa posição muito mais distante do que as pessoas conhecidas; as mulheres ficavam mais perto de amigos íntimos do que os homens, mas muito mais longe dos "apenas

amigos" (o autor sugere que isso pode ser devido a abordagens mais cautelosas usadas para fazer amigos); e verificou que os pais ficavam tão distantes uns dos outros quanto os estranhos! A amplitude das distâncias medidas no estudo de Willis ia de 44 centímetros (amigos íntimos falando a mulheres) a 70 centímetros (branco-preto). Little (1968), num estudo de cruzamento cultural, também descobriu que os amigos eram percebidos como pessoas que interagiam mais de perto do que os conhecidos, e os conhecidos mais de perto do que os estranhos. Em estudo de 108 casais casados, pediu-se aos maridos que andassem em direção a suas esposas e parassem quando chegassem a uma distância confortável para conversação. Quanto mais insatisfeitos eram os maridos com seu casamento, tanto maior a distância escolhida por eles (Crane e outros pesquisadores, 1987). Estes e outros estudos sugerem que os relacionamentos mais íntimos tendem a ser associados a uma menor distância de interação. Obviamente, há um ponto em que os interagentes não se aproximarão mais, não importando o quão próximo seja seu relacionamento. E mesmo as pessoas que são muito próximas nem sempre interagem a distâncias pequenas, devido ao fluxo e refluxo de seu relacionamento, bem como à influência de outros fatores que alteram a distância.

9) **Características de personalidade.** Muito tem sido escrito sobre a influência da introversão e da extroversão nos relacionamentos espaciais. É difícil tirar disso alguma conclusão segura, mas a maior parte dos indícios parece mostrar que os introvertidos tendem a ficar muito mais longe que os extrovertidos e a preferir geralmente distâncias interpessoais maiores. Outros estudos sugerem que indivíduos com tendência à ansiedade mantêm maiores distâncias, mas observam-se distâncias menores quando as pessoas possuem um alto conceito de si mesmas, têm necessidades associativas, caracterizam-se por baixo autoritarismo, e têm autocontrole. Pode-se considerar que as pessoas com várias anomalias de personalidade provavelmente apresentarão um comportamento espacial não-normativo, quer demasiadamente distante, quer demasiadamente próximo.

Os fatores precedentes são alguns dos muitos que influenciarão a distância na conversação. Descobriu-se também que as maiores distâncias de conversação entre homens brancos que não se conheciam estavam associadas a isolamento social anterior, conversações mais longas sobre assuntos pessoais, conversações observadas pelos outros, e conversações que ocorrem em pequenos cômodos retangulares mais do que em cômodos grandes ou quadrados (Worchel, 1986). A lista de variáveis que afetam o espaço pessoal parece ser longa.

Além do estudo do comportamento espacial humano em situações de superpopulação e na conversação, alguns pesquisadores examinaram essas questões no contexto de um grupo pequeno, particularmente em relação a padrões de posicionamento à mesa.

Comportamento de posicionamento à mesa e disposições espaciais em pequenos grupos

Esta matéria é conhecida como ecologia de pequenos grupos. Os resultados desses estudos mostram que nosso posicionamento à mesa não é geralmente acidental ou aleatório. Há explicações para grande parte desses posicionamentos, quer estejamos totalmente conscientes deles ou não. A posição particular escolhida em relação a outra pessoa ou pessoas varia de acordo com a tarefa, o grau de relacionamento entre os interagentes, as personalidades das duas partes, e a quantidade e o tipo de espaço disponível. Estudos sobre o comportamento de sentar-se à mesa e o posicionamento espacial os relacionam aos fatores liderança, dominância, tarefa, sexo e conhecimento pessoal, motivação e introversão-extroversão.

1) **Liderança.** Parece ser uma norma, nos Estados Unidos pelo menos, que os líderes se coloquem na cabeceira ou ponta de uma mesa. Numa reunião familiar, geralmente o chefe da família está sentado à cabeceira da mesa. Os líderes de grupo eleitos geralmente se colocam nas posições principais junto a mesas retangulares, e os outros membros tentam posicionar-se de modo a poder ver o líder. Strodtbeck e Hook (1961) organizaram reuniões experimentais para tomada de decisões que revelaram que um homem sentado numa posição de liderança era escolhido com mais freqüência como líder, especialmente se fosse visto como uma pessoa de classe econômica elevada. Se a escolha fosse entre duas pessoas em cada ponta, era escolhida aquela vista como possuidora de uma situação econômica mais elevada. A visão de mulheres colocadas à cabeceira da mesa nem sempre fica relacionada ao papel de liderança (Porter e Geis, 1981). Se o grupo é formado só por mulheres, a que está na cabeceira da mesa é vista como líder. Em grupos formados por homens e mulheres, todavia, uma mulher sentada à cabeceira tem muito menos possibilidade de ser vista num papel de liderança do que um homem que ocupe essa posição.

Howells e Becker (1962) deram ênfase à idéia de que a posição de uma pessoa num grupo é fator importante na emergência da liderança. Eles raciocinaram que a posição espacial determina o fluxo da comunicação, que, por sua vez, determina a emergência da liderança. Foram examinados grupos de cinco pessoas que tomam decisões. Três delas sentaram-se num lado de uma mesa retangular e duas no outro lado. Como o estudo anterior sugeriu que a comunicação geralmente flui através da mesa mais do que em volta dela, os pesquisadores previram que o lado com duas pessoas seria capaz de influenciar mais as pessoas (ou, pelo menos, falar mais com elas) e, portanto, dali emergirem com mais freqüência chefes de grupo. Essa hipótese foi confirmada.

Um experimento de Ward (1968) ajuda a entender como a posição à mesa pode criar líderes. Estudantes do sexo masculino foram convidados a se sentar aleatoriamente em assentos individuais em volta de uma mesa redonda. Os pesquisadores dispuseram os assentos de modo que mais pessoas ficassem sentadas numa das metades da mesa do que na outra; apenas duas pessoas sentaram-se no lado menos ocupado, e esses dois assentos eram considerados "visualmente centrais", já que seus ocupantes receberiam mais olhares das pessoas do outro lado, mais densamente ocupado. Como foi previsto, os ocupantes desses assentos "visualmente centrais" receberam avaliações mais altas de liderança após a ocorrência das discussões. Mas eram eles realmente líderes, ou apenas vistos como tal? Enquanto outra pesquisa (Taylor e Fiske, 1975) indica que a pessoa sobre a qual se concentra a atenção parecerá ser um iniciador (casualmente responsável pelo curso da conversação), no estudo de Ward há evidência de que aqueles situados visualmente em posição central de fato se comportaram de modo diferente: eles falavam mais. Seria interessante esclarecer melhor os complexos motivos pelos quais o lugar onde se sentar pode afetar a liderança. Por exemplo, a pessoa visualmente na posição central disse para si mesma "estou numa posição central, é melhor começar a agir como chefe", ou são a atenção e certas atitudes dos outros membros do grupo que desencadeiam o comportamento de líder, talvez até sem que aquela pessoa o perceba?

As pessoas parecem bem conscientes do potencial comunicativo associado aos lugares para se sentar. Quando solicitadas a escolher assentos para transmitir impressões a seu respeito, as pessoas preferiram lugares na extremidade da mesa para indicar liderança/domínio, posições menos distantes para indicar atração pessoal, e assentos mais distantes e menos visíveis relativamente às posições na extremidade para indicar que não desejavam participar (Reiss e Rosenfeld, 1980).

2) **Dominância.** As posições nas pontas da mesa também parecem indicar um *status* ou fator de dominância. Russo (1967) descobriu que pessoas convidadas a relacionar as localizações de assentos em termos de "igualdade" afirmaram que um indivíduo sentado na cabeceira e outro no lado da mesa indicavam *status* mais desigual do que se estivessem sentados lado a lado ou cada um numa ponta da mesa. Em análise da freqüência da fala em pequenos grupos, Hare e Bales (1963) notaram que as pessoas nas posições 1, 3 e 5 falavam com mais freqüência. Estudos subseqüentes revelaram que essas pessoas tendiam a ser personalidades dominantes, enquanto as que evitavam as posições centrais ou focais (escolhendo os lugares 2 e 4) eram mais ansiosas e afirmaram que queriam ficar fora da discussão. Esses efeitos auto-seletivos demonstram a importância de realizar estudos aleatórios como o de Ward, acima mencionado. Alguns trabalhos preliminares efetuados por estudantes da Universidade de Wisconsin-Milwaukee sugerem que a colocação deliberada de pessoas não-dominantes em posições focais muda radicalmente a freqüência de suas comunicações. Em grupos compostos apenas por indivíduos não-dominantes, os resultados podem ser muito diferentes.

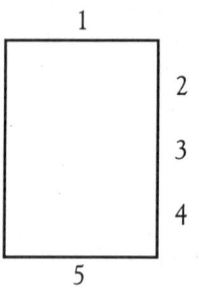

As posições 1, 3 e 5 são também consideradas de liderança, mas liderança de outro tipo, dependendo da posição. As duas posições de ponta (1 e 5) atraíram o líder preocupado com trabalho, enquanto a posição mediana atraiu um líder socioemocional (o que se preocupa com relacionamentos de grupo, que faz com que todos participem etc.). Lott e Sommer (1967) queriam descobrir como as pessoas se localizavam diante de outras de posição mais alta e mais baixa. Geralmente, os resultados sugerem que as pessoas (nesse caso, estudantes) sentam-se mais longe tanto daquelas com uma posição mais alta (professor) como das que se situam em posição mais baixa (calouro reprovado) do que a de seus colegas.

3) **Tarefa.** As observações de Sommer relacionadas à maneira de sentar nos cafés e bibliotecas estudantis levaram-no a analisar como os estudantes se sentariam em diferentes situações que envolvessem tarefa. O mesmo estudo foi feito por Cook na Grã-Bretanha com estudantes da Universidade de Oxford e também com uma amostra de não-estudantes (servidores civis, professores de escola e secretários). Em cada caso, foi pedido às pessoas que se imaginassem sentando a uma mesa com um amigo do mesmo sexo em cada uma das seguintes situações:

Conversação: sentar-se e conversar por alguns minutos antes da aula ("antes do trabalho", no caso de não-estudantes).

Cooperação: sentar-se e estudar juntos para o mesmo exame ("sentar e fazer juntos palavras cruzadas ou coisa parecida", no caso de não-estudantes).

Tabela 4.1 Preferências de assentos junto a mesas retangulares

	1	2	3	4	5	6
Conversação						
Amostra americana (151 respostas)	42%	46%	11%	0%	1%	0%
Amostra britânica (univ.) (102 respostas)	51	21	15	0	6	7
Amostra britânica (não-univ.) (42 respostas)	42	42	9	2	5	0
Cooperação						
Amostra americana	19	25	51	0	5	0
Amostra britânica (univ.)	11	11	23	20	22	13
Amostra britânica (não-univ.)	40	2	50	5	2	0
Colaboração						
Amostra americana	3	3	7	13	43	33
Amostra britânica (univ.)	9	8	10	31	28	14
Amostra britânica (não-univ.)	12	14	12	19	31	12
Competição						
Amostra americana	7	41	8	18	20	5
Amostra britânica (univ.)	7	10	10	50	16	7
Amostra britânica (não-univ.)	4	13	3	53	20	7

Colaboração: sentar-se e estudar para exames diferentes ("sentar-se à mesma mesa para ler", no caso de não-estudantes).

Competição: competir para ver quem será o primeiro a resolver uma série de quebra-cabeças.

A cada pessoa foram mostradas uma mesa redonda e uma mesa retangular, cada qual com seis cadeiras. Os resultados desses dois estudos são apresentados na tabela 4.1, quanto às mesas retangulares, e na tabela 4.2, quanto às mesas circulares.

Há muitas semelhanças entre os diferentes grupos relativamente à ordem de preferência, mas há também algumas diferenças dignas de nota. Por exemplo, a amostra dos não-universitários britânicos difere menos da amostra de estudantes americanos do que da referente ao grupo da Universidade de Oxford. As conversas antes da aula (ou do trabalho) envolviam principalmente assentos junto ao canto ou "espremidos" no mesmo lado em mesas retangulares e assentos lado a lado nas mesas redondas. Os estudantes de Oxford pareciam ser mais favoráveis a sentar-se longe para conversar do que os de outros grupos, mas as vantagens da proximidade e da visibilidade para essa atividade pareciam prevalecer. A cooperação aparentava uma preponderância de escolhas lado a lado de todos, exceto do grupo de Oxford. O autor sugere que, como os estudantes de Oxford foram encorajados a fazer a maior parte de seu trabalho sozinhos, podem não ter percebido o significado de cooperação com outra pessoa. É difícil avaliar as respostas de Oxford à questão de cooperação, já que elas foram semelhantes. A cooperação, estudar para diferentes exames ou sentar à mesa para ler com outra pessoa requeriam muito espaço entre os participantes, e as posições de sentar mais distantes eram geralmente escolhidas. As instruções ligeiramente diferentes para a amostra de não-universitários podem explicar a maior variedade de respostas à pergunta de cooperação. Muitas pessoas queriam competir numa disposição de assentos opostos. Todavia, os estudantes americanos queriam estabelecer um relacionamento mais próximo com o lado oposto. Aparentemente, isso lhes daria oportunidade não apenas de observar como a outra pessoa estava progredindo, mas também lhes permitiria usar vários gestos, movimentos corporais e contato visual para "irritar" seus oponentes. A posição oposta mais distante escolhida nas amostras britânicas evitaria, por outro lado, o ato de "espiar".

Repetindo sua experiência sobre a disposição dos lugares e tarefas de pessoas sentadas à mesa, mas dessa vez utilizando crianças, Sommer descobriu que uma disposição amplamente usada entre os grupos adultos, lugares opostos à mesa, era pouco usada pelas crianças. A distância de 75 centímetros até o lado oposto da mesa era aparentemente um fator importante. Uma investigação paralela envolvia uma tentativa de determinar o impacto de assuntos de discussão na disposição dos lugares à mesa. As universitárias discutiam assuntos que iam dos muito pessoais até os muito impessoais. A aparente falta de impacto levou Sommer (1969) a concluir:

> Parece evidente que é a natureza do relacionamento entre os indivíduos mais do que o próprio assunto que caracteriza uma discussão como pessoal ou impessoal. Dois amantes discutindo sobre o tempo podem ter uma conversa íntima, mas um professor de zoologia discutindo sexo numa sala de conferência com trezentos estudantes estaria participando de uma sessão impessoal, independentemente do assunto. [p. 65]

Tabela 4.2 Preferência de assento junto a mesas redondas

	x○x	x○	○x
Conversação			
Amostra americana			
(116 respostas)	63%	17%	20%
Amostra britânica (univ.)			
(102 respostas)	58	37	5
Amostra britânica (não-univ.)			
(42 respostas)	58	27	15
Cooperação			
Amostra americana	83	7	10
Amostra britânica (univ.)	25	31	44
Amostra britânica (não-univ.)	97	0	3
Colaboração			
Amostra americana	13	36	51
Amostra britânica (univ.)	16	34	50
Amostra britânica (não-univ.)	24	26	50
Competição			
Amostra americana	2	25	63
Amostra britânica (univ.)	15	22	63
Amostra britânica (não-univ.)	9	21	70

4) **Sexo e familiaridade.** Como sugere a citação da página anterior, a natureza do relacionamento pode fazer diferença na orientação espacial e, portanto, na escolha do lugar à mesa. Sommer (1969) e Cook (1970) não encontraram diferenças entre os sexos no que se refere às escolhas das diversas tarefas; seus estudos estavam preocupados, porém, apenas com o sexo daquele que escolhia. Talvez as duplas de sexos opostos escolham diferentemente. Os estudos também levavam em conta apenas com um "amigo casual"; é possível que o grau de familiaridade influencie as escolhas, por exemplo, amigos íntimos podem aproximar seus lugares. Essas questões levaram Cook (1970) a realizar outro questionário e obter alguns dados da observação de pessoas que interagem num restaurante e em vários bares. Pediu-se aos participantes do questionário que escolhessem disposições de lugares quando se sentavam à mesa: 1) com um amigo casual do mesmo sexo; 2) com um amigo casual do sexo oposto; 3) com um namorado ou namorada. Os resultados do "local público" ou do bar estão na tabela 4.3, e os resultados do restaurante, na tabela 4.4.

O padrão predominante do lugar à mesa, como é declarado pelos que

Tabela 4.3 Preferências por lugares à mesa em bares ou "lugares públicos"

	x☐x	☐x x	xx ☐	Outros
Amigo do mesmo sexo	70	25	45	2
Amigo casual do sexo oposto	63	37	29	7
Amigo íntimo	43	11	82	4

responderam ao questionário usando um bar como referência, foi o assento de canto, no caso de amigos do mesmo sexo e amigos casuais do sexo oposto. Já os amigos íntimos aparentemente desejam sentar à mesa lado a lado. Num restaurante, todas as variações de sexo e de familiaridade parecem selecionar o assento do lado oposto, enquanto o assento lado a lado ocorre entre amigos íntimos. Pode haver algumas razões práticas para sentar em lados opostos nos restaurantes. Por exemplo, você não cutuca a outra pessoa com o cotovelo enquanto estiver comendo. As observações do lugar à mesa num restaurante apresentadas na tabela 4.5 parecem validar as respostas do questionário. A maior parte das pessoas escolhe o assento no lado oposto ao do interlocutor nos restaurantes. As observações das pessoas que se sentam em bares, entretanto, não confirmam o estudo de questionário sobre preferência de lugares à mesa nos bares (tabela 4.6). Embora as preferências apontadas no questionário fossem pelo assento de canto, as observações mostram uma preferência marcante por assentos lado a lado. Cook sugere que

Tabela 4.4 Preferências de lugar à mesa num restaurante

	x☐x	☐x x	xx ☐	Outros
Amigo do mesmo sexo	30	73	34	4
Amigo casual do sexo oposto	43	64	28	4
Amigo íntimo	40	53	46	2

Tabela 4.5 Observações do comportamento de sentar num restaurante

	☐x x	xx ☐	☐x x
Dois homens	6	0	0
Duas mulheres	6	0	1
Homem com mulher	36	7	1
Total	48	7	2

Tabela 4.6 Observações do posicionamento à mesa em três bares

	x ▢ x	x ▢ x	xx ▢
Bar A			
Dois homens	7	8	13
Homem e mulher	6	4	21
Total	13	12	34
Bar B			
Dois homens	1	0	9
Homem e mulher	4	3	20
Total	5	3	29
Bar C			
Dois homens	0	11	7
Homem e mulher	1	4	10
Total	1	15	17
Total geral			
Dois homens	8	19	29
Homem e mulher	11	11	51
Total	19	30	80

isso pode ter acontecido porque os bares tinham muitos lugares encostados à parede. Supostamente, isso levava as pessoas a sentar lado a lado, de modo a não dar as costas a ninguém e ter uma boa visão dos outros fregueses. Desse modo, as preferências escritas no questionário eram anuladas por fatores ambientais. A partir desse estudo, devemos concluir que o sexo e a familiaridade com o outro interlocutor têm algum efeito nas preferências pelas posições que as pessoas escolhem à mesa. Essas descobertas são coerentes com várias pesquisas indicadoras de que tendemos a reduzir a distância que nos separa daqueles que sentimos terem atitudes semelhantes às nossas. E, do mesmo modo, parecemos desenvolver relacionamentos positivos mais freqüentemente com aqueles mais próximos de nós, em casa ou numa sala de aula.

5) **Motivação.** Mencionamos anteriormente que é possível regular a intimidade com outra pessoa mediante o aumento do contato visual ou pela diminuição da distância. É claro, podemos fazer as duas coisas. Antes de outro estudo de Cook (1970), não sabíamos que fatores levavam ao uso do contato visual. Novamente, pessoas foram convidadas a selecionar assentos à mesa segundo diferentes tipos (positivo e negativo) e diferentes níveis (alto, médio e baixo) de motivação. Por exemplo, uma motivação positiva alta era "sentar com o namorado" e uma motivação negativa baixa era "sentar com alguém de quem você não gosta muito e com quem não deseja falar". Cook descobriu que, com o aumento de motivação, as pessoas queriam sentar mais perto ou ter mais contato visual. Quando a motivação era associativa, a escolha procurava permitir mais contato visual. Parece, portanto, que a es-

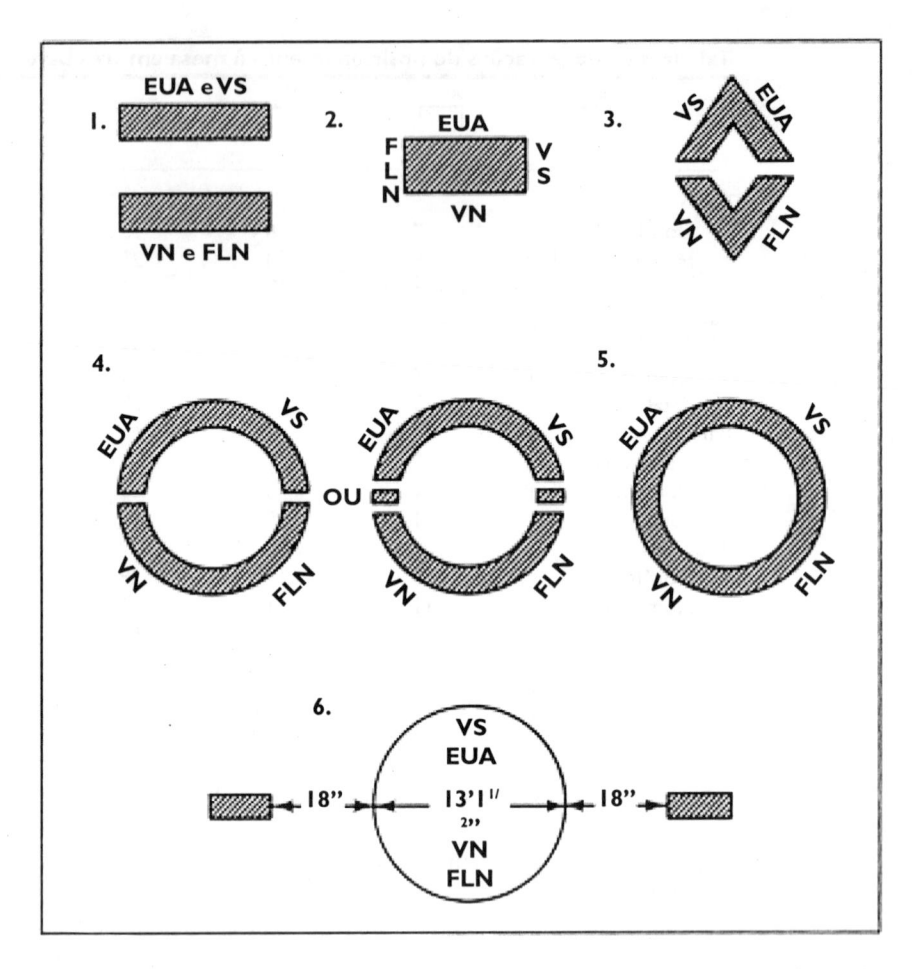

Figura 4.2 Propostas para a mesa a ser usada nas palestras de paz em Paris, 1968 (extraído de J. C. McCroskey, C. E. Larson, e M. L. Knapp, *An Introduction to Interpersonal Communication*, Englewood Cliffs, N.J.: Prentice-Hall, 1971, p. 98).

colha do contato visual ou da proximidade depende dos motivos da dupla de interagentes. É bastante aceitável sentar perto de outra pessoa quando há alta motivação associativa; mas, quando há altos níveis de motivação não-associativa, tal proximidade não é tão aceitável, então o contato visual é usado.

6) **Introversão-extroversão.** Já discutimos a possível influência da introversão e da extroversão na distância em conversas. Cook (1970) encontrou algumas relações entre essa variável de personalidade e a preferência pelo assento à mesa. Os extrovertidos preferiram sentar do lado oposto (do outro lado ou na ponta da mesa) e não levavam em conta as posições que os colocariam num canto. Muitos extrovertidos também escolheram posições que os colocavam muito próximos fisicamente de outra pessoa. Os introvertidos geral-

mente escolheram posições que os mantinham mais a distância, visual e fisicamente.

Uma discussão sobre a forma da mesa nas palestras de paz em Paris em 1968 é a maneira mais apropriada de concluir este capítulo. Ela incorpora elementos de territorialidade e das disposições de assento à mesa que são influenciados pela cultura, atitudes, percepções de liderança e pelo tipo de tarefa empreendida. Levou oito meses para que os negociadores obtivessem apenas um acordo sobre a forma da mesa! Os diagramas na figura 4.2 marcam a cronologia das propostas sobre os lugares à mesa.

> Os Estados Unidos (EUA) e o Vietnã do Sul (VS) queriam uma disposição de assento na qual eram identificados dois lados. Eles não queriam reconhecer a Frente de Libertação Nacional (FLN) como uma parte igual nas negociações. O Vietnã do Norte (VN) e a FLN queriam que fosse dado um mesmo *status* a todas as partes, representadas por uma mesa com quatro lados. A disposição final era tal que ambas as partes podiam reivindicar a "vitória". A mesa redonda sem as linhas de divisão permitia ao Vietnã do Norte e à FLN proclamar que as quatro delegações eram iguais. A existência das duas mesas da secretaria (interpretadas como divisoras), a falta de símbolos de identificação na mesa e um rodízio de discurso AA, BB possibilitaram aos Estados Unidos e ao Vietnã do Sul reivindicar a vitória por uma abordagem bilateral. Considerando as vidas perdidas durante os oito meses necessários para alcançar a disposição dos assentos, devemos certamente concluir que proximidade e territorialidade estão longe de ser preocupações triviais em alguns encontros humanos. [McCroskey, Larson e Knapp, 1971, p. 98]

Sumário

A compreensão e o uso adequados do espaço contribuem muito para obter vários resultados que procuramos na comunicação. Parte de nosso comportamento espacial está ligada à necessidade de delimitar e manter o território. A maneira como nos comportamos territorialmente pode ser útil na interação social e no controle da densidade populacional, e também ser fonte de conflito quando o território é disputado ou invadido. Identificamos três tipos de território (primário, secundário e público) e quatro níveis em que existe o comportamento territorial (indivíduo, grupo, comunidade e nação). Embora imaginemos que as pessoas sempre defendem vigorosamente seu território, o tipo de defesa depende em grande parte de quem é o intruso, por que a intrusão está acontecendo, que tipo de território está sendo invadido, de que tipo é a invasão (violação, ocupação ou contaminação), quanto dura a intrusão, e onde ela ocorre. Tentamos muitas vezes evitar que as pessoas entrem em nosso território marcando-o como "nosso". Isso pode ser feito por nossa presença física ou pela presença de um amigo que concorda em "vigiar" o território. A invasão territorial também pode ser prevenida pelo uso de marcadores (cercas, casacos e coisas semelhantes) ou um tipo especial de linguagem. Além disso, há várias manobras defensivas, por exemplo, fuga, olhares hostis, recuo ou afastamento, bloqueio de avanços com objetos ou com as mãos e os braços, ou até defesas verbais. As pessoas não gostam de que outras invadam seu território, mas também relutam em invadir o território dos outros, muitas vezes desculpando-se quando isso não pode ser evitado.

Examinamos a densidade e o ajuntamento na interação humana e dos animais. Os estudos de animais mostraram inúmeros efeitos indesejáveis da superpopulação. Situações de alta densidade humana, entretanto, nem sempre são danosas. Algumas vezes, queremos a companhia de muitas pessoas. Um fator que permite avaliar os resultados individualmente estressantes e socialmente indesejáveis é o número de pessoas por cômodo, mais do que outras medidas de densidade. Quando as pessoas sentem a tensão de uma situação de ajuntamento, procuram meios de enfrentá-la, tal como os bosquímanos qkungs ou os habitantes urbanos. Vimos a distinção entre densidade (número de pessoas por unidade de espaço) e multidão (sentimento produzido pelo ambiente ou por fatores pessoais ou sociais).

O exame do comportamento espacial nas conversas revelou que há muitas maneiras de o conceitualizar e medir. Assim, é difícil tirar conclusões seguras a respeito. As pessoas procuram uma distância de conversação confortável que varia segundo idade, sexo, histórico cultural e étnico, ambiente, atitudes, emoções, assuntos, características físicas, personalidade e relacionamento entre as pessoas.

Finalmente, analisamos as disposições dos lugares à mesa em pequenos grupos. As distâncias e assentos escolhidos não parecem ser acidentais. Líderes e personalidades dominantes tendem a escolher assentos específicos, mas a posição do assento também pode determinar o papel de alguém num grupo. O lugar à mesa varia conforme o assunto em pauta, a natureza do relacionamento entre as partes, e certas variáveis de personalidade.

Referências e bibliografia selecionada

Aiello, J. R., & Aiello, T. C. (1974). The development of personal space: Proxemic behavior of children 6 through 16. *Human Ecology*, 2, 177–89.

Aiello, J. R., & Jones, S. E. (1971). Field study of the proxemic behavior of young school children in three subcultural groups. *Journal of Personality and Social Psychology*, 19, 351–6.

Aiello, J. R., &Thompson, D. E. (1980). Personal space, crowding, and spatial behavior in a cultural context. In I. Altman, A. Rapoport, & J. F. Wohlwill (Eds.), *Human behavior and environment*. Vol. 4 (pp. 107–78). Nova York: Plenum.

Albert, S., & Dabbs, J. M., Jr. (1970). Physical distance and persuasion. *Journal of Personality and Social Psychology*, 15, 265–70.

Allekian, C. 'I. (1973). Intrusions of territory and personal space: An anxiety-inducing factor for hospitalized persons. *Nursing Research*, 22, 236–41.

Allgeier, A. R., & Byrne, D. (1973). Attraction toward the opposite sex as a determinant of physical proximity. *Journal of Social Psychology*, 90, 213–9.

Altman, I. (1975). *The environment and social behavior*. Monterey, CA: Brooks/Cole.

Altman, I., & Chemers, M. M. (1988). *Culture and environment.* Nova York: Cambridge University Press.

Altman, I., & Haythorn, W. W. (1967). The ecology of isolated groups. *Behavioral Science, 12,* 169–82.

Ardrey, R. (1966). *The territorial imperative.* Nova York: Atheneum Press.

Argyle, M., & Dean, J. (1965). Eye contact, distance and affiliation. *Sociometry, 28,* 289–304.

Barash, D. P. (1973). Human ethology: Personal space reiterated. *Environment and Behavior, 5,* 67–73.

Bass, B. M., & Klubeck, S. (1952). Effects of seating arrangements on leaderless group discussions. *Journal of Abnormal and Social Psychology, 47,* 724–7.

Baum, A., & Greenberg, C. I. (1975). Waiting for a crowd: The behavioral and perceptual effects of anticipated crowding. *Journal of Personality and Social Psychology, 32,* 671–9.

Baum, A., Riess, M., & O'Hara, J. (1974). Architectural variants of reaction to spatial invasion. *Environment and Behavior, 6,* 91–100.

Baxter, J. C. (1970). Interpersonal spacing in natural settings. *Sociometry, 33,* 444–56.

Becker, F. D. (1973). Study of spatial markers. *Journal of Personality and Social Psychology, 26,* 439–45.

Bull, R. (1985). The general public's reactions to facial disfigurement. In J. A. Graham & A. M. Kligman (Eds.), *The psychology of cosmetic treatments* (pp. 184–90). Nova York: Praeger.

Buller, D. B. (1987). Communication apprehension and reactions to proxemic violations. *Journal of Nonverbal Behavior, 11,* 13–25.

Burgoon, J. K. (1982). Privacy and communication. In M. Burgoon (Ed.), *Communication yearbook 6* (pp. 206–49). Beverly Hills, CA: Sage.

Burgoon, J. K. (1983). Nonverbal violations of expectations. In J. M. Wiemann & R. P. Harrison (Eds.), *Nonverbal interaction* (pp. 77–111). Beverly Hills, CA: Sage.

Burgoon, J. K., & Jones, S. B. (1976). Toward a theory of personal space expectations and their violations. *Human Communication Research, 2,* 131–46.

Byrne, D., & Buehler, J. A. (1955). A note on the influence of propinquity upon acquaintanceships. *Journal of Abnormal and Social Psychology, 51,* 147–8.

Calhoun, J. B. (1962). Population density and social pathology. *Scientific American, 206,* 139–48.

Caplan, M. E., & Goldman, M. (1981). Personal space violations as a function of height. *Journal of Social Psychology, 114,* 167–71.

Cappella, J. N. (1986). Violations of distance norms: Reciprocal and compensatory reactions for high and low self-monitors. In M. L. McLaughlin (Ed.), *Communication yearbook 9* (pp. 359–76). Beverly Hills, CA: Sage.

Carpenter, C. R. (1958). Territoriality: A review of concepts and problems. In A. Roe & G. G. Simpson (Eds.), *Behavior and evolution* (pp. 224–50). New Haven: Yale University Press.

Christian, J. J., & Davis, D. E. (1964). Social and endocrine factors are integrated in the regulation of mammalian populations. *Science, 146,* 1550–60.

Ciolek, T. M. (1983). The proxemics lexicon: A first approximation. *Journal of Nonverbal Behavior, 8*, 55–79.

Ciolek, T. M., & Kendon, A. (1980). Environment and the spatial arrangement of conversational encounters. *Sociological Inquiry, 50*, 237–76.

Connolly, P. R. (1975). The perception of personal space among black and white Americans. *Central States Speech Journal, 26*, 21–8.

Cook, M. (1970). Experiments on orientation and proxemics. *Human Relations, 23*, 61–76.

Crane, D. R., Dollahite, D. C., Griffin, W., & Taylor, V. L. (1987). Diagnosing relationships with spatial distance: An empirical test of a clinical principle. *Journal of Marital and Family Therapy, 13*, 307–10.

DeLong, A. J. (1970). Dominance-territorial relations in a small group. *Environment and Behavior, 2*, 190–1.

DiPietro, J. A. (1981). Rough and tumble play: A function of gender. *Developmental Psychology, 17*, 50–8.

Draper, P. (1973). Crowding among hunter-gatherers: The !Kung bushmen. *Science, 182*, 301–3.

Eagly, A. H. (1987). *Sex differences in social behavior: A social-role interpretation.* Hillsdale, NJ: Erlbaum.

Edney, J. J. (1974). Human territoriality. *Psychological Bulletin, 31*, 959–75.

Efran, M. G., & Cheyne, J. A. (1974). Affective concomitants of the invasion of shared space: Behavioral, physiological and verbal indicators. *Journal of Personality and Social Psychology, 29*, 219–26.

Erickson, F. (1975). One function of proxemic shifts in face-to-face interaction. In A. Kendon, R. M. Harris, & M. R. Key (Eds.), *Organization of behavior in face-to-face interaction* (pp. 175–87). Chicago: Aldine.

Esser, A. H. (1971). *Environment and behavior: The use of space by animals and men.* Nova York: Plenum.

Evans, G. W. (1979). Behavioral and physiological consequences of crowding in humans. *Journal of Applied Social Psychology, 9*, 27–46.

Evans, G. W., & Howard, R. B. (1973). Personal space. *Psychological Bulletin, 80*, 334–44.

Felipe, N. J., & Sommer, R. (1966). Invasions of personal space. *Social Problems, 14*, 206–14.

Finando, S. J. (1973). *The effects of distance norm violation on heart rate and length of verbal response.* Tese doutoral não publicada, Florida State University.

Fisher, J. D., & Byrne, D. (1975). Too close for comfort: Sex differences in response to invasions of personal space. *Journal of Personality and Social Psychology, 32*, 15–21.

Freedman, J. L. (1975). *Crowding and behavior.* Nova York: Viking.

Freedman, J. L. (1979). Reconciling apparent differences between the responses of humans and other animals to crowding. *Psychological Review, 86*, 80–5.

Fry, A. M., & Willis, F. N. (1971). Invasion of personal space as a function of the age of the invader. *Psychological Record, 21*, 385–9.

Furbay, A. L. (1965). The influence of scattered seating vs. compact seating on audience responses. *Speech Monographs, 32*, 144–8.

Galle, O. R., Gove, W. R., & McPherson, J. M. (1972). Population density and pathology: What are the relationships for man? *Science, 176,* 23–30.

Gifford, R. (1982). Projected interpersonal distance and orientation choices: Personality, sex, and social situation. *Social Psychology Quarterly, 45,* 145–52.

Gifford, R., & O'Connor, B. (1986). Nonverbal intimacy: Clarifying the role of seating distance and orientation. *Journal of Nonverbal Behavior, 10,* 207–14.

Gochman, I. R., & Keating, J. P. (1980). Misattributions to crowding: Blaming crowding for non-density caused events. *Journal of Nonverbal Behavior, 4,* 157–75.

Goffman, E. (1971). *Relations in public.* Nova York: Basic Books.

Greenberg, C. I., & Firestone, I. J. (1977). Compensatory responses to crowding: Effects of personal space intrusion and privacy reduction. *Journal of Personality and Social Psychology, 35,* 637–44.

Guardo, C. J., & Meisels, M. (1971). Child-parent spatial patterns under praise and reproof. *Developmental Psychology, 5,* 365.

Halberstadt, A. G. (1985). Race, socioeconomic status and nonverbal behavior. In A. W. Siegman & S. Feldstein (Eds.), *Multichannel integrations of nonverbal behavior* (pp. 227–66). Hillsdale, NJ: Erlbaum.

Hall, E. T. (1959). *The silent language.* Garden City, NY: Doubleday.

Hall, E. T. (1963). A system for the notation of proxemic behavior. *American Anthropologist, 65,* 1003–26.

Hall, E. T. (1966). *The hidden dimension.* Garden City, NY: Doubleday.

Hall, J. A. (1984). *Nonverbal sex differences: Communication accuracy and expressive style.* Baltimore: Johns Hopkins University Press.

Hansen, J. F. (1976). Proxemics and the interpretive processes in human communication. *Semiotica, 17,* 165–79.

Hare, A., & Bales, R. (1963). Seating position and small group interaction. *Sociometry, 26,* 480–6.

Hartnet, J. J., Bailey, K. G., & Hartley, C. S. (1974). Body height, position, and sex as determinants of personal space. *Journal of Psychology, 87,* 129–36.

Hayduk, L. A. (1978). Personal space: An evaluative and orienting overview. *Psychological Bulletin, 85,* 117–34.

Hearn, G. (1957). Leadership and the spatial factor in small groups. *Journal of Abnormal and Social Psychology, 104,* 269–72.

Hediger, H. P. (1961). The evolution of territorial behavior. In S. L. Washburn (Ed.), *Social life of early man* (pp. 34–57). Chicago: Aldine.

Henley, N. M. (1977). *Body politics: Power, sex, and nonverbal communication.* Englewood Cliffs, NJ: Prentice-Hall.

Hildreth, A. M., Derogatis, L. R., & McCusker, K. (1971). Body buffer zone and violence: A reassessment and confirmation. *American Journal of Psychiatry, 127,* 1641–5.

Hoppe, R. A., Greene, M. S., & Kennedy, J. W. (1972). Territorial markers: Additional findings. *Journal of Social Psychology, 88,* 305–6.

Horowitz, M. J. (1965). Human spatial behavior. *American Journal of Psychotherapy, 19,* 20–8.

Horowitz, M. J. (1968). Spatial behavior and psychopathology. *The Journal of Nervous and Mental Disease, 146,* 24–35.

Howells, L. T., & Becker, S. W. (1962). Seating arrangement and leadership emergence. *Journal of Abnormal and Social Psychology, 64*, 148–50.

Hutt, C., & Vaizey, M. J. (1966). Differential effects of group density on social behavior. *Nature, 209*, 1371–2.

Jones, S. E., & Aiello, J. R. (1973). Proxemic behavior of black and white first, third, and fifth grade children. *Journal of Personality and Social Psychology, 25*, 21–7.

King, M. J. (1966). Interpersonal relations in preschool children and average approach distance. *Journal of Genetic Psychology, 109*, 109–16.

Kinzel, A. S. (1970). Body buffer zone in violent prisoners. *American Journal of Psychiatry, 127*, 59–64.

Kleck, R. E. (1969). Physical stigma and task oriented interaction. *Human Relations, 22*, 51–60.

Kleck, R., Buck, P. L., Goller, W. L., London, R. S., Pfeiffer, J. R., & Vukcevic, D. P. (1968). The effect of stigmatizing conditions on the use of personal space. *Psychological Reports, 23*, 111–8.

Kleck, R. E., & Strenta, A. C. (1985). Physical deviance and the perception of social outcomes. In J. A. Graham & A. M. Kligman (Eds.), *The psychology of cosmetic treatments* (pp. 161–83). Nova York: Praeger.

Klopfer, P. M. (1968). From Ardrey to altruism: A discourse on the biological basis of human behavior. *Behavioral Science, 13*, 399–401.

Klopfer, P. M. (1969). *Habitats and territories: A study of the use of space by animals*. Nova York: Basic Books.

Knowles, E. S. (1973). Boundaries around group interaction: The effect of group size and member status on boundary permeability. *Journal of Personality and Social Psychology, 26*, 327–32.

Knowles, E. S. (1979). An affiliative conflict theory of personal and group spatial behavior. In P. B. Paulus (Ed.), *Psychology of group influence*. Hillsdale, NJ: Erlbaum.

Latta, R. M. (1978). Relation of status incongruence to personal space. *Personality and Social Psychology Bulletin, 4*, 143–6.

Leibman, M. (1970). The effects of sex and race norms on personal space. *Environment and Behavior, 2*, 208–46.

Leipold, W. E. (1963). *Psychological distance in a dyadic interview*. Tese doutoral não-publicada, University of North Dakota.

Lerner, R. M., Venning, J., & Knapp, J. R. (1975). Age and sex effects on personal space schemata toward body build in late childhood. *Developmental Psychology, 11*, 855–6.

Little, K. B. (1965). Personal space. *Journal of Experimental Social Psychology, 1*, 237–47.

Little, K. B. (1968). Cultural variations in social schemata. *Journal of Personality and Social Psychology, 10*, 1–7.

Loo, C. M. (1973). The effect of spatial density on the social behavior of children. *Journal of Applied Social Psychology, 2*, 372–81.

Lott, D. F., & Sommer, R. (1967). Seating arrangements and status. *Journal of Personality and Social Psychology, 7*, 90–4.

Lyman, S. M., & Scott, M. B. (1967). Territoriality: A neglected sociological dimension. *Social Problems, 15*, 236–49.

McBride, G., King, M. G., & James, J. W. (1965). Social proximity effects on galvanic skin responses in adult humans. *Journal of Psychology, 61*, 153–7.

McCallum, R., Rusbult, C. E., Hong, G. K., Walden, T. A., & Schopler, J. (1979). Effects of resource availability and importance of behavior on the experience of crowding. *Journal of Personality and Social Psychology, 37*, 1304–13.

McCroskey, J. C., Larson, C. E., & Knapp, M. L. (1971). *An introduction to interpersonal communication*. Englewood Cliffs, NJ: Prentice-Hall.

McDowell, K. V. (1972). Violations of personal space. *Canadian Journal of Behavioral Science, 4*, 210–17.

Mehrabian, A. (1969). Significance of posture and position in the communication of attitude and status relationships. *Psychological Bulletin, 71*, 363.

Mehrabian, A., & Diamond, S. G. (1971). Seating arrangement and conversation. *Sociometry, 34*, 281–9.

Meisels, M., & Dosey, M. (1971). Personal space, anger arousal, and psychological defense. *Journal of Personality, 39*, 333–4.

Meisels, M., & Guardo, C. (1969). Development of personal space schemata. *Child Development, 40*, 1167–78.

Milgram, S. (1970). The experience of living in cities. *Science, 167*, 1461–8.

Mitchell, R. (1971). Some social implications of higher density housing. *American Sociological Review, 36*, 18–29.

Montague, A. (Ed.), (1968). *Man and aggression*. Nova York: Oxford University Press.

Moos, R. H., & Kulik, J. (1976). Population density, crowding and the use of space. In R. H. Moos (Ed.), *The human context* (pp. 141–74). Nova York: Wiley.

Munroe, R. L., & Munroe, R. H. (1972). Population density and affective relationships in three East African societies. *Journal of Social Psychology, 88*, 15–20.

Newman, O. (1972). *Defensible space*. Nova York: Macmillan.

O'Neal, E. C., Brunalt, M. A., Carifio, M. S., Troutwine, R., & Epstein, J. (1980). Effect of insult upon personal space preferences. *Journal of Nonverbal Behavior, 5*, 56–62.

Pagan, G., & Aiello, J. R. (1982). Development of personal space among Puerto Ricans. *Journal of Nonverbal Behavior, 7*, 59–68.

Pastalan, L., & Carson, D. H. (Eds.), (1970). *Spatial behavior of older people*. Ann Arbor: University of Michigan/Wayne State University Press.

Patterson, M. L. (1968). Spatial factors in social interaction. *Human Relations, 21*, 351–61.

Patterson, M. L. (1973). Compensation and nonverbal immediacy behaviors: A review. *Sociometry, 36*, 237–53.

Patterson, M. L. (1975). Personal space – Time to burst the bubble? *Man-Environment Systems, 5*, 67.

Patterson, M. L. (1976). An arousal model of interpersonal intimacy. *Psychological Review, 83*, 235–45.

Patterson, M. L. (1978). The role of space in social interaction. In A. W. Siegman & S. Feldstein (Eds.), *Nonverbal behavior and communication* (pp. 265–90). Hillsdale, NJ: Erlbaum.

Patterson, M. L., & Edinger, J. A. (1987). A functional analysis of space in social interaction. In A. W. Siegman & S. Feldstein (Eds.), *Nonverbal behavior and communication*. 2d ed. (pp. 523-562). Hillsdale, NJ: Erlbaum.

Patterson, M. L., Mullens, S., & Romano, J. (1971). Compensatory reactions to spatial intrusion. *Sociometry, 34*, 114-21.

Pedersen, D. M., & Shears, L. M. (1973). A review of personal space research in the framework of general system theory. *Psychological Bulletin, 80*, 367-88.

Porter, E., Argyle, M., & Salter, V. (1970). What is signalled by proximity? *Perceptual and Motor Skills, 30*, 39-42.

Porter, N., & Geis, F. (1981). Women and nonverbal leadership cues: When seeing is not believing. In C. Mayo & N. M. Henley (Eds.), *Gender and nonverbal behavior* (pp. 39-61). Nova York: Springer-Verlag.

Priest, R. F., & Sawyer, J. (1967). Proximity and peership: Bases of balance in interpersonal attraction. *American Journal of Sociology, 72*, 633-49.

Reiss, M., & Rosenfeld, P. (1980). Seating preferences as nonverbal communication: A self-presentational analysis. *Journal of Applied Communication Research, 8*, 22-30.

Rohe, W., & Patterson, A. H. (1974). *The effects of varied levels of resources and density on behavior in a day care center*. Documento apresentado à Environmental Design and Research Association, Milwaukee, WI.

Rosenfeld, H. (1965). Effect of approval-seeking induction on interpersonal proximity. *Psychological Reports, 17*, 120-2.

Rosenfeld, H. (1966). Instrumental and affiliative functions of facial and gestural expressions. *Journal of Personality and Social Psychology, 4*, 65-72.

Russo, N. (1967). Connotation of seating arrangement. *Cornell Journal of Social Relations, 2*, 37-44.

Scheflen, A. E. (1975). Micro-territories in human interaction. In A. Kendon, R. M. Harris, & M. R. Key (Eds.), *Organization of behavior in face-to-face interaction* (pp. 159-73). Chicago: Aldine.

Scheflen, A. E., & Ashcraft, N. (1976). *Human territories: How we behave in space-time*. Englewood Cliffs, NJ: Prentice-Hall.

Scherer, S. E. (1974). Proxemic behavior of primary school children as a function of their socioeconomic class and subculture. *Journal of Personality and Social Psychology, 29*, 800-5.

Schmidt, D. E., & Keating, J. P. (1979). Human crowding and personal control: An integration of the research. *Psychological Bulletin, 86*, 680-700.

Schulz, R., & Barefoot, J. (1974). Non-verbal responses and affiliative conflict theory. *British Journal of Social and Clinical Psychology, 13*, 237-43.

Shuter, R. (1976). Proxemics and tactility in Latin America. *Journal of Communication, 26*, 46-52.

Shuter, R. (1977). A field study of non-verbal communication in Germany, Italy and the United States. *Communication Monographs, 44*, 298-305.

Smith, D. E. (1986). The influence of contextual variables on interpersonal spacing. *Journal of Communication, 29* (Autumn), 34-9.

Smith, M. J., Reinheimer, R. E., & Gabbard-Alley, A. (1981). Crowding, task performance, and communicative interaction in youth and old age. *Human Communication Research, 7*, 259-72.

Sobel, R. S., & Lillith, N. (1975). Determinants of nonstationary personal space invasion. *Journal of Social Psychology, 97*, 39–45.
Sommer, R. (1959). Studies in personal space. *Sociometry, 22*, 247–60.
Sommer, R. (1961). Leadership and group geography. *Sociometry, 24*, 99–110.
Sommer, R. (1962). The distance for comfortable conversation: A further study. *Sociometry, 25*, 111–6.
Sommer, R. (1965). Further studies of small group ecology. *Sociometry, 28*, 337–48.
Sommer, R. (1967). Small group ecology. *Psychological Bulletin, 67*, 145–52.
Sommer, R. (1969). *Personal space*. Englewood Cliffs, NJ: Prentice-Hall.
Sommer, R., & Becker, F. D. (1969). Territorial defense and the good neighbor. *Journal of Personality and Social Psychology, 11*, 85–92.
Sommer, R., & Ross, H. (1958). Social interaction on a geriatrics ward. *International Journal of Social Psychiatry, 4*, 128–33.
Steinzor, B. (1950). The spatial factor in face to face discussion groups. *Journal of Abnormal and Social Psychology, 45*, 552–5.
Stockdale, J. E. (1978). Crowding: Determinants and effects. In L. Berkowitz (Ed.), *Advances in experimental social psychology*. Vol. 11 (pp. 197–247). Nova York: Academic Press.
Stokols, D. (1972). On the distinction between density and crowding: Some implications for future research. *Psychological Review, 79*, 275–8.
Stokols, D., Rall, M., Pinner, B., & Schopler, J. (1973). Physical, social, and personal determinants of the perception of crowding. *Environment and Behavior, 5*, 87–117.
Stratton, L. O., Tekippe, D. J., & Flick, G. L. (1973). Personal space and self concept. *Sociometry, 36*, 424–9.
Strodtbeck, F., & Hook, L. (1961). The social dimensions of a twelve man jury table. *Sociometry, 24*, 397–415.
Strube, M. J., & Werner, C. (1984). Personal space claims as a function of interpersonal threat: The mediating role of need for control. *Journal of Nonverbal Behavior, 8*, 195–209.
Sundstrom, E. (1978). Crowding as a sequential process: Review of research on the effects of population density on humans. In A. Baum & Y. M. Epstein (Eds.), *Human responses to crowding* (pp. 31–116). Hillsdale, NJ: Erlbaum.
Sundstrom, E., & Altman, I. (1976). Interpersonal relationships and personal space: Research review and theoretical model. *Human Ecology, 4*, 47–67.
Sundstrom, E., & Sundstrom, M. G. (1977). Personal space invasions: What happens when the invader asks permission? *Environmental Psychology and Nonverbal Behavior, 2*, 76–82.
Sussman, N. M., & Rosenfeld, H. M. (1982). Influence of culture, language, and sex on conversational distance. *Journal of Personality and Social Psychology, 42*, 66–74.
Taylor, S. E., & Fiske, S. T. (1975). Point of view and perceptions of causality. *Journal of Personality and Social Psychology, 32*, 429–45.
Vine, I. (1975). Territoriality and the spatial regulation of interaction. In A. Kendon, R. M. Harris, & M. R. Key (Eds.), *Organization of behavior in face to face interaction* (pp. 357–87). Chicago: Aldine.

Ward, C. (1968). Seating arrangement and leadership emergence in small discussion groups. *Journal of Social Psychology, 74,* 83–90.

Watson, O. M. (1970). *Proxemic behavior: A cross-cultural study.* The Hague: Mouton.

Watson, O. M. (1972). Symbolic and expressive uses of space: An introduction to proxemic behavior. Module No. 20. Reading, MA: Addison-Wesley.

Watson, O. M. (1973). Proxemics. In T. A. Sebeok (Ed.), *Current trends in linguistics.* The Hague: Mouton Press.

Watson, O. M., & Graves, T. D. (1966). Quantitative research in proxemic behavior. *American Anthropologist, 68,* 971–85.

Williams, J. L. (1971). Personal space and its relation to extroversion-introversion. *Canadian Journal of Behavioral Science, 3,* 156–60.

Willis, F. N. (1966). Initial speaking distance as a function of the speaker's relationship. *Psychonomic Science, 5,* 221–2.

Willis, F. N., Jr., Gier, J. A., & Smith, D. E. (1979). Stepping aside: Correlates of displacement in pedestrians. *Journal of Communication, 29* (Autumn), 34–9.

Worchel, S. (1986). The influence of contextual variables on interpersonal spacing. *Journal of Nonverbal Behavior, 10,* 230–54.

5

Os efeitos do gesto e da postura na comunicação humana

Respondemos aos gestos com extrema prontidão e, poderíamos dizer, de acordo com um código elaborado, secreto e não escrito, que ninguém conhece mas todos compreendem.

E. Sapir

A citação de Sapir caracteriza adequadamente a visão dos gestos predominante na primeira parte do século XX. Se estivesse vivo hoje, sua avaliação seria, sem dúvida, um pouco diferente. A linguagem falada e os gestos são comumente reconhecidos como partes integrantes da interação humana (a conversação informal e também o discurso público mais formal). Entretanto, ao contrário da linguagem, os gestos receberam relativamente pouca atenção dos estudiosos até recentemente. Kendon (1981a) identificou apenas seis livros eruditos sobre o gesto, publicados entre 1900 e 1979 em inglês. Posteriormente, entretanto, começou-se a entender e registrar a complexa natureza dos gestos já conhecidos. Passou-se também a aprender de que modo as pessoas chegam a entender os gestos que não são muito conhecidos.

O que são exatamente os gestos? São movimentos do corpo (ou de parte dele) usados para comunicar uma idéia, intenção ou sentimento. Muitas dessas ações são feitas com braços e mãos, mas a área da face e da cabeça também é usada na gesticulação. Entre algumas ações, normalmente *não* consideradas como gestos, incluem-se os toques no próprio corpo, arrumar-se, ajustar a roupa e os tiques nervosos. Muitos movimentos ligados ao corpo refletem ou regulam estados de excitação (Barroso e outros pesquisadores, 1978). Outros podem estar voltados para uma tarefa. Ações usadas na realização de uma tarefa, como fumar, comer ou pegar um livro, não são incluídas na esfera dos gestos. Contudo, essas ações instrumentais, quando realizadas de maneira afetada ou com "estilo", são qualificadas como gesto intencional. Um exemplo é aquele gesto realizado pelas pessoas e facilmente reconhecido, a "banana", representada pelo antebraço dobrado para cima e que significa "dane-se!", de modo que ele não pareça um gesto mas comunique o significado do gesto (ver figura 5.1). Pelo fato de a banana ser um gesto ilegal em Malta, alguns agiram lá como se estivessem apenas esfregando a parte superior do braço estendido. O braço esfregado apresentava o punho cerrado.

As ações não-planejadas decorrentes de uma emoção sentida não fazem parte de uma mensagem planejada, estando também excluídas da categoria de gestos. Em suma, as ações que não fazem parte das atitudes próprias de uma pessoa não são normalmente consideradas gestos. Quando observamos uma pessoa, podemos distinguir quais movimentos fazem parte de suas ações para se comunicar.

Os gestos desempenham várias funções. Podem substituir a fala (durante o diálogo ou quando o discurso não é usado), regular o fluxo e o ritmo da interação, manter a atenção, dar ênfase ao discurso e ajudar a caracterizar e memorizar o conteúdo do discurso.

Que tipos de gesto são comumente empregados na interação cotidiana? Os gestos podem ser classificados de muitas maneiras (Morris, 1977), mas os dois tipos principais são *gestos independentes da fala* e *gestos relacionados à fala*.

Gestos independentes da fala

Os gestos independentes da fala são também conhecidos como emblemas (Ekman, 1976; Ekman, 1977) ou gestos autônomos (Kendon, 1984; Kendon, 1989). São atos não-verbais que têm uma tradução verbal direta ou uma definição de dicionário, representando geralmente uma ou duas palavras ou uma frase. Há um perfeito entendimento entre os membros de um grupo social quanto à "tradução" verbal dos sinais que utiliza. Esses gestos não são dependentes do discurso por seu significado, e ocorrem mais comumente como um gesto isolado. O gesto do "círculo" na figura 5.2 é um exemplo de gesto independente do discurso em várias sociedades.

Em algumas sociedades, os gestos independentes da fala são reunidos numa mensagem seqüencial, mas isso não é usual nos Estados Unidos. Entretanto, eles podem acontecer, por exemplo, se a pessoa estiver ao telefone quando entrar uma visita em seu escritório e for preciso indicar-lhe sucessivamente "espere um minuto", "entre" e "sente-se". Algumas vezes, todo um sistema de gestos independentes de discurso se desenvolve, como entre mergulhadores submarinos, árbitros e diretores de televisão. Embora esses gestos formem um sistema de sinais relacionados com a realização de uma tarefa específica, podem ultrapassar tais limites. Nas serrarias da Colúmbia Britânica, no Canadá, por exemplo, o nível de ruído tornava muito difícil a comunicação falada. Desenvolveu-se aí um sistema de gestos relacionados com o trabalho, que acabou passando a incluir mensagens não associadas às tarefas da serraria (Meissner e Philpott, 1975). Sistemas gestuais que não se limitam a uma tarefa específica são conhecidos como *linguagem de sinais*. A linguagem do sinal é comumente considerada uma forma de comunicação no caso de deficiência auditiva, mas também se desenvolve em outros con-

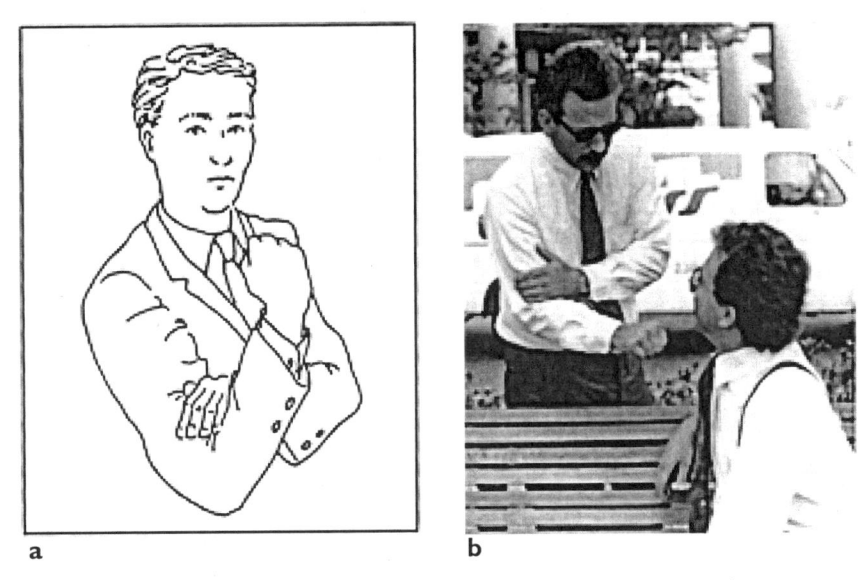

Figura 5.1 (a) A banana. (b) Esfregar o antebraço, usado como gesto insultuoso.

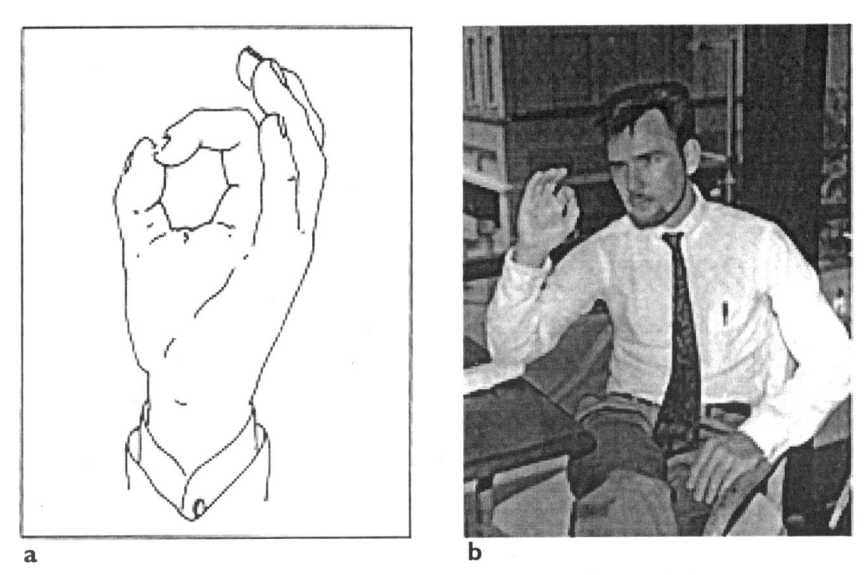

Figura 5.2 O gesto do círculo significa "tudo bem" (Estados Unidos), como um gesto independente da fala. Pode significar "zero" ou "nulidade" em certos contextos conversacionais. (Foto © 1991 Psychotex/Kevin E. White, P.O. Box 470701, Fort Worth, Texas 76147. Todos os direitos reservados.)

textos. Encontram-se exemplos nas ordens religiosas, onde são feitos votos de silêncio, e nas situações sociais em que há proibição de falar, como foi relatado sobre mulheres armênias na presença de seus maridos (Kendon, 1983).

Nossa consciência dos gestos independentes da fala é quase a mesma da escolha da palavra. É um comportamento geralmente muito consciente. Os gestos são em geral produzidos com a mão, mas não exclusivamente. Franzir o nariz pode significar "Estou enojado!" ou "Hum! Como fede!" Para dizer "Não sei" ou "Estou perdido" ou "Não tenho certeza", pode-se voltar as palmas das mãos para cima, encolher os ombros ou fazer as duas coisas ao mesmo tempo. Ekman acredita que os emblemas faciais diferem das expressões faciais de emoção, por serem mais aprimorados e apresentados por maior ou menor tempo que aquelas. Emblemas faciais também podem enfatizar partes especiais do rosto; por exemplo, sorrir para indicar felicidade, deixar cair o queixo ou levantar dramaticamente as sobrancelhas para indicar surpresa.

Os gestos independentes da fala podem ser usados quando os canais verbais estão bloqueados ou falham, mas também são usados durante uma interação verbal. Uma pessoa pode estar falando sobre o comportamento estranho de outra pessoa e concluir fazendo um gesto que comunica: "Ele é doido". O gesto circular ao lado da cabeça substitui uma frase inteira. Ele também pode ser usado para completar uma elocução: "Já que você me perguntou, eu penso...". Nesse caso, as verbalizações são redundantes e desnecessárias para compreender a mensagem que está sendo comunicada. No exemplo, o gesto independente da fala ocorreu no final da elocução de um orador, mas outros podem acontecer no início. O estudo de Ekman do emblema "dar de ombros" indica que ele ocorre com maior freqüência no início da elocução de um orador (ver figura 5.3).

Numa entrevista observada por Ekman, ele notou um emblema que foi usado por um longo tempo durante a interação e que servia como comentário do entrevistado sobre o episódio. Esse "descuido emblemático" (análogo a um lapso lingüístico) ocorria quando uma mulher era submetida a uma entrevista estressante por uma pessoa cujo *status* proibia a livre expressão de desagrado. A mulher, sem que ela mesma ou o entrevistador percebessem, erguia o dedo por vários minutos durante a entrevista. Os ouvintes também podem usar gestos independentes da fala para comentar ou qualificar o que o orador está dizendo. Gestos com a cabeça de "sim" e de "não" são respostas comuns do ouvinte durante a fala de outra pessoa.

Assim, mesmo que os gestos independentes da fala possam comunicar mensagens sem um discurso anexo, seus significados são ainda influenciados pelo contexto. Mostrar a alguém o dedo pode ser um gesto humorístico ou insultuoso, dependendo de quem o está realizando, de quem é o alvo e dos outros comportamentos que o acompanham. As expressões faciais que acompanham os gestos independentes da fala tendem a expandir a amplitude dos possíveis significados associados a um gesto da mão. E é sempre possível que o significado associado a um gesto, na ausência de discurso, seja modificado se for acompanhado pela fala, inclusive as ocasiões em que o discurso de acompanhamento é aparentemente redundante. Alguns desses gestos emblemáticos são especificamente adaptados a subgrupos particulares dentro de um determinado grupo social. Nos Estados Unidos, por exemplo, o gesto de sacudir o dedo indicando "não, não" é usado principalmente quando os adultos se dirigem às crianças (ver figura 5.4).

A obra minuciosa de Sherzer (1974; 1982) sobre o gesto do lábio saliente, usado pelo povo cuna de San Blas, no Panamá, e o gesto do polegar para cima,

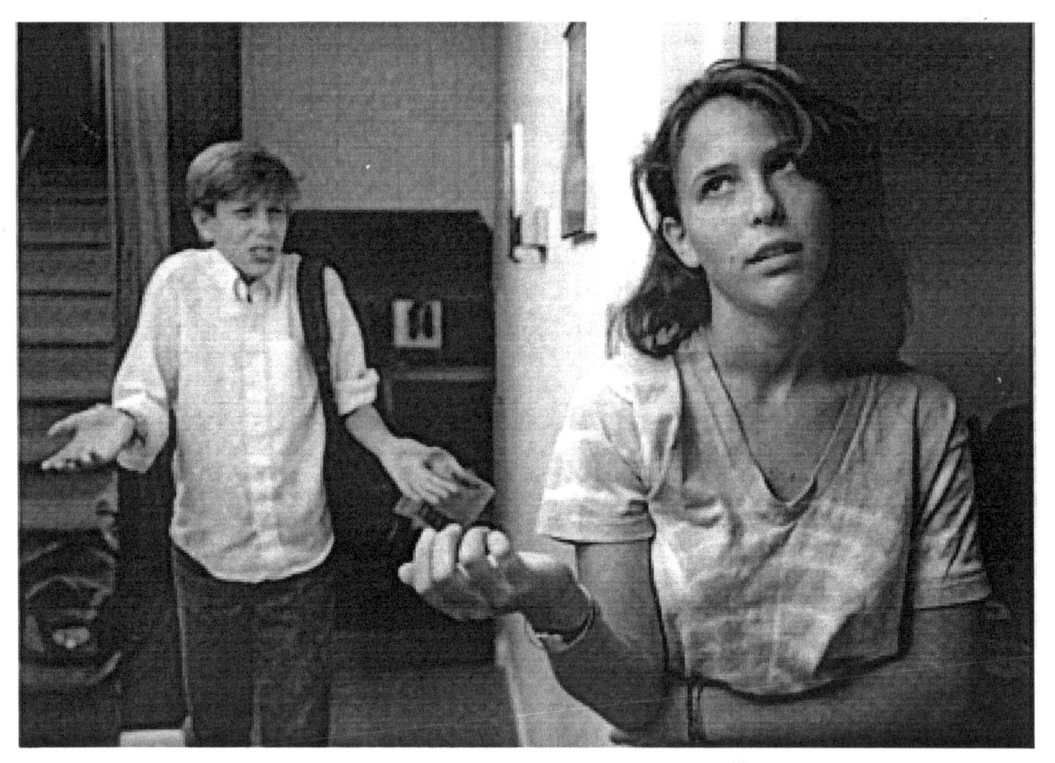

Figura 5.3 O gesto de encolher o ombro. (Photo Researchers, Inc. NYC © Richard Hutchings.)

usado pelos cidadãos brasileiros, ilustra como essas manifestações podem ter um significado geral que é modificado pelo contexto. Por exemplo, o gesto do polegar erguido tem um sentido geral de "bom" ou "positivo" (ver figura 5.5). O contexto, todavia, amplia o âmbito dos significados. Pode ser usado para indicar a compreensão do objetivo do que alguém disse ou fez, reconhecer um favor concedido, agradecer a alguém, indicar conhecimento do próximo movimento numa seqüência interativa e quem agirá a seguir, e para pedir permissão para realizar uma ação, como quando um cliente faz um sinal ao garçom sobre a disponibilidade de uma mesa.

Algumas vezes, leves mudanças na maneira como o gesto é feito afetam o significado da comunicação mais do que o próprio contexto. Quando o indicador estendido (com o resto da mão encolhido) é mantido imóvel a cerca de 30 centímetros diante do peito de alguém, o significado é "espere um minuto"; quando o dedo se move repetidamente para cima e para baixo, o significado muda para ênfase ou reprimenda; quando o mesmo dedo da mesma mão é colocado perpendicularmente diante dos lábios, isso significa "fique quieto".

Gestos emblemáticos de grupos sociais de todo o mundo foram relacionados em várias publicações (Barakat, 1973; Broide, 1977; Creider, 1977; Johnson, Ekman e Friesen, 1975; Morris, Collett, Marsh e O'Shaughnessy, 1979; Munair, 1963; Saitz e Cervenka, 1972; Sparhawk, 1978; Trupin, 1976; Wylie, 1977). A

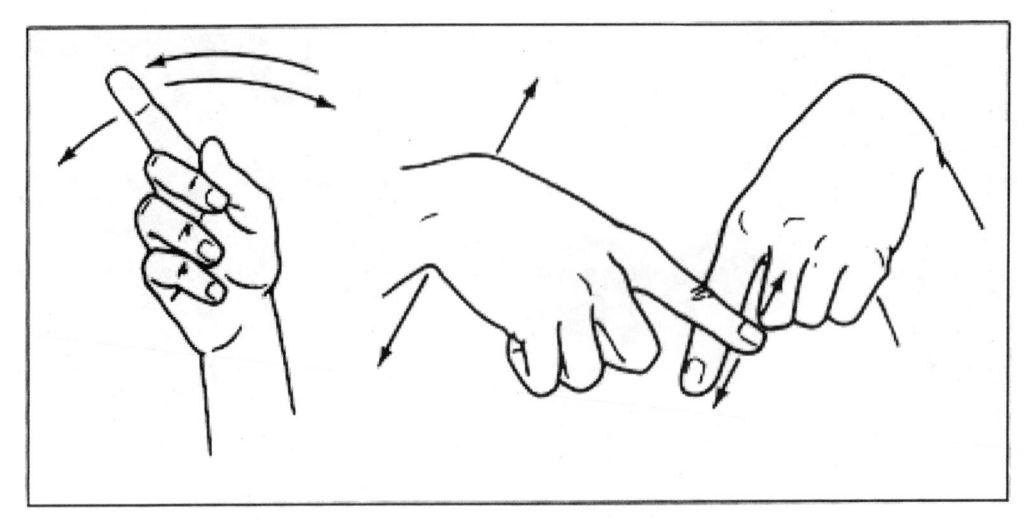

Figura 5.4 Emblemas do dedo (Estados Unidos) para "não" (à esquerda) e "que vergonha!" (à direita)

Figura 5.5 O gesto do polegar para cima. (Foto © Martin Benjamin/The Image Works, P.O. Box 443, Woodstock, NY 12498. Todos os direitos reservados.)

análise de Kendon de mais de oitocentos gestos emblemáticos contidos nessas relações revelou três grandes categorias de significado, que são responsáveis por 80% dos gestos independentes da fala observados nos Estados Unidos, Colômbia, França, sul da Itália e Quênia e 66% dos encontrados no Irã. Essas categorias eram controle interpessoal, anúncio do estado ou da condição de uma pessoa, e uma resposta avaliativa às ações ou à aparência de outra pessoa. Os estudos de Ekman sobre cinco sociedades indicam que cada uma tinha gestos emblemáticos para agradecer e para partir, retrucar, direcionar locomoção (todas elas formas de controle interpessoal); para insultos como avaliação das ações ou aparência de outra pessoa; e para referir-se ao estado físico e afetivo de alguém ou para anunciar a condição ou o estado de alguém. Algumas sociedades têm mais emblemas numa categoria particular (por exemplo, avaliações do comportamento de outra pessoa), enquanto os emblemas em outra sociedade podem enfatizar outras mensagens (por exemplo, controle interpessoal).

Não foram encontrados gestos independentes da fala que sejam feitos da mesma forma e que tenham o mesmo significado em todas as sociedades estudadas. Entretanto, pode haver algum gesto desse tipo. Os mais prováveis são os gestos relacionados com afirmar, negar, parar, não saber; e dormir, comer e beber (funções partilhadas por todos os seres humanos).

Muito mais comuns são exemplos de gestos com formas semelhantes que diferem em significado de cultura para cultura. Em 1877/78, a Bulgária e a Rússia combinaram forças para combater a Turquia. A aliança enfrentou um problema de comunicação no fato de que o modo russo de dizer "não" era sacudir a cabeça de um lado para o outro, e o gesto búlgaro muito semelhante (um meneio da cabeça) significava "sim" (Jacobson, 1972). O gesto do círculo (com o polegar e o indicador formando um círculo) retratado na figura 5.2 indica "você não vale nada" na França e na Bélgica, "dinheiro" no Japão, "burro" em partes do sul da Itália, e na Grécia e na Turquia é um convite sexual insultuoso ou vulgar. Para muitos americanos, no entanto, ele simplesmente significa "tudo bem". Certamente não estaria "tudo bem" se o gesto do círculo fosse usado em sociedades que lhe atribuem outros significados. O gesto de polegar para cima mostrado na figura 5.5 é geralmente decodificado como "bom", "positivo", ou "tudo bem" nos Estados Unidos, mas no Oriente Médio é um gesto obsceno. O polegar inserido entre o indicador e o terceiro dedo (gesto de figa) é um convite para fazer sexo na Alemanha, na Holanda e na Dinamarca, mas é o desejo de boa sorte ou de proteção em Portugal e no Brasil (ver figura 5.6). O gesto do "V" com a palma voltada para quem o realiza é um insulto sexual na Grã-Bretanha, mas significa "vitória", se a palma estiver voltada para fora. Durante a Segunda Guerra Mundial, Winston Churchill fez o mundialmente famoso gesto do "V" da vitória. Nos Estados Unidos, parece não haver o significado britânico de insulto sexual associado ao sinal do "V", nem existe distinção na forma do "V" de vitória ou o "V" de paz – significado que ganhou popularidade nos protestos contra a Guerra do Vietnã, nos anos 60 (ver figura 5.7).

O chifre vertical representado na figura 5.8 é normalmente decodificado como "corno" em Portugal, na Espanha, na Itália e em lugares da América Central e da América do Sul. Os estudantes de sociedades onde esse gesto indica "sua mulher traiu você, e você é burro demais para saber disso ou não é homem sufi-

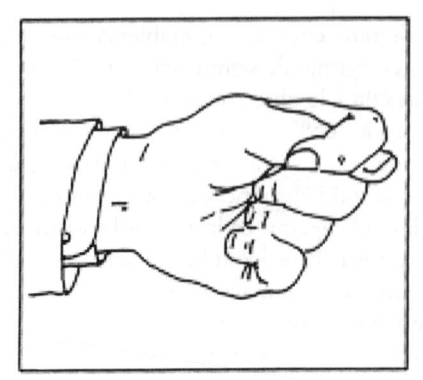

Figura 5.6 O gesto da figa

ciente para satisfazê-la" ficariam realmente surpresos se tivessem de freqüentar a Universidade do Texas. Ali e em todo o Estado do Texas, a mão em chifre é usada para mostrar identificação com a universidade e representa o espírito da escola. É baseado no gado *longhorn* e representa literalmente os Longhorns da Universidade do Texas. Imagine a reação das pessoas que associam chifres a "corno" ao assistir a um jogo de futebol na Universidade do Texas com 75.000 torcedores fazendo vigorosamente o sinal, repetidamente, e em uníssono. Ademais, outro sinal que é semelhante, mas com o polegar para fora em vez de dobrado, é decodificado por muita gente em todo o mundo como "eu te amo". A origem desse sinal está no alfabeto dos comunicadores surdo-mudos.

Muitos gestos autônomos de uma sociedade não têm equivalentes em outras. Na França, por exemplo, costuma-se fazer o sinal para indicar "bêbado" colocando o punho fechado em volta do nariz e girando-o. Algumas mensagens têm formas gestuais diferentes conforme o grupo social. Os gestos indicando suicídio na figura 5.9 refletem os métodos de suicídio mais comuns em algumas sociedades. O número de gestos independentes da fala usados numa determinada sociedade pode variar consideravelmente, dos pouco mais de dez nos Estados Unidos para os mais de 250 identificados entre os estudantes israelenses.

Um dos problemas para comparar estudos de gestos independentes da fala em grupos sociais é a falta de um método uniforme para identificá-los. Um estudo de Johnson, Ekman e Friesen (1975) sobre os gestos emblemáticos americanos propõe um procedimento sistemático. Os autores pediram a membros de um grupo social que produzissem emblemas associados a uma lista de afirmações verbais e frases. Eles relataram que, depois de cerca de dez ou quinze informantes serem testados, a maior parte dos emblemas foi identificada.

Para classificar como "confirmado" um emblema, pelo menos 70% dos codificadores devem realizar o teste de maneira semelhante. Os emblemas codificados de maneira semelhante são então apresentados a um grupo de decodificadores, aos quais se pede para identificar o significado dos gestos e até que ponto eles têm uso natural em situações cotidianas. Os gestos usados principalmente em jogos como mímica não são em geral considerados "naturais". Atividades que requerem fala também são eliminadas. Pelo menos 70% dos decodificadores também têm de

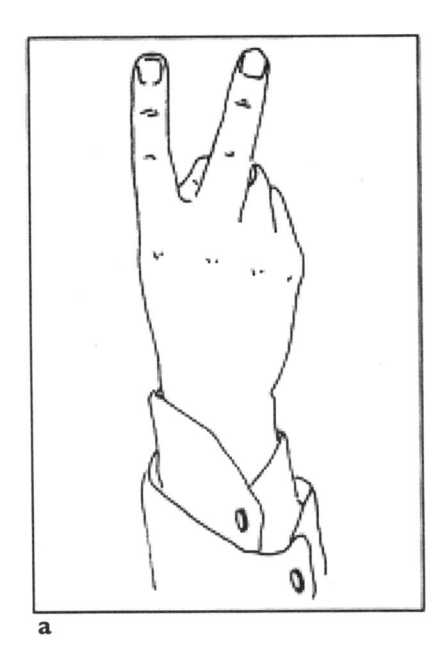

Figura 5.7 (a) Gesto de "V" usado para insultar. (b) Richard Nixon faz o "V" como gesto de vitória na Convenção Republicana em Miami, 1968. (UPI/ Bettmann Newsphotos.)

Figura 5.7 (c) A governadora do Texas, Ann Richards, faz o "V" da vitória durante sua campanha política em 1990. (Foto © Daennrich/The Image Works.) (d) Pessoas numa manifestação contra a Guerra do Golfo em San Francisco usam o "V" para significar "paz". (Foto © Chuck Nache/Picture Group.)

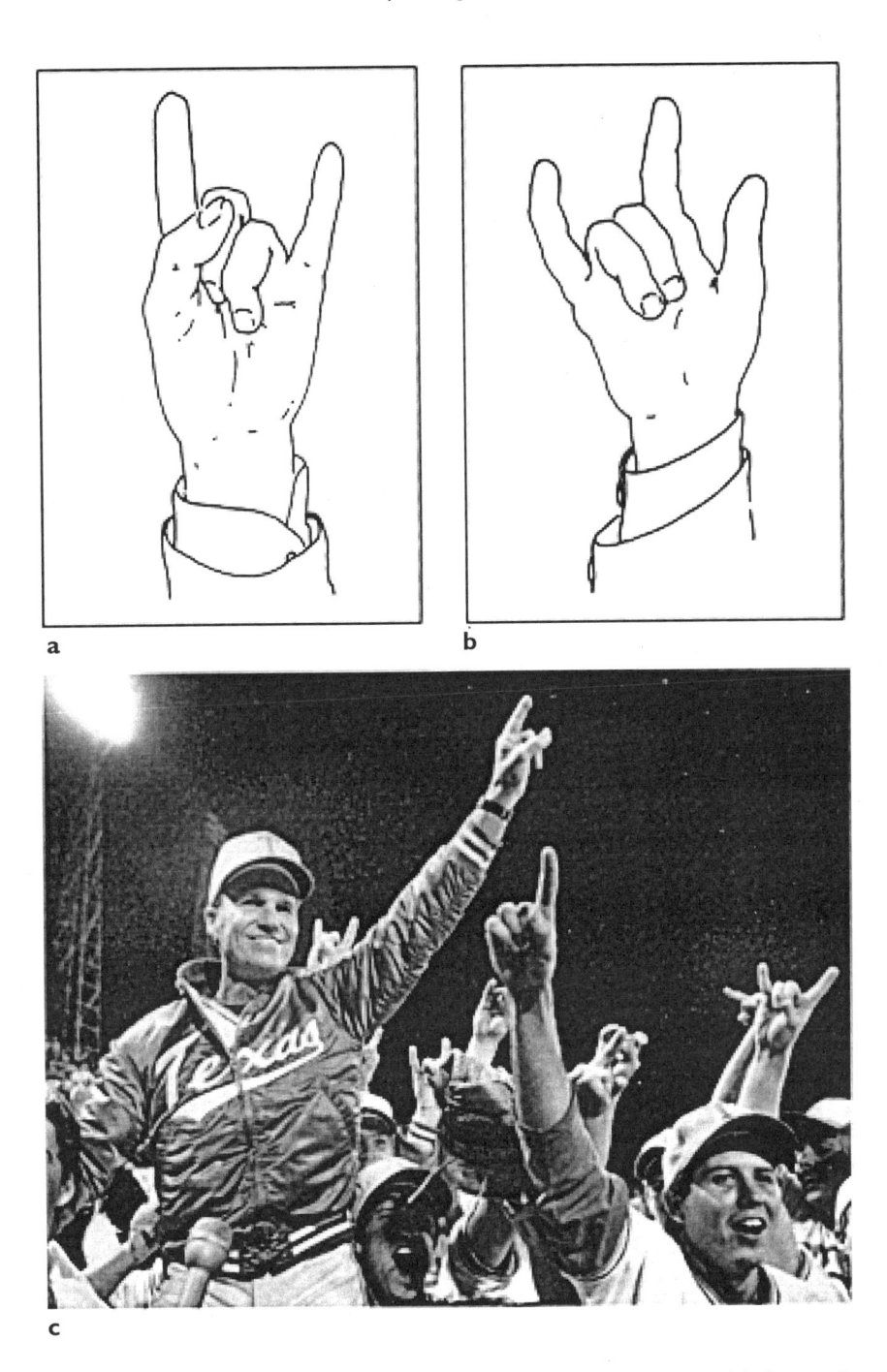

Figura 5.8 (a) O gesto do chifre vertical. (b) O sinal de "eu te amo". (c) O time de beisebol da Universidade do Texas fazendo o gesto de "pegue-os pelos chifres", durante a comemoração de sua vitória na Série Mundial Universitária. (Foto © Daennrich/The Image Works.)

Figura 5.8 (d) O presidente George Bush faz o gesto de "pegue-os pelos chifres" em 1990 na Universidade do Texas. (Foto © Ralph Berrera/Austin American Statesman, 1990.) (e) O duplo gesto em Nápoles, onde significa "cornudo". (Foto © 1991 Psychotex/Kevin E. White, P.O. Box 470701, Fort Worth, Texas 76147. Todos os direitos reservados.)

estar de acordo com o significado do codificador e julgar o gesto passível de ser usado naturalmente em situações de comunicação cotidianas. O dedo indicador apontado para a cabeça pode significar "esperto" ou "estúpido", dependendo do contexto, mas, se 70% dos habitantes de uma determinada comunidade disserem que ele significa "estúpido", então é considerado um emblema comprovado de "estúpido" nesse grupo. Isso, contudo, não impede que o contexto mude o significado. Os autores não afirmam ter identificado uma lista completa de emblemas americanos, mas aqueles que eles verificaram estão listados na tabela 5.1.

Gestos relacionados à fala

Gestos relacionados à fala, por vezes chamados de ilustradores, estão diretamente ligados a uma fala ou a acompanham. Os significados e as funções desses gestos são revelados quando examinamos o modo como se relacionam com a língua falada. Tentativas de classificar os vários tipos de gestos relacionados à fala usaram terminologia diferente (Efron, 1941; Ekman, 1977; Kendon, 1989; McNeill e Levy, 1982), mas sobressaem quatro tipos comuns: 1) gestos ligados ao referente do falante – concretos ou abstratos; 2) gestos que indicam o relacionamento do falante com o referente; 3) gestos que agem como pontuação visual para o discurso do falante; 4) gestos que auxiliam na regulação e na organização do diálogo entre dois interagentes.

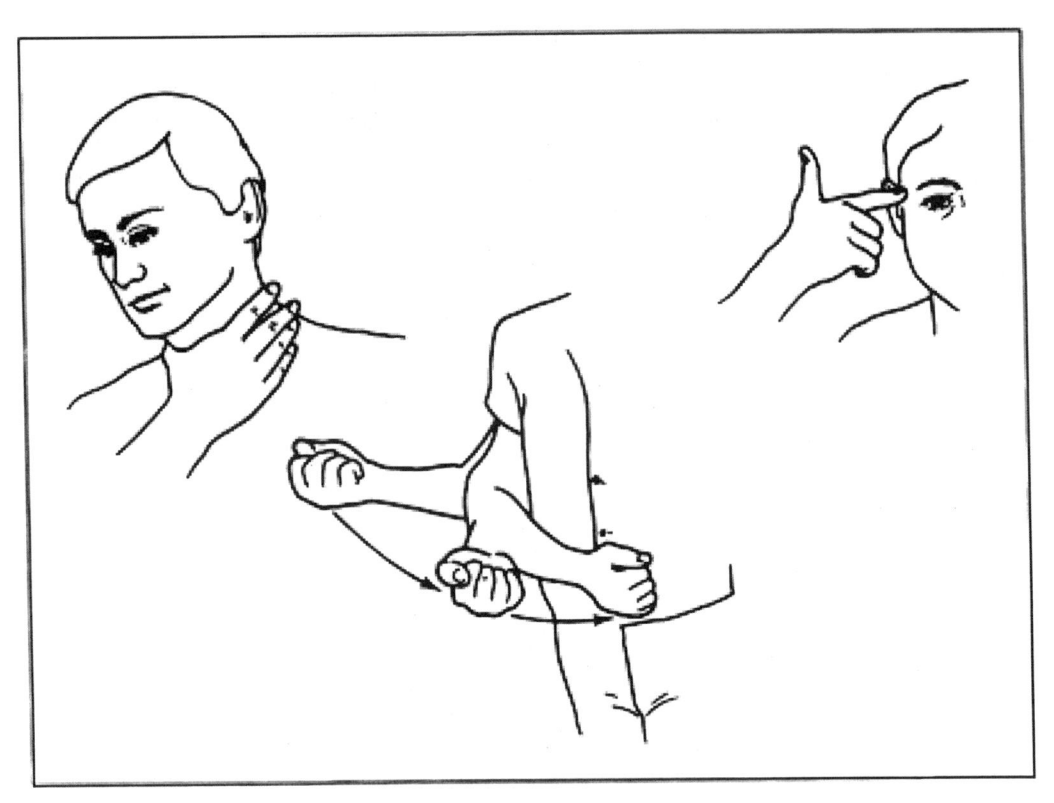

Figura 5.9 Emblemas para suicídio (no alto, à esquerda, em Papua Nova Guiné; no alto, à direita, nos Estados Unidos; abaixo, no Japão)

Gestos ligados ao referente

Enquanto falamos, usamos gestos para caracterizar o conteúdo de nosso discurso. Algumas vezes, serão movimentos que retratam referentes razoavelmente concretos; outras vezes, idéias vagas, abstratas serão o referente para uma representação gestual. Movimentos de apontar, por exemplo, podem ajudar a indicar uma pessoa ou um objeto específico que esteja sendo discutido. Os gestos que desenham a forma ou o movimento do referente e gestos que representam relacionamentos espaciais podem ser usados para ajudar um ouvinte a visualizar traços associados a referentes concretos. Quando gestos ligados a um referente o delineiam, desenhando um quadro no espaço (por exemplo, uma figura de ampulheta com o significado de "mulher bem torneada"), pode-se indagar se ele está realmente ligado ao discurso. Há um teste para determinar se esse quadro pode ser independente do discurso. Isso será comprovado se 70% dos membros de uma comunidade, no teste, derem à ampulheta o significado de "mulher bem torneada", sem haver qualquer discurso que induza a essa conclusão.

Referentes mais abstratos são caracterizados quando esboçamos o caminho ou a direção de uma idéia no ar, quando fazemos uma série de movimentos circu-

Tabela 5.1   Emblemas americanos verificados

Tipo de mensagem	Significado da mensagem codificada	Significado da mensagem decodificada	% Decodificada corretamente	% Considerada de uso natural
Direções interpessoais (comandos)	Sente-se a meu lado	Sente-se a meu lado	100	100
	Fique quieto, psiu!	Fique quieto, psiu!	100	100
	Venha cá	Venha cá	100	100
	Não consigo te ouvir	Não consigo te ouvir	100	100
	Espera – Agüenta aí	Espera – Agüenta aí	100	100
	Estou te avisando	Estou te avisando	100	94
	Suma	*Suma ou Saia ou Vá embora	100	93
	Fique calmo	Fique calmo	100	93
	Siga-me	*Siga-me ou Por aqui	100	88
	↑Hora de ir	*Hora de ir ou Que horas são?	100	87
	Pare	*Pare ou Alto	100	81
	Vá por outro caminho	Vá por outro caminho ou Por este caminho, não	96	96
	§Eu quero fumar e Tem um cigarro?	*Eu quero fumar ou Tem um cigarro?	96	74
	Olha!	*Olha ou Estou vendo algo ou Olha lá	91	100
	Vá embora	Vá embora ou rejeição ou Saia daqui	91	96
	Tira isso daqui	*Tira isso daqui ou Vá embora ou Saia daqui	90	87
	Vá por aqui	*Vá por aqui ou Lá ou Por ali	89	86
	Siga em frente	*Siga em frente ou Continue	87	83
	§Depressa e rápido	*Rápido ou Depressa ou Venha aqui depressa	85	100
	↑Que horas são?	*Que horas são? ou Hora de ir embora	77	100
	Fique aqui	*Fique aqui ou Neste lugar	77	100
Estado físico próprio	§Estou quente e Está quente	*Estou quente ou Trabalho duro ou Tirar uma fina	100	88
	§Trabalho duro	*Trabalho duro ou Estou quente ou Tirar uma fina	81	100
	§Tirar uma fina	*Tirar uma fina ou Estou quente ou Trabalho duro	81	100
	§Está frio e Estou frio	*Está frio ou Estou frio	100	70

(continua)

Tipo de mensagem	Significado da mensagem codificada	Significado da mensagem decodificada	% Decodificada corretamente	% Considerada de uso natural
Estado físico próprio	Estou de barriga cheia	Estou de barriga cheia	93	93
	Estou com dor de cabeça	Estou com dor de cabeça	93	93
	Estou com dor de dente	Estou com dor de dente	87	87
	Estou com dor de ouvido	Estou com dor de ouvido	70	81
	Está gostoso	Está gostoso	93	70
	Eu sou esperto	Eu sou esperto	93	73
	Como eu pude ser tão burro?	Como eu pude ser tão burro?	100	95
Insultos	†Dane-se (dedo)	*Vá se danar ou Dane-se	100	100
	†Dane-se (braço)	*Dane-se ou Vá se danar	100	81
	§Vá pro inferno e rejeição	*Vá pro inferno! ou rejeição	100	94
	§Ele é louco e Ele é burro	*Ele é louco ou Ele é burro	100	75
	Que vergonha!	Que vergonha!	100	70
Réplicas	OK (dedos)	OK	100	100
	§Não (cabeça) e Discordo	*Não ou Discordo	100	100
	Eu não sei	Eu não sei	100	100
	§Sim e Concordo e Eu gosto disso	*Sim ou Concordo ou Eu gosto disso	100	100
	De modo algum	*De modo algum ou De jeito nenhum	100	95
	Não gosto disso	*Não gosto disso ou De modo algum	100	93
	Eu juro	*Eu juro ou Faço o sinal-da-cruz sobre o coração	100	74
	Certamente	Certamente	93	81
	§É difícil pensar nisso e pensando	*É difícil pensar nisso ou aturdimento ou pensando	89	100
	Duvido	Duvido	70	81
Sentimento próprio	Estou zangado	Estou zangado	100	94
	§Estou enojado e Alguma coisa cheira mal	*Alguma coisa cheira mal	100	81
	Estou triste	*Estou triste ou Sinto-me envergonhado	95	72
	Estou surpreso	Estou surpreso	95	88
	Oba!	*Oba! ou Viva!	88	74

(continua)

Tipo de mensagem	Significado da mensagem codificada	Significado da mensagem decodificada	% Decodificada corretamente	% Considerada de uso natural
Saudações e despedidas	Até logo Alô	Até logo Alô	94 80	100 100
Aparência física da pessoa	§Mulher e figura bonita	*Mulher ou figura bonita	100	100
Não classificado	Você (aponta o dedo)	Você	100	100
	Eu (próprio peito)	Eu	100	100
	Viajar de carona	Viajar de carona	100	94
	Contando	Contando	100	70
	Fofoca	*Fofoca ou mexerico	96	91
	Briga	Briga	96	73
	§Paz e vitória	*Paz ou vitória	94	87
	Boa sorte	Boa sorte	92	100
	Dinheiro	Dinheiro	92	79
	Fica bem longe	*Fica bem longe ou Lá longe	87	96
	Suicídio (arma)	*Suicídio ou atirar em mim mesmo	83	73
	Acabou	*Está acabado ou Já chega	78	83

* Ambas as mensagens decodificadas foram aceitas, embora a primeira mensagem tenha sido transmitida com mais freqüência do que a segunda.
§ A mesma ação foi realizada para cada mensagem codificada.
† Duas ações diferentes foram realizadas como alternativas para a mesma mensagem.
↑ Duas ações ligeiramente diferentes foram realizadas para duas mensagens ligeiramente diferentes.
Fonte: De H. G. Johnson, P. Ekman, e W. V. Friesen, "Communicative Body Movements: American Emblems", Semiotica 15 (1975): pp. 335–353.

lares com a mão e/ou braço sugerindo "estou expressando mais do que as palavras específicas que usei", e quando usamos gestos de expansão e de contração, como os de um tocador de acordeão, para indicar a amplitude do assunto que está sendo discutido. Algumas vezes, representamos o conteúdo abstrato via metáforas gestuais. Por exemplo, gestos com as mãos em forma de taça no exemplo adiante de discurso (McNeill, 1985) representam recipientes daquilo que se pode supor. Quando elas se afastam, parecem transmitir a idéia de que "qualquer coisa é possível", e seu súbito desaparecimento sugere que aquilo que poderia ter sido não aconteceu.

"Mesmo que alguém pudesse (*ambas as mãos formam taças e se afastam uma da outra*) ter suposto (*as taças desaparecem abruptamente*)..."

Gestos de relacionamento do falante com o referente

Esses gestos, mais do que caracterizar a natureza da coisa da qual se fala, indicam

Figura 5.10 Gestos com as palmas das mãos

a disposição do falante em relação ao referente. O posicionamento das palmas das mãos pode mostrar várias disposições do orador relacionadas à sua mensagem (ver figura 5.10). Por exemplo, as palmas para cima para indicar mais incerteza ("Eu penso" ou "Não estou certo"); palmas para baixo, para certeza ("claramente" ou "absolutamente"); palmas para fora e voltadas para o ouvinte, para afirmações ("Vou dizer uma coisa..." ou "Acalme-se"); e palmas voltadas para o orador, para abranger um conceito ("Eu tive uma grande idéia..."). As posições das palmas das mãos podem ter outras associações relativas ao discurso, como quando o orador as volta para cima, em atitude de súplica, desculpando-se ou encenando uma saudação.

Há também meneios de mão que sugerem que um orador "não está seguro" ou "poderia tomar outro caminho". Charles De Gaulle, ex-presidente da França, era conhecido por seu gesto de agarrar, que muitos achavam significar seu desejo de controlar o tema em discussão (ver figura 5.11).

Gestos de pontuação

Esses gestos acentuam ou enfatizam uma única palavra ou uma unidade maior de expressão (ver figura 5.12). Nesses exemplos, o gesto coincidirá com a principal ênfase da voz. Os gestos de pontuação também organizam o fluxo discursivo em unidades. Quando falamos de uma série de coisas, podemos comunicar segmentação por gestos de mão rítmicos de cortar; por exemplo, consideremos a seqüência A (gesto), B (gesto) e C (gesto). Algumas vezes, um único gesto de cortar depois de C indica que C será considerado separadamente, ou que A, B e C serão considerados como um grupo. Um leve movimento descendente da cabeça pode acompanhar os gestos das mãos. Golpear a mão ou o punho no ar ou sobre outro objeto também age como um mecanismo para dar mais ênfase e "sublinhar" visualmente um ponto particular do discurso.

A pontuação pode, evidentemente, ser realizada com movimentos do corpo em vez das mãos. O "movimento do olho" (não o "da *sobrancelha*" discutido nos capítulos 10 e 11) é uma exibição desse tipo (Bull e Connelly, 1985; Walker e Trimboli, 1983). Descobriu-se que o momentâneo alargamento das pálpebras do orador, sem mover as sobrancelhas, ocorre com mais freqüência em conjunção com adjetivos falados e usados para dar mais ênfase à frase.

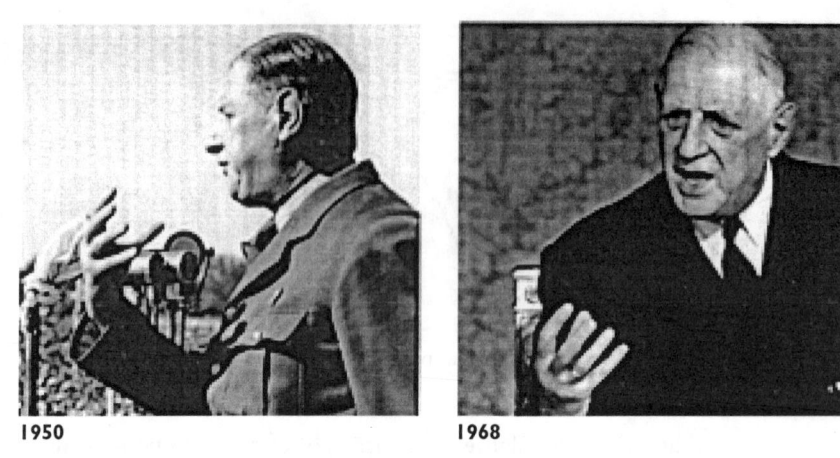

Figura 5.11 O gesto de "agarrar" do general Charles De Gaulle era visto por muitos como desejo de "manter o controle sobre uma idéia". (AP/Wide World Photos.)

Figura 5.12 Gestos de pontuação

Gestos de interação

Até agora, os vários tipos de gesto referiram-se ao conteúdo do monólogo do orador. Os gestos de interação identificam quem está interagindo com o orador e ajudam a regular e organizar o diálogo. Esses gestos indicam o envolvimento dos interagentes diante da presença de outras pessoas. Dois exemplos desses gestos são: 1) quando A se refere a uma questão previamente introduzida por B, A rapidamente aponta o dedo ou a mão para B, o que será traduzido como "como você disse"; 2) quando, respondendo a uma pergunta de B, A começa a falar de alguma informação necessária, mas aparentemente sem relação com o assunto, e durante esse tempo A aponta seus dedos para B, indicando: "Eu já vou chegar à sua pergunta".

Bavelas e seus colegas começaram a estudar esses gestos (Bavelas, Chovil, Lawrie e Wade, 1990; Bavelas, Hagen, Lane e Lawrie, 1989). Ela diz que os comportamentos do orador e do ouvinte, associados ao revezamento na conversação e às respostas do ouvinte na forma de meneios de cabeça, expressões confusas etc., são gestos de interação. Destaca, contudo, que revezamentos tendem a ressaltar a separação dos dois interagentes. Ocorrem aí gestos que estabelecem inclusões, isto é, "estamos separados, mas juntos". O orador, portanto, deve incluir o ouvinte no diálogo, enquanto o impede de falar. A pesquisa preliminar de Bavelas sugere que quase a metade de todos os gestos codificados tende a servir a propósitos interativos. Sua localização é exclusivamente no espaço entre os participantes, e geralmente envolve apontar, de um modo ou de outro, na direção do outro. Pesquisadores descobriram que o gesto facial "rosto pensativo" também infere a co-participação da audiência nas buscas de palavra e serve, por isso, à função de inclusão total. Os Goodwin (1986) salientaram que o autotoque contribui para o desengajamento interlocutivo, o oposto da inclusão.

Embora a classificação quádrupla dos gestos ligados à fala, apresentada anteriormente, seja útil para compreender de que maneira os gestos e a fala funcionam juntos, é claro que alguns gestos não podem ser limitados a uma única função. Por exemplo, o relacionamento do orador com o referente pode ser muito intenso. Algumas das atitudes gestuais que destacam esse relacionamento, todavia, podem também enfatizar (pontuar) certas unidades de mensagem específicas. Entretanto, é importante saber que há diferentes tipos de gestos ligados à fala e que eles podem servir a diferentes funções para as partes envolvidas. A comparação cultural de Efron (1941) mostra como as distinções gestuais podem ser úteis. Ele descobriu que, quando os italianos do sul falavam, faziam amplo uso de gestos que tinham grande semelhança com seu referente (por exemplo, um quadro), enquanto os judeus da Europa Oriental fazem pouco uso desses gestos. É razoável que diferentes grupos sociais valorizem diferentes tipos de informação e que os gestos variem de acordo com eles. Até o número de gestos em todas as categorias pode variar de uma sociedade para outra.

A freqüência da gesticulação pode ser influenciada por vários fatores-chave. Primeiramente, é natural haver mais gestos ligados à fala na comunicação face a face do que numa intercomunicação geral (Cohen, 1977; Cohen e Harrison, 1973). É claro que usamos alguns gestos quando nossos ouvintes não podem nos ver, falando ao telefone, por exemplo (ver figura 5.13). A comunicação continuada, sem contato visível, reduzirá, contudo, o número de gestos usados. É curioso o fato de usarmos gestos quando nosso ouvinte não pode vê-los. Pode ser um hábito, mas, já que os gestos são, reconhecidamente, usados para ajudar a comunicar idéias, podemos continuar a usá-los para maximizar a eficácia do único canal que está sendo usado: a voz. Nesse sentido, os gestos agem como um detonador que ativa todo o sistema comunicacional e, desse modo, extrai o máximo dos sinais vocais. Os gestos ligados à fala também tendem a aumentar quando um orador está entusiasmado e envolvido no assunto em discussão. De forma semelhante, a familiaridade do orador com o assunto afetará os gestos usados. Supõe-se que os oradores que estão preocupados com a compreensão de sua mensagem por seus ouvintes usem mais gestos ligados à fala, especialmente em situações "difíceis" ou "complexas", como quando o ouvinte obviamente não está prestando atenção, não está compreendendo ou quando o orador não consegue encontrar as palavras exatas para expressar uma idéia. Também se supõe que os oradores que tentam dominar as conversações usem mais gestos ligados à fala.

Como será observado no próximo capítulo, a fala e o gesto estão intima-

Figura 5.13 Gestos feitos enquanto se fala ao telefone. (Foto © 1987 Hazel Hankin, 40 7th Avenue, Brooklyn, NY 11217/Stock Boston.)

mente ligados, e seria difícil para qualquer pessoa se abster completamente de gesticular por muito tempo enquanto fala. Mesmo se isso fosse possível, seria pouco aconselhável, porque os gestos desempenham papel importante na comunicação. Um experimento relatado numa publicação russa de 1931 pedia a pessoas que, ao falarem, não fizessem gestos com a cabeça, mãos, rosto e corpo. Foi observado que ninguém conseguiu realizar as instruções completamente, e "... o discurso perdeu sua entonação, ênfase e expressividade; até a própria escolha de palavras necessárias para a expressão do conteúdo tornou-se forçada; o discurso apresentava-se entrecortado e havia uma redução do número de palavras usadas" (Dobrogaev, 1931). Sem gestos, os oradores também teriam de aumentar o número de frases e palavras usadas para descrever relações espaciais e, provavelmente, fariam pausas com maior freqüência (Graham e Heywood, 1976). A perda mais importante teria sido para os ouvintes. Os gestos facilitam a compreensão e ajudam os ouvintes a ter acesso aos sinais lingüísticos em sua memória (Berger e Popelka, 1971; Rogers, 1978; Woodall e Folger, 1981). Concluiu-se que os gestos que estão "em sincronia" com a corrente vocal/verbal ampliam a compreensão. Isso é realizado vivificando idéias, destacando pontos, mantendo a atenção do ouvinte e o interesse, e marcando a estrutura organizacional do discurso. Os gestos que estão fora de sincronia com a corrente vocal/verbal distraem a atenção e interferem na compreensão (Woodall e Burgoon, 1981).

A coordenação do gesto, da postura e da fala

Dissemos anteriormente que os gestos inerentes à fala estão ligados a ela ou a acompanham. É facilmente compreendido que estejam conectados à fala, mas a exata natureza dessa conexão é mais difícil de compreender. Muitos estudiosos concordam que os movimentos corporais e os gestos são produzidos aleatoriamente durante o fluxo discursivo; eles estão inseparavelmente ligados como partes do mesmo sistema. Os desacordos entre os estudiosos nessa área concentram-se na maneira de definir a coordenação ou sincronia de fala e movimento. Duas coisas devem acontecer exatamente na mesma hora para estarem "em sincronia"? Pela mesma extensão de tempo? O fato de a fala e o gesto estarem intimamente coordenados significa que a mesma parte do cérebro controla ambos os sistemas? Há uma sincronia de fala e movimento entre dois oradores bem como no comportamento de um único orador? Veremos a seguir a pesquisa sobre tais questões. A primeira parte refere-se à coordenação da fala e movimento de um único orador; a segunda examina a coordenação do comportamento de dois oradores.

Auto-sincronia

No início dos anos 60, William S. Condon começou uma análise minuciosa da coordenação entre movimento e discurso. Examinando um por um os quadros de um filme de 16 mm, conseguiu combinar movimentos corporais com uma fala. Isso lhe permitiu observar a orientação fala-corpo com precisão fracionária de 1/24 de segundo. Condon (1976; Condon e Ogston, 1966) mostrou que, mesmo nos mais baixos níveis (por exemplo, sílabas faladas e menores), a fala e o movimento são ritmicamente coordenados. Isso significa que uma mudança em um comportamento (uma parte corporal, por exemplo) coincidirá ou se coordenará com o início de mudança em outro comportamento (segmento fonológico ou alguma outra parte do corpo). Do mesmo modo que as unidades da fala, também as unidades de movimento podem ser agrupadas para formar unidades maiores. Um movimento circular do braço ou um giro da cabeça podem ocorrer ao longo de uma frase inteira, composta de várias palavras, mas podemos ver movimentos da face e dos dedos coordenados com unidades menores de fala. Em cada nível, entretanto, as frases da fala e as frases do movimento parecem estreitamente coordenadas.

A menor unidade de idéia na língua falada é chamada de oração fonêmica. Esse grupo de palavras, composto em média por cinco, apresenta uma ênfase principal, que é indicada por mudanças na intensidade, ritmo ou altura, e é concluída por uma junção. Essa unidade em geral mostra relacionamentos sistemáticos com movimentos do corpo. Leves movimentos espasmódicos da cabeça ou das mãos acompanham freqüentemente os principais pontos na fala da língua inglesa por pessoas americanas. Os gestos parecem "se elevar" na parte mais ressaltante da unidade de idéia. Nas junções ou fronteiras, ocorrem também movimentos da cabeça ou mãos que indicam conclusão ou início.

A análise de Birdwhistell (1966) da atividade não-verbal que acompanha o comportamento verbal levou-o a propor o que ele denomina *marcadores cinéticos*. Esses comportamentos não-verbais marcam um comportamento lingüístico oral específico. Os marcadores parecem agir em vários níveis diferentes. Por exemplo, no começo e no final de algumas palavras, pode-se notar uma piscadela; durante a expressão de uma palavra composta, que seria unida por hífen na forma escrita, observa-se um brusco movimento lateral da cabeça. A figura 5.14 mostra marcadores de cabeça, mãos e pálpebras que ocorrem no final de afirmações e de perguntas. De modo semelhante, depois de colocar um ponto na fala, o orador pode virar a cabeça para um lado, ou inclinar, flexionar ou esticar o pescoço, assinalando a transição para outro ponto.

Outro nível de marcadores caracteriza-se por grandes mudanças no comportamento postural (envolvendo metade do corpo) que indicam ou marcam uma seqüência de pontos ou de um ponto de vista expresso pelo orador. Um marcador nesse nível consiste na simples mudança de se inclinar para trás ao ouvir e para a frente ao falar. A observação de que as mudanças posturais marcam novos estágios de interação ou mudanças de assunto, particularmente no começo ou no fim de segmentos de fala, foi feita por vários pesquisadores (Bull e Brown, 1977; Erickson, 1975; Scheflen, 1973). Há também em marcadores nível referente a mudanças completas na localização, que acompanham a apresentação da posição total de uma pessoa durante uma interação.

As minuciosas análises do movimento da fala e do corpo feitas por Kendon (1972b; 1980; 1987; 1988) confirmam a noção de auto-sincronia. Ele também sustenta a idéia de uma hierarquia dos movimentos corporais, que age em conjunto com nosso comportamento na fala. Kendon descobriu que o punho e os dedos tendem a mudar de posição mais freqüentemente, seguidos pelo antebraço, e depois pelo braço; elementos do rosto geralmente mudam com mais freqüência do que a cabeça; movimentos do tronco e dos membros inferiores são raros. As maiores unidades de movimento corporal estão relacionadas com as unidades maiores de fala; as menores unidades corporais estão relacionadas com as menores unidades verbais.

Kendon também fez algumas observações importantes sobre a ocorrência de movimentos relacionados ao fluxo discursivo. Alguns movimentos acompanham a fala, mas muitos precedem as unidades de fala. O tempo entre o movimento de corpo preparatório à fala e o início dela está, aparentemente, ligado ao tamanho da unidade de fala, e o comportamento anterior é mais extenso (mais partes do corpo envolvidas) quanto maiores forem as unidades de fala. Uma mudança na postura corporal, por exemplo, pode preceder uma elocução e ser mantida durante a elocução. Como outros pesquisadores nessa área, Kendon acredita que os movimentos do corpo, estruturados hierarquicamente, transmitam informação sobre a estrutura verbal e o envolvimento comunicativo. As posições da cabeça, membros e corpo às vezes projetam informação ao ouvinte, como a extensão da elocução, a mudança na estratégia do argumento ou ponto de vista etc. A indicação antecipada dos componentes da fala por meio do gesto é importantíssima na interação social. Os oradores mudam amiúde seu olhar para as mãos durante a produção de gestos irônicos, atraindo, desse modo, a atenção do ouvinte para elas. O olhar do locutor retorna ao ouvinte quando a unidade da fala projetada pelo gesto é completada. Nesse processo, o olhar age como um indicador (Streeck, 1988; Streeck e Knapp).

A obra de Dittmann (1972) e seus colaboradores (Dittmann e Llewellyn, 1967, 1968, 1969) apresenta outra abordagem para a compreensão das inter-relações da fala com os movimentos corporais. Essa pesquisa baseia-se na premissa de que alguns movimentos estão tão estreitamente ligados ao processo de codificação da fala, que são virtualmente manifestações motoras desse processo. Provavelmente, você se lembra de exemplos em que estava tentando comunicar uma idéia

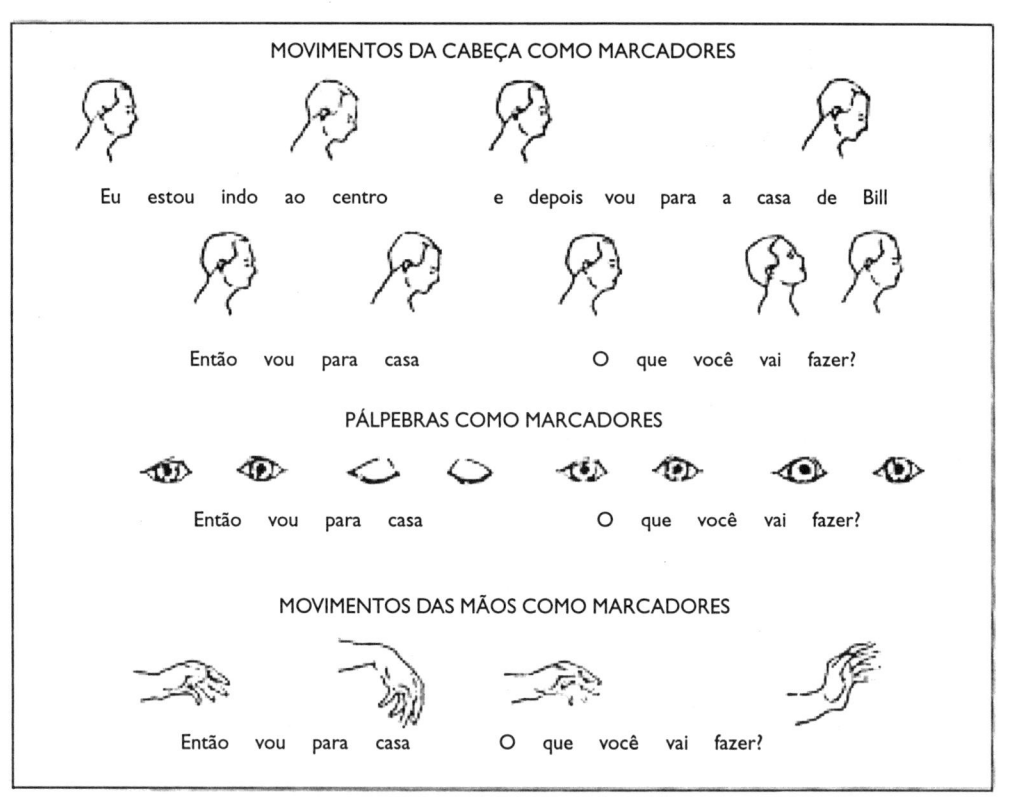

Figura 5.14 Alguns marcadores postural-cinéticos das frases sintáticas americanas. [De A. E. Scheflen, "The Significance of Posture in Communication Systems", *Psychiatry 27* (1964), p. 321. Usada com permissão do editor.]

excitante, mas difícil de conceitualizar, ou uma idéia que você sentia ser muito importante. Nesses casos, associando o fluxo de seus pensamentos ao fluxo dos movimentos do seu corpo, você pode conseguir que o ouvinte tenha uma compreensão genérica. A obra de Dittmann também fornece alguns dados relativos ao ajuste e à localização dos movimentos corporais no fluxo discursivo. Ele observou que os movimentos tendem a ocorrer antecipadamente nas orações fonêmicas e nos pontos que acompanham hesitações na fala.

As pesquisas relatadas nos levaram a concluir que a fala e o gesto são coordenados. Mas por quê? Provavelmente porque são dois componentes usados na expressão de uma única unidade de conteúdo. Ambos os sistemas são conduzidos pelo mesmo propósito geral, e parecem estar sob o governo das mesmas partes do cérebro (Cicone, Wapner, Foldi, Zurif e Gardner, 1979; Kimura, 1976). Cabe, portanto, presumir um estado patológico em relação a pessoas que manifestam um comportamento "fora de sincronia" (Condon, 1980).

O gesto e a fala parecem também desenvolver-se juntos. Kendon (1983) cita vários estudos indicando que as crianças usam mais gestos à medida que se desenvolvem, exatamente do mesmo modo como usam mais palavras. Mas o mais importante é que a natureza das gesticulações se modifica.

Parece haver uma mudança dos elaborados comportamentos ou pantomimas, que servem como substituto da fala, para uma coordenação mais precisa, como se o gesto estivesse prestes a ser usado mais seletivamente. O gesto é pouco usado para descrever cenas inteiras. Ele é utilizado apenas em certas partes ao longo do desenvolvimento. Há também um uso crescente do gesto abstrato, discursivo; o gesto representativo torna-se mais simbólico e mais restrito aos aspectos de significado que ele procura mostrar. [p. 25]

Sincronia de interação

A parte anterior revelou uma coordenação do movimento fala-corpo nas ações de um único orador. Nesta parte examinaremos informações que sugerem uma coordenação fala-corpo entre dois oradores – uma espécie de ritmo social. Durante os primeiros estudos de Condon sobre a auto-sincronia, ele observou como ambos os interagentes também parecem coordenar suas ações. Uma pessoa (Davis, 1971) que viu seus filmes relatou:

> O terceiro clipe do filme que Condon me mostrou era um exemplo de perfeita sincronia. Um homem e uma mulher – empregador e candidata a emprego – sentam-se um diante do outro numa seqüência que, em velocidade normal, parece apenas envolver muitas mudanças, quando o homem primeiro descruza e depois torna a cruzar suas pernas e a mulher se mexe em sua cadeira. Mas, quando o filme é rodado mais lentamente (poucos quadros por vez), a sincronia se torna clara. No mesmo quadro, os dois começam a se inclinar um para o outro, parando na mesma fração de segundo. Os dois erguem suas cabeças, e então, juntos, inclinam-se para trás em suas cadeiras, parando no mesmo quadro. O comportamento assemelha-se muito às elaboradas danças cortejadoras de algumas aves ou – na analogia favorita de Condon – eram como marionetes movidas pelo mesmo conjunto de cordões. Condon me contou que esse tipo de perfeita sincronia acontece com freqüência entre homem e mulher. Durante a corte, é um dos modos pelos quais muitas declarações podem ser feitas por um homem ou uma mulher, sem que se diga uma só palavra. [p. 103]

Como sugere Condon, essa interação sincrônica pode refletir a natureza da relação em processo, o grau do envolvimento e do conhecimento interpessoal. Em alguns casos, esse relacionamento será claramente visível pelo tipo de sincronia que ocorre; outras vezes, a coordenação pode ser percebida com atenta análise dos quadros do filme. Esse tipo de experiência só pode ser sentido quando as duas pessoas estão em sincronia. E experiências fora de sincronia fazem-nos perceber que freqüentemente, ao contrário, estamos em sincronia com os outros. O comportamento não sincronizado pode refletir, em relação à outra pessoa, diminuição da atenção, falta de conhecimento etc. A sincronia de interação pode também preceder a aprendizagem da língua. Condon e Sander (1974) conheceram bebês com doze horas de vida cujos movimentos de cabeça, mãos, cotovelos, quadris e pernas tendiam a corresponder aos ritmos da linguagem dos adultos. Quando os bebês foram expostos a uma fala desconexa ou a simples sons de leves batidas, contudo, o padrão rítmico não foi observado. Se comprovada por outros pesquisadores, essa descoberta poderia sugerir a participação das crianças nos fundamentos de várias formas e estruturas lingüísticas, muito antes que se iniciasse a aprendizagem formal da língua. (Ver Bernieri, Reznick e Rosenthal, 1988.)

Algumas vezes, nossas respostas como ouvintes e o complemento que fornecemos com expressões faciais ou movimentos de cabeça aparecerão em junções específicas na fala de nosso parceiro. Vocalizações ("uhm-hum", "sei" e coisas semelhantes), meneios de cabeça e movimentos de mãos e pés tendem a ocorrer nas extremidades de unidades rítmicas da fala, isto é, em intervalos no interior de orações fonêmicas, mas principalmente nas junções entre essas orações. Palavras vocalmente acentuadas também tendem a ser acompanhadas por movimentos. Os gestos e movimentos do ouvinte são com freqüência indicações de que ele compreende, aprecia ou prevê o comportamento do orador.

As minuciosas observações de pesquisadores como Condon, Dittmann e Kendon comprovam que os interagentes humanos possuem uma sincronia de interação de movimento fala-corpo. E essa sincronia pode ocorrer até em pequenos níveis. Todavia, cabe indagar: quanto dessa sincronia se deve a um relacionamento ordenado entre movimentos de fala e corpo, e quanto se deve à coincidência? Existem contextos sociais que intensificam o grau de sincronia? Quanta sincronia é desejável? Pelo menos um estudo sugere que as interações sociais *moderadamente* rítmicas são avaliadas mais favoravelmente (Warner, Malloy, Schneider, Knoth e Wilder, 1987). É possível predizer que comportamentos irão se sincronizar com outros e em que ocasiões? Qual é o melhor método para medir essas pequenas mudanças comportamentais? (Gatewood e Rosenwein, 1981; McDowall, 1978a, 1978b; Rosenfeld, 1981.)

Mesmo não sabendo como nosso comportamento se sincroniza com o de outra pessoa até em pequenas coisas, muitos se lembram de exemplos de comportamento "combinado". Este se refere aos casos em que você e outra pessoa exibem o mesmo comportamento ao mesmo tempo. Quando o comportamento dessa pessoa é uma imagem espelhada da sua, é chamado de "espelhamento".

A congruência postural é um desses comportamentos freqüentemente combinados. Pode envolver cruzar as pernas, inclinar-se, apoiar a cabeça, cruzar o braço, ou inúmeras outras posições. Note a variedade de congruência postural nas figuras 5.15, 5.16 e 5.17. Observou-se a ocorrência de congruência postural durante períodos de fala mais firme; ela foi avaliada pelos observadores como um indicador de relação e cooperação; e considerada um ato influente no estabelecimento de relação (Charney, 1966; LaFrance, 1979, 1985; LaFrance e Broadbent, 1976; Trout e Rosenfeld, 1980). Em um estudo, um ator experiente imitava seletivamente posturas e gestos de apenas alguns estudantes numa situação de entrevista. Em análise após a entrevista de seu parceiro (o ator), os estudantes que foram imitados o avaliaram de modo significativamente mais favorável e indicaram que se "identificavam" com ele ou que ele "pensava como eu" (Dabbs, 1969). Nenhum dos estudantes se referiu à ocorrência da imitação. As posturas não-congruentes tendem a ser vistas como competitivas ou destituídas de envolvimento.

Bavelas e seus colegas tentaram em diversos estudos provar que a imitação postural era um sinal de entendimento ou cooperação – e fracassaram. Observando esse comportamento, entretanto, concluíram que ocorria durante períodos de envolvimento em conversas mais do que durante a cooperação ou períodos de

Figura 5.15 Congruência postural. O par que se confronta no plano anterior está apresentando posturas combinadas; o par que se confronta no plano de fundo revela posturas de imagem no espelho.

entendimento. Bavelas sustenta que é um sinal de que os participantes estão falando um *com* o outro mais do *que* para o outro – desempenhando papéis semelhantes mais do que complementares. Assim, desse ponto de vista, a combinação de um comportamento não-verbal do parceiro reflete os aspectos momento a momento do envolvimento na conversação[1].

Bavelas também estudou um fenômeno similar, que chama de "imitação movente"[2]. Um exemplo comum de imitação movente ocorre quando uma pessoa ao seu lado deixa cair um objeto pesado sobre o próprio pé. Quando a pessoa ferida reage à dor, você contrai o rosto, parecendo registrar uma resposta empática. Às vezes, inclinamo-nos diante da dificuldade da pessoa; às vezes, sorrimos diante da sua alegria. Por muitos anos, estudiosos do assunto acreditaram que isso era

---

[1] Janet B. Bavelas. Comunicação pessoal, julho de 1990, baseada num relatório de 1988 para uma concessão para um conselho de pesquisa canadense, "Experimental studies of mimetic synchrony (nonverbal mirroring)".
[2] Um fenômeno semelhante é chamado de contágio emocional. Ver Hsee, C. K., Hatfield, E., Carlson, J. G. e Chemtof, C. (1990).

Figura 5.16 Exemplos de congruência postural por meio de apoio e inclinação da cabeça. (Foto à esquerda © distribuída pela Magnum Photos, Inc.; foto à direita © Martin Rogers, 1985, todos os direitos reservados; foto abaixo, Stock Boston/Charles Gupton.)

Figura 5.17 Note a congruência postural exibida pelo ex-secretário Joseph Califano e o ex-presidente Carter, 1977. (AP/Wide World Photos.)

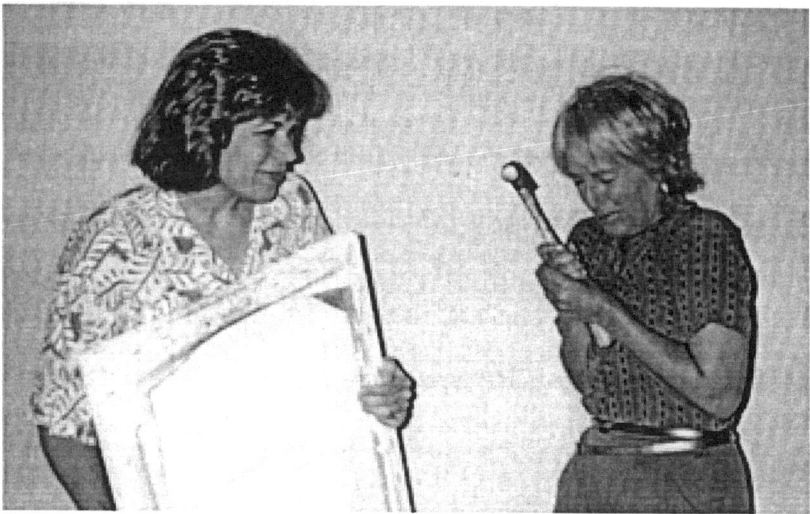

Figura 5.18 (a) O ex-presidente Reagan e o ex-secretário de Defesa Weinberger trocam expressões faciais semelhantes. (AP/Wide World Photos.) (b) Uma mulher se encolhe como se sentisse dor, enquanto a outra realmente a sente. (Foto © 1991 Psychotex/Kevin E. White, P.O. Box 470701, Fort Worth, Texas 76147. Todos os direitos reservados.)

uma reação puramente empática, baseada numa situação vivida. A obra de Bavelas e seus colegas não nega essa conclusão, mas sua pesquisa também mostra que a imitação movente é principalmente um fenômeno de comunicação. Os experimentos de Bavelas indicaram que retrair-se diante do ferimento de outra pessoa, por exemplo, dependia muito da visibilidade da parte atingida. Além disso, o tipo e o tempo da reação da pessoa que se retraía eram determinados pelo contato visual com a vítima (Bavelas, Black, Chovil, Lemery e Mullett, 1988; Bavelas, Black, Lemery e Mullett, 1986).

Existem outros estudos que abordam a sincronia entre os interagentes, chamada de "influência entre conversantes". Há muitos exemplos em que o tipo de comportamento de um conversante é seguido pelo ouvinte quando este também se torna conversante (Cappella, 1981). Esse comportamento não ocorre de imediato entre as partes, mas se dá aos poucos, ao longo da conversa. No capítulo 9 é relatada uma pesquisa que mostra como tendemos a combinar a duração da nossa elocução com a do outro interagente, na altura da voz, na precisão de articulação, no intervalo até a resposta, na duração dos silêncios e no ritmo da fala. Em alguns exemplos, o comportamento do falante induz a uma compensação ou a um comportamento compensatório do outro parceiro de interação. Por exemplo, se um falante está se inclinando para o ouvinte, que percebe que a distância de interação é demasiadamente curta, este tende a se inclinar para trás ou aumenta de outro modo a distância de interação (ver capítulo 4). Se os interagentes efetuam intercâmbios recíprocos ou compensatórios, essas reações são outra prova da existência de uma mútua coordenação de comportamento.

No capítulo 10 examinamos duas teorias que procuram explicar por que alguns comportamentos se combinam e outros se equilibram com comportamentos opostos. Uma dessas teorias (Patterson, 1982) afirma que adotamos comportamento semelhante (recíproco) quando consideramos positiva a sensação causada pelo comportamento de outra pessoa (prazer, alívio, amor), e que mostramos um comportamento compensatório quando a consideramos negativa (desprazer, embaraço, ansiedade). Nos rápidos intercâmbios de comportamento, quando o pouco tempo nos impede a sensação de aspectos positivos ou negativos, outra teoria diz que adotamos comportamento combinado (recíproco) se o comportamento da outra pessoa é visto como relativamente compatível com nossas expectativas e preferências de envolvimento. Quando o comportamento da outra pessoa é visivelmente discrepante de nossas expectativas e preferências de envolvimento, temos mais tendência a demonstrar comportamento compensatório (Cappella e Greene, 1982).

Sumário

Embora os gestos sejam difíceis de definir, percebemos os movimentos que uma pessoa está usando para se comunicar e os que são meramente maneirismos nervosos, expressões associadas a emoção e movimentos relacionados com uma tarefa. Os gestos nos ajudam a comunicar de muitas maneiras: substituem a fala quando não podemos ou não queremos falar, permitem-nos regular o fluxo da interação, estabelecer e manter a atenção, e dar ênfase à nossa fala e apoiá-la, facilitando a memorização do seu conteúdo. Embora gesticulemos quando os parceiros de interação não estão visíveis (ao telefone), os gestos são muito mais freqüentes quando estamos um diante do outro. Costumamos usar mais gestos quando conhecemos o assunto que está sendo discutido, estamos altamente motivados para fazer os ouvintes compreender nossa mensagem, tentando dominar uma conversação, e excitados e entusiasmados com o tema em discussão. A ausência de gestos torna mais difícil a compreensão de nossa fala pelo ouvinte.

Dois tipos principais de gestos foram examinados: independentes da fala e relacionados à fala. Os gestos independentes da fala são definidos como aqueles que 70% da comunidade decodifica de modo semelhante. Eles apresentam um significado verbal praticamente direto. Somos, normalmente, muito conscientes no uso desses gestos. Conforme o grupo social, variam o número, a freqüência e o significado associados aos gestos independentes da fala. Embora não se conheça nenhum gesto "universal" (mesmo significado e forma em todas as culturas estudadas), os mais prováveis seriam "afirmação", "negação", "pare", "não sei", "dormindo", "comendo" e "bebendo". Alguns gestos independentes da fala são específicos de determinada sociedade (não são encontrados na mesma forma em outras sociedades), mas outros têm basicamente a mesma forma, porém com diferentes significados, de cultura para cultura. Esses diferentes significados são, com freqüência, a fonte de incompreensões interculturais.

Outra importante categoria é a dos gestos relacionados à fala. Alguns deles caracterizam o conteúdo da fala; outros mostram o relacionamento do falante com o referente, indicando se aquele está "seguro ou inseguro", "abrangendo uma idéia ou afastando-se dela" etc.; alguns são usados para acentuar ou enfatizar unidades da fala. Os gestos de interação, diferentemente de outros gestos relacionados à fala, acompanham o diálogo e não o monólogo do falante. Os gestos de interação atuam no envolvimento dos interagentes e seus papéis compartilhados.

A última parte deste capítulo examinou a coordenação e a sincronia da fala com os movimentos corporais. Essa sincronia entre as maiores e menores unidades da fala com o corpo é chamada de auto-sincronia. Gesto e fala, portanto, parecem ser diferentes manifestações externas de um processo que é controlado e guiado pela mesma parte do cérebro. O gesto e a fala associam-se para a comunicação de um mesmo conteúdo. Paralelamente à auto-sincronia, os interagentes também apresentam muitos modos de intercâmbios de comportamento coordenados, que sugerem a existência de uma sincronia de interação. A sincronia da interação pode se referir à mudança de sincronismo entre o movimento e a fala, mas não tem relação com as mudanças de comportamentos ou com a maneira como eles ocorrerão. Em outro nível, a coordenação da interação pode ser observada na combinação de comportamento – comportamento semelhante que ocorre concomitantemente (congruência postural ou imitação movente) ou comportamento semelhante que ocorre em seqüência (influência de um falante sobre outro).

Referências e bibliografia selecionada

Allport, G. W., & Vernon, P. E. (1933). *Studies in expressive movement*. Boston: Houghton Mifflin.

Barakat, R. (1973). Arabic gestures. *Journal of Popular Culture*, 6, 749–92.

Barroso, F., Freedman, N., Grand, S., & van Meel, J. (1978). Evocation of two types of hand movements in information processing. *Journal of Experimental Psychology: Human Perception and Performance*, 4, 321–9.

Barten, S. S. (1979). Development of gesture. In N. R. Smith & M. Franklin (Eds.), *Symbolic functioning in childhood* (pp. 139–151). Hillsdale, NJ: Erlbaum.

Bavelas, J. B., Black, A., Chovil, N., Lemery, C. R., & Mullett, J. (1988).

Form and function in motor mimicry: Topographic evidence that the primary function is communicative. *Human Communication Research, 14*, 275-99.

Bavelas, J. B., Black, A., Lemery, C. R., & Mullett, J. (1986). "I show you how I feel": Motor mimicry as a communicative act. *Journal of Personality and Social Psychology, 50*, 322-9

Bavelas, J. B., Chovil, N., Lawrie, D. A., & Wade, A. (1990). Interactive gestures. Manuscrito submetido a publicação.

Bavelas, J. B., Hagen, D., Lane, L., & Lawrie, D. A. (1989, maio). *Interactive gestures and a systems theory of conversation.* Documento apresentado na conferência da International Communication Association, San Francisco, CA.

Baxter, J. C., Winters, E. P., & Hammer, R. E. (1968). Gestural behavior during a brief interview as a function of cognitive variables. *Journal of Personality and Social Psychology, 8*, 303-7.

Beattie, G. W., & Beattie, C. A. (1981). Postural congruence in a naturalistic setting. *Semiotica, 35*, 41-55.

Benthall, J. & Polhemus, T. (1975). *The body as a medium of expression.* Nova York: E. P. Dutton.

Berger, K. W., & Popelka, G. R. (1971). Extra-facial gestures in relation to speech reading. *Journal of Communication Disorders, 3*, 302-8.

Bernieri, F. J., Reznick, J. S., & Rosenthal, R. (1988). Synchrony, pseudosynchrony, and dissynchrony: Measuring the entrainment process in mother-infant interactions. *Journal of Personality and Social Psychology, 54*, 243-53.

Birdwhistell, R. L. (1952). *Introduction to kinesics.* Louisville: University of Louisville Press. (Somente disponível em microfilme. Ann Arbor, MI: University Microfilms.)

Birdwhistell, R. L. (1955). Background to kinesics. *ETC, 13*, 10-18.

Birdwhistell, R. L. (1960). Kinesics and communication. In E. Carpenter & M. McLuhan (Eds.), *Explorations in communication.* Nova York: Beacon.

Birdwhistell, R. L. (1963). Kinesic analysis in the investigation of emotions. In P. Knapp (Ed.), *Expression of the emotions in man* (pp. 123-139). Nova York: International Universities Press.

Birdwhistell, R. L. (1966). Some relations between American kinesics and spoken American English. In A. G. Smith (Ed.), *Communication and culture.* Nova York: Holt, Rinehart & Winston.

Birdwhistell, R. L. (1967). Some body motion elements accompanying spoken American English. In L. Thayer (Ed.), *Communication: Concepts and perspectives* (pp. 53-76). Washington, D.C.: Spartan Books.

Birdwhistell, R. L. (1970). *Kinesics and context.* Philadelphia: University of Pennsylvania Press.

Blass, T., Freedman, N., & Steingart, I. (1974). Body movement and verbal encoding in the congenitally blind. *Perceptual and Motor Skills, 39*, 279-93.

Boomer, D. S. (1978). The phonemic clause: Speech unit in human communication. In A. W. Siegman & S. Feldstein (Eds.), *Nonverbal behavior and communication* (pp. 245-62). Hillsdale, NJ: Erlbaum.

Brewer, W. D. (1951). Patterns of gesture among the Levantine Arabs. *American Anthropologist, 53*, 232-7.

Broide, N. (1977). *Israeli emblems: A study of one category of communicative nonverbal behavior*. Tese de mestrado não publicada, University of Tel Aviv.

Bull, P. E. (1987). *Posture and gesture*. Nova York: Pergamon Press.

Bull, P. E. (1987). The interpretation of posture through an alternative methodology to role play. *British Journal of Social and Clinical Psychology, 17*, 1–6.

Bull, P. E., & Brown, R. (1977). The role of postural change in dyadic conversation. *British Journal of Social and Clinical Psychology, 16*, 29–33.

Bull, P., & Connelly, G. (1985). Body movements and emphasis in speech. *Journal of Nonverbal Behavior, 9*, 169–87.

Burgoon, J., Olney, C. A., & Coker, R. A. (1987). The effects of communicator characteristics on patterns of reciprocity and compensation. *Journal of Nonverbal Behavior, 11*, 146–65.

Cappella, J. N. (1981). Mutual influence in expressive behavior: Adult-adult and infant-adult dyadic interaction. *Psychological Bulletin, 89*, 101–32.

Cappella, J. N., & Greene, J. O. (1982). A discrepancy-arousal explanation of mutual influence in expressive behavior for adult and infant-adult interaction. *Communication Monographs, 49*, 89–114.

Carmichael, L., Roberts, S., & Wessell, N. (1937). A study of the judgment of manual expression as presented in still and motion pictures. *Journal of Social Psychology, 8*, 115–42.

Charney, E. J. (1966). Postural configurations in psychotherapy. *Psychosomatic Medicine, 28*, 305–15.

Cicone, M., Wapner, W., Foldi, N., Zurif, E., & Gardner, H. (1979). The relation between gesture and language in aphasic communication. *Brain and Language, 8*, 324–49.

Cohen, A. A. (1977). The communicative functions of hand illustrators. *Journal of Communication, 27*, 54–63.

Cohen, A. A., & Harrison, R. P. (1973). Intentionality in the use of hand illustrators in face-to-face communication situations. *Journal of Personality and Social Psychology, 28*, 276–9.

Condon, W. S. (1976). An analysis of behavioral organization. *Sign Language Studies, 13*, 285–318.

Condon, W. S. (1980). The relation of interaction synchrony to cognitive and emotional processes. In M. R. Key (Ed.), *The relationship of verbal and nonverbal communication* (pp. 49–65). The Hague: Mouton.

Condon, W. S., & Ogston, W. D. (1966). Soundfilm analysis of normal and pathological behavior patterns. *Journal of Nervous and Mental Disease, 143*, 338–47.

Condon, W. S., & Ogston, W. D. (1967). A segmentation of behavior. *Journal of Psychiatric Research, 5*, 221–35.

Condon, W. S., & Ogston, W. D. (1971). Speech and body motion synchrony of the speaker-hearer. In D. L. Horton & J. J. Jenkins (Eds.), *Perception of language*. Columbus, OH: Merrill.

Condon, W. S., & Sander, L. W. (1974). Neonate movement is synchronized with adult speech: Interaction participation in language acquisition. *Science, 183*, 99–101.

Creider, C. (1977). Toward a description of East African gestures. *Sign Language Studies, 14*, 1–20.

Critchley, M. (1939). *The language of gesture*. Londres: Arnold.

Dabbs, J. M. (1969). Similarity of gestures and interpersonal influence. *Proceedings of the 77th annual convention of the American Psychological Association, 4*, 337–8.

Davis, F. (1971). *Inside intuition*. Nova York: McGraw-Hill.

Delis, D., Foldi, N. S., Hamby, S., Gardner, H., & Zurif, E. A. (1979). Note on temporal relations between language and gestures. *Brain and Language, 8*, 350–4.

Deutsch, F. (1947). Analysis of postural behavior. *Psychoanalytic Quarterly, 16*, 95–213.

Dittmann, A. T. (1962). The relationship between body movements and moods in interviews. *Journal of Consulting Psychology, 26*, 480.

Dittmann, A. T. (1971). Review of kinesics in context. *Psychiatry, 34*, 334–42.

Dittmann, A. T. (1972). The body movement-speech rhythm relationship as a cue to speech encoding. In A. W. Siegman & B. Pope (Eds.), *Studies in dyadic communication*. Nova York: Pergamon Press.

Dittmann, A. T. (1987). The role of body movement in communication. In A. W. Siegman & S. Feldstein (Eds.), *Nonverbal behavior and communication*. 2d ed. (pp. 37–64). Hillsdale, NJ: Erlbaum.

Dittmann, A. T., & Llewellyn, L. G. (1967). The phonemic clause as a unit of speech decoding. *Journal of Personality and Social Psychology, 6*, 341–9.

Dittmann, A. T., & Llewellyn, L. G. (1968). Relationships between vocalizations and head nods as listener responses. *Journal of Personality and Social Psychology, 11*, 98–106.

Dittmann, A. T., & Llewellyn, L. G. (1969). Body movement and speech rhythm in social conversation. *Journal of Personality and Social Psychology, 11*, 98–106.

Dobrogaev, S. M. (1931). The study of reflex in problems of linguistics [Translated by M. Kendon]. In E. A. Marr (Ed.), *Lazykovedenie i Materializm*. Vol. II (pp. 105–173). Moscou e Leningrado: State Social Economic Publishing House.

Duffy, R. J., & Duffy, J. R. (1981). Three studies of deficits in pantomimic expression and pantomimic recognition in aphasia. *Journal of Speech and Hearing Research, 46*, 70–84.

Efron, D. (1941). *Gesture and environment*. Nova York: Kings Crown Press. [Republicado como *Gesture, race and culture*. (1972). The Hague: Mouton.]

Ekman, P. (1964). Body position, facial expression, and verbal behavior during interviews. *Journal of Abnormal and Social Psychology, 48*, 295–301.

Ekman P. (1976). Movements with precise meanings. *Journal of Communication, 26*, 14–26.

Ekman, P. (1977). Biological and cultural contribution to bodily and facial movement. In J. Blacking (Ed.), *The anthropology of the body* (pp. 39–84). Londres: Academic.

Ekman, P. (1979). About brows. In M. von Cranach, K. Foppa, W. Lepenier & D. Ploog (Eds.), *Human ethology: Claims and limits of a new discipline*. Cambridge: Cambridge University Press.

Ekman, P., & Friesen, W. (1969). The repertoire of non-verbal behavior: Categories, origins, usage, and coding. *Semiotica, 1*, 49–98.

Ekman, P., & Friesen, W. V. (1972). Hand movements. *Journal of Communication, 22*, 353–74.

Erickson, F. (1975). One function of proxemic shifts in face-to-face interaction. In A. Kendon, R. M. Harris, & M. R. Key (Eds.), *Organization of behavior in face-to-face interaction* (pp. 175–187). The Hague: Mouton.

Evans, M. A., & Rubin, K. H. (1979). Hand gestures as a communicative mode in school-aged children. *Journal of Genetic Psychology, 135*, 189–96.

Freedman, N. (1972). The analysis of movement behavior during clinical interviews. In A. Siegman & B. Pope (Eds.), *Studies in dyadic communication* (pp. 152–172). NY: Pergamon.

Freedman, N., Blass, T., Rifkin, A., & Quitkin, F. (1973). Body movements and the verbal encoding of aggressive affect. *Journal of Personality and Social Psychology, 26*, 72–85.

Fretz, B. R. (1966). Postural movements in a counseling dyad. *Journal of Counseling Psychology, 13*, 335–43.

Frey, S. (1975). Tonic aspects of behavior in interaction. In A. Kendon, R. M. Harris, & M. R. Key (Eds.), *Organization of behavior in face-to-face interaction* (pp. 127–50). Chicago: Aldine.

Gatewood, J. B., & Rosenwein, R. (1981). Interactional synchrony: Genuine or spurious? A critique of recent research. *Journal of Nonverbal Behavior, 6*, 12–29.

Givens, D. B. (1977). Shoulder shrugging: A densely communicative expressive behavior. *Semiotica, 19*, 13–28.

Goffman, E. (1979). Footing. *Semiotica, 25*, 1–29.

Goodglass, H., & Kaplan, E. (1963). Disturbance of gesture and pantomime in aphasia. *Brain, 86*, 702–712.

Goodwin, C. (1981). *Conversational organization*. Nova York: Academic Press.

Goodwin, C. (1986). Gestures as a resource for the organization of mutual orientation. *Semiotica, 62*, 29–49.

Goodwin, C., & Goodwin, M. H. (1986). Gesture and coparticipation in the activity of searching for a word. *Semiotica, 62*, 51–75.

Graham, J. A., & Argyle, M. A. (1975). A cross-cultural study of the communication of extra verbal meaning by gestures. *International Journal of Psychology, 10*, 56–67.

Graham, J. A., & Heywood, S. (1976). The effects of elimination of hand gestures and of verbal codability on speech performance. *European Journal of Social Psychology, 5*, 189–95.

Hamalian, L. (1965). Communication by gesture in the Middle East. *ETC, 22*, 43–9.

Hayes, F. C. (1957). Gestures: A working bibliography. *Southern Folklore Quarterly, 21*, 218–317.

Hewes, G. W. (1957). The anthropology of posture. *Scientific American, 196*, 123–32.

Hewes, G. W. (1973). Primate communication and the gestural origin of language. *Current Anthropology, 14*, 1–2, 5–12.

Hewes, G. W. (1974). Gesture language in culture contact. *Sign Language Studies*, 4, 1–34.

Hewes, G. W. (1976). The current status of the gestural theory of language origin. *Annals of the New York Academy of Sciences*, 280, 482–504.

Hsee, C. K., Hatfield, E., Carlson, J. G., & Chemtof, C. (1990). The effect of power on susceptibility to emotional contagion. *Cognition and Emotion*, 4, 327–40.

Jacobson, R. (1972). Motor signs for yes and no. *Language in Society*, 1, 91–6.

Jaffe, J., & Feldstein, S. (1970). *Rhythms of dialogue*. Nova York: Academic Press.

James, W. (1932). A study of the expression of bodily posture. *Journal of General Psychology*, 7, 405–36.

Jancovic, M. A., Devoe, S., & Wiener, M. (1975). Age related changes in hand and arm movements as non-verbal communication: Some conceptualizations and an empirical exploration. *Child Development*, 46, 922–8.

Johnson, D. R. (1972). Black kinesics: Some nonverbal communication patterns in the black culture. In L. A. Samovar & R. E. Porter (Eds.), *Intercultural communication: A reader* (pp. 181–89). Belmont, CA: Wadsworth.

Johnson, H. G., Ekman, P., & Friesen, W. V. (1975). Communicative body movements: American emblems. *Semiotica*, 15, 335–53.

Kempton, W. (1980). The rhythmic basis of interactional micro-synchrony. In M. R. Key (Ed.), *The relationship of verbal and nonverbal communication* (pp. 67–75). The Hague: Mouton.

Kendon, A. (1970). Movement coordination in social interaction: Some examples described. *Acta Psychologica*, 32, 101–25.

Kendon, A. (1972a). Review of Birdwhistell's *Kinesics and context*. *American Journal of Psychology*, 85, 441–56.

Kendon, A. (1972b). Some relationships between body motion and speech: An analysis of an example. In A. Siegman & B. Pope (Eds.), *Studies in dyadic communication* (pp. 177–210). Nova York: Pergamon.

Kendon, A. (1975). Gesticulation, speech, and the gesture theory of language origins. *Sign Language Studies*, 9, 349–73.

Kendon, A. (1980). Gesticulation and speech: Two aspects of the process of utterance. In M. R. Key (Ed.)? *The relationship of verbal and nonverbal communication* (pp. 207–27). The Hague: Mouton.

Kendon, A. (1981a). Current issues in "nonverbal communication". In A. Kendon (Ed.), *Nonverbal communication, interaction and gesture* (pp. 1–53). The Hague: Mouton.

Kendon, A. (1981b). Geography of gesture. *Semiotica*, 37, 129–63.

Kendon, A. (1983). Gesture and speech: How they interact. In J. M. Wiemann & R. P. Harrison (Eds.), *Nonverbal interaction* (pp. 13–45). Beverly Hills, CA: Sage.

Kendon, A. (1984). Did gesture have the happiness to escape the curse at the confusion of Babel? In A. Wolfgang (Ed.), *Nonverbal behavior: Perspectives, applications, intercultural insights* (pp. 75–114). Toronto: Hogrefe.

Kendon, A. (1987). On gesture: Its complementary relationship with speech. In A. W. Siegman & S. Feldstein (Eds.), *Nonverbal behavior and communication*. 2d ed. (pp. 65–97). Hillsdale, NJ: Erlbaum.

Kendon, A. (1988). How gestures can become like words. In F. Poyatos (Ed.), *Cross-cultural perspectives in nonverbal communication* (pp. 131–41). Toronto: Hogrefe.

Kendon, A. (1989). Gesture. *International encyclopedia of communications*. Vol. 2 (pp. 217–222). Nova York: Oxford University Press.

Kimura, D. (1976). The neural basis of language via gesture. In H. Whitaker & H. A. Whitaker (Eds.), *Studies in neurolinguistics*. Vol. 2 (pp. 145–56). Nova York: Academic.

Kirk, L., & Burton, M. (1976). Physical versus semantic classification of nonverbal forms: A cross cultural experiment. *Semiotica, 17,* 315–38.

Knapp, R. H. (1965). The language of postural interpretation. *Journal of Social Psychology, 67,* 371–7.

Krout, M. (1954a). An experimental attempt to determine the significance of unconscious manual symbolic movements. *Journal of General Psychology, 51,* 296–308.

Krout, M. (1954b). An experimental attempt to produce unconscious manual symbolic movements. *Journal of General Psychology, 51,* 121–52.

LaBarre, W. (1964). Paralinguistics, kinesics, and cultural anthropology. In T. A. Sebeok, A. S. Hayes, & M. C. Bateson (Eds.), *Approaches to semiotics* (pp. 191–220). The Hague: Mouton.

LaFrance, M. (1979). Non-verbal synchrony and rapport: Analysis by the cross-lag panel technique. *Social Psychology Quarterly, 42,* 66–70.

LaFrance, M. (1985). Postural mirroring and intergroup relations. *Personality and Social Psychology Bulletin, 11,* 207–17.

LaFrance, M., & Broadbent, M. (1976). Group rapport: Posture sharing as a non-verbal indicator. *Group and Organization Studies, 1,* 328–33.

LaFrance, M., & Ickes, W. (1981). Posture mirroring and interactional involvement: Sex and sex typing effects. *Journal of Nonverbal Behavior, 5,* 139–54.

Lindenfeld, J. (1971). Verbal and non-verbal elements in discourse. *Semiotica, 3,* 223–33.

Mahl, G. F. (1987). *Explorations in nonverbal and vocal behavior*. Hillsdale, NJ: Erlbaum.

Mallery, G. (1972). Sign language among North American Indians. *First annual report of the Bureau of American Ethnology* (pp. 263–552). Washington: U. S. Government Printing Office, 1881. Republicado por Mouton Press, The Hague.

Markel, N. N. (1975). Coverbal behavior associated with conversation turns. In A. Kendon, R. M. Harris, & M. R. Key (Eds.), *Organization of behavior in face-to-face interaction* (pp. 189–97). Chicago: Aldine.

Matsumoto, D., & Kudoh, T. (1987). Cultural similarities and differences in the semantic dimensions of body postures. *Journal of Nonverbal Behavior, 11,* 166–79.

Maurer, R. E., & Tindall, J. H. (1983). Effect of postural congruence on client's perception of counselor empathy. *Journal of Counseling Psychology, 30,* 158–63.

McDowall, J. J. (1978a). Interactional synchrony: A reappraisal. *Journal of Personality and Social Psychology, 36,* 963–75.

McDowall, J. J. (1978b). Microanalysis of filmed movement: The reliability of boundary detection by observers. *Environmental Psychology and Nonverbal Behavior, 3*, 77–88.

McNeill, D. (1979). *The conceptual basis of language*. Hillsdale, NJ: Erlbaum.

McNeill, D. (1985). So you think gestures are nonverbal? *Psychological Review, 92*, 350–71.

McNeill, D. (1986). Iconic gestures of children and adults. *Semiotica, 62*, 107–28.

McNeill, D., & Levy, E. (1982). Conceptual representations in language activity and gesture. In R. J. Jarvella & W. Klein (Eds.), *Speech, place and action: Studies in deixis and related topics*. Chichester: Wiley.

Meissner, M., & Philpott, S. B. (1975). The sign language of sawmill workers in British Columbia. *Sign Language Studies, 9*, 291–308.

Morris, D. (1977). *Manwatching: A field guide to human behavior*. Nova York: Abrams.

Morris, D., Collett, P., Marsh, P., & O'Shaughnessy, M. (1979). *Gestures: Their origins and distribution*. Londres: Jonathan Cape.

Morsbach, H. (1988). Nonverbal communication and hierarchical relationships: The case of bowing in Japan. In F. Poyatos (Ed.), *Cross-cultural perspectives in nonverbal communication* (pp. 189–215). Toronto: Hogrefe.

Munair, R. (1963). *Supplemento al dizionario Italiano*. Milão: Muggiani.

Patterson, M. L. (1982). A sequential functional model of nonverbal exchange. *Psychological Review, 89*, 231–49.

Pelose, G. C. (1987). The functions of behavioral synchrony and speech rhythm in conversation. In S. J. Sigman (Ed.), *Research on language and social interaction*. Vol. 20. Edmonton, Alberta: Boreal Scholarly Publishers.

Peterson, L. N., & Kirshner, H. S. (1981). Gestural impairment and gestural ability in aphasia: A review. *Brain and Language, 14*, 333–48.

Pickett, L. (1974). An assessment of gestural and pantomimic deficit in aphasic patients. *Acta Symbolica, 65*, 69–86.

Poyatos, F. (1975). Gesture inventories: Fieldwork methodology and problems. *Semiotica, 13*, 199–227.

Riseborough, M. G. (1985). Physiographic gestures as decoding facilitators: Three experiments exploring a neglected facet of communication. *Journal of Nonverbal Behavior, 5*, 172–83.

Rogers, W. T. (1978). The contribution of kinesic illustrators toward the comprehension of verbal behavior within utterances. *Human Communication Research, 5*, 54–62.

Rosenberg, B. G., & Langer, J. (1965). A study of postural-gestural communication. *Journal of Personality and Social Psychology, 2*, 593–97.

Rosenfeld, H. M. (1967). Nonverbal reciprocation of approval: An experimental analysis. *Journal of Experimental Social Psychology, 3*, 102–11.

Rosenfeld, H. M. (1981). Whither interactional synchrony? In K. Bloom (Ed.), *Prospective issues in infant research*. Hillsdale, NJ: Erlbaum.

Rosenfeld, H. M. (1987). Conversational control functions of nonverbal behavior. In A. W. Siegman & S. Feldstein (Eds.), *Nonverbal behavior and communication*. 2d ed. (pp. 563–601). Hillsdale, NJ: Erlbaum.

Rosenfeld, H. M., & Hancks, M. (1980). The nonverbal context of verbal listener responses. *In* M. R. Key (Ed.), *The relationship of verbal and nonverbal communication* (pp. 193–206). The Hague: Mouton.

Saitz, R. L., & Cervenka, E. J. (1972). *Handbook of gestures: Colombia and the United States*. The Hague: Mouton.

Sapir, E. (1949). The unconscious patterning of behavior in society. *In* D. G. Mandelbaum (Ed.), *Selected writings of Edward Sapir in language, culture and personality*. Berkeley: University of California Press.

Scheflen, A. (1973). *Communicational structure: Analysis of a psychotherapy transaction*. Bloomington, IN: University of Indiana Press.

Scheflen, A. E. (1964). The significance of posture in communication systems. *Psychiatry, 27*, 316–31.

Scheflen, A. E., & Scheflen, A. (1972). *Body language and the social order*. Englewood Cliffs, NJ: Prentice-Hall.

Schegloff, E. A. (1984). On some gestures' relation to talk. *In* J. M. Anderson & J. Heritage (Eds.), *Structures of social action: Studies in conversational analysis* (pp. 266–96). Cambridge: Cambridge University Press.

Sherzer, J. (1974). Verbal and nonverbal deixis: The pointed lip gesture among the San Blas Cuna. *Language in Society, 2*, 117–31.

Sherzer, J. (1982). *Levels of analysis in sociolinguistics and discourse analysis: Two illustrative examples*. Documento lido na American Sociological Association, Los Angeles.

Slama-Cazacu, T. (1976). Nonverbal components in message sequence: "Mixed syntax". *In* W. C. McCormack & S. A. Wurm (Eds.), *Language and man: Anthropological issues* (pp. 217–227). The Hague: Mouton.

Sousa-Poza, J. F., Rohrberg, R., & Mercure, A. (1979). Effects of type of information (abstract-concrete) and field dependence on asymmetry of hand movements during speech. *Perceptual and Motor Skills, 48*, 1323–30.

Sparhawk, C. M. (1978). Contrastive identificational features of Persian gesture. *Semiotica, 24*, 49–86.

Stokoe, W. C. (1980). Sign language and sign languages. *Annual Review of Anthropology, 9*, 365–90.

Streeck, J. (1988). The significance of gesture: How it is established. *Papers in Pragmatics, 2*, 25–59.

Streeck, J., & Knapp, M. L. The interaction of visual and verbal features in human communication. *In* F. Poyatos (Ed.), *Studies in nonverbal communication: Interdisciplinary approaches through the social and clinical sciences, literature and the arts*. Amsterdã: John Benjamins B.V.

Taylor, A. (1975). Nonverbal communication systems in native North America. *Semiotica, 13*, 329–74.

Teodorrson, S. T. (1980). Autonomy and linguistic status of non-speech language forms. *Journal of Psycholinguistic Research, 9*, 121–45.

Trout, D. L., & Rosenfeld, H. M. (1980). The effect of postural lean and body congruence on the judgment of psychotherapeutic rapport. *Journal of Nonverbal Behavior, 4*, 176–90.

Trupin, C. M. (1976). *Linguistics and gesture: An application of linguistic theory to the study of emblems*. Dissertação de doutorado não publicada, University of Michigan.

van de Koppel, J. M. H., de Bok-Huurman, J. F. H., & Moezelaar, M. J. M. (1988). Understanding gestures in another culture: A study with children from the Dutch Antilles and the Netherlands. In F. Poyatos (Ed.), *Cross-cultural perspectives in nonverbal communication* (pp. 175–85). Toronto: Hogrefe.

Varney, N. R. (1978). Linguistic correlates of pantomime recognition in aphasic patients. *Journal of Neurology, Neurosurgery and Psychiatry, 41*, 546–68.

Walker, M. B., & Trimboli, C. (1983). The expressive functions of the eye flash. *Journal of Nonverbal Behavior, 8*, 3–13.

Warner, R. M., Malloy, D., Schneider, K., Knoth, R., & Wilder, B. (1987). Rhythmic organization of social interaction and observer ratings of positive affect and involvement. *Journal of Nonverbal Behavior, 11*, 57–74.

Washabaugh, W., Woodward, J., & DeSantis, S. (1978). Providence Island sign language: A context dependent language. *Anthropological Linguistics, 20*, 95–109.

Webb, J. T. (1972). Interview synchrony: An investigation of two speech rate measures. In A. W. Siegman & B. Pope (Eds.), *Studies in dyadic communication*. NY: Pergamon Press.

Wilkinson, L. C., & Rembold, K. L. (1981). The form and function of children gestures accompanying verbal directives. In P. S. Dale & D. Ingram (Eds.), *Child language: An international perspective* (pp. 175-90). Baltimore: University Park Press.

Wolff, C. (1945). *A psychology of gesture*. Londres: Methuen.

Wolff, P., & Gustein, J. (1972). Effects of induced motor gestures on vocal output. *Journal of Communication, 22*, 277–88.

Woodall, W. G., & Burgoon, J. K. (1981). The effects of nonverbal synchrony on message comprehension and persuasiveness. *Journal of Nonverbal Behavior, 5*, 207–23.

Woodall, W. G., & Folger, J. P. (1981). Encoding specificity and nonverbal cue content: An expansion of episodic memory research. *Communication Monographs, 48*, 39–53.

Wundt, W. (1900/1973). *The language of gestures*. The Hague: Mouton.

Wylie, L. (1977). *Beaux gestes: A guide to French body talk*. Cambridge, MA: The Undergraduate Press.

6

Os efeitos do toque na comunicação humana

Freqüentemente, falamos sobre a maneira como falamos, e com freqüência tentamos ver a maneira como vemos, mas por alguma razão raramente tocamos na maneira como tocamos.
D. Morris

O cenário é a biblioteca de uma universidade, mas poderia ser um supermercado, banco ou restaurante. Uma experiência é realizada por cerca de meio segundo com freqüentadores do local, sendo que alguns não a percebem. Entretanto, embora não perceptível por eles, essa experiência afeta sua avaliação sobre a biblioteca. O que poderia ser tão misterioso e influente?

Essa pergunta foi respondida pelos pesquisadores da Universidade de Purdue (Fisher, Rytting e Heslin, 1976), ao investigar os efeitos de um breve toque "acidental" num contexto não-íntimo. Pediram a funcionários homens e mulheres que devolvessem os cartões da biblioteca a alguns estudantes e, ao fazer isso, colocassem a mão sobre a palma da mão do outro, provocando contato físico. Alguns estudantes, porém, não seriam tocados. Fora da biblioteca, um pesquisador se aproximava dos estudantes e fazia perguntas sobre seus sentimentos em relação ao funcionário da biblioteca e à biblioteca em geral. Aqueles que foram tocados, especialmente as mulheres, avaliaram o funcionário e a biblioteca de modo significativamente mais favorável do que os não tocados. Isso era verdadeiro tanto em relação aos estudantes que tinham consciência de estar sendo tocados quanto àqueles que nem chegavam a notar o toque. Podia-se sugerir que os funcionários teriam, inadvertidamente, se comportado de forma diferente quando tocavam (por exemplo, sorrindo), mesmo que treinados para manter comportamentos uniformes diante de todos os estudantes. Entretanto, outros estudos sobre toques rápidos e aparentemente insignificantes chegaram a resultados parecidos. Garçonetes que tocavam no cliente ganhavam gorjetas maiores (Crusco e Wetzel, 1984), e psicólogos que tocavam no ombro dos estudantes quando pediam ajuda encontravam maior colaboração (Patterson, Powell e Lenihan, 1986). Talvez por isso os políticos demonstrem tanta ansiedade por apertar as mãos do maior número possível de eleitores. Assim, já sabemos que mesmo um leve toque pode exercer influência. Precisamos saber, então, como o toque funciona conjuntamente com outros aspectos do ambiente, outros comportamentos, relacionamento com outra pessoa, experiências passadas com o toque, e assim por diante.

Algumas vezes, o toque pode ser utilizado em tratamento da saúde. Em sessões terapêuticas para crianças autistas, por exemplo, geralmente utiliza-se muito toque. Estudos atestam também influências positivas do toque de médicos e enfermeiras em pacientes hospitalizados, embora, como se verá mais adiante neste capítulo, os efeitos fisiológicos, comportamentais e de atitudes *nem sempre* sejam positivos. Apesar de não haver ampla aceitação na comunidade científica, Krieger (1979; 1987) e Borelli e Heidt (1981) relatam alguns interessantes exemplos de como o "toque terapêutico" facilitou o processo de cura. Os advogados usam o toque para tranqüilizar os clientes e desenvolver um relacionamento em que estes tenham confiança e se sintam livres para falar. Contudo, a chave do sucesso é o tipo, a duração, a localização do toque e o conforto transmitido pelo advogado ao aplicá-lo, não o simples ato de tocar.

O toque é um aspecto importante na maioria dos relacionamentos humanos. Desempenha um papel nos atos de encorajar, expressar ternura, mostrar apoio emocional e muitas outras coisas. Cursos sobre conhecimento do corpo e desenvolvimento da personalidade recebem muitos norte-americanos que sentem necessidade de redescobrir a comunicação através do toque. Esses cursos encorajam o contato físico como uma maneira de derrubar algumas barreiras psicológicas. As pessoas tentam se tornar mais conscientes de si mesmas, de outras pessoas e do mundo à sua volta através de experiências físicas mais do que de palavras ou da visão. Algumas dizem que isso reflete um anseio pelo contato humano e um desejo de restaurar algumas necessidades táteis não satisfeitas. Como diz Montagu (1971):

> Quando a afeição e o envolvimento são expressados através do toque, é com esses significados, bem como com a satisfação de dar segurança, que o toque será associado. A experiência tátil inadequada resultará numa falta dessas associações e a conseqüente inabilidade de se relacionar com as outras pessoas em muitas situações fundamentais. [p. 292]

Talvez o exemplo mais expressivo do potencial comunicativo do toque seja o do cego. O diário de Helen Keller conta um incidente que ocorreu quando ela estava tocando seu cachorro: "Ele estava rolando na grama... seu corpo gordo dava voltas, enrijecia-se e se firmava numa posição ereta, sua língua deu uma lambida em minha mão... se ele pudesse falar, acredito que me diria que se alcança o paraíso através do toque".

O ato de tocar funciona como qualquer outra mensagem que enviamos – ele pode suscitar reações negativas ou positivas, dependendo do relacionamento das pessoas e das circunstâncias. Sabemos que, algumas vezes, as pessoas ficam "supertensas", ansiosas e/ou se sentem desconfortáveis quando tocadas; e o toque percebido como inapropriado no relacionamento pode receber reações agressivas, que podem ser na forma de tapas ou socos. A observação diária nos levaria a presumir que algumas pessoas avaliam quase todos os toques de maneira negativa. Em alguns casos, esse desprazer com o toque pode estar ligado a experiências precoces. O que sabemos sobre a ocorrência do toque durante todo o período de vida?

Toque e desenvolvimento humano

A comunicação tátil é, provavelmente, a maneira mais básica ou primitiva de comunicação. Assim, a sensibilidade tátil pode ser o primeiro processo sensorial a se tornar funcional. Na vida fetal, a criança começa a responder a vibrações das batidas cardíacas da mãe, que invadem todo o corpo da criança e são ampliadas pelo líquido amniótico. Pesquisadores documentaram que um feto vivo, com apenas 7,62 cm de comprimento, abortou durante o terceiro mês de gestação, quando reagiu reflexivamente ao toque de um cabelo em volta de sua boca (Maurer e Maurer, 1988). De certo modo, nosso primeiro dado sobre como será a vida no futuro deriva do sentido do toque.

Os recém-nascidos continuam a obter conhecimento sobre si mesmos e o mundo ao seu redor através de explorações táteis. Algumas das experiências comuns de toque incluem as mãos do obstetra e as que mudam suas fraldas, lhes dão banho, os alimentam, embalam e confortam. Durante a primeira infância, as palavras acompanham o toque até que a criança associa os dois; então, as palavras podem substituir o toque inteiramente. Por exemplo, uma mãe pode dar tapinhas carinhosamente ou afagar uma criança para consolá-la. Quando a criança cresce, ela a acaricia e dá-lhe tapinhas enquanto murmura palavras estimulantes. E a mãe pode também tranqüilizá-la, falando do outro quarto: "Está tudo bem, querida, a mamãe está aqui". À medida que as palavras substituem o toque, a distância é substituída por uma proximidade íntima. A partir dessa seqüência, Frank (1957) formulou a hipótese de um importante relacionamento. Ele diz que símbolos dissociados do tato, durante a infância, podem mais tarde ser estabelecidos de modo menos claro e efetivo como códigos básicos de comunicação.

Vários estudos foram realizados para examinar o toque paternal em bebês e crianças. As mães tendem a tocar os bebês mais do que os pais. Além disso, a quantidade de toques pode variar. As mães tocam mais nas crianças que respondem positivamente ao toque, as "carinhosas"; as crianças nascidas posteriormente podem receber menos toque; as crianças "planejadas" podem receber mais toque do que as "não-planejadas" etc.

Em geral, o recém-nascido e o bebê recebem mais estimulação tátil do que as crianças entre catorze meses e dois anos. Considerando as exigências do bebê, isso pareceria não só necessário mas também previsível. Todavia, os resultados obtidos por Clay (1966) indicam que as crianças entre catorze meses e dois anos são mais tocadas do que quando bebês. Esse estudo também indica que as meninas bebês tendem a receber mais desses atos físicos de afeto do que os meninos. Lewis (1972), entretanto, resumindo vários projetos de pesquisa, relata que, nos seis primeiros meses de vida, os meninos recebem mais contato físico do que as meninas. Depois dos seis meses de idade, as meninas não só costumam passar mais tempo do que os meninos tocando os pais e se aproximando deles, como são estimuladas a fazer isso.

Várias observações referentes ao ato de tocar foram realizadas em experiências escolares envolvendo crianças em desenvolvimento. Em um estudo, os meninos da pré-escola tendiam a tocar mais nos professores do que nas professoras, enquanto as meninas da pré-escola tocavam nos professores de ambos os sexos quase com a mesma freqüência. Os próprios professores geralmente tocavam mais nas crianças de seu próprio sexo (Perdue e Connor, 1978). Willis e seus colegas (Willis e Hoffman, 1975; Willis e Reeves, 1976) observaram crianças na escola elementar e no colégio. Do jardim de infância até o sexto ano, a quantidade de toque declina continuamente, mas em geral ainda supera os toques adultos. Essa mesma tendência ocorre na escola secundária, registrando cerca da metade dos toques dos cursos primários. Outras revelações interessantes surgiram desses estudos. A maior quantidade de toques ocorria entre os pares do mesmo sexo. As crianças negras, sobretudo as meninas, tendiam a utilizar mais freqüentemente o toque. Embora o toque nas escolas primárias fosse com mais freqüência iniciado com as mãos, os estudantes do ginásio tocavam-se muito mais ombro com ombro e cotovelo com cotovelo. No ginásio, as meninas começaram a dar toques mais agressivos, e os meninos eram tocados em mais lugares, principalmente por causa das brincadeiras de lutas, comuns nessa idade.

À medida que a infância avança, a criança norte-americana entra num período de "latência", no qual a comunicação tátil desempenha pequeno papel. Durante a adolescência, as experiências táteis com pessoas do mesmo sexo e, depois, do sexo oposto tornam-se cada vez mais importantes.

O uso do toque para transmitir mensagens emocionais e de relacionamento constitui para o idoso um importante recurso, particularmente quando diminui a confiança nas mensagens verbais/cognitivas. Embora aparentemente nos Estados Unidos se dê aos idosos uma "licença" maior para tocar nos outros, não se sabe exatamente o quanto os outros tocam neles. Sem dúvida, as enfermidades requerem que as pessoas idosas sejam mais tocadas, mas faz grande diferença se esse aumento de toque é apenas "funcional/profissional" ou expressa sentimentos afetuosos. As observações do toque em quatro lares para idosos revelaram que ali também as mulheres tinham maior tendência a iniciar o toque do que os homens. E, como na infância, é mais provável ocorrer o toque em pessoas do mesmo sexo do que de sexo oposto (Rinck, Willis e Dean, 1980).

As primeiras experiências táteis são fundamentais ao ajuste mental e emocional posterior. As crianças que têm pouco contato físico podem demorar mais a aprender a andar e falar; sabe-se que muitas crianças esquizofrênicas foram privadas do manuseio e dos cuidados maternais quando bebês; alguns exemplos de dificuldades e atraso na leitura e fala são também associados à falta ou inadequação da comunicação tátil para a criança. A violência física do adulto pode também estar ligada à privação de toque durante a infância. Há relatos de crianças que choram menos quando recebem estimulação tátil, embora esse efeito dependa de o bebê perceber o toque como consolo por chorar.

Ashley Montagu (1971) cita vários estudos sobre animais e seres humanos para dar suporte à teoria de que a satisfação tátil durante a infância e a adolescência é de importância fundamental no subseqüente desenvolvimento do comportamento saudável. Ele sustenta que não podemos manipular excessivamente uma criança, pois "tudo leva a crer que, tal como o cérebro e o sistema nervoso da salamandra se desenvolvem mais completamente em resposta à estimulação periférica, o mesmo se dá com o cérebro e o sistema nervoso do ser humano" (p. 188). Os famosos experimentos da "mãe substituta" de Harlow (1958) oferecem, a partir do mundo animal, certos indícios que apóiam a importância do toque para os bebês. Harlow construiu com arame uma figura materna de macaco, que podia fornecer leite e proteção; em seguida, construiu outra, de esponja de borracha e tecido felpudo, que não fornecia leite. Uma vez que os macacos bebês escolhiam constantemente a mãe de tecido felpudo, Harlow concluiu que o "conforto do contato" era para os macacos uma parte mais importante da relação mãe-filho do que o sustento em si. Amamentar era menos importante como fonte de alimento do que como fonte de contato tranqüilizador.

Quem toca quem, onde e quanto

A quantidade e o tipo de contato na idade adulta variam consideravelmente com a idade, sexo, situação e relacionamento das partes envolvidas. Há casais que têm tão pouco a dizer um ao outro ou acham tão difícil estabelecer intimidade através do contato verbal, que o contato físico durante os encontros sexuais se torna um modo primordial de comunicação para estabelecer "intimidade". Assim, Masters e Johnson, famosos sexólogos pesquisadores, propuseram-se a ajudar as pessoas a alcançar uma comunicação mais efetiva: "Acreditamos que a relação sexual que satisfaz é o máximo em comunicação". Muitos fatores no desenvolvimento da sociedade americana criaram um consenso de que o toque só é utilizado em relacionamentos extremamente pessoais e íntimos, o que leva à crença de que todo toque é, de certo modo, sensual por natureza. A ironia reside no fato de que pessoas há muito tempo íntimas provavelmente se tocam menos e com menor intimidade do que as que estão procurando estabelecer um relacionamento romântico ou tentando restaurar uma relação em que se está perdendo a intimidade. Para pessoas íntimas, com longos relacionamentos românticos, a qualidade substitui a quantidade de toque, que foi necessária para estabelecer inicialmente um relacionamento íntimo.

Para algumas pessoas, os contatos que ocorrem num trem de metrô cheio ou no saguão lotado de um teatro são muito desconfortáveis, especialmente aqueles com o sexo oposto, no caso das mulheres, e os com o mesmo sexo, no caso dos homens. As explicações para tais sentimentos são numerosas. Algumas crianças crescem aprendendo a "não tocar" numa porção de coisas animadas e inanimadas. Elas são ensinadas a não tocar no próprio corpo e, mais tarde, no corpo do parceiro de encontro. São tomados cuidados para que as crianças não vejam os pais "se tocarem" de modo íntimo; alguns pais demonstram uma norma de não-contato pelo uso de camas separadas. O toque é associado a admoestações do tipo "feio" ou "mau" e é convenientemente punido, e acredita-se que o toque entre pai e filho seja algo pouco masculino. Por causa dessas experiências, algumas pessoas passam a evitar o toque em qualquer situação. Vários estudos tentaram identificar as características de personalidade das pessoas que gostam de tocar e das que não gostam (Andersen, Andersen e Lustig, 1987; Deethardt e Hines, 1984). Aqueles que evitam o toque, quando comparados aos que o buscam, relatam mais ansiedade e tensão em suas vidas, menos satisfação com seus corpos, mais suspeita em relação aos outros, mais retraimento social e maior tendência a ser rígidos ou autoritários em suas crenças.

Certas situações têm, também, um efeito facilitador ou inibidor no comportamento de toque. Estudos demonstraram que em lugares públicos, onde a maior parte da pesquisa de observação é feita, pelo menos nas culturas de "não-contato", o toque pode ser pouquíssimo freqüente. Como exemplo, Hall e Veccia (1990) observaram 4.500 pares de pessoas em locais públicos e verificaram que apenas 15% já estavam se tocando ou tinham se tocado durante o período de observação. Alguns pesquisadores, frustrados diante da pouca freqüência dos toques em muitos ambientes, planejaram maneiras engenhosas de aumentar a probabilidade de eles ocorrerem. Juni e Brannon (1981) disfarçaram um dos colegas como pessoa cega, que então saía à rua e pedia orientação a um transeunte. Os pesquisadores argumentaram que as pessoas ficariam menos inibidas de tocar alguém cego, enquanto lhe indicavam a direção, do que de tocar uma pessoa com visão.

A pesquisa de Henley (1977) sugere que as pessoas tendem a se tocar mais quando: 1) estão dando informações ou conselhos do que quando os estão pedindo; 2) estão dando uma ordem do que cumprindo-a; 3) estão pedindo do que prestando um favor; 4) estão tentando persuadir do que sendo persuadidas; 5) a conversação é "mais profunda do que casual"; 6) estão numa festa do que no trabalho; 7) estão comunicando excitação do que a recebendo de outrem; 8) estão recebendo mensagens de preocupação de outrem do que as enviando. Saudações e despedidas nos terminais de aeroportos são situações comunicativas que refletem uma incidência maior de toque do que seria de se esperar normalmente. Em um estudo, 60% das pessoas observadas num comportamento de saudação tocavam-se, enquanto outro estudo relata 83% de participantes que se tocam (Greenbaum e Rosenfeld, 1980; Heslin & Boss, 1980). Heslin e Boss (1980) observaram que abraços prolongados e maior intimidade de toque eram mais prováveis de ocorrer em despedidas do que em saudações. Quanto maior a emoção (refletida nas expressões faciais) e quanto mais próximo o relacionamento percebido, tanto maiores as chances de mais toque. Outra situação que tende a mostrar uma incidência maior de toque do que a normalmente registrada em lugares públicos envolve os esportes de equipe. Em um estudo, observou-se o comportamento de toque dos jogadores de boliche durante um jogo da liga, e verificou-se que ele era muito mais freqüente do que o ocorrido numa interação social normal (Smith, Willis e Gier, 1980). Altas incidências de toque ligadas a um bom desempenho eram mais características dos negros do que dos brancos (ganhar geralmente provoca mais toques do que perder).

O comportamento de toque do homem e da mulher desperta grande interesse entre os pesquisadores porque alguns acreditam que ele esteja estreitamente ligado ao *status*, sendo mais elevado o da pessoa que toca do que o da que é tocada. A questão foi inteiramente articulada por Henley (1973b, 1977) depois que a pesquisa sugeriu que os homens adultos tendem a iniciar o toque com mulheres mais do que o inverso. Henley sugere que consideremos quem tomaria a iniciativa de tocar, em pares como os seguintes: professor-aluno; polícia-acusado; médico-paciente; amo-escravo; capataz-trabalhador; conselheiro-aconselhado; e assim por diante. Muitas pessoas tendem a ver a pessoa de *status* mais elevado como iniciadora do toque. Para um "subordinado" (quando os papéis do *status* são claramente definidos), iniciar (ou até retribuir, algumas vezes) o toque é percebido como deselegante, presunçoso, ou como uma afronta. Assim, Henley argumentou que o toque iniciado predominantemente pelo homem tem a mesma ou mais probabilidade de ser uma indicação de poder do que um reflexo de afeto. Quando as mulheres iniciam o toque com os homens, ele é freqüentemente associado a intenção sexual, uma vez que, como conclui Henley, "a implicação de poder é inaceitável".

Estudos publicados, posteriores ao de Henley, foram inconsistentes sobre a questão de qual sexo toca mais no outro, de um modo geral (Stier e Hall, 1984). Mas há certa coincidência no fato de que, quando os indivíduos são adultos jovens e o toque é com a mão ou com o braço posto em volta do outro, os homens tomam a iniciativa. Contudo, as mulheres tendem mais a iniciar o toque nos homens quando o casal está na casa dos quarenta ou mais, e quando o toque é breve ou envolve enlaçar o braço no do homem ou segurar-lhe a mão. Considerando essas complexidades, seria demasiadamente simplista encarar o toque homem-mulher como reflexo apenas (ou principalmente) de diferenças de *status* (Hall e Veccia, 1990; Major, Schmidlin e Williams, 1990; McCormick e Jones, 1989; Lockard e Adams, 1980).

Não importa quem inicie o toque, os pesquisadores costumam considerar o iniciador como a pessoa com maior poder se o toque não é retribuído. Dois estudos sustentam essa conclusão. No primeiro, avaliações de dominância/poder foram efetuadas em relação a pessoas retratadas em anúncios de revista. As fotos apresentavam os pares homem-mulher que envolviam o não-toque ou o toque não-retribuído. O *status* (observado na diferença de idade e nas roupas) variava de modo que homens e mulheres fossem retratados como tendo ambos os *status*, elevado e baixo. Em geral, os resultados mostraram que, independentemente do *status* inicial, as avaliações de dominância/poder da pessoa tocada caíram significativamente, embora as avaliações de poder daquele que tocava não tenham aumentado sensivelmente (Summerhayes e Suchner, 1978). Um estudo semelhante, usando silhuetas de pessoas de pé lado a lado, revelou que as avaliações de pessoas que estavam tocando seu parceiro no ombro aumentavam significativamente não só em dominância, mas também em afirmação e cordialidade/expressividade. Nesse estudo, os receptores do toque obtiveram avaliações mais baixas nesses itens do que as silhuetas que não envolveram nenhum toque (Major e Heslin, 1982). Considerados em conjunto, esses estudos sugerem que atos de toque não retribuídos podem refletir o equilíbrio de poder do relacionamento a observadores externos, aumentando as percepções de poder da pessoa que toca e diminuindo as percepções de poder do receptor que não retribui. Essa percepção parece ocorrer independentemente do sexo, *status* e idade dos participantes. Evidentemente, a própria percepção dos interagentes podem ser bem diferentes. Assim, a percepção dos observadores pode também mudar, dependendo do tipo de relacionamento que eles percebem, do comportamento decorrente e do contexto.

Como foi dito anteriormente, Henley argumentou que o *status* é um determinante importante de quem toca quem. Segundo sua análise, a pessoa de *status* mais elevado tem um privilégio de tocar que não existe na pessoa de *status* inferior. Embora inúmeros episódios e estimáveis opiniões sustentem esse ponto de vista, a pesquisa sobre essa importante questão foi limitada e inconsistente (Stier e Hall, 1984). Goldstein e Jeffords (1981), observando deputados da galeria de visitantes, perceberam uma tendência dos deputados estaduais de *status* inferior de tocar nos de *status* mais elevados mais do que o inverso – uma descoberta que contradiz a análise de Henley. Estudos sobre o que ocorre com a dominância e o *status* percebidos nas pessoas após a ocorrência de um toque nos indicam que não pode haver um padrão simples de toque decorrente do *status*. Se tocar numa pessoa eleva o *status* de quem assim procede, como mostra a pesquisa, a pessoa de *status* inferior em uma reunião pode considerar vantajoso tocar na outra, como uma maneira de equilibrar o *status*. Goldstein e Jeffords, em suas observações dos deputados, comentaram que o governador era tocado por muitos, mas ele mesmo não tocava ninguém. Se tanto os indivíduos de *status* mais alto como os de mais baixo consideram uma vantagem tocar nos outros, conclui-se que os estudos envolvendo a observação das pessoas apresentam, nesse aspecto, padrões complexos.

Jourard (1966) queria saber quais partes do corpo as pessoas achavam que eram tocadas com mais freqüência. Submeteu um questionário a estudantes, que indicaram quais, de 24 partes do corpo, eles tinham visto ou tocado nos outros, ou os outros tinham visto ou tocado neles, nos últimos doze meses. As outras pessoas eram especificadas como mãe, pai, amigo do mesmo sexo e amigo do sexo oposto. Entre outros aspectos, o estudo de Jourard revelou que as mulheres eram percebidas por todas as pessoas como muito mais acessíveis ao toque do que os homens. Os amigos do sexo oposto e as mães eram considerados como os que mais tocavam. Muitos pais foram lembrados por restringirem seus toques às mãos.

Os dados de Jourard relativos à figura 6.1 foram reunidos em 1963-64. Uma repetição desse estudo, uma década depois, mostrou quase os mesmos resultados – com uma exceção (Rosenfeld, Kartus e Ray, 1976). Aparentemente, homens e mulheres são vistos como mais acessíveis aos amigos do sexo oposto do que na década precedente, verificando-se um aumento de toque em relação a partes do corpo normalmente consideradas mais íntimas, como peito, estômago, quadris e coxas[1]. Cabe notar que, quando se pede às pessoas que se lembrem de onde são tocadas e/ou quantas vezes, há sempre a possibilidade de que essas recordações não sejam precisas. Jones (1991), usando os métodos de Jourard, concluiu que o número de partes do corpo realmente contatadas era bem menor do que aquelas previstas ou lembradas pelos estudantes que preenchem um questionário. Quanto ao toque, as expectativas sobre quais toques *devem* ocorrer parecem exercer importante influência nas respostas do questionário.

---

[1] Um terceiro estudo usando o método de Jourard foi realizado nos anos 80, mas os sujeitos eram estudantes que freqüentavam uma pequena faculdade católica de ciências humanas. Embora os resultados mostrem um registro menor de toques por esses estudantes, não está claro quanto dessa descoberta é atribuível a mudanças culturais associadas aos anos 80 e quanto está ligado à natureza dos sujeitos. Ver: Hutchinson, K. L. e Davidson, C. A. (1990). Body Accessibility Re-Revisited: The 60s, 70s and 80s, *Journal of Social Behavior and Personality*, 5, pp. 341–352.

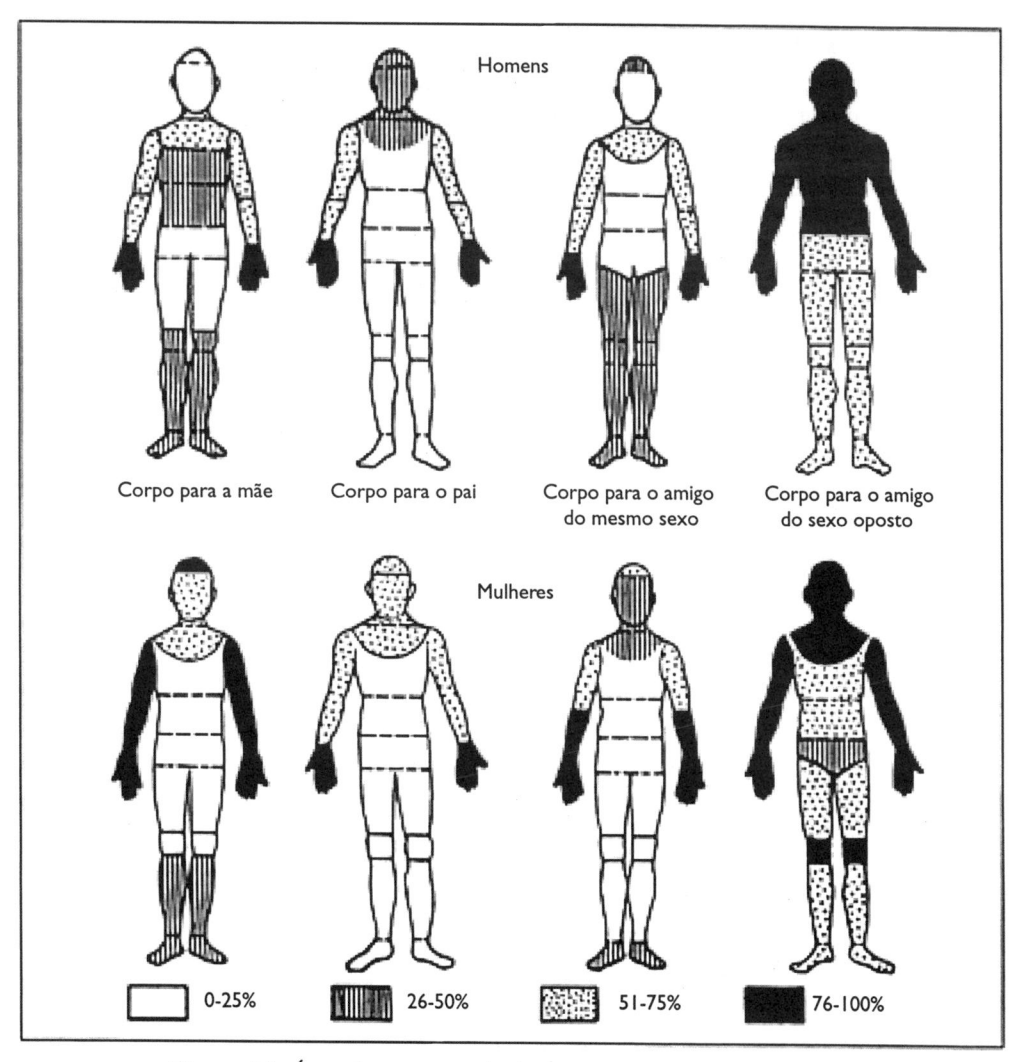

Figura 6.1 Áreas do corpo envolvidas no contato corporal.

Embora nossos interesses principais se refiram à comunicação social, o estudo do toque também tem importantes implicações para pessoas que vivem em asilos. Watson (1975) verificou que havia mais toque dos residentes numa casa para idosos se as seguintes condições estivessem presentes: 1) a área de toque ficava longe da região genital; 2) os funcionários e os residentes eram do mesmo sexo; 3) o iniciador do toque era visto como detentor de um *status* elevado; 4) o residente não apresentava deficiências físicas estigmatizantes. Watson prossegue observando que os residentes com sérias deficiências e do sexo masculino (porque os residentes são, em grande parte, do sexo feminino) provavelmente receberão pouco toque.

Diferentes tipos de toque

Argyle (1975) diz que os seguintes tipos de contato corporal são mais comuns na cultura ocidental:

Tipo de toque	Áreas do corpo tipicamente envolvidas
Dar tapinhas	Cabeça, costas
Dar palmadas	Rosto, mão, nádegas
Esmurrar	Rosto, peito
Beliscar	Bochecha
Acariciar	Cabelo, rosto, parte superior do corpo, joelho, genitais
Sacudir	Mãos, ombros
Beijar	Boca, bochecha, peitos, mão, pé, genitais
Lamber	Rosto, genitais
Segurar	Mão, braço, joelho, genitais
Guiar	Mão, braço
Abraçar	Ombro, corpo
Prender	Braços
Superpor	Mãos
Chutar	Pernas, nádegas
Arrumar	Cabelo, rosto
Fazer cócegas	Quase em todas as partes

Fizemos as seguintes alterações na lista original: 1) mudamos *traseiro* para *nádegas*; 2) acrescentamos *genitais* em quatro categorias; 3) acrescentamos *ombros* à categoria "sacudir".

Desmond Morris (1977) distingue entre tocar nos outros e tocar em si mesmo. Relata que "as observações de campo até aquele momento haviam conduzido à citação de 457 tipos de contato corporal..." (p. 92). Diz que há catorze tipos principais de contato corporal público que ocorrem entre duas pessoas. São chamados de "signos ligados" porque assinalam a existência de algum tipo de relacionamento entre os dois participantes. Algumas vezes, a natureza específica desse relacionamento pode ser deduzida observando-se o modo como o toque é realizado. As principais categorias de toque de Morris incluem:

1) **Aperto de mão.** A força da ligação ou da ligação desejada entre os participantes pode, freqüentemente, ser percebida observando-se a mão que não foi apertada.
2) **Guia de corpo.** Aqui, o toque é um substituto de apontar. A pessoa que está guiando o corpo da outra é freqüentemente a "que está no comando" durante esse encontro.
3) **Tapinha.** Morris diz que quando os adultos dão tapinhas em outros adultos isso constitui, em geral, um gesto de afabilidade ou sexual. A bem conhecida exceção é o tapinha de congratulações (freqüentemente nas nádegas) após um bom desempenho nos esportes masculinos de equipe.

4) **Dar o braço.** Essa forma de toque pode ser usada para apoiar quando uma pessoa está cambaleante, mas é também usada freqüentemente para indicar um relacionamento íntimo. A pessoa "no comando", diz Morris, tende menos a ser a pessoa que agarra o braço da outra.
5) **Abraçar o ombro.** Esse "meio abraço" é usado em relacionamentos românticos homem-mulher, bem como para significar relações de camaradagem entre homens.
6) **Abraço completo.** Esse gesto, algumas vezes chamado de abraço apertado, ocorre freqüentemente em momentos de intensa emoção, eventos esportivos, romance, cumprimentos, despedidas. É também usado ritualisticamente para mostrar uma relação mais íntima do que a indicada por um aperto de mãos.
7) **Mãos dadas.** Quando os adultos dão as mãos às crianças, isso é designado como apoio, para manter a criança perto ou para protegê-la. Como adultos, as mãos dadas (porque ambas as partes estão realizando o mesmo gesto) sugerem uma igualdade dentro do relacionamento. O gesto é ligado freqüentemente a relacionamentos entre sexos opostos, mas não é incomum pessoas do mesmo sexo de mãos dadas, particularmente em grupos.
8) **Abraço pela cintura.** Este, segundo Morris, é freqüentemente substituído pelo abraço total quando os participantes desejam assinalar mais intimidade do que segurar a mão ou abraçar o ombro enquanto continuam a se mover.
9) **Beijo.** A localização, pressão, duração e sinceridade de um beijo ajudam a assinalar a intimidade ou a desejada intimidade de um relacionamento num momento particular.
10) **Mão na cabeça.** Dada a natureza altamente vulnerável da região da cabeça, deixar alguém tocá-la demonstra confiança e, com freqüência, uma relação íntima.
11) **Cabeça com cabeça.** Duas pessoas que se tocam na cabeça são incapazes de olhar de maneira normal o que ocorre ao redor, de modo que essa forma de tocar é considerada geralmente uma espécie de acordo entre as duas partes para "calar o resto do mundo" – uma atitude comum especialmente em jovens namorados.
12) **Carícia.** Este é um sinal associado a sentimentos românticos de um parceiro, embora, como qualquer sinal, possa ser usado por pessoas sem intimidade que estão tentando enganar outras sobre a profundidade dos relacionamentos.
13) **Apoio corporal.** Freqüentemente nossos pais nos ampararam quando éramos crianças, carregando-nos, levantando-nos ou nos deixando sentar em seu colo. Como adultos, isso pode ser usado em situações envolvendo brincadeiras ou quando uma pessoa se sente fisicamente desamparada.
14) **Ataque provocativo.** Trata-se de um comportamento de aparência agressiva realizado de maneira não-agressiva, por exemplo, dar socos no braço, despentear o cabelo, dar empurrões, beliscões, mordiscar a orelha etc. Às vezes permitimos ou até encorajamos esses gestos com amigos para mostrar o nível de compreensão existente. E algumas vezes esses toques de ataques provocativos são substitutos para outros mais amorosos, que, no caso de alguns pais que desejam demonstrar amor por seus filhos, podem ser desagradáveis.

Outro método de classificar os vários tipos de toque foi empreendido por Heslin (Heslin e Alper, 1983). Essa classificação baseia-se nos tipos de mensagens comunicadas e varia dos tipos menos pessoais aos mais pessoais de toque. Os toques acidentais e os agressivos (que ferem a outra pessoa) parecem fazer parte de um contexto íntimo, mas não são apresentados nesta lista.

1) **Funcional-profissional.** A intenção comunicativa desse toque impessoal, e muitas vezes "frio" e de aparência comercial, é completar alguma tarefa ou realizar algum serviço. A outra pessoa é equiparada a um objeto ou não-pessoa, para evitar que alguma mensagem íntima ou sexual interfira na tarefa. Exemplos dessas situações podem incluir um professor de golfe com sua aluna, uma costureira com um cliente, ou um médico com uma paciente.

2) **Social-educado.** Esse tipo de toque afirma a identidade da outra pessoa como membro da mesma espécie, operando essencialmente pelas mesmas regras de conduta. Embora o outro seja tratado como uma "pessoa", percebe-se ainda muito pouco envolvimento entre os interagentes. O aperto de mãos é o melhor exemplo desse tipo de toque. Usado há cerca de 150 anos, foi precedido por um aperto de mãos com os dedos entrelaçados, que remonta pelo menos à Roma antiga.

3) **Amizade-cordialidade.** Esse tipo de toque reconhece um pouco mais o caráter especial da outra pessoa e demonstra apreciá-la. É dirigido à outra pessoa como amiga. Entretanto, esse toque pode gerar uma sensação desagradável, se for interpretado como um toque íntimo ou sexual. Situações particulares podem exacerbar esse problema, por exemplo, quando o toque ocorrer em público, e quem toca comportar-se de maneira a possibilitar a interpretação equivocada.

4) **Amor-intimidade.** Quando você passa a mão na face de uma pessoa do sexo oposto ou quando abraça outra pessoa, está provavelmente expressando uma afeição ou atração através do toque. A outra pessoa é o objeto dos sentimentos de intimidade ou amor. Os tipos de toque nesse sentido são muito variados e assumem uma determinada forma conforme a pessoa a que se destinam.

5) **Excitação sexual.** Embora seja às vezes parte integrante do amor e da intimidade, a excitação sexual pode também apresentar outras características. Aqui estamos considerando o toque principalmente como uma experiência de atração física. A outra pessoa é, na linguagem comum, um objeto sexual.

Morris (1971) acredita que, na cultura ocidental, os casais heterossexuais normalmente percorrem uma seqüência de passos (semelhantes aos utilizados por outras espécies animais para cortejar) no caminho para a intimidade sexual. Observe que, cada passo, menos os três primeiros, envolve algum tipo de toque: 1) olho com corpo; 2) olho com olho; 3) voz com voz; 4) mão com mão; 5) braço com ombro; 6) braço com cintura; 7) boca com boca; 8) mão com cabeça; 9) mão com corpo; 10) boca com peito; 11) mão com genitais; 12) genitais com genitais e/ou boca com genitais. Morris conclui que esses passos geralmente seguem a mesma ordem, embora admita que haja variações. Uma oportunidade de saltar passos ou de se mover para um nível de intimidade pode ocorrer através de formas socialmente formalizadas de contato corporal; por exemplo, um beijo de boa-noite ou um cumprimento de apresentação com as mãos. Deve-se salientar que, embora o toque das bocas em pares heterossexuais possa refletir um estágio avançado de intimidade, também às vezes ocorre em ambientes menos íntimos, com significado menos íntimo, como, por exemplo, quando um anfitrião de um programa de perguntas na televisão dá beijinhos nas candidatas femininas ao serem apresentadas ou ao se despedirem.

Autotoque

Os autotoques incluem atitudes nervosas como roer unhas, cutucar o rosto, torcer o cabelo e acariciar-se. Essa categoria de comportamento ainda não foi bem estudada. Não se sabe se todos os tipos de autotoque constituem adaptações de comportamento. Os autotoques podem servir a diferentes funções.

Desmond Morris (1971) apresentou uma lista dos diversos tipos de autotoque:

1) **Ações protetoras.** Geralmente envolvem a redução do recebimento ou da transmissão de informações; por exemplo, colocar a mão sobre a boca ou as orelhas.
2) **Ações de limpeza.** Algumas vezes, levamos a mão à região da cabeça para coçar, esfregar, catar, enxugar etc., para limpar. Um autotoque pode também ser usado para cuidar da própria aparência, isto é, arrumar o cabelo, endireitar a roupa e outros tipos relacionados "à melhora da aparência". Observações e entrevistas subseqüentes com pessoas em toaletes públicos revelaram que as mulheres adotam mais esse comportamento do que os homens. As pessoas que estavam iniciando um relacionamento íntimo dedicavam-se mais à "melhora da aparência" do que aquelas relacionadas já havia algum tempo (Daly, Hogg, Sacks, Smith e Zimring, 1983).
3) **Sinais especializados.** São gestos usados para comunicar mensagens específicas, como colocar a mão em concha junto ao ouvido para assinalar a dificuldade de ouvir, ou apoiar uma das mãos sob o queixo para dizer "estou farto disso".
4) **Auto-intimidades.** As auto-intimidades, segundo Morris, são ações reconfortantes que representam inconscientemente a imitação do ato de ser tocado por outra pessoa. Podem envolver segurar as próprias mãos, dobrar o braço, cruzar as pernas, masturbação, e assim por diante. Algumas, diz ele, tendem a ser mais realizadas pelas mulheres; por exemplo, a postura de baixar a cabeça sobre o ombro e abraçar a perna.

Assim, o autotoque pode ser um substituto para o conforto que, de outro modo, seria propiciado por outras pessoas. Morris (1971) resume esse tema da seguinte maneira:

1) Quando estamos nos sentindo nervosos ou deprimidos, uma pessoa querida pode tentar nos confortar dando-nos um abraço ou um aperto de mãos.
2) Na ausência de uma pessoa querida, um especialista em toque, como um

médico, poderá dar tapinhas em nosso braço e nos dizer para não nos preocuparmos. 3) Se nossa única companhia é o cachorro ou gato de estimação, podemos pegá-lo no colo e encostar o rosto em seu corpo peludo para sentir o conforto do toque. 4) Se estivermos sós e algum ruído estranho nos assustar à noite, podemos envolver firmemente o corpo com as cobertas para sentir segurança. 5) Se tudo falhar, ainda temos o próprio corpo, e podemos nos abraçar, acariciar, apertar e tocar de diversas maneiras, para tentar afastar nossos temores. [p. 214]

Outros tipos de comportamento não-verbal que podem envolver o autotoque são os chamados por Ekman e Friesen de *adaptadores*. Como está implícito no termo, são adaptações comportamentais que adotamos em certas situações que envolvem aprendizagem; por exemplo, realizando alguma ação pessoalmente ou com algum instrumental, controlando nossas emoções, satisfazendo nossas necessidades ou insinuando-nos junto a outra pessoa. Esses comportamentos (ou parte deles) surgem em situações que nos parecem semelhantes a experiências de aprendizagem anteriores. Geralmente, não temos consciência de realizar esses comportamentos, mas uma sugestão freqüente pode aumentar nossa sensibilidade, por exemplo: "Pare de cutucar o nariz!" Embora a pesquisa sobre os adaptadores não seja extensa, parece haver um consenso de que os adaptadores estão geralmente associados a sentimentos negativos em relação a nós próprios ou a outra pessoa. Existem algumas classificações de diferentes tipos de adaptadores que incluem tanto o provável referente para o comportamento (a própria pessoa, outra pessoa, um objeto) como o tipo de comportamento (arranhar, esfregar, por exemplo). Estudos procuram saber se os vários adaptadores estão ligados a estados de espírito ou emocionais específicos.

Exame de pacientes psiquiátricos e de indivíduos normais feito por Ekman e Friesen (1972) revelou que os auto-adaptadores aumentam à medida que crescem o desconforto psicológico e a ansiedade de uma pessoa. Se, contudo, o nível de ansiedade for demasiado alto, uma pessoa poderá "congelar-se", passando a não fazer nenhum movimento. A conclusão de que os auto-adaptadores também estão associados a sentimentos de culpa nos pacientes estudados esclarece um aspecto da pesquisa sobre decepção no capítulo 10. Ekman e Friesen também apuraram que os auto-adaptadores constituídos pelas ações de catar e arranhar estão relacionados à hostilidade e desconfiança de uma pessoa. Teoricamente, esses atos são uma manifestação de agressão contra si mesmo ou uma agressão sentida por outrem, projetada sobre a própria pessoa. Outras especulações e hipóteses sobre os auto-adaptadores incluem a possibilidade de que se esfregar seja usado para dar auto-segurança, cobrir os olhos esteja associado a vergonha e/ou culpa, e se arrumar mostre preocupação com a auto-apresentação.

Outros adaptadores são aprendidos juntamente com nossas primeiras experiências em relações interpessoais, como por exemplo: dar uma coisa a uma pessoa ou dela tomar, atacar ou proteger, estabelecer proximidade ou afastamento etc. Movimentos da perna podem ser adaptadores que mostram intenções relacionadas a chutar, convite sexual ou fuga. Ekman acredita que muitos dos incansáveis movimentos de mãos e pés, comumente considerados indicadores de ansiedade, podem ser decorrentes de adaptadores necessários para fugir da interação. Um exemplo do comportamento de interação dos babuínos ajudará a ilustrar a

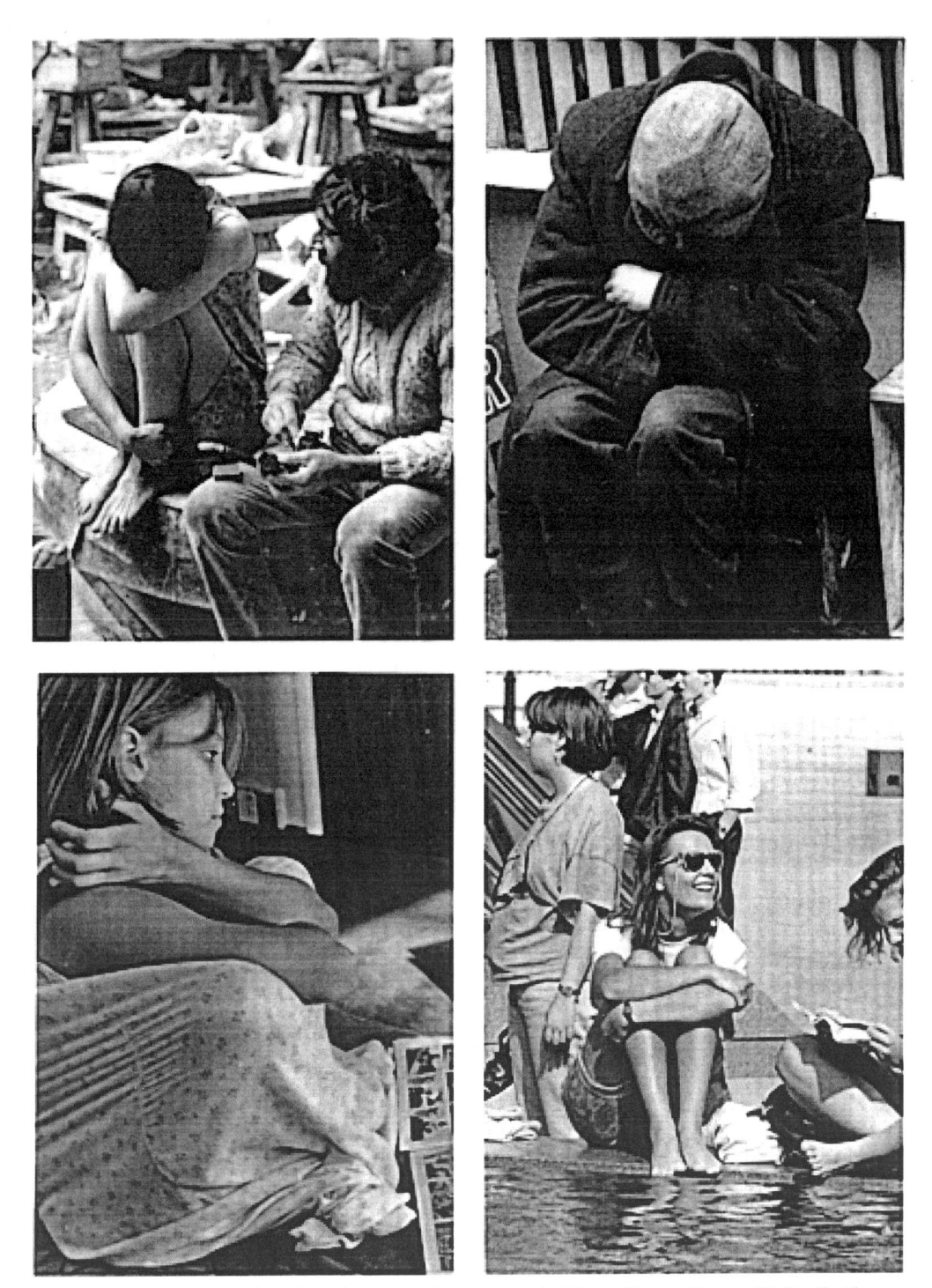

Figura 6.2 Autotoque. (Créditos das fotos: alto, à esquerda, Henri Cartier-Bresson/© distribuído por Magnum; alto, à direita, David Hurn/© Magnum Photos, Inc., NYC; abaixo, à esquerda, © Maureen Fenneill, 1979, Comstock; abaixo, à direita, © Stuart Cohen, 1989, Comstock.)

natureza desses outros adaptadores. Quando um jovem babuíno está aprendendo os fundamentos do ataque e da agressão, a mãe o vigia de perto. Ele apresentará um comportamento agressivo, mas também virará a cabeça de lado para verificar se a mãe ainda está ali. Como adulto, o babuíno continua realizando esse movimento lateral com a cabeça em condições ameaçadoras, mesmo que a mãe já não esteja ali e o movimento não sirva aparentemente a nenhum propósito funcional.

Os adaptadores objetos envolvem a manipulação de objetos e podem ser derivados do desempenho de alguma tarefa instrumental; por exemplo, fumar ou escrever com lápis. Embora comumente não tenhamos consciência de realizar esses comportamentos adaptadores, estamos talvez mais conscientes da existência dos adaptadores objetos. Tais comportamentos são em geral aprendidos tardiamente na vida, e parece haver alguns tabus sociais a eles associados.

Essas possíveis restrições sociais a alguns comportamentos adaptativos fazem com que eles ocorram com mais freqüência quando uma pessoa está sozinha. Assim, certos atos costumam ocorrer integralmente apenas na intimidade. Sozinho, você pode cutucar o nariz sem inibições; com outras pessoas, você poderá apenas tocar no nariz ou esfregá-lo "casualmente". Se o ato completo for realizado, provavelmente será interiormente codificado; os fragmentos do ato tendem a ser codificados por imagens. Os adaptadores não se destinam ao uso na comunicação, mas podem ser disparados por palavras, numa situação associada ao aprendizado inicial do hábito adaptativo.

Freedman e seus colegas (Freedman, 1972; Freedman, Blass, Rifkin e Quitkin, 1973; Freedman e Hoffman, 1967) estudaram o autotoque dos pacientes psiquiátricos. Ele estava preocupado apenas com o que chamou de *toques centrados no corpo* quando o paciente estava falando e não ouvindo. Alguns de seus estudos preliminares mostram que pacientes profundamente deprimidos podem demonstrar uma preponderância desses movimentos de mão centrados no corpo. Ele sugere que pode haver uma estreita ligação entre o toque corporal e a preocupação consigo mesmo. Resume essas observações dizendo:

> ... a atividade centrada no corpo implica redução na intenção comunicativa, retraimento do intercâmbio e o possível empobrecimento da atividade simbólica. Contudo, essa redução varia com as categorias diferentes do movimento centrado no corpo, cada qual representando conjuntos de conflito diferentes entre o que é e o que não é verbalizado. A organização formal das categorias de movimento pode basear-se na habilidade de verbalizar experiências associadas a esses movimentos. [Freedman, 1972, p. 173]

Estudos indicaram que o autotoque está associado à ansiedade decorrente da situação enfrentada. Como exemplo, Ekman e Friesen (1974) pediram a algumas pessoas para assistir a um de dois filmes, um altamente estressante e o outro bastante agradável. Em ambos os casos, elas foram instruídas a descrever o filme como agradável para um entrevistador; assim, os que assistiram ao filme estressante estavam tentando enganar, atitude que também pode ser considerada estressante. As pessoas nesse grupo empenharam-se em ser mais auto-adaptadoras do que aquelas que simplesmente estavam descrevendo o filme agradável como agradável. O autotoque também pode ser maior em pessoas cronicamente mais ansiosas; Waxer (1977) descobriu que esse era o caso num exemplo de pacientes psiquiátricos. Uma interessante questão é se o autotoque associado à ansiedade é simplesmente um sinal ou indicador de que ela está ocorrendo, ou se o toque em si mesmo realmente alivia o estresse.

Alguns indícios sugerem que as mulheres tocam a si próprias mais do que os homens (Hall, 1984). Não está claro até que ponto isso reflete maior ansiedade social ou excitação por parte das mulheres, ou se reflete principalmente um aumento de conscientização da própria aparência. Na verdade, roupas e penteados femininos parecem exigir constante reajuste; uma mulher precisa controlar se suas meias não estão enrugadas, a saia não está subindo, a alça do sutiã está no lugar, o cabelo está em ordem, o batom não está borrado etc. Só por essas razões, não seria de surpreender que as mulheres se tocassem mais.

Significados do toque

O significado do toque tem sido avaliado de várias maneiras. Uma das abordagens seria determinar se o toque constitui uma experiência positiva ou negativa. Entretanto, sem que se saiba exatamente como, quando, onde e por que as pessoas realizam o toque, as afirmações sobre as reações positivas ou negativas a ele são de valor questionável.

Dados reunidos por Jones e Yarbrough (1985) indicam uma variedade de significados associados ao toque. Eles pediram a 39 homens e mulheres universitários que registrassem os detalhes de cada experiência de toque por um período de três dias. Mais de 1.500 atos de toque social foram analisados. Os significados a seguir resultam de suas pesquisas.

Toque como afeto positivo

O toque nessa categoria é muito semelhante ao que Heslin chamou de cordialidade/intimidade e excitação sexual. Pode envolver apoio, reconforto, apreciação, afeto, atração sexual ou, se o toque é continuado, indicar envolvimento ou "estamos juntos". O comportamento de toque das enfermeiras, que é sentido como reconfortante e relaxante, provavelmente se encaixaria nessa categoria. Fricções e massagens nas costas podem também expressar afeto positivo de uma pessoa amiga, ou estar relacionadas com a tarefa, quando feitas por um massagista profissional, por exemplo. Os terapeutas reconhecem a importância de realizar o toque de um modo que ele comunique uma atenção positiva, mas não intimidade excessiva. Se o toque for sentido como indicação de cordialidade, pode despertar outros comportamentos, como maior disposição para falar por parte do paciente e melhoria das atitudes deste para com as enfermeiras (Aguillera, 1967; Pattison, 1973). Essa maior expressão verbal, entretanto, nem sempre significa um aumento no nível de revelações pessoais; pode ser apenas mais tagarelice. Os resultados dos estudos que examinaram o relacionamento entre toque e revelações pessoais têm sido "confusos", sugerindo que o toque não incrementa necessariamente essas revelações, embora possa aumentar o falar. O toque em conjunção com outros fatores, entretanto, como as revelações pessoais de quem tocar, a sinceridade do toque etc., pode aumentar as revelações do receptor do toque.

Toque como afeto negativo

Na pesquisa de Jones e Yarbrough, não se registraram muitos toques nessa categoria, mas certamente alguns toques constituem uma expressão de atitudes e emoções negativas. É um exemplo a expressão de raiva ou frustração sugerida pelos gestos de bater, esmurrar ou apertar fortemente o braço de outra pessoa para que ela não escape.

Toque como brincadeira

O toque que realizamos ou que recebemos pode ser interpretado como tentativa de reduzir a seriedade de uma mensagem – seja ela de afeição ou de agressão. Quando uma pessoa executa todos os movimentos para desfechar um soco em outra e, então, detém o movimento do punho exatamente quando ele entra em contato com a pele, a mensagem é: "Eu não estou lutando, estou brincando". Se um sorriso acompanhar o gesto, essa mensagem será ainda mais reforçada.

Toque como influência

Quando o objetivo do toque é persuadir outra pessoa a fazer algo, ele é associado à influência. Jones e Yarbrough o denominaram *toque de anuência*. Estudos mostram como o toque ajudou, por exemplo, a obter assinaturas em petições, estimulou pessoas a devolverem dinheiro encontrado numa cabina telefônica, e facilitou a obtenção de favores.

Toque como gerenciamento de interação

Nas conversações, procuramos às vezes estruturá-las ou controlá-las através de toques. São os chamados toques de gerenciamento, que podem guiar alguém sem interromper a conversação; podem atrair a atenção de alguém, tocando-se ou puxando o braço da pessoa ou batendo-lhe no ombro; podem indicar ou marcar o início (saudação) ou fim (despedida) de uma conversação; ou podem preencher alguma função ritualística, como tocar na cabeça de um bebê no batismo.

Toque como receptividade interpessoal

Os significados atribuídos ao toque podem referir-se ao nível de envolvimento, receptividade ou atividade do comunicador ou dos comunicadores. O toque simplesmente significa, outras vezes, que a intensidade da interação é elevada ou que o nível do envolvimento do interagente na conversação é alto. A receptividade interpessoal pode ser percebida como um movimento para controlar alguém; por exemplo: "Ele está apenas tentando me deixar interessada por essa coisa do mesmo modo que ele".

Toque como algo acidental

Algumas vezes percebemos o toque como não-intencional. Normalmente, isso ocorre quando alguém roça levemente em nós ou nos dá um encontrão.

Toque como tarefa

Às vezes precisamos ajudar alguém a sair de um carro, ou nossas mãos tocam em alguma coisa ao levá-la. Esses toques são associados à realização de uma tarefa e são semelhantes ao que Heslin chamou de toque funcional/profissional. Como qualquer outra mensagem, esse toque pode apresentar significados diferentes, conforme quem o pratica, pois uma pessoa pode deliberadamente tentar confundir a outra. Um exemplo dessa situação ocorre quando uma pessoa toca outra num contexto de brincadeira, mas com o propósito de que o toque represente um passo em direção à intimidade.

Toque como cura

Quando não pode ser explicada por nenhuma terapia médica ou fisiológica reconhecida, uma cura é considerada miraculosa por algumas pessoas. Durante toda a história, maravilhosas curas de doentes e enfermos por religiosos, pela realeza e por outras pessoas carismáticas tiveram um toque das mãos como ingrediente importante. Havia uma crença muito difundida de que os reis da França e da Inglaterra eram capazes de realizar curas com esse toque. Existem registros de que Eduardo I da Inglaterra, no 28° ano de seu reinado, tocou 938 súditos que sofriam de escrófula e mais de mil, quatro anos depois (Older, 1982).

Nos séculos posteriores, incluindo o nosso, essa prática tornou-se incumbência de pastores e outros que atribuem o toque curativo ao poder de Deus. Correntemente, profissionais médicos e enfermeiros têm mostrado interesse no toque como uma forma de terapia (Borelli e Heidt, 1981; Krieger, 1979; 1987). Há uma variante chamada "toque terapêutico de não-contato", por meio da qual o curador mantém as mãos alguns centímetros acima do corpo do paciente ("Mãos Curadoras", 1989).

O poder curador do toque não foi suficientemente estudado para se estabelecer sua eficácia ou como ele pode funcionar. Embora se possa aceitar o amor de Deus ou forças físicas desconhecidas como uma "transferência de energia", muitos profissionais são inclinados a atribuir as inexplicáveis curas a fatores psicológicos, como:

- o paciente sente grande necessidade de melhora;
- o paciente tem profunda confiança nos poderes do curador;
- o paciente faz parte de um grupo que o induz e encoraja a se curar;
- há uma crença irracional, geralmente de natureza religiosa;
- as emoções estão muito exacerbadas no paciente e nos circundantes. [Older, 1982]

Em suma, os significados do toque dependem de muitas variáveis ambientais, pessoais e contextuais. O relacionamento entre os interagentes, por exemplo, pode fornecer indicações para a interpretação do significado do toque. Um toque no braço, que seria interpretado como um gesto social/educado ou amistoso, pode adquirir tonalidades sexuais se não havia um relacionamento amigável anterior, se o toque não é acompanhado por outros sinais indicando que deve ser interpretado como amigável, se a outra pessoa é um possível parceiro sexual, se o toque é mantido por um tempo longo demais, se o ambiente é privado etc. Como foi observado anteriormente, o toque de amizade/cordialidade tende a ocorrer mais em ambientes públicos, porque esse contato, se acontecer em particular, tem maiores probabilidades de assumir conotações de amor ou intimidade sexual. Obviamente, certas partes do corpo sugerem mais intimidade do que outras, mas essa proximidade está também ligada à maneira de tocar. Um toque rápido em qualquer parte do corpo tende a ser percebido como menos íntimo do que o mantido por mais tempo. O toque pode também assumir vários significados conforme sua seqüência. Jones e Yarbrough identificaram uma série de exemplos em que o toque de afeto positivo era repetido por uma das pessoas ou por ambas. Eles calcularam que isso aumenta a intensidade do sentimento expressado. Outras seqüências começam com um tipo de toque que muda para outro, por exemplo, um afetuoso que precede um de influência.

Como outras formas de comportamento não-verbal, o toque pode afirmar ou contradizer a informação comunicada. Um médico explica que você não precisa se preocupar com uma operação a ser feita, e o toque dele pode corroborar essa informação; mas o toque pode assumir outro significado se o médico estiver nervoso, calado e ríspido. Homens e mulheres costumam atribuir diferentes significados a tipos semelhantes de toque. Num estudo, enfermeiras tocaram nos pacientes durante a explicação dos procedimentos antes da cirurgia. As mulheres reagiram positivamente (menor ansiedade, mais comportamento cooperativo e mais respostas fisiológicas pós-operatórias favoráveis). Mas os homens que foram tocados do mesmo modo reagiram de maneira menos positiva. Os homens tocados tiveram um desempenho pior do que um grupo semelhante que não recebeu toques (Whitcher e Fisher, 1979). Além desses fatores, o contexto cultural altera o significado de vários atos de toque. A última parte deste capítulo examina essas diferenças culturais no comportamento de toque.

Reconhecendo que muitas variáveis podem afetar o significado que as pessoas atribuem ao toque, Heslin e seus colegas (Heslin, Nguyen e Nguyen, 1983; Nguyen, Heslin e Nguyen, 1975; Nguyen, Heslin e Nguyen, 1976) empreenderam uma série de estudos sobre os efeitos combinados do tipo e localização do toque, o sexo dos pesquisados e seu relacionamento. Nos dois primeiros estudos, os pesquisadores pediram a pessoas casadas e não-casadas que observassem as partes do corpo mostradas na figura 6.3.

As pessoas foram solicitadas a indicar o que significava ser tocada em cada uma das onze áreas, isto é, receber tapinhas, ser abraçada, acariciada ou tocada de leve. Para caracterizar as reações, os pesquisados deviam responder apenas considerando o toque feito por uma pessoa amiga do sexo oposto (exceto pais, irmãos ou parentes). O método de respostas foi enquadrado em escalas que representavam vários graus de brincadeira, cordialidade/amor, amizade, companheirismo, afabilidade e desejo sexual.

As pessoas casadas registraram em geral uma reação mais positiva em relação ao toque e mostraram mais propensão do que os solteiros a associá-lo ao sexo. Exceto se o toque fosse na região genital, o desejo sexual não era uma reação comum nos solteiros.

O tipo de toque parecia estar estreitamente ligado a conceitos de brincadeira e cordialidade/amor adotados por alguém; por exemplo, dar tapinhas era associado a brincadeira, enquanto acariciar ligava-se a cordialidade/amor e desejo sexual. Por outro lado, amizade e sexualidade pareciam associar-se à localização do toque. As mãos, por exemplo, não importando como fossem tocadas, eram consideradas agradáveis, cordiais e amistosas; na área genital, o toque não era encarado como "brincadeira", não importando que tipo estava sendo avaliado.

Embora as mulheres solteiras não tenham avaliado o toque sexual tão agradável e afetuoso como o consideraram os homens solteiros, o mesmo não aconteceu com as mulheres casadas. Os homens casados atribuíram menos afeto/amor e gentileza ao toque sexual do que os homens solteiros ou as mulheres casadas.

O terceiro estudo de Heslin usou igual metodologia e centralizou-se no toque do mesmo sexo e no toque de estranhos. Os toques das pessoas amigas do sexo oposto foram julgados mais agradáveis e menos invasores da privacidade do que os praticados por pessoas amigas do mesmo sexo ou por estranhos dos dois sexos. Isso se verificou com homens e mulheres. Homens e mulheres, entretanto, revelaram importantes diferenças em relação às pessoas cujo toque teria sido uma invasão de sua privacidade. As mulheres indicaram que o toque de uma pessoa estranha seria, para elas, a maior invasão de privacidade; os homens consideraram que o toque de uma pessoa do mesmo sexo seria a maior invasão de privacidade. Os homens disseram sentir-se tão à vontade com o toque de mulheres estranhas como com o de mulheres amigas! Homens e mulheres concordaram que o tipo mais agradável de toque era a carícia nas áreas sexuais por uma pessoa amiga do sexo oposto. Mas a segunda maneira mais agradável de toque relatada pelas mulheres era de um amigo acariciando áreas não-sexuais, enquanto para os homens era o toque de uma mulher estranha nas áreas sexuais.

Diferenças culturais no toque

Quem costuma viajar pode perceber uma grande diferença na freqüência dos toques em alguns países, quando comparada com a do seu próprio. Jourard (1966) contou os contatos entre casais nos cafés em várias cidades e relatou os seguintes por hora: San Juan, Porto Rico, 180; Paris, 110; Gainesville, Flórida, 2; Londres, 0. No início dos anos 70, Barnlund (1975) realizou um estudo comparativo dos padrões de toque japoneses e americanos, analisando 120 estudantes de faculdade em cada cultura (60 homens e 60 mulheres). A figura 6.4 indica que, em quase todas as categorias, a quantidade de contato físico nos Estados Unidos é o dobro da referente aos japoneses. A partir desses dados, os americanos seriam mais acessíveis ao toque, além de mais expressivos em relação à área do toque. Outros relatórios, entretanto, indicam que os japoneses têm mais contato tátil com as crianças do que os americanos (Caudill e Plath, 1966; Caudill & Weinstein, 1969).

Observações de diferenças no comportamento de tocar por todo o mundo conduziram à idéia de culturas de "contato" e de "não-contato". Algumas culturas, assim, estimulariam mais o toque de vários tipos. Os Estados Unidos têm sido tradicionalmente classificados como uma cultura de não-contato, mas nos últimos tempos a freqüência de toques aumentou. Em alguns bolsões étnicos, as pessoas certamente se tocam bastante. Davis (1971, p. 137), citando Erving Goffman, diz que nós, americanos, vivemos numa cultura de contato, mas "não levamos isso em consideração", isto é, nosso comportamento não facilita a observação desse fato ou o observamos, mas o tratamos como atípico.

Do mesmo modo que existem muitas diferenças na chamada cultura de não-contato, baseada nos ancestrais, *status* social e condições de vida de alguém, as observações de Shuter levaram-no a concluir que pode haver diferenças significativas no que tradicionalmente chamamos de "culturas de contato" (Shuter, 1976).

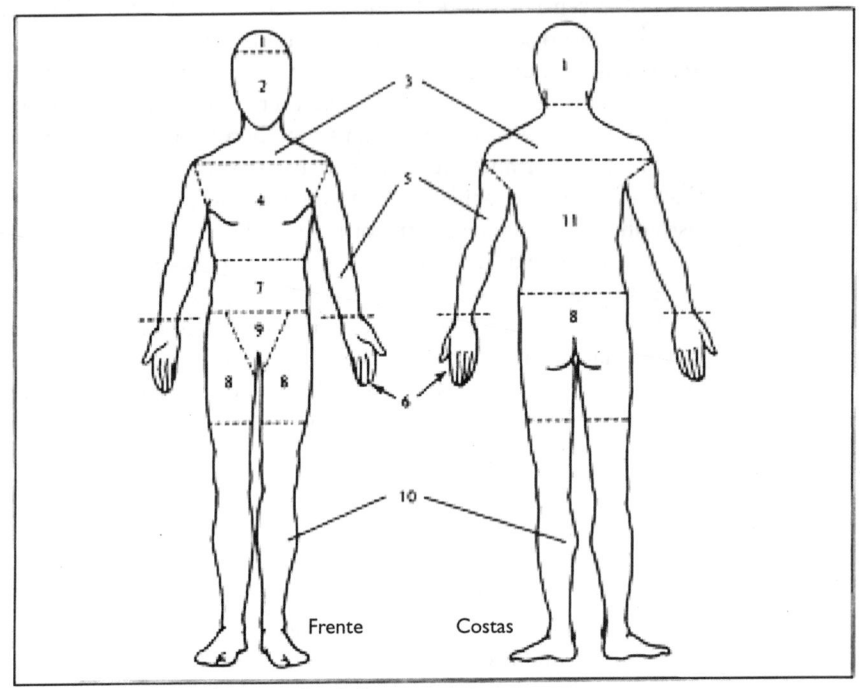

Figura 6.3 O corpo humano dividido em onze áreas.

Shuter observou pessoas interagindo em ambientes naturais na Costa Rica, Panamá e Colômbia. Seus estudos parecem mostrar que, à medida que se vai para o sul da América Central, diminui a quantidade de gestos de se tocar e abraçar em público. Evidências de que "contato" e "não-contato" podem ser rotulados de maneira bastante simplista foram verificadas no estudo realizado por Halberstadt (1985) sobre diferenças raciais no comportamento não-verbal. Entre os adultos, ele observou que os negros mantêm distâncias interpessoais *maiores* do que os brancos, mas praticam mais toques interpessoais.

Além de muitas curiosidades, não sabemos muita coisa sobre as diferenças culturais no toque. O certo é que há enormes diferenças; por exemplo, dois homens interagindo em alguns países podem segurar as mãos ou entrelaçar suas pernas, enquanto isso seria uma visão surpreendente em outras regiões.

Sumário

A primeira informação que obtemos sobre nós mesmos, sobre os outros e o ambiente em que vivemos provavelmente deriva do toque. O ato de tocar ou de ser tocado pode produzir um forte impacto na reação que temos diante de uma situação, mesmo que o toque tenha sido não-intencional ou acidental. Em alguns casos, tocar é a maneira mais eficaz de se comunicar; em outros, pode suscitar reações negativas ou

Os efeitos do toque na comunicação humana 253

Pessoa amiga do sexo oposto	Pessoa amiga do mesmo sexo	Mãe	Pai

Japão

Corpo para uma pessoa amiga do sexo oposto	Corpo para uma pessoa amiga do mesmo sexo	Corpo para a mãe	Corpo para o pai

☐ 0-25%   ▦ 26-50%   ▒ 51-75%   ■ 76-100%

Estados Unidos

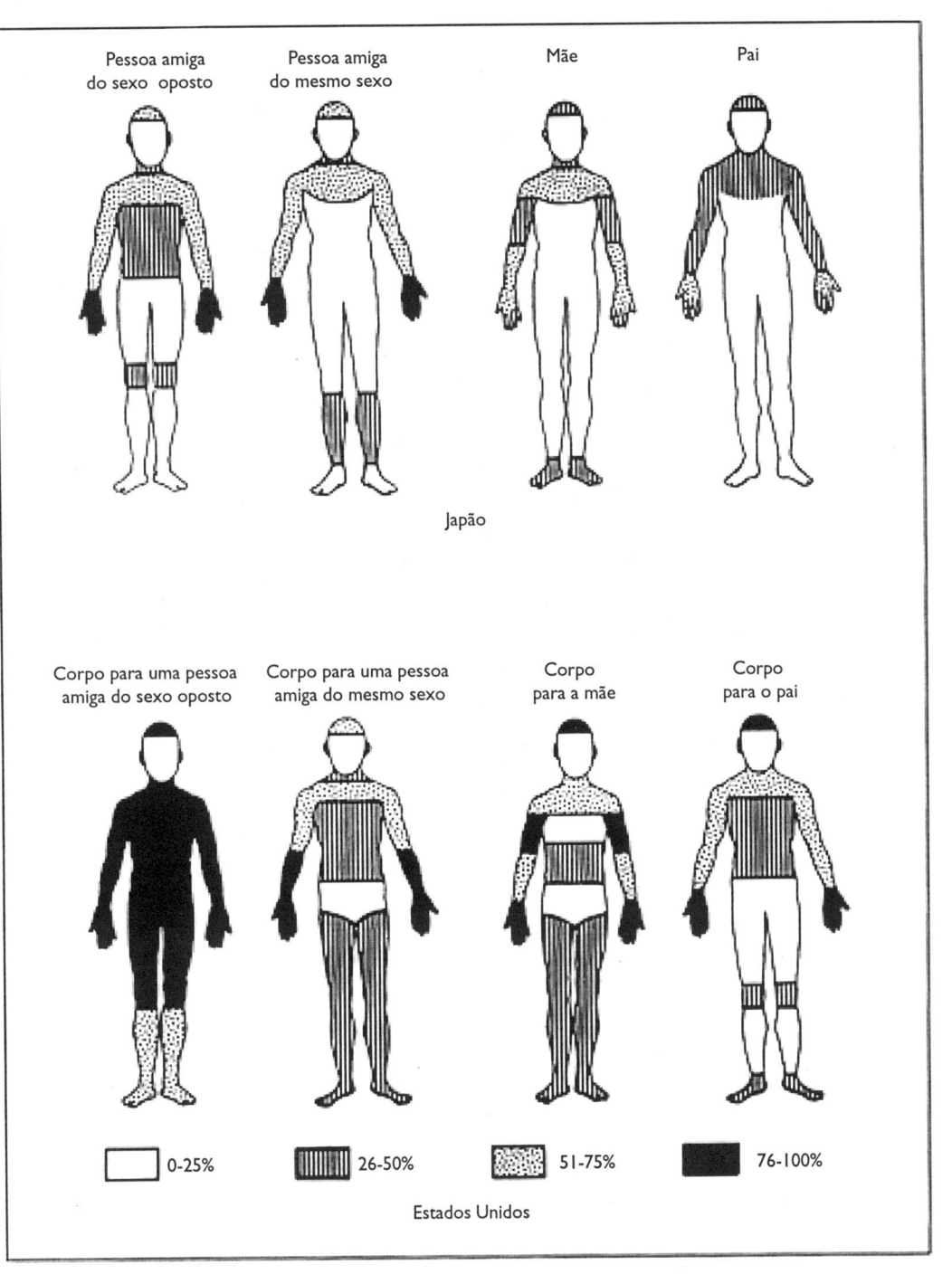

Figura 6.4 Padrões de contato físico no Japão (acima) e nos Estados Unidos (abaixo)

hostis. Os significados que atribuímos ao toque variam de acordo com a parte do corpo que é tocada, quanto dura o toque, sua força, o método usado (por exemplo, punho aberto ou fechado) e sua freqüência. O toque também tem significados diversos em diferentes ambientes (por exemplo, em empresas, aeroportos, e assim por diante) e varia de acordo com a idade, sexo e fase de relacionamento dos interagentes. Este capítulo relatou vários estudos que examinaram diferentes reações ao toque por pessoas casadas e não-casadas e por homens e mulheres. As mulheres consideraram o toque por um estranho como a maior invasão de sua privacidade, enquanto para os homens isso ocorria quando eram tocados por outros homens.

Embora alguns estudos indiquem que o poder/*status* social seja representado por uma preponderância dos homem que tomam a iniciativa de tocar as mulheres, outros sugerem que essa questão é mais complexa. Além disso, quem inicia o toque será considerado pelos observadores como superior em *status*/poder relativo, se a pessoa tocada não retribuir o toque.

Os catorze tipos comuns de toque dirigidos a outra pessoa e os cinco tipos de autotoque podem comunicar uma variedade de mensagens, como: influência, afeto positivo, afeto negativo, brincadeira, receptividade interpessoal, contato não-intencional, controle da interação e exigências da função. Heslin classificou os vários tipos de toque numa seqüência de intimidade: 1) funcional/profissional; 2) social/educado; 3) amizade/cordialidade; 4) amor/intimidade; 5) excitação sexual.

Embora alguns estudos isolados sugiram que os Estados Unidos representam uma sociedade de não-contato, há várias indicações de que isso pode estar mudando. Há evidências de que estão ocorrendo significativas variações na quantidade de contato nessa sociedade. Observações mostraram que as crianças norte-americanas tocam mais do que os adultos; mas parece haver uma quantidade decrescente de toque desde o jardim-de-infância até o colegial. Pesquisas revelaram que meninos e meninas têm as primeiras experiências de contato com o toque dos pais, o que é importantíssimo para um futuro ajustamento social.

Referências e bibliografia selecionada

Aguilera, D. C. (1967). Relationships between physical contact and verbal interaction between nurses and patients. *Journal of Psychiatric Nursing, 5*, 5–21.

Alagna, F. J., Whitcher, S. J., Fisher, J. D., & Wicas, E. A. (1969). Evaluative reaction to interpersonal touch in a counseling interview. *Journal of Counseling Psychology, 26*, 465–72.

Andersen, J. F., Andersen, P. A., & Lustig, M. W. (1987). Opposite sex touch avoidance: A national replication and extension. *Journal of Nonverbal Behavior, 11*, 89–109.

Andersen, P. A., & Leibowitz, K. (1978). The development and nature of the construct touch avoidance. *Environmental Psychology and Nonverbal Behavior, 3*, 89–106.

Argyle, M. (1975). *Bodily communication*. Nova York: International Universities Press.

Barnlund, D. C. (1975). Communicative styles in two cultures: Japan and the United States. In A. Kendon, R. M. Harris, & M. R. Key (Eds.), *Organization of behavior in face-to-face interaction* (pp. 427–56). The Hague: Mouton.

Barroso, F., & Feld, J. K. (1986). Self-touching and attentional processes: The role of task difficulty, selection stage, and sex differences. *Journal of Nonverbal Behavior, 10*, 51–64.

Blondis, M., & Barbara, J. (1982). *Nonverbal communication in nursing: Back to the human touch*. Nova York: Wiley-Medical.

Boderman, A., Freed, D. W., & Kinnucan, M. T. (1972). 'Touch me, like me': Testing an encounter group assumption. *Journal of Applied Behavioral Science, 8*, 527–33.

Borelli, M., & Heidt, P. (1981). *Therapeutic touch: A book of readings*. Nova York: Springer.

Bosanquet, C. (1970). Getting in touch. *Journal of Analytical Psychology, 15*, 42–58.

Brownlee, J., & Bakeman, R. (1981). Hitting in toddler-peer interaction. *Child Development, 52*, 1076–9.

Burton, A., & Heller, L. G. (1964). The touching of the body. *Psychoanalytic Review, 51*, 122–34.

Casher, L., & Dixson, B. K. (1967). The therapeutic use of touch. *Journal of Psychiatric Nursing and Mental Health Service, 5*, 442–51.

Casler, L. (1965). The effects of extra tactile stimulation on a group of institutionalized infants. *Genetic Psychology Monographs, 71*, 137–75.

Caudill, W., & Plath, D. W. (1966). Who sleeps by whom? Parent-child involvement in urban Japanese families. *Psychiatry, 29*, 334–6.

Caudill, W., & Weinstein, H. (1969). Maternal care and infant behavior in Japan and America. *Psychiatry, 32*, 12–43.

Clay, V. S. (1966). *The effect of culture on mother-child tactile communication*. Tese de doutorado não publicada, Columbia University.

Cooper, C. L., & Bowles, D. (1973). Physical encounter and self-disclosure. *Psychological Reports, 33*, 451–4.

Crusco, A. H., & Wetzel, C. G. (1984). The Midas touch: The effects of interpersonal touch on restaurant tipping. *Personality and Social Psychology Bulletin, 10*, 512–7.

Daly, J. A., Hogg, E., Sacks, D., Smith, M., & Zimring, L. (1983). Sex and relationship affect social self-grooming. *Journal of Nonverbal Behavior, 7*, 183–9.

Davis, F. (1971). *Inside Intuition*. Nova York: McGraw-Hill.

Deethardt, J. F., & Hines, D. G. (1983). Tactile communication and personality differences. *Journal of Nonverbal Behavior, 8*, 143–56.

Dresslar, F. B. (1984). Studies in the psychology of touch. *American Journal of Psychology, 6*, 313–68.

Ekman, P., & Friesen, W. V. (1972). Hand movements. *Journal of Communication, 22*, 353–74.

Ekman, P., & Friesen, W. V. (1974). Detecting deception from the body or face. *Journal of Personality and Social Psychology, 29*, 288–98.

Fisher, J. D., Rytting, M., & Heslin, R. (1976). Hands touching hands: Affective and evaluative effects of an interpersonal touch. *Sociometry, 39*, 416–21.

Forden, C. (1981). The influence of sex-role expectations on the perception of touch. *Sex Roles, 7*, 889–94.

Frank, L. K. (1957). Tactile communication. *Genetic Psychology Monographs*, 56, 209–55.

Freedman, N. (1972). The analysis of movement behavior during the clinical interview. In A. W. Siegman & B. Pope (Eds.), *Studies in dyadic communication*. Nova York: Pergamon.

Freedman, N., Blass, T., Rilkin, A., & Quitkin, F. (1973). Body movements and the verbal encoding of aggressive affect. *Journal of Personality and Social Psychology*, 26, 72–85.

Freedman, N., & Hoffman, S. P. (1967). Kinetic behavior in altered clinical states: Approach to objective analysis of motor behavior during clinicial interviews. *Perceptual and Motor Skills*, 24, 527–39.

Gibson, J. J. (1962). Observations on active touch. *Psychological Review*, 69, 477–91.

Goldberg, S., & Rosenthal, R. (1986). Self-touching behavior in the job interview: Antecedents and consequences. *Journal of Nonverbal Behavior*, 10, 65–80.

Goldstein, A. G., & Jeffords, J. (1981). Status and touching behavior. *Bulletin of the Psychonomic Society*, 17, 79–81.

Greenbaum, P. E., & Rosenfeld, H. M. (1980). Varieties of touching in greetings: Sequential structure and sex-related differences. *Journal of Nonverbal Behavior*, 5, 13–25.

Guerrero, L. K., & Andersen, P. A. (1991). The waxing and waning of relational intimacy: Touch as a function of relational stage, gender and touch avoidance. *Journal of Social and Personal Relationships*, 8, 147–65.

Halberstadt, A. G. (1985). Race, socioeconomic status, and nonverbal behavior. In A. W. Siegman and S. Feldstein (Eds.), *Multichannel integrations of nonverbal behavior*. Hillsdale, NJ: Erlbaum.

Hall, J. A. (1984). *Nonverbal sex differences: Communication accuracy and expressive style*. Baltimore: John Hopkins University Press.

Hall, J. A., & Veccia, E. M. (1991). More 'touching' observations: New insights on men, women, and interpersonal touch. *Journal of Personality and Social Psychology*, 59, 1155–62.

Harlow, H. F. (1958). The nature of love. *American Psychologist*, 13, 678–85.

Healing hands. (julho/agosto de 1989). *Psychology Today*.

Henley, N. (1973a). Status and sex: Some touching observations. *Bulletin of the Psychonomic Society*, 2, 91–3.

Henley, N. (1973b). The politics of touch. In P. Brown (Ed.), *Radical Psychology* (pp. 421–33). Nova York: Harper & Row.

Henley, N. (1973-1974). Power, sex and non-verbal communication. *Berkeley Journal of Sociology*, 18, 1–26.

Henley, N. (1977). *Body politics: Power, sex, and nonverbal communication*. Englewood Cliffs, NJ: Prentice-Hall.

Heslin, R., & Alper, T. (1983). Touch: A bonding gesture. In J. M. Wiemann & R. P. Harrison (Eds.), *Nonverbal interaction* (pp. 47–75). Beverly Hills, CA: Sage.

Heslin, R., & Boss, D. (1980). Nonverbal intimacy in airport arrival and departure. *Personality and Social Psychology Bulletin*, 6, 248–52.

Heslin, R., Nguyen, T. D., & Nguyen, M. L. (1983). Meaning of touch: The case of touch from a stranger or same sex person. *Journal of Nonverbal Behavior, 7,* 147–57.

Hollender, M. H. (1970). The need or wish to be held. *Archives of General Psychiatry, 22,* 445–53.

Hollender, M. H., & Mercer, A. J. (1976). Wish to be held and wish to hold in men and women. *Archives of General Psychiatry, 33,* 49–51.

Howard, J. (1970). *Please touch: A guided tour of the human potential movement.* Nova York: McGraw-Hill.

Hubble, M. A., Noble, F. C., & Robinson, S. E. (1981). The effects of counselor touch in an initial counseling session. *Journal of Counseling Psychology, 28,* 533–5.

Hunton, V. D., & Summer, F. C. (1948). The affective tone of tactual impressions. *Journal of Psychology, 26,* 235–42.

Hutchinson, K. L., & Davidson, C. A. (1990). Body accessibility re-revisited: The 60s, 70s, and 80s. *Journal of Social Behavior and Personality, 5,* 341–52.

Jones, S. E. (1986). Sex differences in touch communication. *Western Journal of Speech Communication, 50,* 227–41.

Jones, S. (1991). Problems of validity in questionnaire studies of nonverbal behavior: Jourard's tactile body-accessibility scale. *Southern Communication Journal, 56,* 83–95.

Jones, S. E., & Yarbrough, A. E. (1985). A naturalistic study of the meanings of touch. *Communication Monographs, 52,* 19–56.

Jourard, S. M. (1966). An exploratory study of body-accessibility. *British Journal of Social and Clinical Psychology, 26,* 235–42.

Jourard, S. M. (1968). *Disclosing man to himself.* Nova York: Van Nostrand Reinhold.

Jourard, S. M., & Rubin, J. E. (1968). Self-disclosure end touching: A study of two modes of interpersonal encounter and their interrelation. *Journal of Humanistic Psychology, 8,* 39–48.

Juni, S., & Brannon, R. (1981). Interpersonal touching as a function of status and sex. *Journal of Social Psychology, 114,* 135–6.

Kauffman, L. E. (1971). Tacesics, the study of touch: A model for proxemic analysis. *Semiotica, 14,* 149–61.

Kenner, A. N. (1984). The effect of task differences, attention and personality on the frequency of body-focused hand movements. *Journal of Nonverbal Behavior, 8,* 159–71.

Kirman, J. H. (1973). Tactile communication of speech: A review and an analysis. *Psychological Bulletin, 80,* 54–74.

Korner, A., & Thoman, M. (1973). The relative efficacy of contact and vestibular-proprioceptive stimulation in soothing neonates. *Child Development, 43,* 443–53.

Krieger, D. (1979). Therapeutic touch: Searching for evidence of physiological change. *American Journal of Nursing, 79,* 660–2.

Krieger, D. (1987). *Living the therapeutic touch: Healing as a lifestyle.* Nova York: Dodd, Mead.

Krout, M. (1954a). An experimental attempt to determine the significance of unconscious manual symbolic movements. *Journal of General Psychology, 51,* 296–308.

Krout, M. (1954b). An experimental attempt to produce unconscious manual symbolic movements. *Journal of General Psychology, 51*, 121–52.

Levine, S. (1972). Stimulation and infancy. *Scientific American, 202*, 80–6.

Lewis, M. (1972). Culture and gender: There is no unisex in the nursery. *Psychology Today, 5*, 54–7.

Lockard, J. S., & Adams, R. M. (1980). Courtship behaviors in public: Different age/sex roles. *Ethology and Sociobiology, 1*, 245–53.

Lomranz, J., & Shapira, A. (1974). Communicative patterns of self-disclosure and touching behavior. *Journal of Psychology, 88*, 223–7.

Maier, R. A., & Ernest, R. C. (1978). Sex differences in the perception of touching. *Perceptual and Motor Skills, 46*, 577–8.

Maines, D. R. (1977). Tactile relationships in the subway as affected by racial, sexual, and crowded seating situations. *Environmental Psychology and Nonverbal Behavior, 2*, 100–8.

Major, B. (1981). Gender patterns in touching behavior. In C. Mayo & N. M. Henley (Eds.), *Gender and nonverbal behavior* (pp. 15–37). Nova York: Springer-Verlag.

Major, B., & Heslin, R. (1982). Perceptions of same-sex and cross-sex touching: It's better to give than to receive. *Journal of Nonverbal Behavior, 6*, 148–62.

Major, B., Schmidlin, A. M., & Williams, L. (1990). Gender patterns in touch: The impact of age and setting. *Journal of Personality and Social Psychology, 58*, 634–43.

Maurer, D., & Maurer, C. (1988). *The world of the newborn*. Nova York: Basic Books.

McCorkle, R. (1974). Effects of touch on seriously ill patients. *Nursing Research, 23*, 125–32.

McCormick, N. B., & Jones, A. J. (1989). Gender differences in nonverbal flirtation. *Journal of Sex Education & Therapy, 15*, 271–82.

Montagu, M. F. A. (1971). *Touching: The human significance of the skin*. Nova York: Columbia University Press.

Morris, D. (1971). *Intimate Behaviour*. Nova York: Random House.

Morris, D. (1977). *Manwatching*. Nova York: Abrams.

Murphy, A. J. (1972). Effect of body contact on performance of a simple cognitive task. *British Journal of Social and Clinical Psychology, 11*, 402–8.

Nguyen, T., Heslin, R., & Nguyen, M. L. (1975). The meanings of touch: Sex differences. *Journal of Communication, 25*, 92–103.

Nguyen, M. L., Heslin, R., & Nguyen, T. (1976). The meaning of touch: Sex and marital status differences. *Representative Research in Social Psychology, 7*, 13–8.

Older, J. (1982). *Touching is healing: A revolutionary breakthrough in medicine*. Nova York: Stein and Day.

Patterson, M. L., Powell, J. L., & Lenihan, M. G. (1986). Touch, compliance, and interpersonal affect. *Journal of Nonverbal Behavior, 10*, 41–50.

Pattison, J. E. (1973). Effects of touch on self-exploration and the therapeutic relationship. *Journal of Consulting and Clinical Psychology, 40*, 170–5.

Perdue, V. P., & Connor, J. M. (1978). Patterns of touching between preschool children and male and female teachers. *Child Development, 49*, 1258–62.

Pisano, M. D., Wall, S. M., & Foster, A. (1986). Perceptions of nonreciprocal touch in romantic relationships. *Journal of Nonverbal Behavior, 10*, 29–40.

Rinck, C. M., Willis, F. N., & Dean, L. M. (1980). Interpersonal touch among residents of homes for the elderly. *Journal of Communication, 30*, 44–7.

Rosenfeld, L. B., Kartus, S., & Ray, C. (1976). Body accessibility revisited. *Journal of Communication, 26*, 27–30.

Schaffer, H., & Emerson, E. (1964). Patterns of response to physical contact in early human development. *Journal of Child Psychology and Psychiatry, 5*, 1–13.

Shevrin, H., & Toussieng, P. W. (1965). Vicissitudes of the need for tactile stimulation in instinctual development. *Psychoanalytic Study of the Child, 20*, 310–39.

Shuter, R. (1976). Proxemics and tactility in Latin America. *Journal of Communication, 26*, 46–52.

Silverman, A. F., Pressman, M. E., & Bartel, H. W. (1973). Self-esteem and tactile communication. *Journal of Humanistic Psychology, 13*, 73–7.

Silverthorne, C., Micklewright, J., O'Donnell, M., & Gibson, R. (1976). Attribution of personal characteristics as a function of the degree of touch on initial contact and sex. *Sex Roles, 2*, 185–93.

Smith, D. E., Willis, F. N., & Gier, J. A. (1980). Success and interpersonal touch in a competitive setting. *Journal of Nonverbal Behavior, 5*, 26–34.

Sokoloff, N., Yaffe, S., Weintraub, D., & Blase, B. (1969). Effects of handling on the subsequent development of premature infants. *Developmental Psychology, 1*, 765–8.

Spitz, R. (1945). Hospitalism: Genesis of psychiatric conditions in early childhood. *Psychoanalytic Study of the Child, 1*, 53–74.

Spotnitz, H. (1972). Touch countertransference in group psychotherapy. *International Journal of Group Psychotherapy, 22*, 455–63.

Stier, D. S., & Hall, J. A. (1984). Gender differences in touch: An empirical and theoretical review. *Journal of Personality and Social Psychology, 47*, 440–59.

Summerhayes, D., & Suchner, R. (1978). Power implications of touch in male-female relationships. *Sex Roles, 4*, 103–10.

Sussman, N. M., & Rosenfeld, H. M. (1978). Touch, justification, and sex: Influences on the aversiveness of spatial violations. *Journal of Social Psychology, 106*, 215–22.

Thayer, S. (1982). Social touching. In W. Schiff & E. Foulke (Eds.), *Tactual perception: A sourcebook* (pp. 263–304). Nova York: Cambridge University Press.

Thayer, S. (1986). History and strategies of research on social touch. *Journal of Nonverbal Behavior, 10*, 12–28.

Walker, D. N. (1971). *Openness to touching: A study of strangers in nonverbal interaction.* Tese de doutorado não publicada, University of Connecticut.

Watson, W. H. (1975). The meanings of touch: Geriatric nursing. *Journal of Communication, 25*, 104–12.

Waxer, P. H. (1977). Nonverbal cues for anxiety: An examination of emotional leakage. *Journal of Abnormal Psychology, 86*, 306–14.

Whitcher, S. J., & Fisher, J. D. (1979). Multidimensional reaction to therapeutic touch in a hospital setting. *Journal of Personality and Social Psychology, 37*, 87–96.

Williams, S. J., & Willis, F. N. (1978). Interpersonal touch among preschool children at play. *Psychological Record, 28*, 501–8.

Williams, T. (1966). Cultural structuring of tactile experience in a Borneo society. *The American Anthropologist, 68*, 27–39.

Willis, F. N., & Hamm, H. K. (1980). The use of interpersonal touch in securing compliance. *Journal of Nonverbal Behavior, 5*, 49–55.

Willis, F. N., & Hoffman, G. E. (1975). Development of tactile patterns in relation to age, sex, and race. *Developmental Psychology, 11*, 866.

Willis, F. N., & Reeves, D. L. (1976). Touch interactions in junior high students in relation to sex and race. *Developmental Psychology, 12*, 91–2.

Willis, F. N., Reeves, D. L., & Buchanan, D. R. (1976). Interpersonal touch in high school relative to sex and race. *Perceptual and Motor Skills, 43*, 843–7.

7
Os efeitos da face na comunicação humana

Sua face, meu senhor, é um livro em que os homens
Podem ler coisas estranhas

Shakespeare, Macbeth, Ato I

A face tem grande potencial comunicativo. É o primeiro canal de comunicação de estados emocionais; reflete atitudes interpessoais; fornece *feedback* não-verbal dos comentários dos outros; e alguns estudiosos acreditam que, ao lado da fala humana, constitui a principal fonte de informações. Por tudo isso, e por causa da visibilidade da face, prestamos muita atenção às mensagens que recebemos das faces dos outros. Freqüentemente, confiamos nos sinais faciais ao fazer julgamentos interpessoais. Isso começa quando, bebês, demonstramos interesse especial pela enorme face que aparece acima de nosso berço e atende a nossas necessidades. A maior parte da pesquisa sobre expressões faciais (e sobre vários componentes da face) centrou-se na apresentação e interpretação de estados emocionais. Embora esse seja o principal tema deste capítulo, devemos mencionar que a face também pode ser a base para o julgamento da personalidade de outra pessoa e fornecer informações não apenas sobre o estado emocional de alguém.

A face e os julgamentos da personalidade

A face humana apresenta muitos tamanhos e formas. O formato do rosto pode ser triangular, quadrado ou redondo; a testa pode ser alta e ampla, alta e estreita, baixa e larga, baixa e estreita, saliente ou retraída; a pele é clara, escura, áspera, macia, enrugada ou manchada; os olhos apresentam-se regularmente espaçados, muito juntos ou muito separados, fundos ou salientes; o nariz pode ser curto, longo, chato, torto, "adunco", arqueado ou "rampa de esqui"; a boca é grande ou pequena, com lábios finos ou grossos; a orelha também pode ser grande ou pequena, curta ou longa; e a bochecha em geral é protuberante ou cavada. Além das características faciais a que podemos reagir, a face em geral recebe muita atenção. A "primazia facial", ou a tendência a atribuir mais peso à face do que a outros canais de comunicação, é bem documentada. A primazia facial pode resultar de nossa crença de que a face revela grande parte da personalidade ou do caráter de uma pessoa. Essa crença remonta a centenas (talvez milhares) de anos. Os estereótipos faciais foram objeto de algumas investigações científicas minuciosas. Secord e seus colegas (Secord, Dukes e Bevan, 1959) exploraram a relação entre traços faciais e julgamentos de personalidade, e descobriram algumas associações consistentes. Por exemplo, testa alta e inteligência, lábio fino e solidez de caráter, lábio grosso nas mulheres e "sensualidade", e assim por diante. Pessoas indesejáveis eram descritas nos estudos de Secord como possuidoras das características mais extremas, isto é, que ultrapassavam os limites normativos percebidos.

Este capítulo está centrado na natureza *dinâmica* da face – sua habilidade de produzir um número praticamente infinito de expressões. Pelo menos vinte músculos diferentes são usados rotineiramente na produção das expressões faciais (Rinn, 1984)! O "aspecto" da face de uma pessoa se deve em parte ao sistema genético que a dota de certos traços físicos, a alterações momentâneas de humor que estimulam os músculos a mover-se de maneiras distintas, e à prolongada impressão de expressões adquiridas que se tornam crônicas e parecem se "fixar", vindo a ser permanentes com o decorrer dos anos.

Sem dúvida, as pessoas criam atributos de personalidade baseados no comportamento facial (e em expressões estereotipadas). Por exemplo, a pessoa que sorri para nós calorosamente, quando a conhecemos, de imediato é vista como simpática (um atributo de personalidade); do mesmo modo, achamos que o velho vizinho de cara amarrada é um tipo desprezível. Há pouca pesquisa sobre a validade desses estereótipos; certamente, a pessoa com o sorriso caloroso pode ser um marginal e o vizinho "desprezível" pode ser uma alma generosa. Os estudos que sustentam a validade dos estereótipos faciais mostraram que indivíduos deprimidos (que, naturalmente, esperamos que tenham uma expressão triste) têm faces mais tristes e menos expressivas do que os outros (Fridlund, Ekman e Oster, 1987). Outro estudo revelou que estudantes universitários acreditavam que os indivíduos de rosto expressivo eram mais confiantes e agradáveis, e de fato, numa amostra incluindo universitárias, as que tinham faces mais expressivas eram mais extrovertidas, de acordo com os vários depoimentos diferentes que elas fizeram de si mesmas (Riggio e Friedman, 1986).

A face e o gerenciamento da interação

Nossas faces são usadas também para facilitar e inibir as reações na interação diária. Partes da face são usadas para: 1) abrir e fechar canais de comunicação; 2) complementar ou qualificar respostas verbais e/ou não-verbais; 3) substituir o discurso. Os comportamentos podem, é claro, servir a várias funções simultaneamente. Por exemplo, um bocejo pode substituir a mensagem falada "Estou entediado" e servir para fechar os canais de comunicação ao mesmo tempo.

Canal de controle

Quando queremos mudar de assunto, às vezes abrimos a boca preparando-nos para falar, e freqüentemente esse gesto é acompanhado de uma inspiração profunda. Como foi notado no capítulo 2, o soerguimento da sobrancelha (em geral acompanhado de um sorriso) é encontrado em rituais de saudações, e assinala o desejo de interagir. O interessante é que os sorrisos também estão presentes em situações em que há o desejo de fechar os canais de comunicação. Por exemplo, pode-se observar um sorriso de apaziguamento quando uma pessoa se afasta de alguém que a está ameaçando de agressão física. Sorrir e piscar são também usados para flertar com os outros – um convite que não só abre os canais de comunicação, mas também sugere o tipo de comunicação desejada! As expressões faciais associadas ao flerte parecem ter formas muito semelhantes nas diferentes culturas (Eibl-Eibesfeldt, 1974).

Ainda que geralmente pensemos nos sorrisos como expressões de emoção, eles realmente têm muitas funções complexas. Brunner (1979) descobriu que os sorrisos servem como "respostas de ouvinte" ou "canais de retorno" na conversação; assinalam atenção e envolvimento tal como os acenos de cabeça, "ahn-han" e "sim". Esses sorrisos não indicam contentamento ou alegria do emissor da mensagem, mas pretendem facilitar e encorajar o discurso do outro.

Complementando ou qualificando o comportamento alheio

Na conversação normal de falar e ouvir, há circunstâncias em que desejamos sublinhar, ampliar, diminuir ou apoiar mensagens. Esses sinais podem ser dados pelo orador ou pelo ouvinte. Uma mensagem verbal triste pode adquirir mais ênfase com as sobrancelhas, que normalmente acompanham a expressão emocional de tristeza. Um sorriso pode abrandar uma mensagem, que, não fosse por isso, seria interpretada como negativa. O sinal de "positivo", feito com a mão, pode ser acompanhado de uma piscadela, deixando pouca dúvida de que se trata de uma aprovação.

Substituindo mensagens faladas

Ekman e Friesen (1975) identificaram o que chamaram de "emblemas faciais". Como os emblemas manuais, essas exibições têm uma tradução verbal razoavelmente consistente. Os emblemas faciais identificados até agora são diferentes das expressões emocionais reais, no sentido de que o emissor está tentando falar sobre uma emoção enquanto indica que não a está sentindo realmente. Esses emblemas faciais em geral ocorrem em contextos que não tendem a dar início à emoção real; são também mantidos por um tempo mais longo ou mais curto do que a expressão real; e com freqüência são realizados usando-se apenas uma parte da face. Quando você fica de queixo caído e mantém a boca aberta, sem exibir outros traços da expressão de surpresa, pode estar dizendo que o comentário da outra pessoa é surpreendente ou que você está aturdido com o que foi dito. Olhos arregalados (sem outros traços das expressões de surpresa e de medo) podem servir ao mesmo propósito que o "Uau!" verbal. Se você quer demonstrar de modo não-verbal seu desagrado com uma situação, torcer o nariz, comprimir os lábios ou erguer um lado do lábio superior transmitirá sua mensagem. Algumas vezes, as sobrancelhas irão comunicar "Estou confuso" ou "Duvido". Outras mensagens faciais que têm traduções verbais comuns, mas que não estão associadas a expressões de emoção, incluem a piscadela, que significa "Você sabe o que eu quero dizer", e o insulto, ou desaprovação, associado a mostrar a língua (Smith, Chase e Lieblich, 1974).

Chovil identificou quatro maneiras de usar a face no gerenciamento da conversação. A função mais freqüente refere-se ao que Chovil chamou de *demonstrações sintáticas*. As demonstrações faciais sintáticas agem como marcadores para palavras e orações; são dirigidas à estrutura organizacional da conversação, assinalando inícios, términos, recomeços, continuações e ênfases. Erguer e abaixar as sobrancelhas é a atividade central nas demonstrações sintáticas. As ações faciais praticadas pelo orador diretamente conectadas com o conteúdo do que está sendo dito são chamadas *demonstrações semânticas*. Estas podem ser redundantes em relação ao comportamento verbal ou envolver comentário adicional (por exemplo, reações pessoais) às palavras ditas. A face também incita *comentários de ouvinte*, como já foi mencionado. São sobretudo demonstrações faciais que facilitam o fluxo de interação, mas também incluem as que transmitem reações pessoais e, aparentemente, demonstrações empáticas na forma de mimetismo. Chovil também notou *adaptadores faciais*, isto é, o morder dos lábios ou uma contração resultante de atividade fisiológica.

Embora a discussão precedente forneça uma visão geral de como a face é usada no gerenciamento da interação, não chega a refletir a complexidade que uma análise completa requer. Por exemplo, não tratamos do comportamento concomitante do olhar fixo nem de outros movimentos sutis, como as inclinações de cabeça. Falamos sobre sorrisos como se houvesse apenas uma variedade. Brannigan e Humphries (1972) identificaram nove sorrisos (representando vários tipos e graus de intensidade), muitos dos quais parecem ocorrer em situações totalmente distintas. Ekman e Friesen, usando um sistema de codificação com base na anatomia que descreveremos de modo sucinto, concluíram que há mais de cem sorrisos humanos totalmente diferentes.

A face e expressões de emoção

As raízes intelectuais de nosso moderno interesse pela expressão facial vêm de meados do século XIX. *A expressão das emoções no homem e nos animais* (1872), de Charles Darwin, embora não seja tão famoso quanto seus outros escritos sobre seleção natural, foi uma obra importante de teoria e observação empírica centralizada na face (Ekman e Oster, 1982). Para Darwin, o estudo da expressão emocional estava estreitamente ligado a seu caso relativo à evolução, pois ele sustentou que a capacidade de se comunicar por meio de sinais não-verbais tinha evoluído do mesmo modo que o cérebro e o esqueleto. A face adquire maior mobilidade à medida que se "sobe" a escada filogenética. Em muitos animais, a face é uma máscara fixa, mas nos primatas vemos grande variedade de expressões (Redican, 1982). Pelo fato de isso apoiar sua teoria da evolução, Darwin considerou extremamente importante documentar as semelhanças na natureza da expressão emocional através das espécies e através das culturas humanas.

Vários elementos da investigação facial contemporânea remontam aos *insights* de Darwin, inclusive as pesquisas de opinião para descobrir que significados os observadores irão atribuir a diferentes expressões, o cruzamento de dados culturais, o estudo dos movimentos de músculos faciais particulares e a hipótese de que as expressões faciais possam intensificar a experiência de emoção. Repassaremos cada um desses tópicos.

A face – um estímulo complexo

Consideremos as seguintes situações:

1. Um estudante que pensa estar fazendo um trabalho "C" é informado por seu instrutor de que está realizando o trabalho "A". Sua reação imediata é de surpresa total (provavelmente acompanhada de alegria), mas como ele reage? Sua face mostra pouca surpresa, e ele comenta que pensava estar desenvolvendo um trabalho bastante satisfatório no curso.
2. Um jogador de pôquer puxa seu quarto ás num jogo sem curinga. Sua face teria levado os outros jogadores a acreditar que ele estava impassível.
3. Uma mulher recebe um presente de Natal que a surpreende agradavelmente e a deixa feliz, mas não é nada espetacular. Sua expressão facial e seus comentários, todavia, levam o presenteador (sentado ao lado dela) a acreditar que se trata da coisa que ela mais queria na vida.
4. A esposa de um jovem executivo é forçada a comparecer à festa do chefe, e ela sabe que seu comportamento será decisivo para a promoção do marido. Por isso está nervosa e irritada. No entanto, de acordo com os que descrevem a festa depois, a esposa do jovem executivo foi a alma da festa, alegre e divertida, despreocupada e contente.

Esses quatro exemplos ilustram certas *regras de aparência* que tendemos a seguir (Ekman e Friesen, 1969). O estudante demonstrou uma *emoção pouco intensa*; uma grande surpresa foi tratada de modo a parecer uma surpresa corriqueira. O jogador de pôquer estava tentando *neutralizar uma emoção* – fez parecer que não havia emoção alguma. A pessoa que reagiu ao presente de Natal tentou transformar uma satisfação comum em grande alegria – uma *superintensificação da emoção*. A esposa do jovem executivo estava tentando *mascarar a emoção* de tensão ou de desânimo com felicidade, calma e confiança. Essas regras de aparência são aprendidas, mas nem sempre as usamos num nível de percepção consciente. Aprendemos que existem regras de aparência impostas culturalmente; também desenvolvemos regras pessoais de aparência segundo nossas necessidades ou talvez segundo as exigências de nosso trabalho, como políticos ou vendedores, por exemplo. Aprendemos que certas demonstrações de emoção são apropriadas em alguns lugares e não em outros; servem a alguns *status* e papéis e não a outros; são adequadas para um sexo e não para outro. Podemos usar diferentes expressões relativas ao mesmo acontecimento em épocas diferentes e com pessoas diferentes.

A tentativa de usar regras de aparência pode levar a mal-entendidos na comunicação. Após ver o presidente Bush sorrindo ao falar do número de bebês nascidos com dependência de drogas e de outras tristes estatísticas, em seu primeiro pronunciamento no Salão Oval transmitido pela televisão, um de seus assessores perguntou, espantado: "A troco de que esse sorriso?". A resposta: Bush é emotivo, odeia que percebam, e compensa isso dando um tom demasiadamente leve à sua expressão ("Por que este homem está sorrindo?", *Time*, 18 de setembro de 1989, p. 34).

A existência de regras de aparência ajuda a explicar por que alguns antropólogos pensaram que as emoções são expressas de maneiras totalmente diversas em diferentes culturas. Em uma sociedade, as pessoas podem chorar e gemer num funeral, em outra podem celebrar com festa e dança. Todavia, a emoção subjacente, o pesar, *é* expressa de modo semelhante (como veremos adiante). A diferença é que, na segunda sociedade (hipotética), a norma ou regra de aparência diz "não mostre pesar num funeral".

O modo de experimentarmos as emoções pode ser bastante complexo. Às vezes mudamos rapidamente de uma emoção para outra. Por exemplo, pessoas que relatam o sentimento de ciúme dizem que "o lampejo de ciúme pode mudar de choque e entorpecimento para uma dor arrasadora, passando por raiva, ódio e ofensa moral num breve espaço de tempo" (Ellis e Weinstein, 1986). Outras vezes, não estamos certos de que emoção estamos sentindo, e também acontece sentirmos muitas emoções ao mesmo tempo, como a mulher que descobriu que seu parceiro tinha um caso com outra. Ela passou por "choque sexual, excitamento, raiva e sentimento de perda" virtualmente ao mesmo tempo. Emoções simultâneas podem até ser contraditórias, como no caso de uma mulher que descreveu sua experiência com o sadomasoquismo: "Senti repulsa e atração ao mesmo tempo. De fato, é isso que torna o sadomasoquismo tão atraente". Quando experimentamos mais de uma emoção, tentamos por vezes controlar uma enquanto lidamos com a outra. Estas são apenas algumas das muitas maneiras de experimentarmos as emoções (Ellis, 1991). À medida que aprendemos mais sobre como experimentamos as emoções, entendemos melhor como as expressamos através da face.

Ekman e Friesen (1975) desenvolveram um sistema de classificação para vários estilos de expressões faciais. Os estilos são, em grande parte, baseados nas regras pessoais de aparência e representam extremos. Um estilo pode ser expresso de maneira menos exagerada apenas em determinadas situações ou em certa época da vida da pessoa, mas alguns indivíduos manifestam com constância um estilo próprio. Esses estilos são os seguintes: 1) **Os contidos.** A face inibe as expressões de estados reais de sentimento. Há pouco movimento facial. 2) **Os reveladores.** É o oposto do contido. A face deixa pouca dúvida de como a pessoa se sente continuamente. 3) **Os que se expressam inconscientemente.** Esse padrão em geral se refere a um número limitado de expressões que uma pessoa pode imaginar que estavam mascaradas; por exemplo, "Como você sabia que eu estava zangado?". 4) **Emissores inexpressivos.** Neste estilo, a pessoa acredita que uma emoção está sendo transmitida, mas os outros vêem apenas uma face inexpressiva. 5) **Emissores de expressões trocadas.** Neste caso, a expressão facial exibe uma emoção diferente daquela que a pessoa pensa estar sendo exibida. 6) **Emissores de afeto congelado.** Esse estilo manifesta pelo menos alguma demonstração emocional em todas as oportunidades. Certas pessoas nascem com uma configuração facial que, num estado neutro, relaxado, se caracteriza por lábios caídos, tristes, por exemplo; outras em geral experimentam uma emoção (como a tristeza) suficiente para que vestígios da demonstração emocional fiquem permanentemente gravados na face. (Essa é uma idéia proposta por Darwin.) 7) **Emissores sempre prontos.** Esse estilo refere-se à tendência de exibir dada emoção, como resposta inicial, a quase todos os estímulos. Mesmo quando você espera ser repreendido por seu chefe, pode inicialmente reagir com surpresa, seguida, talvez, de raiva. 8) **Emissores transbordantes de afeto.** Ekman e Friesen observaram esse estilo principalmente em indivíduos perturbados e em pessoas que estavam passando por intensas crises existenciais. Se uma pessoa é invadida pelo medo, por exemplo, pode não apenas manter determinadas feições constantemente, como matizar ou erradicar, por causa do medo, outra emoção que seja provocada. Uma nota final sobre estilos de expressão é a observação de Seaford (1975) de que pode haver até "dialetos faciais". Ele descobriu, por exemplo, que as pessoas em alguns Estados do sul dos Estados Unidos pareciam mostrar certas configurações faciais incomuns em outras regiões do país.

Essa discussão sobre as regras de aparência e os estilos de expressão facial demonstra que temos considerável controle sobre nossas expressões faciais, e esse controle é manifestado de diversas maneiras. Embora possamos apresentar mensagens faciais que não sentimos, às vezes mentimos mal, produzindo uma expressão na hora errada, ou com demasiada freqüência ou por tempo exagerado (como quando exibimos falsamente um sorriso muito prolongado), ou usando de maneira inadequada vários músculos faciais. Esses fatores podem nos ajudar a distinguir as expressões emocionais genuínas das pseudo-expressões de emoção no rosto. Inegavelmente, somos conscientes do potencial comunicativo de nossa face, e tendemos a monitorá-lo com cuidado, inibindo-o ou exibindo-o quando desejamos. Com o constante *feedback* que recebemos em relação a nossas expressões faciais, tornamo-nos bastante competentes para controlá-las. Como Ekman e Friesen (1969) disseram:

> Embora estejamos geralmente conscientes de nossas demonstrações faciais de emoção, elas podem ocorrer com ou sem intenção deliberada de comunicação. De maneira semelhante, a inibição da demonstração facial, seu controle ou a dissimulação de uma emoção (parecer calmo, mesmo quando se está tenso) podem ou não ser intencionais. Pelo fato de termos um *feedback* tão bom de nosso comportamento facial, em geral tomamos consciência do que acontece ao mesmo tempo que mudamos os movimentos faciais. [p. 76]

Como esses comentários indicam, a distinção entre as demonstrações de emoção faciais espontâneas (por exemplo, não-intencionais) e as demonstrações deliberadas (posadas) pode ser bastante difícil na prática, em parte porque o conceito de intencionalidade é extremamente escorregadio. Além disso, há um acúmulo de indícios que sugere que uma "leitura" espontânea dos estados emocionais pode ser mais rara do que anteriormente se julgava, e que, em vez disso, as expressões faciais refletem em grande parte as circunstâncias sociais. Kraut e Johnston (1979) descobriram que, depois de um bom arremesso, os jogadores de boliche sorriam muito mais quando se viravam para seus amigos do que enquanto olhavam para os pinos. A pesquisa também revelou que a imitação facial – reproduzindo o que outra pessoa está sentindo, como quando alguém se sobressalta no momento em que um amigo tropeça – diminui quando não há ninguém para ver essa reação (Bavelas, Black, Lemery e Mullett, 1986). Os sorrisos dos bebês parecem ser estimulados por expectativas do contato visual com a mãe, e são em grande parte suprimidos quando eles não sabem que a mãe está observando (Jones, Collins e Hong, 1991). Os "efeitos de audiência", como os que esses estudos sugerem, podem ocorrer até quando uma pessoa está completamente sozinha e se comporta de forma "espontânea", pois mesmo assim ela pode reagir a fantasias de interação social. Corroborando essa opinião, Fridlund (1991) descobriu que os indivíduos que assistiam a filmes agradáveis sorriam mais quando viam o filme com um amigo do que quando sozinhos, mas os que assistiam aos mesmos filmes longe do amigo também sorriam mais do que as pessoas em situação de solidão. Desse modo, a presença imaginada de outras pessoas pode servir para estimular ou facilitar as demonstrações faciais. Contudo, os efeitos de audiência às vezes funcionam de maneira inversa; alguns estudos encontraram menos expressividade facial na presença de outras pessoas do que quando não há mais ninguém presente (Buck, 1984).

Outro aspecto importante de nossas expressões faciais é que nem sempre retratamos estados emocionais "puros" ou únicos, nos quais, por exemplo, todas as partes de nossa face mostram apenas raiva. Em vez disso, a face transmite múltiplas emoções. Estas são chamadas de *misturas de emoções*. As misturas de várias emoções podem aparecer na face de muitas maneiras: 1) Uma emoção é mostrada em determinada área facial, enquanto outra é transmitida numa área diferente; por exemplo, as sobrancelhas se erguem, indicando surpresa, e os lábios se apertam, indicando raiva. 2) Duas emoções diferentes aparecem em certa parte da face; por exemplo, uma sobrancelha se ergue, demonstrando surpresa, e a outra permanece baixa, revelando raiva. 3) Uma demonstração facial é produzida por ação muscular associada a duas emoções, não contendo, porém, nenhum elemento específico. A figura 7.1 mostra dois exemplos de misturas faciais. Uma fotografia registra uma mistura de alegria (área da boca) e surpresa (sobrancelhas/testa, olho/pálpebras e leve queda da mandíbula). Essa expressão pode ocorrer quando você pensa que vai tirar um "C" num exame, mas tira um "A". Na outra fotografia, a área das sobrancelhas/testa e a área dos olhos/pálpebras mostram raiva, enquanto a boca denota tristeza. Essa combinação pode ocorrer, por exemplo, se o seu professor lhe diz que sua avaliação num exame, que você considerou injusta, foi um "C". Você fica triste pela nota baixa e sente raiva de seu professor.

Uma nota final acerca da complexidade de nossa face refere-se ao que Haggard e Isaacs (1966) chamaram de "expressões faciais micromomentâneas". Enquanto procuravam indicações de comunicação não-verbal entre terapeuta e paciente, eles rodaram um filme em câmara lenta e notaram que a expressão na face do paciente algumas vezes mudava radicalmente – indo de um sorriso a uma careta e voltando a um sorriso, por exemplo – em alguns quadros do filme. Uma análise ulterior revelou que, quando rodavam seus filmes a uma velocidade de 4 quadros por segundo, em vez dos 24 quadros normais, havia duas vezes e meia mais mudanças de expressão. Na velocidade normal, as expressões que duravam cerca de dois quintos de segundo eram vistas como mudanças, mas o tipo de mudança não podia ser identificado; as expressões que duravam mais de dois quintos de segundo eram geralmente identificadas, mas nem sempre do mesmo modo. Considera-

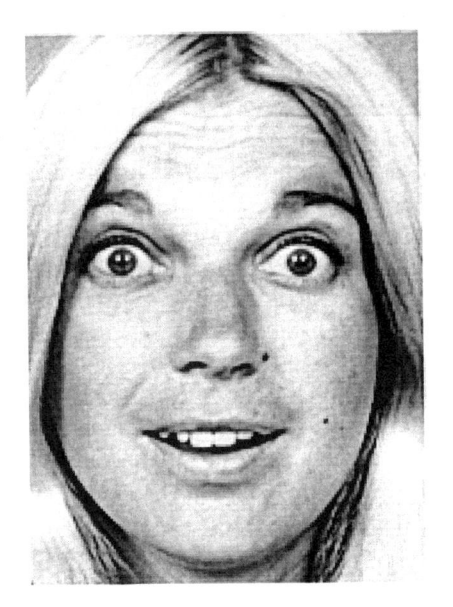

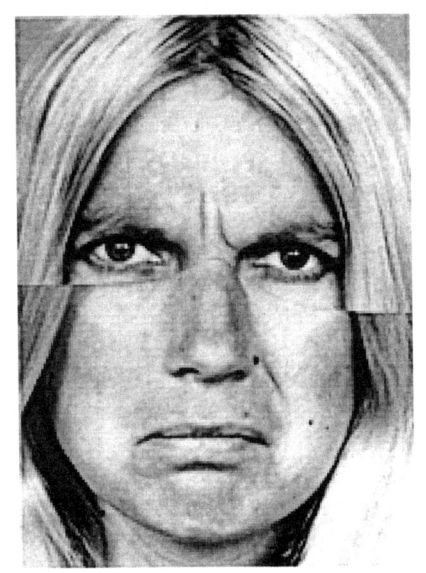

Figura 7.1 Misturas faciais (figuras 7.1 e 7.4-7.9 são de P. Ekman e W. V. Friesen, "Unmasking the Face: A Guide to Recognizing Emotions from Facial Clues", 1975. Reimpresso com permissão de Prentice-Hall, Inc. Englewood Cliffs, New Jersey.)

se que essas expressões micromomentâneas revelam estados emocionais reais, mas são condensadas no tempo por causa de processos repressivos. Em geral, elas são incompatíveis com a aparência e com as palavras do paciente. Um paciente, que fazia comentários positivos sobre um amigo, tinha uma expressão facial igualmente agradável; os filmes em câmara lenta, porém, revelaram uma onda de raiva perpassando-lhe a face. Ekman, Friesen e Ellsworth (1982b), embora concordem que as expressões micromomentâneas possam mostrar conflito, repressão ou esforço para esconder determinada emoção, recentemente descobriram que elas são "eventos muito raros", com base na análise extensiva dos movimentos faciais. No entanto, isso não significa que não causem impacto quando ocorrem.

Medindo a face

Até recentemente, as descrições dos movimentos faciais tendiam a ser impressionistas e idiossincráticas (Ekman, 1982; Rinn, 1984). Isso mudou de modo radical com a obra de Paul Ekman e Wallace Friesen (1978) e Carroll Izard (1979), equipes que desenvolveram, de forma independente, sistemas precisos para descrever a ação facial, baseados nos movimentos musculares. A obra de Izard focalizou as expressões de um bebê, enquanto o sistema de Ekman e Friesen foi aplicado de maneira mais geral, e parece ser o mais amplamente adotado. Contudo, nesse contexto, "amplamente" é relativo, pois aprender um sistema abrangente o suficiente para descrever quase *todas* as combinações de movimentos musculares requer muita prática e, como conseqüência, o uso do método é limitado a dedicados pesquisadores da face.

Ekman e Friesen desenvolveram seu Sistema de Codificação da Ação Facial, ou SCAF, aprendendo de modo cuidadoso (e por vezes doloroso) a mover todos os músculos faciais e estudando textos de anatomia. Eles estudaram as faces de outras pessoas que haviam aprendido a controlar músculos específicos e chegaram à conclusão de quais movimentos um observador podia distinguir com certeza – o que é importante, uma vez que os observadores são coletores de dados. Por conseguinte, um observador treinado pode identificar quais músculos estão se mexendo (chamados "unidades de ação"). Às vezes, uma unidade de ação move mais de um músculo, se aqueles músculos sempre funcionam em série ou se um observador não consegue ver a diferença. A figura 7.2 apresenta as unidades de ação identificadas por Ekman (1979) para sobrancelha/testa. No total, sete músculos diferentes podem influenciar essa região da face.

O SCAF permite aos pesquisadores da emoção classificar um rosto quando está expressando dada emoção (por meio da reunião dos juízos dos observadores) e então descrever, objetivamente, o que a face fazia. Por exemplo, Ekman e seus colegas (Ekman e Friesen, 1978) determinaram que, na região da sobrancelha/testa mostrada na figura 7.2, as unidades de ação 1 ou 1 + 4 ocorrem na tristeza, junto com movimentos associados com o resto da face. Na surpresa, vemos 1 + 2; no medo, 1 + 2 + 4; na raiva, 4; e assim por diante.

Cabe lembrar que discutimos o papel da face no gerenciamento da interação. Ekman nos diz como a área da sobrancelha/testa contribui igualmente com esses sinais de conversação:

- acentua uma palavra, 1 + 2 (de acordo com Ekman, Woody Allen usa 1 + 4 para isso)
- sublinha uma frase, 1 + 2 ou 4
- pontua (como uma vírgula visual), 1 + 2 ou 4
- sinal de interrogação, 1 + 2 ou 4
- procura palavra, 4
- resposta de ouvinte (canal de fundo), 1 + 2
- indica falta de compreensão, 4

Entramos em detalhes em relação à área da sobrancelha/testa apenas para dar uma idéia de como o sistema é aplicado. Embora o método seja tedioso, os resultados podem ser de fato muito interessantes e, provavelmente, bastante úteis na vida diária. Por exemplo, sinais faciais podem revelar a ocorrência de dor e até distinguir entre diferentes fontes, como dor provocada por imersão da mão na água fria, por choque elétrico ou por cirurgia ou outro trauma físico (LeResche, 1982; Patrick, Craig e Prkachin, 1986). Os sinais faciais de dor envolvem sobrancelhas, bochechas, olhos, lábios e mandíbula. As faces dos pacientes terminais de câncer diferem de acordo com o estágio da progressão da doença. Nos primeiros estágios, sinais de medo são mais evidentes ("tensão ocular total combinada com tensão... na pálpebra inferior"), mas abrem caminho para sinais de tristeza (na região da sobrancelha/testa) no estágio final (Antonoff e Spilka, 1984–1985).

Algumas das mais sutis e fascinantes funções nas expressões faciais referem-se a tipos diferentes de sorriso. O músculo chamado de zigomático maior, que estende os lábios quando sorrimos, é o denominador comum, mas outros músculos são decisivos para entender o que o sorriso realmente significa. Darwin propôs que, num sorriso "sentido" ou genuinamente feliz, o músculo *orbicularis oculi* (que provoca os pés-de-galinha no canto do olho) está também envolvido, mas não age num sorriso falso ou mecânico. A pesquisa validou a observação de Darwin, mesmo, ao que parece, em bebês com apenas dez meses (Ekman, Davidson e Friesen, 1990; Ekman e Friesen, 1982; Fox e Davidson, 1988). Ekman também mostrou que a freqüência, a duração e a intensidade de ação do zigomático maior se diferenciavam entre dois filmes alegres e também se correlacionavam com a maneira como diziam se sentir alegres as pessoas enquanto a eles assistiam (Ekman, Friesen e Ancoli, 1980).

Em outro estudo, foram mostrados às pessoas um filme agradável ou um filme estressante; em seguida, pediram-lhes que agissem como se o filme fosse agradável. Aquelas que estavam assistindo ao filme estressante tinham de mentir sobre sua experiência. Os sorrisos daquelas que viram o filme agradável foram considerados sorrisos felizes "sentidos" (como acima definidos), com nenhuma atividade muscular associada a alguma emoção negativa. Os que tentavam parecer satisfeitos enquanto assistiam ao filme estressante mostraram mais sorrisos "mascarados" envolvendo o zigomático maior, mas também os cerca de dez músculos associados ao medo, asco, desprezo, tristeza ou raiva (Ekman, Friesen e O'Sullivan, 1988). Você pode dizer qual das faces na figura 7.3 é o sorriso "sentido"? Veja a resposta no final do capítulo.

Ainda que a face seja capaz de fazer um grande número de movimentos distintos e de comunicar muitos estados emocionais, os estados discutidos por praticamente todos os pesquisadores desde 1940 são surpresa, medo, raiva, asco, felicidade e tristeza. Outros, como interesse e vergonha, são também analisados, mas ainda não se conhecem bem os exatos movimentos dos músculos faciais associados a esses estados. Além disso, para avaliar a informação sobre emoções específicas, as pessoas parecem julgar as expressões faciais junto com, principalmente, as seguintes dimensões: agradáveis/desagradáveis; ativas/passivas e intensas/controladas. As figuras 7.4 e 7.9 mostram as seis emoções básicas, com uma descrição de suas ações faciais características.

Agora que examinamos a face propriamente dita e exploramos as características de algumas expressões emocionais básicas, voltaremos a questionar se as expressões faciais de emoção podem ser julgadas com precisão.

Julgando as expressões faciais de emoção

A análise profunda de todos os estudos importantes da expressão facial levou Ekman, Friesen e Ellsworth (1982a) a tirarem a seguinte conclusão: "Contrariamente à impressão transmitida por estudos anteriores de que as provas de campo são contraditórias e confusas, nossa nova análise mostrou indícios consistentes do julgamento acurado da emoção a partir do comportamento facial". Ekman e seus colegas reconhecem que essa conclusão se refere principalmente a expressões posadas, mas um número crescente de estudos de expressões espontâneas também mostra percepções acuradas. Devido à dificuldade envolvida na mensuração de respostas a expressões faciais, e pelo fato de que parte importante da literatura se refere a problemas desse tipo, discutiremos esse aspecto mais do que anteriormente. O modo como medimos as respostas a expressões faciais é essencial para a precisão no julgamento dessas expressões.

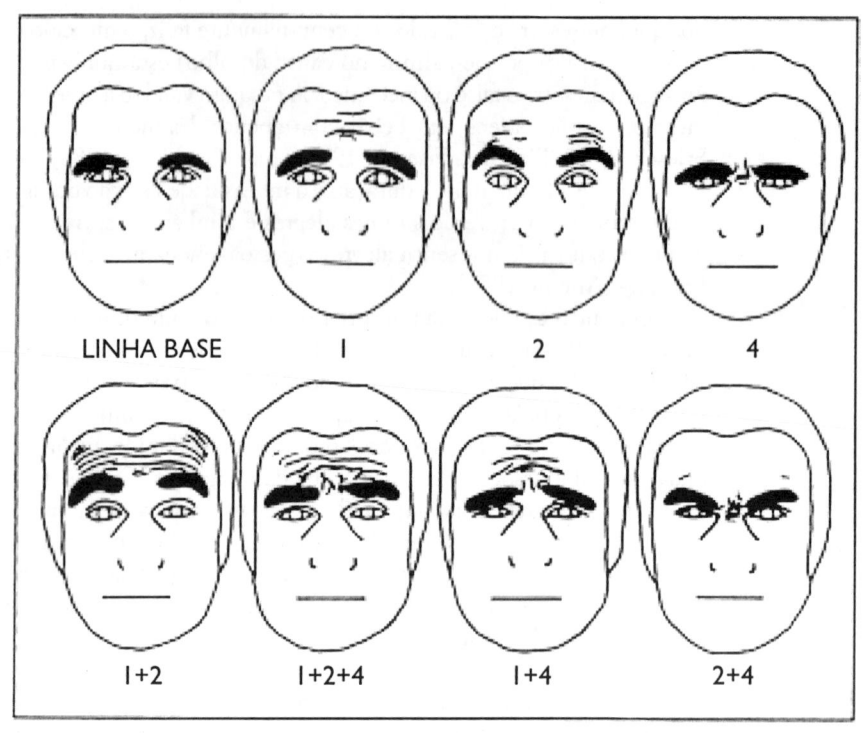

Figura 7.2 Unidades de ação para sobrancelha/testa. [De P. Ekman, "About Brows: Emotional and Conversational Signals", in M. von Cranach et al. (Eds.) *Human Ethology*, 1979. Reimpresso com permissão da Cambridge University Press.]

Examine as três faces mostradas na figura 7.10. Considere então os seguintes métodos de responder. Suas respostas diferem conforme o método usado? Um método é mais fácil ou mais difícil do que outro? Um deles permite maior precisão?

1. No espaço abaixo, escreva a emoção expressa em cada uma das faces que você observou.

A. —————   B. —————   C. —————

2. Das escolhas abaixo, selecione a emoção que melhor descreve a face A, a face B e a face C.

Face A	Face B	Face C
Raiva _____	Felicidade _____	Tristeza _____
Ira _____	Alegria _____	Desespero _____
Cólera _____	Satisfação _____	Seriedade _____
Indignação _____	Diversão _____	Desânimo _____
Ressentimento _____	Prazer _____	Melancolia _____

Os efeitos da face na comunicação humana   273

a   b

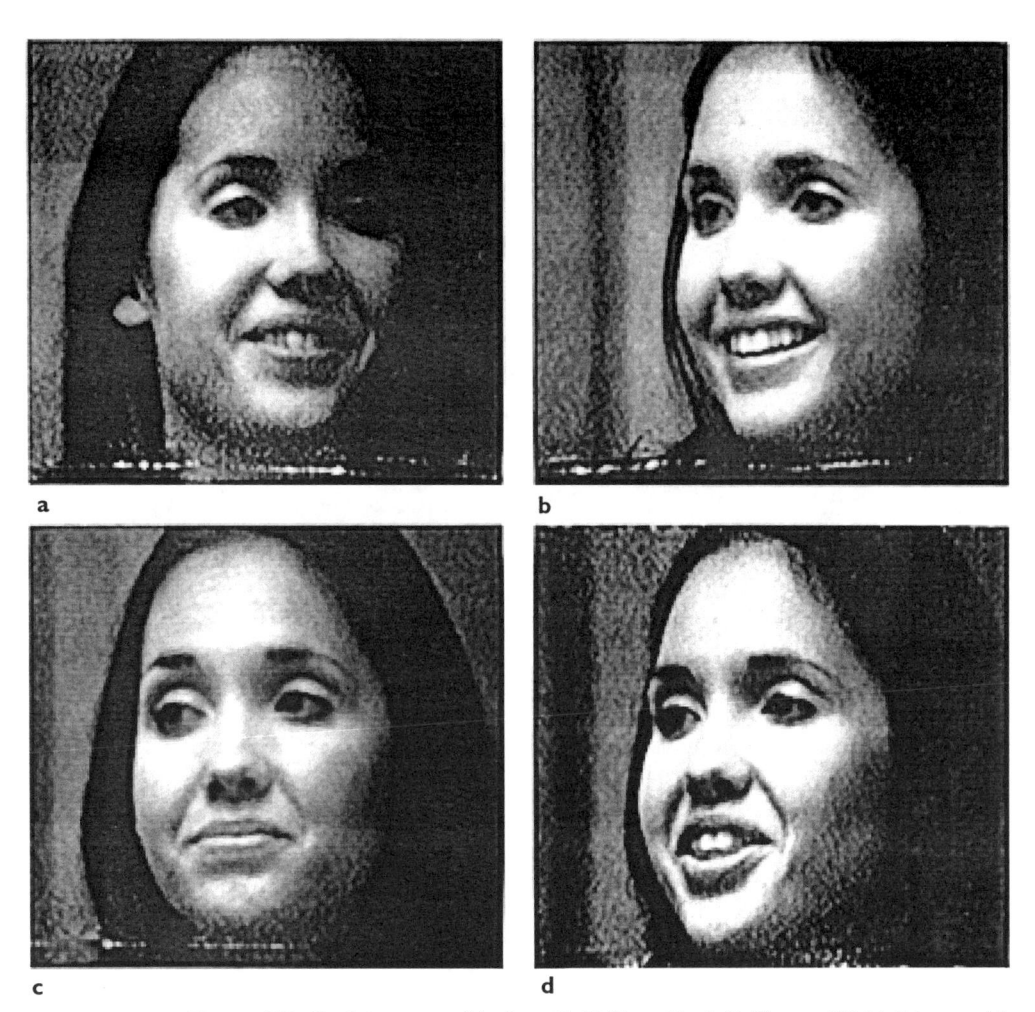

c   d

Figura 7.3 Qual é o sorriso feliz "sentido"? (Extraído de P. Ekman, W. V. Friesen e M. O'Sullivan, "Smiles When Lying", *Journal of Personality and Social Psychology*, 1988, pp. 414-420.)

3. Desta lista de emoções, escolha aquela que melhor descreve a face A, a face B e a face C: felicidade, tristeza, surpresa, medo, raiva.

Este exemplo ilustra um dos muitos problemas envolvidos ao testar a precisão de julgamento das expressões faciais: o tipo de resposta requerida pela pessoa que está julgando. Nesse caso, a precisão dependeria em grande parte de quais instruções a pessoa recebeu. No primeiro tipo de teste, temos uma resposta totalmente aberta ou livre. Isso fornecerá uma vasta gama de respostas, e o pesquisador terá pela frente o problema de decidir se o rótulo do juiz corresponde a seu rótulo para a emoção. Algumas vezes, o pesquisador infere um rótulo que, sob outros tipos de teste, pode ser percebido como uma mistura; por exemplo, a pre-

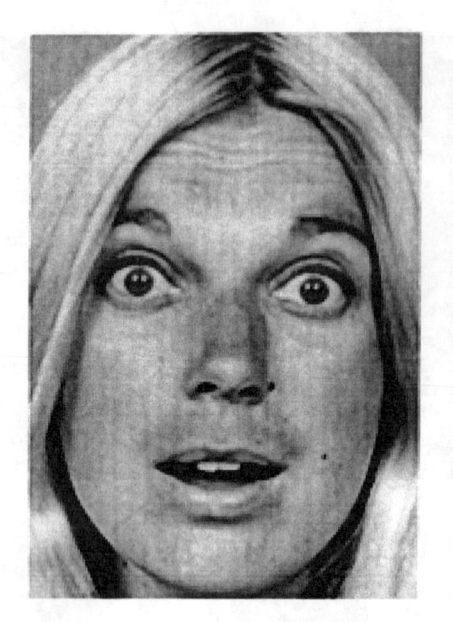

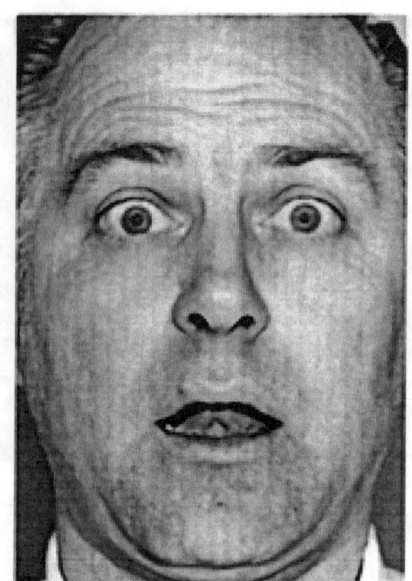

Figura 7.4 Surpresa: as sobrancelhas estão erguidas, de modo a ficarem curvadas e altas. A pele abaixo da sobrancelha está esticada. Vincos horizontais atravessam a testa. As pálpebras estão abertas; a pálpebra superior está erguida e a de baixo, descida; o branco do olho – a esclerótica – aparece acima da íris e, freqüentemente, abaixo também. A mandíbula está para baixo, de modo que os lábios e os dentes ficam afastados, mas não há tensão ou alongamento da boca.

sunção pode conter traços faciais encontrados tanto em expressões de felicidade como de raiva. Os rótulos usados pelo experimentador e por quem responde às vezes diferem, mas ambos podem corresponder da mesma maneira à emoção na vida. Isso também levanta o problema do desnível entre perceber e nomear as respostas emocionais de modo que os outros compreendam. No segundo tipo de teste, a tarefa discriminatória é demasiadamente difícil – as emoções listadas em cada categoria são muito parecidas. Podemos prever pouca precisão dos juízes, em razão dessas instruções. Em alguns casos, todos os rótulos podem se centrar em variantes da mesma emoção, e o observador vê alguma coisa completamente diferente, mas é impedido de acrescentar novas categorias. Por exemplo, a fotografia "C" parece ser percebida pelo pesquisador como uma forma de tristeza, mas um juiz poderia vê-la como neutra. A última série de instruções é o oposto da segunda série – a tarefa discriminatória é fácil. Uma vez que as categorias de emoção são discretas, podemos prever alta precisão para o terceiro tipo.

Os estudos usaram vários meios de inferir essas emoções. Uns simplesmente descrevem uma situação e pedem ao ator que reaja como se estivesse naquela situação; outros dão uma lista de emoções e solicitam ao ator que as represente; e alguns usam fotos ingênuas de pessoas em situações reais. Um estudo antigo (Dunlap, 1927) alcançou um extremo quase cômico. Uma câmara foi colocada num laboratório, pronta para captar as expressões da pessoa em determinado momento. Para induzir uma expressão de dor, o pesquisador puxava com força o

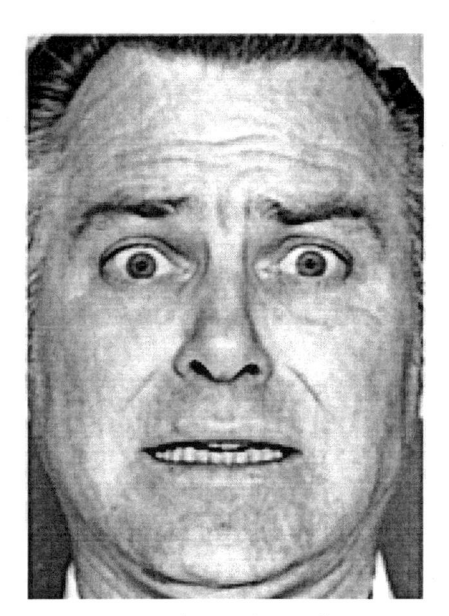

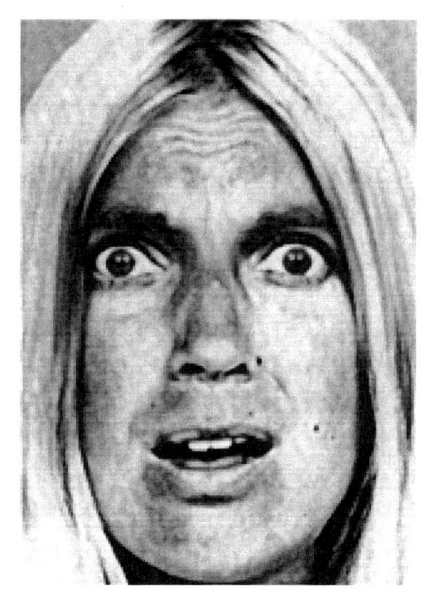

Figura 7.5 Medo: as sobrancelhas estão erguidas e puxadas ao mesmo tempo. As rugas na testa situam-se no centro, não em toda a fronte. A pálpebra superior aparece erguida, expondo a esclerótica, e a pálpebra inferior está retesada e puxada para cima. A boca está aberta, e os lábios ou ficam levemente retesados e puxados para trás ou esticados e puxados para trás.

dedo da pessoa para trás; para produzir um olhar de espanto, o experimentador disparava uma pistola atrás da pessoa num momento inesperado; a apreensão era induzida dizendo-se à pessoa que a pistola seria novamente disparada junto a seu ouvido quando fosse contado "3" (ao se contar "2", a foto era tirada). A diversão era captada quando o experimentador contava à pessoa algumas piadas; para obter uma reação de asco, a pessoa aspirava um tubo de ensaio contendo tecidos de um rato morto; e finalmente – uma inacreditável manipulação em nome da ciência –, para induzir uma expressão de pesar, a pessoa era hipnotizada e informada de que vários membros de sua família tinham morrido num acidente de carro! "Infelizmente", diz o pesquisador, "a câmara não conseguiu captar intenso pesar porque a pessoa curvou a cabeça e gritou", de modo que ele teve de se decidir por uma expressão de pesar brando para ser usada no estudo. Outro ponto interessante desse estudo remete-nos à nossa discussão sobre o controle facial e as regras de demonstração. Dunlap descobriu que todos os seus pesquisados do sexo feminino conseguiam exibir expressões faciais que se aproximavam da expressão alegre, mesmo sob condições supostamente dolorosas. Os homens, não, e tampouco ficaram à altura da descrição verbal das mulheres de como se sentiam. Quando a reação ocorre de maneira paradoxal como essa a um estímulo, a precisão do juiz é certamente afetada.

A idéia de apresentar um estímulo controlado às pessoas e em seguida observar suas reações, embora levada ao extremo no estudo de Dunlap, ainda fundamenta a pesquisa sobre as expressões espontâneas. São mostrados às pessoas *slides*

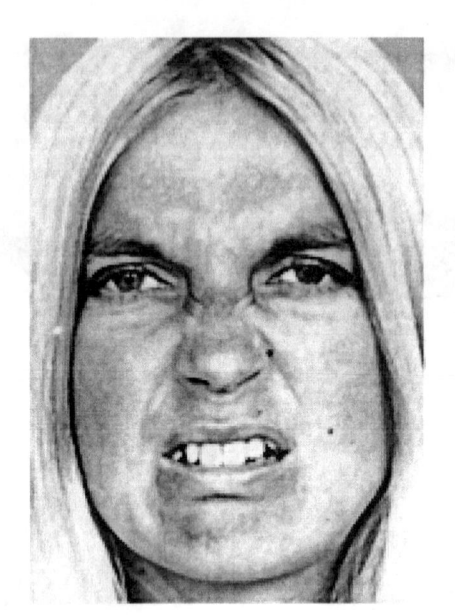

Figura 7.6 Asco: o lábio superior está erguido. O lábio inferior também se ergue e pressiona o lábio superior, ou fica baixado, projetando-se ligeiramente para a frente. O nariz está franzido. As bochechas encontram-se levantadas. Linhas aparecem sob a pálpebra inferior, e a pálpebra é empurrada para cima, mas não tensionada. A sobrancelha está baixada, forçando para baixo a pálpebra superior.

ou filmes de conteúdos diferentes (divertidos, asquerosos, com cenas de sexo, comoventes etc.) enquanto uma câmara de vídeo registra discretamente suas reações faciais. Os juízes observam depois as faces das pessoas e tentam adivinhar a que *slide* ou filme cada pessoa assistiu (Buck, 1979; Zuckerman, Hall, DeFrank e Rosenthal, 1976). Esse método pode capturar completamente expressões não premeditadas. Todavia, já que as pessoas não se encontram numa situação de comunicação real, seu comportamento pode não ser mais verdadeiro ou autêntico do que as tentativas dos atores de fingir várias emoções sob comando do pesquisador. Outro método, que pede às pessoas para recordar um evento emocional e então falar sobre ele, foi usado algumas vezes como uma alternativa mais natural, que mistura alguns elementos de comunicação deliberada e espontânea (Halberstadt, 1986).

A variedade de métodos pelos quais os estímulos faciais foram apresentados aos juízes também confunde a interpretação da pesquisa facial. Trata-se de faces "vivas", fotografias, desenhos, vídeos ou filmes? Uma pesquisa sugere que maior exatidão é alcançada quando se usam expressões filmadas. Freqüentemente, a extensão da observação difere de estudo para estudo, e há sempre a questão das vantagens e desvantagens de ver faces que são maiores (na tela de cinema) ou menores (fotos pequenas) do que as que se vêem nas interações cotidianas.

A exposição prévia a determinada face fará diferença na precisão do julgamento emocional. Se você estiver familiarizado com a face e já a tiver visto expressando outras emoções, tenderá mais a identificar corretamente outra emoção

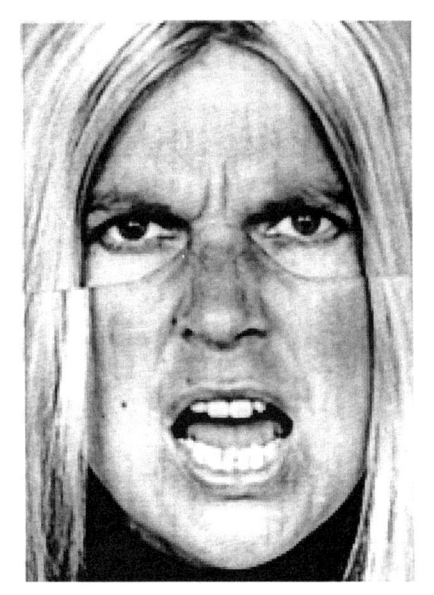

Figura 7.7 Raiva: as sobrancelhas são baixadas ao mesmo tempo. Linhas verticais aparecem entre as sobrancelhas. A pálpebra inferior encontra-se tensionada e pode ou não estar erguida. A pálpebra superior permanece tensionada e pode ou não estar baixada pela ação da sobrancelha. Os olhos têm uma fixação dura e podem parecer salientes. Os lábios estão numa das duas posições básicas: firmemente estreitados, com os cantos retos ou baixados; ou abertos, tensionados numa forma retangular, como se a pessoa estivesse gritando. As narinas podem se dilatar, mas isso não é essencial à expressão facial de raiva e às vezes também ocorre na tristeza. Há ambigüidade, a menos que a raiva seja registrada nas três áreas faciais.

que não viu antes. Se você conhecer a pessoa, terá um ponto de referência melhor para fazer julgamentos. Por exemplo, uma pessoa que sorri freqüentemente e você vê que não está sorrindo pode lhe parecer muito triste. Em relação a outra pessoa, a ausência de um sorriso pode simplesmente fazer parte de sua expressão neutra, normal. Laughery e outros pesquisadores (1971) descobriram que, quanto mais tempo a pessoa era exposta a certa expressão de emoção numa face e quanto mais cedo essa face aparecia numa série de testes, tanto maiores eram as chances de um reconhecimento preciso.

Vários estudos deixaram claro que o conhecimento adicional referente ao contexto no qual determinada expressão facial ocorre afetará a exatidão no julgamento da emoção expressa. Podemos identificar com precisão as expressões faciais de emoção sem nenhum conhecimento do contexto no qual elas se manifestam, mas percepções simultâneas do contexto social, do ambiente e de outras pessoas seguramente irão afetar nossos julgamentos.

Embora muitos pesquisadores tenham dado prosseguimento aos estudos para descobrir se o contexto ou a expressão influenciam as percepções, a questão está longe de ser resolvida. Talvez o estudo mais citado em relação à influência do contexto no julgamento facial seja o de Munn (1940). Expressões faciais extraí-

Figura 7.8 Felicidade: os cantos dos lábios estão puxados para trás e para cima. A boca pode ou não estar aberta, com os dentes expostos ou não. Uma ruga (o vinco nasolabial) se estende do nariz até além dos cantos dos lábios. As bochechas estão levantadas. A pálpebra inferior mostra rugas logo abaixo e pode estar levantada, mas não retesada. Os pés-de-galinha se estendem para fora a partir dos cantos externos dos olhos (cobertos pelos cabelos nestas fotografias).

das das revistas *Life* e *Look* foram mostradas com e sem contexto no fundo. A informação do fundo era de grande ajuda na identificação dessas expressões faciais. As dicas verbais que descreviam o contexto também aumentaram a precisão. O estudo de Munn analisou um número limitado de faces, emoções e contextos, mas despertou nossa atenção para outra importante consideração no exame das expressões faciais.

Uma de nossas alunas, como parte de um trabalho do ano letivo, mostrou duas faces a grupos de juízes, variando apenas a cor ao fundo. As expressões faciais foram previamente identificadas como "neutras". Essa aluna descobriu em seu estudo que mesmo a mudança na cor de fundo pode alterar a interpretação da expressão facial. Cores quentes e claras resultaram em respostas mais positivas ou "felizes"; tons escuros ou opacos produziram respostas mais negativas ou "não particularmente felizes".

Cline (1956) usou desenhos lineares para testar o efeito de outra face como parte do contexto total. Ele descobriu que a expressão numa das faces influenciava a interpretação da outra. Por exemplo, quando a face sorridente da figura 7.11 foi colocada ao lado de uma face taciturna, ela foi vista como a face dominante – a de um valentão, maldoso, provocador e insultuoso. Quando contraposta à face carrancuda, a face sorridente parecia pacífica, amistosa e feliz.

Obviamente, o contexto no qual está inserida determinada expressão facial

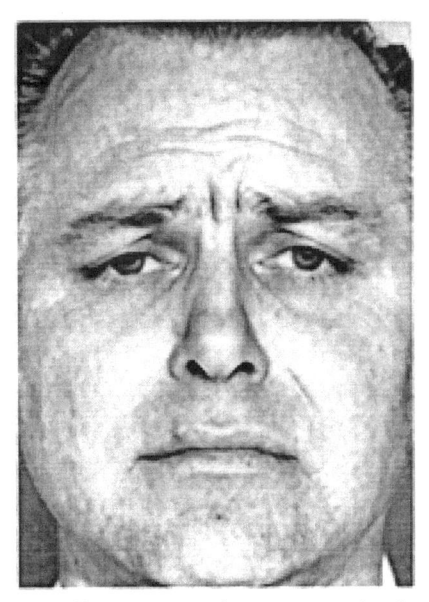

Figura 7.9 Tristeza: os cantos internos das sobrancelhas estão puxados para cima. A pele abaixo das sobrancelhas tem um formato triangular, com o canto interno para cima. O canto interno da pálpebra superior está erguido. Os cantos dos lábios parecem caídos ou o lábio está tremendo.

Figura 7.10

pode influenciar nossa interpretação; todavia, se essa expressão pesa *mais* que outra ao formarmos uma impressão total de seu humor ou emoção é uma questão que não tem uma resposta simples. O fato de a face ou o contexto subjugar um ao outro, ou de agir de maneira mutuamente reforçadora, parece depender de muitos fatores (Ekman, Friesen e Ellsworth, 1982c).

A lista de fatores que influenciam a maneira como são julgadas as emoções na face continua válida, mas temos de reconhecer que, apesar disso, elas podem ser julgadas, quase sempre, em níveis bastante altos de precisão. Algu-

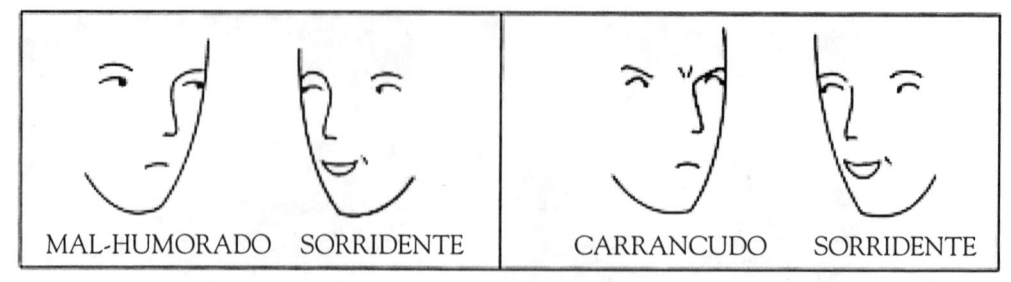

| MAL-HUMORADO SORRIDENTE | CARRANCUDO SORRIDENTE |

Figura 7.11 (Com permissão da Duke University Press.)

mas emoções são mais passíveis de ser confundidas, mas quanto às seis emoções básicas de felicidade, raiva, asco, tristeza, surpresa e medo, de acordo com os estudos realizados, há um consenso (e precisão) entre os observadores. Isso é verdadeiro não só nos Estados Unidos, como no mundo todo. Ekman, Izard e outros demonstraram em programas de pesquisa separados que as expressões faciais básicas de emoções são compreendidas internacionalmente (Ekman, Sorenson e Friesen, 1969; Izard, 1971). Mesmo na Nova Guiné, onde o povo não estava exposto à influência da mídia ocidental, fotos das faces de cidadãos americanos que mostravam as seis emoções básicas foram, quase sempre, interpretadas corretamente. Além disso, alguns papuas foram fotografados enquanto mostravam como reagiriam em diferentes situações (como "Você se sente triste porque seu filho morreu"); depois, americanos conseguiram identificar com grande precisão que fato estava sendo comunicado (Ekman e Friesen, 1971).

A pesquisa cultural cruzada lidou principalmente com representações faciais que mostravam configurações muito "puras" para as emoções principais. Todavia, como já observamos, as expressões faciais podem se mesclar de modo complexo, com os diferentes músculos exibindo simultaneamente aspectos de diversas emoções. A questão que se discute sobre se a universalidade cultural cruzada também é aplicável a expressões secundárias, mais sutis, levou Ekman e uma equipe de pesquisadores a introduzir uma nova metodologia na pesquisa desse aspecto. Os pesquisadores obtiveram avaliações de rostos numa variedade de emoções de pessoas em dez diferentes lugares do mundo, incluindo Estônia, Sumatra, Escócia, Japão, Itália e Hong Kong. Houve expressivo consenso em relação a essas culturas, não apenas quanto à emoção principal exibida pelas faces, mas também quanto à emoção secundária (Ekman, Friesen, O'Sullivan, Chan e outros, 1987). No mesmo estudo, descobriu-se ainda que outra emoção, o *desprezo*, tinha uma expressão universalmente reconhecível – leve contração e elevação lateral do canto do lábio. Nos dez países, 75% das pessoas disseram que isso indica desprezo (Ekman e Friesen, 1986).

Fisiologia e face

Todos nós conhecemos alguém que mantém o rosto impassível como uma pedra, não importando quanta agitação ocorra à sua volta. Conhecemos também pessoas com faces tão sensíveis quanto as asas de uma borboleta, à mercê de cada mudança dos ventos emocionais. O que talvez não saibamos é que essas diferenças, além de sensíveis e duradouras, estão associadas a alterações no funcionamento físico. Os "internalizadores" (as pessoas inexpressivas) têm pouca expressão manifesta (isto é, na face), mas experimentam alta reatividade fisiológica (como alteração dos batimentos cardíacos e reação eletrodérmica); os "externalizadores" (as pessoas expressivas) mostram o padrão oposto (Buck, Savin, Miller e Caul, 1972; Lanzetta e Kleck, 1970; Notarius e Levenson, 1979). Muitas teorizações acerca desse relacionamento apontaram para fatores ligados à aprendizagem; por exemplo, a noção de que a sociedade encoraja as pessoas a suprimir suas reações emocionais, e de que os indivíduos que assim procedem devem "experimentar" suas emoções ou excitações de algum outro modo, talvez pela ativação do sistema nervoso. Nesse caso, pode-se dizer que ocorre uma "descarga": a emoção é solta *quer* externa *ou* internamente (Notarius e Levenson, 1979). Pesquisa sobre recém-nascidos, que encontrou uma relação semelhante entre a expressividade e a resposta fisiológica (batimento cardíaco), sugeriu que os fatores temperamentais podem também estar em ação (Field, 1982).

Em razão dessas diferenças, é interessante considerar uma possível ligação entre a expressividade e a saúde física de uma pessoa. A restrição da expressão externa da emoção é danosa à nossa saúde? Friedman e seus colegas (1985, 1987) investigaram essa possibilidade e descobriram que, como se disse, um tipo de expressão "reprimido" estava relacionado com indicações de doenças da artéria coronária e até com a ocorrência de ataque cardíaco. King e Emmons (1990) encontraram alguma sustentação para a hipótese de que a *ambivalência* sobre a expressão emocional estava associada a uma saúde mais precária. Num estudo, talvez um dos mais importantes a respeito, foram feitos e confirmados prognósticos específicos para emoções e condições de saúde diferentes (Malatesta, Jonas e Izard, 1987). As mulheres que mostraram menos expressão em seu rosto enquanto falavam sobre uma experiência de raiva tinham mais sintomas de artrite, e as mulheres que mostraram menos expressão facial durante um relato triste tinham mais problemas de pele. A "hipótese de *feedback* facial", apresentada por Darwin, aumenta a complexidade e o fascínio da relação entre a face e a fisiologia. Darwin acreditava que uma emoção livremente expressa se intensifica. A hipótese de *feedback* facial sustenta que as expressões faciais podem realmente *criar* experiência emocional, via conexões neurológicas diretas entre os músculos faciais e os centros de emoção no cérebro.

Aparentemente, essa hipótese pode, de início, contradizer o fenômeno de internalização-externalização. O *feedback* facial confirma que há uma relação positiva de expressividade a reações fisiológicas internas (uma emoção demonstrada é uma emoção sentida mais intensamente), enquanto, segundo a noção de internalização-externalização, existe uma relação negativa (as pessoas mais expressivas são fisiologicamente menos reativas). Realmente, ambas podem ser verdadeiras ao mesmo tempo, se aceitarmos o fato de que o *feedback* facial se aplica a uma relação *interna* da pessoa – isto é, não importa qual seja o seu grau total de expressividade facial, as mudanças em sua face podem influenciar suas emoções –, enquanto a internalização-externalização se refere a diferenças *entre* as pessoas (Buck, 1984). A figura 7.12 mostra como ambos os fenômenos podem ser verdadeiros ao mesmo tempo. A longa linha inclinada retrata a relação negativa de expressividade e atividade do sistema nervoso autônomo conhecida como dimensão de internalização-externalização. As curtas linhas descendentes representam, contrariamente, a relação positiva da expressão facial e da excitação emocional que é colocada pela hipótese de *feedback* facial.

Mas a questão permanece: a hipótese de *feedback* facial é válida? A idéia de que as emoções podem ser reguladas pelo comportamento facial – que se pode criar uma experiência emocional autêntica a partir de expressões externas inautênticas – tem importantes ramificações para a educação infantil, a psicoterapia e muitos outros domínios (Izard, 1990). A hipótese do *feedback* facial foi debatida extensamente, pois, embora a maioria dos estudos a sustentem, muitos são falhos (Matsumoto, 1987). Um dos experimentos pede às pessoas que coloquem suas faces de vários modos, e então seu estado emocional é medido por meio do auto-relatório (Laird, 1974; Tourangeau e Ellsworth, 1979). A falha desse estudo reside em que os sujeitos podem compreender que sua expressão posada deve parecer com "medo" ou "felicidade". Se isso acontece, não é de admirar que eles relatem obedientemente sentir essas emoções.

Felizmente para a hipótese, existem estudos que não apresentam esse problema. Alguns medem as reações objetivamente e não em termos de auto-relatórios das pessoas. Por exemplo, fingir uma forte reação (contra nenhuma reação) a choques elétricos produziu aumentos relativos na reação fisiológica (por medidas eletrodérmicas), sugerindo que uma dor maior estava sendo experimentada; fingir uma forte reação também levou a relatórios subjetivos de mais dor (Lanzetta, Cartwright-Smith e Kleck, 1976).

Em estudo que talvez seja o mais contundente a respeito, um grupo de pesquisadores disfarçava o propósito da pose facial, dizendo às pessoas que estavam ajudando um deficiente físico a desenvolver meios de manejar um instrumento de escrita; este podia ser seguro entre os dentes, o que naturalmente expande os lábios, ou podia ser preso pelos lábios, o que, como é evidente, os contrai. A figura 7.13 ilustra essas posições da boca. Desconhecidas pelas pessoas, essas duas manipulações diferem se os músculos de "sorrir" em torno da boca são ativados. As pessoas que seguravam a caneta entre os dentes (o que ativa os músculos de "sorrir") acharam os desenhos mais engraçados do que as outras pessoas (Strack, Martin e Stepper, 1988). Portanto, a posição dos músculos faciais pode, de fato, influir no estado emocional das pessoas.

Ekman e seus colegas, num experimento de *feedback* facial, também demonstraram que mover deliberadamente músculos faciais especiais, bem como "reviver" experiências emocionais passadas, produz padrões específicos de reação no sistema nervoso autônomo (Ekman, Levenson e Friesen, 1983). Os batimentos cardíacos e a temperatura digital aumentavam mais na raiva do que na felicidade; a raiva e o medo eram semelhantes em termos de aumentos de batimentos cardíacos, mas diferiam quanto à temperatura digital. Talvez esses resultados se traduzam em sentimentos familiares de estarmos enrubescendo ou acalorados quando ficamos zangados e de sentirmos as mãos frias quando experimentamos medo.

Pesquisadores da face e da fisiologia também descobriram que expressões faciais fingidas e espontâneas são controladas, cada qual por diferentes caminhos dentro do cérebro. Isso foi demonstrado por certas formas de derrame cerebral,

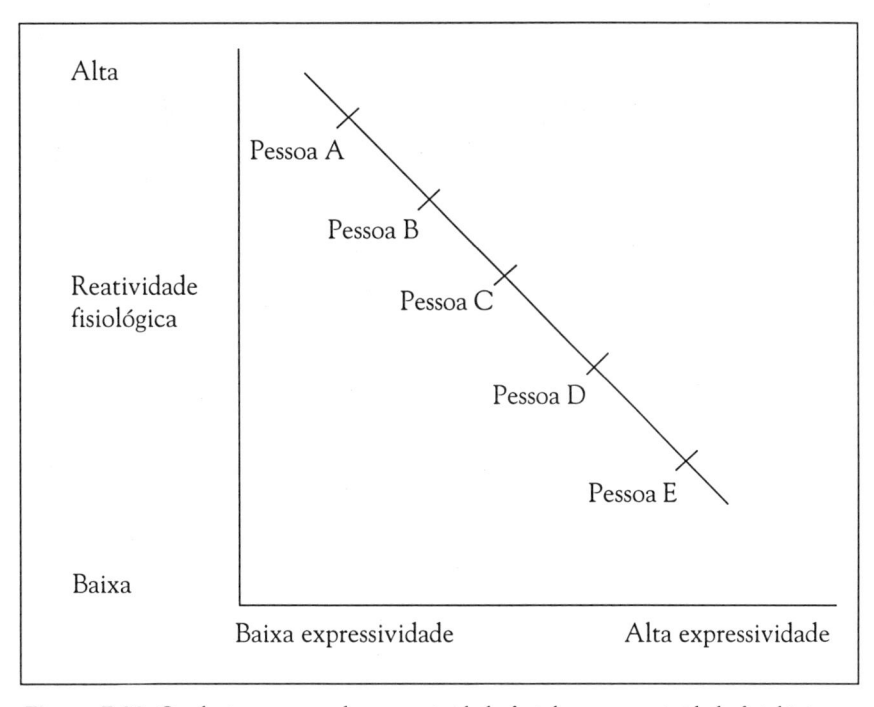

Figura 7.12 O relacionamento da expressividade facial com a reatividade fisiológica

que resultam em perda da capacidade de a pessoa produzir de modo deliberado expressões faciais, mas não de sua capacidade de rir, gritar, fazer cara feia etc., quando ela experimenta uma emoção; a forma inversa de incapacidade também existe (Rinn, 1984). Vários pesquisadores notaram que o lado esquerdo da face tende a ser mais expressivo, e ligaram isso ao fato de que a metade esquerda da face é controlada pelo hemisfério direito do cérebro, de predomínio "não-verbal". Todavia, coerente com a noção de caminhos neurais separados, Ekman e seus colegas mostraram que essa assimetria está presente apenas nas expressões posadas; as espontâneas (mais autênticas) tendem a ser simétricas (Ekman, Hager e Friesen, 1981). Talvez agora você passe a julgar de forma diferente seu amigo que tem um sorriso torcido!

Até aqui examinamos o envio e a recepção de mensagens relevantes para o comportamento emocional de uma pessoa. Mas os pesquisadores também fizeram perguntas que vão além da expressão momentânea da emoção. Será que a expressão facial da emoção influi sobre como os outros se comportarão ou que comportamento a pessoa provavelmente irá assumir após a expressão?

Expressões faciais e reações subseqüentes

Ekman e seus colegas estavam interessados em saber se as expressões faciais exibidas enquanto se vê um programa violento na televisão podiam ser relacionadas com a agressividade subseqüente (Ekman, Liebert, Friesen, Harrison, Zlatchin,

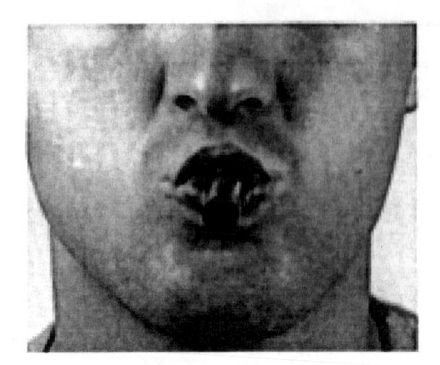

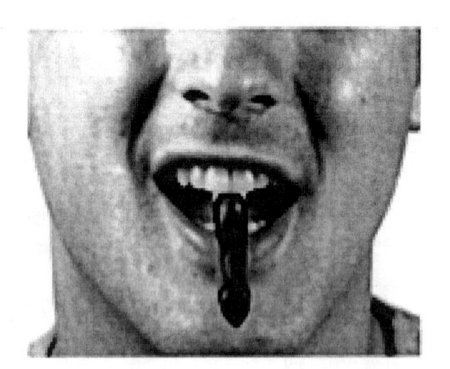

Figura 7.13 Ilustração da técnica usada para contrair os diferentes músculos faciais: à esquerda, condição dos lábios; à direita, condição dos dentes. [Extraído de F. Strack, L. Martin e S. Stepper (1988), "Inhibiting and Facilitating Conditions of the Human Smile: A Nonobtrusive Test of the Facial Feedback Hypothesis", *Journal of Personality and Social Psychology*, 54, pp. 768–777.]

Malstrom e Baron, 1972). Eles previram que as expressões faciais de emoção que mostram felicidade, satisfação e interesse sugeriam um comportamento subseqüente mais agressivo do que as expressões desagradáveis, tristes, dolorosas e desinteressadas. Algumas crianças com idades entre cinco e seis anos viam um programa de esportes, enquanto outras viam trechos de um capítulo da série *Os Intocáveis* que incluía assassinato, perseguição, tiroteio e morte de um vilão, e uma longa luta de socos envolvendo um segundo vilão. O segmento tinha apenas 3,5 minutos de duração. Então, as crianças eram colocadas numa situação em que podiam ajudar ou atrapalhar outra criança que estava supostamente trabalhando na sala ao lado. O comportamento de atrapalhar (tornando a tarefa do outro mais difícil) foi considerado manifestação de agressividade. Os meninos que exibiram as expressões agradáveis assumiram um comportamento mais agressivo; as garotas, não. Resta saber se a violência retratada por artistas do sexo feminino evocaria comportamento semelhante.

Savitsky e outros pesquisadores (1974) estavam interessados em saber se as expressões faciais de emoção de uma "vítima" teriam algum efeito sobre o comportamento do agressor. Pensando que estavam controlando a quantidade de choque elétrico que uma outra pessoa (vítima) receberia, outras pessoas deram mais choques em vítimas que reagiam com expressões de felicidade e sorrisos e menos em vítimas que exibiam expressões de raiva. As expressões de medo e de neutralidade não diferiram no número de choques administrados, que para ambas as expressões foi muito baixo.

Em outro estudo, Savitsky e Sim (1974) tentaram descobrir que efeito tinham as expressões faciais em avaliações do relato de um acusado sobre seu crime. Os acusados contavam a história de seu crime (pequenos furtos e atos de vandalismo) e variavam suas expressões emocionais. Demonstravam raiva, felicidade, tristeza e expressões neutras. Os réus tristes/angustiados e neutros foram aparentemente vistos de modo mais favorável. Seus crimes eram considerados menos graves; eles foram vistos como menos inclinados a cometer outro crime; e receberam um tempo menor de punição. Os réus zangados (e, num grau menor, felizes) acabaram sendo avaliados com maior rigor.

O forte impacto das expressões faciais adquire significado especial porque as pessoas têm grande controle sobre suas faces. Muitas discussões em relação à face centralizam-se nas emoções – de que maneira ela revela quais emoções estão sendo sentidas. Várias vezes mencionamos expressões *posadas*, em oposição a *espontâneas*. Por sua própria natureza, a expressão posada significa que uma pessoa não precisa realmente sentir o que está demonstrando. A face torna-se um instrumento de auto-apresentação (criando uma imagem desejável para si mesmo aos olhos dos outros) e de influência social (produzindo comportamentos desejáveis em outra pessoa). Podemos ser particularmente iludidos pela aparência da face de outras pessoas, já que tendemos a presumir que ela está simples e inocentemente revelando sentimentos verdadeiros, quando esse pode não ser o caso.

Na vida diária, as expressões posadas (deliberadas) e espontâneas estão entremeadas, o que torna difícil saber até que ponto determinada expressão é de um ou de outro tipo. E, já que mesmo as expressões completamente espontâneas podem nos influenciar de maneiras das quais não temos consciência, é útil rever mais algumas provas do impacto das expressões faciais na vida social. Uma pesquisa realizada, observando os meios de comunicação de massa, levou à conclusão de que os vários noticiários de televisão parecem seguir um linha favorável a determinados candidatos, como revela a expressão de prazer das faces dos apresentadores quando mencionam os nomes deles. As preferências políticas dos telespectadores podem ser inconscientemente alteradas dessa maneira (Friedman, DiMatteo e Mertz, 1980; Mullen, 1986).

A possibilidade de que expressões faciais revelem discriminação contra mulheres foi o tópico do estudo de Butler e Geis (1990) sobre líderes masculinos e femininos de grupos. Homens e mulheres líderes de associações ofereciam, em grupos formados experimentalmente, as mesmas sugestões e argumentos, mas membros do grupo observados exibiam mais reações satisfeitas (sorriso, movimentos de aprovação com a cabeça) e menos reações insatisfeitas (semblante carregado, boca cerrada, movimentos negativos com a cabeça) quando estavam ouvindo um líder masculino do que ao ouvir uma líder feminina. Essas pessoas estavam aparentemente inconscientes de seu comportamento tendencioso em relação ao sexo, ou o negavam, pois não revelaram depois nenhum preconceito nas avaliações escritas dos diferentes líderes. Butler e Geis argumentam que os sinais não-verbais da desvalorização da líder feminina podiam convencer outras pessoas, bem como a própria líder, de que suas contribuições eram fracas ou desacertadas.

Outra ligação entre a face e a discriminação sexual foi descoberta por Archer ao identificar o que ele chamou de "faceísmo" ou fenômeno de proeminência facial. Em fotos de homens em revistas e jornais, uma parte relativamente maior da fotografia é dedicada à face; as fotos de mulheres mostram mais o corpo. Archer e seus colegas (Archer, Iritani, Kimes e Barrios, 1983) perceberam esse padrão em publicações de onze diferentes culturas e em trabalhos artísticos ao longo de seis séculos, bem como em desenhos amadores em geral. Tanto Archer como os pesquisadores posteriores (Zuckerman, 1986) levantaram a hipótese de que esse "faceísmo" é uma forma de desvalorização das mulheres.

O aspecto "sorriso" tem sido amplamente discutido no contexto de diferenças entre homem e mulher. As mulheres (mas não as jovens) sorriem, em geral, mais do que os homens (Hall, 1984). Alguns estudiosos feministas vêem essa diferença como desvantajosa para as mulheres – pode fazê-las parecer fracas ou ansiosas por agradar (Henley, 1977). Nesse contexto, às vezes se conclui que o sorriso é um símbolo de submissão de um indivíduo de posição social inferior. Ainda assim, nenhuma prova cabal sugere que o sorriso das mulheres decorre de uma fraqueza social; de fato, um estudo relacionado ao *status* nas interações mostrou que a pessoa de *status* inferior sorria *menos* (Halberstadt, Dovidio e Davidson, 1988).

Outro estudo freqüentemente citado revelou que as mulheres tendiam a sorrir, mesmo quando suas palavras não continham mensagens felizes; ao contrário, os sorrisos dos homens estavam mais de acordo com suas palavras (Bugental, Love e Gianetto, 1971). Entretanto, um estudo subseqüente, feito em circunstâncias diferentes, demonstrou exatamente o oposto (Halberstadt, Hayes e Pike, 1988). É, evidentemente, descabido concluir que demonstrações contraditórias são próprias das mulheres.

O sorriso é uma insinuação social profundamente influente, e foi estudado em vários contextos além das diferenças entre homem e mulher. As pessoas retribuem os sorrisos de maneira bastante previsível (Jorgenson, 1978). Você pode imaginar como, depois de retribuir o sorriso de alguém, o *feedback* facial ou a avaliação ("Eu acabei de sorrir para Jim. Devo realmente gostar dele!") podem produzir mudanças em sua atitude para com a pessoa que sorriu. Sorrisos são reforços positivos que podem mudar o comportamento das pessoas, do mesmo modo que outros artifícios conhecidos; a experiência já provou isso, e qualquer pai sabe da eficiência do sorriso. Os pais sabem, e a pesquisa demonstra, que o sorriso dos adultos (e outras expressões) influencia as disposições e reações dos bebês em relação ao ambiente (Cappella, 1981). Também os adultos são influenciados: receber um sorriso de um estranho pode torná-lo mais gentil em relação a essa pessoa (Solomon, Solomon, Arnone, Maur, Reda e Roth, 1981).

Faces zangadas também causam forte estímulo. Numa série de experimentos, Hansen e Hansen (1988) compararam a capacidade de uma pessoa de escolher uma face zangada numa multidão de outras felizes com sua habilidade de escolher o inverso. Como eles previram, escolher a face zangada era mais rápido e menos sujeito a erro do que escolher a feliz. Talvez nossa sobrevivência como espécie tenha alguma relação com a sensibilidade às ameaças.

Sumário

A discussão da face e de seu papel na comunicação humana deve deixá-lo com várias impressões.

Primeiramente, a face é um sistema de multimensagem. Ela pode comunicar informações referentes a personalidade, interesse e receptividade durante a interação, estados emocionais, além de mostrar como as pessoas querem se apresentar para os outros. Embora haja pouca dúvida de que as pessoas associam certas características de personalidade a determinadas expressões e traços faciais, as pesquisas não têm acrescentado muita coisa sobre o assunto. Sabemos que a face é usada como um regulador da conversação que abre e fecha os canais de comunicação, complementa e qualifica outros comportamentos e substitui mensagens faladas.

Interpretar as expressões faciais nem sempre é fácil. Entre todas as áreas do corpo, a face é a que melhor reflete influências externas e internas, o que nos torna fácil identificar uma série de emoções com base na aparência. Nem todas as expressões faciais representam emoções únicas; algumas são "mesclas" de várias emoções. Às vezes, assumimos uma expressão emocional embora não estejamos realmente sentindo emoções, como ocorre com os "emblemas" faciais que significam como que um comentário sobre emoções.

Examinamos alguns problemas de mensuração envolvidos no estudo das expressões faciais: a complexidade de interpretar as expressões, como identificar as expressões simuladas e as "reais", a maneira de apresentar a face ao observador (filmes, fotos e outros meios), o conhecimento do contexto etc. Naturalmente, todos esses fatores podem comprometer a exatidão de alguém ao identificar as expressões faciais.

Apesar desses problemas, as pessoas costumam julgar as expressões faciais de outras com elevada precisão. Além disso, certas emoções básicas são identificadas precisamente em diferentes culturas no mundo todo: raiva, medo, asco, tristeza, alegria, surpresa e desprezo. Para compreender o papel da face durante a expressão de emoção, sistemas baseados em anatomia, como o Sistema de Codificação da Ação Facial, foram desenvolvidos; eles identificam os músculos que estão envolvidos em diferentes tipos de expressão.

Uma abordagem psicofisiológica contribuiu muito para a compreensão do comportamento facial. As pessoas com faces mais expressivas têm menos atividade em seus sistemas nervosos autônomos do que as menos expressivas; em parte, isso pode ter implicações na saúde. Sob certas circunstâncias, os movimentos faciais podem influir nas emoções sentidas por aquele que as expressam; assim, a face pode não apenas "mostrar" emoções, mas produzi-las realmente. Por fim, os pesquisadores estão descobrindo mais coisas sobre as atividades do cérebro e do sistema nervoso associadas a diferentes emoções.

Concluímos com relatórios de alguns estudos que sugerem que a identificação das expressões faciais de emoção pode nos ajudar a prever os comportamentos subseqüentes – da pessoa que mostra o afeto e da pessoa que a ele responde.

[Resposta da figura 7.3: (b) Todos os outros sorrisos têm vestígios de asco ou de tristeza.]

Referências e bibliografia selecionada

Abelson, R. P., & Sermat, V. (1962). Multidimensional scaling of facial expressions. *Journal of Experimental Psychology*, 63, 546–51.

Andrew, R. J. (1965). The origins of facial expression. *Scientific American*, 213, 88–94.

Antonoff, S. R., & Spilka, B. (1984-5). Patterning of facial expressions among terminal cancer patients. *Omega, 15*, 101–8.

Archer, D., Iritani, B., Kimes, D. D., & Barrios, M. (1983). Face-ism: Five studies of sex differences in facial prominence. *Journal of Personality and Social Psychology, 45*, 725–35.

Bavelas, J. B., Black, A., Lemery, C. R., & Mullett, J. (1986). "I show how you feel": Motor mimicry as a communicative act. *Journal of Personality and Social Psychology, 50*, 322–9.

Brannigan, C. R., & Humphries, D. A. (1972). Human non-verbal behavior, a means of communication. In N. Blurton Jones (Ed.), *Ethological studies of child behavior*. Nova York: Cambridge University Press.

Brunner, L. J. (1979). Smiles can be back channels. *Journal of Personality and Social Psychology, 37*, 728–34.

Buck, R. (1979). Measuring individual differences in the nonverbal communication of affect: The slide-viewing paradigm. *Human Communication Research, 6*, 47–57.

Buck, R. (1984). *The communication of emotion*. Nova York: Guilford.

Buck, R., Baron, R., Goodman, N., & Shapiro, B. (1980). Unitization of spontaneous nonverbal behavior in the study of emotion communication. *Journal of Personality and Social Psychology, 39*, 522–9.

Buck, R., Savin, V., Miller, R. E., & Caul, W. F. (1972). Nonverbal communication of affect in humans. *Journal of Personality and Social Psychology, 23*, 362–71.

Bugental, D. E., Love, L. R., & Gianetto, R. M. (1971). Perfidious feminine faces. *Journal of Personality and Social Psychology, 17*, 314–8.

Butler, O., & Geis, F. L. (1990). Nonverbal affect responses to male and female leaders: Implications for leadership evaluations. *Journal of Personality and Social Psychology, 58*, 48–59.

Cacioppo, J. T., Martzke, J. S., Petty, R. E., & Tassinary, L. G. (1988). Specific forms of facial EMG response index emotions during an interview: From Darwin to the continuous flow hypothesis of affect-laden information processing. *Journal of Personality and Social Psychology, 54*, 592–604.

Cappella, J. N. (19811. Mutual influence in expressive behavior: Adult-adult and infant-adult dyadic interaction. *Psychological Bulletin, 89*, 101–32.

Chovil, N. (in press). Linguistic functions of facial displays in conversation. *Studies in Language and Social Interaction*.

Cline, M. (1956). The influence of social context on the perception of faces. *Journal of Personality, 25*, 142–58.

Coleman, J. D. (1949). Facial expressions of emotions. *Psychological Monographs, 63*, n° 1, completo n° 296.

Darwin, C. R. (1872). *The expression of the emotions in man and animals*. Londres: John Murray.

Duclos, S. E., Laird, J. D., Schneider, E., Sexter, M., Stern, L., & Van Lighten, O. (1989). Emotion-specific effects of facial expressions and postures on emotional experience. *Journal of Personality and Social Psychology, 57*, 100–8.

Dunlap, K. (1927). The role of eye-muscles and mouth-muscles in the expression of the emotions. *Genetic Psychology Monographs, 2,* 199–233.

Eibl-Eibesfeldt, I. (1974). *Love and hate: The natural history of behavior patterns.* Nova York: Schocken.

Ekman, P. (Ed.), (1973). *Darwin and facial expression.* Nova York: Academic Press.

Ekman, P. (1979). About brows: Emotional and conversational signals. In V. von Cranach, K. Foppa, W. Lepenies, & D. Ploog (Eds.), *Human ethology.* Cambridge: Cambridge University Press.

Ekman, P. (1982). Methods for measuring facial action. In K. R. Scherer & P. Ekman (Eds.), *Handbook of methods in nonverbal behavior research* (pp. 45–90). Cambridge: Cambridge University Press.

Ekman, P., Davidson, R. J., & Friesen, W. V. (1990). The Duchenne smile: Emotional expression and brain physiology II. *Journal of Personality and Social Psychology, 58,* 342–53.

Ekman, P., & Friesen, W. V. (1969). The repertoire of nonverbal behavior: Categories, origins, usage, and coding. *Semiotica, 1,* 49–98.

Ekman, P., & Friesen, W. V. (1971). Constants across cultures in the face and emotion. *Journal of Personality and Social Psychology, 17,* 124–9.

Ekman, P., & Friesen, W. V. (1975). *Unmasking the face.* Englewood Cliffs, NJ: Prentice-Hall.

Ekman, P., & Friesen, W. V. (1978). *The Facial Action Coding System: A technique for the measurement of facial movement.* Palo Alto: Consulting Psychologists Press.

Ekman, P., & Friesen, W. V. (1982). Felt, false, and miserable smiles. *Journal of Nonverbal Behavior, 6,* 238–52.

Ekman, P., & Friesen, W. V. (1986). A new pan-cultural facial expression of emotion. *Motivation and Emotion, 10,* 159–68.

Ekman, P., Friesen, W. V., & Ancoli, S. (1980). Facial signs of emotional experience. *Journal of Personality and Social Psychology, 39,* 1125–34.

Ekman, P., Friesen, W. V., & Ellsworth, P. (1982a). Does the face provide accurate information? In P. Ekman (Ed.), *Emotion in the human face.* 2ª ed. (pp. 86–97). Cambridge: Cambridge University Press.

Ekman, P., Friesen, W. V., & Ellsworth, P. (1982b). Methodological decisions. In P. Ekman (Ed.), *Emotion in the human face.* 2ª ed. (pp. 22–38). Cambridge: Cambridge University Press.

Ekman, P., Friesen, W. V., & Ellsworth, P. (1982c). What are the relative contributions of facial behavior and contextual information to the judgment of emotion? In P. Ekman (Ed.), *Emotion in the human face.* 2ª ed. (pp. 111–27). Cambridge: Cambridge University Press.

Ekman, P., Friesen, W. V., & O'Sullivan, M. (1988). Smiles when lying. *Journal of Personality and Social Psychology, 54,* 414–20.

Ekman, P., Friesen, W. V., O'Sullivan, M., Chan, A., Diacoyanni-Tarlatzis, I., et al. (1987). Universals and cultural differences in the judgments of facial expressions of emotion. *Journal of Personality and Social Psychology, 53,* 712–7.

Ekman, P., Hager, J. C., & Friesen, W. V. (1981). The symmetry of emotional and deliberate facial actions. *Psychophysiology, 18*, 101–6.

Ekman, P., Levenson, R. W., & Friesen, W. V. (1983). Autonomic nervous system activity distinguishes among emotion. *Science, 221*, 1208–10.

Ekman, P., Liebert, R. M., Friesen, W. V., Harrison, R., Zlatchin, C., Malstrom, E. J., & Baron, R. A. (1972). Facial expressions of emotion while watching televised violence as predictors of subsequent aggression. In *Television and social behavior, vol. 5: Television's effects: Further explorations*, report to the Surgeon General's Scientific Advisory Committee on Television and Social Behavior. Washington: U.S. Printing Office.

Ekman, P., & Oster, H. (1982). Review on research, 1970–1980. In P. Ekman (Ed.), *Emotion in the human face.* 2ª ed. (pp. 147–73). Cambridge: Cambridge University Press.

Ekman, P., Sorenson, E. R., & Friesen, W. V. (1969). Pan-cultural elements in facial displays of emotions. *Science, 164*, 86–8.

Ellis, C. (1991). Sociological introspection and emotional experience. *Symbolic Interaction, 14*, 23–50.

Ellis, C., & Weinstein, E. (1986). Jealousy and the social psychology of emotional experience. *Journal of Social and Personal Relationships, 3*, 337–57.

Feleky, A. M. (1914). The expression of emotions. *Psychological Review, 21*, 33–41.

Field, T. (1982). Individual differences in the expressivity of neonates and young infants. In R. W. Feldman (Ed.), *Development of nonverbal behavior in children*. Nova York: Springer-Verlag.

Fox, N. A., & Davidson, R. J. (1988). Patterns of brain electrical activity during facial signs of emotion in ten-month-old infants. *Developmental Psychology, 14*, 230–6.

Fridlund, A. J. (1991). Sociality of solitary smiling: Potentiation by an implicit audience. *Journal of Personality and Social Psychology, 60*, 229–40.

Fridlund, A. J., Ekman, P., & Oster, H. (1987). Facial expressions of emotion: Review of literature, 1970–1983. In A. W. Siegman & S. Feldstein (Eds.), *Nonverbal behavior and communication.* 2ª ed. (pp. 143–224). Hillsdale, NJ: Erlbaum.

Friedman, H. S., & Booth-Kewley, S. (1987). Personality, Type A behavior, and coronary heart disease: The role of emotional expression. *Journal of Personality and Social Psychology, 53*, 783–92.

Friedman, H. S., DiMatteo, M. R., & Mertz, T. I. (1980). Nonverbal communication on television news: The facial expressions of broadcasters during coverage of a presidential election campaign. *Personality and Social Psychology Bulletin, 6*, 427–35.

Friedman, H. S., Hall, J. A., & Harris, M. J. (1985). Type A behavior, nonverbal expressive style, and health. *Journal of Personality and Social Psychology, 48*, 1299–1315.

Frijda, N. H. (1973). The relation between emotion and expression. In M. von

Cranach & I. Vine (Eds.), *Social communication and movement* (pp. 325–39). Nova York: Academic Press.

Hager, J. C., & Ekman, P. (1985). The asymmetry of facial actions is inconsistent with models of hemispheric specialization. *Psychophysiology, 22*, 307–18.

Haggard, E. A., & Isaacs, F. S. (1966). Micromomentary facial expressions as indicators of ego mechanisms in psychotherapy. In L. A. Gottschalk & A. H. Auerback (Eds.), *Methods of research in psychotherapy*. Nova York: Appleton-Century-Crofts.

Halberstadt, A. G. (1986). Family socialization of emotional expression and nonverbal communication styles and skills. *Journal of Personality and Social Psychology, 51*, 827–36.

Halberstadt, A. G., Dovidio, J. F., & Davidson, L. A. (1988, outubro). *Power, gender, and smiling*. Documento apresentado na reunião da Society of Experimental Social Psychology.

Halberstadt, A. G., Hayes, C. W., & Pike, K. M. (1988). Gender and gender role differences in smiling and communication consistency. *Sex Roles, 19*, 589–604.

Hall, J. A. (1984). *Nonverbal sex differences: Communication accuracy and expressive style*. Baltimore: Johns Hopkins University Press.

Hansen, C. H., & Hansen, R. D. (1988). Finding the face in the crowd: An anger superiority effect. *Journal of Personality and Social Psychology, 54*, 917–24.

Henley, N. M. (1977). *Body politics: Power, sex, and nonverbal communication*. Englewood Cliffs, NJ: Prentice-Hall.

Hinsz, V. B. (1989). Facial resemblance in engaged and married couples. *Journal of Social and Personal Relationships, 6*, 223–29.

Izard, C. E. (1971). *The face of emotion*. Nova York: Appleton-Century-Crofts.

Izard, C. E. (1979). *The maximally discriminative facial movement coding system*. Manuscrito não publicado, University of Delaware.

Izard, C. E. (1990). Facial expressions and the regulation of emotions. *Journal of Personality and Social Psychology, 58*, 487–98.

Jones, S. S., Collins, K., & Hong, H. (1991). An audience effect on smile production in 10-month-old infants. *Psychological Science, 2*, 45–9.

Jorgenson, D. O. (1978). Nonverbal assessment of attitudinal affect with the smile-return technique. *Journal of Social Psychology, 106*, 173–79.

King, L. A., & Emmons, R. A. (1990). Conflict over emotional expression: Psychological and physical correlates. *Journal of Personality and Social Psychology, 58*, 864–77.

Kraut, R. E., & Johnston, R. E. (1979). Social and emotional messages of smiling: An ethological approach. *Journal of Personality and Social Psychology, 37*, 1539–53.

Laird, J. D. (1974). Self-attribution of emotion: The effects of expressive behavior on the quality of emotional experience. *Journal of Personality and Social Psychology, 24*, 475–86.

Lanzetta, J. T., Cartwright-Smith, J., & Kleck, R. E. (1976). Effects of nonverbal dissimulation of emotional experience and autonomic arousal. *Journal of Personality and Social Psychology, 33,* 354–70.

Lanzetta, J. T., & Kleck, R. E. (1970). Encoding and decoding of nonverbal affect in humans. *Journal of Personality and Social Psychology, 16,* 12–9.

Laughery, K. R., Alexander, J. F., & Lane, A. B. (1971). Recognition of human faces: Effects of target exposure time, target position, pose position, and type of photograph. *Journal of Applied Psychology, 55,* 477–83.

LeResche, L. (1982). Facial expression in pain: A study of candid photographs. *Journal of Nonverbal Behavior, 7,* 46–56.

Malatesta, C. Z., Jonas, R., & Izard, C. E. (1987). The relation between low facial expressibility during emotional arousal and somatic symptoms. *British Journal of Medical Psychology, 60,* 169–80.

Matsumoto, D. (1987). The role of facial response in the experience of emotion: More methodological problems and a meta-analysis. *Journal of Personality and Social Psychology, 52,* 769–74.

Matsumoto, D. (1989). Face, culture, and judgments of anger and fear: Do the eyes have it? *Journal of Nonverbal Behavior, 13,* 171–88.

Mullen, B. (1986). Newscasters' facial expressions and voting behavior of viewers: Can a smile elect a president? *Journal of Personality and Social Psychology, 51,* 291–5.

Munn, N. L. (1940). The effect of knowledge of the situation upon the judgment of emotion from facial expression. *Journal of Abnormal and Social Psychology, 35,* 324–38.

Notarius, C. I., & Levenson, R. W. (1979). Expressive tendencies and physiological response to stress. *Journal of Personality and Social Psychology, 37,* 1204–10.

Osgood, C. E. (1966). Dimensionality of the semantic space for communication via facial expressions. *Scandinavian Journal of Psychology, 7,* 1–30.

Patrick, C. J., Craig, K. D., & Prkachin, K. M. (1986). Observer judgments of acute pain: Facial action determinants. *Journal of Personality and Social Psychology, 50,* 1291–8.

Redican, W. K. (1982). An evolutionary perspective on human facial displays. In P. Ekman (Ed.), *Emotion in the human face.* 2ª ed. (pp. 212–80). Cambridge: Cambridge University Press.

Riggio, R. E., & Friedman, H. S. (1986). Impression formation: The role of expressive behavior. *Journal of Personality and Social Psychology, 50,* 421–27.

Rinn, W. E. (1984). The neuropsychology of facial expression: A review of the neurological and psychological mechanisms for producing facial expressions. *Psychological Bulletin, 95,* 52–77.

Savitsky, J. C., Izard, C. E., Kotsch, W. E., & Christy, L. (1974). Aggressor's response to the victim's facial expression of emotion. *Journal of Research on Personality, 7,* 346–57.

Savitsky, J. C., & Sim, M. E. (1974). Trading emotions: Equity theory of reward and punishment. *Journal of Communication, 24,* 140–6.

Schlosberg, H. (1954). Three dimensions of emotion. *Psychological Review, 61,* 81–8.

Seaford, H. W. (1975). Facial expression dialect: An example. *In* A. Kendon, R. M. Harris, & M. R. Key (Eds.), *Organization of behavior in face-to-face interaction* (pp. 151–5). Chicago: Aldine.

Secord, P. F., Dukes, W. F., & Bevan, W. (1959). Personalities in faces, I: An experiment in social perceiving. *Genetic Psychology Monographs, 49,* 231–79.

Smith, W. J., Chase, J., & Lieblich, A. K. (1974). Tongue showing: A facial display of humans and other primate species. *Semiotics, 11,* 201–46.

Solomon, H., Solomon, L. Z., Arnone, M. M., Maur, B. J., Reda, R. M., & Roth, E. O. (1981). Anonymity and helping. *Journal of Social Psychology, 113,* 37–43.

Spitz, R. A., & Wolf, K. M. (1946). The smiling response: A contribution to the ontogenesis of social relations. *Genetic Psychology Monographs, 34,* 57–125.

Strack, F., Martin, L. L., & Stepper, S. (1988). Inhibiting and facilitating conditions of the human smile: A nonobtrusive test of the facial feedback hypothesis. *Journal of Personality and Social Psychology, 54,* 768–77.

Thompson, D. F., & Meltzer, L. (1964). Communication of emotional intent by facial expression. *Journal of Abnormal and Social Psychology, 68,* 129–35.

Tomkins, S. S. (1962, 1963). *Affect, imagery, consciousness.* Vol. I e II. Nova York: Springer.

Tourangeau, R., & Ellsworth, P. C. (1979). The role of facial response in the experience of emotion. *Journal of Personality and Social Psychology, 37,* 1519–31.

Why is this man smiling? (18 de setembro de 1989). *Time,* p. 34.

Zajonc, R. B. (1985). Emotion and facial efference: A theory reclaimed. *Science, 228,* 15–21.

Zuckerman, M. (1986). On the meaning and implications of facial prominence. *Journal of Nonverbal Behavior, 10,* 215–29.

Zuckerman, M., Hall, J. A., DeFrank, R. S., & Rosenthal, R. (1976). Encoding and decoding of spontaneous and posed facial expressions. *Journal of Personality and Social Psychology, 34,* 966–77.

8
Os efeitos do comportamento visual na comunicação humana

> Ele não falou; e no entanto ali está
> Uma conversação em seus olhos.
>
> *Henry Wadsworth Longfellow*

Através da história, temos nos preocupado com o olho e seus efeitos no comportamento humano. Você se lembra da última vez em que usou uma destas frases: "Ele era capaz de atravessá-lo com seu olhar"; "Era um olhar gelado"; "Ele tinha olhos matreiros"; "Ela é toda olhos"; "Você viu o brilho em seu olhar?"; "Trocavam olhares cúmplices"; "Parece que está com mau-olhado"; "Lançava olhares furiosos através da sala"; "Ela podia matar com um olhar"?

Greenacre relatou que alguns bosquímanos na África do Sul acreditam que o olhar de uma mulher menstruada pode petrificar um homem em qualquer posição em que ele esteja e transformá-lo numa árvore (Greenacre, 1926)! A literatura psiquiátrica revela inúmeros casos nos quais o olho é usado como símbolo tanto para os órgãos sexuais masculinos como femininos.

Associamos vários movimentos do olho a uma ampla variedade de expressões humanas: olhar para baixo está associado a modéstia; olhos grandes significam franqueza, admiração, ingenuidade ou terror; pálpebras superiores levantadas junto com contração do músculo orbicular denotam desagrado; músculos faciais geralmente imóveis e um olhar fixo constante são com freqüência associados a frieza; olhos voltados para cima podem revelar fadiga ou sugerir um comportamento estranho.

Nossa sociedade estabeleceu normas relativas ao olhar; por exemplo, não olharmos demoradamente para estranhos em locais públicos, não olharmos para várias partes do corpo, exceto em circunstâncias especiais, e assim por diante.

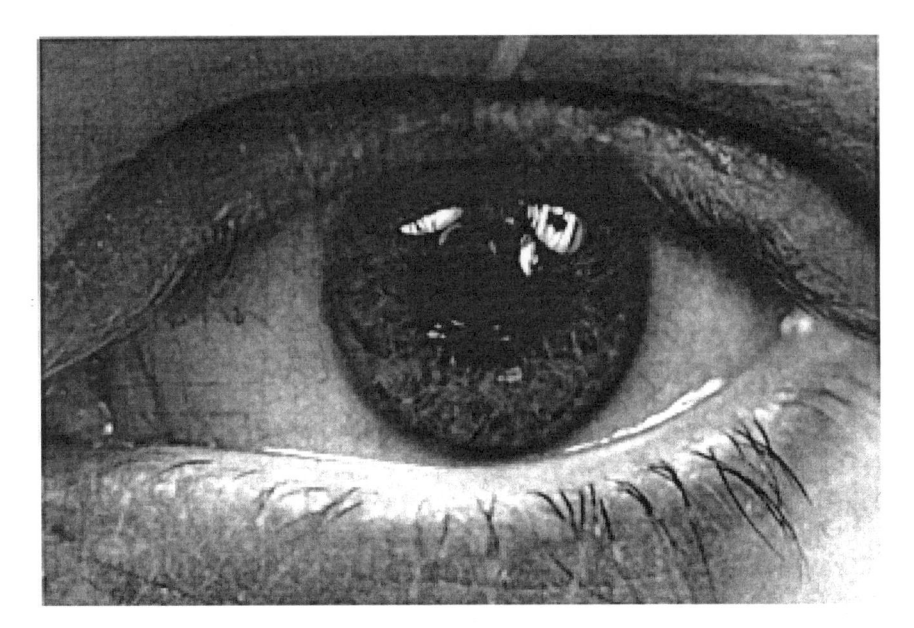

Figura 8.1

Nosso fascínio pelos olhos levou à exploração de quase todas as suas características imagináveis (tamanho, cor, posição) e partes circundantes (sobrancelhas, olheiras, rugas). Os círculos em volta dos olhos são encontrados principalmente em certos animais, como a coruja, mas alguns pesquisadores acreditam que nossas sobrancelhas são círculos residuais que se erguem durante emoções, como surpresa e medo, e baixam diante de ameaça ou raiva. As manchas oculares são as pálpebras coloridas vistas algumas vezes nos primatas não-humanos. Essas manchas não fazem parte do repertório comunicativo humano natural, embora as mulheres freqüentemente usem delineador e sombra para obter efeito semelhante. Outra característica não-humana que recebeu a atenção dos estudiosos são os ocelos, imagens com forma de olho localizadas em outras partes do corpo. São vistos nas penas do pavão, nas asas das borboletas e nos peixes.

Certos pesquisadores examinaram até que ponto os olhos se abrem como reflexo de vários estados emocionais. Segundo alguns, um pestanejar intermitente pode estar associado a vários estados de ansiedade – como uma tentativa de desligar-se da realidade. Os psiquiatras referem-se a alguns pacientes que piscam até cem vezes por minuto; o pestanejar normal, necessário para lubrificar e proteger o globo ocular, ocorre cerca de seis a dez vezes por minuto nos adultos. Há indícios de que, quando uma pessoa está atenta a objetos no ambiente ou concentrada num pensamento, os pestanejos diminuem. Numa condição conhecida como *sanpaku*, o branco dos olhos aparece abaixo das pupilas quando o olhar está fixado diretamente à frente. Acredita-se que essa característica ocorra em indivíduos com um desequilíbrio emocional ou, mais misticamente, que estão "fora de sintonia com os elementos".

Um pesquisador desenvolveu um estudo sobre a cor dos olhos, tentando encontrar ligação entre ela e o desempenho motor. A principal tese de Worthy

(1974) defende que os animais de olhos escuros, humanos e não-humanos, se caracterizam por comportamentos que requerem sensibilidade, velocidade e respostas reativas; animais com olhos claros se caracterizam por comportamentos que envolvem hesitação, inibição e respostas autocompassadas. Sua análise dos vários esportes mostra que pessoas de olhos escuros tendem mais à posição de zagueiros no futebol americano e batedores eficazes no beisebol; pessoas de olhos claros tendem mais a atuar na linha ofensiva no futebol, sendo eficazes nos arremessos livres no basquetebol, e lançadores eficientes no beisebol. A cor do olho, no entanto, não serviu para distinguir os lançadores de ferradura de cavalo eficazes dos ineficazes numa feira rural (Beer e Beer, 1989).

Um "lampejo do olhar" ocorre quando as pálpebras são rapidamente abertas sem o subseqüente envolvimento das sobrancelhas. Essa exibição, que dura menos de um segundo, é usada para enfatizar certas palavras, geralmente adjetivos (Walker e Trimboli, 1983). O "sinal da sobrancelha", usado em saudações, é analisado no capítulo 11. Os pesquisadores também examinaram o papel do contato visual do candidato com a câmara de televisão como fator determinante de vencedores e perdedores nos debates presidenciais televisionados (Davis, 1978).

Da variedade de preocupações ligadas ao olho, este capítulo focaliza duas: a primeira é conhecida por expressões como *contato visual, olhares mútuos, interação visual, olhar fixo* ou *linha do olhar*; a segunda refere-se à *dilatação e contração da pupila* sob diversas condições sociais.

Olhar fixo e olhar fixo mútuo

Comecemos examinando estas duas terminologias: *olhar fixo* e *olhar fixo mútuo* (Argyle e Cook, 1976; Kleinke, 1986; Rutter, 1984). O *olhar fixo* refere-se ao comportamento visual de um indivíduo, que pode ou não ser dirigido a outra pessoa; o *olhar fixo mútuo* refere-se a uma situação na qual os dois interagentes estão olhando um para o outro, geralmente na região do rosto. O contato visual (olhar especificamente nos olhos do outro) não parece ser distinguido com segurança por receptores ou observadores do olhar fixo na área que rodeia os olhos (Von Cranach e Ellgring, 1973). De fato, o que se considera "olhar alguém no olho" realmente envolve uma série de rápidos, repetidos olhares perscrutadores de várias partes do rosto. Num dos casos, uma câmara com marcação ocular registrou dezoito pontos de fixação diferentes para um ouvinte que estava aparentemente mantendo olhar fixo. Na verdade, se alguém olhasse fixamente, sem mover os olhos, a impressão seria de um olhar vazio. O olhar fixo e o olhar fixo mútuo podem, porém, ser avaliados com precisão. A uma distância de 3 metros, o olhar dirigido à face é identificado; à distância de 1 metro, a mudança de 1 centímetro na direção do olhar de alguém é detectada com segurança.

Não olhamos para outra pessoa ininterruptamente durante o tempo em que estamos falando com ela, nem desviamos nosso olhar o tempo todo. Assim, que padrões de olhar poderiam ser considerados "normais"? Obviamente, a resposta varia de acordo com os antecedentes e as personalidades de cada um, o assunto, os padrões de olhar da outra pessoa, os objetos de interesse mútuo no ambiente, e assim por diante. A fluência do orador também afeta os padrões do olhar. Duran-

Tabela 8.1 Medida do olhar fixo nas conversações entre duas pessoas

	Média	Variação	Falar	Ouvir	Olhar mútuo	Duração média do olhar fixo	Duração média do olhar fixo mútuo
Nielsen	50%*	8-73%	38%	62%	–	–	–
Argyle e Ingham	61%	–	41%	75%	31%	2,95 seg.	1,18 seg.

* As porcentagens refletem a quantidade de tempo do olhar fixo relativamente ao tempo total de interação.

te uma fala fluente, os oradores tendem a olhar para os ouvintes muito mais do que durante uma fala hesitante. Mantendo essas qualificações em mente, podemos ter idéia dos padrões de olhar normais a partir de dois estudos da interação entre duas pessoas (Nielsen, 1962). Ver tabela 8.1.

Funções do olhar fixo

Kendon (1967) identificou quatro funções do olhar: 1) reguladora – as respostas são exigidas ou suprimidas pelo olhar; 2) monitora – as pessoas olham para seu parceiro para indicar as conclusões de unidades de pensamento e checar sua atenção e suas reações; 3) cognitiva – as pessoas tendem a afastar o olhar quando têm dificuldade em processar a informação ou decidir o que dizer; 4) expressiva – o grau e a natureza do envolvimento ou excitação são assinalados através do olhar. Nossa análise segue um padrão semelhante: 1) regular o fluxo de comunicação; 2) monitorar o *feedback*; 3) refletir a atividade cognitiva; 4) expressar emoções; 5) comunicar a natureza da relação interpessoal. Essas funções não operam de modo independente, isto é, o comportamento visual não apenas envia informação, mas é um dos principais métodos para reuni-la. Olhar para outra pessoa quando se termina uma declaração pode não apenas dizer ao outro que é a vez dele de falar, mas trata-se também da oportunidade de monitorar o *feedback* em relação à elocução.

Regulando o fluxo da comunicação

O contato visual ocorre quando queremos assinalar que o canal de comunicação está aberto. Em algumas ocasiões, o olhar fixo quase estabelece uma obrigação de interagir. Quando se procura contato visual com um garçom, se está essencialmente indicando que o canal de comunicação está aberto e que você quer dizer alguma coisa a ele. Você pode se lembrar de ocasiões em que o professor fez uma pergunta à classe, e tinha certeza de que não sabia a resposta. Numa situação como essa, estabelecer contato visual com o professor era a última coisa que você desejava. Você não queria assinalar que o canal estava aberto. Comportamo-nos do mesmo modo quando percebemos, vindo em nossa direção, alguém com quem não queremos falar. Desde que possamos evitar o olhar fixo (de maneira convenientemente natural), é muito mais fácil evitar a interação. Ao encontrarmos pessoas desconhecidas, comumente fazemos o contato com um breve olhar, mas esse relance inicial é acompanhado pelo desvio do olhar, a menos que um contato adicional seja desejado. Uma duração de olhar que exceda esse relance de reconhecimento provavelmente assinala o desejo de iniciar uma conversação (Cary, 1978b). Se você quiser evitar um contato social, seu olhar fixo provavelmente irá diminuir. Assim, ocorre o olhar fixo mútuo em seqüências de saudações e o olhar de relance quando se quer encerrar logo um encontro.

Além de abrir e fechar o canal de comunicação, o comportamento visual também regula o fluxo de comunicação, fornecendo sinais de mudança de rumo. Os oradores geralmente olham com menos freqüência do que os ouvintes. Mas os oradores parecem relancear os olhos durante paradas gramaticais, no fim de uma unidade de pensamento ou idéia, e no final de uma afirmação. Embora os olhares nessas conjunturas possam assinalar à outra pessoa para assumir o papel de orador, também usamos esses olhares para obter *feedback*, ver como estamos sendo recebidos e verificar se o outro nos deixará continuar. Essa função de *feedback* será tratada na próxima seção. O padrão orador-ouvinte é quase sempre coreografado da seguinte maneira: quando o orador termina sua declaração ou unidade de pensamento, o olhar fixo em direção ao ouvinte se mantém até que este assuma o papel de orador; o ouvinte sustentará o olhar até que volte ao papel de orador, quando então desviará o olhar. Olhar fixamente para o interlocutor ao final de uma elocução ou unidade de pensamento às vezes é sinal de que haverá um revezamento na conversação, mas os olhares dirigidos ao ouvinte nem sempre significam mudança de interlocutor (Beattie, 1978b; Rutter, Stephenson e White, 1978). Por outro lado, às vezes o orador olha de relance para o ouvinte quando transfere sua vez de falar, e o ouvinte retarda sua resposta ou deixa de responder. Além disso, quando o orador dá início a uma resposta longa, demora a olhar para o outro, além do que seria normal. Esse padrão do olhar fixo e do desvio do olhar nos adultos durante a fala parece ter suas raízes no desenvolvimento da primeira infância. Observações dos padrões do olhar fixo de bebês de três a quatro meses e de seus pais revelaram enormes semelhanças temporais entre a seqüência de olhar e desviar os olhos e as seqüências de vocalização e pausa nas conversações entre adultos (Jaffe, Stern e Peery, 1973).

Monitorando o *feedback*

Quando as pessoas buscam *feedback* a partir das reações dos outros, olham fixamente para eles. Se a outra pessoa está olhando para você, isso é geralmente interpretado como sinal de atenção ao que você está sendo dito. De fato, essa noção já é tão aceita como verdade que, quando se *disse* às pessoas que seu parceiro olhou para elas menos do que o normal – não importando seu olhar real –, o parceiro foi avaliado como "menos atento" (Kleinke, Bustos, Meeker e Staneski, 1973). As expressões faciais e o olhar fixo do ouvinte sugerem atenção, e mostram também se ele está interessado ou não no que está sendo dito ("Bom. Continue.")

Refletindo a atividade cognitiva

Tanto os ouvintes como os oradores tendem a olhar para longe quando estão tentando processar idéias difíceis ou complexas. Esse desvio do olhar pode refletir uma mudança na atenção das matérias externas para as internas. E, o que é interessante, Day (1964) descobriu que, quando olhamos para longe durante situações consideradas difíceis, não se trata de padrão aleatório. Aparentemente, olhamos para longe mais nas questões reflexivas do que nas fatuais. Bakan (1971; Bakan e Strayer, 1973) relata estudos nos quais se faziam às pessoas perguntas "que as levavam a refletir" e media-se seu movimento ocular. Descobriu-se que elas faziam cerca de 75% desses movimentos na mesma direção. As questões típicas eram: "Quantas letras tem a palavra 'Washington'?", "Multiplique doze por treze", e "O que significa o provérbio 'É melhor uma paz ruim do que uma boa guerra'?" Em seguida, depois de classificar "as que moviam (os olhos) para a direita" e "as que moviam (os olhos) para a esquerda", foram coletados outros dados para caracterizar melhor os dois grupos. Quando uma pessoa move os olhos numa direção particular, considera-se que está ativando o hemisfério oposto do cérebro. Desse modo, quem move os olhos para a esquerda parece mais suscetível à hipnose, tem mais ondas cerebrais alfa, tira notas mais altas em provas orais na escola, mostra maior fluência na escrita, tem imaginação mais vívida, tende mais à especialização nas áreas humanas, é mais sociável, mais propenso ao alcoolismo, se for homem, e se acha mais musical e mais religioso. Quem move os olhos para a direita parece mais propenso a mostrar maior tensão muscular, a ter notas "quantitativas" mais altas no nos testes escolares, tende mais a se especializar em áreas científicas, tem mais tiques e contrações musculares, gasta menos tempo dormindo, se for homem, presta maior atenção ao lado direito do corpo, também se for homem, prefere as cores frias e faz escolha da carreira mais cedo. Bakan alerta contra a generalização exagerada a partir dessas descobertas, devido à natureza integrativa do cérebro. De fato, descobriu-se que as mulheres não moviam os olhos com tanta freqüência para a esquerda ou para a direita; tendiam mais do que os homens a mover os olhos em ambas as direções.

Os que endossam a teoria de programação neurolingüística (PNL) também acreditam que a direção do movimento dos olhos é reflexo da atividade cognitiva (Bandler e Grinder, 1979; Dilts e outros pesquisadores, 1979). De acordo com essa teoria, nós damos dicas explícitas para outras pessoas de como estamos processando a informação. Essas dicas se revelam em escolhas lingüísticas. Por exemplo, "Posso até imaginar a cena" reflete um processamento visual, enquanto "Isso me parece claro como som de cristal" reflete um processamento auditivo. Além disso, essa teoria sustenta que a posição de seus olhos, quando você está pensando em alguma coisa, também reflete o tipo de processamento – visual, auditivo, ou cinestético. A figura 8.2 mostra as posições atribuídas a uma pessoa destra.

Os adeptos dessa teoria defendem que ela é útil para estabelecer a harmonia e o acondicionamento da informação moldados especificamente à maneira como determinada pessoa está percebendo e processando informações. Embora muitos terapeutas e profissionais de vendas tenham descoberto que isso os ajudava em seu trabalho, a comunidade científica geralmente é cética sem relação a teorias de conexões neurológicas dos movimentos oculares com o comportamento. O número de pesquisas científicas que apóiam essa posição ainda não é consistente. Quando a PNL tem um efeito, a explanação social é simplesmente tão plausível quanto a neurológica, isto é: "Quando você é receptivo a mim, tendo mais a deixar que me influencie".

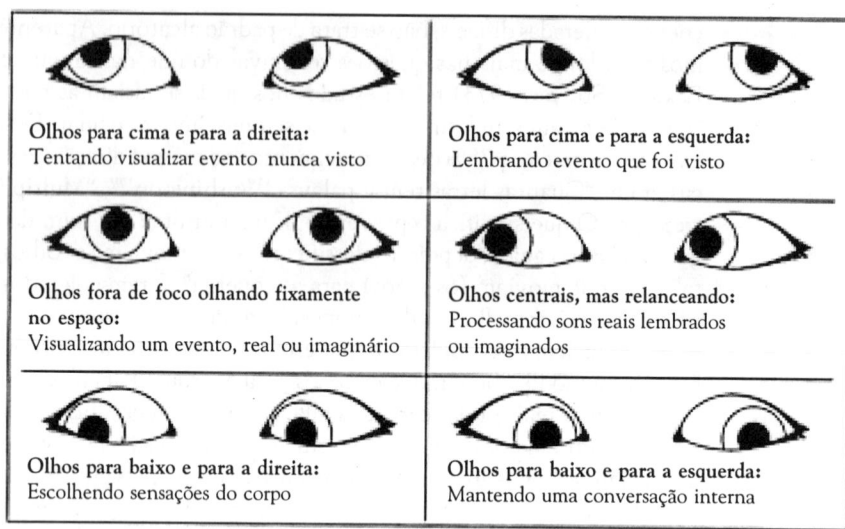

Olhos para cima e para a direita: Tentando visualizar evento nunca visto	Olhos para cima e para a esquerda: Lembrando evento que foi visto
Olhos fora de foco olhando fixamente no espaço: Visualizando um evento, real ou imaginário	Olhos centrais, mas relanceando: Processando sons reais lembrados ou imaginados
Olhos para baixo e para a direita: Escolhendo sensações do corpo	Olhos para baixo e para a esquerda: Mantendo uma conversação interna

Figura 8.2 Posições oculares hipotéticas associadas a diferentes tipos de processamento de informações

Expressando emoções

Raramente a área do olho é testada de modo isolado do conjunto da face no julgamento das emoções. Às vezes, contudo, um relance na área do olho pode nos fornecer grande quantidade de informações sobre a emoção que está sendo expressa. Num estudo desse tipo, 51 faces foram usadas como estímulos para avaliadores (Ekman, Friesen e Tomkins, 1971). Os olhos eram melhores do que as sobrancelhas, a testa ou a parte inferior da face para a percepção acurada do medo, mas menos precisos para raiva e o asco.

Os estudos de Paul Ekman e Wallace Friesen (1975) revelaram *insights* valiosos das configurações faciais para seis emoções comuns. As descrições a seguir referem-se à área das sobrancelhas e dos olhos.

Surpresa. As sobrancelhas se erguem e ficam curvadas e altas. A pele sob a sobrancelha permanece esticada. As pálpebras estão abertas: a superior mantém-se levantada, e a inferior, puxada para baixo; o branco do olho aparece acima da íris e, com freqüência, também abaixo.

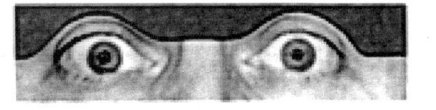

Medo. As sobrancelhas mantêm-se levantadas e puxadas juntas. A pálpebra superior está levantada, expondo o branco do olho, e a inferior está tensionada e puxada para cima.

Asco. Evidencia-se na parte inferior da face e na pálpebra inferior. Linhas aparecem sob a pálpebra inferior, que é deslocada para cima, mas não tensionada. As sobrancelhas são baixadas e, juntamente, também a pálpebra superior.

Raiva. As duas sobrancelhas mantêm-se baixas e puxadas. Linhas verticais aparecem entre elas. A pálpebra inferior é tensionada e pode ou não estar erguida. A pálpebra superior é tensionada e pode ou não ser baixada pela ação das sobrancelhas. Os olhos mostram uma fixação rígida e podem ficar injetados.

Felicidade. Mostra-se principalmente na parte inferior da face e na pálpebra inferior. Surgem rugas sob a pálpebra inferior, que pode se erguer, mas não é tensionada. Os pés-de-galinha se projetam para fora a partir dos cantos externos dos olhos.

Tristeza. Os cantos internos das sobrancelhas são puxados para cima. A pele sob as sobrancelhas assume uma forma triangular, com o canto interno para cima. O canto interno da pálpebra superior é levantado.

Devemos também reconhecer que as características principais de algumas expressões de emoção estão concentradas na área dos olhos (surpresa, medo) e outras, não (felicidade, asco). Além disso, a expressão de raiva pode ser ambígua, a menos que toda a face apresente sinais de raiva. De maneira semelhante, na interação cotidiana, tendemos a ver misturas faciais, em que os olhos podem transmitir certa emoção, e outras partes da face, outra. E, é claro, alguns sinais das expressões de emoção podem ser derivados de padrões do olhar; por exemplo, a tristeza pode ser acompanhada do aumento de olhares para baixo, reduzindo, geralmente, a freqüência de olhares.

Comunicando a natureza do relacionamento interpessoal

O olhar fixo e o olhar fixo mútuo indicam freqüentemente a natureza da relação entre dois interagentes. Os relacionamentos caracterizados por níveis diferentes de *status* podem se refletir nos padrões oculares. Mantendo todas as demais variáveis relativamente constantes, Hearn (1957) descobriu que o olhar fixo e o olhar fixo mútuo são moderados com um destinatário de *status* muito elevado, maximizados com um destinatário de *status* relativamente alto, e mínimo com um destinatário de *status* muito baixo. Outro experimento, com um novato dirigindo-se a um executivo experiente e a um jovem executivo, acrescenta sustentação à obra de Hearn, uma vez que o executivo de mais idade recebia mais olhares (Efran, 1968). Pesquisas de Mehrabian (1972) mostram menos contato visual por parte tanto de homens como de mulheres (sentados e de pé) com destinatários de *status* inferior. Talvez você perceba que poucos olhares de uma pessoa de *status* mais elevado estejam relacionados a necessidades interpessoais. A pessoa de *status* mais elevado pode não sentir necessidade de monitorar seu comportamento tão de perto quanto você monitora o comportamento dela.

Dominância, poder e controle também parecem afetar os padrões visuais. Os esforços para estabelecer o domínio de uma pessoa sobre outra tendem a suscitar mais olhares, mas, uma vez que esse domínio é reconhecido por esta, a dominante tem menos necessidade de fitá-la. Contudo, quando a dominância é desafiada, verificamos um aumento de olhares da pessoa cujo poder está sendo ameaçado.

A "taxa de dominância visual" – taxa da quantidade de olhares dirigidos por uma pessoa a outra enquanto está falando, comparada com a quantidade de olhares que ela dirige à outra enquanto está ouvindo – é consistentemente ligada ao *status* ou dominância. Pessoas de *status* mais elevados mostram quantidades semelhantes de olhares enquanto falam ou ouvem; pessoas de *status* ou menos dominantes mais baixos olham mais enquanto ouvem do que falam. Esse padrão pode ser visto quer o *status*/poder seja manipulado experimentalmente, quer seja medido como um traço da pessoa, por exemplo, uma personalidade dominadora (Ellyson, Dovidio e Fehr, 1981; Exline, Ellyson e Long, 1975). Embora sutil, a taxa de dominância visual não passa despercebida. Quando foi pedido a pessoas que julgassem o poder ou a energia de indivíduos que emitem quantidades diferentes de olhares fixos, elas atribuíram avaliações mais altas a indivíduos que emitem mais olhares enquanto falam do que aos que emitem mais olhares enquanto ouvem.

Vários estudos atestam que olhamos fixamente mais para pessoas e coisas percebidas como compensadoras. Efran e Broughton (1966) descobriram que os homens fixavam mais outros homens com quem tinham participado de uma conversação amigável antes do experimento e que mexiam a cabeça em aprovação e sorriam durante a apresentação da pessoa. Exline e Eldridge (1967) concluíram que a mesma comunicação verbal era decodificada como sendo mais favorável quando se associava a mais olhares do que quando se apresentava com menos olhares. Exline e Winters (1965) relatam que as pessoas evitavam os olhos de um entrevistador e passavam a não gostar dele depois que este comentava o desempenho delas de modo desfavorável. E as mães de filhos que tinham temperamentos "difíceis" são apresentadas como tendo olhado menos para eles. Em geral, fitamos mais as pessoas de quem gostamos, mas, como veremos mais adiante, às vezes também olhamos demoradamente e com dureza para pessoas de quem não gostamos. Costumamos olhar mais para aqueles que gostam de nós, nem que seja apenas para observar os sinais de aprovação e amizade. Mehrabian (1972) pediu a um grupo de pessoas para imaginar que gostavam de alguém e que o iniciassem na conversação. Mesmo nessa situação de representação de um papel, o aumento dos olhares foi associado ao aumento do sentimento de gostar.

A expressão "lançar olhares" é freqüentemente usada no contexto de uma situação de flerte. Na verdade, várias pesquisas confirmam a intensificação do comportamento visual entre duas pessoas que estão procurando desenvolver um relacionamento mais íntimo. A análise de casais comprometidos feita por Rubin (1970) indicou um aumento de olhares mútuos, e Kleinke e outros pesquisadores (1973) descobriram que olhares mais longos ou retribuídos eram percebidos como indicadores de um relacionamento mais longo. Kleck e Rubinstein (1975) variaram a atratividade física de funcionárias do sexo feminino, alterando-lhes a maquiagem e o penteado, e descobriram que os homens (colegas de trabalho do sexo masculino) olhavam mais para as funcionárias atraentes. Talvez a quantidade de olhares aumente quando os relacionamentos se tornam mais íntimos, mas também pode acontecer que, depois de manter um relacionamento íntimo durante anos, o olhar retorne a níveis abaixo dos que foram assinalados nos estágios mais intensos da relação.

Argyle e Dean (1965) propuseram um modelo de equilíbrio de intimidade. Esse modelo sugere que a intimidade é uma decorrência do número de vezes em que ocorrem o olhar profundo, a proximidade física, o assunto de caráter íntimo e o sorriso. Aplica-se a relacionamentos ainda em processo de estabelecimento. Claramente, há outras variáveis que podem ser inseridas na equação, por exemplo, a orientação do corpo, a forma de comunicação usada, o tom de voz, a expressão facial, a inclinação para a frente, e coisas afins. A idéia central subjacente a essa proposta é de que, quando um componente do modelo muda, um ou mais componentes também mudam – na direção oposta. Por exemplo, se uma pessoa olha demais, a outra pode olhar menos, afastar-se, sorrir menos, falar menos sobre assuntos íntimos, e assim por diante, a fim de restabelecer o desejado nível de intimidade inicial. Embora essa noção tenha alguma sustentação, há ocasiões em que, mais do que complementar o comportamento do outro, parecemos imitá-lo – isto é, olhar fixamente induzirá ao olhar fixo. Vários estudiosos do tema propuseram alternativas para o modelo de equilíbrio de intimidade (Cappella e Greene, 1982; Patterson, 1976). Essas teorias defendem que nossa tendência a manter o mesmo comportamento (reciprocidade) ou a equilibrar o comportamento do outro (compensar) é resultado do tipo e da intensidade de excitação que sentimos. Uma regra geral sugere que tendemos a retribuir ou a assimilar o comportamento não-verbal do outro quando percebemos que este é compatível com nossas expectativas e preferências. Se o comportamento de nosso parceiro não é congruente com nossas expectativas e preferências, tendemos mais a realizar um comportamento compensatório.

Quando o relacionamento entre os dois comunicadores é caracterizado por atitudes negativas, podemos ver uma diminuição no olhar e no olhar mútuo, mas nem sempre. Num estudo relatado por Noller, por exemplo, os casais satisfeitos tendiam a olhar um para o outro menos do que os casais insatisfeitos com seu relacionamento, mas isso só acontecia quando eles trocavam mensagens negativas (Noller, 1980). Esse aumento de olhares serve para enfatizar a natureza de confronto do relacionamento, fornecendo simultaneamente um meio de monitorar as reações um do outro nos momentos críticos.

Como sugerimos anteriormente, uma orientação hostil ou agressiva pode deflagrar o uso do olhar fixo para produzir ansiedade nos outros. Um olhar com duração maior que dez segundos tende a produzir irritação (quando não desconforto total) em muitas situações. Vários estudos confirmam a crença de que a contemplação mútua é fisiologicamente excitante. Podemos expressar nossa hostilidade para com o outro ignorando-o visual e verbalmente, sobretudo quando a outra pessoa sabe que estamos fazendo isso de forma deliberada. Mas podemos insultar outra pessoa olhando-a insistentemente, isto é, não lhe permitindo o anonimato que cada um de nós muitas vezes necessita. Às vezes, você pode provocar o comportamento agressivo de uma pessoa apenas por observar demoradamente seu modo de agir. Acontece também de ameaças e movimentos agressivos serem provocados por seres humanos nos macacos de um zoológico! Desmond Morris, em seu popular livro *O macaco nu* (1967), levantou a hipótese de que essa tendência a produzir ansiedade nos outros fixando-os com os olhos se deve a nossos antecedentes biológicos como espécie, por exemplo, a agressividade e a hostilidade demonstradas pelo olhar fixo de um macaco.

Assim, se estamos procurando uma ligação entre os padrões dos olhares fixos motivados por sentimentos positivos e negativos, em relação ao outro, tal ligação seria aparentemente esta: *as pessoas tendem a olhar para aqueles com quem estão pessoalmente envolvidas*. O olhar fixo motivado por hostilidade ou por afeição sugere, em ambos os casos, interesse e envolvimento no relacionamento interpessoal.

As várias funções precedentes são importantes no comportamento visual; agora, podemos olhar para uma série de condições que parecem influenciar a freqüência do olhar: 1) distância, 2) características físicas, 3) características pessoais e de personalidade, 4) assuntos e tarefas, e 5) bagagem cultural.

Condições que influenciam os padrões do olhar

Distância

O olhar fixo e a contemplação mútua parecem aumentar quando o par de interagentes em comunicação aumenta a distância entre si. Nesse caso, o olhar fixo reduz psicologicamente a distância entre os comunicadores. Pode haver menos contato visual quando as duas partes se sentem muito próximas, juntas, especialmente se não se conhecem bem. Reduzir o olhar fixo nessa situação aumenta a distância psicológica. Vários estudos de Aiello e de outros pesquisadores, que ampliaram para cerca de 3 metros as distâncias nas conversações, concluíram que apenas para homens havia um aumento contínuo nos olhares à medida que a distância aumentava. No caso das mulheres, ficar além de 1,82 metro de seu interlocutor produziu um agudo declínio na quantidade de olhares (Aiello, 1972, 1977b). Possivelmente, pelo fato de as mulheres preferirem distâncias de interação menores (ver capítulo 4), elas podem achar difícil definir interações a distâncias maiores como "normais" e "amigáveis", e reagem interrompendo suas tentativas de manter o envolvimento.

Características físicas

Poderíamos pensar que, ao interagir com uma pessoa considerada incapacitada ou de algum modo estigmatizada (por exemplo, epiléptica ou aparentemente com um membro amputado), o olhar fixo seria menos freqüente. Todavia, Kleck (1968) descobriu que a freqüência do olhar fixo entre dois interagentes, um normal e outro deficiente, não diferia de modo significativo de dois interagentes, ambos normais. Uma explicação possível é que, nessas situações, a pessoa normal estaria buscando uma indicação que sugerisse o modo apropriado de comportamento. Isso contrabalança qualquer tendência a evitar o olhar fixo. Um estudo subseqüente, todavia, revelou que, quando havia forte possibilidade de a pessoa sem deficiência física atrair a pessoa com deficiência para a conversação, a evitação do olhar aumentava. Quando a conversação não era esperada, a pessoa sem deficiência tendia a encarar mais as pessoas com deficiência do que as sem deficiência (Thompson, 1982).

Características pessoais e de personalidade

Geralmente, os relacionamentos entre os padrões do olhar e os traços de personalidade são fracos. Na maioria dos casos, contudo, os significados atribuídos a vários padrões do olhar parecem refletir a mensagem do estado de espírito, a intenção ou a disposição do emissor. O estudo de Kleck e Nuessle (1968) reflete uma série de características de personalidade comumente associadas ao olhar fixo e ao olhar desviado. Um filme de pessoas olhando para seus parceiros durante 15% ou 80% do tempo era mostrado aos observadores, aos quais se pedia que selecionassem características que tipificassem os interagentes. As pessoas que olharam 15% foram rotuladas como frias, pessimistas, cautelosas, defensivas, imaturas, evasivas, submissas, indiferentes e sensíveis; as que olharam 80% foram vistas como amigáveis, autoconfiantes, naturais, maduras e sinceras. Os observadores tendiam a associar a ansiedade à pouca freqüência dos olhares e a dominância ao número excessivo de olhares. Pelo que sabemos até o momento, contudo, tais associações são menos verdadeiras do que pensamos. Olhar fixamente pode ser associado de modo mais apropriado a esforços para *estabelecer* a dominância ou para mantê-la quando alguém parece desafiar a autoridade de outra pessoa. Além disso, parece que as pessoas dominantes são mais aptas a controlar os padrões do olhar dos outros em situações de repreenda, por exemplo, "Olhe para a frente quando eu estiver falando com você, soldado!", ou "Olhe para mim enquanto eu estiver falando (repreendendo-o) com você!". Indivíduos dependentes, por outro lado, parecem usar o comportamento visual não só para comunicar atitudes mais positivas, mas também para provocar tais atitudes quando elas não ocorrem (Exline e Messick, 1967). Os homens dependentes usavam mais o comportamento visual do olhar fixo com ouvintes que lhes davam poucos sinais de aprovação, em oposição aos que apresentavam muitos sinais de aprovação, enquanto os homens dominantes diminuíam seu olhar fixo com ouvintes que emitiam sinais de reprovação.

As variações na contemplação de outra pessoa durante *feedback* positivo e negativo podem estar ligadas à auto-estima. Quando recebiam *feedback* favorável quanto a seu desempenho, as pessoas com auto-estima elevada tendiam a fitar mais; o *feedback* negativo reduzia seu comportamento de fitar. Mas o padrão se invertia entre as pessoas com baixa auto-estima. Estas encaravam mais durante o *feedback* que criticava seu desempenho do que durante *feedback* que as elogiava (Greene e Frandsen, 1979).

Os extrovertidos parecem olhar fixamente com mais freqüência do que os introvertidos, e por períodos mais longos, especialmente enquanto falam (Mobbs, 1968). Num antigo estudo sobre a agressão, Moore e Gilliland (1921) descobriram que pelo comportamento visual se podia prever a agressividade:

> Assim, o simples comportamento de olhar outra pessoa no olho parece ter um significado suficientemente importante quanto à presença ou ausência de agressividade, para lhe garantir um lugar extremamente proeminente em qualquer método de avaliação que seja considerado medida desse traço de agressividade. [p. 118]

Esses autores também relatam que uma pessoa não-agressiva tem três vezes mais probabilidade do que uma agressiva de se sentir consideravelmente inibida quando encarada.

Algumas pesquisas sugerem padrões especiais de olhar fixo (em geral, menos freqüentes) de pessoas autistas, esquizofrênicas, deprimidas e neuróticas.

Finalmente, parece que homens e mulheres diferem na quantidade de fixação do olhar demonstrada. As mulheres olhariam mais do que os homens em quase todas as medidas de freqüência, duração e reciprocidade de fixação do olhar – e essas diferenças têm sido observadas na infância e no início da adolescência, bem como na idade adulta (Hall, 1984). Henley (1977) sugeriu que, embora as mulheres tendam a olhar mais para os outros, também tendem a desviar os olhos com mais freqüência que os homens. Uma de suas alunas observou que, quando encaradas por um homem, doze entre trinta mulheres reagiram relanceando ou desviando o olhar, enquanto apenas um homem, entre trinta observados, teve esse comportamento.

A pesquisa mostra também que as mulheres recebem mais olhar fixo do que os homens. Esse padrão, combinado com a maior tendência de olhar fixamente, própria das mulheres, significa que, quando as mulheres interagem uma com a outra, o nível total de olhar fixo é muito mais alto do que quando os homens interagem um com o outro. Os níveis de fixação do olhar entre homens e mulheres numa interação entre sexos diferentes são intermediários, sugerindo que cada sexo se sente livre para se conformar de certa forma com as normas de fixação do olhar do sexo oposto (Hall, 1984).

As interpretações das diferenças entre os sexos quanto ao olhar fixo concentraram-se nos temas opostos de associação-cordialidade *versus* dominância-poder. Ao analisar os vários tipos de olhar fixo, é de fato difícil avaliar essas interpretações, já que o olhar fixo varia tanto com a associação-cordialidade como com a dominância-poder, e os sexos diferem em ambos os temas. Contudo, a "proporção de dominância visual" descrita anteriormente é muito menos ambígua do que é o olhar fixo total; a taxa de dominância visual foi ligada a diferenças no *status*, poder, dominância ou *expertise* numa variedade de estudos; pelo que sabemos, porém, nenhum sugeriu que ela varia com a cordialidade ou a amizade presente na interação. Dovidio e seus colegas realizaram dois experimentos, que envolviam pares de interagentes de sexos diferentes, cujo *status* foi algumas vezes manipulado de modo experimental. Quando havia uma diferença de *status* entre os interagentes, a parte que pertencia a um *status* mais elevado (homem ou mulher) tinha uma taxa de dominância visual mais alta, coerente com a pesquisa já descrita. Contudo, quando o *status* não era manipulado, os homens se comportavam segundo a maneira "visualmente dominante" exibida pelos comunicadores de *status* elevado, enquanto as mulheres demonstraram o comportamento visual menos dominante, típico de pessoas de *status* inferior (Dovidio, Ellyson, Keating, Heltman e Brown, 1988).

A maior parte dos resultados desses esforços para ligar os padrões do olhar fixo à personalidade e/ou a características pessoais pode ser explicada pelo seguinte: 1) A necessidade existente de associação, envolvimento ou inclusão: os que têm grande necessidade de associação tenderão a relancear o olhar e a retribuir os olhares com mais freqüência ou por períodos maiores. 2) Outras motivações de olhar: pessoas que são altamente manipuladoras e/ou necessitam de mais informação a fim de controlar seu ambiente (tipos maquiavélicos) de modo previsto olharão mais. 3) A necessidade de evitar altos níveis de excitação causados indevidamente pelo olhar (sobretudo o olhar mútuo): considera-se que as crianças autistas, por exemplo, têm alto nível de excitação e procurarão evitar o olhar, a fim de manter baixa a excitação. 4) Um sentimento de vergonha ou de baixa auto-estima: o nível mais baixo de olhar, observado algumas vezes em adolescentes, pode refletir as bem conhecidas incertezas sobre si mesmo, experimentadas por muitos nessa fase.

Tópicos e tarefas

O senso comum sugere que o assunto que está sendo discutido e/ou a tarefa afetarão a quantidade de olhar fixo. Esperaríamos, por exemplo, mais olhares fixos quando o assunto fosse agradável do que quando é triste para os comunicadores. E esperaríamos que os interagentes que não desenvolveram um relacionamento íntimo olhassem menos enquanto discutem assuntos íntimos, contanto que outros fatores, como a necessidade de associação ou inclusão, sejam controlados. As pessoas também podem olhar de forma diferente durante as tarefas competitivas e cooperativas. Em um estudo, por exemplo, os cooperadores pareciam lançar olhares mais longos e olhares fixos mútuos para assinalar confiança, apreciação e honestidade. Os olhares também eram usados para ajudar na coordenação. Os competidores, contudo, pareciam usar olhares freqüentes e rápidos para avaliar as intenções de seus parceiros, embora não retribuíssem seus olhares (Foddy, 1978).

É de esperar que a discussão de assuntos que causam embaraço, humilhação,

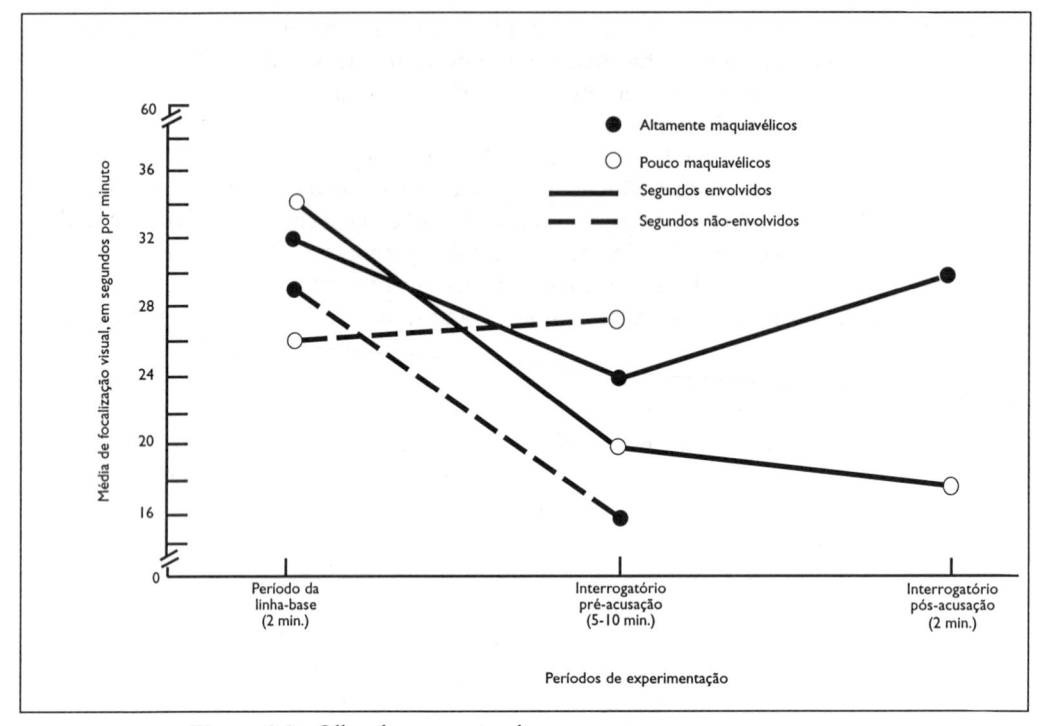

Figura 8.3 Olhar fixo, maquiavelismo e trapaça

vergonha, culpa ou pena gere menos olhares à outra pessoa. Desviar o olhar durante tais situações pode ser um esforço para se isolar das ameaças, discussões, informações ou até mesmo afeto da outra parte. Pessoas que, induzidas, erraram num jogo de palavras, e foram criticadas diante de outras por seu desempenho, relataram que se sentiram constrangidas; além disso, a quantidade de seus olhares despencou de 30% para 18% (Modigliani, 1971). Quando as pessoas querem esconder algum aspecto de seus sentimentos íntimos, podem tentar evitar o contato visual, por exemplo, em situações em que alguém está tentando decepcionar o parceiro. Exline e seus colegas (1970) projetaram um fascinante experimento (embora possivelmente suspeito do ponto de vista ético). Um estudante foi pago para induzir pessoas a fraudar uma tarefa experimental. Posteriormente, o experimentador entrevistou essas pessoas com o suposto propósito de compreender e avaliar seus métodos de solucionar problemas. Com algumas delas, o experimentador foi ficando cada vez mais desconfiado durante a entrevista e finalmente acusou uma pessoa de trapacear, pedindo uma explicação. O grupo de pessoas incluía tanto aquelas que tinham obtido nota alta como as que tiveram nota baixa nos testes de maquiavelismo. (O maquiavelismo é com freqüência associado àqueles que usam astúcia e perspicácia para alcançar um objetivo, sem levar em consideração o grau de inescrupulosidade dos meios utilizados.) A figura 8.3 mostra que pessoas altamente maquiavélicas pareciam usar o olhar para apresentar uma aparência de inocência depois de ser acusadas de trapaça; as pessoas pouco maquiavélicas, por outro lado, continuavam a desviar o olhar. Algumas pessoas tendem a desviar o olhar dos outros apenas para evitar ver sinais de rejeição ou ameaça. E o olhar mútuo durante a trapaça pode ser uma fonte de dissonância, uma vez que, como dissemos anteriormente, assinala um fluxo livre de comunicação e de abertura mútua.

A persuasão é outra atitude comunicativa que empreendemos com freqüência. Sabemos que olhar fixamente pode dar ênfase a um ponto particular, e Mehrabian e Williams (1969) relatam que uma pessoa que tenta ser persuasiva tenderá, geralmente, a olhar mais. Não conhecemos o relacionamento real entre a mudança de atitude no olhar de um ouvinte e de um orador, mas os ouvintes parecem julgar os oradores que olham mais como sendo mais persuasivos, verdadeiros, sinceros e dignos de crédito. Beebe (1974) observou a quantidade de olhares num discurso informativo de cerca de sete minutos. O olhar parecia principalmente afetar as avaliações da audiência em relação às seguintes características: habilitado, informado, experiente e honesto, amigável e gentil. De modo semelhante, Wills (1961) descobriu que os oradores avaliados como sinceros tinham uma média de 63,4% de olhar fixo, enquanto os considerados insinceros atingiam a média de 20,8%. A aplicação dessas conclusões a uma situação simulada de tribunal levou à descoberta de que as testemunhas que prestavam depoimento olhando para baixo e não diretamente para seu interrogador eram julgadas menos confiáveis – e o réu em favor do qual testemunhavam tinha mais tendência a ser julgado culpado (Hemsley e Doob, 1978).

Bagagem cultural

O comportamento visual também varia de acordo com o ambiente no qual uma pessoa aprende as normas sociais. Às vezes, os padrões do olhar mostram diferenças entre culturas de "contato" (por exemplo, a árabe) e de "não-contato" (por exemplo, a do norte da Europa); outras vezes, as diferenças podem estar na duração do olhar mais do que na freqüência (por exemplo, foi dito que os suecos olham com menos freqüência, mas por períodos mais longos, do que os ingleses); também o lugar "onde" analisamos o comportamento de olhar revela diferenças entre as culturas (por exemplo, olhar mais em lugares públicos); há ainda regras em relação a "quem" você deve ou não olhar (por exemplo, uma pessoa de alto nível). Um repórter diz que, numa conversa entre homens e suas sogras no Quênia, cada um dá as costas para o outro. Podemos encontrar diferentes padrões dentro de nossa própria cultura. Considera-se que os brancos olham mais para os outros do que os negros, e essa diferença pode ser especialmente pronunciada com figuras de autoridade – tendência que pode criar desentendimentos raciais cruzados. Algumas pesquisas mostram que negros e brancos mudam os padrões do olhar em encontros transraciais, mas a pesquisa não é consistente (Fehr e Exline, 1987; Halberstadt, 1985). Tais descobertas sublinham a variedade de fatores que influenciam o olhar fixo em cada encontro, podendo as inclinações culturais de uma pessoa ser suprimidas, neutralizadas ou enfatizadas por outras forças presentes na situação. Embora as experiências culturais possam alterar os padrões do olhar, também se sabe que alguns aspectos no olhar fixo trazem à tona significados semelhantes em diferentes culturas. Olhar demais fixamente pode assinalar raiva, ameaça ou desrespeito; olhar pouco fixamente pode assinalar desonestidade, falta de atenção ou timidez.

Dilatação e contração da pupila

Sabemos que as pupilas dos olhos se contraem na presença de luz clara e se dilatam na ausência de luz. No início dos anos 60, contudo, Eckhard Hess e seus colegas da Universidade de Chicago despertaram o interesse da comunidade científica estudando a dilatação e a contração da pupila como possíveis indicadores de estados mentais e emocionais. Naquele momento, muitas universidades estavam fazendo pesquisa sobre dilatação da pupila, e as agências de publicidade testavam anúncios de revistas, *designs* de embalagens, pilotos e comerciais de televisão que usavam os resultados dos estudos de dilatação da pupila de Hess.

Num experimento anterior, Hess e Polt (1960) mostraram cinco retratos para pessoas do sexo masculino e feminino. As pupilas dos homens dilataram-se mais do que as das mulheres, em resposta a retratos de nus femininos; as pupilas das mulheres dilataram-se mais do que as dos homens diante de retratos de um "homem musculoso" parcialmente vestido, uma mulher com um bebê e um bebê sozinho. Assim, parecia que a dilatação da pupila e o interesse despertado pelo estímulo estavam relacionados. Hess, Seltzer e Schlien (1965) descobriram que as pupilas de homossexuais masculinos dilatavam-se mais quando viam retratos de homens do que as pupilas de homens heterossexuais, cujas pupilas se dilatavam em resposta a retratos femininos. Os estudos desde então tiveram resultados semelhantes. Barlow (1969) fez uma seleção de pessoas que apoiavam ativamente candidatos liberais ou conservadores. Ele fotografou a pupila do olho direito enquanto elas observavam *slides* de políticos. Parecia haver perfeita correlação entre a resposta pupilar e a resposta verbal. Os conservadores brancos apresentaram dilatação das pupilas diante de *slides* de George Wallace e contraíram as pupilas diante dos *slides* de Lyndon B. Johnson e Martin Luther King. Os liberais negros reagiram de modo exatamente oposto.

Vários estudos de Hess sugeriam que a reação da pupila pode ser um indício de atitudes; as pupilas se dilatam, no caso das atitudes positivas, e se contraem, no caso das negativas. Sua descoberta, que freqüentemente é citada e sustenta essa teoria, mostrava a contração das pupilas de pessoas que observavam retratos de vítimas de campos de concentração, de soldados mortos e de um gângster assassinado. Nas palavras de Hess (1975a): "As mudanças nas emoções e na atividade mental reveladas por alterações no tamanho da pupila estão claramente associadas a mudanças na atitude". Hess (1975b, Hess e Petrovich, 1987) continuou a defender essa posição, embora reconhecendo a necessidade de se realizar mais pesquisas sobre a reação da pupila a estímulos negativos. Ele cita um estudo que mostrava fotografias como as da figura 8.4, em que as pupilas da mulher foram retocadas para parecer grandes numa foto e menores na outra. Embora os homens não tendessem a escolher de modo tão consistente retratos mais amigáveis ou atraentes, acabaram associando atributos positivos à mulher que tinha pupilas maiores e atributos negativos àquela de pupilas menores.

Hensley (1990) tentou repetir o trabalho desenvolvido por Hess e obteve

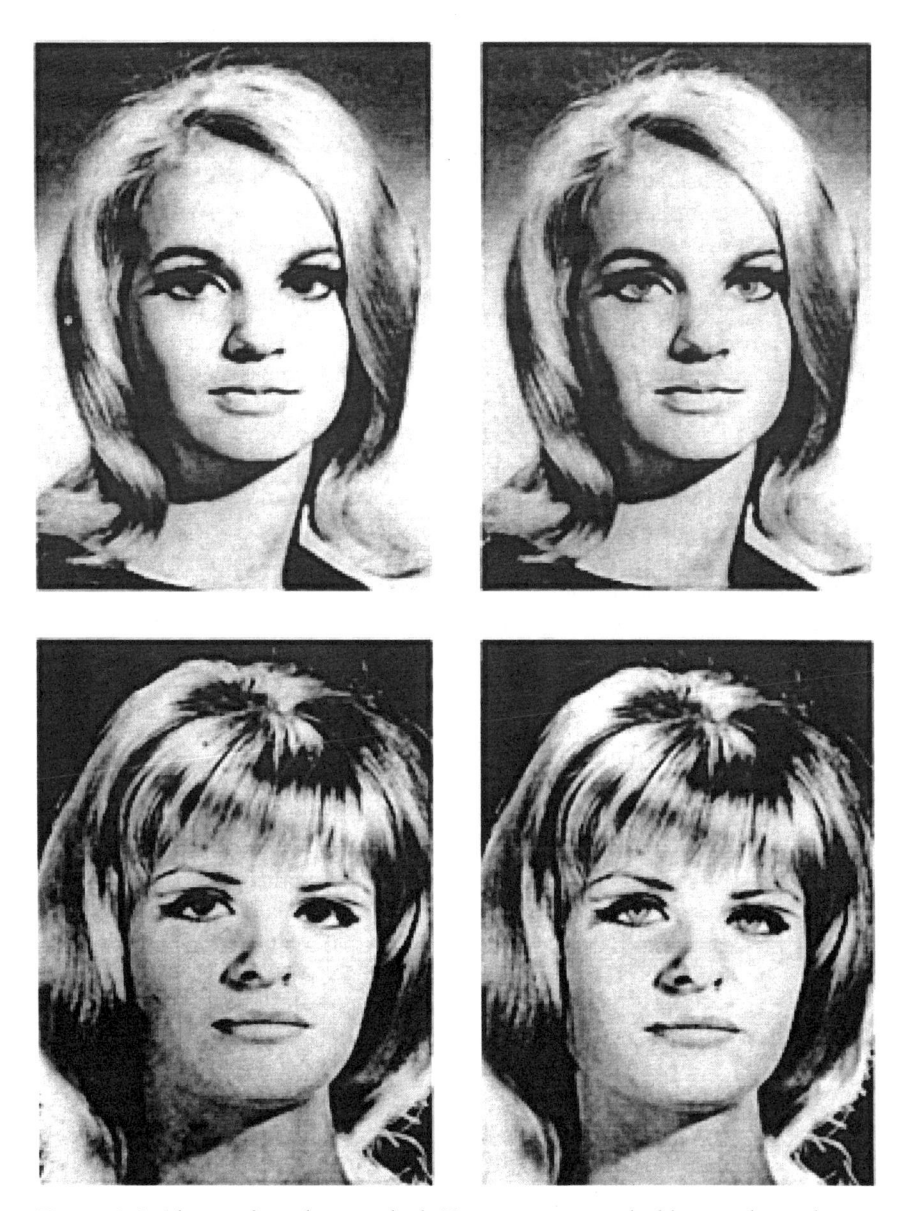

Figura 8.4 Algumas fotos de estímulo de Hess com variação da dilatação da pupila

respostas de mais de quinhentos estudantes a fotografias de modelos com pupilas contraídas e dilatadas, usadas por Hess. Os estudantes avaliaram as fotos segundo 22 características, incluindo atratividade, habilidades sociais, persuasão, amizade e expansividade. Não havia diferenças estatisticamente significativas entre fotos de pupilas contraídas e dilatadas em nenhuma das 22 características – o que levantou dúvidas quanto à propriedade da alegação de Hess.

Woodmansee (1970) tentou melhorar a metodologia e os instrumentos de mensuração de Hess e não encontrou sustentação alguma que explicasse a dilatação e a contração da pupila como indício de atitudes dos negros. Hays e Plax (1971) descobriram que as pupilas das pessoas observadas dilatavam-se quando recebiam afirmações de apoio ("Estou muito interessado em seu discurso"), mas a contração não acompanhava opiniões discordantes ("Não concordo inteiramente com o que você está dizendo"). Algumas pesquisas revelaram haver dilatação em decorrência de *feedback* positivo e negativo (Janisse e Peavler, 1974). Outra pesquisa levou à conclusão de que a dilatação da pupila estava associada à excitação, à atenção, ao interesse e à orientação perceptiva, mas não era indicadora de atitude. Em função disso, muito ainda tem de ser pesquisado para provar que as pupilas podem ser interpretadas, ou não, como indicador de atitudes.

Mesmo as agências de publicidade parecem ter perdido o interesse pelas pupilas como uma medida involuntária de atitudes do observador. Os problemas potenciais apresentados pelo teste de anúncios são os seguintes: 1) A resposta da pupila de quem vê pode ser afetada pela luz e por cores escuras do próprio anúncio. 2) É difícil saber o que o observador está focalizando. Num anúncio de batatas fritas, as pupilas daqueles que o viam dilataram-se, mas uma análise posterior sugeriu que a dilatação podia ter sido causada por um bife, que também estava no anúncio. 3) Um executivo publicitário, comentando a viabilidade de seus produtos se enquadrarem na teoria de atitudes relacionadas à dilatação das pupilas, perguntou: "Até que ponto uma pessoa pode ficar excitada com um detergente para máquina de lavar roupa?". 4) Em alguns experimentos, notou-se que as pupilas não retornavam imediatamente a seu estado pré-dilatado depois de ver uma foto excitante. Por isso, os estímulos seguintes eram vistos ainda com os olhos parcialmente dilatados. 5) Muitos estímulos podem provocar variações na dilatação da pupila. A tensão dos músculos em qualquer parte do corpo, a previsão de um ruído alto, as drogas, o fechamento da pálpebra e o esforço mental irão alterar o tamanho da pupila. Algumas pessoas também têm pupilas diferentes. As crianças, por exemplo, têm pupilas bem maiores do que os adultos. Com tantas variáveis, é difícil afirmar com certeza que a dilatação se deve exclusivamente a uma orientação de atitude.

Embora a dilatação da pupila revele excitação emocional, ainda não está claro quantas pessoas notaram isso ou o quão perto elas têm de estar para haver essa alteração. Contudo, pelo menos um estudo sugere que a dilatação da pupila pode influir na seleção de parceiros de interação ou até de encontros. Stass e Willis (1967) lidaram com pessoas e não com retratos. As pessoas ficaram sabendo que fariam parte de um experimento e que teriam de escolher um parceiro em quem confiassem e que fosse agradável e de fácil comunicação numa situação de intimidade. Elas foram levadas para uma sala, onde duas outras pessoas esperavam. Estas já haviam passado, individualmente, pela mesma avaliação prévia acerca de atratividade em geral. O olhar e a dilatação da pupila (mediante o uso de medicamento) foram variados. Assim que o desavisado participante, homem ou mulher, deixava a sala de espera, o experimentador lhe pedia para escolher uma das pessoas e explicar as razões da escolha. O olhar era um fator preponderante na escolha, mas a dilatação da pupila também se revelou importante. Alguns participantes mencionaram o contato visual como a razão de sua escolha, mas nenhum mencionou a dilatação da pupila. Assim, tanto para as mulheres como para os homens, a dilatação da pupila parece ser um fator influente de atração na interação. Talvez isso não seja novidade para aquelas mulheres que, desde a Idade Média, pingam beladona nos olhos para aumentar a atratividade, ou para os romancistas que sugerem um lugar de encontro à meia-luz.

Sumário

Embora os pesquisadores tenham examinado tamanho, cor e posição dos olhos, olheiras, sobrancelhas e ocelos, nossa principal preocupação é com o olhar fixo e o olhar fixo mútuo. A expressão "contato visual" não foi usada porque não parece representar tão acuradamente os fenômenos estudados ou percebidos pelos interagentes. Dissemos que o olhar serve a muitas funções interpessoais: 1) regular o fluxo de comunicação – abrindo os canais de comunicação e auxiliando o processo de revezamento dos interlocutores; 2) monitorar o *feedback*; 3) expressar emoções; 4) comunicar a natureza do relacionamento interpessoal, por exemplo, variações devidas ao *status*, ao fato de gostar e não gostar.

Também destacamos alguns fatores que influem na quantidade e duração do olhar nas relações humanas, por exemplo, distância, características físicas, características pessoais e de personalidade, assuntos e tarefas, e bagagem cultural. A partir dessa revisão, seria de se esperar *mais* olhares quando:

Você é homem e está fisicamente distante de sua parceira.
Você está discutindo assuntos generalizados, impessoais.
Não há mais nada para olhar.
Você está interessado nas reações de outra pessoa – envolvido interpessoalmente.
Você gosta de uma pessoa.
Você tem um *status* inferior ao de outra pessoa.
Você está tentando dominar ou influenciar uma pessoa.
Você é de uma cultura que valoriza o contato visual na interação.
Você é extrovertido.
Você sente muita necessidade de associação ou inclusão.
Você é dependente de uma pessoa (e esta é compreensiva).
Você está ouvindo mais do que falando.
Você é mulher.

Seria de se esperar *menos* olhares quando:

Você está fisicamente muito próximo de uma pessoa.
Você está discutindo assuntos profundos, íntimos.
Você tem outros objetos, pessoas ou planos de fundo relevantes para olhar.
Você não está interessado nas reações de uma pessoa.
Você está falando e não ouvindo.
Você não gosta de uma pessoa.
Você percebe a si mesmo como uma pessoa de *status* mais elevado do que outra.

Você pertence a uma sociedade que impõe sanções sobre o contato visual durante a interação.
Você é introvertido.
Você sente pouca necessidade de associação ou inclusão.
Você sofre de perturbação mental, como autismo ou esquizofrenia.
Você se sente embaraçado, envergonhado, pesaroso, triste, submisso ou está tentando esconder alguma emoção.

Essas duas listas não são completas. Na verdade, dependem de certas qualificações importantes. Por exemplo, pode haver menos olhares fixos e olhares mútuos quando você está perto fisicamente – *a menos* que você ame a pessoa e queira ficar tão perto, física e psicologicamente, quanto possível! As listas não pretendem substituir as teorias descritas no capítulo.

A última parte deste capítulo trata da dilatação e da contração da pupila. Revimos as descobertas de Eckhard Hess e de outros que pesquisaram suas idéias. Nessa época, a dilatação da pupila foi associada a excitação, atenção, esforço mental, interesse e orientação perceptiva. Além da própria obra de Hess, contudo, pouca base foi encontrada para sustentar a idéia de que as pupilas são indícios de determinadas atitudes. A dilatação ocorre sob condições que parecem representar atitudes positivas, mas há pouca ou nenhuma evidência de que a contração das pupilas esteja associada a atitudes negativas em relação a objetos e pessoas. Finalmente, examinamos um estudo que sugere que a dilatação da pupila pode ser um fator importante em nosso desejo de interagir com outra pessoa.

Referências e bibliografia selecionada

Aiello, J. R. (1972). A test of equilibrium theory: Visual interaction in relation to orientation, distance and sex of interactants. *Psychonomic Science*, 27, 335–6.

Aiello, J. R. (1977a). A further look at equilibrium theory: Visual interaction as a function of interpersonal distance. *Environmental Psychology and Nonverbal Behavior*, 1, 122–40.

Aiello, J. R. (1977b). Visual interaction at extended distances. *Personality and Social Psychology Bulletin*, 3, 83–6.

Argyle, M. (1970). Eye contact and distance: A reply to Stephenson and Rutter. *British Journal of Psychology*, 61, 395–6.

Argyle, M., & Cook, M. (1976). *Gaze and mutual gaze*. Cambridge: Cambridge University Press.

Argyle, M., & Dean, J. (1965). Eye contact, distance and affiliation. *Sociometry*, 28, 289–304.

Argyle, M., & Ingham, R. (1972). Gaze, mutual gaze and proximity. *Semiotica*, 6, 32–49.

Argyle, M., Ingham, R., Alkema, F., & McCallin, M. (1973). The different functions of gaze. *Semiotica*, 7, 19–32.

Argyle, M., Lalljee, M., & Cook, M. (1968). The effects of visibility on interaction in a dyad. *Human Relations*, 21, 3–17.

Argyle, M., Lefebvre, L., & Cook, M. (1974). The meaning of five patterns of gaze. *European Journal of Social Psychology*, 4, 125–36.

Ashear, V., & Snortum, J. R. (1971). Eye contact in children as a function of age, sex, social and intellective variables. *Developmental Psychology*, 4, 479.

Bakan, P. (1971). The eyes have it. *Psychology Today*, 4, 64–7, 96.

Bakan, P., & Strayer, F. F. (1973). On reliability of conjugate lateral eye movements. *Perceptual and Motor Skills*, 36, 429–30.

Bandler, R., & Grinder, J. (1975). *The structure of magic*. Palo Alto, CA: Science and Behavior Books.

Bandler, R., & Grinder, J. (1979). *Frogs into princes*. Moab, UT: Real People Press.

Barlow, J. D. (1969). Pupillary size as an index of preference in political candidates. *Perceptual and Motor Skills*, 28, 587–90.

Beattie, G. W. (1978a). Floor apportionment and gaze in conversational dyads. *British Journal of Social and Clinical Psychology*, 17, 7–15.

Beattie, G. W. (1978b). Sequential temporal patterns of speech and gaze in dialogue. *Semiotica*, 23, 27–52.

Beebe, S. A. (1974). Eye contact: A nonverbal determinant of speaker credibility. *Speech Teacher*, 23, 21–5.

Beer, J., & Beer, J. (1989). Relationships of eye color to winning horseshoe pitching contests. *Perceptual and Motor Skills*, 68, 136–8.

Bernick, N., & Oberlander, N. (1968). Effect of verbalization and two different modes of experiencing on pupil size. *Perception and Psychophysics*, 3, 327–30

Birren, J. E., Casperson, R. C., & Botwinick, J. (1950). Age changes and pupil size. *Journal of Gerontology*, 5, 216–21.

Bond, M. H., & Komai, H. (1976). Targets of gazing and eye contact during interviews: Effects on Japanese nonverbal behavior. *Journal of Personality and Social Psychology*, 34, 1276–84.

Bradshaw, J. L. (1968). Pupil size and problem solving. *Quarterly Journal of Experimental Psychology*, 20, 116–22.

Breed, G., & Colaiuta, V. (1974). Looking, blinking and sitting: Nonverbal dynamics in the classroom. *Journal of Communication*, 24, 75–81.

Burgoon, J. K., Coker, D. A., & Coker, R. A. (1986). Communicative effects of gaze behavior: A test of two contrasting explanations. *Human Communication Research*, 12, 495–524.

Burgoon, J. K., Manusov, V., Mineo, P., & Hale, J. L. (1985). Effects of gaze on hiring, credibility, attraction and relational message interpretation. *Journal of Nonverbal Behavior*, 9, 133–46.

Burkhardt, J. C., Weider-Hatfield, D., & Hocking, J. E. (1985). Eye contact contrast effects in the employment interview. *Communication Research Reports*, 2, 5–10.

Cappella, J. N., & Greene, J. O. (1982). A discrepancy-arousal explanation of mutual influence in expressive behavior of adult-adult and infant-adult interaction. *Communication Monographs*, 49, 89–114.

Cary, M. S. (1978a). Does civil inattention exist in pedestrian passing? *Journal of Personality and Social Psychology*, 36, 1185–93.

Cary, M. S. (1978b). The role of gaze in the initiation of conversation. *Social Psychology, 41,* 269–71.

Cegala, D. J., Alexander, A. F., & Sokuvitz, S. (1979). An investigation of eye gaze and its relation to selected verbal behavior. *Human Communication Research, 5,* 99–108.

Chapman, L. J., Chapman, J. P., & Brelje, T. (1969). Influence of the experimenter on pupillary dilation to sexually provocative pictures. *Journal of Abnormal Psychology, 74,* 396–400.

Cline, M. G. (1967). The perception of where a person is looking. *American Journal of Psychology, 80,* 41–50.

Collins, B. E., Ellsworth, P. C., & Helmreich, R. L. (1967). Correlations between pupil size and the semantic differential: An experimental paradigm and pilot study. *Psychonomic Science, 9,* 627–8.

Cook, M., & Lalljee, M. G. (1973). Verbal substitutes for visual signals in interaction. *Semiotica, 6,* 212–21.

Cook, M., & Smith, J. M. C. (1975). The role of gaze in impression formation. *British Journal of Social and Clinical Psychology, 14,* 19–25.

Coss, R. G. (1974). Reflections on the evil eye. *Human Behavior, 3,* 16–22.

Davis, L. K. (1978). Camera eye-contact by the candidates in the presidential debates of 1976. *Journalism Quarterly, 55,* 431–7, 455.

Day, M. E. (1964). Eye movement phenomenon relating to attention, thought, and anxiety. *Perceptual and Motor Skills, 19,* 443–6.

Dilts, R. B., Grinder, J., Bandler, R., DeLozier, J., & Cameron-Bandler, L. (1979). *Neurolinguistic programming I.* Cupertino, CA: Meta Publications.

Dovidio, J. F., Ellyson, S. L., Keating, C. F., Heltman, K., & Brown, C. E. (1988). The relationship of social power to visual displays of dominance between men and women. *Journal of Personality and Social Psychology, 54,* 233–42.

Efran, J. S. (1968). Looking for approval: Effects on visual behavior of approbation from persons differing in importance. *Journal of Personality and Social Psychology, 10,* 21–5.

Efran, J., & Broughton, A. (1966). Effect of expectancies for social approval on visual behavior. *Journal of Personality and Social Psychology, 4,* 103–7.

Ehrlichman, H., & Weinberger, A. (1978). Lateral eye movements and hemispheric asymmetry: A critical review. *Psychological Bulletin, 85,* 1080–1101.

Ellsworth, P. C., & Carlsmith, J. M. (1968). Effects of eye contact and verbal content on affective response to a dyadic interaction. *Journal of Personality and Social Psychology, 10,* 15–20.

Ellsworth, P. C., & Carlsmith, J. M. (1973). Eye contact and gaze aversion in an aggressive encounter. *Journal of Personality and Social Psychology, 28,* 280–92.

Ellsworth, P. C., Carlsmith, J. M., & Henson, A. (1972). The stare as a stimulus to flight in human subjects: A series of field experiments. *Journal of Personality and Social Psychology, 21,* 302–11.

Ellsworth, P. C., & Langer, E. J. (1976). Staring and approach: An interpretation of the stare as a nonspecific activator. *Journal of Personality and Social Psychology, 33,* 117–22.

Ellsworth, P. C., & Ludwig, L. M. (1972). Visual behavior in social interaction. *Journal of Communication, 22*, 375–403.

Ellyson, S. L., Dovidio, J. F., & Fehr, B. J. (1981). Visual behavior and dominance in women and men. In C. Mayo & N. M. Henley (Eds.), *Gender and nonverbal behavior* (pp. 63–79). Nova York: Springer-Verlag.

Ekman, P., & Friesen, W. V. (1975). *Unmasking the face*. Englewood Cliffs, NJ: Prentice-Hall.

Ekman, P., Friesen, W. V., & Tomkins, S. S. (1971). Facial affect scoring technique: A first validity study. *Semiotica, 3*, 37–58.

Exline, R. (1963). Explorations in the process of person perception: Visual interaction in relation to competition, sex and need for affiliation. *Journal of Personality, 31*, 1–20.

Exline, R., & Eldridge, C. (1967). *Effects of two patterns of a speaker's visual behavior upon the perception of the authenticity of his verbal message*. Documento apresentado em encontro na Eastern Psychological Association, Boston.

Exline, R. V., Ellyson, S. L., & Long, B. (1975). Visual behavior as an aspect of power role relationships. In P. Pliner, L. Krames, & T. Alloway (Eds.), *Advances in the study of communication and affect*. Vol. 2. Nova York: Plenum.

Exline, R. V., & Fehr, B. J. (1978). Applications of semiosis to the study of visual interaction. In A. W. Siegman & S. Feldstein (Eds.), *Nonverbal behavior and communication* (pp. 117–57). Hillsdale, NJ: Erlbaum.

Exline, R. V., & Fehr, B. J. (1982). The assessment of gaze and mutual gaze. In K. R. Scherer & P. Ekman (Eds.), *Handbook of methods in nonverbal behavior research* (pp. 91–135). Nova York: Cambridge University Press.

Exline, R., Gray, D., & Schuette, D. (1965). Visual behavior in a dyad as affected by interview content and sex of respondent. *Journal of Personality and Social Psychology, 1*, 201–9.

Exline, R. V., & Messick, D. (1967). The effects of dependency and social reinforcement upon visual behavior during an interview. *British Journal of Social and Clinical Psychology, 6*, 256–66.

Exline, R., Thibaut, J., Hickey, C. B., & Gumpert, P. (1970). Visual interaction in relation to Machiavellianism and an unethical act. In P. Christie & F. Geis (Eds.), *Studies in Machiavellianism* (pp. 53–75). Nova York: Academic Press.

Exline, R., & Winters, L. (1965). Affective relations and mutual glances in dyads. In S. Tomkins & C. Izard (Eds.), *Affect, cognition and personality*. Nova York: Springer.

Fehr, B. J., & Exline, R. V. (1987). Social visual interaction: A conceptual and literature review. In A. W. Siegman & S. Feldstein (Eds.), *Nonverbal behavior and communication*. 2d ed. (pp. 225–326). Hillsdale, NJ: Erlbaum.

Foddy, M. (1978). Patterns of gaze in cooperative and competitive negotiation. *Human Relations, 31*, 925–38.

Fromme, D. K., & Beam, D. C. (1974). Dominance and sex differences in nonverbal responses to differential eye contact. *Journal of Research in Personality, 8*, 76–87.

Fugita, S. S. (1974). Effects of anxiety and approval on visual interaction. *Journal of Personality and Social Psychology, 29*, 586–92.

Galin, D., & Ornstein, R. (1974). Individual differences in cognitive style – I. Reflective eye movements. *Neuropsychologia, 12*, 367–76.

Gibson, J. J., & Pick, A. D. (1963). Perception of another person's looking behavior. *American Journal of Psychology, 76*, 386–94.

Giesen, M. (1973). *Eye contact, video context and impressions of a persuasive speaker*. Tese de doutoramento não publicada. Kent State University.

Goldberg, G. N., Kiesler, C. A., & Collins, B. E. (1969). Visual behavior and face-to-face distance during interaction. *Sociometry, 32*, 43–53.

Goldberg, G. N., & Mettee, D. R. (1969). Liking and perceived communication potential as determinants of looking at another. *Psychonomic Science, 16*, 277–8.

Goldwater, B. C. (1972). Psychological significance of pupillary movements. *Psychological Bulletin, 77*, 340–55.

Gough, D. (1962). The visual behaviour of infants in the first few weeks of life. *Proceedings of the Royal Society of Medicine, 55*, 308–10.

Greenacre, P. (1926). The eye motif in delusion and fantasy. *American Journal of Psychiatry, 5*, 553.

Greene, J. O., & Frandsen, K. D. (1979). Need-fulfillment and consistency theory: Relationships between self-esteem and eye contact. *Western Journal of Speech Communication, 43*, 123–33.

Halberstadt, A. G. (1985). Race, socioeconomic status, and nonverbal behavior. In A. W. Siegman & S. Feldstein (Eds.), *Multichannel integrations of nonverbal behavior* (pp. 227–66). Hillsdale, NJ: Erlbaum.

Hall, J. A. (1984). *Nonverbal sex differences: Communication accuracy and expressive style*. Baltimore: Johns Hopkins University.

Harper, R. G., Wiens, A. N., & Matarazzo, J. D. (1978). The eye and visual behavior. In R. G. Harper, A. N. Wiens, & J. D. Matarazzo (Eds.), *Nonverbal communication: The state of the art* (pp. 171–245). Nova York: Wiley.

Hart, H. H. (1949). The eye in symbol and symptom. *Psychoanalytic Review, 36*, 1–21.

Hays, E. R., & Plax, T. G. (1 971). Pupillary response to supportive and aversive verbal messages. *Speech Monographs, 38*, 316–20.

Hearn, G. (1957). Leadership and the spatial factor in small groups. *Journal of Abnormal and Social Psychology, 54*, 269–72.

Hedge, B. J., Everitt, B. S., & Frith, C. D. (1978). The role of gaze in dialogue. *Acta Psychologica, 42*, 453–75.

Hemsley, G. D., & Doob, A. N. (1978). The effect of looking behavior on perceptions of a communicator's credibility. *Journal of Applied Psychology, 8*, 136–44.

Henley, N. M. (1977). *Body politics: Power, sex, and nonverbal communication*. Englewood Cliffs, NJ: Prentice-Hall.

Hensley, W. E. (1990). Pupillary dilation revisited: The constriction of a nonverbal cue. *Journal of Social Behavior and Personality, 5*, 97–104.

Hess, E. H. (1965). Attitudes and pupil size. *Scientific American, 212*, 46–54.

Hess, E. H. (1968). Pupillometric assessment. In J. M. Shlien (Ed.), *Research in psychotherapy* (pp. 573–83). Washington: American Psychological Association.

Hess, E. H. (1975a). The role of pupil size in communication. *Scientific American, 233*, 110–2; 116–9.

Hess, E. H. (1975b). *The tell-tale eye*. Nova York: Van Nostrand Reinhold.

Hess, E. H., & Petrovich, S. B. (1987). Pupillary behavior in communication. In A. W. Siegman & S. Feldstein (Eds.), *Nonverbal behavior and communication*. 2d ed. (pp. 327–48). Hillsdale, NJ: Erlbaum.

Hess, E. H., & Polt, J. M. (1960). Pupil size as related to interest value of visual stimuli. *Science, 132*, 349–50.

Hess, E. H., & Polt, J. M. (1964). Pupil size in relation to mental activity during simple problem solving. *Science, 143*, 1190–2.

Hess, E. H., Seltzer, A. L., & Shlien, J. M. (1965). Pupil response of hetero- and homosexual males to pictures of men and women: A pilot study. *Journal of Abnormal Psychology, 70*, 165–8.

Hindmarch, I. (1973). Eye-spots and pupil dilation in non-verbal communication. In M. von Cranach & I. Vine (Eds.), *Social communication and movement* (pp. 299–321). Nova York: Academic Press.

Hobson, G. N., Strongman, K. T., Bull, D., & Craig, G. (1973). Anxiety and gaze aversion in dyadic encounters. *British Journal of Social and Clinical Psychology, 12*, 122–9.

Hutt, C., & Ounsted, C. (1966). The biological significance of gaze aversion with particular reference to the syndrome of infantile autism. *Behavioral Science, 11*, 346–56.

Jaffe, J., Stern, D. N., & Peery, C. (1973). 'Conversational' coupling of gaze behavior in prelinguistic human development. *Journal of Psycholinguistic Research, 2*, 321–9.

Janisse, M. P. (1973). Pupil size and affect: A critical review of the literature since 1960. *Canadian Psychologist, 14*, 311–29.

Janisse, M. P., & Peavler, W. S. (1974). Pupillary research today: Emotion in the eye. *Psychology Today, 7*, 60–3.

Jellison, J. M., & Ickes, W. J. (1974). The power of the glance: Desire to see and be seen in cooperative and competitive situations. *Journal of Experimental Social Psychology, 10*, 444–50.

Kahneman, D., & Beatty, J. (1966). Pupil diameter and load on memory. *Science, 54*, 1583–5.

Kahneman, D., & Peavler, W. S. (1969). Incentive effects and pupillary changes in association with learning. *Journal of Experimental Psychology, 79*, 312–8.

Kanfer, F. H. (1960). Verbal rase, eyeblink, and content in structured psychiatric interviews. *Journal of Abnormal and Social Psychology, 61*, 341–7.

Kendon, A. (1967). Some functions of gaze-direction in social interaction. *Acta Psychologica, 26*, 22–63.

Kendon, A. (1978). Looking in conversation and the regulation of turns in talk: A comment on the papers of G. Beattie and D. R. Rutter, et al. *British Journal of Social and Clinical Psychology, 17*, 23–4.

Kendon, A., & Cook, M. (1969). The consistency of gaze patterns in social interaction. *British Journal of Psychology, 60*, 481–94.

Kleck, R. (1968). Physical stigma and nonverbal cues emitted in face-to-face interaction. *Human Relations, 21*, 19–28.

Kleck, R. E., & Nuessle, W. (1968). Congruence between the indicative and communicative functions of eye-contact in interpersonal relations. *British Journal of Social and Clinical Psychology, 7*, 241–6.

Kleck, R. E., & Rubinstein, S. (1975). Physical attractiveness, perceived attitude similarity, and interpersonal attraction in an opposite-sex encounter. *Journal of Personality and Social Psychology, 31*, 107–14.

Kleinke, C. L. (1986). Gaze and eye contact: A research review. *Psychological Bulletin, 100*, 78–100.

Kleinke, C. L., Bustos, A. A., Meeker, F. B., & Staneski, R. A. (1973). Effects of self-attributed and other-attributed gaze in interpersonal evaluations between males and females. *Journal of Experimental Social Psychology, 9*, 154–63.

Krugman, H. E. (1964). Some applications of pupil measurement. *Journal of Marketing Research, 1*, 15–8.

LaFrance, M., & Mayo, C. (1976). Racial differences in gaze behavior during conversations: Two systematic observational studies. *Journal of Personality and Social Psychology, 33*, 547–52.

LeCompte, W. F., & Rosenfeld, H. M. (1971). Effects of minimal eye contact in the instruction period on impressions of the experimenter. *Journal of Experimental Social Psychology, 7*, 211–20.

Lefebvre, L. (1975). Encoding and decoding of ingratiation in modes of smiling and gaze. *British Journal of Social and Clinical Psychology, 14*, 33–42.

Levine, M. H., & Sutton-Smith, B. (1973). Effects of age, sex, and task on visual behavior during dyadic interaction. *Developmental Psychology, 9*, 400–5.

Libby, W. L. (1970). Eye contact and direction of looking as stable individual differences. *Journal of Experimental Research in Personality, 4*, 303–12.

Libby, W. L., Lacey, B. C., & Lacey, J. I. (1973). Pupillary and cardiac activity during visual attention. *Psychophysiology, 10*, 270–94.

Libby, W. L., & Yaklevich, D. (1973). Personality determinants of eye contact and direction of gaze aversion. *Journal of Personality and Social Psychology, 27*, 197–206.

Llewellyn, T. E. (1968). Movements of the eye. *Scientific American, 219*, 88–95.

Loewenfeld, I. E. (1958). Mechanisms of reflex dilation of the pupil: Historical review and experimental analysis. *Documents Opthalmologia, 12*, 185–448.

Lord, C., & Haith, M. M. (1974). The perception of eye contact. *Perception and Psychophysics, 16*, 413–6.

Lowenstein, O., & Loewenfeld, I. E. (1958). Electronic pupillograph. *AMA Archives of Opthalmology, 59*, 352–63.

McAndrew, F. T., & Warner, J. E. (1986). Arousal seeking and the maintenance of mutual gaze in same and mixed sex dyads. *Journal of Nonverbal Behavior, 10*, 168–72.

McCauley, C., Coleman, G., & DeFusco, P. (1978). Commuters' eye contact with strangers in city and suburban train stations: Evidence of short-term adaptation to interpersonal overload in the city. *Environmental Psychology and Nonverbal Behavior, 2*, 215–25.

Mehrabian, A. (1972). *Nonverbal communication*. Chicago: Aldine/Atherton.

Mehrabian, A., & Williams, M. (1969). Nonverbal concomitants of perceived

and intended persuasiveness. *Journal of Personality and Social Psychology*, 13, 37–58.
Mobbs, N. (1968). Eye contact in relation to social introversion/extroversion. *British Journal of Social and Clinical Psychology*, 7, 305–6.
Modigliani, A. (1971). Embarrassment, facework and eye-contact: Testing a theory of embarrassment. *Journal of Personality and Social Psychology*, 17, 15–24.
Moore, H. T., & Gilliland, A. R. (1921). The measure of aggressiveness. *Journal of Applied Psychology*, 5, 97–118.
Morris, D. (1967). *O macaco nu*. Londres: Cape.
Mulac, A., Studley, L. B., Wiemann, J. M., & Bradac, J. J. (1987). Male/female gaze in same-sex and mixed-sex dyads: Gender-linked differences and mutual influence. *Human Communication Research*, 13, 323–43.
Nachson, I., & Wapner, S. (1967). Effects of eye contact and physiognomy on perceived location of other person. *Journal of Personality and Social Psychology*, 7, 82–9.
Nevill, D. (1974). Experimental manipulation of dependency motivation and its effects on eye contact and measures of field dependency. *Journal of Personality and Social Psychology*, 29, 72–9.
Nichols, K. A., & Champness, B. G. (1969). Eye gaze and GSR. *Journal of Experimental Social Psychology*, 60, 481–94.
Nielsen, G. (1962). *Studies in self confrontation*. Copenhague: Monksgaard.
Noller, P. (1980). Gaze in married couples. *Journal of Nonverbal Behavior*, 5, 115–29.
Nunnally, J. C., Knott, P. D., Duchnowski, A., & Parker, R. (1967). Pupillary responses as a general measure of activation. *Perception and Psychophysics*, 2, 149–55.
Patterson, M. L. (1976). An arousal model of interpersonal intimacy. *Psychological Review*, 83, 235–45.
Peavler, W. S., & McLaughlin, J. P. (1967). The question of stimulus content and pupil size. *Psychonomic Science*, 8, 505–6.
Pellegrini, R. J., Hicks, R. A., & Gordon, L. (1970). The effects of an approval-seeking induction on eye-contact in dyads. *British Journal of Social and Clinical Psychology*, 9, 373–4.
Pennington, D. C., & Rutter, D. R. (1981). Information or affiliation? Effects of intimacy on visual interaction. *Semiotica*, 35, 29–39.
Poock, G. K. (1973). Information processing vs. pupil diameter. *Perceptual and Motor Skills*, 37, 1000–2.
Rice, B. (1974). Rattlesnakes, french fries and pupillometric oversell. *Psychology Today*, 7, 55–9.
Riemer, M. D. (1955). Abnormalities of the gaze – A classification. *Psychiatric Quarterly*, 29, 659–72.
Robson, K. S. (1967). The role of eye-to-eye contact in maternal-infant attachment. *Journal of Child Psychology and Psychiatry*, 8, 13–25.
Rubin, Z. (1970). The measurement of romantic love. *Journal of Personality and Social Psychology*, 16, 265–73.
Rutter, D. R. (1973). Visual interaction in psychiatric patients: A review. *British Journal of Psychiatry*, 123, 193–202.

Rutter, D. R. (1984). *Looking and seeing: The role of visual communication in social interaction*. Nova York: Wiley.

Rutter, D. R., Morley, I. E., & Graham, J. C. (1972). Visual interaction in a group of introverts and extroverts. *European Journal of Social Psychology, 2*, 371–84.

Rutter, D. R., Stephenson, G. M., & White, P. A. (1978). The timing of looks in dyadic conversation. *British Journal of Social and Clinical Psychology, 17*, 17–21.

Scherwitz, L., & Helmreich, R. (1973). Interactive effects of eye contact and verbal content on interpersonal attraction in dyads. *Journal of Personality and Social Psychology, 25*, 6–14.

Schnelle, J. R., Kennedy, M., Rutledge, A. W., & Golden, S. B. (1974). Pupillary response as an indication of sexual preference in a juvenile correctional institution. *Journal of Clinical Psychology, 30*, 146–50.

Shuter, R. (1979). Gaze behavior in interracial and intraracial interaction. In N. Jain (Ed.), *International and intercultural communication annual*. Vol. 5 (pp. 48–55). Falls Church, VA: Speech Communication Association.

Simmel, G. (1921). Sociology of the senses: Visual interaction. In R. E. Park & E. W. Burgess (Eds.), *Introduction to the science of sociology*. Chicago: University of Chicago Press.

Smythe, M. J. (1973). *Eye contact as a function of affiliation, distance, sex and topic of conversation*. Tese de doutoramento não publicada. Florida State University.

Snyder, M., Grether, J., & Keller, C. (1974). Staring and compliance: A field experiment on hitchhiking. *Journal of Applied Social Psychology, 4*, 165–70.

Spence, D. P., & Feinberg, C. (1967). Forms of defensive looking: A naturalistic experiment. *Journal of Nervous and Mental Disorders, 145*, 261–71.

Stass, J. W., & Willis, F. N., Jr. (1967). Eye contact, pupil dilation, and personal preference. *Psychonomic Science, 7*, 375–6.

Steinhauer, S. R., Boller, F., Zubin, J., & Pearlman, S. (1983). Pupillary dilation to emotional visual stimuli revisited. *Psychophysiology, 20*, 472.

Stephenson, G. M., & Rutter, D. R. (1970). Eye contact, distance and affiliation: A re-evaluation. *British Journal of Psychology, 61*, 385–93.

Stephenson, G. M., Rutter, D. R., & Dore, S. R. (1973). Visual interaction and distance. *British Journal of Psychology, 64*, 251–7.

Strongman, K. T., & Champness, B. G. (1968). Dominance hierarchies and conflict in eye contact. *Acta Psychologica, 28*, 376–86.

Tankard, J. W. (1970). Effects of eye position on person perception. *Perceptual and Motor Skills, 31*, 883–93.

Thayer, S. (1969). The effect of interpersonal looking duration on dominance judgments. *Journal of Social Psychology, 79*, 285–6.

Thayer, S., & Schiff, W. (1974). Observer judgment of social interaction: Eye contact and relationship inferences. *Journal of Personality and Social Psychology, 30*, 110–4.

Thayer, S., & Schiff, W. (1975). Eye-contact, facial expression, and the experience of time. *Journal of Social Psychology, 95*, 117–24.

Thomas, E. L. (1968). Movements of the eye. *Scientific American, 219*, 88–95.

Thompson, T. L. (1982). Gaze toward and avoidance of the handicapped: A field experiment. *Journal of Nonverbal Behavior, 6,* 188–96.

Vacchiano, R. B., Strauss, P. S., Ryan, S., & Hochman, L. (1968). Pupillary response to value-linked words. *Perceptual and Motor Skills, 27,* 207–10.

Vine, I. (1971). Judgment of direction of gaze: An interpretation of discrepant results. *British Journal of Social and Clinical Psychology, 10,* 320–31.

Von Cranach, M., & Ellgring, J. H. (1973). Problems in the recognition of gaze direction. *In* M. von Cranach & I. Vine (Eds.), *Social communication and movement* (pp. 419–43). Nova York: Academic Press.

Walker, M. B., & Trimboli, C. (1983). The expressive function of the eye flash. *Journal of Nonverbal Behavior, 8,* 3–13.

Wardwell, E. (1960). *Children's reactions to being watched during success and failure.* Tese de doutoramento não publicada, Cornell University.

White, G. L., & Maltzman, I. (1978). Pupillary activity while listening to verbal passages. *Journal of Research in Personality, 12,* 361–9.

Williams, E. (1978). Visual interaction and speech patterns: An extension of previous results. *British Journal of Social and Clinical Psychology, 17,* 101–2.

Wills, J. (1961). *An empirical study of the behavioral characteristics of sincere and insincere speakers.* Tese de doutoramento não publicada, University of Southern California, Los Angeles.

Woodmansee, J. J. (1970). The pupil response as a measure of social attitudes. *In* G. F. Summers (Ed.), *Attitude measurement* (pp. 514–33). Chicago: Rand McNally.

Worthy, M. (1974). *Eye color, sex and race.* Anderson, SC: Droke House/Hallux.

9

Os efeitos dos sinais vocais que acompanham as palavras faladas

Eu compreendo a fúria em suas palavras
Mas não as palavras
Shakespeare, Otelo, *ato IV*

O ideal seria que este capítulo não viesse na forma escrita. Melhor seria uma gravação, que pudesse ser ouvida, pois lhe permitiria apreciar melhor as nuances vocais que são o assunto deste capítulo – ou, como diz o clichê, "*como* alguma coisa é dita, e não *o que* é dito". Mas a dicotomia que parece se revelar nesse clichê costuma ser enganosa, porque *como* algo é dito freqüentementese confunde com *o que* é dito.

Algumas respostas aos sinais vocais são inferidas porque tentamos, deliberadamente, manipular nossa voz a fim de comunicar vários sentidos. Conta-se que Robert J. McCloskey, porta-voz do Departamento de Estado durante a administração Nixon, exemplificou esse comportamento:

> McCloskey tem três maneiras distintas de dizer "Eu não especularia": dita sem ênfase, a frase significa que o departamento não sabe, com certeza; a ênfase em "eu" significa "Eu não o faria, mas você pode – e com certa segurança"; a tônica em "especularia" indica que a premissa do questionador está provavelmente errada. (*Newsweek*, 5 de outubro de 1970, p. 106)

Muita gente faz isso quando enfatiza determinada parte de uma mensagem. *Prosódia* é a palavra usada para descrever todas as variações vocais que acompanham a fala e ajudam a transmitir seu significado. Observe como as diferentes ênfases vocais influem na interpretação da seguinte mensagem:

1. *Ele* está dando este dinheiro a Herbie.
   1a. ELE é quem está dando o dinheiro; ninguém mais.

2. Ele está *dando* este dinheiro a Herbie.
   2a. Ele está DANDO, não emprestando, o dinheiro.
3. Ele está dando *este* dinheiro a Herbie.
   3a. O dinheiro que está sendo dado não é de outro fundo ou fonte; é ESTE dinheiro.
4. Ele está dando este *dinheiro* a Herbie.
   4a. Trata-se de DINHEIRO, não de outra forma de pagamento.
5. Ele está dando este dinheiro a *Herbie*.
   5a. O receptor é HERBIE, não Eric, Bill ou Rod.

Manipulamos o tom de voz para indicar o final de uma frase afirmativa (baixando-a) ou uma pergunta (elevando-a). Algumas vezes, conscientemente manipulamos o tom de voz, de modo que a mensagem vocal contradiz a verbal, como no sarcasmo. Por exemplo, você pode dizer "Estou me divertindo muito" de modo que isso signifique "Estou me aborrecendo muito". Se você é visto como uma pessoa sarcástica, os sinais vocais que deu provavelmente substituíram os sinais verbais.

Esse tipo de pressuposição (a predominância de sinais vocais na formação de atitudes baseadas em conteúdos vocal e verbal contraditórios) deu início a alguns trabalhos de Mehrabian e seus colegas. Num estudo, ele usou palavras isoladas, previamente avaliadas como positivas, neutras ou negativas, e apresentou-as a ouvintes em tons vocais positivos ou negativos (Mehrabian e Wiener, 1967). Desse experimento, foi concluído:

> A variabilidade de inferências sobre a atitude do comunicador, com base em informação disponível em conteúdo e tom combinados, resulta, principalmente, de variações apenas no tom. Por exemplo, quando a atitude comunicada no conteúdo era contraditória com a atitude comunicada pelo tom negativo, julgou-se que a mensagem total comunicava uma atitude negativa. [p. 109]

Um estudo semelhante, que opunha sinais vocais a faciais e verbais, descobriu que os faciais eram mais influentes (Mehrabian e Ferris, 1967). Desses estudos, Mehrabian imaginou uma fórmula que ilustra o impacto diferencial dos sinais verbais, vocais e faciais:

Atitude percebida = 0,07 (verbal) + 0,38 (vocal) + 0,55 (facial)

Obviamente, a fórmula é limitada pelo intento dos experimentos de Mehrabian. Por exemplo, não sabemos como a fórmula mudaria se algumas das variáveis fossem manipuladas mais vigorosamente; não sabemos se a fórmula se aplicaria aos materiais verbais por mais tempo do que uma palavra; e não sabemos se esses respondentes estavam reagindo à própria inconsistência como uma fonte de informação de atitude. O simples fato de que os sujeitos resolveram sua inconsistência confiando nos sinais vocais não significa que a informação avaliativa seja transmitida apenas por esses sinais.

Questões como essa prepararam o trabalho de Hart e Brown (1974). Esses pesquisadores raciocinaram, como Markel antes deles, que o canal vocal provavelmente leva a uma porcentagem maior de alguns tipos de informação e a uma porcentagem menor de outras. A obra de Markel defende que a informação avaliativa (gostar-não gostar; bom-mau) é baseada, com mais freqüência, nas percepções do ouvinte, enquanto os julgamentos de potência (forte-fraco; superior-subordinado) se baseiam principalmente em informação derivada de sinais vocais (Markel, Meisels e Houck, 1964; Markel e Robin, 1965). Hart e Brown tentaram usar estímulos que se aproximavam mais do discurso natural, isto é, exemplos de fala que representavam unidades de pensamento mais do que palavras isoladas, e influência mútua verbal/vocal natural mais do que padrões inconsistentes. Contudo, as escalas empregadas para responder a esses estímulos não refletiam as usadas comumente para medir dimensões avaliativas de potência e atividade. Assim, não podemos combinar esses resultados com os de Markel. Todavia, os resultados mostram um padrão complexo de resposta, com várias reações do tipo avaliativo ligadas a conteúdo e informação verbais sobre "atratividade social" aparentemente transmitidas por características vocais.

Estudos que comparam impressões provocadas pela voz com as ocasionadas pela face também descobriram que a voz é especialmente adequada para transmitir graus de dominância ou potência; a face tem maior impacto nos julgamentos de agradabilidade ou positividade (Zuckerman e Driver, 1989; Zuckerman e outros pesquisadores, 1982). Os sinais para a dominância na voz incluem velocidade e altura; o sinal mais óbvio para a agradabilidade no rosto é o sorriso. Porém, cada modalidade pode transmitir, por meio de variações sutis, uma grande quantidade de mensagens. Por exemplo, a presença de um sorriso pode ser evidente apenas na voz; ao sorrir, o traço vocal é abreviado com o efeito de elevar as ressonâncias (Scherer, 1986).

Apesar do número relativamente pequeno de pesquisas e dos problemas associados a esses estudos, é significativo que os sinais vocais (manipulados ou não) parecem exercer grande influência nas percepções do ouvinte, particularmente com certas classes de informação ou tipos de respostas. Com freqüência, essas respostas baseiam-se em estereótipos associados a várias qualidades vocais, entonações, características, e assim por diante. Algumas pesquisas chegam a sugerir que temos preferências auditivas, assim como temos preferências visuais, táteis e olfativas. Zuckerman e Driver (1989), por exemplo, documentaram que os ouvintes geralmente concordam sobre a atratividade ou não de uma voz, e que as pessoas cujas vozes são consideradas mais atraentes são tidas como portadoras de traços de personalidade como dominância, competência, diligência, sensibilidade e cordialidade.

Sinais vocais não-verbais são importantes em muitos contextos. Psiquiatras nos falam de *insights* críticos, derivados desses sinais, nos problemas do paciente; pesquisadores descobrem que os sinais vocais durante a apresentação de instruções experimentais podem afetar drasticamente os resultados de um experimento; psicólogos relatam uma ligação entre sinais vocais e a habilidade para identificar certas características pessoais, inclusive algumas características de personalidade; estudantes da comunicação da fala descobrem importantes relações entre sinais vocais e efeitos de várias mensagens na manutenção e na mudança de atitude. A identificação de vários estados emocionais a partir de sinais vocais foi extensamente estudada; alguns trabalhos até sugeriram importante papel comunicativo em vocalizações não-lingüísticas, como tosses, espirros, arrotos e coisas parecidas.

Os ingredientes da paralinguagem

Pelo fato de termos de usar a escrita para descrever os fenômenos auditivos, os próximos parágrafos podem parecer mais longos do que você desejaria. Mas alguns detalhes metodológicos são necessários para que você compreenda como a pesquisa sobre a voz é feita e o que foi descoberto.

Numa abordagem para estudar a voz, pede-se aos ouvintes que dêem suas impressões ou inferências sobre uma amostra de voz; por exemplo, o quão ansiosa ou competente ela soa. Usando esse método, um pesquisador pode obter um *insight* dos significados sociais dos sinais vocais, uma vez que as impressões dos ouvintes terão por base seu repertório de experiência, conhecimento e crenças; contudo, um pesquisador aprende pouca coisa a respeito de sinais vocais específicos que criaram uma dada impressão.

Outra abordagem é puramente descritiva. Nesse caso, os pesquisadores medem características vocais específicas (freqüentemente chamadas de "propriedades acústicas") usando dispositivos automáticos ou codificadores. A pesquisa de voz usa finas descrições como essas muito mais do que a pesquisa sobre modalidades não-vocais de comunicação. Algumas propriedades acústicas comumente medidas são a taxa de fala (palavras por unidade de tempo); a freqüência fundamental (F_0), que é a taxa de vibração vocal perceptível na garganta e o principal fator, junto aos harmônicos e ressonâncias que ela produz, para a percepção do timbre de alguém; e a intensidade, que é o valor energético de um som da fala e dá uma idéia da sonoridade. Cada um desses pode ser medido como um valor médio sobre uma elocução ou outra unidade de tempo, ou ser descrito mais dinamicamente em termos de amplitude, variação e contorno (Scherer, 1986).

É também possível avaliar o comportamento não-verbal vocal num nível situado *entre* esses dois extremos. Um ouvinte pode ser solicitado a caracterizar uma voz como lamurienta, ofegante ou abrupta, mas sem passar para o próximo nível de subjetividade, inferindo um traço ou disposição de espírito; por exemplo, dos três adjetivos que acabamos de nomear, alguém poder inferir que o falante é fraco, *sexy* ou rude, respectivamente. Nota-se que os três últimos divergem muito mais dos sinais vocais verdadeiros e são mais judicativos do que os três primeiros.

Scherer (1982) acredita que é importante estudar as percepções nesse ponto intermediário, ou seja, como uma ligação crucial na compreensão do relacionamento entre características acústicas de vozes e seu impacto social. Sua lista de adjetivos de avaliação para estudar essas percepções de nível médio inclui:

1. Para captar *ressonância*: masculina, forte, retumbante, sonora.
2. Para captar *cordialidade*: suave, calma, cálida.
3. Para captar *fôlego*: resfolegante, entrecortada, trêmula.
4. Para captar *precisão*: fluente, distinta, equilibrada, clara, exata, controlada, meticulosa.

5. Para captar *velocidade*: rápida, precipitada, apressada, impetuosa.
6. Para captar *desleixo*: confusa, indistinta, obscura.
7. Para captar *afetação*: patética, amaneirada, arrastada, afetada.

O fato de que a voz tem características acústicas que são percebidas e interpretadas por um ouvinte de acordo com seu conhecimento, estereótipos e outras cognições faz parte do que Scherer (1979; 1982) chama de modelo "lenticular" do julgamento não-verbal. De acordo com esse modelo, uma compreensão total dos fenômenos vocais (e de outros não-verbais) deve reconhecer uma série de passos entrosados: um estado ou traço (A) de uma pessoa reflete-se no comportamento acústico (B), que é percebido por um ouvinte (C), e forma a base de uma impressão ou atribuição (D), que pode, então, ser a base para a reação comportamental ou a mudança no ouvinte (E). Os estudos dificilmente incluem todo esse processo. Por exemplo, um estudo ligará o estado emocional de um falante a mudanças acústicas na voz (A-B), enquanto outro ligará propriedades acústicas da voz a impressões de personalidade (B-D) dos ouvintes, que seriam, essencialmente, um estudo de estereótipos vocais.

Qualquer abordagem da mensuração do comportamento vocal tem pontos fortes e fracos. A escolha dependerá, com freqüência, das perguntas que são feitas num determinado estudo. Hall, Roter e Rand (1981), por exemplo, estavam interessados no impacto das comunicações emocionais de médicos e pacientes durante uma consulta médica. Por conseguinte, obtiveram avaliações de emoções em fitas gravadas das visitas ao consultório médico. Descobriram que, se o médico tinha uma voz zangada (ou ansiosa, ou contida), o mesmo acontecia com o paciente. Nesse estudo, reunir impressões dos juízes acerca de emoções expressas se tornou mais sensato do que medir a freqüência fundamental ou a altura do som.

Obviamente, uma comparação entre as duas abordagens envolve expor o relacionamento *entre* os níveis descritivo e interpretativo, isto é, descobrir o que significam freqüência fundamental e intensidade aumentadas, e assim por diante, em termos das percepções de emoções ou de outras mensagens dos ouvintes. Houve progresso na revelação dos significados sociais de sinais acústicos (um assunto que será abordado mais adiante neste capítulo).

A voz é capaz de uma grande variedade de sons, que os teóricos tentaram catalogar. Uma "primeira aproximação" importante da paralinguagem foi a de Trager (1958). Os componentes mais estreitamente ligados à fala incluem os três já mencionados (freqüência, intensidade e velocidade), bem como controle labial vocal (agudo ou transição suave), controle de articulação (forçada, relaxada), controle de ritmo (suave, espasmódica), e ressonância (ressonante, fino). Outros comportamentos vocais não-verbais são menos ligados à fala, podendo até substituí-la. Incluem rir, gritar, sussurrar, roncar, berrar, gemer, choramingar, suspirar, arrotar, junto aos sons comuns "uh", "um", "mm", "uh-huh" e outros parecidos, alguns dos quais se fundem a nossas definições de comportamento lingüístico (Poyatos, 1975). Também estão incluídos como paralinguagem os não-sons: pausas entre as palavras ou frases no discurso e pausas quando um novo orador começa a falar (pausa de mudança).

Alguns fenômenos relacionados, que Mahl e Schulze (1964) classificam de fenômenos *extralingüísticos*, são também relevantes para qualquer discussão sobre comunicação e comportamento vocal. Incluem reações a fatores como dialeto ou sotaque, falta de fluência, ritmo de fala, latência de resposta, duração de elocução e ritmos de interação. Obviamente, ocorre alguma sobreposição, e há paralingüistas que incluem esses aspectos adicionais na classificação de *paralinguagem*.

Agora que temos um referente para os ingredientes da paralinguagem, podemos fazer a próxima pergunta lógica: que reações trazem à tona os sinais vocais e qual sua importância na comunicação?

Sinais vocais e reconhecimento do orador

Talvez você já tenha passado por esta experiência: você pega o telefone e diz "Alô". A voz na outra ponta diz "Oi, como vai?". A essa altura, você percebe duas coisas: 1) A saudação sugere uma informalidade existente entre pessoas que supostamente se conhecem; 2) você não sabe quem é! Assim, você tenta esticar a conversa sem admitir sua ignorância, esperando por algum sinal verbal ou que você finalmente reconheça a voz da outra pessoa. Nesse caso, você pode dizer algo como "Bem. E aí, o que há de novo?".

Cada vez que falamos, produzimos um complexo sinal acústico. Esse sinal varia sempre, mesmo que se trate da mesma palavra; o sinal acústico que produzimos não é tampouco exatamente o mesmo que o emitido por outros falantes. O conhecimento de que há maiores diferenças entre as vozes de dois diferentes oradores do que entre as de um único orador em duas ocasiões distintas despertou um considerável interesse pelo processo de identificar os falantes apenas por suas vozes.

Há três métodos principais para realizar essa identificação: 1) ouvir; 2) comparar visualmente espectrogramas (impressões vocais); 3) reconhecer, com auxílio de computadores, os padrões acústicos de uma mensagem falada padrão com versões armazenadas da mesma mensagem emitida anteriormente pelo mesmo orador (Corsi, 1982; Doddington, 1985; Hecker, 1971).

Embora se creditem às máquinas muitas realizações na sociedade atual, a audição humana normal tem melhor desempenho, se comparada a outras técnicas, em termos de acurácia, na maior parte das tarefas de reconhecimento do orador. Os seres humanos podem reconhecer os oradores com um alto grau de precisão. Num estudo, uma única frase era suficiente para identificar oito entre dez colegas de trabalho com mais de 97% de acerto (van Lancker, Kreiman e Emmorey, 1985). Em outro trabalho, foram alcançados 83% de precisão para 29 falantes familiares (Ladefoged e Ladefoged, 1980). Elocuções menores do que uma longa frase e elocuções pouco claras diminuíram drasticamente a precisão, mesmo no caso de falantes familiares. Vozes disfarçadas podem variar a acurácia de 51% a 81%, dependendo do disfarce (Reich e Duke, 1979).

As pessoas também parecem ser melhores do que as máquinas para perceber quando as vozes estão sendo imitadas. Mas, mesmo que possamos reconhecer as vozes de falantes não familiares, as máquinas são capazes de reconhecer um número maior delas e de identificá-las mais rapidamente. Essa capacidade tem estimulado o uso do reconhecimento da voz por computadores para confirmação de identidade antes de permitir acesso a uma área restrita.

Mesmo quando os ouvintes identificam com precisão a voz de um orador, eles não são capazes de explicar as bases perceptivas de sua decisão, isto é, os pesquisadores não sabem a que características vocais os ouvintes estão reagindo. Dessas características, que são muitas, os ouvintes provavelmente utilizam bem poucas no reconhecimento do orador.

Na execução da lei, os órgãos judiciais tiveram uma preocupação especial em identificar objetivamente os falantes a partir de suas características vocais. No famoso julgamento de Bruno Hauptman, acusado do seqüestro do bebê de Lindbergh, este declarou ter reconhecido a voz de Hauptman como a do seqüestrador, mesmo depois de transcorridos três anos. Embora não seja impossível que tal identificação tenha sido precisa, McGehee (1937) descobriu que a acurácia tende a cair drasticamente após três semanas, e depois de cinco meses fica reduzida a cerca de 13%.

Muitos fatores interferem na acurácia da audição, assim como vários são os problemas que afetam os esforços na busca de métodos mais "objetivos" de reconhecimento do orador — entre os quais está o fato de que nenhum conjunto de sinais acústicos distingue de maneira confiável os oradores.

Uma tentativa de descobrir um método mais objetivo de identificação do orador foi o emprego do espectrograma, uma representação visual da fala de uma pessoa. O espectrograma é um mapa da energia vocal em diferentes faixas de freqüência em função do tempo. Embora algumas pessoas tenham sustentado com firmeza a acurácia e a confiabilidade da análise espectrográfica, ela parece ser muito falível (Bolt e outros pesquisadores, 1973). Erros no julgamento humano ocorrem quando são feitas interpretações dos dados visuais. A habilidade do intérprete torna-se especialmente relevante quando se olha para a figura 9.1. Esses dois espectrogramas semelhantes – que representam apenas uma palavra – deixam claro que nossa confiança nesse equipamento como prova nos tribunais deve ser cuidadosamente avaliada (Ladefoged e Vanderslice, 1967). Os espectrogramas não são como impressões digitais. Embora duas vozes não sejam exatamente iguais, dependendo da amostra de voz obtida e do equipamento usado, duas vozes diferentes podem parecer muito semelhantes. Por outro lado, as impressões digitais, diferentemente das vozes, mostram pouca variabilidade ao longo do tempo, a menos, é claro, que ocorram marcas ou manchas de gordura. Os mapeamentos da retina também são mais confiáveis do que os espectrogramas. Um estudo pediu aos oradores que produzissem a mesma frase usando primeiramente sua voz normal e depois um número de "disfarces" – falar como uma pessoa idosa, usar uma voz bem anasalada, uma voz rouca, uma fala em ritmo lento e um disfarce de sua própria escolha. Essas amostras de vozes foram então submetidas à análise espectrográfica por peritos, que recebiam 50 dólares se conseguissem a maior precisão de identificação. As vozes normais foram identificadas com cerca de 57% de acurácia, mas todos os disfarces interferiram de modo significativo na identificação. A menor precisão foi alcançada quando os oradores escolheram seu próprio tipo de disfarce (Reich, Moll e Curtis, 1976).

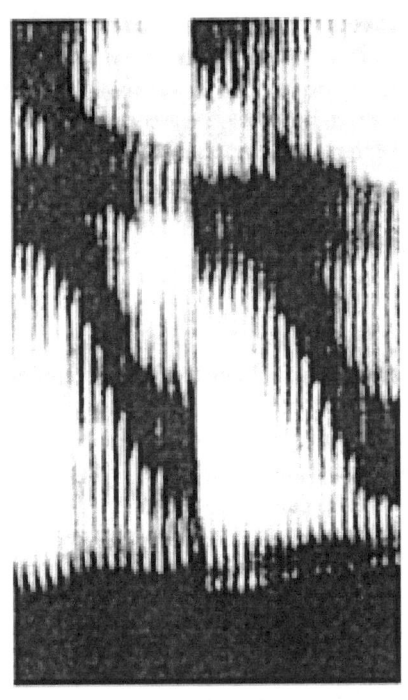

Figura 9.1 Espectrogramas semelhantes da palavra "you" pronunciada por dois falantes selecionados arbitrariamente.

Sinais vocais e personalidade

Uma síndrome cultural que ilustra bem nossa associação de sinais vocais com certas características de personalidade se refere ao que alguns cientistas da fala chamam de nossa "neurose vocal" sobre a voz baixa, profunda. Vendedores, apresentadores de rádio e de televisão, recepcionistas, advogados e outros profissionais tentam produzir tons de voz graves, que eles consideram mais sofisticados, sensuais ou masculinos do que as vozes mais agudas.

Muitas pesquisas tentaram determinar se certos traços de personalidade são expressos na voz de uma pessoa e se os outros são sensíveis a esses sinais. Os resultados desses estudos foram confusos. É comum encontrar: 1) alta concordância entre os juízes das vozes em relação à presença de certas características de personalidade; 2) pouca concordância entre as percepções de personalidade pelos juízes e a contagem real do falante nos testes de personalidade; 3) em relação a algumas vozes e traços de personalidade, uma correspondência muito alta entre as percepções dos juízes e os critérios de medidas reais. Kramer (1964), em sua interpretação desses dados, faz várias observações importantes: primeiramente, as medidas de critério (testes de personalidade) são também com freqüência medidas imperfeitas, o que significa que pode haver maior correspondência do que os dados parecem indicar. Kramer observa ainda que quase todos esses estudos usaram um orador que fazia um monólogo que os juízes avaliavam. Talvez algumas características de personalidade associadas aos sinais vocais sejam trazidas à tona apenas na forma de diálogo – possibilidade que não foi testada adequadamente. Finalmente, Kramer lembra que a pesquisa geralmente ignorou diferenças entre os ouvintes referentes a personalidade, cultura e traços de desenvolvimento e psicofísicos, que podem repercutir profundamente na acurácia do ouvinte ao tentar perceber traços de personalidade baseados em sinais vocais. A pesquisa também sugere que um determinado traço de personalidade pode não ser expresso de forma semelhante nas vozes de pessoas de culturas diferentes.

Desse modo, verificamos que alguns estudos não foram muito bem-sucedidos ao relacionar os julgamentos de personalidade dos ouvintes à real sociabilidade, liderança e características semelhantes dos oradores. Contudo, Scherer (1979) descobriu, pelo menos no caso dos falantes americanos, que os juízes podiam identificar acuradamente a extroversão. Além disso, a descoberta de que os ouvintes freqüentemente são incapazes de detectar a personalidade a partir de sinais vocais não significa que a voz não contenha sinal algum sobre a personalidade. Há várias linhas de argumentação que deixam isso claro. A extroversão-introversão é o traço mais bem documentado em sinais vocais dos falantes americanos. Os sinais associados à verdadeira (não apenas percebida) extroversão do orador, quando comparados à introversão, são: maior fluência (pausas mais curtas quando a vez de falar muda de um para outro falante, pausas de silêncio mais curtas durante a fala de uma pessoa, menos hesitações); ritmo mais rápido; fala mais alta; contraste mais dinâmico; timbre mais alto (até um certo ponto); e timbre mais variável. Além disso, as pessoas extrovertidas demonstraram falar mais, tanto em número de palavras como no tempo total de fala (Siegman, 1987).

Outra intrigante série de resultados surgiu com relação à personalidade do "Tipo A", uma síndrome de atitudes e comportamentos ligados ao desenvolvimento da doença cardíaca da coronária. A teoria corrente aponta a hostilidade como uma importante característica dessa síndrome. No início da pesquisa sobre esse agressivo e impetuoso Tipo A, descobriu-se que o estilo de fala era muito diferenciado. Em particular, a fala rápida ou acelerada, o ritmo de fala irregular, as curtas latências, as interrupções, uma voz alta, explosiva, dura ou muito variável, todas essas características são mais pronunciadas em indivíduos do Tipo A. Muitas delas também apareceram independentemente de estarem associadas a doença cardíaca; por exemplo, a fala alta, vigorosa e explosiva (Hall, Friedman e Harris, 1984).

O traço de dominância também foi documentado como associado a um estilo de fala; alguns de seus elementos coincidem com os encontrados na extroversão e na personalidade do Tipo A. Indivíduos dominadores, quando comparados a pessoas menos dominadoras, tendiam a ter vozes menos ofegantes, mais altas, mais rápidas, mais interruptoras, e com diapasões mais baixos (Siegman, 1987; Weaver e Anderson, 1973).

Como mencionamos em outra parte deste livro, nossa preocupação maior não é com o comportamento patológico. Deve-se notar, contudo, que um significativo número de publicações se preocupa com vários sinais vocais e sua relação com ajuste da personalidade ou psicopatologia. Foi verificado que vozes deprimidas eram lentas e apresentavam longas pausas de silêncio; alguns esquizofrênicos há muito foram notados por suas vozes "monótonas". Um estudo mostra que os pacientes esquizofrênicos e depressivos tinham vozes mais tristes do que o normal quando lhes pediam para falar sobre um episódio que envolvesse alegria, tristeza ou raiva em suas vidas. Além disso, esses grupos de pacientes têm deficiências distintas em sua capacidade de transmitir essas emoções por meio do tom de voz. Os pacientes depressivos eram menos capazes de transmitir sinais claros em relação ao episódio que estavam descrevendo (Levin, Hall, Knight e Alpert, 1985).

A qualidade vocal pode ser ligada à psiquiatria considerando-se a voz também como uma fonte discreta de sinais sobre o estado do paciente – um indicador da melhora do paciente. Ostwald (1961), usando medidas acústicas, descobriu evidências de que as qualidades vocais podem mudar segundo a terapia.

A maneira pela qual a personalidade se expressa na fala pode ser ainda pouco clara, mas não faltam provas de que as pessoas *acreditam* que isso é verdadeiro. Addington (1968) realizou um dos mais completos estudos nessa área. Ele reconheceu que os julgamentos estereotipados dos sinais vocais ocorrem regularmente e decidiu explorar a natureza específica desses estereótipos. Os oradores homens e mulheres simularam nove características vocais, e os juízes reagiram às vozes avaliando-as em quarenta características de personalidade. Os juízes eram muito confiáveis ao avaliar a voz como masculina-feminina, jovem-velha, entusiasta-apática, enérgica-preguiçosa, bonita-feia. As avaliações menos confiáveis ocorriam com as seguintes dimensões de personalidade: extrovertida-introvertida, honesta-desonesta, obediente à lei-criminosa e saudável-doentia. Addington analisou seus dados e concluiu que a personalidade masculina geralmente era vista em termos de poder físico e emocional, enquanto a feminina era aparentemente notada em termos de faculdades sociais. A tabela 9.1 resume esses resultados. Addington concluiu seu estudo estabelecendo algumas questões interessantes para os pesquisadores que estudam os sinais vocais e a personalidade. Por exemplo, até que ponto essas impressões estereotipadas de personalidade são mantidas diante da informação da personalidade conflitante? Outra pergunta refere-se à natureza do relacionamento entre uma dada impressão de personalidade e o sinal vocal. Por exemplo, a pesquisa de Addington indicou que a variedade de diapasão maior conduzia a impressões de personalidade mais positivas, mas não seria possível que, a certa altura, a mais elevada variedade de diapasão pudesse se tornar tão exagerada a ponto de evocar percepções negativas?

A pesquisa sobre a atratividade vocal também revelou alguns estereótipos associados à voz (Zuckerman, Hodgins e Miyake, 1990). As pessoas com vozes de sonoridade mais atraente foram consideradas possuidoras de personalidades mais positivas (por exemplo, menos neuróticas, mais extrovertidas, mais abertas, mais agradáveis, mais conscienciosas) do que as com vozes menos atrativas do ponto de vista da sonoridade. Zuckerman também revelou as qualidades particulares da fala que produziram melhores avaliações em atratividade vocal. As vozes consideradas mais atraentes eram mais sonoras, menos monótonas, menos nasais e com diapasões mais graves (a última apenas para vozes masculinas); elas também tendiam a ter valores medianos em altura, variação de altura e estridência. Em outras palavras, as vozes mais atraentes *não* eram extremamente graves *nem* extremamente variáveis em timbre etc.

Tabela 9.1 Sinais vocais simulados e estereótipos de personalidade

Sinais vocais simulados*	Oradores	Percepções estereotipadas
Fôlego	Homens	Mais jovem e artística
	Mulheres	Mais feminina, bonita, delicada, efervescente, sensível e superficial
Agudeza	Homens	Não alterou a imagem do orador por parte do ouvinte; sem correlações significativas
	Mulheres	Maior imaturidade social, física, emocional e mental; maior senso de humor e sensibilidade
Gravidade	Homens	Mais masculina, lenta, fria e retraída
Nasalidade	Homens	Uma vasta gama de características socialmente indesejáveis
	Mulheres	Uma vasta gama de características socialmente indesejáveis
Tensão	Homens	Mais velha, inflexível e intratável
	Mulheres	Mais jovem, emocional, feminina, sensível; menos inteligente
Guturalidade	Homens	Mais velha e realista; madura; sofisticada; bem ajustada
	Mulheres	Menos inteligente, mais masculina; mais preguiçosa, rude, não-emocional, feia, doentia, descuidada, inartística, ingênua, humilde, neurótica, tranqüila, desinteressante e apática. Em resumo, "rude ou tola" (Addington)
Pomposidade	Homens	Mais enérgica, saudável, artística, sofisticada, orgulhosa, interessante e entusiasta. Em suma, "robusta e com inclinações estéticas" (Addington)
	Mulheres	Mais vivacidade, gregarismo, sensibilidade estética; com "orgulho crescente e falta de humor" (Addington)
Mais velocidade	Homens	Mais animada e extrovertida
	Mulheres	Mais animada e extrovertida
Maior variedade de altura	Homens	Mais dinâmica e feminina; com inclinação estética
	Mulheres	Mais dinâmica e extrovertida

* Para descrições desses sinais, ver P. Heinberg, *Voice Training for Speaking and Reading Aloud,* Nova York, Ronald Press, 1964, pp. 152-181.

Uma linha de estudo afim envolve a associação de várias características de personalidade com vozes representativas de grandes grupos de pessoas. Esses estudos lidam com juízos de personalidade de grupo mais do que de personalidade individual. Por exemplo, Anisfeld, Bogo e Lambert (1962) pediram a estudantes judeus e não-judeus que avaliassem vozes – algumas falando inglês padrão, outras falando inglês com sotaque ídiche. Os mesmos estudantes avaliaram ambos os exemplos de vozes. Tanto os não-judeus como os judeus consideraram as vozes com sotaque como pertencentes a pessoas de pouca altura, boa aparência e liderança. Os não-judeus não avaliaram as vozes com sotaque superiores em traço algum, enquanto os judeus avaliaram as vozes com sotaque superiores em humor, capacidade para distrair e bondade. Os judeus perceberam muito mais vozes sem sotaque como sendo de judeus do que os não-judeus. Parece não ter havido nenhuma relação entre uma medida de atitudes para com os judeus e os traços de personalidade escolhidos.

Outro fascinante estudo grupo-a-grupo centrou-se na contínua tensão entre os canadenses de língua francesa e inglesa (Lambert, Frankel e Tucker, 1966). Um estudo inicial, usando falantes bilíngües, apresentou aos julgadores as mesmas mensagens em inglês e francês do Canadá. A mensagem em inglês canadense foi avaliada de modo significativamente mais positivo do que a mensagem em francês canadense. Efetivamente, os juízes franco-canadenses avaliaram o falante anglo-canadense superior em traços como inteligência, agradabilidade, confiabilidade e caráter. Assim, certos subgrupos de franco-canadenses pareciam ter uma inclinação contra seu próprio grupo lingüístico. Um estudo de acompanhamento tentou determinar em que idade essa inclinação está presente. Nas garotas, ela surge aos doze anos, aproximadamente, mas seu aparecimento depende em grande parte do *background* social. As garotas que vinham de lares franco-canadenses da classe média alta, e especialmente as que eram bilíngües, tendiam especialmente a manter essa opinião – pelo menos nos primeiros anos da idade adulta. Obviamente, um fator possível é o desejo da classe média alta de associar-se com os que têm poder e prestígio. Talvez o mesmo fenômeno tenha ocorrido entre certos negros americanos de classe média.

Estreitamente ligados a essas análises de personalidades e vozes grupais estão os esforços de muitos estudiosos para mostrar como as pessoas avaliam vários dialetos e sotaques. Na peça *Pigmalião*, de Shaw, Eliza Doolittle despende tempo e esforço consideráveis tentando corrigir seu dialeto de modo a poder se elevar na escala social. (Professor Higgins: "Olhe para ela – uma prisioneira das sarjetas; condenada em cada sílaba que pronuncia". *My Fair Lady*, ato 1, cena 1.) O treinamento de Eliza, de acordo com um estudo, era muito apropriado. Ele sugere que quando esperamos que um orador reflita um dialeto fora de padrão e/ou de "classe baixa" e este realmente se apresenta de acordo com os modelos padrões ou "da classe alta", a avaliação será muito positiva. O contrário também é verdadeiro; os oradores dos quais se esperava que falassem "alto", mas que falavam "baixo", recebiam avaliações negativas (Aboud, Clement e Taylor, 1974). Obviamente, há uma tênue linha entre "adaptar-se à sua audiência" e violar seriamente as expectativas com base em seu próprio *background*.

Embora alguns dos estudos que fundamentam as conclusões que se seguem pareçam usar estímulos que não se limitam aos sinais vocais, eles representam um significativo avanço para nossa compreensão desses sinais. Apesar de algumas exceções, comumente verificamos que os dialetos que não o falado pelo ouvinte/avaliador recebem avaliações menos favoráveis do que os considerados "padrões". Geralmente, essas respostas negativas ocorrem porque o ouvinte associa o dialeto do falante a um estereótipo étnico ou regional e, então, avalia a voz de acordo com o estereótipo. Típicos dessa resposta são estudos que descobriram o seguinte:

1) os mexicanos de fala inglesa recebiam avaliações mais baixas em sucesso, habilidade e consciência social; 2) os americanos nativos avaliaram os europeus de fala inglesa de modo menos positivo do que outros nativos de fala inglesa; 3) os professores tenderam a rotular uma criança como "culturalmente deficiente", sobretudo quando a fala apresentou irregularidades evidentes de gramática, pronúncia e pausas; 4) os dialetos "padrões" eram preferidos e julgados mais competentes do que os "não-padrões", não importando quem falava; dialetos padrões eram associados com mais freqüência a oradores brancos do que a negros (Bradford, Ferror e Bradford, 1974; Buck, 1968; Mulac, Hanley e Prigge, 1974; Williams, 1970; Williams e Shamo, 1972).

Ações judiciais alegando "discriminação de sotaque" acusaram empregadores de negar empregos a indivíduos com sotaque estrangeiro; os empregadores alegaram que o sotaque interferiria com um efetivo desempenho no trabalho. Os advogados e os ativistas dos direitos humanos estão preocupados com que isso seja realmente discriminação étnica disfarçada, apontando exemplos em que era negado emprego ao candidato estrangeiro, apesar de este falar um inglês perfeitamente correto e inteligível.

As variedades regionais da fala nos Estados Unidos diferem quanto ao prestígio? Ouvintes de Maine, Louisiana, cidade de Nova York, Arkansas e Michigan avaliaram doze amostras de vozes de dialetos americanos e um sotaque estrangeiro (Wilke e Snyder, 1941). Foram julgados de forma mais desfavorável o sotaque estrangeiro e o "nova-iorquino". Embora esse estudo tenha cerca de cinqüenta anos, alguns dialetos e estereótipos de sotaque parecem influenciar nossos julgamentos do *status* de um falante atualmente. Muitas pessoas testaram seus estereótipos sulistas quando avaliaram a fala do presidente Carter. A obra de Miller (1975) parece ser o único esforço para ir além da teoria de que os dialetos evocam estereótipos grupais que influenciam o julgamento de determinado dialeto. Nesse estudo, descobrimos que alguns aspectos de certos dialetos são avaliados independentemente do estereótipo; isto é, alguns ouvintes podem responder negativamente a um orador franco-canadense por causa de um estereótipo negativo e/ou devido a algum desagrado com o próprio dialeto.

Vários investigadores pesquisaram a questão de como exatamente julgamos a fala e os dialetos dos outros. A obra de Lambert mostra sotaques avaliados em relação a competência, integridade e atratividade (Lambert e outros pesquisadores, 1960). Williams (1970) descobriu professores avaliando a fala de crianças a partir de duas dimensões, que ele rotulou de "confiança-ansiedade" e "etnicidade-atipicidade". De longe, a obra mais extensa nessa direção é a de Mulac (1976). Os experimentos de Mulac usaram dialetos regionais e estrangeiros, locutores de rádio, várias patologias da fala, prosa e fala espontânea, e diferentes modos de apresentação, como escrita, fita de áudio, fita de vídeo, filme sonoro etc. Essa obra mostra que tendemos a olhar para as amostras de fala tendo por base três dimensões principais: 1) *status* sócio-intelectual, isto é, posição social elevada ou baixa, macacão azul ou colarinho branco, rico ou pobre, e alfabetizado ou analfabeto; 2) qualidade estética, isto é, agradável ou desagradável, boa ou horrível, doce ou azeda, bonita ou feia; 3) dinamismo, isto é, agressiva ou não-agressiva, ativa ou passiva, forte ou fraca, sonora ou grave. Esses resultados confirmam estudos em muitas outras áreas de percepção que mostram que tendemos a ver nosso mundo e as coisas que nele se encontram segundo dimensões de valor, poder e atividade.

Sinais vocais e julgamentos de características pessoais

Há mais de sessenta anos, Pear (1931) realizou um trabalho pioneiro sobre sinais vocais e julgamentos de características pessoais. Usando nove oradores e mais de quatro mil ouvintes de rádio, ele descobriu que a idade do falante podia ser calculada com precisão razoável, o sexo com notável precisão, o lugar de nascimento com pouca precisão, e ocasionalmente a vocação com precisão surpreendente. A identificação do ator e do padre foram consistentes entre nove profissionais representados. Desde essa época, outros se interessaram por julgamentos de características como tipo de corpo, altura, peso, idade, ocupação, *status* ou classe social, raça, sexo, educação e procedência.

Nerbonne (1967) descobriu ouvintes capazes de diferenciar com precisão entre oradores homens e mulheres, negros e brancos, grandes e pequenos; entre falantes de vinte a trinta anos, de quarenta a sessenta anos e de sessenta a setenta anos (sendo a diferenciação etária a mais fácil a partir de sinais espontâneos); entre oradores com instrução abaixo do secundário, formados no segundo grau, graduados universitários; e os vindos de regiões de dialeto oriental, sulista e dialetos americanos em geral. Pela mesma razão, a idade e o dialeto eram julgados com maior precisão no estudo de Nerbonne, quando sinais eram fornecidos por telefone mais do que sob condições que simulavam conversações face a face.

Um estudante não graduado da Universidade de Wisconsin-Milwaukee duvidou da validade das distinções entre negros e brancos com base na voz apenas, particularmente se as características da comunidade social na qual os falantes tinham nascido e sido criados se mantivessem constantes. Ele fez uma pesquisa informal por telefone usando negros e brancos, todos criados no mesmo bairro, em Milwaukee. Seus resultados mostram não mais do que uma precisão casual ao fazer essas distinções. Desse modo, embora os oradores negros e brancos possam algumas vezes ser distinguidos por seus sinais vocais com altos níveis de precisão, haverá outras vezes em que tais identificações serão muito difíceis. Por exemplo, as vozes de negros da Índia Ocidental numa comunidade britânica foram erroneamente consideradas como brancas em 8% das vezes (Dubner, 1972; Giles e Bourhis, 1976).

Os ouvintes que escutaram seis vogais gravadas de vinte oradores foram capazes de identificar o sexo do falante 96% das vezes quando a fita não era alterada. A precisão diminuía para 91%, no caso de uma fita filtrada, e para 75%, numa amostra de voz sussurrada (Lass e outros pesquisadores, 1976). Esses autores argumentam que a freqüência fundamental da laringe é um sinal acústico mais importante nas tarefas de identificação do sexo do falante do que as características de ressonância das vozes. Algumas vezes, mulheres e homens podem ser identificados por seus padrões de entonação. Alguns pesquisadores acreditam, por exemplo, que as mulheres finalizam uma frase num timbre mais alto, relativamente ao momento em que começaram a frase, do que os homens.

Desse modo, o timbre é uma base plausível para diferenciar as vozes masculinas e femininas. Novamente, a natureza dos estímulos vocais terá muita influência na determinação exata da nossa capacidade de discriminar entre as vozes masculinas e femininas. Por exemplo, homens e mulheres quando *interagem* um com o outro manifestam diferentes sinais vocais dos apresentados quando fazem monólogos ou interagem com um membro do mesmo sexo (Markel, Prebor e Brandt, 1972). O assunto da discussão também pode afetar a produção e as percepções da voz. E se, como foi observado anteriormente a respeito dos oradores negros, houver um estreitamento gradual das diferenças quando são feitas adaptações à comunidade social, podemos especular que os tons vocais das mulheres que trabalham em organizações predominantemente masculinas são mais difíceis de distinguir – especialmente quando o exemplo é extraído do ambiente de trabalho. Em vez de crianças moldando suas vozes para soar como uma versão adulta de seu sexo, isso pode ser um exemplo de adultos que adquirem algumas características vocais do sexo oposto (Sachs, Lieberman e Erickson, 1973). Talvez as mulheres cujas vozes mostrem alguma discrepância com a tradicional voz estereotipada feminina sejam seletivamente contratadas por empregadores homens para empregos tradicionalmente mantidos por homens.

Na fronteira entre o comportamento verbal e o não-verbal situa-se uma área de estudo preocupada com estilos de fala ou "registros de fala". Um registro de fala é uma maneira total de se comunicar por meio da fala, que pode incluir formas verbais, e que se acredita variar sistematicamente com as características sociais dos falantes; por exemplo, o quanto uma pessoa é socialmente poderosa (Erickson e outros pesquisadores, 1978). Essa pesquisa é pertinente à nossa discussão do sexo do orador, porque foi sugerido que certas formas verbais associadas à dimensão poderoso-impotente diferenciam os sexos (Lakoff, 1975). Exemplos das falas mais poderosas que são freqüentemente associadas às mulheres incluem: as perguntas de final de frase ("Está um lindo dia, *não está?*"), evasivas e qualificadores ("um tipo de", "talvez"), desmentidos ("Eu não sei, mas") e intensificadores ("A boneca era *tão* bonitinha"). Também se levantou a hipótese de que as interrupções, outra estratégia da interação que pode refletir a dominância, diferem entre homens e mulheres na direção que se pode esperar, com base no estereótipo. As pessoas certamente têm estereótipos bem desenvolvidos sobre como os sexos falam, mas a prova que sustenta a hipótese das diferenças sexuais no uso da língua e nas interrupções ainda é confusa (Aries, 1987; Dindia, 1987; Kramer, 1978; Mulac, Lundell e Bradac, 1986).

A pesquisa futura esclarecerá se, quando e quais estereótipos sobre a fala dos sexos são precisos. Até então, o comentário de Smith (1979) a respeito da pesquisa sobre estereótipo *versus* comportamento real é pertinente (e se aplica a todo estereótipo e a todo tipo de comportamento não-verbal):

> Apesar disso, esses estereótipos de fala associados ao sexo merecem um estudo independente pelo *insight* que permitem sobre o que é suposto pelos ouvintes, e que tenderá a ser esperado até que seja desconfirmado. Mais do que caricaturas inúteis, essas expectativas podem definir as predisposições dos ouvintes em relação à conversação com mulheres e homens, podendo-se buscar ativamente a confirmação delas. [p. 134]

A comprovação por meio de evidências é confusa na literatura sobre os julgamentos de altura e peso. Alguns estudos relatam acurácia, outros não. Uma explicação para isso poderia ser a variedade permitida pelas respostas acuradas; por exemplo, haveria uma maior precisão se tivéssemos de adivinhar a altura de uma pessoa com uma margem de 12 cm, em vez de 5,5 cm. Enquanto a categoria de resposta não é demasiadamente discriminadora, a altura e o peso provavelmente podem ser julgados com precisão mais do que casual a partir de sinais vocais (Lass e Davis, 1976). Quando Lass e seus colegas pediram às pessoas para avaliar a altura e o peso exatos, contudo, a diferença *média* para falantes homens e mulheres entre a altura real e a altura estimada era de apenas 2 cm. A discrepância de peso era de 1,5 kg apenas. A altura e o peso dos falantes não foram limitados a uma estreita variedade. Como julgadores, podemos atribuir várias alturas e pesos a certas características vocais. Teste seus próprios estereótipos e compare-os com os de seus amigos. Você associaria uma voz de timbre extremamente baixo a uma pessoa mais pesada? O ruído sugere uma categoria de peso para você? Pense nas pessoas que você conhece que são muito altas, muito baixas, muito leves ou muito pesadas. Seria sua reação a uma voz desconhecida influenciada por suas experiências com as vozes e as lembranças delas? Essas são algumas das muitas características que influenciam nossos julgamentos. Outras incluem capacidade respiratória, ritmo da fala, entonação e ressonância.

Quando se pede aos ouvintes que combinem exemplos de vozes com fotografias, encontramos novamente a tarefa realizada com uma precisão mais do que casual. Mas, de novo, o nível de precisão dependerá fortemente da precisão do julgamento a ser feito (Lass e Harvey, 1976).

Os julgamentos da ocupação a partir de sinais vocais também variam de um estudo para outro. Geralmente, os juízes concordam um com outro, mas seus julgamentos nem sempre combinam com as verdadeiras ocupações. Alguns estudos antigos relatavam uma identificação de ocupação razoavelmente consistente a partir das vozes, mas Fay e Middleton (1940a) descobriram que a taxa de identificação da voz de um pregador era mais do que provável – e freqüentemente errônea no caso da voz de um advogado!

Vários estudos mostram que a idade é avaliada de modo razoavelmente acurado a partir de sinais vocais. Davis (1949) concluiu sua pesquisa dizendo: "Os resultados desse estudo parecem indicar claramente que somente a voz pode sugerir a idade ao ouvinte". Por que isso? Vários estudos investigaram o timbre dos homens durante a infância, adolescência, início da idade adulta e da meia-idade e idade avançada. Parece haver uma queda geral do nível de timbre da infância até a meia-idade. Ocorre então uma inversão, e o nível se eleva ligeiramente com a idade avançada. Mysak (1959), por exemplo, descobriu que os homens em seu estudo do grupo entre 80 e 92 anos caracterizavam-se por medidas mais altas dos níveis de diapasão fundamental médio do que os homens entre 65 e 79 anos. Ele diz que a idade de 80 é uma linha divisória muito sensível em termos de mudança de timbre. As mudanças foram explicadas por alterações físicas e tensão crescente. Uma série de estudos semelhante, mas menos completa, foi feita sobre o desenvolvimento da voz feminina. McClone e Hollien (1963), usando métodos de pesquisa semelhantes às de Mysak, não encontraram diferença significativa alguma no nível de diapasão médio de dois grupos (com idades de 65 a 79 e 80 a 94). Os dados sobre o timbre do grupo de 65 a 79 anos foram comparados com dados reunidos por outro investigador sobre jovens mulheres adultas. Uma vez que novamente não havia diferença alguma, McClone e Hollien concluíram que o nível de diapasão da fala das mulheres provavelmente varia pouco durante toda a idade adulta, mesmo que os dados das mulheres de meia-idade não tenham sido comparados. Se, como sugerem alguns estudos gerontológicos, nossas vozes mudam em flexibilidade, ritmo, altura, qualidade vocal, controle articulatório e aspectos parecidos, a voz pode oferecer sinais sobre a idade de que somos em grande parte inconscientes. É bem possível, também, que estejam respondendo a outras características vocais até agora não relatadas nesses estudos de desenvolvimento – elas nos dão apenas possíveis sinais.

Muitos trabalhos mostram que os ouvintes são surpreendentemente precisos ao julgar classe ou *status* social com base na voz apenas. Harms (1961) obteve resultados independentes de nove oradores no Índice Hollingshead de Dois Fatores da Situação Social. Os falantes foram então classificados como de *status* alto, médio ou baixo. Cada orador registrou uma conversa de quarenta a sessenta segundos na qual respondia a perguntas e solicitações como "Como vai você?", "Pergunte sobre o tempo", e assim por diante. Os ouvintes adultos avaliaram os falantes de acordo com o *status* e a credibilidade. Os resultados mostraram que esses ouvintes não só eram capazes de identificar o *status* dos falantes, mas muitos deles disseram que tomaram sua decisão somente dez a quinze segundos depois de começar a ouvir a gravação. As respostas também mostraram que os que eram vistos como de alto *status* foram considerados de maior credibilidade. Essa descoberta é consistente com outros estudos de *status* e sinais vocais (Moe, 1972). Ellis (1967) fez até um estudo no qual pedia aos oradores para tentar falsificar o *status* e imitar a classe superior. Os julgamentos dos ouvintes ainda correlacionaram 0,65 com medidas independentes de *status* para esses falantes. Parece que aprendemos a falar como os que nos cercam: em nossa vizinhança, nosso ambiente de trabalho e nosso ambiente de estudo.

Se a voz e o *status* estão intimamente ligados, o seguinte diálogo de *The Selling of the President 1968* (*A venda do presidente 1968*) adquire uma nota definitiva de realismo: "O anunciante que ia fazer a abertura telefonou para perguntar se seu tom de voz estava muito estridente. 'É, não queremos que pareça um show de perguntas', disse Roger Ailes. 'Ele vai ser presidencial esta noite; portanto, anuncie presidencialmente.'" [McGinniss, 1969, p. 155]

Até aqui estivemos discutindo as maneiras pelas quais as características pessoais do orador se refletem em seu estilo de fala não-verbal. Mas seria muito surpreendente se o estilo de fala de uma pessoa não refletisse também características da *outra* pessoa numa interação. Afinal, reagimos a diferentes tipos de pessoas com muitas emoções e pensamentos que podem se refletir em nossa expressão vocal, e também temos noções sobre como alguém *deveria* falar com diferentes tipos de pessoas.

Um exemplo bem estudado desse tipo de "efeito alvo" é a fala infantil, que é a maneira em falsete, cantada, repetitiva, simplificada que os pais em todo mundo falam com crianças pequenas (Grieser e Kuhl, 1988; Snow e Ferguson, 1977). Mesmo crianças pequenas sabem como falar dessa maneira com os bebês ou animais de estimação. Certos grupos de adultos aos quais se atribuem qualidades "infantis" ou que são percebidos (muitas vezes, erroneamente) como prejudicados cognitivamente, como o idoso institucionalizado ou o surdo, são também tratados de uma maneira semelhante à fala de bebê. Os psicólogos mostram um interesse especial por esse tipo de fala infantil "secundária" por causa da possibilidade de que contribua para a estigmatização de grupos vistos como dependentes ou incompetentes (Caporael, 1981).

Com isso em mente, DePaulo e Coleman (1986, 1987) compararam a "cordialidade" da fala dirigida a crianças, adultos mentalmente retardados, adultos de fala inglesa não-nativos, e adultos de fala inglesa nativos, levantando a hipótese de que a cordialidade (um componente da fala infantil) diminuiria nesses quatro grupos. A predição foi confirmada. Além disso, ao considerar somente os receptores mentalmente retardados, os falantes exibiam mais cordialidade vocal ao falar com os receptores mais retardados do que com os menos retardados. Meios particulares de usar a língua também diferiam entre os grupos: a fala às crianças era mais clara, mais simples, mantinha mais a atenção, e tinha pausas mais longas; a fala ao retardado era muito semelhante a essa; a fala aos estrangeiros, todavia, era mais semelhante à dirigida a uma "pessoa normal", exceto pelo fato de ser mais repetitiva.

O sexo da pessoa com quem se fala também influi na maneira de falar. Tanto homens como mulheres falam com os homens mais alto do que com as mulheres (Markel, Prebor e Brandt, 1972). De forma semelhante, num estudo das vozes das pessoas nas novelas e *talk shows* de televisão, as pessoas, tanto homens como mulheres, dirigiam-se aos homens de modo mais dominador, condescendente e desagradável do que às mulheres (Hall e Braunwald, 1981). Os juízes que fizeram as avaliações de afeto nesse estudo não sabiam a qual sexo estava sendo dirigido cada *clip* de voz, de modo que seus estereótipos não podiam ter influenciado os julgamentos. Vários outros resultados interessantes emergiram desse estudo também.

Primeiramente, embora as vozes dos homens nas novelas de televisão tenham sido avaliadas como estereotipadamente mais viris (mais freqüentes, condescendentes e de caráter comercial) do que as das mulheres, essa avaliação foi muito reduzida nos *talk shows*. Nesse caso, muitas mulheres receberam as mais altas avaliações nessas escalas. Assim, os atores e seus diretores incorporaram notáveis estereótipos homem-mulher no comportamento vocal de personagens em programas dramáticos, mas quando as pessoas interagiam mais "naturalmente" nos *talk shows*, esses comportamentos estereotipados não estavam presentes.

Segundo, foi pedido a estudantes universitários para adivinhar o sexo da pessoa a quem se estava dirigindo em cada *clip*. Por meio de uma análise que ligava essas adivinhações às avaliações dos estudantes e ao sexo real do alvo, os pesquisadores concluíram que os avaliadores sustentavam uma noção *incorreta* sobre como as mulheres falam com os homens. Os estudantes estavam certos ao acreditar que, se um homem parecia relativamente dominante, ele estava se dirigindo a outro homem. Mas eles estavam enganados ao acreditar que, se uma mulher parecia dominadora, ela estava se dirigindo a outra mulher. Tanto os oradores masculinos como os femininos eram mais dominadores quando se dirigiam a um homem. Os avaliadores aparentemente se agarraram a um estereótipo que diz que as mulheres são submissas quando falam com homens. Mas o oposto parece ser verdadeiro!

Sinais vocais e julgamentos de emoções

Você saberia dizer quando alguém está feliz, triste ou com medo? "Claro que saberia", diz você. E se retirássemos essa pessoa de sua vista? "Claro", você reforça. "Os tipos de coisas que uma pessoa diz me dirão se ela está feliz, triste, zangada ou com medo." E se eliminarmos todas as palavras às quais você pode reagir, deixando a voz como o único estímulo para julgar as expressões emocionais? "Talvez", diz você. Alguns pesquisadores podem ser mais otimistas, mas *talvez* pode ser, de fato, a melhor resposta.

Starkweather, em 1961, resumiu uma série de estudos que tentavam especificar a relação entre a voz e os julgamentos da emoção. Sua conclusão reitera a freqüente descoberta em estudos de julgamentos de personalidade a partir de sinais vocais – consenso consistente entre os avaliadores.

> Estudos da fala sem conteúdo indicam que a voz só pode transmitir informações sobre o orador. Os avaliadores concordam substancialmente, seja quando lhes pedem para identificar a emoção que está sendo expressa seja quando recebem a tarefa de julgar a força do sentimento. Os julgamentos parecem depender de mudanças significativas no timbre, no ritmo, no volume e em outras características físicas da voz, mas avaliadores não-treinados não conseguem descrever essas qualidades com precisão. [p. 69]

Três anos depois, Davitz (1964, p. 23) parecia sugerir que esses julgamentos não apenas são confiáveis, mas também válidos: "Independentemente da técnica usada, todos os estudos de adultos até agora registrados concordam que os significados emocionais podem ser comunicados acuradamente pela expressão vocal".

Acredita-se agora que haja alguma espécie de universalidade de significado para emoções expressas vocalmente. Americanos, poloneses e japoneses responderam a expressões vocais de raiva, tristeza, alegria, flerte, medo e indiferença retratadas por americanos. A precisão foi elevada, mas crescente à medida que a duração do estímulo aumentava (Beier e Zautra, 1972). Resultados de acurácia mais do que casuais também foram relatados por Rosenthal e seus colegas (Rosenthal e outros pesquisadores, 1989) em relação ao cruzamento nacional de seu teste Perfil de Sensibilidade Não-verbal (PONS), de decodificação de sinais não-verbais (que inclui excertos de fala sem conteúdo de vinte cenas afetivas).

Para entender essas conclusões, é necessário examinar os fatores que podem causar diferenças no julgamento acurado das emoções a partir de sinais vocais. Certamente, os autores dessas conclusões não pretendem que a consistência invariável esteja implícita no julgamento acurado de emoções.

Vários *métodos* foram usados para eliminar ou controlar a informação verbal que geralmente acompanha os sinais vocais. A precisão pode variar dependendo do método usado. Alguns estudos tentam usar o que supostamente é "conteúdo sem sentido", geralmente tendo o orador dito números ou letras enquanto tentava transmitir vários estados emocionais. Davitz e Davitz (1959) realizaram um estudo típico desse tipo. Os oradores eram instruídos a expressar dez sentimentos diferentes enquanto recitavam partes do alfabeto. Essas expressões eram gravadas e reproduzidas diante dos avaliadores, aos quais se pedia para identificar a emoção que estava sendo expressa numa lista de dez emoções. Geralmente, as emoções ou os sentimentos eram comunicados muito além da expectativa de probabilidade. É difícil dizer, nesse tipo de estudo, se os comunicadores estavam usando os mesmos sinais tonais ou vocais que usariam nas reações emocionais da "vida real".

Outros estudos tentaram controlar os sinais verbais usando "conteúdo constante". Um orador lê uma passagem padrão enquanto tenta simular diferentes estados emocionais. A expectativa é de que a passagem selecionada tenha um tom emocional neutro. Um estudo independente da passagem usada num trabalho tão antigo descobriu que a assim chamada passagem "neutra" era quase sempre associada à "raiva" (Kramer, 1963).

Outra abordagem é tentar ignorar o conteúdo e focalizar a atenção nas pausas, ritmo de respiração e outras características que sugerem o estado emocional da pessoa. Esse método é freqüentemente usado em psicoterapia para identificar sinais de ansiedade.

Finalmente, alguns estudos usaram filtragem eletrônica para eliminar o conteúdo verbal (Rogers, Scherer e Rosenthal, 1971). Um determinado tipo de filtro reterá as freqüências de fala mais altas das quais depende o reconhecimento da palavra. O produto acabado soa bem parecido com um murmúrio ouvido através de uma parede. Embora esse tipo de exemplo de fala seja comumente chamado de "sem conteúdo", em muitos aspectos trata-se de uma denominação incorreta. Uma vez que esses exemplos de voz não são literalmente sem conteúdo, alguns preferem usar termos como *voz sem palavra* ou *comunicação vocálica*. Com certeza, um registro que comunica o conteúdo emocional não é destituído de conteúdo – principalmente considerando-se que a emoção é o conteúdo principal ou o mais crítico de algumas mensagens. Um exemplo anterior da técnica da voz filtrada eletronicamente é a obra de Starkweather (1956), que usou as transcrições faladas reais dos interrogatórios dos macarthistas em 1954. Seus resultados sugerem uma tendência dos avaliadores de serem capazes de discriminar a "afabilidade" e a "emoção expressa" nesses exemplos sem palavras. Um problema comum na técnica de filtragem eletrônica é que alguns sinais vocais não-verbais podem ser eliminados no processo de filtragem, criando um estímulo artificial. Starkweather admite que alguns aspectos da qualidade vocal podem ser perdidos no processo de filtragem, mas um ouvinte pode ainda perceber adequadamente o timbre, o ritmo e a altura, a fim de julgar o conteúdo emocional.

A fala filtrada é o método mais popular de tornar as palavras ininteligíveis e produziu alguns resultados muito intrigantes. Num estudo de médicos, Milmoe e seus colegas (Milmoe e outros pesquisadores, 1967) descobriram que, quanto mais *zangado* era o índice nas vozes filtradas dos médicos que falavam sobre seus pacientes alcoólicos, tanto menos bem-sucedidas eram as terapias com esses pacientes. Pesquisa posterior verificou que o tom de voz usado ao falar *sobre* pacientes é transportado para o modo como os médicos falam *com* os pacientes (Rosenthal, Vanicelli e Blanck, 1984). Outro estudo com médicos descobriu que os que forneciam mais informação médica a seus pacientes e pareciam mais competentes de acordo com padrões técnicos (conduzindo uma entrevista apropriada, diagnosticando corretamente etc.) eram os que tinham os índices mais baixos de *sinais entediantes* em curtos *clips* filtrados de suas vozes (Hall, Roter e Katz, 1987). Finalmente, descobriu-se que a satisfação de um paciente com uma consulta médica é maior quando as *palavras* do médico são avaliadas como mais *agradáveis*, exceto quando o *tom de voz* do médico é avaliado como *mais zangado e ansioso*. A combinação de palavras agradáveis e voz não-tão-agradável pode ter transmitido um grau desejável de preocupação e envolvimento com os problemas do paciente (Hall, Roter e Rand, 1981).

Outro método, que elimina a continuidade e o ritmo da voz do discurso, mas mantém o tom afetivo e a informação emocional, é a emenda aleatória (Scherer, 1971; Scherer, Koivumaki e Rosenthal, 1972). Com esse método, a voz é gravada numa fita, cortada em curtos segmentos e reagrupada em ordem aleatória para mascarar o conteúdo da fala.

Mencionamos anteriormente o mérito da resposta "talvez" a uma pergunta referente à nossa capacidade de julgar a expressão emocional a partir de sinais vocais. Uma razão para essa resposta qualificada envolve os métodos diferentes pelos quais tais observações podem ser feitas. Outra razão é que os oradores (e ouvintes) variam amplamente quanto ao grau de precisão com que conseguem expressar (e reconhecer) diferentes emoções. Essa questão é tratada com mais detalhes no capítulo 12. Por exemplo, no estudo de Davitz e Davitz (1959), as expressões de um orador foram identificadas corretamente apenas 23% das vezes, enquanto outro comunicava acuradamente mais de 50% das vezes. Nesse estudo, como em muitos outros, a acurácia era definida levando-se em conta o grau com que os ouvintes conseguiam identificar a emoção que o orador devia expressar. Na pesquisa de Davitz, a acurácia dos ouvintes em reconhecer a emoção pretendida variava exatamente na mesma medida que a acurácia dos oradores em transmiti-la. Assim, dependendo das habilidades que os indivíduos demonstram numa situação de comunicação, eles podem ou não ter êxito em enviar e receber sinais vocais de emoção.

A afirmação de que a habilidade da voz em comunicar emoções é total se baseia no fato de que algumas emoções são mais fáceis de comunicar do que outras. Por exemplo, um estudo descobriu que a raiva era identificada 63% das vezes, enquanto o orgulho era notado corretamente apenas 20% das vezes. Outro estudo mostrou que a alegria e o ódio eram facilmente reconhecidos, mas a vergonha e o amor eram mais difíceis de identificar. A semelhança de alguns sentimentos pode ser responsável por parte da diferença. Por exemplo, certos erros são consistentes em alguns estudos; assim, o medo é confundido com nervosismo, o amor com tristeza, o orgulho com satisfação. Alguns sugeriram que, quando dois sentimentos subjetivamente similares devem ser comunicados, o "mais forte" dos dois é percebido mais acuradamente, com mais freqüência. Outra possível explicação é que não fomos treinados socialmente para lidar com as discriminações mais sutis envolvidas em duas emoções "semelhantes". Tendemos com demasiada freqüência a nos comunicar de acordo com extremos, como preto-branco, quente-frio, bom-mau etc. Talvez esse comportamento verbal tenha influenciado a maneira como percebemos a expressão emocional não-verbal. É também possível que à medida que nos desenvolvemos, confiamos mais no contexto para discriminar as emoções com características semelhantes. Assim, quando confrontados com esses sinais e nenhum contexto, achamos difícil discriminar.

Finalmente, o contexto da comunicação cotidiana não reproduzirá o ambiente geralmente bem controlado no laboratório. Nossa habilidade para identificar uma emoção expressa vocalmente será influenciada pelo contexto (conversacional e/ou ambiental), pelo grau de conhecimento da outra pessoa, sinais suplementares dados por meio de outros canais (visuais), etc.

O trabalho mais significativo sobre como a emoção realmente se reflete na voz é o de Klaus Scherer na Europa. Uma das realizações de Scherer foi reunir conhecimento de características acústicas da voz, teoria sobre como as diferentes emoções afetam a voz e resultados da pesquisa real. Uma coisa é clara: não há "dicionário" de sinais de emoção para a voz nem para nenhum canal não-verbal. Você não pode identificar características acústicas chaves e então "procurá-las" em algum lugar num livro para ver qual emoção está sendo expressa. Muitos fatores entram na representação total da expressão emocional: sinais contextuais, as palavras que estão sendo ditas, outros comportamentos não-verbais, diferenças individuais nas pessoas e o fato de que existe indubitavelmente mais de um jeito de expressar determinada emoção.

A emoção de ansiedade ilustra bem essa complexidade. Há amplas diferenças individuais na expressão vocal de pessoas ansiosas. Alguns dizem que as pessoas normalmente ansiosas falam mais devagar sob ansiedade induzida experimentalmente, enquanto aquelas que não são normalmente ansiosas falam mais depressa sob tais condições. Há alguns indícios de que, sob pressão, os dialetos se tornam mais fortes. A freqüência e duração da pausa de silêncio, o timbre elevado, a falta de fluência e outros fatores tendem a ser associados à ansiedade em alguns estudos e não em outros.

A ansiedade induzida numa circunstância particular está muitas vezes associada a mais faltas de fluência ou interrupções da fala (Mahl, 1956; Siegman, 1987). A tabela 9.2 apresenta as categorias de perturbação da fala investigadas por Cook (1965). Os erros de fala "Não-Ah" (categorias 2 até 8 inclusive) parecem aumentar com a ansiedade ou o desconforto induzidos, enquanto os erros "Ah" (categoria 1), não. Alguns sentem que os erros "Ah" aumentam à medida que a dificuldade da tarefa de falar aumenta – para permitir algum "tempo para pensar". É interessante que os erros "Ah" (também chamados pausas de preenchimento) aparecem muito mais na fala dos homens do que na das mulheres (Hall, 1984). Podemos pensar que os homens são, em geral, mais assertivos, mas Siegman (1987) observa que as pausas de preenchimento estão normalmente associadas à "fala cautelosa e hesitante" (p. 398). Talvez os homens se sintam socialmente menos à vontade do que as mulheres. Pode ser, contudo, que as pausas de preenchimento estejam servindo a outra função ao mesmo tempo – evitar que a vez do orador seja tomada por outra pessoa, o que talvez seja a maior preocupação dos homens. O possível papel das pausas de preenchimento na regulação do revezamento da conversação é discutido mais adiante neste capítulo.

Williams e Stevens (1972) fizeram análises acústicas das vozes de atores que expressavam raiva, medo, tristeza e tranqüilidade, e verificaram que elas variavam em seus contornos de freqüência; por exemplo, para a tristeza os contornos eram relativamente baixos. As freqüências médias eram mais baixas para o pesar

Tabela 9.2 Categorias, freqüência de ocorrência e exemplos de distúrbios da fala

Categoria	% do total	Exemplo
1. "Er" "Ah" ou "Um"	40,5	Bem... er... quando eu vou pra casa.
2. Mudança de frase	25,3	Eu tenho um livro que... o livro de que preciso para a prova final.
3. Repetição	19,2	Eu freqüentemente... freqüentemente trabalho à noite.
4. Gagueira	7,8	Ele está meio... ... me deixa.
5. Omissão (isto é, deixar de fora ou não completar uma palavra)	4,5	Eu fui à bib...
6. Frase incompleta	1,2	Ele disse que o motivo era... seja como for, eu não podia ir.
7. Lapso verbal	0,7	Eu não tenho muito termo (isto é, tempo) esses dias.
8. Intrusão de som incoerente	1,2	Eu não sei mesmo por que... dh... eu fui.

e mais altas para a raiva, com freqüências neutras e medo no meio. Esses pesquisadores saíram do laboratório para obter mais provas; analisaram gravações do locutor de rádio que descreveu, ao vivo, a explosão e o incêndio do zepelim cheio de hidrogênio Hindenburg, em Lakehurst, New Jersey. A comparação de sua voz antes e imediatamente após o desastre mostrou que a freqüência fundamental aumentou consideravelmente depois, com muito menos flutuação de freqüência. Investigações posteriores confirmaram que o timbre da voz se eleva quando o orador está em estado de estresse.

A obra de Scherer acompanhou uma vasta gama de emoções. Num estudo de 1974, ele usou sons artificiais em vez de fala espontânea para abordar a questão sobre as características vocais e quais as emoções a que estão associadas. Usando um sintetizador Moog, ele obteve índices dos indivíduos analisados a cada estímulo acústico numa escala de dez pontos de agradabilidade, potência, atividade e avaliação. Ele também perguntava aos indivíduos se eles sentiam que os estímulos podiam ou não ser uma expressão de interesse, tristeza, medo, alegria, nojo, raiva, surpresa, exaltação ou tédio. De modo geral, o tempo e a variação de timbre pareciam ser fatores muito influentes na vasta gama de julgamentos sobre as expressões emocionais. Embora a tabela 9.3 represente os resultados de um estudo de acompanhamento, ela se aproxima muito dos resultados de vários dos estudos de Scherer.

Scherer (1986) ampliou seus prognósticos incluindo doze diferentes emoções (como irritação/raiva, agravo/desespero, exultação/alegria) e dezoito diferentes variáveis acústicas (como freqüência fundamental média, variabilidade em altura, e ritmo de fala). Comparando esses prognósticos teóricos com a pesquisa real, Scherer descobriu algumas consistências impressionantes, mas também uma variação considerável, parcialmente devido a grandes diferenças na maneira como os estudos foram conduzidos e ao número de estudos feitos (Frick, 1985). A alegria/exultação é bem estudada e está associada a freqüência média mais alta, maior variação de freqüência, maior alcance de freqüência, maior intensidade média (sonoridade) e ritmo mais rápido.

Além de seu papel na personalidade e nos julgamentos emocionais, a voz também parece desempenhar um papel no controle e na mudança de atitude, estudada principalmente no discurso.

Sinais vocais, compreensão e persuasão

Durante muitos anos, os textos introdutórios sobre a fala sublinharam a importância do antigo cânone de *enunciação* para a situação retórica. A enunciação da fala (mais do que o conteúdo) foi talvez a primeira área de retórica a receber um exame quantitativo por parte dos pesquisadores. Quase todos os estudos que isolaram a enunciação como uma variável mostraram que a enunciação era importante. Ela mostrava efeitos positivos sobre a quantidade de informação lembrada, a quantidade de mudança de atitude provocada na audiência e a quantidade de credibilidade que os membros da audiência atribuíam ao orador. Alguns autores sustentam que uma elocução pobre diminui as chances de alguém realizar os objetivos visados, mas que uma boa enunciação, em si mesma, não produz mudanças desejáveis – apenas permite que tais efeitos ocorram.

Mais do que demonstrar os méritos da boa elocução, estamos apenas preocupados com um aspecto de seu conceito maior. Queremos saber se os sinais vocais (excluindo gestos, expressões faciais, movimentos e outros elementos da elocução) afetarão significativamente a compreensão, a mudança de atitude e a credibilidade do falante.

As prescrições típicas para uso da voz na elocução da fala incluem: 1) usar variedade no volume, ritmo, timbre e articulação. A probabilidade de resultados desejáveis é menor quando se usam ritmo, volume, timbre e articulação constantes. Ser consistentemente preciso pode ser tão ineficaz quanto ser abertamente descuidado na articulação. Embora não tenha sido formalmente estudado, é bem possível que, quando a variedade vocal é percebida como rítmica ou padronizada, deixe de ser variedade, e isso diminui as probabilidades de resultados desejáveis; 2) decisões referentes a alto-suave, rápido-lento, preciso-descuidado ou alto-baixo devem se basear no que é apropriado para uma dada audiência numa determinada situação; 3) falhas excessivas na fluência devem ser evitadas. Mas como essas prescrições se refletem na pesquisa sobre sinais vocais?

Sinais vocais, compreensão e retenção

Vários estudos tendem a confirmar as prescrições para a variedade vocal no aumento da compreensão ou retenção da audiência. Woolbert (1920), naquele que talvez tenha sido o primeiro estudo desse tipo, descobriu que grandes variações de ritmo, força, timbre e qualidade produziam alta retenção na audiência quando comparada com uma condição de não-variação. Glasgow (1952), usando a prosa e a poesia, estabeleceu duas condições para estudo: "boa entonação" e "monodiapasão". Testes de múltipla escolha, acompanhando a exposição desses diferentes exemplos vocais, mostraram que o monodiapasão diminuía a compreensão em mais de 10% na prosa e na poesia. Contudo, Diehl, White e Satz (1961), usando métodos semelhantes, descobriram vários modos de variar o diapasão que não afetavam significativamente

Tabela 9.3 Concomitantes acústicos das dimensões emocionais

VARIAÇÃO DE AMPLITUDE	Moderada	Agradabilidade, atividade, felicidade
	Extrema	Medo
VARIAÇÃO DE DIAPASÃO	Moderada	Raiva, tédio, asco, medo
	Extrema	Agradabilidade, atividade, felicidade, surpresa
CONTORNO DE DIAPASÃO	Para baixo	Agradabilidade, tédio, tristeza
	Para cima	Potência, raiva, medo, surpresa
NÍVEL DE DIAPASÃO	Baixo	Agradabilidade, tédio, tristeza
	Alto	Atividade, potência, raiva, medo, surpresa
TEMPO	Lento	Tédio, asco, tristeza
	Rápido	Agradabilidade, atividade, potência, raiva, medo, felicidade, surpresa
DURAÇÃO (FORMA)	Redondo	Potência, tédio, asco, medo, tristeza
	Agudo	Agradabilidade, atividade, felicidade, surpresa
FILTRAGEM (FALTA DE SOBRETONS)	Baixa	Tristeza
	Moderada	Agradabilidade, tédio, felicidade
	Extrema	Potência, atividade raiva, asco, medo, surpresa
TONALIDADE	Atonal	Asco
	Tonal-menor	Raiva
	Tonal-maior	Agradabilidade, felicidade
RITMO	Não-rítmico	Tédio
	Rítmico	Atividade, medo, surpresa

as avaliações da compreensão. Outra pesquisa sugere que qualidade vocal moderadamente pobre, padrões de diapasão, falta de fluência, pronúncia errônea e até a gagueira não interferem significativamente na compreensão, embora em geral os ouvintes achem essas condições desagradáveis (Kibler e Barker, 1972; Klinger, 1959; Utzinger, 1952). Diehl e McDonald (1956) descobriram que qualidades de voz ofegantes e anasaladas simuladas interferiam significativamente na compreensão, mas qualidades de voz áspera e rouca não pareciam ter um efeito muito negativo. Todos esses estudos indicam que os ouvintes são bastante adaptáveis. Provavelmente são necessários insultos vocais constantes e extremos para afetar a compreensão, e mesmo então o ouvinte pode se adaptar a ponto de reter importantes informações que estão sendo comunicadas. Baixas qualidades vocais provavelmente contribuem mais para a percepção de um ouvinte quanto à personalidade ou à disposição do falante do que uma diminuição na compreensão.

O estudo do ritmo da fala por si mesmo produz outros indícios da flexibilidade do ouvinte e da falta de impacto sobre a compreensão dos fenômenos aparentemente "pobres" ligados à voz. O ritmo normal da fala é de 125 a 190 palavras por minuto. Alguns pesquisadores sentem que a compreensão começa a diminuir quando o índice excede 200 palavras por minuto, mas outros especialistas em velocidade da fala situam o nível de declínio significativo na compreensão entre 250 e 275 palavras por minuto. King e Behnke (1989) observaram que a fala comprimida no tempo afeta de forma adversa a audição abrangente (compreensão de uma mensagem e sua recordação no futuro), mas não a audição a curto prazo (quarenta segundos ou menos) ou a audição interpretativa (ler nas entrelinhas) até níveis muito altos de compressão, isto é, 60%. Obviamente, a habilidade individual para processar a informação em ritmos rápidos difere amplamente. A conclusão irrefutável a partir de estudos do ritmo da fala, contudo, é que podemos compreender a informação a ritmos muito mais rápidos do que os que comumente temos de enfrentar. Num experimento no qual os ouvintes individuais podiam variar os ritmos de apresentação à vontade, a escolha média era de uma vez e meia a velocidade normal (Orr, 1968).

Sinais vocais e persuasão

Qual é o papel da voz nas situações persuasivas? É claro que podemos comunicar várias atitudes apenas com nossa voz; por exemplo, cordialidade, hostilidade, superioridade e submissão.

Mehrabian e Williams (1969) empreenderam uma série de estudos sobre os correlatos não-verbais de persuasão pretendida e percebida. Extraindo apenas descobertas sobre sinais vocais, o que se segue parece estar associado a uma "crescente intenção de persuadir e decodificar e a algo que reforça a persuasão de uma comunicação"; assim, quanto maior o volume da fala e quanto mais forte o ritmo da fala, menor será a pausa do discurso.

A esse primeiro estudo se seguiram muitos outros sobre a relação dos sinais vocais com a mudança de atitude. Burgoon e seus colegas (1990) concluíram, após rever essa pesquisa, que os seguintes sinais vocais estão associados a maior persuasão, credibilidade, competência ou mudança de atitude real. (Há provavelmente limites superiores para a efetiva variedade em cada um desses aspectos, de modo que os extremos produziriam menos, e não mais, credibilidade ou persuasão.)

- fala fluente, não-hesitante
- latências de resposta menores (duração de pausa quando os oradores se revezam)
- mais variação de diapasão
- mais alto
- fala mais rápida (medida por palavras por minuto, ou comprimento de pausas)

De todos esses sinais, a fala mais rápida recebeu maior atenção em sua relação com o processo de persuasão (Miller e outros pesquisadores, 1976; Street, Brady e Lee, 1984). Por que a fala rápida é persuasiva? Será em razão de a fala mais rápida parecer mais confiável? Há um número considerável de indícios de que a credibilidade percebida de um orador é um fator poderoso na persuasão (Hass, 1981). Embora essa posição seja a mais aceita, outras explicações foram oferecidas. Quando ouvimos um persuasor que fala rapidamente, podemos nos manter tão ocupados processando a mensagem que temos pouca chance de desenvolver contra-argumentos em nossas cabeças. Ou podemos simplesmente nos distrair com a fala mais rápida, e em resultado disso perdemos nossa habilidade de focar a atenção na mensagem e de desenvolver contra-argumentos (Woodall e Burgoon, 1983).

Percepções relativas à persuasão também se originam dos estilos de fala mencionados anteriormente, os quais se situam na fronteira entre o comportamento verbal e o não-verbal, da mesma forma que os sinais de insegurança e hesitação. Comportamentos desse tipo resultam numa fala "fraca" e dão a impressão de falta de autoridade e incompetência.

A essa altura, você pode perguntar, com toda razão, "E daí?". E se conhecermos o potencial da voz para inferir várias respostas ligadas à compreensão, mudança de atitude e credibilidade do falante? Obviamente em situações da vida real, há sinais visuais e verbais, anteriores à publicidade e às experiências com o falante, e uma multidão de outros fatores interagentes que reduzem grandemente a importância dos sinais vocais. Em suma, os sinais vocais não operam isoladamente na interação humana como nos experimentos aqui relatados. Mas não sabemos qual é seu papel no contexto; eles podem até ser mais influentes. Anteriormente, apontamos que todo livro que focaliza apenas a comunicação não-verbal distorce a realidade, por não tratar do papel dos sinais verbais e não-verbais. O estudo dos sinais vocais também distorce a realidade. Contudo, é necessário compreender as etapas que o integram, de modo que, ao desenvolvermos métodos para estudar fenômenos mais complexos, saibamos a natureza das partes que estamos reunindo. Burgoon, Birk e Pfau (1990) começaram algumas dessas "reuniões" num estudo de credibilidade e persuasão no qual os sinais vocais eram medidos segundo uma legião de comportamentos faciais e corporais. No controle de outros comportamentos não-verbais, a fluência vocal manteve-se o fator mais forte da competência julgada (uma dimensão de credibilidade), e era um dos dois aspectos mais significativos da persuasão avaliada.

Sinais vocais e revezamento na conversação

Até aqui discutimos o papel dos sinais vocais na comunicação de atitudes interpessoais, emoções e informações sobre si mesmo. Os sinais vocais também desempenham um papel importante na *administração* da interação, pois são parte de um sistema que nos ajuda a estruturar nossas interações – isto é, quem fala, quando, para quem e por quanto tempo. As regras para revezamento ou "partilha da audiência" podem ter tanto a ver com a maneira pela qual uma conversação é percebida quanto como é percebido o conteúdo verbal real da interação (Duncan, 1973; Wiemann e Knapp, 1975). Muitos se lembram de exemplos em que as regras de revezamento desempenharam um papel significativo em nossas respostas; por exemplo, quando um interlocutor prolixo só o deixava tomar a palavra quando você elevava a voz; quando um respondente passivo recusava-se a "pegar a bola conversacional" que você lhe passava; quando você enfrentou um "interruptor"; ou aqueles momentos desconfortáveis em que duas pessoas falavam ao mesmo tempo. Obviamente, os sinais vocais são apenas um dos elementos que usamos para administrar o revezamento da palavra; eles podem ser encontrados em outros capítulos. Apenas raramente verbalizamos essa informação de modo explícito, por exemplo: "Está bem, já acabei de falar. Agora é a sua vez".

Nosso uso desses sinais é quase sempre inconsciente, mas se conforma, contudo, a regras de uso definidas. Estas foram descritas extensamente por Duncan e Fiske

(1977) em suas análises das conversas entre duas pessoas, mantidas num ambiente de laboratório. Os pesquisadores descobriram que certos sinais estavam quase invariavelmente presentes quando acontecia um revezamento suave; cinco deles eram vocais (verbais e não-verbais). Nenhum desses sinais parece ser mais importante do que os outros; parece, antes, que o número absoluto deles permite uma predição mais correta de uma suave mudança. Em outras palavras, a redundância – o envio simultâneo de vários sinais equivalentes – promove uma regulação suave da conversação. Esses sinais incluíam o timbre do orador ou um ritmo arrastado no final de uma unidade de fala, o complemento gramatical de uma unidade de fala e o uso de certas frases verbais rotineiras. A seguir, elaboramos estes e outros comportamentos reguladores do revezamento identificados na pesquisa (Cappella, 1985; Rosenfeld, 1987).

Ceder a vez
"Ceder" a vez significa assinalar que você terminou e que a outra pessoa pode começar a falar. Algumas vezes, fazemos isso colocando uma pergunta – fazendo o timbre da voz elevar-se no final de nosso comentário. Outra regra não-escrita que a maioria de nós segue é que as perguntas exigem (ou demandam) respostas. Também podemos deixar cair nosso timbre (algumas vezes com um arrastamento da última sílaba) ao terminar uma afirmação declarativa que conclui nosso monólogo. Se os sinais não são suficientes para a outra pessoa começar a falar, podemos ter de acrescentar um "reboque" na ponta. O "reboque" pode ser um silêncio ou uma forma de pausa preenchida, por exemplo, "tá, sei", "sei, ah", ou "ou algo assim". As pausas preenchidas reiteram o fato de que você é complacente e preenche um silêncio que poderia, de outra forma, indicar a insensibilidade do outro a seus sinais (ou sua própria inabilidade de torná-los claros).

Pedir a vez
Podemos também usar sinais vocais para mostrar aos outros que queremos dizer alguma coisa. Embora uma tomada de fôlego audível possa não ser, apenas ela, um sinal suficiente, ajuda a assinalar uma solicitação de vez. O mero ato de interromper ou uma conversa simultânea (sem conhecimento do conteúdo verbal) pode assinalar impaciência para tomar a palavra. Algumas vezes você pode introduzir vocalizações durante a pausa normal do outro interlocutor. Esses "inícios gaguejados" podem ser o começo de uma frase ("Eu... Eu... Eu...") ou apenas amortecedores vocais ("Ah... Er... Ah..."). Outro método de pedir a palavra é ajudar a outra pessoa a terminar rapidamente. Isso pode ser feito acelerando as respostas de alguém, de maneira muito semelhante ao aumento de rapidez dos acenos de cabeça quando uma pessoa está ansiosa para deixar uma situação na qual outra pessoa tem a palavra. Esses sinais "de fundo" são vocalizações, como "Uh-huh", "É" e "Mm-hmm". Mas a mensagem derivada do uso rápido desses sinais é "Acabe logo para que eu possa falar".

Manter a palavra
Algumas vezes queremos manter a palavra. Isso ocorre para mostrarmos nosso *status*, para evitar *feedback* desagradável, ou talvez porque tenhamos uma avaliação exagerada da importância de nossas próprias palavras e idéias. Os sinais vo-

cais comuns nesses exemplos podem incluir: 1) aumento de volume e de ritmo quando os sinais de solicitação da palavra são percebidos; 2) aumento da freqüência das pausas preenchidas; 3) diminuição da freqüência e duração das pausas de silêncio (Maclay e Osgood, 1959). Embora a pesquisa de Lalljee e Cook (1969) não confirme o uso de pausas para controle, Rochester (1973) cita vários estudos que apóiam o seguinte: 1) mais pausas preenchidas e menos pausas de silêncio são encontradas com mais freqüência no diálogo do que no monólogo; 2) mais pausas preenchidas e menos pausas de silêncio *não* são encontradas quando as pessoas querem interromper uma fala; 3) mais pausas preenchidas e menos pausas de silêncio são mais prováveis quando o orador carece de meios visuais para controlar a conversação.

Recusar a vez de falar

Em algumas ocasiões, podemos querer que a outra pessoa continue a falar – recusando nossa vez quando esta nos é oferecida. Os sinais do canal de fundo notados anteriormente podem manter a outra pessoa falando, reforçando o que está sendo dito por ela. O ritmo com que esses sinais são pronunciados, contudo, é provavelmente mais lento do que quando estamos pedindo a palavra. E, é claro, o simples fato de permanecermos calados pode comunicar dramaticamente uma recusa em tomar a palavra. Silêncio e pausas são alguns de nossos próximos assuntos.

Queremos reiterar que a regulação da conversação é um assunto delicado que envolve uma complexa coordenação do comportamento verbal, do comportamento vocal, do olhar e do movimento do corpo. Como exemplo, mesmo quando alguém espera um revezamento, baseado em palavras e voz, é muito improvável a ocorrência de uma mudança se o falante desviar o olhar do ouvinte no momento provável de mudança, ou iniciar um gesto manual que é mantido e não retorna ao estado de repouso.

Hesitações, pausas, silêncio e fala

A fala espontânea é muito fragmentada e descontínua. Goldman-Eisler (1968) diz que, mesmo quando a fala está no ponto máximo de fluência, dois terços da língua falada saem em trechos de menos de seis palavras – o que sugere fortemente que o conceito de fluência na fala espontânea é uma ilusão. As pausas variam em comprimento de milésimos de segundos a minutos. Estão sujeitas a considerável variação, baseada nas diferenças individuais, no tipo de tarefa verbal, na quantidade de espontaneidade e nas pressões da situação social particular.

Locação ou colocação de pausas

As pausas não são distribuídas uniformemente através do fluxo discursivo. Goldman-Eisler (1968, p. 13) delineia os lugares em que as pausas ocorrem – nas junções gramaticais e nas não-gramaticais.

Gramaticais

1. Pontos de pontuação "naturais", por exemplo, o final de uma frase.

2. Precedendo imediatamente uma conjunção, seja (i) coordenativa, como *e, mas, nem, portanto*, seja (ii) subordinativa, como *se, quando, embora, como, porque*.
3. Antes de pronomes relativos e interrogativos; por exemplo, *quem, o qual, que, por que, cujo*.
4. Quando uma pergunta é direta ou implícita; por exemplo: "Eu não sei se o farei".
5. Antes de todas as orações adverbiais de tempo (quando), modo (como) e lugar (onde).
6. Quando são feitas referências parentéticas completas; por exemplo: "Você pode dizer que as palavras – ou seja, a fala fonética – não são sinceras".

Não-gramaticais

1. Onde ocorre um desnível no meio ou no final da frase; por exemplo: "Em cada uma das // células do corpo //..."
2. Quando um desnível ocorre entre as palavras e as frases repetidas, por exemplo, (i): "A questão do // da economia." (ii) "Essa atitude é mais estreita do que aquela // aquela de muitos sul-africanos".
3. Quando ocorre um desnível no meio de um composto verbal; por exemplo: "Nós tínhamos // tomado a questão com eles e eles estão // resolvidos a se opor a nós".
4. Quando a estrutura de uma frase é interrompida por uma reconsideração ou um falso começo; por exemplo: "Eu acho que o problema de De Gaulle é o // o que temos de lembrar sobre a França é..."

A análise da fala espontânea mostra que apenas 55% das pausas caem na categoria gramatical, enquanto os leitores orais de textos preparados são extremamente consistentes em pausar junto às orações e às conjunções de frase.

Tipos de pausas

Os dois principais tipos de pausa são a pausa não-preenchida (silêncio) e a pausa preenchida. Uma pausa preenchida simplesmente recebe algum tipo de fonação, como "um " ou "uh". Uma variedade de fontes associa as pausas preenchidas a diversas características geralmente indesejáveis. Algumas pessoas associam pausas preenchidas e repetições a excitação emocional; alguns sentem que as pausas preenchidas podem reduzir a ansiedade, mas perturbam os processos cognitivos. Goldman-Eisler (1961) concluiu, em quatro estudos, que o tempo de pausas não-preenchidas estava associado a "estilística superior (mais concisa) e formulações linguísticas menos prováveis", enquanto os altos índices de pausas preenchidas estavam ligados a "resultado estilístico inferior (afirmação prolixa) de previsibilidade maior". Livant (1963) descobriu que o tempo requerido para resolver problemas de somar era significativamente maior quando o sujeito preenchia suas pausas do que quando estava em silêncio. Vários experimentadores chegaram a conclusões semelhantes: quando os falantes preenchem as pausas também prejudicam seu desempenho. Assim, numa discussão acalorada, você pode manter o controle da conversa preenchendo as pausas, mas você também pode diminuir a qualidade de sua contribuição. Pausas preenchidas demais ou pausas não-preenchidas demais podem receber avaliações negativas por parte dos ouvintes. Lalljee (1971) revelou que pausas não-preenchidas demais pelo falante faziam os ouvintes percebê-lo como ansioso, zangado ou irônico; pausas preenchidas em demasia evocavam percepções do orador como ansioso ou entediado.

Receptores especializados (como conselheiros) podem ter reações diferentes. Por exemplo, as variações nas pausas preenchidas e não-preenchidas não afetam as percepções dos conselheiros quanto à genuinidade ou à ansiedade de um cliente, mas pausas não-preenchidas (três a sete segundos) parecem fazer o conselheiro pensar que a mensagem que se segue estava revelando mais sobre o cliente (Fisher e Apostal, 1975).

Razões por que ocorrem as pausas

No decorrer de um discurso espontâneo, enfrentamos situações que requerem decisões sobre o que dizer e em que forma léxica ou estrutural colocar a fala. Uma escola de pensamento liga a hesitação na fala à incerteza de predizer a atividade cognitiva e léxica durante o processo de falar. O orador pode estar refletindo decisões sobre a mensagem imediata ou até estar projetando no passado ou no futuro; isto é: "Eu não acho que ela entendeu o que eu disse antes" ou "Se ela diz isso, o que vou dizer, então?". Trabalhando com a hipótese de que essas pausas de hesitação fossem realmente adiamentos decorrentes dos processos que ocorrem no cérebro toda vez que a fala deixava de ser a vocalização automática de seqüências aprendidas, Goldman-Eisler realizou um experimento destinado a "tornar a construção do pensamento uma parte indispensável e controlada do processo de falar". Foram mostrados cartuns a várias pessoas, às quais se atribuíam tarefas de descrever e interpretar. O tempo de pausa durante a "interpretação" era duas vezes mais longo do que durante a "descrição". Observou-se também que a cada ensaio sucessivo (uma redução na espontaneidade), havia um declínio no período de pausa. Outra possível explanação de alguns comportamentos de pausar envolve o que é descrito como comportamento *disruptivo*. Em vez de representar o tempo para planejamento, a pausa às vezes indica uma interrupção decorrente de um estado emocional que pode ter se desenvolvido a partir de um *feedback* negativo ou de pressões do tempo. Essas interrupções podem assumir muitas formas: receios sobre o tema em discussão; desejo de impressionar o ouvinte com habilidades verbais e/ou intelectuais; pressão para realizar outras tarefas simultaneamente; pressão para produzir imediatamente um resultado verbal, e assim por diante.

Estudos posteriores das pausas e da respiração sugerem que os processos cognitivos e de decisão léxica são também reguladores da incidência da respiração durante a fala. Enquanto liam passagens de prosa em voz alta, os oradores inspiravam exclusivamente nos desníveis ocasionais pelas junções gramaticais. Durante a fala espontânea, aproximadamente um terço das inspirações era feito em desníveis não-gramaticais. A freqüência e a duração de pausas também podem ser devidas a predisposições a certos ouvintes, adaptações a certas situações de audiência, número de falantes potenciais e desejo de falar de uma pessoa.

Latência de resposta e tempo de conversa

Até aqui consideramos hesitações e pausas principalmente do ponto de vista do orador. Vamos agora tratar do processo de interação e do efeito do *timing* interpessoal de um indivíduo sobre outro. Por muitos anos, Chapple (1949; 1953; Chapple e Sayles, 1961) explorou os ritmos de diálogo, isto é, o grau de sincronia encontrado no intercâmbio das conversas. Isso envolvia observar quem fala, quando e por quanto tempo.

Ele desenvolveu uma entrevista padronizada na qual o entrevistador alterna o responder "normal" atento com silêncios e, depois, interrupções. Como se pode prever, houve muitas reações. Algumas pessoas respondem a uma não-resposta, ou silêncio, acelerando a conversa; outras enfrentam a não-resposta; muitas tentam alguma combinação das duas. Chapple sente que podemos aprender muito com esses comportamentos; por exemplo, dominância manifesta, reações à dominância e pressão de outras pessoas e outras tendências comportamentais. Ele fundamenta sua obra em dados que indicam êxito na seleção de funcionários. Na interação social cotidiana, é irrelevante o fato de o tempo de conversa e a latência de resposta serem ou não manifestações da personalidade de alguém. No entanto, foi descoberto que os erros de fala e a duração do tempo de conversa eram aspectos importantes a serem observados nas entrevistas inter-raciais (Word, Zanna e Cooper, 1974).

Os estudos de Matarazzo (Matarazzo, Wiens e Saslow, 1965) sobre o comportamento em entrevista descobriram que muitas latências de resposta estavam entre 1 e 2 segundos com uma média de cerca de 1,7 segundo. O entrevistador, contudo, pode ter considerável influência na duração das pausas. Por exemplo, quando o entrevistador não respondia a uma afirmação feita pelo entrevistado, quase 65% dos entrevistados começavam a falar novamente, mas a pausa era agora mais próxima a 4,5 segundos. Da mesma maneira, Matarazzo demonstrou o impacto do *enfrentamento da resposta*, mostrando como o entrevistador pode também controlar a duração da elocução, aumentando a duração de suas próprias elocuções. As figuras 9.2 e 9.3 apresentam os resultados de vários experimentos que envolvem três segmentos de quinze minutos de uma entrevista de 45 minutos com um entrevistador variando suas respostas durante diferentes períodos. Quando o entrevistador estendia o tempo de suas respostas, havia um aumento correspondente na duração das respostas por parte do entrevistado. Da mesma maneira, muitas vezes pode acontecer de as próprias pausas provocarem pausas.

O entrevistador pode também controlar a duração da resposta assentindo com a cabeça ou dizendo "Mm-hmm" durante a resposta do entrevistado, como é mostrado na figura 9.3. Alguns pesquisadores sugeriram até que o aumento da velocidade da conversa não significa um aumento do ritmo de articulação, mas uma diminuição da extensão das pausas.

Obviamente, a latência de resposta de alguém será influenciada por muitos fatores. Focalizamos primeiramente o comportamento da outra pessoa, mas uma súbita mudança de assunto, uma mudança de distância interpessoal, um posicionamento íntimo com uma pessoa íntima, e muitos outros fatores podem afetar esse comportamento. Igualmente, seria perigoso concluir, com base na du-

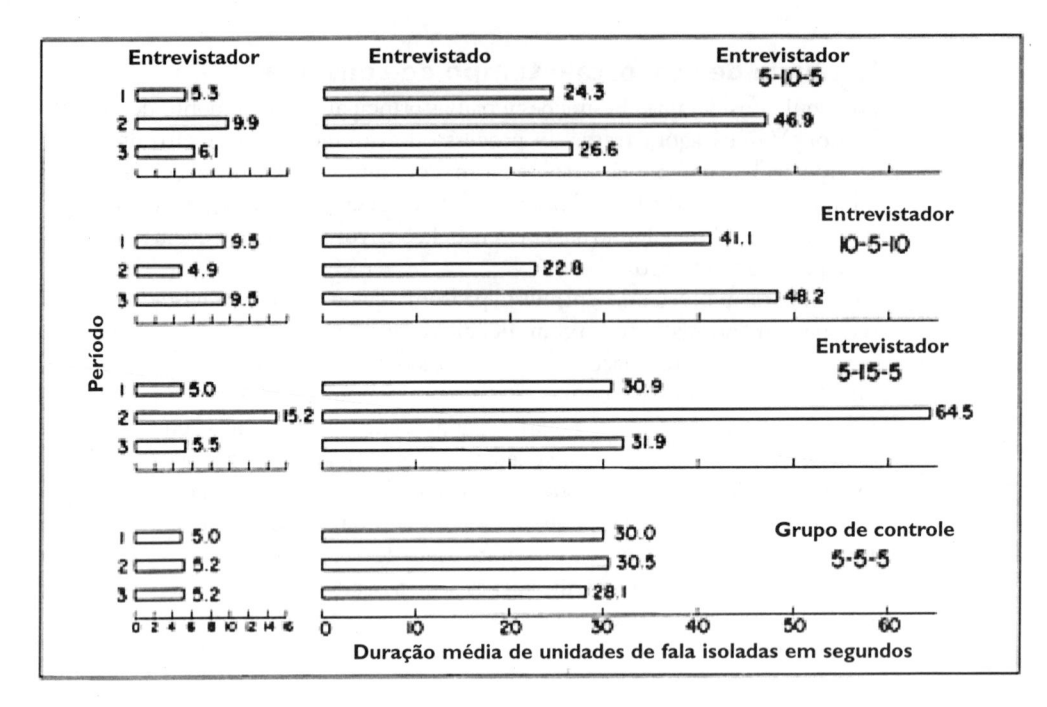

356 Comunicação não-verbal na interação humana

Figura 9.2 A duração da resposta do entrevistador influencia a duração de resposta do entrevistado

ração da resposta apresentada numa interação, que uma pessoa estava manifestando dominância. Um exame mais acurado pode revelar que a pessoa pode ter falado por mais tempo, mas menos vezes – ou que a pessoa pode ter respondido a necessidades além da dominância. A latência de resposta e o tempo de conversa podem ser dados importantes na avaliação de características de uma interação, mas, como outras características, constituem apenas uma parte do todo.

Silêncio

A maior parte das hesitações e pausas que discutimos são de duração relativamente curta. Algumas vezes, os silêncios são estendidos. Eles podem ser impostos pela natureza do ambiente; por exemplo, em igrejas, bibliotecas, salas de tribunais ou hospitais; podem ser impostos pela duração de determinado evento – por exemplo, num funeral, durante os toques de silêncio, quando se ora ou se ouve o hino nacional – ou ainda ser auto-impostos, quando permanecemos quietos nas florestas para ouvir outros sons ou para desfrutar com um amante a proximidade mútua que a ausência de palavras pode proporcionar. O silêncio significa virtualmente qualquer coisa: é carregado com aquelas palavras que acabaram de ser trocadas; palavras que foram trocadas no passado; palavras que não foram ou que não serão ditas, mas são imaginadas; e palavras que podem realmente ser ditas no futuro. Por essas razões, seria absurdo fornecer uma lista de significados do silêncio. O significado do silêncio, como o das palavras, só pode ser deduzido após uma análise cuidadosa dos comunicadores, do assunto, do tempo, do lugar, da cultura etc.

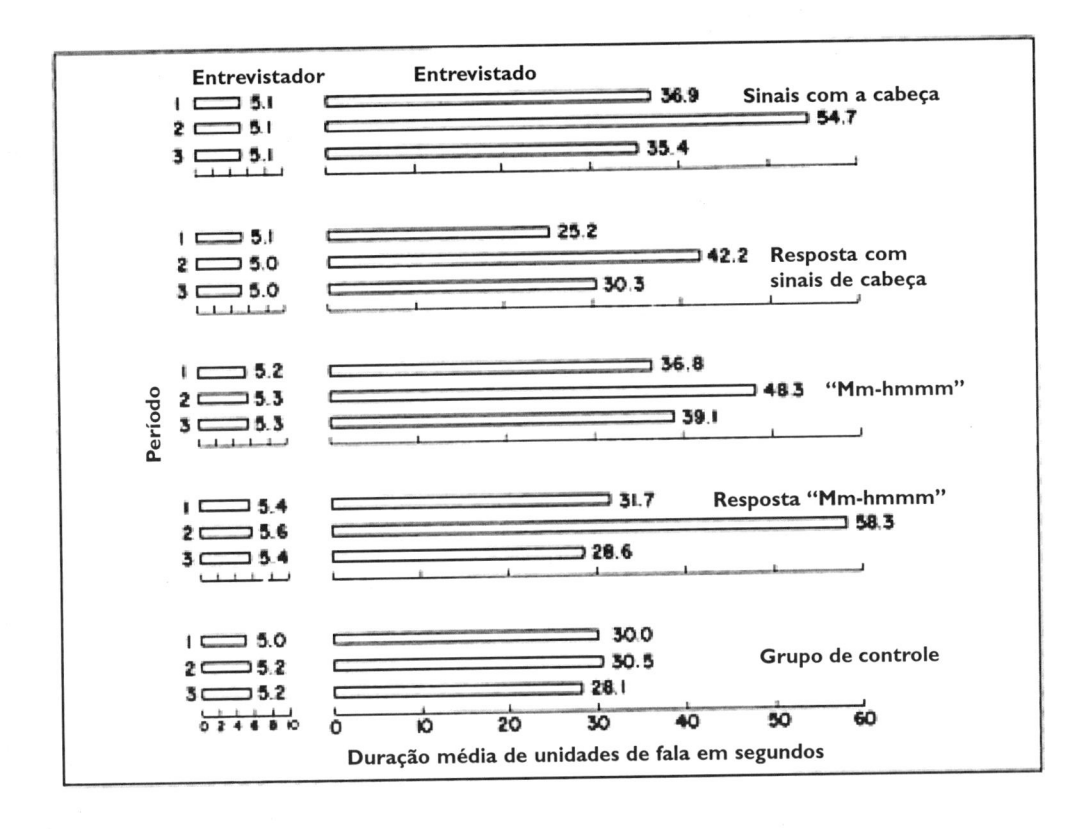

Os efeitos dos sinais vocais que acompanham as palavras faladas 357

Figura 9.3 A influência dos gestos de cabeça do entrevistador e do "Mm-hmm" sobre a duração da resposta do entrevistado

Algumas das muitas funções interpessoais cumpridas pelo silêncio incluem: 1) pontuação ou inflexão de voz, chamando a atenção para certas palavras ou idéias; 2) avaliação, fornecendo julgamentos sobre o comportamento de outra pessoa, mostrando apreciação ou desagrado, acordo ou desacordo, atacando (por exemplo, não respondendo a um comentário, cumprimento ou carta); 3) revelação, fazendo com que algo seja conhecido ou ocultando alguma coisa por meio do silêncio; 4) expressão de emoções – o silêncio que indica nojo, tristeza, medo, raiva ou amor; 5) atividade mental, mostrando ponderação e reflexão ou ignorância por meio do silêncio (Bruneau, 1973; Jensen, 1973).

Sumário

No decorrer deste capítulo, foram expostos um grande número de estudos de pesquisa e uma quantidade considerável de material descritivo. O que eles significam para o leitor como comunicador e como observador do comportamento não-verbal na interação humana?

O mais importante neste capítulo foi estabelecer que os sinais vocais freqüentemente desempenham um papel importante na determinação de respostas nas situações de comunicação humana. Você deve refutar prontamente o clichê de que esses sinais se referem apenas a *como* alguma coisa é dita; freqüentemente, eles são *o que* é dito. O que é dito pode ser uma atitude ("Eu gosto de você" ou "Eu sou superior a você"); uma emoção; a coordenação e o gerenciamento da conversação; ou a apresentação de algum aspecto de sua personalidade, *background* ou características físicas.

Como comunicador e observador da espécie humana, você deve também reconhecer o importante papel que os estereótipos vocais desempenham na determinação de respostas. Se os avaliadores estão tentando determinar a sua ocupação, sociabilidade, raça, grau de introversão, tipo de corpo, ou algumas das várias outras qualidades a seu respeito, eles estarão aptos a responder a estereótipos bem aprendidos. É possível que esses estereótipos não o descrevam de modo preciso, mas terão influência na interação entre você e o avaliador. Quase todas as pesquisas revistas neste capítulo demonstraram considerável consenso entre os avaliadores. Até aqui é difícil identificar muitos traços de personalidade que parecem ser julgados com acurácia. Isso se deve em parte, é claro, à natureza imperfeita das medidas de personalidade. Além disso, uma determinada pessoa, ao julgar uma voz particular, pode ser muito precisa no julgamento da personalidade por trás daquela voz. Nossos julgamentos de grandes grupos de pessoas também têm muita influência em nossos julgamentos da personalidade vocal de uma única pessoa. Embora não seja incomum que uma pessoa que fala um dialeto diferente do seu próprio seja vista de forma negativa, os oradores que tentam corrigir diferenças de fala e que violam seriamente expectativas em relação a seu discurso podem também ser vistos negativamente. Há considerável sustentação para a idéia de que uma voz pode evocar um estereótipo étnico do qual se revestirão as percepções de alguém pela voz de um indivíduo; contudo, um estudo sugere que as pessoas podem também reagir a aspectos vocais do próprio dialeto, do qual podem gostar ou não.

Julgamentos precisos (além do casual) de idade, sexo e *status* a partir apenas de sinais vocais tendem a ser relatados com razoável consistência nos estudos. Além disso, parece que somos capazes de identificar oradores específicos apenas por sua voz; mas recentemente uma atenção maior foi dada aos meios espectrográficos e eletrônicos de identificação do orador.

Ainda que estudos de julgamentos de emoções a partir de sinais vocais tenham usado métodos diferentes, emoções diferentes, ouvintes com sensibilidades diversas e oradores com habilidades diferentes para retratar emoções, os resultados foram surpreendentemente consistentes. Podemos fazer julgamentos muito precisos de emoções e sentimentos a partir de mensagens vocais sem palavras. Obviamente, devemos nos lembrar de que todo indivíduo pode expressar vocalmente a mesma emoção de várias maneiras, dependendo da ocasião e dos estímulos provocadores.

Há indícios de que comportamentos vocais moderadamente pobres não interferem na compreensão de uma mensagem pelo ouvinte, e de que, se variarmos o volume, a altura e o ritmo vocal, poderemos aumentar nossas chances de alcançar a compreensão da audiência. O comportamento vocal imutável, constante (especialmente nos extremos), pode ser menos vantajoso para obter a compreensão da audiência.

Descobertas preliminares sugerem que a voz também pode ser importante em alguns aspectos de persuasão. Mais fluência, ritmo mais intenso, mais volume e menos pausas no discurso parecem estar ligados à intenção de persuadir e à persuasão percebida. Sabemos que a credibilidade de um orador desempenha um papel importante na persuasão em algumas situações. Sabemos como essas poucas decisões referentes à credibilidade (fidedignidade, dinamismo, amabilidade, competência) são feitas apenas de exemplos vocais sem palavras.

Sinais vocais também nos ajudam a lidar com o intercâmbio do uso da palavra. Na manutenção, no pedido da vez de falar e na recusa da vez, podemos usar sinais vocais para deixar claras nossas intenções.

Também devemos ser mais conscientes do papel importante das hesitações ou pausas no discurso espontâneo. Tais pausas, comumente com duração entre um e dois segundos, podem ser muito influenciadas pelo outro interagente, pelo assunto que está sendo discutido e pela natureza da situação social. Vários relatórios sugerem que o "desempenho prejudicado" numa série de áreas pode resultar do uso excessivo de pausas preenchidas. As pausas podem ser a manifestação explícita do tempo usado para tomar decisões sobre o que dizer e como dizê-lo, ou representar interrupções no processo de discurso.

Em conjunto, essas descobertas mostram que os sinais vocais apenas podem dar muita informação sobre um falante, e que nossa reação total a outro indivíduo é de certa forma colorida por nossas reações a esses sinais vocais. Nossas *percepções* de sinais verbais combinam com outros estímulos verbais e não-verbais para moldar concepções usadas como base para a comunicação. Talvez um estudo futuro forneça alguma informação sobre como nossas respostas a nossas próprias vozes afetam a auto-imagem e, portanto, nosso comportamento comunicativo. Primeiramente, contudo, precisamos dar mais atenção a vozes manifestadas na *interação* natural, especialmente com parceiros que não são estranhos. Alguns dos resultados precedentes podem precisar de modificação quando olhamos para um discurso espontâneo em diferentes estágios de relacionamentos.

Referências e bibliografia selecionada

Aboud, F. E., Clement, R., & Taylor, D. M. (1974). Evaluational reactions to discrepancies between social class and language. *Sociometry, 37*, 239–50.

Addington, D. W. (1968). The relationship of selected vocal characteristics to personality perception. *Speech Monographs, 35*, 492–503.

Allport, G., & Cantril, H. (1934). Judging personality from voice. *Journal of Social Psychology, 5*, 37–54.

Anisfeld, M., Bogo, N., & Lambert, W. (1962). Evaluation reactions to accented English speech. *Journal of Abnormal and Social Psychology, 65*, 223–31.

Aries, E. (1987). Gender and communication. *In* P. Shaver & C. Hendrick (Eds.), *Review of Personality and Social Psychology*. Vol. 7 (pp. 149–76). Newbury Park, CA: Sage.

Beier, E. G., & Zautra, A. (1972). Identification of vocal communication of emotions across culture. *ERIC*, Ed. 056504.

Bolt, R., Cooper, F., Davis E., Jr., Denes, P., Pickett, J., & Stevens, K. (1973). Speaker identification by speech spectrograms. *Journal of the Acoustical Society of America, 54*, 531–7.

Boomer, D. S. (1965). Hesitation and grammatical encoding. *Language and Speech, 8*, 148–58.

Boomer, D. S., & Dittmann, A. T. (1962). Hesitation pauses and juncture pauses in speech. *Language and Speech, 5*, 215–20.

Boomer, D. S., & Dittmann, A. T. (1964). Speech rate, filled pause, and body movements in interviews. *Journal of Nervous and Mental Disease, 139*, 324–7.

Bradford, A., Ferror, D., & Bradford, G. (1974). Evaluation reactions of college students to dialect differences in the English of Mexican-Americans. *Language and Speech, 17*, 255–70.

Bruneau, T. J. (1973). Communicative silences: Forms and functions. *Journal of Communication, 23*, 17–46.

Buck, J. (1968). The effects of Negro and White dialectical variations upon attitudes of college students. *Speech Monographs, 35*, 181–6.

Buller, D. B., & Aune, R. K. (1988). The effects of vocalics and nonverbal sensitivity on compliance: A speech accommodation theory explanation. *Human Communication Research, 14*, 301–32.

Buller, D. B., & Burgoon, J. K. (1986). The effects of vocalics and nonverbal sensitivity on compliance: A replication and extension. *Human Communication Research, 13*, 126–44.

Burgoon, J. K., Birk, T., & Pfau, M. (1990). Nonverbal behaviors, persuasion, and credibility. *Human Communication Research, 17*, 140–69.

Cappella, J. N. (1985). Controlling the floor in conversation. In A. W. Siegman & S. Feldstein (Eds.), *Multichannel integrations of nonverbal behavior* (pp. 69–103). Hillsdale, NJ: Erlbaum.

Caporael, L. R. (1981). The paralanguage of caregiving: Baby talk to the institutionalized aged. *Journal of Personality and Social Psychology, 40*, 876–84.

Chapple, E. D. (1949). The interaction chronograph: Its evolution and present application. *Personnel, 25*, 295–307.

Chapple, E. D. (1953). The standard experimental (stress) interview as used in interaction chronograph investigations. *Human Organizations, 12*, 23–32.

Chapple, E. D., & Sayles, L. R. (1961). *The measure of management.* Nova York: Macmillan.

Cook, M. (1965). Anxiety, speech disturbances, and speech rate. *British Journal of Social and Clinical Psychology, 4*, 1–7.

Corsi, P. (1982). Speaker recognition: A survey. In J. P. Haton (Ed.), *Automatic speech analysis and recognition* (pp. 277–308). Dordrecht, Holland: Reidel.

Crosby, F., & Nyquist, L. (1977). The female register: An empirical study of Lakoff's hypothesis. *Language in Society, 6*, 313–22.

Davis, P. B. (1949). *An investigation of the suggestion of age through voice in interpretive reading.* Tese de mestrado não publicada, University of Denver.

Davitz, J. R. (1964). *The communication of emotional meaning*. Nova York: McGraw-Hill.

Davitz, J. R., & Davitz, L. (1959). The communication of feelings by content-free speech. *Journal of Communication, 9*, 6–13.

DePaulo, B. M., & Coleman, L. M. (1986). Talking to children, foreigners, and retarded adults. *Journal of Personality and Social Psychology, 51*, 945–59.

DePaulo, B. M., & Coleman, L. M. (1987). Verbal and nonverbal communication of warmth to children, foreigners, and retarded adults. *Journal of Nonverbal Behavior, 11*, 75–88.

Diehl, C. F., & McDonald, E. T. (1956). Effect of voice quality on communication. *Journal of Speech and Hearing Disorders, 21*, 233–37.

Diehl, C. F., White, R. C., & Satz, P. H. (1961). Pitch change and comprehension. *Speech Monographs, 28*, 65–8.

Dindia, K. (1987). The effects of sex of subject and sex of partner on interruptions. *Human Communication Research, 13*, 345–71.

Dittmann, A. T. (1971). The body movement-speech rhythm relationship as a cue to speech encoding. In A. W. Siegman & B. Pope (Eds.), *Studies in dyadic communication*. Nova York: Pergamon.

Dittmann, A. T., & Llewellyn, L. G. (1967). The phonemic clause as a unit of speech decoding. *Journal of Personality and Social Psychology, 6*, 341–9.

Dittmann, A. T., & Llewellyn, L. G. (1969). Body movement and speech rhythm in social conversation. *Journal of Personality and Social Psychology, 11*, 98–106.

Doddington, G. (1985). Speaker recognition: Identifying people by their voices. *Proc. IEEE, 73*, 1651–64.

Dubner, F. S. (1972). Nonverbal aspects of Black English. *Southern Speech Communication Journal, 37*, 361–74.

Duncan, S. (1972). Some signals and rules for taking speaking turns in conversations. *Journal of Personality and Social Psychology, 23*, 283–92.

Duncan, S. (1973). Toward a grammar for dyadic conversation. *Semiotica, 9*, 24–46.

Duncan, S., & Fiske, D. W. (1977). *Face-to-face interaction*. Hillsdale, NJ: Erlbaum.

Duncan, S. D., Jr., Rosenberg, M. J., & Finkelstein, J. (1969). The paralanguage of experimenter bias. *Sociometry, 32*, 207–19.

Ellis, D. S. (1967). Speech and social status in America. *Social Forces, 45*, 431–51.

Erickson, B., Lind, E. A., Johnson, B. C., & O'Barr, W. M. (1978). Speech style and impression-formation in a court setting: The effects of "powerful" and "powerless" speech. *Journal of Experimental Social Psychology, 14*, 266–79.

Fay, P. & Middleton, W. (1940a). Judgment of occupation from the voice as transmitted over a public address system. *Sociometry, 3*, 186–91.

Fay, P., & Middleton, W. (1940b). The ability to judge the rested or tired condition of a speaker from his voice as transmitted over a public address system. *Journal of Applied Psychology, 24*, 645–50.

Fay, P., & Middleton, W. (1941). The ability to judge truth telling or lying from the voice as transmitted over a public address system. *Journal of General Psychology, 24*, 211–5.

Fisher, M. J., & Apostal, R. A. (1975). Selected vocal cues and counselors' perceptions of genuineness, self-disclosure, and anxiety. *Journal of Counseling Psychology, 22*, 92–6.

Foulke, E., & Sticht, T. G. (1974). Review of research on time-compressed speech. In S. Duker (Ed.), *Time-compressed speech*. Vol. 1 (pp. 478–501). Metuchen, NJ: Scarecrow.

Frick, R. W. (1985). Communicating emotion: The role of prosodic features. *Psychological Bulletin, 97*, 412–29.

Gates, G. S. (1927). The role of the auditory element in the interpretation of emotions. *Psychological Bulletin, 24*, 175.

Giles, H. (1971). Ethnocentrism and the evaluation of accented speech. *British Journal of Social and Clinical Psychology, 10*, 187–8.

Giles, H., & Bourhis, R. Y. (1976). Voice and racial categorization in Britain. *Communication Monographs, 43*, 108–14.

Giles, H., & Powesland, P. F. (1975). *Speech style and social evaluation*. Nova York: Academic Press.

Glasgow, G. M. (1952). A semantic index of vocal pitch. *Speech Monographs, 19*, 64–8.

Goldman-Eisler, F. (1961). A comparative study of two hesitation phenomena. *Language and Speech, 4*, 18–26.

Goldman-Eisler, F. (1968). *Psycholinguistics: Experiments in spontaneous speech*. Londres & Nova York: Academic.

Grieser, D. L., & Kuhl, P. K. (1988). Maternal speech to infants in a tonal language: Support for universal prosodic features in motherese. *Developmental Psychology, 24*, 14–20.

Hall, J. A. (1980). Voice tone and persuasion. *Journal of Personality and Social Psychology, 38*, 924–34.

Hall, J. A. (1984). *Nonverbal sex differences: Communication accuracy and expressive style*. Baltimore: Johns Hopkins University Press.

Hall, J. A., & Braunwald, K. G. (1981). Gender cues in conversations. *Journal of Personality and Social Psychology, 40*, 99–110.

Hall, J. A., Friedman, H. S., & Harris, M. J. (1984). Nonverbal cues, the Type A behavior pattern, and coronary heart disease. In P. D. Blanck, R. Buck, & R. Rosenthal (Eds.), *Nonverbal communication in the clinical context* (pp. 144–68). University Park, PA: Pennsylvania State University.

Hall, J. A., Roter, D. L., & Katz, N. R. (1987). Task versus socioemotional behaviors in physicians. *Medical Care, 25*, 399–412.

Hall, J. A., Roter, D. L., & Rand, C. S. (1981). Communication of affect between patient and physician. *Journal of Health and Social Behavior, 22*, 18–30.

Harms, L. S. (1961). Listener judgments of status cues in speech. *Quarterly Journal of Speech, 47*, 164–8.

Hart, R. J., & Brown, B. L. (1974). Interpersonal information conveyed by the content and vocal aspects of speech. *Speech Monographs, 41*, 371–80.

Hass, R. G. (1981). Effects of source characteristics on cognitive responses and persuasion. In R. E. Petty, T. M. Ostrom, & T. C. Brock (Eds.), *Cognitive responses in persuasion*. Hillsdale, NJ: Erlbaum.

Hecker, M. H. L. (1971). Speaker recognition: An interpretive survey of the literature. *ASHA Monographs*, 16. Washington: American Speech and Hearing Association.

Jensen, J. V. (1973). Communicative functions of silence. *ETC, 30*, 249–57.

Kasl, S. V., & Mahl, G. F. (1965). The relationship of disturbances and hesitations in spontaneous speech to anxiety. *Journal of Personality and Social Psychology, 1*, 425–33.

Key, M. R. (1975). *Paralanguage and kinesics*. Metuchen, NJ: Scarecrow.

Kibler, R. J., & Barker, L. L. (1972). Effects of selected levels of misspelling and mispronunciation on comprehension and retention. *Southern Speech Communication Journal, 37*, 361–74.

King, P. E., & Behnke, R. R. (1989). The effect of time-compressed speech on comprehensive, interpretive, and short-term listening. *Human Communication Research, 15*, 428–43.

Klinger, H. N. (1959). The effects of stuttering on audience listening comprehension. Tese de doutorado não publicada, New York University.

Kramer, C. (1978). Female and male perceptions of female and male speech. *Language and Speech, 20*, 151–61.

Kramer, E. (1963). Judgment of personal characteristics and emotions from non-verbal properties. *Psychological Bulletin, 60*, 408–20.

Kramer, E. (1964). Personality stereotypes in voice: A reconsideration of the data. *Journal of Social Psychology, 62*, 247–51.

Ladefoged, P., & Ladefoged, J. (1980). The ability of listeners to identify voices. *UCLA Working Papers in Phonetics, 49*, 43–51.

Ladefoged, P., & Vanderslice, R. (1967). The voiceprint mystique. *Working Papers in Phonetics, 7*, novembro, University of California, Los Angeles.

Lakoff, R. (1975). *Language and women's place*. Nova York: Harper & Row.

Lalljee, M. G. (1971). Disfluencies in normal English speech. Tese de doutorado não publicada, Oxford University.

Lalljee, M. G., & Cook, M. (1969). An experimental investigation of the filled pauses in speech. *Language and Speech, 12*, 24–8.

Lambert, W. E., Frankel, H., & Tucker, G. R. (1966). Judging personality through speech: A French-Canadian example. *Journal of Communication, 16*, 305–21.

Lambert, W. E., Hodgson, R. C., Gardner, R. C., & Fillenbaum, S. (1960). Evaluational reactions to spoken languages. *Journal of Abnormal and Social Psychology, 60*, 44–51.

Lass, N. J., & Davis, M. (1976). An investigation of speaker height and weight identification. *Journal of the Acoustical Society of America, 59*, 1232–6.

Lass, N. J., & Harvey, L. A. (1976). An investigation of speaker photograph identification. *Journal of the Acoustical Society of America, 59*, 1232–6.

Lass, N. J., Hughes, K. R., Bowyer, M. D., Waters, L. T., & Broune, V. T. (1976). Speaker sex identification from voiced, whispered and filtered isolated vowels. *Journal of the Acoustical Society of America, 59*, 675–8.

Levin, S., Hall, J. A., Knight, R. A., & Alpert, M. (1985). Verbal and nonverbal expression of affect in speech of schizophrenic and depressed patients. *Journal of Abnormal Psychology, 94*, 487–97.

Livant, W. P. (1963). Antagonistic functions of verbal pauses: Filled and unfilled pauses in the solution of additions. *Language and Speech, 6*, 1–4.

Maclay, H., & Osgood, C. E. (1959). Hesitation phenomena in spontaneous English speech. *Word, 15*, 19–44.

Mahl, G. F. (1956). Disturbances and silences in the patient's speech in psychotherapy. *Journal of Abnormal and Social Psychology, 53*, 1–15.

Mahl, G. F., & Schulze, G. (1964). Psychological research in the extralinguistic area. In T. Sebeok, A. S. Hayes, & M. C. Bateson (Eds.), *Approaches to semiotics*. The Hague: Mouton.

Markel, N. N., Meisels, M., & Houck, J. E. (1964). Judging personality from voice quality. *Journal of Abnormal and Social Psychology, 69*, 458–63.

Markel, N. N., Prebor, L. D., & Brandt, J. F. (1972). Biosocial factors in dyadic communication: Sex and speaking intensity. *Journal of Personality and Social Psychology, 23*, 11–3.

Markel, N. N., & Robin, G. L. (1965). The effect of content and sex-ofjudge on judgments of personality from voice. *International Journal of Social Psychiatry, 11*, 295–300.

Matarazzo, J. D., Wiens, A. N., & Saslow, G. (1965). Studies in interview speech behavior. In L. Krasner & U. P. Ullman (Eds.), *Research in behavior modification*. Nova York: Holt, Rinehart & Winston.

McClone, R. E., & Hollien, H. (1963). Vocal pitch characteristics of aged women. *Journal of Speech and Hearing Research, 6*, 164–70.

McGehee, F. (1937). The reliability of the identification of the human voice. *Journal of General Psychology, 17*, 249–71.

McGinniss, J. (1969). *The selling of the president 1968*. Nova York: Trident.

Mehrabian, A. (1972a). Nonverbal communication. In J. Cole (Ed.), *Nebraska symposium on motivation 1971*. Lincoln: University of Nebraska Press.

Mehrabian, A. (1972b). *Silent messages*. Belmont, CA: Wadsworth.

Mehrabian, A., & Ferris, S. R. (1967). Inference of attitudes from nonverbal communication in two channels. *Journal of Counseling Psychology, 31*, 248–52.

Mehrabian, A., & Wiener, M. (1967). Decoding of inconsistent communication. *Journal of Personality and Social Psychology, 6*, 109–14.

Mehrabian, A., & Williams, M. (1969). Nonverbal concomitants of perceived and intended persuasiveness. *Journal of Personality and Social Psychology, 13*, 37–58.

Miller, D. T. (1975). The effect of dialect and ethnicity on communicator effectiveness. *Speech Monographs, 42*, 69–74.

Miller, N., Maruyama, G., Beaber, R. J., & Valone, K. (1976). Speed of speech and persuasion. *Journal of Personality and Social Psychology, 34*, 615–24.

Milmoe, S., Rosenthal, R., Blane, H. T., Chafetz, M. E., & Wolf, I. (1967). The doctor's voice: Postdictor of successful referral of alcoholic patients. *Journal of Abnormal Psychology, 72*, 78–84.

Moe, J. D. (1972). Listener judgments of status cues in speech: A replication and extension. *Speech Monographs, 39*, 144–7.

Mulac, A. (1975). Evaluation of speech dialect attitudinal scale. *Speech Monographs, 42*, 184–9.

Mulac, A. (1976). Assessment and application of the revised speech dialect attitudinal scale. *Communication Monographs, 43*, 238–45.

Mulac, A., Hanley, T. D., & Prigge, D. Y. (1974). Effects of phonological speech foreignness upon three dimensions of attitude of selected American listeners. *Quarterly Journal of Speech, 60,* 411–20.

Mulac, A., Lundell, T. L., & Bradac, J. J. (1986). Male/female language differences and attributional consequences in a public speaking situation: Toward an explanation of the gender-linked language effect. *Communication Monographs, 53,* 115–29.

Mysak, E. D. (1959). Pitch and duration characteristics of older males. *Journal of Speech and Hearing Research, 2,* 46–54.

Nerbonne, G. P. (1967). The identification of speaker characteristics on the basis of aural cues. Tese de doutorado não publicada, Michigan State University.

Orr, D. B. (1968). Time compressed speech – A perspective. *Journal of Communication, 18,* 288–92.

Ostwald, P. F. (1961). The sounds of emotional disturbance. *Archives of General Psychiatry, 5,* 587–92.

O'Sullivan, M., Ekman, P., Friesen, W., & Scherer, K. (1985). What you say and how you say it: The contribution of speech content and voice quality to judgments of others. *Journal of Personality and Social Psychology, 48,* 54–62.

Pear, T. H. (1931). *Voice and personality.* Londres: Chapman & Hall.

Poyatos, F. (1975). Cross-cultural study of paralinguistic 'alternants' in face-to-face interaction. *In* A. Kendon, R. M. Harris, & M. R. Key (Eds.), *Organization of behavior in face-to-face interaction* (pp. 285–314). Chicago: Aldine.

Reich, A., & Duke, J. (1979). Effects of selected vocal disguises upon speaker identification by listening. *Journal of the Acoustical Society of America, 66,* 1023–8.

Reich, A. R., Moll, K. L., & Curtis, J. F. (1976). Effects of selected vocal disguises upon spectrographic speaker identification. *Journal of the Acoustical Society of America, 60,* 919–25.

Rochester, S. R. (1973). The significance of pauses in spontaneous speech. *Journal of Psycholinguistic Research, 2,* 51–81.

Rogers, P. L., Scherer, K. R., & Rosenthal, R. (1971). Content filtering human speech: A simple electronic system. *Behavior Research Methods and Instrumentation, 3,* 16–8.

Rosenfeld, H. M. (1987). Conversational control functions of nonverbal behavior. *In* A. W. Siegman & S. Feldstein (Eds.), *Nonverbal behavior and communication.* 2d ed. (pp. 563–601). Hillsdale, NJ: Erlbaum.

Rosenthal, R., Hall, J. A., DiMatteo, M. R., Rogers, P. L., & Archer, D. (1979). *Sensitivity to nonverbal communication: The PONS test.* Baltimore: Johns Hopkins University Press.

Rosenthal, R., Vanicelli, M., & Blanck, P. (1984). Speaking to and about patients: Predicting therapists' tone of voice. *Journal of Consulting and Clinical Psychology, 52,* 679–86.

Sachs, J., Lieberman, P., & Erickson, D. (1973). Anatomic and cultural determinants of male and female speech. *In* R. W. Shuy & R.W. Fasold (Eds.), *Language attitudes: Current trends and prospects* (pp. 74–84). Washington: Georgetown University Press.

Scherer, K. R. (1971). Randomized splicing: A note on a simple technique for masking speech content. *Journal of Experimental Research in Personality, 5,* 155-9.

Scherer, K. R. (1974). Acoustic concomitants of emotional dimensions: Judging affect from synthesized tone sequences. In S. Weitz (Ed.), *Nonverbal communication: Readings with commentary* (pp. 105-111). Nova York: Oxford University Press.

Scherer, K. R. (1979). Personality markers in speech. In K. R. Scherer & H. Giles (Eds.), *Social markers in speech* (pp. 147-209). Londres: Cambridge University Press.

Scherer, K. R. (1982). Methods of research on vocal communication: Paradigms and parameters. In K. R. Scherer & P. Ekman (Eds.), *Handbook of methods in nonverbal behavior research* (pp. 136-198). Cambridge, UK: Cambridge University Press.

Scherer, K. R. (1986). Vocal affect expression: A review and a model for future research. *Psychological Bulletin, 99,* 143-65.

Scherer, K. R., Koivumaki, J., & Rosenthal, R. (1972). Minimal cues in the vocal communication of affect: Judging emotions from content-masked speech. *Journal of Psycholinguistic Research, 1,* 269-85.

Siegman, A. W. (1987). The telltale voice: Nonverbal messages of verbal communication. In A. W. Siegman & S. Feldstein (Eds.), *Nonverbal behavior and communication.* 2d ed. (pp. 351-434). Hillsdale, NJ: Erlbaum.

Smith, P. M. (1979). Sex markers in speech. In K. R. Scherer & H. Giles (Eds.), *Social markers in speech* (pp. 110-46). Londres: Cambridge University Press.

Snow, C. E., & Ferguson, C. A. (Eds.). (1977). *Talking to children.* Cambridge, UK: Cambridge University Press.

Starkweather, J. A. (1956). The communication value of content-free speech. *American Journal of Psychology, 69,* 121-23.

Starkweather, J. A. (1961). Vocal communication of personality and human feelings. *Journal of Communication, 11,* 69.

Street, R. L., Jr., Brady, R. M., & Lee, R. (1984). Evaluative responses to communicators: The effects of speech rate, sex, and interaction context. *Western Journal of Speech Communication, 48,* 14-27.

Trager, G. L. (1958). Paralanguage: A first approximation. *Studies in Linguistics, 13,* 1-12.

Utzinger, V. A. (1952). An experimental study of the effects of verbal fluency upon the listener. Tese de doutorado não publicada, University of Southern California.

van Lancker, D., Kreiman, J., & Emmorey, K. (1985). Familiar voice recognition: Patterns and parameters – Recognition of backward voices. *Journal of Phonetics, 13,* 19-38.

Weaver, J. C., & Anderson, R. J. (1973). Voice and personality interrelationships. *Southern Speech Communication Journal, 38,* 262-78.

Weitz, S. (1972). Attitude, voice, and behavior: A repressed affect model of interracial interaction. *Journal of Personality and Social Psychology, 24,* 14-21.

Wiemann, J. M., & Knapp, M. L. (1975). Turn-taking in conversations. *Journal of Communication, 25,* 75-92.

Wilke, W., & Snyder, J. (1941). Attitudes toward American dialects. *Journal of Social Psychology, 14,* 349–62.

Williams, C. E., & Stevens, K. N. (1972). Emotions and speech: Some acoustical correlates. *Journal of the Acoustical Society of America, 52,* 1238–50.

Williams, F. (1970). The psychological correlates of speech characteristics: On sounding 'disadvantaged'. *Journal of Speech and Hearing Research, 13,* 472–88.

Williams, F., & Shamo, G. W. (1972). Regional variations in teacher attitudes toward children's language. *Central States Speech Journal, 23,* 73–7.

Woodall, W. G., & Burgoon, J. K. (1983). Talking fast and changing attitudes: A critique and clarification. *Journal of Nonverbal Behavior, 8,* 126–42.

Woolbert, C. (1920). The effects of various modes of public reading. *Journal of Applied Psychology, 4,* 162–85.

Word, C. C., Zanna, M. P., & Cooper, J. (1974). The nonverbal mediation of self-fulfilling prophecies in interracial interaction. *Journal of Experimental Social Psychology, 10,* 109–20.

Zuckerman, M., Amidon, M. D., Biship, S. E., & Pomerantz, S. D. (1982). Face and tone of voice in the communication of deception. *Journal of Personality and Social Psychology, 43,* 347–57.

Zuckerman, M., & Driver, R. E. (1989). What sounds beautiful is good: The vocal attractiveness stereotype. *Journal of Nonverbal Behavior, 13,* 67–82.

Zuckerman, M., Hodgins, H., & Miyake, K. (1990). The vocal attractiveness stereotype: Replication and elaboration. *Journal of Nonverbal Behavior, 14.*

Zuckerman, M., & Miyake, K. What's in a voice? Acoustic correlates of vocal attractiveness.

10

Em resumo: mensagens multissígnicas

Nada na natureza é isolado; nada é desprovido de conexão com o todo.
Goethe

Tente imaginar-se dizendo a um colegial como ser um aluno bem-sucedido. Sua abordagem provavelmente dividiria o processo nas seguintes partes: vida social (namorar, freqüentar festas); vida intelectual (estudar, fazer anotações, relacionar-se com professores); vida organizacional (qual *campus* e que grupos sociais freqüentar); vida financeira (como se arranjar com pouco dinheiro); e assim por diante. Por mais informativas que sejam suas explicações e conselhos nessas áreas, você sabe que isso não é o suficiente. Você também precisa indicar como essas partes se reúnem para criar situações complexas; por exemplo, a garota de seus sonhos concordou em sair com você, mas é véspera de um teste muito importante, e vai custar muito dinheiro.

Da mesma maneira, o objetivo deste livro é fazê-lo conhecer melhor a interação humana, especialmente o comportamento não-verbal. Os capítulos precedentes abordaram partes individuais do sistema total: olhos, face, gestos, aparência física, voz etc. Neste capítulo, mostramos como essas partes se combinam para alcançar os vários resultados comunicativos que buscamos cotidianamente.

Para compreender um processo em sua totalidade, devemos observar continuamente as partes isoladas que o formam e a maneira como elas se combinam para alcançar o propósito do sistema. Em todo o livro, fizemos referências ocasionais a efeitos de multissinais, por exemplo, o papel do comportamento verbal nos julgamentos da atratividade física e a íntima inter-relação dos gestos com o comportamento verbal. Edward T. Hall, que cunhou o termo "proxêmica", correntemente usado para identificar o estudo da distância e do espaço, acreditava que era preciso considerar dezenove sinais comportamentais diferentes para compreender inteiramente a proximidade nas transações humanas. Neste capítulo, vamos examinar como vários sinais não-verbais nos ajudam a alcançar os seguintes objetivos: comunicar intimidade; comunicar *status* e poder; administrar a interação; comunicar nossa identidade; e decepcionar os outros. Esses resultados, além de expressar emoção e levar à compreensão, parecem incluir adequadamente metas de interação mais críticas[1].

Comunicando intimidade

No final dos anos 60 e início dos 70, Mehrabian (1972) fez alguns estudos experimentais sobre o que ele denominou *proximidade*, isto é, comportamentos que indicam maior proximidade ou intimidade. Sua pesquisa identificou os seguintes grupos de sinais que diferenciavam a avaliação positiva de um parceiro de interação da avaliação negativa: maior inclinação para a frente; mais proximidade física; mais olhar no olho; mais abertura de braços e corpo; expressões faciais e vocais mais positivas[2]. A baixa freqüência desses comportamentos, particularmente quando esperados, ou a manifestação de comportamentos opostos tendem a ser associadas com menos intimidade ou até com desagrado.

A obra de Mehrabian e de outros fornece uma perspectiva útil para compreender como avaliações positivas e negativas de parceiros de interação podem ser feitas independentemente de grupos de sinais não-verbais. Em teoria, quanto maior o número de sinais ativados, mais poderosa é a mensagem. Sinais de proximidade podem nos instruir sobre o que exibir ou procurar em nossa cultura durante interações iniciais com pessoas que não conhecemos muito bem. Isso também nos revela muita coisa sobre como as pessoas cujo relacionamento tem uma história (amigos, amantes) comunicam proximidade. Relacionamentos íntimos com esposas, por exemplo, não podem ser julgados com precisão pelo tempo despendido em inclinar-se para a frente com uma orientação corporal mais direta, em íntima proximidade, olhando no olho, e assim por diante. Pelo fato de grande parte desse comportamento de proximidade estereotipado acontecer no início do relacionamento, ele necessita ser feito em certas

---

[1] Essas metas foram identificadas em várias fontes. Ver: Patterson, M. L. (1983). *Nonverbal behavior: A functional perspective*, Nova York, Springer-Verlag. Siegman, A. W., & Feldstein, S. (Eds.) (1985). *Multichannel integrations of nonverbal behavior*. Hillsdale, NJ: Erlbaum. Burgoon, J. K. (1985). Nonverbal signals. In M. L. Knapp, & G. R. Miller (Eds.), *Handbook of interpersonal communication*. Beverly Hills, CA: Sage. As metas da comunicação da emoção, da compreensão e da persuasão não estão incluídas neste capítulo, pois isso duplicaria o material em outros capítulos. O leitor é remetido especialmente aos capítulos 7 e 9 no que se refere à emoção; aos capítulos 5 e 12 no que se refere à obtenção de compreensão; e ao capítulo 9 quanto aos sinais persuasivos. Um estudo de multissinais da persuasão pode ser encontrado em Burgoon, J. K., Birk, T., & Pfau, M. (1990). Nonverbal behaviors, persuasion, and credibility. *Human Communication Research*, 17, 140–69.

[2] Um grupo semelhante de comportamentos foi identificado com a comunicação de relação em situações classificadas como de "não-ajuda" – isto é, que não interagiam com uma enfermeira, um conselheiro, um terapeuta etc. Esses comportamentos incluem inclinação para a frente, sorrir, acenar com a cabeça, orientação corporal ereta, braços descruzados, espelhamento postural e olhar direto. A comunicação, nesse contexto, tem três componentes essenciais: positividade, atenção mútua e coordenação ou sincronia. Ver: Tickle-Degnen, L., e Rosenthal, R. (1990). The nature of rapport and its nonverbal correlates. *Psychological Inquiry*, 1, 285–93.

Tabela 10.1 Comportamentos avaliados como cordiais e frios

Comportamentos cordiais	Comportamentos frios
Olha nos olhos dele	Olha com frieza
Toca na mão dele	Sorri com sarcasmo
Move-se na direção dele	Dá um falso bocejo
Sorri freqüentemente	Faz carranca
Examina-o da cabeça aos pés	Afasta-se dele
Tem uma expressão de felicidade	Olha para o teto
Sorri com a boca aberta	Palita os dentes
Faz caretas	Balança a cabeça negativamente
Senta-se diretamente à sua frente	Limpa as unhas
Acena afirmativamente a cabeça	Desvia o olhar
Franze os lábios	Faz tromba
Lambe os lábios	Fuma um cigarro atrás do outro
Ergue as sobrancelhas	Estala as juntas dos dedos
Arregala os olhos	Olha em torno da sala
Usa gestos de mão expressivos enquanto fala	Junta as mãos
Dá rápidos olhares	Brinca com as pontas dos cabelos
Estica-se	Cheira o cabelo

Adaptado de Clore, Wiggins, e Itkin, *Journal of Consulting and Clinical Psychology*, 1975.

ocasiões, assim que o relacionamento é mutuamente considerado íntimo. Há ocasiões em relacionamentos estabelecidos em que é imperativo comunicar proximidade com a máxima clareza, por exemplo, quando a relação foi ameaçada. A essa altura, temos tendência a ver novamente o grupo de sinais de proximidade pelo parceiro ou parceiros que desejam contrabalançar a ameaça ao nível corrente de intimidade. Os parceiros num relacionamento íntimo estabelecido também usarão esses sinais estereotipados de intimidade quando quiserem comunicar sua intimidade a pessoas de fora. Os de fora não compreenderão as sutis e por vezes idiossincráticas maneiras como os íntimos procedem para comunicar sua proximidade uns dos outros; eles compreenderão a proximidade íntima, olhando nos olhos uns dos outros, tocando, e todos os outros sinais associados ao grupo de proximidade estereotipado.

O tempo é importante limitação de grande parte do trabalho sobre o comportamento não-verbal associado a proximidade, afiliação ou apreciação. Os grupos de sinais de proximidade de Mehrabian são limitados principalmente a encontros antigos. Relacionamentos atuais expressam diferentes níveis de intimidade através do tempo, com freqüência indicando o agrado e o desagrado em rápida sucessão. Clore e seus colegas (1975a; 1975b) compreenderam que a seqüência de comportamentos de proximidade pode ter influência importante. Eles reuniram primeiramente grande número de afirmações verbais que descreviam o agrado e o desagrado não-verbais. Esses comportamentos limitavam-se às ações de uma mulher em relação a um homem. O grande número de descrições comportamentais foi reduzido, pedindo-se às pessoas que avaliassem até que ponto o comportamento expressava acuradamente agrado ou desagrado. A tabela 10.1 relaciona (em ordem) os comportamentos avaliados como superiores e inferiores. Uma atriz representou esses comportamentos numa interação com um homem, e a interação foi gravada em vídeo. Como era esperado, os que assistiram à projeção da fita viram que os comportamentos cordiais traziam à tona maior apreciação por parte do destinatário masculino. O aspecto interessante desses estudos surgiu quando foi solicitado aos assistentes que mostrassem a fita na qual o comportamento da atriz, que era inicialmente cordial, tornava-se frio; ou quando o comportamento dela era de início frio, e tornava-se em seguida cordial. As reações a esses vídeos foram comparadas com respostas a registros que mostravam representações totalmente calorosas ou frias por parte de uma atriz. As pessoas acreditavam que o homem no vídeo era mais atraído pela mulher que era fria inicialmente e calorosa depois do que pela mulher que era calorosa durante toda a interação. Por quê? Isso provavelmente tinha a ver com o quanto os juízes sentiam ser o homem responsável pela mudança no comportamento da mulher. Se o homem sentia que era responsável por transformar uma mulher "fria" em "calorosa", o crédito pela mudança podia ser atribuído a ele, fazendo desse modo com que se sentisse melhor a respeito da interação.

Seja qual for a maneira como o comportamento não-verbal é usado para comunicar agrado ou desagrado, provavelmente será o resultado do que *ambos* os interagentes fazem. Essa perspectiva levou Argyle e Dean a propor a *teoria do equilíbrio*, em 1965. A teoria do equilíbrio sustentava que os interagentes procuram um nível de intimidade que seja confortável para ambos. Olhar, proximidade, sorriso e intimidade, de acordo com essa teoria, assinalam o grau de proximidade. Se o comportamento não-verbal em uma ou mais dessas áreas mostra aumento ou diminuição da proximidade, o outro interagente "compensará", dando início a comportamentos necessários para alcançar o equilíbrio. Por exemplo, se um conhecido olhar demais para você, ficar perto demais e falar com você sobre assuntos íntimos, a teoria do equilíbrio prevê que você aumentaria a distância, desviaria o olhar, e tentaria mudar o assunto para uma esfera menos íntima. Embora algumas tentativas de testar essa teoria tenham encontrado respaldo no caso das reações compensadoras previstas, outras se depararam com o padrão oposto: mudanças recíprocas na proximidade e não compensação. Essa descoberta levou ao *modelo de excitação* de Patterson (1976) de proximidade interpessoal, que sustentava que o olhar, o toque e a proximidade com outra pessoa criam excitação. Esse estado de excitação é então rotulado de positivo ou negativo. Se for negativo (desagrado, embaraço, ansiedade), a reação será compensar ou equilibrar o comportamento. Se o estado de excitação for considerado positivo (agrado, alívio, amor), a reação será adaptar-se ou retribuir o comportamento. Embora essa teoria explicasse por que às vezes compensamos ou retribuímos o comportamento de nosso parceiro, impunha a necessidade de se dedicar um certo tempo para conhecer e rotular o comportamento do outro. Em muitos encontros, essas mudanças eram demasiadamente rápidas para envolver esse tipo de processamento mental. Essa consideração levou Cappella e Greene (1982) a postular a *teoria de estímulo das diferenças*. O modelo sugere que todos nós temos expectativas em relação ao comportamento expressivo das outras pessoas. Aumentos e diminuições no envolvimento de determinada pessoa que violam as expectativas de outra conduzirão ao estímulo ou ativação cognitiva. O estímulo moderado resulta de diferenças moderadas em relação às expectativas; estas são conseqüências prazerosas e de reciprocidade. Grandes diferenças em relação ao que se espera são altamente estimulantes, conduzindo à resposta afetiva negativa e à compensação. Já pouca ou nenhuma diferença em relação a expectativas não são estimulantes, de modo que não há ajuste compensatório ou recíproco. A explicação parece ser a seguinte: *Tendemos a retribuir ou a combinar com o comportamento não-verbal de outra pessoa quando ele é percebido como geralmente congruente com nossas expectativas e preferências de envolvimento. Tendemos a compensar ou a equilibrar o comportamento não-verbal de outra pessoa quando ele é percebido como importante violação de nossas expectativas e preferências.*

Burgoon (1978) e seus colegas (Burgoon e Aho, 1982; Burgoon e Jones, 1976) propuseram e testaram um modelo especificamente centrado num elemento de imediação–proximidade. Esse modelo constitui importante contribuição para entendermos as reações recíprocas e compensatórias, todavia, porque: 1) confia tanto em respostas de estimulação como cognitivas; 2) explica o papel da recompensa percebida do comunicador. O *modelo de violações de expectativas* mostra que todos nós desenvolvemos expectativas em relação à proximidade nas conversas sobre nossa cultura, sobre nossas experiências pessoais e nosso conhecimento de interagentes específicos. Quando nossas expectativas em relação à proximidade se concretizam, o estímulo não tende a desempenhar papel importante. Quando as violações ocorrem (longe ou perto demais), o estímulo é elevado e dirige nossa atenção para a natureza do relacionamento interpessoal. Surgem então interpretações que guiam a resposta da pessoa. As interpretações variam, de acordo com a obra de Burgoon, baseadas nas percepções de recompensa do violador. Se a pessoa é recompensada (alta credibilidade, posição elevada, *feedback* positivo), a violação de expectativas será vista de modo mais positivo do que no caso de interagentes não-compensadores.

Apesar desses esforços para identificar os processos envolvidos no intercâmbio de comportamentos de intimidade não-verbal, algumas importantes características de troca em relacionamentos já consolidados não são consideradas. Por exemplo, pessoas íntimas podem se empenhar para haver combinação ou reciprocidade, mas não será exatamente o mesmo tipo de comportamento, apenas seu equivalente. O grau de equivalência do comportamento com outro é negociado pelos parceiros envolvidos no relacionamento. Desse modo, quase todo comportamento pode comunicar intimidade, desde que os parceiros concordem com isso. Os íntimos podem também responder (quer por compensação quer por reciprocidade), mas não ao mesmo tempo.

Ironicamente, pessoas íntimas envolvidas em relacionamentos românticos prolongados podem demonstrar comportamento não-verbal quantitativamente menor associado a afeto e intimidade do que fariam no início do relacionamento. O começo desses relacionamentos geralmente é marcado por alta freqüência de abraços, beijos, mãos dadas etc.; na continuidade do relacionamento, contudo, muitas vezes é a qualidade do ato, não a freqüência, o que importa. Sinceridade percebida, magnitude da expressão e *timing* perfeito são exemplos de fatores qualitativos. O gesto de mão estendida para o parceiro no exato momento que se segue a uma briga pode ser o equivalente a dez apertos de mão no início do relacionamento. A freqüência de atos não-verbais de proximidade torna-se importante em relacionamentos consolidados quando é necessário compensar uma ameaça para o relacionamento.

À medida que os relacionamentos íntimos se desenvolvem, o comporta-

Figura 10.1

mento não-verbal tende também a mudar. Para comunicar uma variedade maior de estados emocionais, pode haver mais combinações faciais e vocais. Territórios bem definidos tornam-se mais permeáveis. Atos não-verbais realizados convencionalmente abrem caminho a desempenhos únicos entre o casal. A crescente familiaridade com sinais auditivos, visuais e olfativos leva a maior precisão e eficiência na comunicação, mas pode também dar origem a uma superconfiança que conduz a problemas de decodificação. Mais do que os conhecidos, os íntimos confiam numa variedade de sinais não-verbais para comunicar a mesma mensagem. Pessoas íntimas há muito tempo também estão sujeitas a captar os estilos faciais, a postura e os gestos umas das outras, o que as torna "parecidas". A proximidade expõe as pessoas a atos não-verbais mais pessoais e conduz a mais conversa sobre eles. Também esperamos avaliações mais abertas (aprovação/ desaprovação) e de comportamento não-verbal entre os íntimos do que entre conhecidos (Knapp, 1983).

Embora as observações precedentes tenham focalizado parceiros que estão comunicando vários graus de proximidade (gostar/amar), também ficou provado que parecemos assumir um *comportamento de quase corte* numa série de situações com uma variedade de pessoas (Scheflen, 1965). O comportamento de quase corte tem alguns elementos da corte (ligar-se a outra pessoa com propósitos românticos), mas esses comportamentos são qualificados por outro, concomitante, que diz: "Isso não é corte, mesmo que você veja algumas semelhanças". Em determinados casos, o comportamento de quase corte é usado para construir uma ligação; em outros, trata-se de uma forma de jogo. A mensagem geral é de associação. Scheflen filmou inúmeros encontros terapêuticos, reuniões de negócio e conferências. Sua análise de conteúdo desses filmes levou-o a concluir que havia comportamentos de quase corte consistentes e padronizados, exibidos nas cenas. Ele então desenvolveu uma série de classificações para tais comportamentos. A *prontidão da corte* define uma categoria de comportamentos caracterizada por constante tensão muscular, redução de olhos arregalados e bochechas caídas, diminuição de postura relaxada e de ombros caídos, e diminuição de barriga. O *comportamento de se preocupar com a própria aparência* é exemplificado por atos como ajeitar cabelos, retocar a maquiagem, olhar no espelho, arrumar as roupas informalmente, deixar botões abertos, ajustar o paletó, puxar as meias com força e reajustar o nó da gravata. Os *sinais de posição* reflectiram-se em disposições de sentar-se que sugeriam: "Não estamos abertos à interação com ninguém mais". Braços, pernas e troncos foram dispostos de modo a inibir os outros a entrar na conversa. *Ações de apelo ou convite* incluíam olhares de flerte, manutenção do olhar, rebolado da pélvis, cruzamento das pernas para mostrar a coxa, exibição do pulso ou palma, peito estufado, e outros comportamentos.

Outros discutiram os *sinais de posição* de Scheflen em termos de quem é excluído e quem é incluído. O posicionamento de braços e pernas na figura 10.1 sugere claramente: "Não estamos abertos para outras pessoas" (a) e "Estou com você – ele não" (b).

Comunicando dominância/*status*

Você está cansado se de sentir fraco e pouco importante? Quer desvendar os segredos daqueles que alcançaram autoridade e poder? Quer saber como dominar amigos, inimigos, sócios em negócios, quase todos, com algumas dicas simples?

Sentimos muito, mas, nesse caso, não podemos ajudá-lo. Você pode encontrar esse tipo de informação em publicações populares sobre comportamento não-verbal. Esses livros costumam mostrar como arrumar os móveis de seu escritório (coloque a escrivaninha entre você e a pessoa a quem deseja dominar); sugerem que você se coloque fisicamente em posição mais elevada do que o outro, para ficar numa postura relaxada (preferivelmente com as mãos atrás da cabeça), ocupar o maior espaço possível, e ser parcimonioso com os sorrisos. Esse tipo de obra ensina que é sinal de dominância manter os polegares estendidos para a frente quando se colocam as mãos nos bolsos e apertar as mãos ao cumprimentar, de modo que a sua fique por cima da mão da outra pessoa. A lista continua. Podemos resumir a pesquisa sobre a dominância e o comportamento não-verbal, mas não há respostas prontas. A vontade de consultar um manual de "como fazer" é provavelmente grande, embora a pesquisa seja complexa demais para garantir esse tipo resultado.

Mesmo os conceitos básicos são complicados. Os termos "*status*", "dominância" e "poder" são com freqüência usados de modo intercambiável, mas muitos autores notaram suas ambigüidades e ofereceram muitas (e por vezes contraditórias) definições (Edinger e Patterson, 1983; Ellyson e Dovidio, 1985; Harper, 1985). Os conceitos estão ligados, mas não de modo perfeito: um líder testa-de-ferro tem *status* sem poder, enquanto um manipulador hábil pode alcançar dominância sem que ninguém sinta que sua vontade foi contrariada. O *status* em geral implica uma qualidade socialmente valorizada de que uma pessoa lança mão em diferentes situações, enquanto o poder e a dominância tendem a ser definidos em determinada situação. Mas a dominância pode também ser vista como um traço de personalidade (uma pessoa "dominante") junto a uma condição situacional. Para alguns pesquisadores, qualquer tipo de atitude agressiva é dominante, mas para outros um comportamento só é dominante quando há evidência de submissão de outro indivíduo. Na pesquisa, muitas definições foram usadas para representar esses conceitos. Seguem-se algumas ilustrações:

> Em relação a *status*: trajes, ocupação, educação, patente militar, *status* socio-econômico, papel (por exemplo, professor-estudante)
> Em relação à dominância: tomar a iniciativa de fazer contatos, tentar obter

vantagem no jogo (no caso das crianças), dar ordens, gabar-se, não se submeter aos outros, controlar o comportamento dos outros, ataques
Em relação a poder: ter controle dos recursos, conhecimento especializado, experiência, autonomia

Outras questões estão presentes na literatura, e devemos considerá-las antes de prosseguir. Uma é a diferença entre a *impressão* causada por um comportamento não-verbal específico e o comportamento *real* de pessoas de diferentes graus de dominância, poder ou *status*. Eis aqui dois exemplos: um rosto circunspecto é visto como dominante (Keating, 1985), e a visão de alguém tocando outra pessoa suscita no espectador a percepção de dominância de quem toca (Major e Heslin, 1982). Mas essas descobertas não significam necessariamente que pessoas dominantes ou de posição elevada sorriam menos e toquem mais. A questão é controversa quanto a esse ponto (Dovidio e outros pesquisadores, 1988; Stier e Hall, 1984); de fato há situações nas quais o oposto pode ser verdadeiro (Goldstein e Jeffords, 1981; Halberstadt e outros pesquisadores, 1988).

Essa análise levanta a possibilidade de que os comportamentos não-verbais usados para tentar *atingir* dominância ou *status* podem ser diferentes dos utilizados por alguém que já *alcançou* essa meta (Argyle, 1988; Heslin e Patterson, 1982). O reconhecimento dessa possibilidade pode nos ajudar a conciliar resultados contraditórios. Por exemplo, a pesquisa descobre que olhar mais é visto como dominante; que pessoas com traços de liderança que iniciam uma conversa em grupos ou alcançam posições mais altas nos grupos tendem a ser também as primeiras a interromper o olhar mútuo numa interação face a face; e que pessoas de alto nível olham com maior liberdade para os outros (Dovidio e Ellyson, 1985; Kleinke, 1986; Lamb, 1981; Rosa e Mazur, 1979; Snyder e Sutker, 1977; Thayer, 1969). Muitos autores observaram que o olhar fixo pode significar ameaça e coerção, e que indivíduos de *status* elevado (líderes, por exemplo) recebem mais olhares dos outros (Burroughs, Schulz e Aubrey, 1973; Exline, 1971).

Poderíamos pensar que tudo se soma – pessoas de *status* mais elevado olham mais e recebem mais olhares – até lermos também que as pessoas dependentes tendem a olhar *mais*; que as pessoas observadas por um colega de trabalho sentem menos dominância; que as pessoas dependentes olham *por mais tempo* para um experimentador; e que as pessoas de *status* mais elevado olham *menos* para interlocutores de nível inferior (Kleinke, 1986; Mehrabian, 1972; Nevill, 1974; Thayer, 1969). Essas contradições aparentemente gritantes podem ser reconciliadas se considerarmos que uma pessoa de *status* ou dominância elevados parece seca ou defensiva, e uma pessoa de *status* ou dominância inferiores às vezes luta para conseguir *status* ou assinala para outros mais poderosos que ela não é ameaçadora. Os comportamentos não-verbais, como o olhar, que as pessoas usam nesses diferentes estados podem diferir radicalmente. Uma pessoa que se sente fora do controle, mas que está se esforçando para assumir o controle, por exemplo, pode se empenhar em altos níveis de olhar, enquanto alguém que aceita um papel de *status* mais baixo pode desviar o olhar de modo a não parecer ameaçador. O olhar, como o toque e muitos outros comportamentos não-verbais, adquire seu significado de maneira complexa, dependendo da situação e de outros comportamentos não-verbais simultâneos.

Fehr e Exline (1987) sugerem outra intrigante resolução para as descobertas contraditórias sobre o olhar. Eles aventam a hipótese de que é concedido à pessoa de *status* mais elevado o privilégio de violar normas; em situações públicas, a norma é não olhar muito para os outros, enquanto em conversas mais pessoais, a norma é olhar bastante para os outros. Fehr e Exline acham que pessoas de *status* mais alto olham mais do que o normal em situações que envolvem estranhos e menos do que o normal em conversas de natureza pessoal. Essa interessante teoria ainda não foi explorada.

Embora neste capítulo a discussão gire em torno das diferenças sexuais para expressar identidade, com muita freqüência tem-se sugerido que o comportamento de homens e mulheres também pode ser caracterizado por dominância e submissão (Henley, 1977). As mulheres olham para os outros mais do que os homens, e as pessoas olham para as mulheres mais do que para os homens (Hall, 1984). Em nossa opinião, esses efeitos desafiam uma simples analogia com o comportamento de pessoas dominantes e submissas em geral, já que, é óbvio, a partir das experiências relatadas, podemos considerar que a diferença sexual sugere maior ou menor dominância entre mulheres, dependendo de qual resultado se deseja alcançar. A interpretação das diferenças sexuais é complicada, pois o olhar não transmite apenas graus de dominância ou *status*; expressa também níveis de associação e abertura – traços que estão ligados diferentemente a homens e mulheres.

A *proporção de dominância visual* descrita no capítulo sobre o olhar é um padrão de comportamento não-verbal que foi associado unicamente a *status* e dominância (Ellyson, Dovidio e Fehr, 1981; Exline, Ellyson e Long, 1975). Numerosos experimentos que definiram *status*, poder e dominância de diversas maneiras descobriram que, entre estudantes brancos, a pessoa de *status* mais elevado olha aproximadamente a mesma quantidade enquanto ouve e enquanto fala; a pessoa de *status* inferior olha relativamente mais enquanto ouve do que enquanto fala. Quando um homem e uma mulher interagem e um deles é considerado o especialista ou lhe foi concedido *status* mais elevado, esse indivíduo, não importa de que sexo seja, se enquadrará no padrão de dominância visual descrito acima. Todavia, se ambos possuem *status* elevado, o homem tende a usar o padrão de olhar empregado tipicamente pelas pessoas de *status* mais elevado, enquanto a mulher tende a exibir o padrão de olhar tipicamente usado por pessoas de *status* mais baixo, isto é, ela tende a olhar mais enquanto ouve (Dovidio, Brown, Heltman, Ellyson e Keating, 1988; Dovidio, Ellyson, Keating, Heltman e Brown, 1988). Isso sugere que as mulheres às vezes se apresentam não-verbalmente como de baixa dominância.

Alguns pesquisadores descobriram que outros comportamentos não-verbais estavam associados a dominância ou *status*. Burgoon e outros colegas (1989) acreditam que a perda de tensão ocorre menos numa pessoa dominante. Posturas relaxadas e expansivas e cabeça mais erguida foram associadas a dominância ou *status*; sobrancelhas abaixadas ou franzidas denotam dominância; uma altura maior expressa mais poder, do mesmo modo que o físico mais alto de uma pessoa em relação a outra (Keating, 1985; Mehrabian, 1972; Schwartz, Tesser e Powell, 1982). Num estudo no qual as pessoas assumiram os papéis de professor e estudante, o professor apontava e tocava mais nos objetos pessoais do estudante, ocupava mais espaço à mesa, falava mais e fazia mais interrupções (Leffler, Gillespie e Conaty, 1982).

A pesquisa mostrou que as pessoas de *status* mais elevado controlam um espaço pessoal maior e um território mais amplo. As pessoas podem, de fato, manter maior distância de seus superiores, o que não significa necessariamente que distâncias menores são prerrogativas de pessoas de *status* inferior. Vários estudos demonstraram que as pessoas de *status* igual mantêm-se a distâncias mais curtas, enquanto as que conferem a outras *status* mais alto e mais baixo mantêm distâncias maiores (Latta, 1978; Lott e Sommer, 1967).

O toque é muitas vezes discutido como uma variável que reflete *status* e obtenção de *status*. Henley (1977) pede que digamos, em nossa opinião, quem daria início ao comportamento de toque nas seguintes relações: professor–estudante, policial–acusado, médico–paciente, senhor–escravo, capataz–trabalhador, e assim por diante. Muitas pessoas tendem a achar que a pessoa de *status* mais elevado toma a iniciativa. No caso de um subordinado iniciar (ou até algumas vezes retribuir) o toque, com freqüência ele acaba sendo visto como inconveniente, presunçoso ou invasivo. Stier e Hall (1984) reuniram evidências a respeito desse ponto de vista. Contudo, estudos que partem da observação real de toque relacionado com *status* são raros, de modo que, ainda hoje, podemos apenas achar que o que as pessoas falam sobre o tema está ou não correto.

Quanto às vozes, uma voz profunda, alta, moderadamente rápida, sem sotaque e articulada é vista como mais dominante (Burgoon e outros pesquisadores, 1989). Falar mais em grupos é um bom indicador de posição social (Rosa e Mazur, 1979). Interromper a conversa dos outros pode ser um comportamento de dominância (Henley, 1977; Kollock, Blumstein e Schwartz, 1985; Leffler e outros pesquisadores, 1982; Robinson e Reis, 1989), embora essa interpretação não deva ser aceita como definitiva. A interrupção é às vezes sinal de uma conversação muito envolvente e não indica necessariamente que existe luta pelo poder (Dindia, 1987; Kennedy e Camden, 1983).

Gerenciando a interação

Na maioria das vezes, não nos preocupamos conscientemente com questões como saudar as pessoas, pedir a vez de falar, mostrar a nossos interlocutores que acreditamos no que estão falando, ou dizer até logo. Fazemos isso para estruturar a interação: controlar os processos de resumir, o ato de falar e ouvir, e a despedida. Como veremos, contudo, esses atos são também ricos em conteúdo. Quando se transformam em temas de reflexão consciente, podemos ver a importância das mensagens envolvidas.

As saudações desempenham função reguladora, assinalando o início da interação. Os cumprimentos também transmitem informações sobre o relacionamento que ajudam a estruturar o diálogo que se segue entre os dois comunicadores. O comportamento verbal e não-verbal durante os cumprimentos pode assinalar diferenças de *status* (subordinado/supervisor), grau de proximidade (conhecido/amante), ou um sentimento ou atitude corrente (aversão/interesse). Um cumprimento carregado emocionalmente pode mostrar o desejo de envolvimento de alguém com outra pessoa ou refletir longa ausência de contato. Goffman (1971) propôs uma *regra de atenuação*, que defende que a expansividade de um cumprimento a uma pessoa especial diminuirá gradualmente com o contato contínuo; por exemplo, no relacionamento com um colega de trabalho num escritório. Kendon e Ferber (1973) descobriram que os seis estágios seguintes caracterizavam saudações iniciadas a partir de certa distância.

1) **Visão, orientação e início da abordagem.** Uma saudação, como qualquer outra transação, requer a participação de ambos os interagentes. Algumas vezes ambos concordarão que o "reconhecimento" é suficiente. Após o reconhecimento mútuo, há imediato retraimento da atenção. Goffman (1963) chamou essa ação comum de "desatenção civil". Quando a saudação continua, passamos para o estágio dois.

2) **Saudação distante.** Esta é a "ratificação oficial" de que uma seqüência de saudações foi iniciada e de quais são os participantes. Um aceno, um sorriso ou um chamado podem ser usados para estabelecer reconhecimento. Dois tipos de movimento de cabeça foram notados nesse estágio. Um, o meneio de cabeça, é um movimento da cabeça para trás e para a frente razoavelmente rápido. Algumas pessoas tendem a baixar a cabeça, mantê-la assim por um momento e em seguida erguê-la lentamente.

3) **Inclinação da cabeça.** Os pesquisadores notaram esse movimento em outros contextos como um marco para transições entre atividades ou mudanças na orientação psicológica. É interessante acrescentar que esse movimento não foi observado por Kendon e Ferber quando a pessoa que cumprimentava não continuava a abordar seu(sua) parceiro(a).

4) **Abordagem.** Foram observados vários comportamentos enquanto os participantes da saudação continuavam a se aproximar um do outro. O comportamento de olhar fixamente ajudava a assinalar que os participantes estavam livres para falar. Todavia, observou-se certa resistência a esse olhar pouco antes da fase de saudação próxima. O comportamento de arrumar-se e o movimento de um ou de ambos os braços para a frente do corpo foram também verificados nesse estágio.

5) **Abordagem final.** Os participantes estão agora a menos de 3 metros um do outro. O olhar mútuo, o sorriso e a posição da cabeça, não vistos até então na seqüência, são agora observados. As palmas das mãos podem também estar voltadas para a outra pessoa.

6) **Saudação próxima.** Enquanto os participantes estão de pé, há verbalizações estereotipadas, características da cerimônia de saudação. Por exemplo, "Oi, Fulano! Como vão as coisas?", e assim por diante. Se a situação exigir contato corporal (apertos de mão, abraços ou algo parecido), isso ocorrerá nesse momento. Mesmo que o aperto de mão seja muito comum nos Estados Unidos, esse tipo de saudação não é encontrado em determinadas culturas.

Outro estudo do comportamento de saudação (Krivonos e Knapp, 1975) confirmou algumas das observações de Kendon e Ferber. A natureza específica das saudações varia de acordo com o relacionamento dos comunicadores, o ambiente e o comportamento verbal dos interagentes. Nossa preocupação principal aqui é com o comportamento não-verbal. Os cumprimentos observados eram freqüentemente iniciados por um movimento vertical ou lateral da cabeça, acompanhado de um olhar fixo. Sorrisos, independentemente do grau de conhecimento, também eram comuns. Talvez o sorriso exerça a função de despertar uma reação inicial positiva e amigável. O olhar assinala que os canais de comunicação estão abertos e que existe uma obrigação de se comunicar. Outros comportamentos de saudação ligados aos olhos incluíam piscadelas e soerguimento da sobrancelha (discutidos no capítulo 11). As mãos são freqüentemente ativas no processo de cumprimentar com continências, acenos, apertos de mão (Schiffrin, 1974), tapas, e vários gestos emblemáticos, como o sinal de paz, o punho erguido, e o polegar para cima. As mãos também podem participar do ato de se arrumar, como passar os dedos pelos cabelos, por exemplo. O toque às vezes assume a forma de abraços, beijos ou roçar nas mãos ou no braço. A boca revela um sorriso ou assume uma forma oval, sugerindo prontidão para falar.

As conversas começam e são, finalmente, concluídas. Entre esses dois pontos, contudo, é necessário trocar de papéis para falar e ouvir, isto é, revezar o uso da palavra. Sem muita consciência do que estamos fazendo, usamos movimentos corporais, vocalizações e um pouco de comportamento verbal que muitas vezes parece cumprir esse revezamento com surpreendente eficiência. O ato de mudar suavemente as vezes de falar e ouvir é uma extensão de nossa discussão da sincronia de interação no capítulo 5. E, já que alguns sinais de revezamento da palavra são visuais, é compreensível que encontremos dificuldade em sincronizar nossas trocas durante as conversas por telefone ou interfone.

O comportamento de revezamento do uso da palavra não é apenas uma curiosidade interessante do comportamento humano. Parece que baseamos importantes julgamentos sobre os outros na maneira como essas mudanças são realizadas. Um revezamento efetivo pode dar origem à percepção de que você e seu parceiro "se entendem perfeitamente" ou de que seu parceiro é um comunicador muito competente; o revezamento ineficaz pode produzir interpretações de que o interagente é "rude" (interrupções excessivas), "dominador" (sem suficiente alternância do uso da palavra) ou "frustrante" (incapaz de se fixar num ponto importante).

Esses comportamentos de alternância que tentamos delinear resultaram de análises de interagentes adultos, brancos, de classes socioeconômicas média e alta. Alguns desses comportamentos e seqüências de comportamento podem não se aplicar a outros grupos. Os negros, por exemplo, parecem olhar menos do que os brancos durante a interação (Halberstadt, 1985). Outros grupos podem desenvolver padrões de fala com pausas maiores, o que significa a concessão da palavra somente para as pessoas não familiarizadas com a norma do grupo. As crianças que estão aprendendo as regras do uso alternado da palavra assumem comportamentos que raramente vemos nos adultos, como puxar com força a roupa dos pais e levantar a mão para pedir a palavra.

Os *falantes* assumem dois comportamentos de revezamento da palavra: 1) conceder a vez, e 2) manter a vez; os *ouvintes* também iniciam dois tipos de comportamento de revezamento da palavra: 1) pedir a vez, e 2) negar a vez. Os comportamentos associados a esses atos derivam de análises cuidadosas de elementos auditivos e também visuais representados em conjunturas nas quais os interagentes trocam ou mantêm a vez de falar (Duncan, 1975; Duncan e Fiske, 1977; Wiemann e Knapp, 1975; Wilson, Wiemann e Zimmerman, 1984). Todos os comportamentos individuais associados à intenção do falante ou do ouvinte irão contribuir para uma troca suave da vez de falar, mas quanto maior o número de sinais, maiores as probabilidades de um intercâmbio suave. Deve-se notar, contudo, que a familiaridade com as regras da interação é também um fator importante do revezamento eficaz. Por exemplo, antes que quaisquer comportamentos específicos de tomar a palavra sejam observados, muitas pessoas entram em conversações sabendo que os papéis de fala geralmente se alternam numa seqüência *ababab* e que quando uma pessoa "termina" uma declaração, a outra é obrigada a tomar a vez. Culturas com regras de conversação diferentes e sistemas especializados de comunicação, como a linguagem do sinal, irão impor processos de revezamento da palavra um pouco diversos.

1) **Conceder a palavra.** "Conceder" significa literalmente que você está abrindo mão da sua vez e espera que a outra pessoa comece a falar. Como foi observado na figura 5.14, o término da elocução de uma pessoa pode ser comunicado com marcadores cinéticos que registram alterações nos movimentos do falante. As perguntas são claramente uma indicação de que o falante concede sua vez e espera que o parceiro responda. Se for uma pergunta retórica, que o próprio falante planeja responder, provavelmente veremos alguns sinais de manutenção da palavra, mas se o ouvinte estiver ansioso para entrar na conversa, ele poderá tentar responder até a pergunta retórica. Vocalmente, podemos indicar o final de nossa fala com a diminuição da altura do discurso, um ritmo mais lento, um prolongamento da última sílaba, ou expressões reticentes, como "você sabe...", "é isso..." , ou "quer dizer...". Naturalmente, uma pausa prolongada também é usada para assinalar a concessão da palavra. Como é comum, contudo, o silêncio se torna constrangedor, e o falante acrescenta um adendo à elocução. Movimentos corporais que acompanharam a fala podem indicar o término da elocução; por exemplo, os gestos são interrompidos e a tensão corporal diminui. Olhar para outra pessoa também ajuda a assinalar o fim de uma elocução. Se o ouvinte não perceber esses sinais de concessão da palavra (e não expressar sinais de negar a vez), o falante poderá tentar transmitir sinais mais explícitos, como tocar o outro, levantar e manter as sobrancelhas erguidas, demonstrando expectativa, ou dizer algo como "E aí?".

2) **Manter a vez.** Se, por alguma razão, o falante não quiser conceder a vez de falar, vários comportamentos tendem a ser vistos. A altura da voz provavelmente aumentará quando sinais de pedido de vez forem percebidos. Os gestos não tenderão ao repouso no final das declarações verbais, criando um gestual equivalente à pausa. Esse tipo de pausa, acompanhado de gestos, será intensificado, enquanto a freqüência e a duração das pausas de silêncio diminuirão. Isso minimiza as oportunidades para que a outra pessoa comece a falar sem interromper ou falar simultaneamente. Às vezes o falante dá um leve toque na outra pessoa, querendo dizer: "Espere mais um pouquinho. Quero abordar mais alguns pontos, em seguida você pode falar". Esse toque é por vezes acompanhado de batidas leves para acalmar o ouvinte impaciente. Em alguns aspectos, esse toque equivale ao gesto de o falante colocar a mão sobre a boca do ouvinte – ato não permitido pela etiqueta em nossa sociedade.

3) **Pedir a palavra.** Quando não estamos com a palavra e queremos falar, podemos exibir um ou mais dos seguintes comportamentos. Um indicador erguido parece simbolizar um instrumento para criar um "buraco" na conversação, no fluxo de palavras do falante, mas também se aproxima de um sinal familiar de pedir a palavra aprendido na escola: levantar a mão. Algumas vezes esse indicador erguido é acompanhado por uma audível inspiração e um endireitamento e endurecimento de postura, assinalando a iminência da fala. Em alguns casos, certas posturas classificadas de comportamento de "se arrumar" também podem assinalar a preparação para assumir um novo papel. O próprio ato de falar simultaneamente (interrupção estendida) transmitirá sua solicitação de uso da palavra, mas, para assegurar que a solicitação seja garantida, você tem de falar mais alto do que seu parceiro, começar a gesticular e desviar o olhar como se a vez de falar agora fosse sua. Quando o falante e o ouvinte estão bem sincronizados, o ouvinte antecipará a conexão do falante para conceder a palavra e se mostrará preparado, aumentando o ritmo antes que o outro tenha parado de falar, do mesmo modo que um músico bate os pés antes de executar um solo. Se o ritmo do solicitador não se ajusta ao do falante, podemos observar alguns sons titubeantes, como: "Eu... eu.... eu ah...". Algumas vezes, o mecanismo de solicitação da palavra consistirá em esforços para apressar o falante, pois sabe-se que, quanto mais cedo um falante tiver terminado, tanto mais cedo o solicitador terá sua vez. Esse mesmo comportamento foi notado quando as pessoas estavam ansiosas para terminar uma conversa (Knapp, Hart, Friedrich e Schulman, 1974). O método mais comum para encorajar um falante a terminar rapidamente é o uso de breves meneios de cabeça, acompanhados com freqüência de verbalizações ou pseudoconcordâncias como "é", "hum-hum" etc. O solicitador espera que o falante perceba que esses comentários estão sendo feitos com muita freqüência e que não acompanham de maneira lógica idéias expressas, o que mostra que não são sinais genuínos de reforço.

4) **Negar a palavra.** Algumas vezes recebemos sinais de concessão da palavra do falante, mas não desejamos falar. Nesse caso, podemos manter uma pose de ouvir relaxada, permanecer em silêncio ou olhar intensamente para alguma coisa no ambiente. Com mais freqüência, exibimos um comportamento que mostra nosso envolvimento com o conteúdo do discurso do falante, mas que nega nossa intenção de falar. Podemos sorrir, mover ou sacudir a cabeça; completar uma frase iniciada pelo falante; reafirmar brevemente o que o falante acabou de dizer; solicitar esclarecimento das observações do falante; ou mostrar aprovação por meio de "hum-hum", "é" e outras expressões apropriadamente colocadas ou outro ruído como o som de "estalo" que sugere: "Você não devia ter dito isso".

O repertório de comportamentos listados nos parágrafos precedentes, embora acurado, pode induzir a erro. A alternância do uso da palavra é um processo que se dá em conjunto e não a exibição de um ou mais sinais associados com ceder, manter, negar ou pedir a palavra. Às vezes fica difícil perceber quem está desempenhando o papel de falante ou de ouvinte. Por exemplo, antes que o ouvinte peça a palavra, o falante pode emitir sinais que ressaltam a necessidade de um complemento à sua exposição – desse modo há o reconhecimento da troca da vez de falar antes que ocorra a solicitação. O ouvinte também pode usar gestos que assinalam simultaneamente o desejo de falar, insinuando o tipo de fala que virá a seguir, e evitando a interrupção da participação do falante.

Muitas das ações dos ouvintes durante a elocução de um falante são chamadas de *feedback* de canal de fundo (Duncan, 1974; Rosenfeld, 1987; Rosenfeld e Hancks, 1980). Essas respostas do ouvinte ajudam a regular o fluxo de informações e revelam o esforço despendido no processo de decodificação. As respostas do ouvinte podem afetar o tipo e a quantidade de informação dada pelo falante, a duração de sua participação, a clareza do conteúdo e o alcance de uma comunicação específica. As respostas de canal de fundo normalmente ocorrem quando o falante tenta articular seus pensamentos. Os principais sinais não-verbais são meneios de cabeça, mas mudanças de postura, sorrisos, carrancas e soerguimentos das sobrancelhas também ocorrem. Os sinais de canal de fundo verbais e vocais comuns incluem dizer "é", repetir as palavras do falante, fazer uma pergunta de esclarecimento ou completar uma frase para o falante. Algumas vezes, o ouvinte emite esses sinais antes da articulação das orações, o que indica que ele está "à frente" do falante. Quando tais sinais são "tardios", demonstram concordância com o que está sendo dito, mas também podem significar total falta de compreensão. Uma vez mais, contudo, os sinais de canal de fundo apenas afetam o falante se ele for: a) motivado a esperar por eles, e b) motivado a agir em função do *feedback* fornecido.

Tendo conduzido com êxito a conversação até aqui, é chegada a hora de terminá-la. A despedida parece desempenhar três funções valiosas na interação cotidiana (Knapp, Hart, Friedrich e Schulman, 1973). A primeira função reguladora é assinalar o final da interação; isto é, mostrar que o contato imediato físico e/ou vocal logo estará terminado. Novamente, as manifestações não-verbais específicas dessas funções dependem do relacionamento entre os comunicadores, do diálogo anterior, da posição corporal (em pé/sentado), do tempo que precede à separação, e de outros fatores. Diminuir o olhar e posicionar o corpo em direção à saída mais próxima foram os dois comportamentos não-verbais mais freqüentes observados nesse estudo e parecem assinalar adequadamente a ausência iminente do ouvinte. Rituais de despedida também resumem, algumas vezes, o conteúdo do discurso. Em geral, isso é realizado verbalmente, mas um beijo de boa-noite pode sintetizar as satisfações do encontro. Finalmente, as despedidas tendem a assinalar continuidade. A certeza de continuidade costuma neutralizar eventuais aspectos negativos transmitidos pelos sinais ao término do encontro, dando simultaneamente uma disposição positiva para o próximo encontro – isto é, nossa conversação terminou, mas nosso relacionamento, não. A sustentação não-verbal é encontrada num sorriso, num aperto de mãos, num toque, num meneio afirmativo de cabeça e na inclinação do corpo para a frente. Como a sinalização positiva é importante, freqüentemente lançamos mão de sinais verbais mais diretos; por exemplo: "Obrigado pelo encontro. Foi muito bom termos conversado".

O meneio de cabeça e a inclinação para a frente servem para várias funções simultâneas. O rápido meneio de cabeça ao final de uma conversação reforça o que o falante está dizendo, mas é um reforço vago, pois também demonstra desejo de encerrar a conversa. Afinal, se não há desacordo aparente ou falta de compreensão, o falante não sentirá necessidade de prolongar suas observações. E, embora seja verdade que as pessoas mostrem aprovação inclinando por vezes o corpo na direção de outra pessoa, é também necessário inclinar-se para a frente a fim de se levantar antes de sair. Desse modo, como as palavras, os movimentos têm múltiplos significados e servem a várias funções.

Outros comportamentos não-verbais de despedida incluem olhar para o relógio; colocar as mãos nas coxas para impulsionar o corpo antes de se levantar (o que também assinala à outra pessoa que a saída é iminente); juntar as coisas, expressando o desejo de sair; e acentuar o ritual de despedida com sons não-vocais, como bater nas coxas com as palmas das mãos ao se levantar, bater os pés no assoalho ao se levantar, ou dar pancadinhas na mesa ou na parede com os nós dos dedos ou com as palmas da mão. Finalmente, os pesquisadores notaram que quase todas as variáveis não-verbais estudadas tendiam a aumentar de freqüência no último minuto de interação, atingindo o pico durante os quinze segundos anteriores ao ato de se levantar. Essa crescente atividade em pelo menos dez áreas corporais pouco antes do término da conversa pode sugerir por que ficamos tão frustrados quando nossas despedidas "falham", isto é, quando nosso parceiro nos chama de volta e diz: "Ah, só mais uma coisa...". Isso significa que temos de percorrer todo o processo de despedida novamente!

Comunicando nossa identidade

O noticiário matutino exibe um grupo de homens entrando num edifício. O narrador nos conta que um fugitivo, procurado em vários Estados, foi detido pelo FBI. Mas precisamos realmente saber disso? Mesmo sem a narrativa, podemos concluir muita coisa sobre a pessoa e o que está acontecendo. O aspecto e a conduta de alguns mostram "agentes federais". Eles tendem a ser grandes e corpulentos; a usar cabelos conservadoramente curtos e ter faces bem escanhoadas; os óculos de sol são indispensáveis; o traje é indistinto, mas costuma ser um terno liso e escuro. Eles não sorriem – na verdade, parecem completamente desprovidos de senso de humor, e mantêm-se eretos e controlados. E sobre o suspeito criminoso? Sua postura tende a ser curvada, cabisbaixa, a face com uma expressão sombria, os olhos evitando a câmara.

Você pode imaginar variações dessa cena. Os agentes podem estar maltrapilhos por baixo dos uniformes de oficiais de polícia; o suspeito pode parecer zangado ou desafiador, e assim por diante. Mas a questão é a mesma: a aparência e o comportamento revelam informações significativas sobre a *identidade* das pessoas – quem elas são ou, em muitos casos, quem elas gostariam de ser. A identidade inclui os atributos sociais, a personalidade de uma pessoa e as atitudes e os papéis que ela considera *autodefinidores*. Desse modo, ser um oficial de polícia é um papel que tende a estar profundamente ligado à autodefinição. E ser um suspeito preso já representa um papel mais efêmero, mas pode estar ligado ao autoconceito, no caso de um criminoso de carreira. Algumas vezes fica difícil dizer se o comportamento reflete emoções e papéis transitórios ou faz parte da descrição da identidade. Uma postura encurvada ou desafiadora de um suspeito pode ser ambas as coisas.

As pessoas têm grande necessidade de expressar sua identidade. Em capítulos anteriores, falamos sobre as maneiras pelas quais aspectos de identidade – como idade, ocupação, cultura e personalidade – são expressos pela roupa e por comportamentos não-verbais. A comunicação de identidade é, em parte, autovalidante. Mostramos para nós mesmos o sentido de quem somos. Também damos a conhecer nossa identidade a outras pessoas – tanto para nosso grupo (para obter solidariedade e assinalar inclusão) como para os que não pertencem ao grupo (para enfatizar que eles não são um de nós). Michael Argyle sugeriu que as pessoas querem saber sobre os atributos sociais dos *outros* igualmente, talvez para ajudar a manter a crença de que o mundo é um lugar previsível. Sinais quanto à identidade dos outros também nos auxiliam a decidir como agir em relação a eles. Às vezes é difícil ter provas diretas e concretas da identidade dos outros; por isso as pessoas costumam confiar em sinais e gestos (Argyle, 1988). Em relação à classe social, por exemplo, o modo de alguém se vestir nos revela muita coisa, assim como outros bens, como carros, canetas, pastas, maquiagem e jóias. Algumas vezes, as pessoas orquestram seus pertences materiais para apresentar uma "versão melhorada de si", e alcançar aceitação ou aprovação.

A raça e o sexo de alguém estão entre os aspectos mais destacados da identidade, e talvez não seja de admirar que a pesquisa tenha apresentado diferenças de comunicação não-verbal associadas a essas categorias. Evidentemente, não devemos simplificar demais essas categorias considerando-as de modo isolado. Uma mulher pode expressar sua feminilidade de maneiras diferentes em casa ou no trabalho (esperemos que faça isso!); analogamente, um estudante negro em seu grupo pode enviar mensagens diferentes do que faria se freqüentasse uma sala de aula predominantemente de alunos brancos. Também devemos lembrar que distinções como macho/fêmea e negro/branco são quase sempre confundidas com outras distinções, como *status* social. Pode haver ambigüidade sobre que fatores explicam um dado comportamento não-verbal.

Em várias partes deste livro documentamos diferenças entre o comportamento não-verbal de negros e brancos nos Estados Unidos. Embora as peculiaridades de cada raça no comportamento não-verbal não tenham sido estudadas extensivamente, parece haver diferenças (pelo menos nas limitadas populações observadas) no estilo de andar, na distância interpessoal, na orientação, no olhar e nos reguladores da conversação (Burgoon, Buller e Woodall, 1989; Halberstadt, 1985; Johnson, 1972). Apesar da hipótese do antropólogo E. T. Hall de que os negros interagem mais intimamente do que os brancos, a pesquisa só confirma isso entre as crianças. Quanto aos adultos, a distância mantida entre os interagentes é tipicamente maior entre os negros, que também apresentam menor orientação corporal direta. Como uma interessante contradição desse padrão de envolvimento sensorial reduzido, os pesquisadores descobriram que os negros tocam mais do que os brancos. Talvez a quantidade maior de toque restabeleça o senso de envolvimento.

Algumas pesquisas sugerem que os negros lançam menos olhares fixos do que os brancos durante uma conversa, e encaram menos as pessoas que exercem autoridade (enquanto entre os brancos o olhar fixo freqüentemente aumenta quando se trata de autoridades). Ao analisar vídeos com registros de conversação, Erickson verificou que havia normas distintas de negros e brancos para a alternância de interlocutores e para chamar a atenção. Os falantes negros usavam sinais menos sutis e menos freqüentes, indicando que o ouvinte devia dar uma "resposta de ouvinte" (um sinal de que o ouvinte está prestando atenção). Mas, como ouvintes, os negros davam respostas de ouvintes mais sutis e suscetíveis de ser omitidas por um falante branco. Erickson sugeriu que essas diferenças levavam um falante branco a concluir que um parceiro negro não estava ouvindo ou entendendo; o branco então repetia, o que, por sua vez, era interpretado como "falar com condescendência". Embora Erickson (1979) tenha descoberto indícios de que os negros mostravam competência bicultural (um tipo de bilingüismo não-verbal), as diferenças no comportamento conversacional se mantinham. O risco de um sério desentendimento inter-racial oriundo dessas diferenças *culturais* é obvio e foi notado por educadores e por outras pessoas preocupadas com as relações raciais.

As diferenças sexuais no comportamento não-verbal também refletem as diferentes identidades de homens e mulheres. As diferenças não-verbais aparecem cedo. Os "papéis sexuais" são conjuntos de atitudes, comportamentos e traços considerados desejáveis para cada sexo. Em nossa sociedade, o papel do sexo masculino inclui autonomia, assertividade, dominância e orientação de tarefa; das mulheres espera-se gentileza, empatia e orientação interpessoal. Em grande parte, as diferenças não-verbais correspondem a esses papéis sexuais. Algumas diferenças não-verbais são grandes, relativas a outras diferenças psicológicas entre os sexos. É como se a *demonstração social* da identidade sexual e do papel sexual tivesse importância vital. Portanto, podemos querer mostrar ao mundo não só que somos homem/mulher, mas também que nos comportamos como a sociedade espera de um homem/mulher. Pesquisas (Hall, 1984; Rosenthal e DePaulo, 1979; Vrugt e Kerkstra, 1984) mostram que os homens, comparados a mulheres:

- têm menos habilidade para enviar e receber sinais de emoção
- tendem menos a notar (ou a ser influenciado pela) aparência das pessoas e comportamento não-verbal
- têm faces menos expressivas e usam menos gestos expressivos
- sorriem e riem menos
- olham menos para os outros
- mantêm distâncias maiores dos outros

Coletivamente, o repertório não-verbal das mulheres expressa menos abertura, sensibilidade e envolvimento. Em algumas circunstâncias, esses traços são desvantajosos para as mulheres (Henley, 1977). Sorrir pode fazê-las parecer fracas, "demasiadamente boazinhas" ou até insinceras; seu alto grau de olhar fixo em geral denota dependência; seu estilo não-verbal pode não ser suficientemente distante ou ameaçador para impor respeito no mundo profissional. Por outro lado, é apenas por causa de convenções culturais que tendemos a ver o comportamento dos homens como "normal" e o comportamento das mulheres como diferente ou carente de correção. Talvez fosse mais razoável focalizar os homens como deficientes e em desvantagem nas relações sociais. O comportamento e as habilidades "femininas" são características valiosas num mundo que é crescentemente violento, competitivo, alienado e desconfiado (Hall, 1987).

Assim como a raça e outras diferenças grupais, é importante notar que as características não-verbais entre homem e mulher não são invariáveis. Elas mudam significativamente em função do ambiente e do contexto, e considerando-se o tom afetivo de uma interação (por exemplo, amistoso/inamistoso), os comportamentos não-verbais (por exemplo, distância interpessoal) e os traços da outra pessoa envolvida (Aiello e Aiello, 1977; Hall e Halberstadt, 1986; Putnam e McCallister, 1980). Como exemplo do que dissemos por último, as pessoas agem segundo os modos sexuais mais estereotipados quando estão com outras do próprio sexo; nos encontros com o sexo oposto, homens e mulheres freqüentemente se acomodam às normas já aceitas. Assim, por exemplo, olhar fixamente é mais freqüente entre as mulheres, menos freqüente entre os homens e relativamente freqüente na interação homem–mulher (Hall, 1984; Vrugt e Kerkstra, 1984). O fato de que as diferenças sexuais não-verbais variam com esses fatores contextuais demonstra que ainda temos muito que aprender sobre as origens do comportamento masculino e feminino.

Enganando os outros

Um dos resultados comunicativos mais comuns que procuramos é persuadir ou influenciar os outros. Nos capítulos anteriores, citamos uma pesquisa que objetivava identificar a contribuição da atração física, da distância, do olhar, do toque e dos sinais vocais nas percepções de autoridade (conhecimento especializado) e de caráter (confiabilidade) – dois fatores centrais num processo persuasivo. Mas a área de influência que captou mais a atenção do público americano e dos pesquisadores universitários nos últimos anos foi o ato de mentir.

As três questões principais que orientam a pesquisa nessa área são: 1) Que comportamentos distinguem os mentirosos dos que dizem a verdade? 2) Que processos cognitivos/emocionais entram em ação no ato de mentir? 3) Que acuidade temos para detectar mentiras?

Até pouco tempo atrás, a identificação de comportamentos apresentados por mentirosos centrava-se predominantemente nos sinais não-verbais. Foi incorreto deduzir que os mentirosos podiam manipular facilmente seu comportamento verbal e não conseguiam controlar seu comportamento não-verbal na mesma proporção, revelando assim que estavam mentindo. O comentário de Freud resume apropriadamente essa opinião: "Ele que tem olhos para ver e ouvidos para ouvir pode se convencer de que nenhum mortal pode manter um segredo. Se seus lábios estão calados, ele tagarela com as pontas dos dedos; a traição sai por todos os poros" (Freud, 1959). Ekman e Friesen (1969) acreditavam que era mais provável que os sinais do logro seriam encontrados primeiramente nos pés/pernas, em seguida, nas mãos e, por último, na face. Pelo fato de a face ser mais suscetível de ser controlada pelo mentiroso, Ekman e Friesen argumentaram que os sinais faciais seriam mais difíceis de detectar. O trabalho posterior desses pesquisadores (Ekman e Friesen, 1975), todavia, mostrava várias maneiras de a face revelar falsidade; por exemplo, a morfologia facial, as expressões micromomentâneas, e o *timing* e a localização da expressão. Por exemplo, quando as pessoas estavam tentando encobrir sentimentos negativos com um sorriso, suas expressões incluíam vestígios de ações musculares associadas a asco, medo, desdém ou tristeza (Ekman, Friesen e O'Sullivan, 1988).

Tentativas de desenvolver uma lista de comportamentos que distinguem os mentirosos dos que dizem a verdade depararam-se com o problema da existência de muitos tipos de mentira (preparadas ou não, com resposta curta ou narrativa extensa, interrogada ou não) e muitas motivações para mentir (proteger a si mesmo ou a outrem, escapar de uma obrigação ou promessa, evitar conflito). Além disso, nenhum comportamento que ocorre durante uma mentira está exclusivamente ligado ao ato de mentir (Buck, 1984; Zuckerman, DePaulo e Rosenthal, 1981). Ekman (1985, p. 90) coloca a questão dessa forma: "*Não há nenhum sinal de enganar por si só* – nenhum gesto, expressão facial ou contração muscular que signifique por si mesmo que uma pessoa esteja mentindo". Todavia, foram feitas tentativas de examinar os indicadores comportamentais de mentir repetidamente encontrados na pesquisa, sem se considerar o *modus operandi* do ato de mentir (DePaulo, Rosenthal, Rosenkrantz e Green, 1982; Kraut, 1980; Stiff & Miller; Zuckerman, DePaulo e Rosenthal, 1981; Zuckerman e Driver, 1985). Quando comparados a pessoas que dizem a verdade, os mentirosos freqüentemente sorriem menos, têm mais hesitações durante a fala, mais erros de fala e som mais alto. Verbalmente, a duração da resposta é quase sempre menor; mais termos "genéricos" (tudo, todos, sempre, nenhum, ninguém) são usados; e há menos referências específicas ao assunto em pauta. São também observados um número maior de piscadelas, dilatação de pupila e atos nervosos de autotoque. Um comportamento esperado dos mentirosos é a diminuição do olhar fixo. Embora esse comportamento possa ocorrer com alguns mentirosos em certas situações, ele se tornou tão estereotipadamente associado a mentir nesta cultura que os mentirosos muitas vezes procuram controlá-lo de maneira consciente. Às vezes, é claro, a capacidade de apresentar um padrão normal de olhar é deficiente, e o mentiroso deixa de olhar. E olhar demais denuncia que alguma coisa está errada assim como olhar de menos.

É difícil encontrar comportamentos que denunciem os mentirosos. Fica mais fácil identificar comportamentos associados ao estilo característico de processos cognitivos e emocionais que ocorrem durante as mentiras (Knapp, Cody e Reardon, 1987). Os dois processos mais comumente estudados são a *excitação* e a *dificuldade cognitiva*. Mentirosos não-patológicos que sabem que estão mentindo e que haverá sérias conseqüências se forem apanhados tendem a experimentar um desses estados, ou ambos. Não-verbalmente, a excitação é indicada por dilatação da pupila, piscar, erros de fala e som mais alto. Verbalmente, podemos observar respostas exageradas (por exemplo, POR QUE VOCÊ SEMPRE TEM DE ME QUESTIONAR?! em resposta a uma pergunta aparentemente natural, não ameaçadora), lacônicas ou excessos no uso da linguagem. Obviamente, as pessoas experimentam excitação por outras razões que não a de mentir, mas sujeitos excitados que falam a verdade e mentirosos excitados não parecem se comportar da mesma forma. Os mentirosos comumente experimentam dificuldade cognitiva. Isso pode ser percebido em hesitações na fala, respostas mais curtas, dilatação da pupila, erros gramaticais, comportamento verbal e não-verbal impróprio e falta de referências específicas.

Dois outros processos típicos da experiência de mentir envolvem tentativa de controle e demonstração de um estado afetivo. Falta de espontaneidade ou o que parece ser um comportamento ensaiado indicariam tentativa de controle.

Em 1991, militares prisioneiros de guerra forçados a fazer declarações antiamericanas na televisão iraquiana foram treinados antes de sua captura a falar e comportar-se de maneira inexpressiva e mecânica para indicar que estavam mentindo. Respostas indiretas a perguntas diretas também revelam tentativa de controlar o comportamento de alguém. O esperado estado afetivo é o de ansiedade, que comumente se traduz em nervosismo, gagueira e reações parecidas. Mas outros estados emocionais são também relevantes quando se trata de falsidade. A raiva é muito comum e se reflete na tendência de os mentirosos serem negativos e desarticulados em suas respostas. Alguns mentirosos sentem culpa suficiente, de modo que desviar o olhar por longos períodos ou cobrir os olhos com as mãos não é incomum. Satisfação em iludir, o prazer que alguém experimenta em enganar outra pessoa, também ocorre algumas vezes e pode se revelar num sorriso na hora errada ou num sorriso de desdém.

Quanto mais importante é a mentira para aquele que engana, tanto mais fácil (paradoxalmente) é para os outros detectá-la por meio de canais não-verbais, enquanto o inverso é relativamente verdadeiro para o canal verbal. DePaulo e seus colegas (1983, 1988), que documentaram esse fenômeno repetidas vezes, propõem que esse *prejuízo motivacional* está ligado à natureza incontrolável e inconsciente dos canais não-verbais. Os decodificadores parecem avaliar que alguns canais são menos controláveis do que outros. Quando suspeitam de falsidade, dão mais peso ao tom de voz do que à face (Zuckerman, Spiegel, DePaulo e Rosenthal, 1982).

Levando em conta o que dissemos sobre a natureza do comportamento do mentiroso, não seria de espantar que estrangeiros, sem a ajuda de nenhum mecanismo – como um polígrafo, por exemplo –, identifiquem com apenas 50% a 60% de precisão quem são os mentirosos. Enquanto alguns lamentam o fato de nosso índice de detecção ser baixo, outros acham que seria indesejável ser mais acurado na detecção de mentiras. Argumenta-se que a habilidade em reter informação e induzir a erro é tão crucial ao bem-estar de nossa sociedade quanto a divulgação, a abertura e a honestidade. Detectores de mentira demasiadamente precisos podem descobrir mentiras que não existem e, algumas vezes, deduzir mentiras de pessoas que não tiveram a intenção de mentir. Espera-se que essa e outras questões relacionadas com a verdade e à mentira continuem a ser debatidas. Apenas quando pararmos de buscar respostas a perguntas sobre verdade e mentira estaremos moralmente abalados.

Os polígrafos geralmente apresentam um índice mais alto na detecção de mentiras (cerca de 80%, 90%), mas não são infalíveis. Aproximadamente 80% das pessoas cujas mentiras foram detectadas receberam ou *feedback* biológico ou treinamento de relaxamento. Depois de se tornarem mais aptas a controlar as reações de seus corpos, a eficácia dos polígrafos foi reduzida a cerca de 20% (Corcoran, Lewis e Garver, 1978).

O que se pode dizer sobre pessoas intimamente ligadas? Elas deveriam ser mais precisas na detecção das mentiras? Já que a confiança é a razão fundamental para que os casais tenham relações íntimas, cada uma das partes tende a conseguir lidar com a mentira com bastante facilidade no início. Mas quando a suspeita é despertada, os que conhecem melhor o comportamento de uma pessoa tendem a ser os melhores detectores (Comadena, 1982; McCornack e Parks, 1986). Contudo, é comum as pessoas intimamente ligadas não se empenharem na detecção da mentira. Elas podem não querer enfrentar a falsidade, ou ter medo de destruir a intimidade se mostrarem desconfiança em relação ao parceiro. Os detectores eficazes provaram ter menos amigos e menos relacionamentos satisfatórios. As pessoas podem ser treinadas para detectar mentiras, mas, sem treinamento, muitas vezes emitem sinais para detectar mentiras que não estão ligadas com o mentiroso real e com o comportamento de quem diz a verdade (deTurck e Miller, 1990; Stiff e Miller, 1986; Zuckerman, Koestner e Driver, 1981).

Sumário

Ao longo deste capítulo enfatizamos a idéia de que os comunicadores constroem mutuamente sua realidade. O comportamento de uma pessoa só pode ser entendido quando vemos de que maneira interage com o comportamento de outro interagente. Em teoria, essa proposição parece razoável – proposição que não seria difícil de memorizar e de lembrar durante um teste. Mas o que significa o conceito de influência mútua na aplicação prática em nossas vidas cotidianas? Duas coisas parecem ser especialmente importantes. 1) Se o resultado de qualquer transação é o produto do comportamento de ambos os interagentes, isso significa que devemos ser muito cuidadosos no julgamento e na atribuição de significado ao comportamento não-verbal de uma pessoa isolada ou na generalização do comportamento de uma pessoa com outra. Isso não prova que as pessoas não tenham um "estilo" de se comunicar que elas podem carregar de um encontro para outro. As características desse estilo que são enfatizadas e atenuadas; contudo, podem mudar drasticamente, dependendo de quem está interagindo com quem. 2) Se o resultado de qualquer transação é o produto do comportamento de ambos os interagentes, cada interagente deve dividir a responsabilidade pelo resultado. Isso não significa que em alguns encontros alguém possa não assumir uma parte maior da responsabilidade. Significa que devemos, talvez mais do que gostaríamos, examinar nosso próprio comportamento verbal e não-verbal para ver como ele contribuiu para o resultado interpessoal. Na vida social, é raro uma pessoa fazer tudo "direito" e a outra, tudo "errado". Resultados indesejados em geral são construídos mutuamente.

Essas noções nos levam à previsão descrita no capítulo 1. As lições mais importantes sobre a vida social provavelmente são estas: vemos o que esperamos ver, e o que esperamos dos outros com toda a probabilidade se tornará verdadeiro. É por meio de nosso comportamento verbal e não-verbal, que *inconscientemente* moldamos a outra pessoa conforme nossas expectativas, em todas as áreas da vida, incluindo a esfera educacional (Harris e Rosenthal, 1985), os experimentos psicológicos (Rosenthal, 1976) e os relacionamentos interpessoais comuns (Snyder, Tanke e Berscheid, 1977). O seu comportamento não-verbal *faz* a diferença.

Referências e bibliografia selecionada
Intimidade
Andersen, P. A. (1985). Nonverbal immediacy in interpersonal communication. In A. W. Siegman & S. Feldstein (Eds.), *Multichannel integrations of nonverbalbehavior* (pp. 1–36). Hillsdale, NJ: Erlbaum.

Andersen, P. A., & Andersen, J. F. (1984). The exchange of nonverbal intimacy: A critical review of dyadic models. *Journal of Nonverbal Behavior, 8*, 327–49.

Argyle, M., & Dean, J. (1965). Eye contact, distance and affiliation. *Sociometry, 28*, 289–304.

Burgoon, J. K. (1978). A communication model of personal space violations: Explication and an initial test. *Human Communication Research, 4*, 129–42.

Burgoon, J. K., & Aho, L. (1982). Three field experiments on the effect of violations of conversation distance. *Communication Monographs, 49*, 71–88.

Burgoon, J. K., & Jones, S. B. (1976). Toward a theory of personal space expectations and their violations. *Human Communication Research, 2*, 131–46.

Cappella, J. N. (1981). Mutual influence in expressive behavior: Adult-adult and infant-adult interaction. *Psychological Bulletin, 89*, 101–32.

Cappella, J. N., & Greene, J. O. (1982). A discrepancy-arousal explanation of mutual influence in expressive behavior for adult and infant-adult interaction. *Communication Monographs, 49*, 89–114.

Clore, G. L., Wiggins, N. H., & Itkin, S. (1975a). Gain and loss in attraction: Attributions from nonverbal behavior. *Journal of Personality and Social Psychology, 31*, 706–12.

Clore, G. L., Wiggins, N. H., & Itkin, S. (1975b). Judging attraction from nonverbal behavior: The gain phenomenon. *Journal of Consulting and Clinical Psychology, 43*, 491–7.

DePaulo, B. M., & Coleman, L. M. (1987). Verbal and nonverbal communication of warmth to children, foreigners, and retarded adults. *Journal of Nonverbal Behavior, 11*, 75–88.

Knapp, M. L. (1983). Dyadic relationship development. In J. M. Wiemann & R. P. Harrison (Eds.), *Nonverbal interaction* (pp. 179–207). Beverly Hills, CA: Sage.

LePoire, B. A. (1991). Orientation and defensive reactions as alternatives to arousal in theories of nonverbal reactions to changes in immediacy. *Southern Communication Journal, 56*, 138–46.

McCormick, N. B., & Jones, A. I. (1989). Gender differences in nonverbal flirtation. *Journal of Sex Education and Therapy, 15*, 271–82.

Mehrabian, A. (1968). Inference of attitude from the posture, orientation, and distance of a communicator. *Journal of Consulting and Clinical Psychology, 32*, 296–308.

Mehrabian, A. (1968). Relationship of attitude to seated posture, orientation, and distance. *Journal of Personality and Social Psychology, 10*, 26–30.

Mehrabian, A. (1968). Significance of posture and position in the communication of attitude and status relationships. *Psychological Bulletin, 71*, 359–72.

Mehrabian, A. (1972). *Nonverbal communication*. Chicago: Aldine.

Noller, P. (1984). *Nonverbal communication and marital interaction*. Nova York: Pergamon.
Patterson, M. L. (1976). An arousal model of interpersonal intimacy. *Psychological Review, 83,* 235–45.
Patterson, M. L. (1983). *Nonverbal behavior: A functional approach*. Nova York: Springer-Verlag.
Patterson, M. L. (Ed.), (1985). Nonverbal intimacy and exchange. *Journal of Nonverbal Behavior, 8,* 233–393.
Patterson, M. L., Reidhead, S. M., Gooch, M. V., & Stopka, S. J. (1984). A content-classified bibliography of research on the immediacy behaviors: 1965–82. *Journal of Nonverbal Behavior, 8,* 360–93.
Reece, M., & Whitman, R. (1962). Expressive movements, warmth, and verbal reinforcement. *Journal of Abnormal and Social Psychology, 64,* 234–6.
Rosenfeld, H. M. (1966). Approval-seeking and approval-inducing functions of verbal and nonverbal responses in the dyad. *Journal of Personality and Social Psychology, 4,* 597–605.
Rosenfeld, H. M. (1966). Instrumental affiliative functions of facial and gestural expressions. *Journal of Personality and Social Psychology, 4,* 65–72.
Scheflen, A. E. (1965). Quasi-courtship behavior in psychotherapy. *Psychiatry, 28,* 245–57.
Tickle-Degnen, L., & Rosenthal, R. (1990). The nature of rapport and its nonverbal correlates. *Psychological Inquiry, 1,* 285–93.

Dominância/status
Argyle, M. (1988). *Bodily communication*. 2d ed. Londres: Methuen.
Berger, J., Rosenholtz, S. J., & Zelditch, M., Jr. (1980). Status organizing processes. *Annual Review of Sociology, 6,* 479–508.
Burgoon, J. K., Buller, D. B., & Woodall, W. G. (1989). *Nonverbal communication: The unspoken dialogue*. Nova York: Harper & Row.
Burroughs, W., Schulz, W., & Aubrey, S. (1973). Quality of argument, leadership roles and eye contact in three-person leaderless groups. *Journal of Social Psychology, 90,* 89–93.
Dindia, K. (1987). The effects of sex of subject and sex of partner on interruptions. *Human Communication Research, 13,* 345–71.
Dovidio, J. F., Brown, C. E., Heltman, K., Ellyson, S. L., & Keating, C. F. (1988). Power displays between women and men in discussions of gender-linked tasks: A multichannel study. *Journal of Personality and Social Psychology, 55,* 580–7.
Dovidio, J. F., & Ellyson, S. L. (1985). Patterns of visual dominance behavior in humans. *In* S. L. Ellyson & J. F. Dovidio (Eds.), *Power, dominance, and nonverbal behavior* (pp. 129–149). Nova York: Springer-Verlag.
Dovidio, J. F., Ellyson, S. L., Keating, C. F., Heltman, K., & Brown, C. E. (1988). The relationship of social power to visual displays of dominance between men and women. *Journal of Personality and Social Psychology, 54,* 233–42.
Edinger, J. A., & Patterson, M. L. (1983). Nonverbal involvement and social control. *Psychological Bulletin, 93,* 30–56.
Ellyson, S. L., & Dovidio, J. F. (1985). Power, dominance, and nonverbal behavior:

Basic concepts and issues. *In* S. L. Ellyson & J. F. Dovidio (Eds.), *Power, dominance, and nonverbal behavior* (pp. 1–27). Nova York: Springer-Verlag.

Ellyson, S. L., Dovidio, J. F., & Fehr, B. J. (1981). Visual behavior and dominance in women and men. *In* C. Mayo & N. M. Henley (Eds.), *Gender and nonverbal behavior* (pp. 63–79). Nova York: Springer-Verlag.

Exline, R. V. (1971). Visual interaction: The glances of power and preference. *Nebraska Symposium on Motivation, 19,* 163–206.

Exline, R. V., Ellyson, S. L., & Long, B. (1975). Visual behavior as an aspect of power relationships. *In* P. Pliner, L. Kramer, & T Alloway (Eds.), *Nonverbal communication of aggression.* Nova York: Plenum.

Fehr, B. J., & Exline, R. V. (1987). Social visual interaction: A conceptual and literature review. *In* A. W. Siegman & S. Feldstein (Eds.), *Nonverbal behavior and communication.* 2d ed. (pp. 225–326). Hillsdale, NJ: Erlbaum.

Goldstein, A. G., & Jeffords, J. (1981). Status and touching behavior. *Bulletin of the Psychonomic Society, 17,* 79–81.

Halberstadt, A. G., Dovidio, J. F., & Davidson, L. A. (1988, outubro). Power gender, and smiling. Documento apresentado na Society of Experimental Social Psychology.

Halberstadt, A. G., & Saitta, M. B. (1987). Gender, nonverbal behavior, and perceived dominance: A test of the theory. *Journal of Personality and Social Psychology, 53,* 257–72.

Hall, J. A. (1984). *Nonverbal sex differences: Communication accuracy and expressive style.* Baltimore: Johns Hopkins University Press.

Harper, R. G. (1985). Power, dominance, and nonverbal behavior: An overview. *In* S. L. Ellyson & J. F. Dovidio (Eds.), *Power, dominance, and nonverbal behavior* (pp. 29–48). Nova York: Springer-Verlag.

Henley, N. M. (1977). *Body politics: Power, sex, and nonverbal communication.* Englewood Cliffs, NJ: Prentice-Hall.

Heslin, R., & Patterson, M. L. (1982). *Nonverbal behavior and social psychology.* Nova York: Plenum.

Keating, C. F. (1985). Human dominance signals: The primate in us. *In* S. L. Ellyson & J. F. Dovidio (Eds.), *Power, dominance, and nonverbal behavior* (pp. 89–108). Nova York: Springer-Verlag.

Kennedy, C. W., & Camden, C. T. (1983). A new look at interruptions. *Western Journal of Speech Communication, 47,* 45–58.

Kleinke, C. L. (1986). Gaze and eye contact: A research review. *Psychological Bulletin, 100,* 78–100.

Kollock, P., Blumstein, P., & Schwartz, P. (1985). Sex and power in interaction: Conversational privileges and duties. *American Sociological Review, 50,* 34–46.

Lamb, T. A. (1981). Nonverbal and paraverbal control in dyads and triads: Sex or power differences? *Social Psychology Quarterly, 44,* 49–53.

Latta, R. M. (1978). Relation of status incongruence to personal space. *Personality and Social Psychology Bulletin, 4,* 143–6.

Leffler, A., Gillespie, D. L., & Conaty, J. C. (1982). The effects of status differentiation on nonverbal behavior. *Social Psychology Quarterly, 45,* 153–61.

Lott, D. F., & Sommer, R. (1967). Seating arrangements and status. *Journal of Personality and Social Psychology*, 7, 90–5.

Major, B., & Heslin, R. (1982). Perceptions of cross-sex and same-sex nonreciprocal touch: It is better to give than to receive. *Journal of Nonverbal Behavior*, 6, 148–62.

Mehrabian, A. (1972). *Nonverbal communication*. Chicago: Aldine/Atherton.

Nevill, D. (1974). Experimental manipulation of dependency motivation and its effects on eye contact and measures of field dependency. *Journal of Personality and Social Psychology*, 29, 72–9.

Ridgeway, C. L. (1987). Nonverbal behavior, dominance, and the basis of status in task groups. *American Sociological Review*, 52, 683–94.

Ridgeway, C. L., Berger, J., & Smith, L. (1985). Nonverbal cues and status: An expectation states approach. *American Journal of Sociology*, 90, 955–78.

Robinson, L. F., & Reis, H. T. (1989). The effects of interruption, gender, and status on interpersonal perceptions. *Journal of Nonverbal Behavior*, 13, 141–53.

Rosa, E., & Mazur, A. (1979). Incipient status in small groups. *Social Forces*, 58, 18–37.

Schwartz, B., Tesser, A., & Powell, E. (1982). Dominance cues in nonverbal behavior. *Social Psychology Quarterly*, 45, 114–20.

Snyder, R. A., & Sutker, L. W. (1977). The measurement of the construct of dominance and its relation to nonverbal behavior. *Journal of Psychology*, 97, 227–30.

Stier, D. S., & Hall, J. A. (1984). Gender differences in touch: An empirical and theoretical review. *Journal of Personality and Social Psychology*, 47, 440–59.

Thayer, S. (1969). The effect of interpersonal looking duration on dominance judgments. *Journal of Social Psychology*, 79, 285–6.

Gerenciando a interação

Ayres, J. (1975). Observers' judgments of audience members' attitudes. *Western Speech*, 39, 40–50.

Baker, C. (1977). Regulators and turn-taking in American sign language discourse. In L. A. Friedman (Ed.), *On the other hand: New perspectives on American sign language* (pp. 215–41). Nova York: Academic Press.

Beattie, G. W. (1980). The skilled art of conversational interaction: Verbal and nonverbal signals in its regulation and management. In W. T. Singleton, P. Spurgeon, & R. B. Stammers (Eds.), *The analysis of social skill*. Nova York: Plenum.

Beattie, G. W. (1981). The regulation of speaker turns in face-to-face conversation: Some implications for conversation in sound-only communication channels. *Semiotica*, 34, 55–70.

Brunner, L. J. (1979). Smiles can be back channels. *Journal of Personality and Social Psychology*, 37, 728–34.

Cappella, J. N. (1985). Controlling the floor in conversation. In A. W. Siegman & S. Feldstein (Eds.), *Multichannel integrations of nonverbal behavior* (pp. 69–103). Hillsdale, NJ: Erlbaum.

Cegala, D. J., Savage, G. T., Brunner, C. C., & Conrad, A. B. (1982). An elaboration of the meaning of interaction involvement: Toward the development of a theoretical concept. *Communication Monographs, 49*, 229–48.

Coker, D. A., & Burgoon, J. K. (1987). The nature of conversational involvement and nonverbal encoding patterns. *Human Communication Research, 13*, 463–94.

Dickens, M., & Krueger, D. H. (1969). Speakers' accuracy in identifying immediate audience response during a speech. *Speech Teacher, 18*, 303–7.

Duncan, S. D., Jr. (1972). Some signals and rules for taking speaking turns in conversations. *Journal of Personality and Social Psychology, 23*, 283–92.

Duncan, S. D., Jr. (1973). Toward a grammar for dyadic conversation. *Semiotica, 9*, 29–46.

Duncan, S. D., Jr. (1974). On the structure of speaker-auditor interaction during speaking turns. *Language in Society, 2*, 161–80.

Duncan, S. D., Jr. (1975). Interaction units during speaking turns in dyadic face-to-face conversations. In A. Kendon, R. M. Harris, & M. R. Key (Eds.), *Organization of behavior in face-to-face interaction* (pp. 199–213). Chicago: Aldine.

Duncan, S. D., Jr., & Fiske, D. W. (1977). *Face-to-face interaction: Research, methods, arid theory*. Hillsdale, NJ: Erlbaum.

Duncan, S. D., Jr., & Niedereche, G. (1974). On signaling that it's your turn to speak. *Journal of Experimental Social Psychology, 10*, 234–54.

Edinger, J. A., & Patterson, M. L. (1983). Nonverbal involvement and social control. *Psychological Bulletin, 93*, 30–56.

Feldstein, S., & Welkowitz, J. (1987). A chronography of conversation: In defense of an objective approach. In A. W. Siegman & S. Feldstein (Eds.), *Nonverbal behavior and communication*. 2d ed. (pp. 435–99). Hillsdale, NJ: Erlbaum.

Firth, R. W. (1972). Verbal and bodily rituals of greeting and parting. In J. S. Fontaine (Ed.), *Interpretation of ritual*. Londres: Tavistock.

Gardiner, J. C. (1971). A synthesis of experimental studies of speech communication feedback. *Journal of Communication, 21*, 17–35.

Givens, D. (1978). Greeting a stranger: Some commonly used nonverbal signals of aversiveness. *Semiotica, 22*, 351–67.

Goffman, E. (1963). *Behavior in public places*. Nova York: Free Press.

Goffman, E. (1971). *Relations in public*. Nova York: Basic.

Greenbaum, P. E., & Rosenfeld, H. M. (1980). Varieties of touching in greetings: Sequential structure and sex-related differences. *Journal of Nonverbal Behavior, 5*, 13–25.

Halberstadt, A. G. (1985). Race, socioeconomic status, and nonverbal behavior. In A. W. Siegman & S. Feldstein (Eds.), *Multi-channel integrations of nonverbal behavior* (pp. 227–66). Hillsdale, NJ: Erlbaum.

Karns, C. F. (1969). Speaker behavior to nonverbal aversive stimuli from the audience. *Speech Monographs, 36*, 26–30.

Kendon, A., & Ferber, A. (1973). A description of some human greetings. In R. P. Michael & J. H. Crook (Eds.), *Comparative ecology and behavior of primates*. Londres: Academic Press.

Knapp, M. L., Hart, R. P., Friedrich, G. W., & Shulman, G. M. (1973). The rhetoric of goodbye: Verbal and nonverbal correlates of human leave-taking. *Speech Monographs, 40*, 182–98.

Kraut, R., & Lewis, S. H. (1984). Some functions of feedback in conversation. In H. E. Sypher & J. L. Applegate (Eds.), *Communication by children and adults* (pp. 231–60). Beverly Hills, CA: Sage.

Krivonos, P. D., & Knapp, M. L. (1975). Initiating communication: What do you say when you say hello? *Central States Speech Journal, 26,* 115–25.

LaFrance, M., & Mayo, C. (1976). Racial differences in gaze behavior during conversations: Two systematic observational studies. *Journal of Personality and Social Psychology, 33,* 547–52.

Laver, J. (1975). Communication functions of phatic communion. In A. Kendon, R. M. Harris, & M. R. Key (Eds.), *Organization of behavior in face-to-face interaction* (pp. 215–38). Chicago: Aldine.

Leathers, D. (1979). The informational potential of the nonverbal and verbal components of feedback responses. *Southern Speech Communication Journal, 44,* 331–54.

Norton, R. W., & Pettegrew, L. S. (1979). Attentiveness as a style of communication: A structural analysis. *Communication Monographs, 46,* 13–6.

O'Leary, M. J., & Gallois, C. (1985). The last ten turns: Behavior and sequencing in friends' and strangers' conversational endings. *Journal of Nonverbal Behavior, 9,* 8–27.

Pike, K. (1975). On kinesic triadic relations in turn-taking. *Semiotica, 13,* 389–94.

Rosenfeld, H. M. (1987). Conversational control functions of nonverbal behavior. In A. W. Siegman & S. Feldstein (Eds.), *Nonverbal behavior and communication.* 2d ed. (pp. 563–601). Hillsdale, NJ: Erlbaum.

Rosenfeld, H. M., & Hancks, M. (1980). The nonverbal context of verbal listener responses. In M. R. Key (Ed.), *The relationship of verbal and nonverbal communication* (pp. 193–206). The Hague: Mouton.

Scheflen, A. E. (1964). Communication and regulation in psychotherapy. *Psychiatry, 27,* 126–36.

Schiffrin, D. (1974). Handwork as ceremony: The case of the handshake. *Semiotica, 12,* 189–202.

Walker, M. B., & Trimboli, C. (1982). Smooth transitions in conversational interactions. *Journal of Social Psychology, 117,* 305–6.

Walker, M. B., & Trimboli, C. (1984). The role of nonverbal signals in co-ordinating speaking turns. *Journal of Language and Social Psychology, 3,* 257–72.

Wiemann, J. M., & Knapp, M. L. (1975). Turn-taking in conversations. *Journal of Communication, 25,* 75–92.

Wilson, T. P., Wiemann, J. M., & Zimmerman, D. H. (1984). Models of turn-taking in conversational interaction. *Journal of Language and Social Psychology, 3,* 159–84.

Yngve, V. H. (1970). On getting a word in edgewise. In M. A. Campbell et al. (Eds.), *Papers from the sixth regional meeting, Chicago Linguistics Society* (pp. 567–78). Chicago: Department of Linguistics, University of Chicago.

Identidade

Aiello, J. R., & Aiello, T. D. (1977). Visual interaction at extended distances. *Personality and Social Psychology Bulletin, 3,* 83–6.

Argyle, M. (1988). *Bodily communication*. 2d ed. Londres: Methuen.

Burgoon, J. K., Buller, D. B., & Woodall, W. G. (1989). *Nonverbal communication: The unspoken dialogue*. Nova York: Harper & Row.

Dovidio, J. F., Brown, C. E., Heltman, K., Ellyson, S. L., & Keating, C. F. (1988). Power displays between women and men in discussions of gender-linked tasks: A multichannel study. *Journal of Personality and Social Psychology, 55*, 580–7.

Erickson, F. (1979). Talking down: Some cultural sources of miscommunication in interracial interviews. In A. Wolfgang (Ed.), *Nonverbal behavior: Applications and cultural implications* (pp. 99–126). Nova York: Academic Press.

Halberstadt, A. G. (1985). Race, socioeconomic status, and nonverbal behavior. In A. W. Siegman & S. Feldstein (Eds.), *Multichannel integrations of nonverbal behavior* (pp. 227–66). Hillsdale, NJ: Erlbaum.

Hall, J. A. (1984). *Nonverbal sex differences: Communication accuracy and expressive style*. Baltimore: Johns Hopkins University Press.

Hall, J. A. (1987). On explaining gender differences: The case of nonverbal communication. In P. Shaver & C. Hendrick (Eds.), *Review of personality and social psychology*. Vol. 7 (pp. 177–200). Beverly Hills, CA: Sage.

Hall, J. A., & Halberstadt, A. G. (1986). Smiling and gazing. In J. S. Hyde & M. Linn (Eds.), *The psychology of gender: Advances through meta-analysis* (pp. 136–58). Baltimore: Johns Hopkins University Press.

Henley, N. M. (1977). *Body politics: Power, sex, and nonverbal communication*. Englewood Cliffs, NJ: Prentice-Hall.

Johnson, K. R. (1972). Black kinesic–some nonverbal communication patterns in the black culture. In L. A. Samovar & R. E. Porter (Eds.), *Intercultural communication: A reader* (pp. 181–9). Belmont, CA: Wadsworth.

Putnam, L. L., & McCallister, L. (1980). Situational effects of task and gender on nonverbal display. In D. Nimmo (Ed.), *Communication yearbook 4* (pp. 679–97). New Brunswick, NJ: Transaction.

Rosenthal, R., & DePaulo, B. M. (1979). Sex differences in eavesdropping on nonverbal cues. *Journal of Personality and Social Psychology, 37*, 273–85.

Vrugt, A., & Kerkstra, A. (1984). Sex differences in nonverbal communication. *Semiotica, 50*, 1–41.

Decepção

Buck, R. (1984). *The communication of emotion*. Nova York: Guilford.

Comadena, M. E. (1982). Accuracy in detecting deception: Intimate and friendship relationships. In M. Burgoon (Ed.), *Communication yearbook 6* (pp. 446–72). Newbury Park, CA: Sage.

Corcoran, J. F. T., Lewis, M. D., & Garver, R. B. (1978). Biofeedback–Conditioned galvanic skin response and hypnotic suppression of arousal: A pilot study of their relation to deception. *Journal of Forensic Sciences, 23*, 155–62.

DePaulo, B. M., & Jordan, A. (1982). Age changes in deceiving and detecting deceit. In R. S. Feldman (Ed.), *Development of nonverbal behavior in children* (pp. 149–80). Nova York: Springer-Verlag.

DePaulo, B. M., Lanier, K., & Davis, T. (1983). Detecting the deceit of the motivated liar. *Journal of Personality and Social Psychology, 45*, 1096–1103.

DePaulo, B. M., Kirkendol, S. E., Tang, J., & O'Brien, T. P. (1988). The motivational impairment effect in the communication of deception: Replications and extensions. *Journal of Nonverbal Behavior, 12*, 177–202.

DePaulo, B. M., Rosenthal, R., Rosenkrantz, J., & Green, C. R. (1982). Actual and perceived cues to deception: A closer look at speech. *Basic and Applied Social Psychology, 3*, 291–312.

deTurck, M. A., & Miller, G. R. (1990). Training observers to detect deception: Effects of self-monitoring and rehearsal. *Human Communication Research, 16*, 603–20.

Ekman, P. (1985). *Telling lies.* Nova York: Norton.

Ekman, P., & Friesen, W. V. (1969). Nonverbal leakage and clues to deception. *Psychiatry, 32*, 88–106.

Ekman, P., & Friesen, W. V. (1974). Detecting deception from the body or face. *Journal of Personality and Social Psychology, 29*, 288–98.

Ekman, P., & Friesen, W. V. (1975). *Unmasking the face.* Englewood Cliffs, NJ: Prentice-Hall.

Ekman, P., & O'Sullivan, M. (1991). Who can catch a liar? *American Psychologist, 46*, 913–20.

Ekman, P., Friesen, W. V., & O'Sullivan, M. (1988). Smiles when lying. *Journal of Personality and Social Psychology, 54*, 414–20.

Ekman, P., Friesen, W. V., & Scherer, K. R. (1976). Body movement and voice pitch in deceptive interaction. *Semiotica, 16*, 23–7.

Freud, S. (1959). Fragment of an analysis of a case of hysteria (1905). *Collected papers.* Vol. 3. Nova York: Basic Books.

Knapp, M. L., Cody, M. J., & Reardon, K. K. (1987). Nonverbal signals. In C. R. Berger & S. H. Chaffee (Eds.), *Handbook of communication science* (pp. 383–418). Beverly Hills, CA: Sage.

Knapp, M. L., & Comadena, M. F. (1979). Telling it like it isn't: A review of theory and research on deceptive communications. *Human Communication Research, 5*, 270–85.

Knapp, M. L., Hart, R. P., & Dennis, H. S. (1974). An exploration of deception as a communication construct. *Human Communication Research, 1*, 15–29.

Kraut, R. (1978). Verbal and nonverbal cues in the perception of lying. *Journal of Personality and Social Psychology, 36*, 380–91.

Kraut, R. E. (1980). Humans as lie detectors: Some second thoughts. *Journal of Communication, 8*, 209–16.

Kraut, R., & Poe, D. (1981). Behavioral roots of person perception: Deception judgments of customs inspectors and laymen. *Journal of Personality and Social Psychology, 39*, 784–98.

McCornack, S. A., & Parks, M. R. (1986). Deception detection and relationship development: The other side of trust. In M. L. McLaughlin (Ed.), *Communication yearbook 9* (pp. 377–389). Newbury Park, CA: Sage.

Stiff, J. B., & Miller, G. R. (1986). Come to think of it...: Interrogative probes, deceptive communication, and deception detection. *Human Communication Research, 12*, 339–57.

Stiff, J. B., & Miller, G. R. *Deceptive communication.* Newbury Park, CA: Sage.

Zuckerman, M., DePaulo, B. M., & Rosenthal, R. (1981). Verbal and nonverbal communication of deception. *In* L. Berkowitz (Ed.), *Advances in experimental social psychology*. Vol. 14 (pp. 2–59). Nova York: Academic Press.

Zuckerman, M., & Driver, R. E. (1985). Telling lies: Verbal and nonverbal correlates of deception. *In* A. W. Siegman & S. Feldstein (Eds.), *Multichannel integrations of nonverbal behavior* (pp. 129–47). Hillsdale, NJ: Erlbaum.

Zuckerman, M., Koestner, R., & Driver, R. (1981). Beliefs about cues associated with deception. *Journal of Nonverbal Behavior, 6,* 171–87.

Zuckerman, M., Spiegel, N. H., DePaulo, B. M., & Rosenthal, R. (1982). Nonverbal strategies for decoding deception. *Journal of Nonverbal Behavior, 6,* 171–87.

Previsão auto-sustentada

Harris, M. J., Milich, R., Johnston, E. M., & Hoover, D. W. (1990). Effects of expectancies on children's social interactions. *Journal of Experimental Social Psychology, 26,* 1–12.

Harris, M. J., & Rosenthal, R. (1985). Mediation of interpersonal expectancy effects: 31 meta-analysis. *Psychological Bulletin, 97,* 363–86.

Rosenthal, R. (1976). *Experimenter effects in behavioral research* (edição ampliada). Nova York: Irvington.

Snyder, M., Tanke, E. D., & Berscheid, E. (1977). Social perception and interpersonal behavior: On the self-fulfilling nature of social stereotypes. *Journal of Personality and Social Psychology, 35,* 656–66.

Sullins, E. S., Friedman, H. S., & Harris, M. J.(1985). Individual differences in expressive style as a mediator of expectancy communication. *Journal of Nonverbal Behavior, 9,* 229–38.

Word, C. O., Zanna, M. P., & Cooper, J. (1974). The nonverbal mediation of self-fulfilling prophecies in interracial interaction. *Journal of Experimental Social Psychology, 10,* 109–20.

PARTE V

Obtenção, compreensão e uso de sinais não-verbais

As partes precedentes deste livro foram dedicadas principalmente a esclarecer como os sinais não-verbais afetam nossa comunicação cotidiana. Agora chegou o momento de levantarmos algumas questões práticas que nos ajudem a compreender melhor o assunto. Como as pessoas adquirem esses comportamentos? Algumas pessoas são mais hábeis na comunicação não-verbal que outras? Como podemos aprender mais sobre o comportamento não-verbal das pessoas?

11

A *aquisição* do comportamento não-verbal

Não existem gestos universais. Pelo que sabemos, não há uma expressão facial, atitude ou posição corporal que transmita o mesmo significado em todas as sociedades.
R. L. Birdwhistell

Ao fazer um retrospecto de uma longa história filogenética, que determinou nossa atual situação anatômica, fisiológica e bioquímica, ficaríamos simplesmente pasmos se descobríssemos que ela não afeta também nosso comportamento.
T. K. Pitcairn e I. Eibl-Eibesfeldt

As crianças às vezes surpreendem os pais e causam constrangimento momentâneo ao perguntar inocentemente: "De onde eu vim?". Quando essas mesmas crianças atingem a idade adulta, passam a elaborar outro tipo de pergunta; por exemplo: "Estou fazendo isso por causa da criação que recebi ou todos os seres humanos agem assim?". As respostas freqüentemente são rápidas e definitivas. Por um lado, ouvimos intelectuais afirmarem que o comportamento é inato, instintivo, endógeno ou genético; outros argumentam que o comportamento é adquirido, aprendido, culturalmente ensinado, imposto, imitado ou determinado pelo ambiente. É a familiar dicotomia natureza/educação. As citações que abrem este capítulo ilustram de modo claro esses diferentes pontos de vista. Neste capítulo, examinamos as origens do comportamento não-verbal a partir de duas perspectivas: *filogenética* (as raízes do comportamento não-verbal na história da evolução humana) e *ontogenética* (as raízes do comportamento não-verbal em nosso tempo).

Primeiramente, vamos observar a seguinte dicotomia: inato *versus* aprendido. Assim como na maior parte das dicotomias, os defensores de cada lado perdem a capacidade de explicar as coisas quando sustentam uma posição inflexível – tentando abranger todas as observações num único ponto de vista. Em vez de buscarmos uma única origem, então, devemos avaliar, de modo mais produtivo, a contribuição de cada lado para a manifestação de qualquer comportamento em questão. Sem dúvida, grande parte de nosso comportamento não-verbal tem aspectos inatos e também aprendidos (inclusive imitativos). Ekman e Friesen (1969), cuja obra nessa área será detalhada mais adiante, esboçam três fontes primárias de nosso comportamento não-verbal: 1) programas neurológicos herdados; 2) experiências comuns a todos os membros das espécies (por exemplo, independentemente da cultura, as mãos são usadas para colocar alimento na boca); 3) experiência que varia com a cultura, classe social, família ou indivíduo.

Forças biológicas e culturais superpõem-se de várias maneiras importantes. Alguns processos biológicos comuns podem ser usados para comunicar-se – por exemplo, suspirar torna-se sinal de alívio, desgosto ou tédio; um soluço transforma-se em imitação do comportamento de um bêbado; expirar de forma audível pelo nariz pode ser interpretado como um resfolegar de desprezo; e assim por diante. Neste mesmo capítulo, discutiremos estudos que sugerem que alguns aspectos de nossas expressões faciais são herdados e ao mesmo tempo estão presentes em outros membros da espécie humana. Esses estudos, todavia, não negam a importância de nossa aprendizagem cultural nessas expressões. O programa neurológico para determinada expressão facial pode ser alterado ou modificado aprendendo-se regras de aparência que são específicas de nossa cultura; por exemplo, homens não devem chorar. Diferentes estímulos podem dar início a certa expressão facial, dependendo, novamente, de nosso treinamento cultural. Uma cobra pode evocar expressão de medo em dada cultura e criar expressão de alegria em outras (talvez em quem a vê como importante fonte de alimentação). A sociedade na qual crescemos é também em grande parte responsável pela maneira como misturamos duas ou mais expressões emocionais; por exemplo, mostrando ao mesmo tempo algumas características de surpresa e outras de fome. O estudo dos tordos feito por Lack (1940) ilustra mais esse inter-relacionamento entre instinto e ambiente. O tordo europeu macho costuma atacar os tordos estranhos que ingressam em seu território durante a estação de acasalamento. Lack demonstrou com modelos empalhados que apenas os de peito vermelho davam início a esse mecanismo de ataque. Todavia, o tordo fêmea que divide o ninho também tinha peito vermelho e não era atacado. Assim, esse comportamento agressivo, que se acredita ser inato, é modificado por certas condições no ambiente ou pela situação que suscita a reação. De acordo com Thorpe (1972a), algumas aves cantam instintivamente uma canção comum a sua própria espécie sem nunca ter ouvido antes este som cantado por outra ave. Essas aves podem, após ouvir as canções de seu grupo, desenvolver uma variação na melodia que reflete um dialeto local. E mesmo que uma ave não aprenda sua canção, ela pode perceber a quem o chamado deve ser dirigido e em que circunstâncias, e reconhecer sinais de outras aves. Muitos dos componentes herdados do comportamento humano podem ser modificados de forma semelhante. É como nossa predisposição ou nossa capacidade para aprender uma língua verbal (Lenneberg, 1969). Embora tenhamos nascido com a capacidade de aprender uma língua, não a aprendemos sem um treinamento cultural. As crianças isoladas do contato humano não desenvolvem competência lingüística. Alguns sinais não-verbais provavelmente dependem de programas neurológicos herdados; outros, possivelmente, dependem da aprendizagem ambiental; e, é claro, muitos comportamentos são influenciados por ambos. Além disso, alguns comportamentos que são ensinados neste estágio da história humana podem ser transmitidos depois geneticamente, se desempenharem algum papel importante na continuidade e sobrevivência das espécies.

Finalmente, a resposta à questão natureza/educação referente ao comportamento não-verbal variará com o comportamento que está sendo considerado. Já discutimos as múltiplas origens de expressões faciais de emoção. Certos tiques nervosos ou gestos de autotoque podem ser aprendidos principalmente quando uma pessoa está também aprendendo a realizar certas tarefas e a enfrentar várias experiências interpessoais. Alguns comportamentos são produto da imitação dos outros. Gestos independentes da fala pertencem primordialmente a uma cultura específica, mas certos padrões de olhar podem ter forte componente genético. Quanto mais forte o componente aprendido do comportamento não-verbal, mais esperamos encontrar variações dependendo da cultura, classe e etnia. Cabe notar, todavia, que um comportamento que varia de grupo para grupo pode ainda ter uma base biológica comum, depois que ensinamentos culturais são removidos. Como poderemos *algum dia* saber se um comportamento ou um padrão de comportamento isolados têm uma base biológica comum?

Desenvolvimento do comportamento não-verbal na história humana: filogenia

Os seres humanos, como outras espécies, adaptam-se a condições mutáveis a seu redor. Algumas dessas adaptações são importantes para a sobrevivência e podem ser transmitidas através das gerações. Que comportamentos não-verbais têm raízes antigas na história humana? Sobre que base os cientistas sociais concluem que um comportamento ou um padrão de comportamento inclui um componente herdado? Não é tarefa fácil. Algumas de nossas demonstrações de comportamento correntes constituem apenas fragmentos de padrões maiores que não são mais representados em sua inteireza; alguns comportamentos, agora envoltos em rituais, têm pouco a ver com sua função original; e outros, que parecem servir a determinada função, estão associados a algo completamente diferente; por exemplo, o ato de se enfeitar pode ser o resultado de confusão ou de frustração em alcançar um objetivo mais do que simbolizar cuidado com a aparência ou higiene pessoal. Os cientistas sociais geralmente não possuem capacitação para analisar a estrutura do gene e, diferentemente dos paleontólogos, acham que os ossos dos homens antigos fornecem pouca informação. Apesar dessas e de outras dificuldades inerentes em muitas questões de filogenia, os pesquisadores fizeram algumas descobertas importantes.

Inferências sobre se dado comportamento foi herdado e é geneticamente transmitido a todos os membros da espécie humana foram feitas, tendo-se como referência cinco estratégias de pesquisa: 1) testemunho a partir de privação sensorial, isto é, observar a manifestação de um comportamento em pessoas cegas e/ou surdas que não poderiam tê-lo aprendido por meio de canais visuais ou auditivos; 2) testemunho a partir de primatas, ou seja, que mostram uma continuidade evolucionária de determinado comportamento até nossos parentes primatas mais próximos; 3) testemunho a partir de estudos multiculturais, cujo objetivo é observar a manifestação de comportamentos semelhantes, usados com propósitos parecidos tanto em culturas alfabetizadas como não-alfabetizadas; 4) testemunho a partir de gêmeos criados em ambientes distintos, isto é, a identificação de semelhanças comportamentais em pessoas cuja estrutura genética é considerada idêntica e cujo ambiente de aprendizagem é muito diferente; 5) testemunho a partir de recém-nascidos, ou seja, a observação dos comportamentos demonstrados nos minutos ou horas subseqüentes ao nascimento.

Obviamente, se pudermos reunir evidências em todas as cinco categorias, nossa confiança na dimensão filogenética será bastante elevada. Até o momento, porém, nenhum comportamento foi estudado com tal amplitude, nem sabemos muito sobre o quanto os fatores inatos e aprendidos se combinam e interagem durante a infância. Entretanto, podemos fazer importantes deduções dos estudos em cada uma dessas áreas.

Indício de privação sensorial

Muitos estudiosos observaram a manifestação inicial do comportamento não-verbal nas crianças. Talvez os comportamentos sejam apenas aprendidos rapidamente. Para verificar essa hipótese, foram examinadas crianças que, pelo fato de terem nascido cegas e surdas, não podiam aprender tais comportamentos a partir de dicas visuais ou auditivas. Eibl-Eibesfeldt (1973, 1975; Pitcairn e Eibl-Eibesfeldt, 1976) começou filmando o comportamento de várias crianças cegas/surdas em 1966. Suas conclusões são semelhantes às de outros pesquisadores que compararam sistematicamente o comportamento de crianças cegas/surdas com crianças que vêem e ouvem. Em síntese, as expressões espontâneas de tristeza, choro, riso, sorriso, beicinho, raiva, surpresa e medo não são significativamente diferentes nas crianças cegas/surdas. As seqüências do sorriso e do choro filmadas por Eibl-Eibesfeldt são mostradas nas figuras 11.1, 11.2 e 11.3.

Alguns pesquisadores argumentam que tais expressões podem ser aprendidas pelo toque ou por um programa de reforço lento. Eibl-Eibesfeldt observa, contudo, que mesmo os bebês da talidomida, que não tinham braços, e crianças que não conseguiam levar uma colher até a boca mostraram expressões semelhantes.

Além das expressões faciais, essas crianças surdas/cegas procuravam contato com outras, esticando uma ou ambas as mãos, queriam ser abraçadas e acariciadas quando aflitas, e, como revelam as fotos na figura 11.4, mostraram uma seqüência notavelmente familiar de gestos de recusa.

Eibl-Eibesfeldt também relata alguns padrões visuais de crianças cegas. Quando o pesquisador cumprimentou uma garota de dez anos de idade por sua interpretação ao piano, ela olhou para ele, olhou timidamente para baixo e para longe, e tornou a olhar para ele. Uma seqüência semelhante foi registrada no caso de um menino de onze anos quando lhe perguntaram sobre sua namorada. Essa seqüência de voltar-se na direção da pessoa e depois para longe é também, em circunstâncias semelhantes, observada em crianças que enxergam.

Naturalmente, crianças cegas/surdas também mostram diferenças. Elas não apresentam gradações sutis nas expressões, ou seja, uma expressão pode aparecer e desaparecer repentinamente, deixando a face inexpressiva. Observadores notaram que as expressões parecem mais limitadas ou reprimidas; por exemplo, o choro é mais suave e o riso, semelhante a uma risadinha. Há necessidade de estudos mais detalhados da estrutura facial para validar essa observação. As crianças ce-

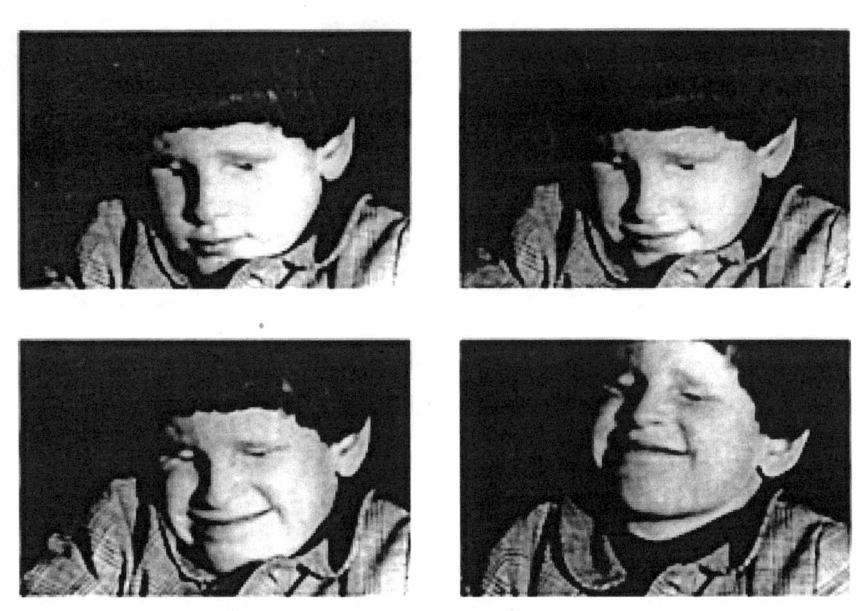

Figura 11.1 O filme de Eibl-Eibesfeldt registra a reação sorridente de um cego/surdo. A cabeça é levantada e inclinada para trás à medida que aumenta a intensidade. (De I. Eibl-Eibesfeldt, "The Expressive Behavior of the Deaf-and-Blind Born", in M. von Cranach e I. Vine, eds., *Social Communication and Movement*. Nova York, Academic Press, 1973.)

gas/surdas também parecem mostrar menos expressões faciais, e estas, além disso, geralmente são apáticas. Finalmente, quando foi pedido a essas crianças cegas/surdas para fingir ou imitar certas expressões faciais, elas mostraram menos habilidade do que as crianças que enxergam e ouvem.

Após rever extensa literatura que trata de estudos de crianças normais, selvagens, isoladas, institucionalizadas e cegas/surdas, Charlesworth e Kreutzer (1973) concluem:

> ... tanto o ambiente como os fatores inatos têm efeitos sobre o comportamento expressivo. O ambiente às vezes influi no momento em que o comportamento aparece (muitas pessoas sorridentes junto a um recém-nascido podem acelerar o aparecimento do primeiro sorriso social e determinar a freqüência desse comportamento, logo que ele se manifesta). Os fatores inatos, por outro lado, parecem ser responsáveis principalmente pelas características morfológicas de comportamentos expressivos (e, por conseguinte, pelo fato de ocorrerem inteiramente como tais) e pelas conexões que esses comportamentos têm com os estados emocionais a eles associados. [p. 160]

Essa revisão de pesquisa realizada por Charlesworth e Kreutzer, como a de Eibl-Eibesfeldt, levou à conclusão de que sorrir, rir e chorar aparecem analogamente em crianças nascidas cegas e nas que enxergam. Restam ser feitos estudos detalhados das configurações faciais de emoções como a fome e a surpresa.

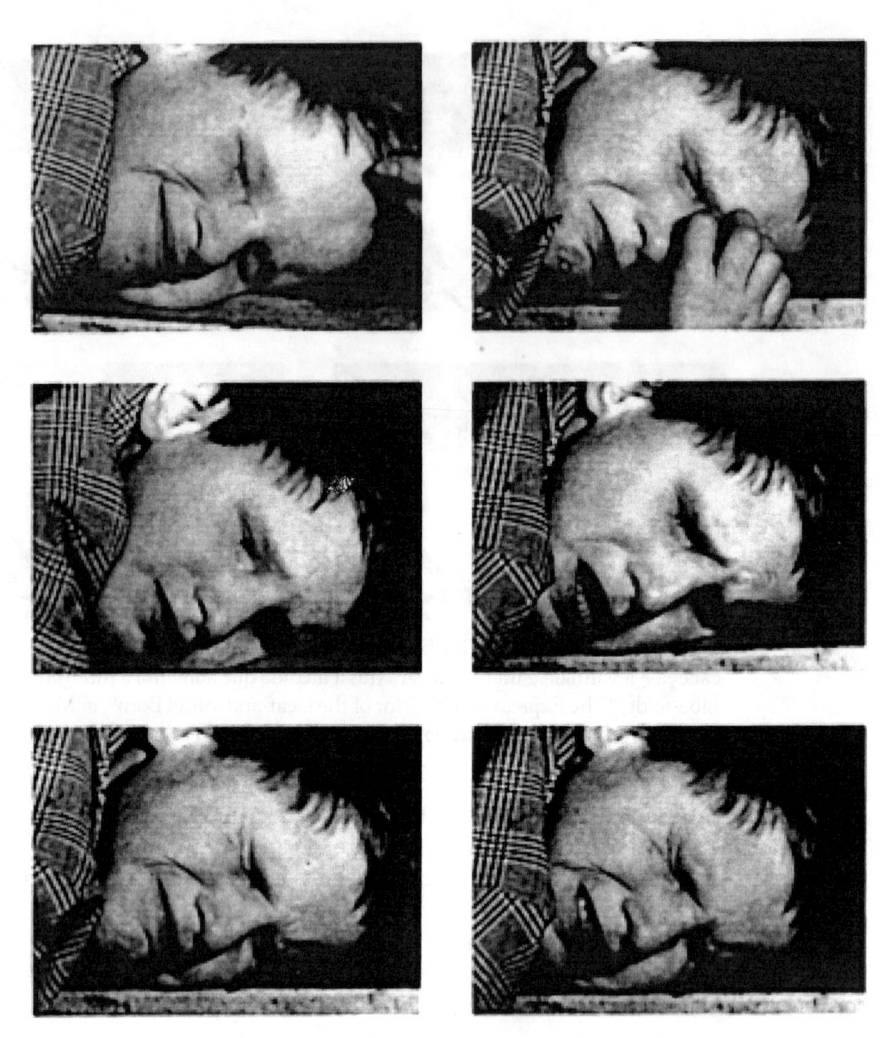

Figura 11.2 Reação de choro de cego/surdo filmada por Eibl-Eibesfeldt. (De T. K. Pitcairn e I. Eibl-Eibesfeldt, "Concerning the Evolution of Nonverbal Communication in Man", *in* M. E. Hahn e E. C. Simmel, eds., *Communicative Behavior and Evolution*. Nova York, Academic Press, 1976.)

Evidência a partir de primatas não-humanos

Os seres humanos são primatas, assim como os macacos. Se observarmos nossos parentes primatas não-humanos manifestando comportamentos parecidos com os nossos em situações semelhantes, sentimo-nos inclinados a crer que tal comportamento tem origens filogenéticas.

Antes de começarmos a enfatizar as semelhanças, devemos reconhecer algumas diferenças importantes entre os primatas humanos e não-humanos. Os seres humanos fazem pouco uso das alterações corporais que se processam durante seu crescimento, mas têm um extenso repertório de gestos que acompanham sua linguagem verbal. Também parece que têm maior diversidade de expressões faciais.

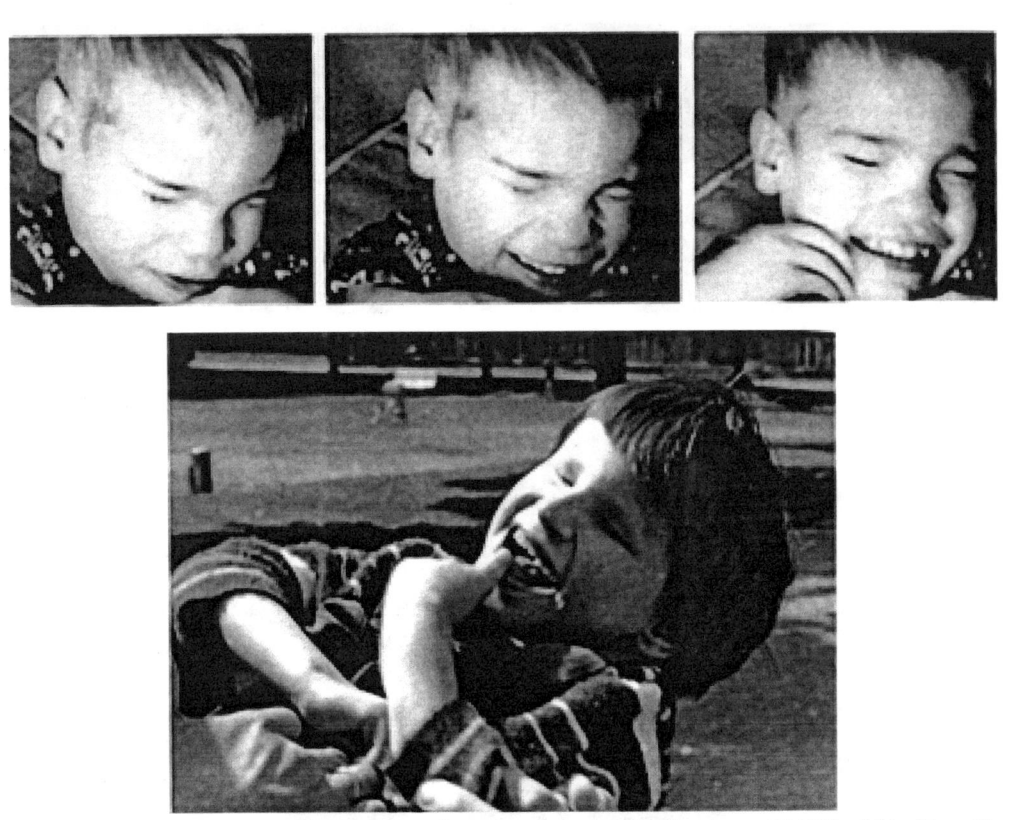

Figura 11.3 Reação de riso de crianças cegas/surdas filmada por Eibl-Eibesfeldt. (Extraído de I. Eibl-Eibesfeldt, *in* M. von Cranach e I. Vine, 1973.)

Nosso repertório de respostas, por exemplo, não se limita a estímulos imediatos e diretos. E, embora outros animais sejam capazes de atos complexos, o nível de complexidade, controle e modificação mostra que é difícil atingir-se o nível do animal humano.

Semelhanças comportamentais são com freqüência ligadas a problemas biológicos e sociais comuns que primatas humanos e não-humanos enfrentam; por exemplo, acasalar-se, arrumar-se, evitar a dor, expressar estados emocionais, criar os filhos, cooperar em grupos, desenvolver hierarquias de liderança, defender, estabelecer contato, manter relacionamentos etc. A figura 11.5 mostra algumas dessas semelhanças no ato de se arrumar e no contato corporal. Entre os muitos comportamentos que podem ser explorados por raízes evolucionárias (Altmann, 1968; Thorpe, 1972b; van Hooff, 1973), focalizamos dois: expressões faciais e comportamento visual durante os cumprimentos.

Ao analisar os estudos que comparam as demonstrações faciais dos primatas não-humanos e dos seres humanos, Redican (1982) chegou a várias conclusões. 1) A "careta" do primata não-humano (ver figura 11.6) corresponde mais de perto à demonstração facial humana de medo e/ou surpresa (isto é, uma resposta assustada). 2) A "exibição de boca tensa" dos primatas não-humanos (ver figura

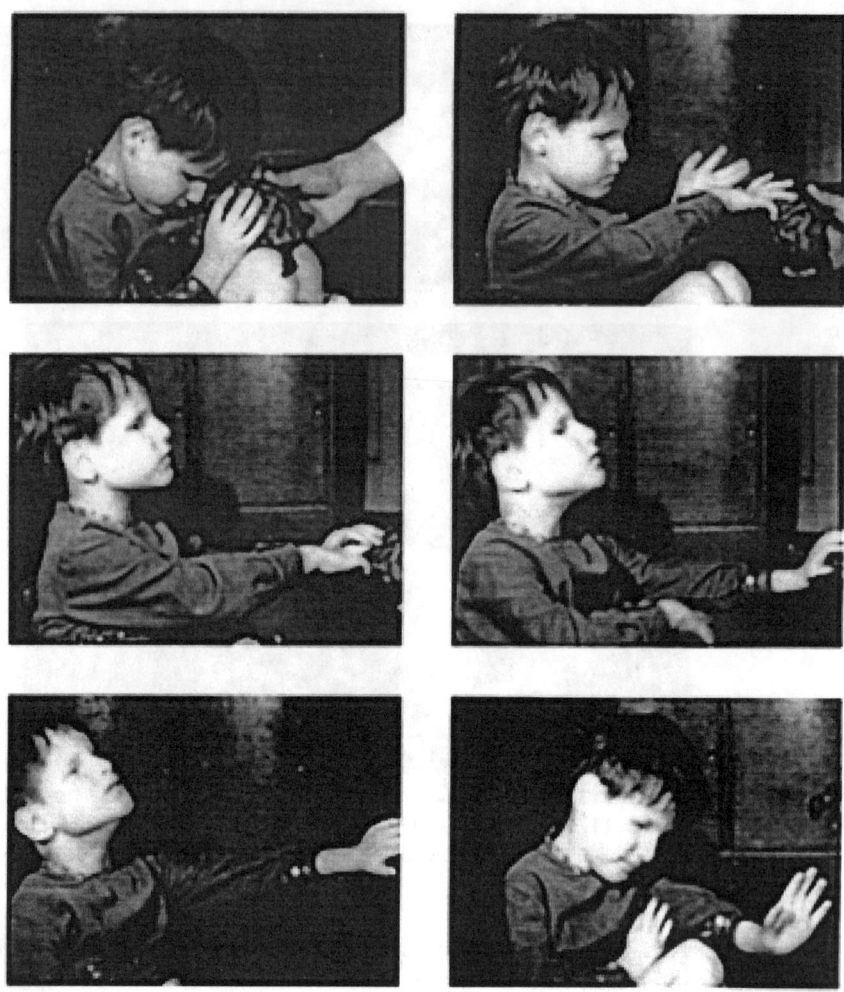

Figura 11.4 Criança cega/surda recusando o oferecimento de uma tartaruga. A criança cheira o animal, empurra-o para trás enquanto ergue simultaneamente a cabeça num movimento de retraimento. Finalmente, ela mostra a mão num gesto de precaução. (Extraído de I. Eibl-Eibesfeldt, *in* M. von Cranach e I. Vine, 1973.)

11.7) mostra parentesco social e morfológico com a raiva nas faces humanas. 3) Quando as circunstâncias dão início a uma combinação de raiva e medo, os primatas não-humanos manifestam uma exibição de ameaça (ver figuras 11.8 e 11.10). Nos seres humanos, isso se parece muito com uma mistura de raiva na boca (expressão de raiva de boca aberta) e medo na área dos olhos. 4) Uma "face divertida" (ver figura 11.9) costuma ser associada a risada e sorriso nos seres humanos e, assim, com a demonstração de emoção facial de felicidade. 5) A exibição de repugnância nos seres humanos não foi cuidadosamente estudada nem observada em primatas não-humanos. 6) Um pesquisador identificou o que chamou de expressão "amuada" em primatas não-humanos, o que pode corresponder a expressões de tristeza nas faces humanas (van Hooff, 1973, 1976). Mas há mui-

Figura 11.5 Acima, à esquerda: crianças de Sonjo agarrando-se, apavoradas, uma à outra. No centro, à esquerda: mãe de macaco-reso com o filhote. Acima, à direita: uma fêmea de aproximadamente quatro anos com um chimpanzé mais velho. No centro, à direita: casal humano. Abaixo, à esquerda: cuidados pessoais em grupo de macacos-cercopitecos. Abaixo, à direita: cuidados pessoais entre mulheres de Bali. Todas as fotografias, exceto as dos dois chimpanzés, foram tiradas por I. Eibl-Eibesfeldt. (Extraído de Eibl-Eibesfeldt, *Ethology: The Biology of Behavior*, 2ª ed., Nova York, Holt, Rinehart e Winston, 1975.) Fotografia dos chimpanzés feitas por Baron Hugo van Lawick, © National Geographic Society, 1967. Publicado originalmente em *My Friends the Wild Chimpanzees*, de Jane Goodall, National Geographic Society, p. 86.

Figura 11.6 Careta de uma macaca-reso adulta. Os dentes projetam-se para a frente nesta e em outras manifestações similares. Seu papel de ancestral de um sorriso humano prazeroso está agora em discussão. (Fotos © William K. Redican, Ph.D, 1982, San Francisco, CA.)

Figura 11.7 Exibição de boca tensa por uma macaca-reso adulta. As orelhas estão retraídas, as sobrancelhas erguidas, o olhar fixo e arregalado, as mandíbulas cerradas e os lábios apertados. Os dentes não estão expostos com proeminência, embora o animal esteja altamente disposto para o ataque. Os seres humanos irados exibem uma configuração bastante semelhante a esta. (Fotos © William K. Redican, Ph.D, 1982, San Francisco, CA.)

A aquisição do comportamento não-verbal 411

Figura 11.8 Macaca-reso adulta (*Macaca mulatta*) com expressão ameaçadora. Observe que os dentes não estão expostos proeminentemente. As orelhas estão retraídas junto à cabeça, as sobrancelhas permanecem levantadas, o olhar é fixo e arregalado, as narinas dilatadas e o lábio superior arredondado sobre os dentes. (Fotos © William K. Redican, Ph.D, 1982, San Francisco, CA.)

Figura 11.9 Um chimpanzé brincalhão (*Pan troglodytes*) exibe o aparente precursor evolucionário da risada humana e do sorriso prazeroso. (Foto © Michael Lyster, Londres, 1982.)

to trabalho a ser feito antes que a estrutura e o contexto social dessa expressão sejam conhecidos. De fato, observações sistemáticas mais detalhadas ajudarão em muito a esclarecer os resultados ainda inconsistentes dos estudos realizados até o presente. Mesmo que os seres humanos tenham músculos faciais menores e mais discretos, algumas das semelhanças nas demonstrações faciais com nossos parentes primatas são notáveis. E a atividade que evoca a expressão facial também pode ter semelhanças entre os primatas; por exemplo, agressão, divertimento etc.

A tabela 11.1 descreve os prováveis caminhos evolucionários para demonstrações faciais de raiva em quatro primatas vivos. Podem-se observar impasses evolucionários em relação a algumas expressões e continuidade em relação a outras. Chevalier-Skolnikoff propôs cadeias filogenéticas similares para expressões de felicidade (sorriso e risada) e tristeza (com e sem choro) (Chevalier-Skolnikoff, 1973; van Hooff, 1972).

Assim como os seres humanos, os primatas não-humanos podem acompanhar suas demonstrações emocionais faciais com sinais complementares em outras regiões do corpo; por exemplo, cabelo em pé, tensão muscular etc. Graus variáveis de intensidade (e mistura) são exibidos também por primatas não-humanos (ver figura 11.10). Como nós, outros primatas podem ter a mesma demonstração facial decodificada de maneiras muito diferentes em contextos diversos; por exemplo, um macaco macho subordinado que está sendo caçado por um macaco dominante às vezes faz com que o dominante saia mostrando uma expressão de medo, mas se o macho dominante apresenta essa mesma face enquanto se aproxima de um macho subordinado, o macho subordinado pode se aproximar dele e abraçá-lo. Finalmente, há semelhanças nos cérebros de primatas, ou seja, as partes do cérebro que parecem mediar respostas emocionais nos seres humanos também parecem mediar expressões faciais em primatas não-humanos.

Muitas de nossas expressões faciais evoluíram de comportamentos não-comunicativos, como atacar, para movimentos em direção às coisas ou para o afastamento delas. São movimentos autoprotetores ou associados à respiração e à visão. Chevalier-Skolnikoff argumenta, por exemplo, que "as posturas ameaçadoras de muitos primatas possuem elementos derivados do ataque (boca aberta e pronta para morder) e movimento de aproximação (musculatura corporal tensa e pronta para avançar), enquanto as posturas submissas contêm elementos derivados de respostas protetoras (retração dos lábios e orelhas) e locomoção para longe do emitente". Assim, um comportamento como fugir do inimigo, que era originalmente perigoso para a sobrevivência, pode finalmente se associar a sentimentos de medo e/ou raiva. É possível, então, que uma expressão de medo e/ou raiva apareça mesmo quando o sentimento original (fugir) é desnecessário; por exemplo, um macaco que sente medo quando se aproxima de uma fêmea para copular. A demonstração facial tornou-se, com o passar do tempo, a expressão de um sentimento particular e surge quando esse sentimento é despertado. É provável que esses animais que substituíram expressões faciais de ameaça por ataque e luta tenham maior possibilidade de sobrevivência, tendo passado, por sua vez, essa tendência às gerações subseqüentes. De maneira semelhante, nossa dependência de sinais recebidos visualmente (mais do que por meio do olfato, por exemplo) talvez tenha se adaptado à medida que nossos ancestrais se deslocaram para regiões mais amplas e seu físico aumentou de tamanho.

Tabela 11.1 Análise de espécies intermediárias e prováveis caminhos evolucionários da raiva

Lêmures	Macacos	Chimpanzés	Seres humanos
	Dominante ousado → Ameaça; raiva tipo I; "olhar fixo" Olhos arregalados; olhar direto freqüentemente com contato visual. Sobrancelhas sobem e descem muitas vezes. Orelhas para a frente. Maxilares cerrados; lábios muito apertados.	Dominante ousado → Ameaça; raiva tipo I; "olhar fixo" Olhar direto. Mandíbulas e lábios cerrados.	Raiva tipo I; "Face irada" Olhar direto, com contato visual direto freqüente; esclerótica (parte branca dos olhos) não visível acima e abaixo da íris (parte colorida dos olhos); pálpebras superiores às vezes tensas e em ângulo; pálpebras inferiores erguidas e tensas, freqüentemente com olhar semicerrado. Sobrancelhas baixadas e unidas. Maxilares cerrados; lábios contraídos verticalmente e muito apertados.
	Ameaça ousada Raiva tipo II; "Olhar fixo, de boca aberta" Olhos arregalados; olhar direto, freqüentemente olho no olho. Sobrancelhas erguidas. Orelhas para a frente. Mandíbulas abertas; lábios contraídos vertical e horizontalmente, encobrindo os dentes e formando um "o" com a boca. Em geral, a expressão é acompanhada de um "rugido".	Dominante ousado Ameaça; raiva tipo II; "Latido" Olhar direto. Maxilares meio abertos; lábios levemente tensos e contraídos, cobrindo os dentes e acompanhados de "latido".	

Ameaça ousada (raiva)
Olhar direto. Mandíbulas abertas; lábios contraídos, encobrindo os dentes em algumas espécies. Acompanhado invariavelmente de um "rugido" ou "tosse".

⟶ **Moderadamente ousado**
Ameaça; raiva tipo III;
"Olhar fixo, de boca aberta"
Olhos arregalados; olhar direto, freqüentemente olho no olho. Sobrancelhas erguidas e depois baixadas. Orelhas para a frente. Mandíbulas entre leve e moderadamente abertas; lábios contraídos na vertical, encobrindo os dentes superiores, mas não os de baixo. Muitas vezes acompanhado de um "rugido rouco".

Ameaça subordinada
Medo-raiva
Alternância de abertura de mandíbulas e lábios contraídos, encobrindo os dentes, e lábios retraídos horizontalmente, produzindo uma "careta". Acompanhado invariavelmente de "gritos estridentes".

⟶ **Ameaça subordinada**
Medo-raiva
"Olhar fixo, com os dentes mostra"
Olhos arregalados; alternância de olhar direto, freqüentemente com contato olho no olho, e desvio do olhar. Sobrancelhas baixadas; testa retraída. Orelhas para trás. Mandíbulas e dentes abertos e fechados repetidamente; lábios retraídos vertical e horizontalmente, exibindo os dentes. Acompanhado com freqüência de "grito agudo".

⟶ **Ameaça subordinada**
Medo-raiva
"Chamados aos gritos"
Mandíbulas meio ou totalmente abertas; lábios retraídos vertical e horizontalmente, com dentes à mostra. Com freqüência, expressão acompanhada de "gritos".

⟶ **Raiva tipo II;**
"Face irada"
Olhar direto; freqüentemente com contato olho no olho; esclerótica invisível; pálpebras superiores baixadas, às vezes tensas e em ângulo; pálpebras inferiores erguidas e tensas, produzindo olhar semicerrado. Sobrancelhas baixadas e contraídas. Mandíbulas moderadamente abertas; lábios meio contraídos vertical e horizontalmente e tensionados, formando uma abertura retangular com os dentes à mostra.

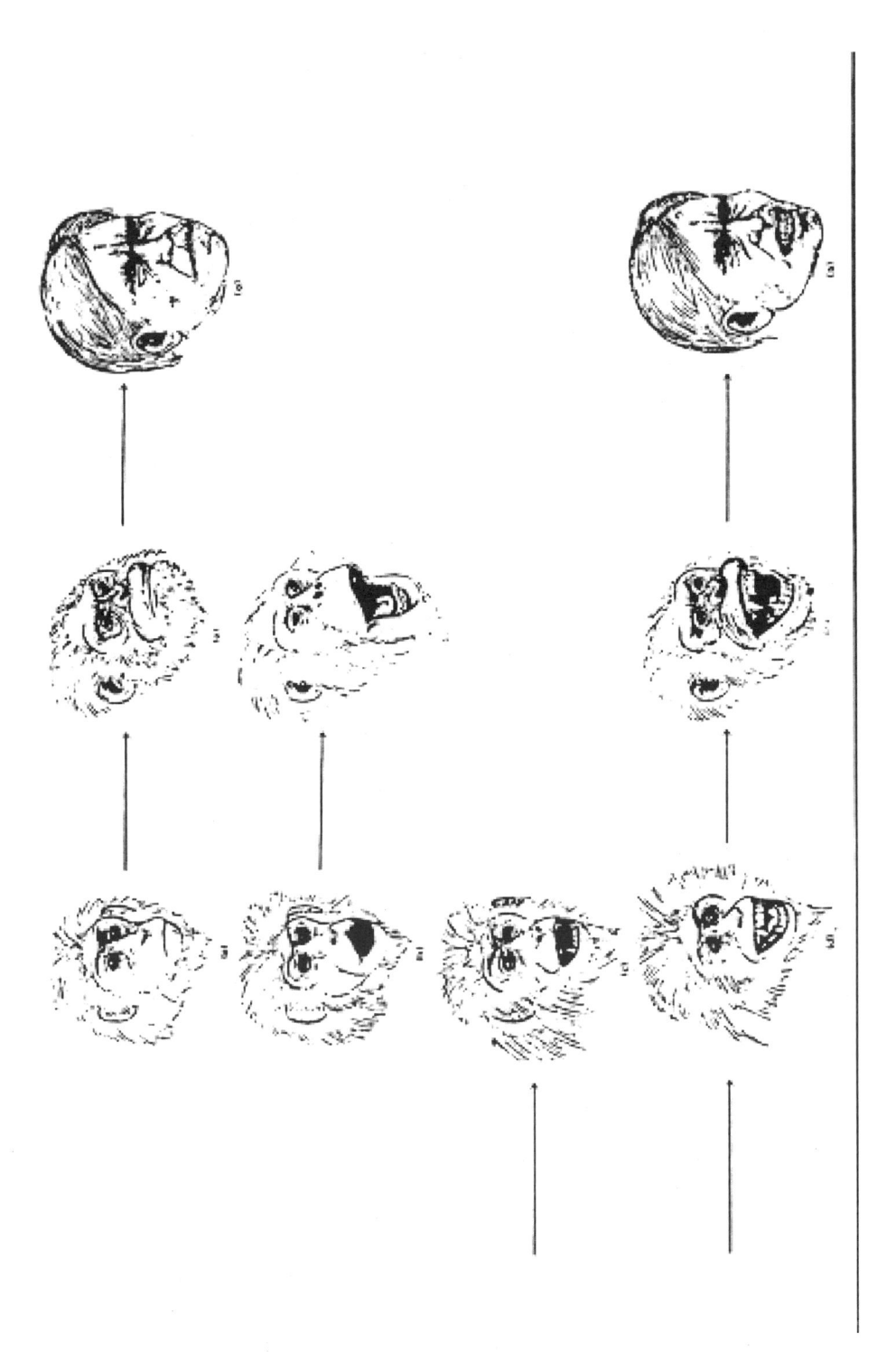

As informações e os desenhos da tabela 11.1 podem ser encontrados em S. Chevalier-Skolnikoff, "Facial Expression of Emotion in Nonhuman Primates", *in* P. Ekman (ed.), *Darwin and Facial Expression* (Nova York, Academic Press, 1973). Desenho de Eric Stoelting.

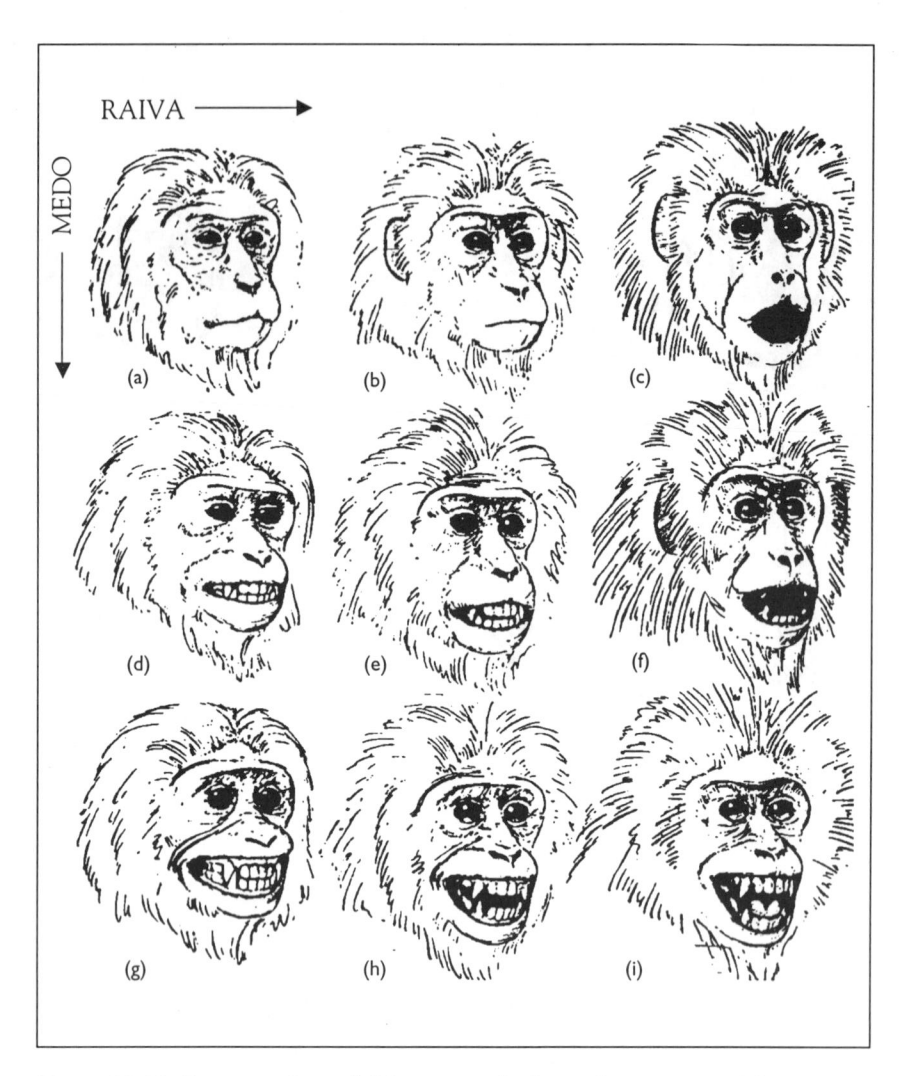

Figura 11.10 Expressões faciais da *Macaca arctoides* de acordo com intensidade e emoção. (Observe que no eixo da raiva [fileira do alto, da esquerda para a direita], à medida que o macaco se torna mais raivoso, o olhar fixo se intensifica, as orelhas projetam-se para a frente, o cabelo fica eriçado na cabeça e no pescoço, os lábios se apertam e se contraem, e a boca se abre. No eixo do medo [coluna da esquerda, de cima para baixo], à medida que o medo do animal aumenta, o olhar se esquiva, as orelhas se retraem e nem aparecem, e os lábios são contraídos horizontal e verticalmente, mostrando os dentes.) Extraído de Chevalier-Skolnikoff, *op. cit.*, p. 27. Desenho de Eric Stoelting.

Vendo da esquerda para a direita, e de cima para baixo, as expressões são: a) face neutra; b) "olhar fixo"; leve ameaça ousada; c) "olhar fixo com boca arredondada"; ameaça intensa, ousada; d) "careta" suave; um pouco de medo; e) sem classificação; leve mistura de medo e raiva; f) "olhar fixo com boca aberta"; moderadamente ousado, ameaça intensa; g) "esgar" intenso; medo extremo; h) "olhar fixo moderado, com dentes à mostra"; medo extremo mesclado com raiva; i) "olhar fixo com dentes à mostra"; mistura intensa de medo e raiva.

A esta altura, nosso enfoque recaiu sobre nossos parentes mais próximos, os primatas não-humanos. Embora esses estudos possam parecer muito importantes para nós, convém observar que os não-primatas também mostram expressões faciais discrimináveis. A boca aberta é vista em répteis, e o retraimento das orelhas em situações que evocam ameaça ou sobressalto é observado em muitos mamíferos. Num caso, indícios de alguma expressão facial discriminável nos atos de cumprimentar, arrumar-se, na submissão e na ameaça são identificados em focas e morsas (Miller, 1975).

É também possível observarmos seqüências completas de comportamento que podem ter componentes genéticos e origens evolucionárias. Por exemplo, muitos fatores afetam o modo como os cumprimentos são tratados: lugar, hora, relação entre os interagentes etc. Com tantas variantes, então, é digno de nota quando descobrimos padrões analogamente invariáveis. Pitcairn e Eibl-Eibesfeldt (1976) observaram o comportamento visual de seres humanos adultos, crianças e bebês humanos, pessoas cegas e primatas não-humanos em rituais de cumprimentos, e descobriram algumas semelhanças notáveis (ver figura 11.11). Eles acreditam que esse comportamento é uma "corrente de atividade que, uma vez iniciada, deve continuar até o fim"; acham ainda que há forte possibilidade de existir um programa genético ou herdado por trás dele.

Os estudos de Eibl-Eibesfeldt do que ele chama de "estratégias de interação básica" em várias culturas diferentes levaram-no a concluir que as regras ligadas à dominância (e o medo dela) e à associação que envolve vínculo (e o medo dela) encontram-se na raiz das demonstrações do comportamento humano (não-verbal e verbal), seja ao cumprimentar, tentar bloquear agressão, alcançar o foco de atenção, seja ao persuadir um parceiro a lhe dar alguma coisa. Ele reconhece que os ensinamentos culturais e os fatores ambientais podem desempenhar importante papel ao fazer essas estratégias parecerem muito diferentes em culturas diversas. Ainda assim, suas observações das crianças em várias culturas levaram-no a afirmar: "Podemos presumir que existe um sistema de regras universais que estrutura as interações sociais, tanto verbais como não-verbais. Essas regras talvez tenham origem em certas disposições pan-humanas que canalizam a aquisição de normas, e algumas dessas normas podem mesmo ser codificadas em padrões de referência que nos são dados como adaptações filogenéticas" (Eibl-Eibesfeldt, 1987). Embora a opinião de Eibl-Eibesfeldt seja considerada exagerada ou radicalmente determinista, dada a evidência que ele fornece da "universalidade" comportamental, suas observações abrem as portas para a consideração de cadeias ou seqüências completas de comportamento envolvidas na ligação de seres humanos que podem ter origem em nossa formação biológica. Cappella (1991) também é convincente ao argumentar que há um fundamento biológico para certos *padrões* (reações de ambos os interagentes) de interação que são menos intencionais no nível do inconsciente.

Evidência a partir de estudos multiculturais

Se podemos observar os seres humanos em ambientes diversos com diferentes normas culturais que codificam e/ou decodificam de forma similar certos compor-

Figura 11.11 Uma análise comparativa dos padrões de olhar durante rituais de cumprimento (1 = olhando durante saudação distante; 2 = olhando durante cumprimento próximo; 3 = olhando quando a interação começa; 4 = desviando o olhar; 5 = olhando enquanto a interação continua). Filmado por T. K. Pitcairn.

Figura 11.11 *Continuação*

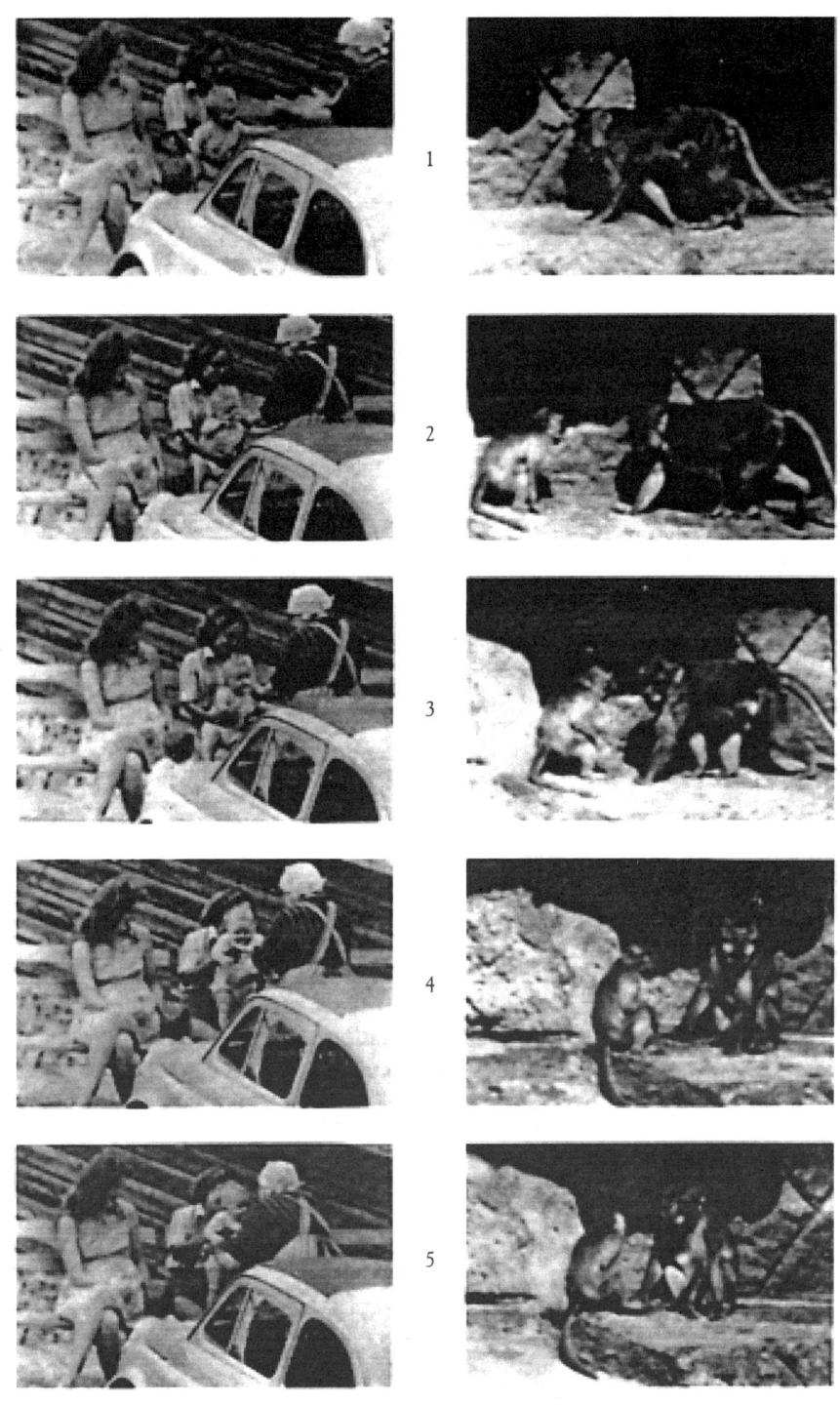

tamentos não-verbais, desenvolvemos uma confiança crescente de que componentes herdados das espécies podem ser os responsáveis por isso. Mesmo quando semelhanças multiculturais podem ser atribuídas a uma herança humana comum, tais observações não constituem prova absoluta de que sejam congênitas. Isso significa que a causa das semelhanças através das culturas deve-se a algo que temos em comum, e que torna provável uma explicação genética.

Pelo fato de os seres humanos em todo o mundo compartilharem certas funções biológicas e sociais, não deve haver surpresa em encontrar áreas de similaridade. Já mencionamos as observações multiculturais de gestos independentes da fala que tratam de atos como comer, dormir, empanturrar-se e apontar. Beier e Zautra (1972) relatam que a decodificação de sinais vocais de emoção são consensuais entre as culturas. Eibl-Eibesfeldt sugere que podemos encontrar seqüências completas de comportamento que revelam semelhanças transculturais, por exemplo, timidez, flerte, encabulamento, cumprimentos com mãos estendidas, postura agachada para comunicar submissão, e assim por diante. Por outro lado, o papel da cultura certamente contribui de forma significativa para as diferenças no comportamento não-verbal, pois as circunstâncias que fazem surgir o comportamento variam, assim como diferem as normas e regras culturais que orientam o controle do comportamento. Aqui especificamos dois comportamentos com ampla documentação numa variedade de culturas – descobertas que nos impelem a procurar a possibilidade de origens filogenéticas.

Eibl-Eibesfeldt (1972) identificou o que ele chama de "aceno com as sobrancelhas". Ele observou esse rápido soerguimento das sobrancelhas (mantido por cerca de 165 milésimos de segundo antes de baixar) entre europeus, balineses, papuanos, samoanos, índios sul-americanos, bosquímanos e outros (ver figura 11.12). Embora o movimento de sobrancelhas possa ser visto com freqüência num comportamento de cumprimento amistoso, também foi observado quando as pessoas estavam expressando aprovação ou concordância, procurando confirmação, flertando, agradecendo, e começando e/ou enfatizando uma afirmação. Esse denominador comum parece ser um "sim" ao contato social – solicitando ou aprovando esse contato. Sorrisos e meneios de cabeça às vezes acompanham esse gesto. Os japoneses, todavia, suprimem esse gesto por considerá-lo um comportamento indecente. Há ainda outros exemplos de soerguimento de sobrancelhas que parecem indicar desaprovação, indignação ou admoestação. Esses sinais de sobrancelhas "negativos" são freqüentemente acompanhados de um olhar fixo e/ou inclinação da cabeça, com abaixamento das pálpebras, assinalando uma interrupção do contato. Uma vez que Eibl-Eibesfeldt observou o soerguimento das sobrancelhas em alguns macacos do Velho Mundo, começou a especular sobre o possível desenvolvimento evolucionário. Ele raciocinou que, em ambas as mostras de "sim" e de "não", havia um propósito semelhante: chamar a atenção de alguém ou deixar alguém saber (certamente) que eles estavam sendo observados. Quando exibimos expressão de surpresa, por exemplo, erguemos as sobrancelhas e chamamos a atenção para o objeto de nossa surpresa. Pode ser uma surpresa amistosa ou uma surpresa desagradável. A cadeia evolucionária presumida por Eibl-Eibesfeldt é apresentada na figura 11.13.

Talvez a prova mais conclusiva que sustenta a universalidade das expressões faciais se encontre na obra de Ekman e de seus colegas (Fridlund, Ekman e Oster,

Figura 11.12 Acenos de sobrancelhas durante cumprimentos amistosos. Filmado por I. Eibl-Eibesfeldt. (Extraído de I. Eibl-Eibesfeldt, *Ethology: The Biology of Behavior*, 2ª ed., Nova York, Holt, Rinehart e Winston.)

1987). Fotos de trinta faces expressando alegria, medo, surpresa, tristeza, raiva e nojo/desprezo foram apresentadas a pessoas de cinco culturas alfabetizadas. As faces foram escolhidas com base no encontro de critérios específicos para musculatura facial associados a tais expressões. Como mostra a tabela 11.2, houve em geral amplo consenso entre os que observaram quais faces correspondem a quais emoções. Outros estudos chegaram a resultados que sustentaram a exatidão da decodificação de expressões de emoção nas faces observadas. De maneira geral, pessoas originárias da Malásia, da Federação Russa (ex-União Soviética) e de pelo menos doze outros países foram testadas (Boucher e Carlson, 1980; Ekman, 1972; Izard, 1971; Niit e Valsiner, 1977; Shimoda, Argyle e Bitti, 1978).

A descoberta de Ekman, segundo a qual os índices da intensidade emocional também mostram pouca variação entre as culturas alfabetizadas, foi apoiada por outra pesquisa.

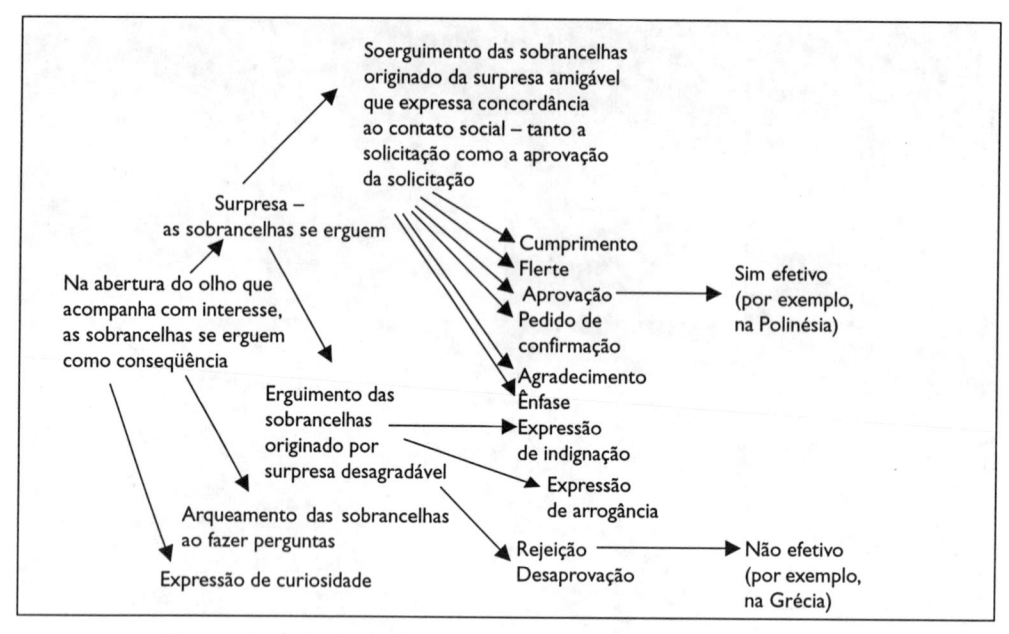

```
                    Soerguimento das sobrancelhas
                    originado da surpresa amigável
                    que expressa concordância
                    ao contato social – tanto a
                    solicitação como a aprovação
                    da solicitação
        Surpresa –
   as sobrancelhas se erguem
                              Cumprimento
                              Flerte
 Na abertura do olho que      Aprovação ─────→ Sim efetivo
 acompanha com interesse,     Pedido de              (por exemplo,
 as sobrancelhas se erguem    confirmação            na Polinésia)
 como conseqüência
                              Agradecimento
        Erguimento das        Ênfase
        sobrancelhas          Expressão
        originado por         de indignação
        surpresa desagradável
                              Expressão
                              de arrogância
  Arqueamento das sobrancelhas
  ao fazer perguntas          Rejeição ────→ Não efetivo
  Expressão de curiosidade    Desaprovação         (por exemplo,
                                                   na Grécia)
```

Figura 11.13 Evolução dos movimentos das sobrancelhas presumida por Eibl-Eibesfeldt.

Pelo fato de essas pessoas estarem expostas aos meios de comunicação de massa e aos viajantes, poder-se-ia argumentar que elas aprenderam a reconhecer aspectos de faces em outras culturas a partir dessas fontes. Todavia, a pesquisa de Ekman e Friesen (1971) com a Frente Sul em Papua Nova Guiné e a obra de Heider (1974) com os dani no Irã Ocidental mostram que esses povos não-alfabetizados, isolados, que não foram expostos aos meios de comunicação de massa, decodificaram as expressões posadas analogamente às pessoas das culturas alfabetizadas orientais e ocidentais. Na obra de Ekman com a Frente Sul, relataram-se casos às pessoas às quais era pedido para escolher uma ou três fotos faciais que refletissem a emoção da história. A distinção entre medo e surpresa foi a mais

Tabela 11.2 Julgamentos da emoção em cinco culturas alfabetizadas

	Japão	Brasil	Chile	Argentina	Estados Unidos
Felicidade	87%	97%	90%	94%	97%
Medo	71	77	78	68	88
Surpresa	87	82	88	93	91
Raiva	63	82	76	72	69
Nojo/desdém	82	86	85	79	82
Tristeza	74	82	90	85	73
Número de pessoas	29	40	119	168	99

difícil de fazer. Talvez, como diz Ekman, eventos temíveis nessa cultura sejam também, com muita freqüência, surpreendentes. É interessante que, quando Ekman obteve fotos de expressões feitas pelas pessoas de Papua Nova Guiné e pediu aos americanos para julgá-las, estes decodificaram todas as expressões com muita precisão, excetuando-se o medo, que algumas vezes foi julgado como surpresa, e vice-versa.

Por fim, Ekman e seus colaboradores (1972) tentaram responder à pergunta sobre se apenas as expressões de emoção posadas eram universalmente entendidas e manifestadas. As expressões faciais espontâneas foram obtidas de japoneses e americanos que assistiam a um filme neutro e que provocava estresse. As pessoas mostravam configurações faciais semelhantes enquanto estavam sozinhas assistindo ao filme, mas durante a entrevista com um membro de sua própria cultura, os japoneses tendiam a mascarar sua resposta negativa original, sorrindo polidamente mais do que os americanos. Outro estudo a partir de entrevistas registradas em vídeo não apontou diferenças significativas entre os observadores americanos, ingleses e mexicanos (Winkelmayer, Exline, Gottheil e Paredes, 1978).

Embora o programa de pesquisa de Ekman seja talvez o mais completo, outros estudos de culturas diferentes confirmam suas descobertas. Parece haver uma associação universal entre padrões musculares faciais particulares e emoções isoladas. Cabe observar que este é apenas um elemento específico de universalidade e não sugere que todas as demonstrações faciais de afeto sejam universais – como atestam Ekman e Friesen (1969):

> ... acreditamos que, embora os músculos faciais que se movem quando um determinado afeto é despertado sejam os mesmos nas culturas em geral, os estímulos de evocação, os efeitos provocados, as regras de aparência e as conseqüências comportamentais, todos esses aspectos podem variar enormemente de uma cultura para outra.

Essas regras culturais de aparência também seguem um padrão? Matsumoto (1991) acredita que há duas importantes dimensões de cultura que nos ajudam a predizer as regras de aparência nas expressões faciais em qualquer cultura: 1) poder-distância, ou a extensão com que uma cultura mantém diferenças hierárquicas, *status*, e/ou poder entre seus membros; 2) individualismo-coletivismo, ou o grau com que uma cultura encoraja necessidades, vontades, desejos e valores individuais em relação aos grupais e coletivos. Matsumoto levanta a hipótese de que membros de culturas poder-distância exibem mais emoções entre pessoas que preservam diferenças de *status*. De acordo com essa teoria, culturas que reforçam o individualismo manifestam nas demonstrações emocionais públicas maiores diferenças entre grupos que acatam leis próprias e grupos que se opõem a essas regras.

Indícios extraídos de estudos de gêmeos

Gêmeos monozigóticos ou idênticos são às vezes separados em ambientes muito diferentes. Uma vez que sua semelhança genética é conhecida, torna-se possível comparar e contrastar suas habilidades e comportamento a fim de determinar qual é a contribuição da natureza e da educação em seu desenvolvimento social.

Plomin (1989) redigiu uma resenha detalhada da pesquisa usando gêmeos (idênticos e fraternos) bem como crianças adotivas. Essa pesquisa mostra grande influência (geralmente, cerca de 50%, no caso de gêmeos idênticos) da hereditariedade sobre aspectos como satisfação no emprego; interesses religiosos, atitudes e valores; QI; tendências vocacionais; incapacidade para ler; retardo mental; extroversão; emotividade; sociabilidade; alcoolismo; delinqüência e comportamento criminoso. Desse modo, a influência genética nos fatores comportamentais é geralmente significativa e, com freqüência, importante, mas características não-genéticas (família e ambiente não-familiar) são responsáveis por pelo menos metade da variação nos comportamentos mais complexos. Mesmo que os genes possam responder por metade das alterações associadas a um comportamento particular, cabe notar que isso quase nunca representa uma influência altamente determinante de um único gene.

Apesar de haver resultados intrigantes relacionados a diversas áreas de comportamento, quase não existe pesquisa baseada especificamente no comportamento não-verbal. Alguns comentários anedóticos dos pesquisadores do Centro de Pesquisas de Gêmeos e Adoção da Universidade de Minnesota, todavia, prognosticam algumas descobertas interessantes (Bouchard, 1984, 1987). Sobre gêmeos idênticos criados separadamente, diz Bouchard:

> Ficamos especialmente impressionados com semelhanças numa ampla variedade de comportamentos expressivos, como postura, gestos, tom de voz, impulsividade e senso de humor, para citar alguns. [Bouchard, 1987, p. 427]

Quando lhes pediram para ficar contra a parede para uma série de fotografias, os gêmeos idênticos quase sempre assumiram a mesma postura e posição semelhante das mãos, o que ocorria apenas ocasionalmente com irmãos gêmeos criados em ambientes separados. Dois gêmeos idênticos do sexo masculino criados separadamente tinham deixado crescer a barba, usavam um corte de cabelo parecido e trajavam camisas semelhantes e óculos com aro de metal. Suas fotos mostram ambos com polegares enganchados no cós das calças. Outros dois gêmeos do sexo feminino começavam a gritar à menor provocação, e posteriormente se soube que cada uma delas se comportava dessa maneira desde a infância. Essas observações não sistemáticas não provam coisa alguma sobre hereditariedade e comportamento não-verbal; apenas sugerem caminhos interessantes para pesquisa.

A maioria dos estudos que comparam gêmeos educados separadamente reforçou respostas a testes com papel e lápis. Mas pode-se deduzir que estudos de observação mais detalhados levarão à descoberta da influência da hereditariedade no comportamento. Sem essas pesquisas, porém, é impossível sabermos que contribuição os estudos sobre gêmeos darão às questões natureza/educação relacionadas com o comportamento não-verbal.

Indícios derivados dos recém-nascidos

Os recém-nascidos parecem ter as ações musculares faciais necessárias para expressar virtualmente todas as demonstrações de afeto básicas dos adultos (Oster e Ekman, 1978). Os recém-nascidos apresentam demonstrações de afeto seme-

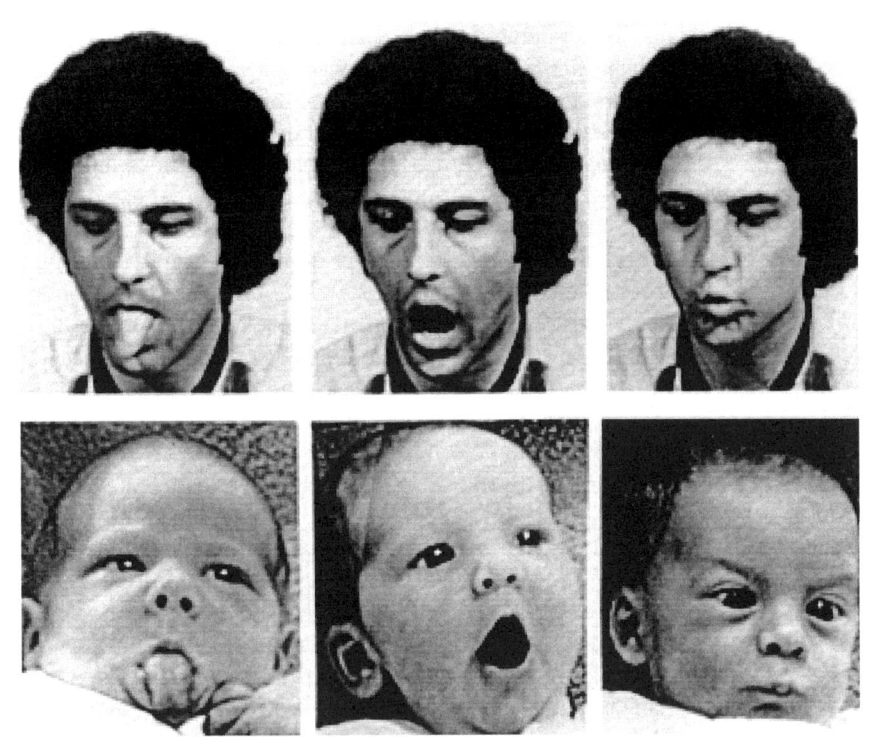

Figura 11.14 Seqüência de imagens de vídeo de bebês de duas a três semanas imitando: a) protrusão da língua, b) abertura da boca, e c) protrusão de lábio demonstrada por um experimentador adulto. (Fotos © Meltzoff e Moore, 1977.)

lhantes às dos adultos? Sim, mas são necessárias pesquisas mais rigorosas. Aspectos individuais de várias demonstrações faciais foram extensamente estudados; por exemplo, sorrir, franzir o cenho e gritar. Mas de modo geral esses estudos não consideram toda a expressão facial, nem fornecem o tipo de observação sofisticada que deveria, como distinguir as expressões associadas a diferentes tipos de choro de bebê. Uma linha de pesquisa, todavia, sugere que a habilidade precoce para imitar as expressões adultas (e possivelmente outros comportamentos também) pode ser herdada e desempenhar certo papel no desenvolvimento de várias demonstrações faciais.

No final dos anos 70, Meltzoff e Moore (1977, 1983a, 1983b) demonstraram que bebês de doze a 21 dias imitavam os adultos que realizavam quatro ações: protrusão da língua, abertura da boca, protrusão do lábio e movimento seqüencial dos dedos (ver figura 11.14). Uma pesquisa subseqüente replicou as descobertas sobre a protrusão da língua e a abertura da boca em relação a recém-nascidos com 0,7 a 71 horas. Os estudiosos provaram que os resultados negam as explicações para tal comportamento, tomando por base mecanismos de exteriorização inatos, semelhantes aos encontrados em muitos animais e aos processos de aprendizagem fundamentados no comportamento da pessoa que cuida do bebê. Em vez disso, eles argumentam que os bebês nascem com a capacidade de usar o que chamaram de "equivalências intermodais", o que significa que o bebê é capaz de usar a "equivalência entre o ato visto e o ato feito como a base fundamental para gerar a semelhança comportamental". Percepção e produção, portanto, estão intimamente ligadas e mediadas por um sistema de representação comum a partir do nascimento.

Talvez até mais significativo para compreender os primeiros processos de aprendizagem e socialização seja a descoberta de que bebês de nove meses de idade podem memorizar um comportamento e imitá-lo após um intervalo de 24 horas (Meltzoff e Gopnik, 1989; Meltzoff, 1985; Meltzoff, 1988a), e os de catorze meses reproduzem com precisão uma seqüência de atos, após um intervalo de uma semana (Meltzoff, 1988b). A primeira integração do desenvolvimento cognitivo lingüístico e comunicativo é também demonstrada pela capacidade do bebê de processar visualmente a conexão entre a forma da boca e o som; por exemplo, ele percebe que o som "ah" deriva da boca com os lábios separados e o som "i" sai da boca com os cantos puxados para trás (Kuhl e Meltzoff, 1982).

A essa pesquisa seguiram-se outros estudos (Field, Woodson, Greenberg e Cohen, 1982) que examinaram a imitação de demonstrações faciais de emoção específicas de bebês de dois dias (ver figura 11.15). Essas descobertas dão suporte às colocações de Meltzoff e Moore e indicam que a habilidade de discernir e imitar as expressões faciais de felicidade, tristeza e surpresa é a maneira pela qual as crianças ingressam em seu ambiente social. Recém-nascidos também exibem expressões que se assemelham às dos adultos que provam um sabor desagradável (Rosenstein e Oster, 1981).

Os estudos sobre a imitação são instigantes, porque se a imitação desempenha um papel no desenvolvimento e no refinamento das demonstrações de emoções faciais, significa que temos muito mais coisas a aprender com estudos que sugerem que crianças cegas de nascença apresentam demonstrações de emoção do mesmo modo que as crianças que enxergam.

Neste capítulo, examinamos cinco diferentes maneiras adotadas pelos pesquisadores para acumular dados relevantes a questões de comportamento genético ou aprendido. Se tivéssemos dados de cada área para um comportamento específico, os indícios seriam fortes. Em vez disso, há apenas fragmentos e possibilidades instigantes. Indícios de que as expressões faciais de emoção têm um componente hereditário são, até o presente, os dados mais fortes de que dispomos sobre qualquer comportamento não-verbal. As expressões faciais de emoção parecem manifestar-se em crianças desprovidas de visão e de audição, nos primatas não-humanos, em culturas alfabetizadas e pré-alfabetizadas em todo o mundo, e em crianças com apenas algumas horas de vida. Um componente genético passado para membros da espécie humana parece provável nesse comportamento. A capacidade inata para perceber vários tipos de comportamento e imitá-los também tem implicações importantes para o estudo não-verbal. E mesmo que existam poucas provas detalhadas e sistemáticas disponíveis, a possibilidade de que seqüências inteiras de comportamento tenham ligação com a hereditariedade é mais intrigante. Prosseguindo na perspectiva de desenvolvimento deste capítulo, voltamos agora nossa atenção aos estudos que examinaram o comportamento não-verbal manifestado durante as primeiras fases da vida.

Desenvolvimento do comportamento não-verbal na criança: ontogenia

O desenvolvimento ontogenético da fala humana recebeu mais atenção do que o desenvolvimento e origem de comportamentos não-verbais (Allen, 1981; Andersen e outros pesquisadores, 1985; Feldman, 1982; Mayo e LaFrance, 1978; Ziajka, 1981). Sabemos que, nos primeiros anos da vida de uma criança, um extenso repertório de sinais não-verbais é exibido; também sabemos que, logo após o nascimento, a criança começa a aprender a interpretar vários sinais não-verbais recebidos das outras pessoas. A visão geral que se segue não é um tratamento abrangente do comportamento não-verbal manifestado por recém-nascidos, bebês, crianças e adolescentes; em vez disso, tentamos esclarecer apenas algumas das pesquisas e idéias em cada uma das áreas tratadas anteriormente neste livro. Já que as questões de desenvolvimento relacionadas com o comportamento do toque e as habilidades de codificação/decodificação foram tratadas em seus respectivos capítulos (6 e 12), elas não são discutidas aqui.

Gestos

As crianças, bem como as pessoas que cuidam delas, usam gestos para comunicar mensagens importantes. Durante os primeiros meses, as crianças imitam gestos faciais e manuais. Estender os braços é usado para iniciar o contato e para conseguir proximidade física. Apontar inicia com freqüência um padrão no qual aquele que cuida persegue visualmente o objeto apontado e o rotula para a criança. Alguns acreditam que esse gesto de apontar seja um precursor para frases afirmativas do tipo "Isto é um cachorro". Após cerca de um ano, as palavras são aprendidas, e as crianças começam a integrar comunicação gestual e falada. O processo de mudança de interlocutor, no caso das crianças, tem uma série de regras um pouco diferentes daquelas existentes entre adultos. Um aspecto desse processo, sinais de canal de fundo ou respostas do ouvinte, leva muitos anos para se desenvolver.

Dittmann (1972) notou que os adultos algumas vezes acreditam que as crianças não os estão ouvindo e aborrecem-nas com perguntas como "Você me ouviu?". Dittmann raciocinou que essa percepção comum de adulto-criança pode estar associada ao que ele chama de "respostas de ouvinte"; por exemplo, meneios da cabeça, movimentos das sobrancelhas, sorrisos, algumas palavras, como "é", "entendi", e assim por diante. Seu estudo de crianças das 1ª, 3ª e 5ª séries descobriu que essas respostas de ouvinte eram praticamente inexistentes, exceto sob "a mais forte influência social" do outro interagente. Estudos subseqüentes indicaram que as principais deficiências estavam nas respostas do tipo "hã-hã" e nos meneios de cabeça. Na 8ª série, encontra-se um aumento acentuado nessas respostas de ouvinte. Então os antigos colegas do adolescente começam a aumentar a duração de suas respostas (fornecendo mais oportunidades para tais respostas de ouvinte); a "pressão de resposta" dos interagentes adultos aumenta; e há um movimento contínuo para afastar-se de uma auto-orientação e passar a imaginar o que os outros estão experimentando.

Apesar de o gerenciamento da interação levar tempo para se desenvolver, as crianças não demoram muito a reconhecer alguns tipos de sinais não-verbais.

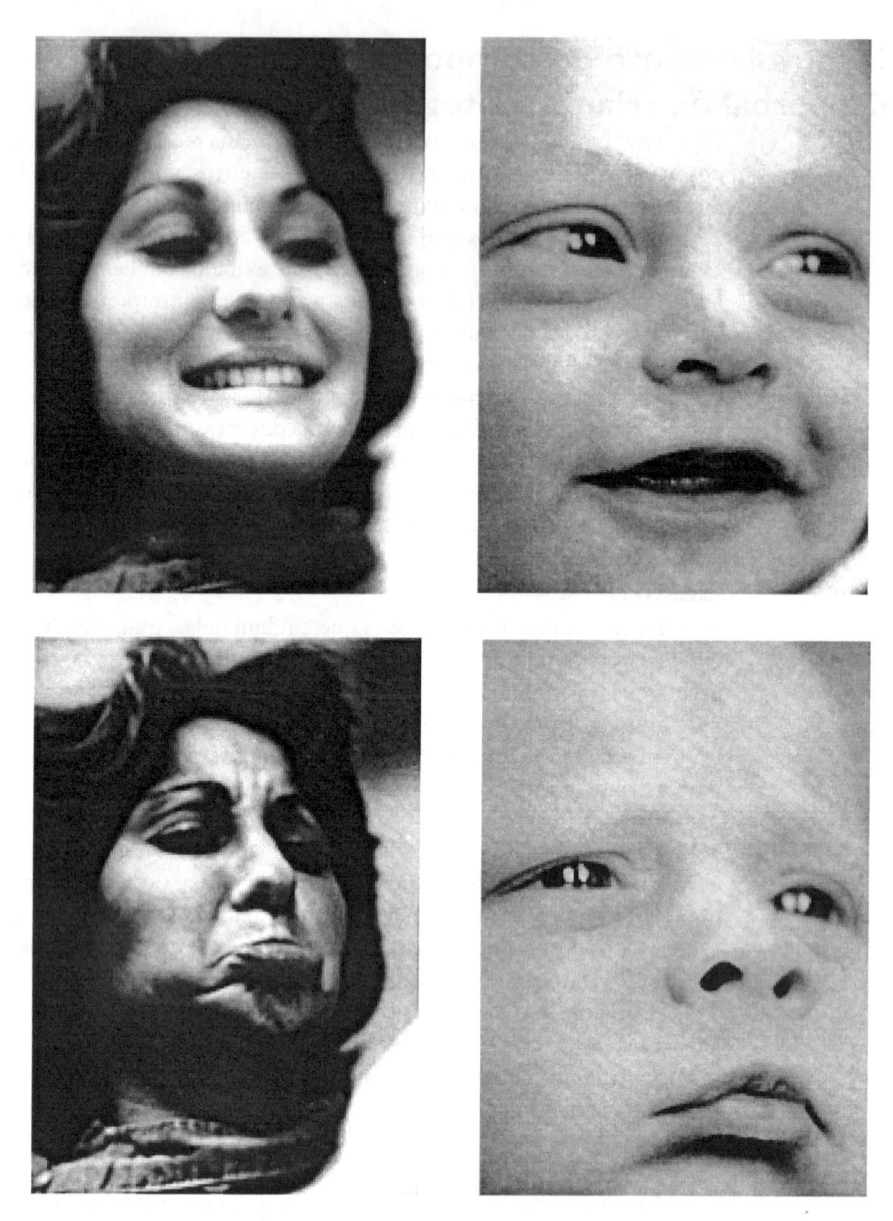

Figura 11.15 Amostras de fotos de expressões de alegria, tristeza e surpresa do modelo (página seguinte) e das expressões correspondentes do bebê. (Fotos © Tiffany Field, Ph.D, 1982.)

Os pré-escolares parecem capazes de julgar sinais relativos a gostar/não gostar a partir da orientação da cabeça (olhar para ou desviar o olhar de), mas a precisão no caso de sinais de dominância/submissão ocorre mais tarde. Gestos de apaziguamento e submissão (ombros caídos, prostração, inclinação de cabeça e genuflexão) são, todavia, facilmente identificados por crianças da 6ª série.

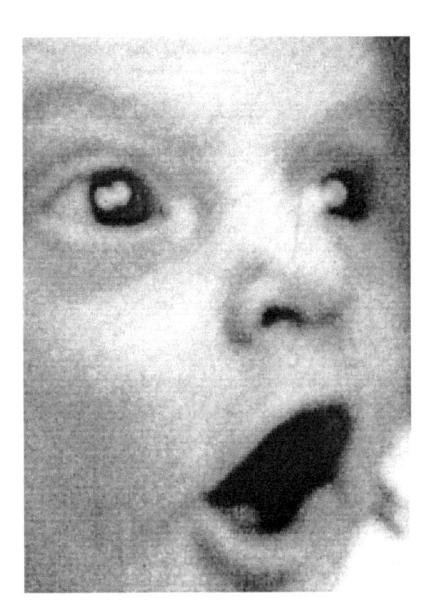

Figura 11.15 *Continuação*

Dois projetos de pesquisa focalizaram o uso de gestos independentes da fala de crianças. Michael e Willis (1968, 1969) pediram a crianças entre 4 e 7 anos que tentassem comunicar as seguintes mensagens sem falar: "vá embora", "venha cá", "sim", "não", "fique quieto", "quantos?", "de que tamanho?", "não sei", "até logo", "oi", "preste atenção em mim" e as formas (redondo, quadrado, por exemplo). Eles testaram também a capacidade de decodificação das crianças. Em geral, seus resultados mostraram que: essas crianças eram intérpretes ou decodificadores melhores do que codificadores; as crianças com um ano de experiência escolar eram melhores do que as crianças da pré-escola; e as crianças da classe média mostravam uma aptidão que as crianças das classes mais baixas não tinham. Kumin e Lazar (1974) apresentaram um videoteipe de trinta símbolos para dois grupos. Um grupo tinha idades entre 3 e 3,5 anos; as idades do outro grupo iam de 4 a 4,5 anos. Além disso, foram feitas observações dessas mesmas crianças durante o período de recreação de uma escola maternal para ver quais símbolos elas usavam. Os estudos constataram que a capacidade para decodificar símbolos aumenta significativamente de 3 a 3,5 anos até 4 a 4,5 anos. Os meninos pareciam interpretar com exatidão um número maior de símbolos no grupo dos mais jovens. Crianças de 4 anos, de ambos os sexos, decodificaram com acerto os seguintes símbolos: "sim", "não", "venha cá", "quieto", "até logo", "dois", "não vou ouvir", mandar beijinho, "vou dormir", "não vou fazer isso". Nenhuma das crianças de 4 anos foi capaz de decodificar com precisão "maluco". Três crianças no grupo de 3 a 3,5 anos não conseguiram decodificar um único símbolo. As crianças mais velhas não pareciam codificar ou usar mais símbolos do que o grupo com menos idade, mas as garotas em ambos os níveis etários codificaram mais símbolos quando brincavam livremente. Os símbolos usados com mais freqüência por ambos os grupos estão listados na tabela 11.3.

Tabela 11.3 Símbolos observados com mais freqüência em crianças em atividades livres

	3–3,5 anos	4–4,5 anos
Meninas e meninos	"Não sei"	"Não sei"
	"Sim"	—
	"Não"	"Não"
	"Estou cansado"	—
	"Venha cá"	"Venha cá"
	"Pare"	—
	"Levado"	—
	"Quieto"	"Quieto"
	"Fora"	"Fora"
	"Olá"	"Olá"
	—	"Não vou ouvir"
	—	Mandar beijinho
	—	"Não vou fazer isso"
Principalmente meninos	Balançar os pulsos	Balançar os pulsos
Principalmente meninas	"Saia"	—

Aparência física

Desde muito cedo, as crianças parecem capazes de fazer distinções com base na aparência física. Golomb (1972) descobriu que a maioria das crianças com 2 anos de idade não conseguia modelar uma figura humana na argila, mas, no final do terceiro ano, apenas uma pequena porcentagem era incapaz de completar essa tarefa. Antes que uma criança atinja 5 anos, as distinções entre a cor da pele e as incongruências na maneira de vestir (por exemplo, estar descalço com um vestido de noiva) já são feitas. A maior parte das pesquisas nessa área centralizou-se na atratividade física e nas reações a vários tipos físicos.

No capítulo 3 é citado um número considerável de provas para fundamentar a noção de que as pessoas parecem concordar geralmente sobre quem é ou não atraente. Quando isso se desenvolve? Conceitos relativos à atratividade física são bem estabelecidos aos 6 anos (Cross e Cross, 1971; Cavior e Donecki, 1973; Cavior e Lombardi, 1973; Dion, 1973; Dion e Berscheid, 1974). Não é de admirar, portanto, que a popularidade e a atratividade física de um colega estejam altamente correlacionadas num número considerável de escolas primárias e secundárias. O comportamento anti-social, como atirar um tijolo pela janela, foi visto diferentemente no caso de crianças atraentes e não-atraentes (Dion, 1972; Cavior e Howard, 1973). A transgressão foi vista como um traço permanente numa criança pouco atraente, mas apenas como um problema temporário no caso da criança atraente. O ato foi também avaliado de modo mais negativo no caso da criança pouco atraente. Não nos surpreende, portanto, descobrir que os delinqüentes juvenis foram também avaliados como menos atraentes. Num estudo de meninos de 9 a 14 anos, as diferenças em atratividade física percebida foram sistematicamente relacionadas com aceitação social (Kleck, Richardson e

Ronald, 1974). As percepções de atratividade no mundo de uma criança não estão limitadas a seus pares. Os professores tendem a ver as crianças atraentes como mais inteligentes, socialmente mais aptas, com potencial educacional mais elevado e mais positivas em suas atitudes em relação à escola – ainda que as crianças não-atraentes usadas num estudo tivessem obtido avaliação acadêmica semelhante.

As percepções das compleições corporais (endomorfos, ectomorfos e mesomorfos) também foram estudadas evolutivamente. Desde o jardim-de-infância, as crianças parecem preferir as compleições mais musculosas aos tipos de corpo delgados e gordos (Johnson e Staffieri, 1971; Lerner e Gellert, 1969; Lerner e Korn, 1972; Lerner e Schroeder, 1971; Staffieri, 1972). Os mais jovens parecem ter uma aversão especial pelos gordos. As crianças maiores que escolhem adjetivos descritivos para esses tipos de corpo tendem a ver o mesomorfo como "todas as coisas boas", enquanto os ectomorfos e endomorfos atraem grande quantidade de qualificativos desfavoráveis. De fato, crianças de 10 a 11 anos pareciam considerar a compleição corporal uma característica mais importante no julgamento da aparência física do que aspectos como deformidades, desfiguramentos e deficiências (Richardson e outros pesquisadores, 1961). A aversão psicológica a obesos faz com que as crianças mantenham uma distância maior em relação a estes (Lerner, Karabenick e Meisels, 1975; Lerner, Venning e Knapp, 1975). Em contrapartida, descobrimos que as crianças obesas tendem a ter uma percepção negativa de seus próprios corpos, o que pode se generalizar mais tarde numa autoimagem negativa (Walker, 1963).

Comportamento visual

Um bebê responde positivamente aos olhos de sua mãe desde muito cedo. O contato "olho no olho" entre mãe e bebê pode ocorrer já na quarta semana de vida (Wolff, 1963). Durante os dois primeiros meses, uma resposta sorridente pode ser suscitada no bebê com uma máscara que representa os olhos com dois pontinhos; a mesma reação, todavia, não ocorre com um rosto real com os olhos cobertos (Spitz e Wolf, 1946). A pesquisa também mostra que o contato visual entre o bebê e a pessoa que cuida dele é necessário para incrementar suas reações de vocalização (Bloom, 1975). Não é claro até que ponto esses padrões visuais são inatos, mas parece razoável concluir que o olhar mútuo, a interrupção do olhar e a receptividade facial são elementos cruciais para se estabelecer bases primitivas nas relações sociais, mesmo que a duração do olhar seja relativamente curta. A dilatação da pupila também foi observada. Em um mês, o aumento da dilatação ocorre em resposta à expressão facial; com quatro meses, o aumento da dilatação é particularizado para o rosto da mãe (Fitzgerald, 1968).

Embora alguns pesquisadores tenham se interessado pelo comportamento visual durante a infância, os padrões de olhar fixo da infância receberam atenção relativamente pequena. Como já foi observado, o processo de revezamento de interlocução é aprendido gradualmente, de modo que não é de admirar que as crianças sejam menos inclinadas que os adultos a olhar no início e no final de suas elocuções. Os estudos disponíveis sobre a freqüência comportamental do olhar não chegam a uma mesma conclusão sobre se há uma tendência gradualmente crescente ou decrescente no olhar até a adolescência (Ashear e Snortum, 1971; Levine e Sutton-Smith, 1973). Dados de outros estudos, porém, mostram que é na adolescência que as pessoas começam a exercitar a capacidade de fixação do olhar.

Espaço pessoal

Desde o nascimento, a criança em desenvolvimento é exposta a distâncias gradualmente crescentes em várias situações de comunicação. Os anos iniciais fornecem uma familiaridade com o que Hall chama de distância "íntima" (ver capítulo 4); a criança aprende então a dominar as distâncias conversacionais num número cada vez maior de relações com a família, a vizinhança e na escola; e por volta dos 7 anos a criança pode incorporar o conceito de distância "pública" em seu repertório comportamental. Vários estudos tendem a apoiar essa noção. Por exemplo, quando se pediu a crianças de 3, 5 e 7 anos para se sentarem perto de um colega desconhecido ao trabalhar numa tarefa, as de 3 anos sentaram-se significativamente mais perto, tocando algumas vezes no desconhecido (Tennis e Dabbs, 1975; Lomranz, Shapira, Choresh e Gilat, 1975). Outras pesquisas que usaram simulações e observações de laboratório e de campo detectaram que as crianças mais jovens procuram uma distância menor de interação (Bass e Weinstein, 1971; Baxter, 1970; Guardo e Meisels, 1971). Por volta do 3º grau, contudo, a distância de interação gradualmente crescente parece se estabilizar e refletir mais de perto as normas adultas. Como toda generalização, o padrão de desenvolvimento anterior será modificado por muitos fatores. Uma criança pode aprender padrões de distanciamento conversacional num ambiente étnico e incorporar padrões de uma outra cultura numa época posterior (Jones e Aiello, 1973).

Bebês educados em culturas diferentes aprendem padrões proxêmicos diferentes. As mães japonesas tendem a passar mais tempo em contato íntimo com seus bebês do que um grupo de mães nos Estados Unidos. Mãe, pai e bebê, no Japão, geralmente dormem no mesmo quarto. Na cultura nianbsongo, do Quênia, as crianças estão sempre muito próximas de um membro da família, e o bebê dorme nos braços da mãe à noite (Caudill e Weinstein, 1972). Não é difícil ver de que maneira esses padrões fornecem um senso de distância diferente quando comparados com crianças que são postas num quarto diferente para dormir várias vezes durante o dia e a noite.

O sexo da criança pode também influenciar o primeiro distanciamento na interação. Por vezes, as diferentes experiências de homens e mulheres se manifestarão em necessidades espaciais diferentes. Alguns observadores, por exemplo, sugeriram que os mesmos estímulos podem fazer os pais colocar bebês do sexo masculino no chão ou num "chiqueirinho", mas abraçar ou colocar os do sexo feminino numa cadeira alta próxima. Os meninos recebem freqüentemente brinquedos que parecem encorajar atividades que exigem mais espaço, longe dos limites da própria casa – por exemplo, bolas de futebol, carros, trens etc. Por outro lado, as meninas podem ganhar bonecas, casas de boneca e outros brinquedos que exigem menos espaço e encorajam a atividade dirigida para o ambiente doméstico (Rheingold e Cook, 1975). Observações de criança brincando tenderam a confirmar a noção de que muitos homens aprendem a necessidade de um território maior e o usam nos primeiros anos de vida. Os meninos passavam mais tempo fora, entravam em mais áreas que as meninas e mantinham um espaço entre 1,2 e 1,6 vezes maior que elas (Harper e Sanders, 1975).

Os estudos que examinam as distâncias de interação com outras específicas durante a infância mostram poucas descobertas. Os adultos parecem permitir intrusões espaciais por crianças de 5 anos; ignoram as das crianças de 8 anos; e reagem negativamente às das que têm 10 anos (Fry e Willis, 1971). Obviamente, essas reações serão modificadas pelo contexto comunicacional, mas esses estudos sugerem que os adultos esperam que as normas para a distância conversacional sejam aprendidas antes que a criança atinja 10 anos de idade. Assim como com muitos comportamentos, as crianças são capazes de decodificar significados proxêmicos antes de codificá-los em suas interações diárias. Os pré-escolares parecem capazes de usar a distância como um critério para determinar se gostam ou não de alguém. Como os adultos, as crianças mantêm distâncias maiores em relação a adultos desconhecidos, pessoas inamistosas e/ou ameaçadoras, professores e endomorfos. Elas usam distâncias menores com suas babás em ambientes não-familiares. E, com o aumento da densidade social, as crianças tendem a interagir menos, e algumas mostrarão tendências cada vez mais agressivas (Aiello, Nicosia e Thompson, 1979; Hutt e Vaizey, 1967; Loo e Kennelly, 1979).

Vocalizações

Os recém-nascidos começam a produzir sons quase imediatamente após o nascimento. Os primeiros gritos do bebê são indiferenciados e reflexivos. Mas logo a influência do ambiente aparece e os gritos começam a mostrar diferenças, relacionadas com a motivação para chorar; por exemplo, dor, raiva, frustração. Outros sons, como risadas, arrulhos e balbucios são produzidos, mas nosso foco incide sobre características que precedem a língua falada e que posteriormente a acompanham, isto é, tonalidade, pausas, altura e cadência.

Por volta dos três meses, a criança entra no estágio do balbucio. A essa altura, ela experimenta e pratica ludicamente seu aparelho fonador. Alguns sons produzidos nessa fase não são reforçados por pessoas que falam a língua nativa da criança e, portanto, serão pouco usados mais tarde. Alguns sentem que há também uma experimentação com padrões de entonação nessa fase; por exemplo, expressando emoções, fazendo perguntas e mostrando excitação somente por meio dos sons. Em última instância, a criança está imitando diferenças percebidas em níveis elevados. Lieberman (1966) registrou e analisou amostras de balbucio no tocante às mudanças de altura. Foi observado que os níveis de som do bebê variavam de acordo com o sexo dos pais, sendo mais baixos para o pai e mais altos para a mãe. Além disso, os níveis de altura do som eram mais baixos quando a criança estava "conversando" (com os pais presentes) do que quando balbuciando sozinha. Outros observaram que, quando os adultos estão falando com as crianças, o nível de seu som se eleva; mesmo as crianças mais velhas elevam algumas vezes a altura da voz quando interagem com crianças mais jovens. Por volta dos seis meses, o bebê começa a imitar seus próprios sons – por prazer e também para praticar. Aproximadamente aos oito meses, a criança aumenta as imitações de sons feitos pelos outros e é recompensada de acordo. Desse ponto em diante, o desenvolvimento de vocalizações necessárias à comunicação da fala humana é uma questão de prática e refinamento.

A altura do som sofre uma série de mudanças do nascimento à puberdade. Um estudo dos bebês em seus ambientes naturais, feito com o auxílio de um equipamento de gravação sofisticado, mostrou que durante o primeiro mês o diapasão tendeu a diminuir continuamente (Ekman e Friesen, 1978; Oster e Ekman, 1978). No segundo mês, o diapasão começou a se elevar, mantendo-se em elevação até cerca de quatro meses. Geralmente, todavia, uma queda gradual do diapasão continua por toda a infância. No início da puberdade, tanto as vozes masculinas como femininas mostram uma queda da altura, mas a mudança no caso dos homens é mais dramática.

Os padrões de pausas são bem estabelecidos, tudo indica, quando a criança entra na escola. Mas não está claro até que ponto as crianças mais jovens fazem pausas mais longas e com mais freqüência do que as crianças maiores e os adolescentes (Kowal, O'Connell e Sabin, 1975; Levin, Silverman e Ford, 1967). As características de fluência e sonoridade da prosódia também parecem estar firmemente estabelecidas na época de entrada das crianças no jardim-de-infância (Wood, 1976, p. 224).

Até agora focalizamos a atenção na produção de sons. Como as crianças decodificam ou respondem aos sinais vocais? Talvez a primeira indicação de respostas às vozes adultas esteja nos movimentos aparentemente sincronizados dos bebês de apenas doze horas de vida com a fala rítmica do adulto (Condon e Sander, 1974). Acredita-se que, por volta dos três meses, os bebês se comportam como se soubessem que são os objetos das vozes das mães. Há estudos que sugerem que esses primeiros meses não são demasiadamente precoces para que o bebê responda diferentemente a vozes amigáveis *versus* hostis, vozes com inflexão *versus* sem inflexão, e fala de bebê *versus* fala normal (Lieberman, 1966; Kagan e Lewis, 1965). Outra pesquisa, que usou mais de duzentas crianças entre 5 e 12 anos, examinou a capacidade delas de decodificar com acuidade emoções vocalizadas. O conteúdo da fala era controlado. Com o aumento da idade, a capacidade de decodificar com precisão expressões emocionais vocais também aumentou. A tristeza foi identificada corretamente com maior freqüência, seguida de raiva, felicidade e amor. Não havia nenhum padrão marcado de respostas corretas ou incorretas por nível etário, sugerindo quase o mesmo índice de desenvolvimento, em termos de entendimento, para todas as emoções estudadas (Dimitrovsky, 1964; Fenster e Goldstein, 1971).

Expressões faciais

Exatamente quando o bebê começa a responder de forma diferenciada às expressões faciais nos outros ainda não está bem documentado, apesar das várias pesquisas sobre o assunto (Charlesworth e Kreutzer, 1973; Izard, Huebner, Risser, McGinnes e Dougherty, 1980; Oster, 1981; Oster e Ekman, 1978; Vine, 1973). Estudos de reconhecimento com bebês geralmente confiam no tempo de atenção médio e na fotografia do movimento ocular para formar as bases para inferências sobre reações. Embora o bebê se fixe em poucas características faciais, um exame facial completo não se dá até dois a cinco meses. Por volta da metade do primeiro ano de vida, ele faz discriminações de alguns aspectos das expressões faciais, e ao final do terceiro ano essas expressões são reconhecidas, desde que sejam bem evidentes e acompanhadas de gestos e vocalizações apropriados. Essa generalização é confirmada por um estudo sobre bebês com idades de quatro, seis, oito e dez meses (Charlesworth e Kreutzer, 1973). O experimentador representou expressões faciais zangadas, alegres, tristes e "neutras", acompanhadas de vocalizações apropriadas. As respostas dos bebês foram filmadas em vídeo. Aos quatro meses, as reações foram indiscriminadas; aos seis meses (e acima), os bebês pareciam distinguir as expressões, algumas vezes espelhando a resposta dada a elas.

Os pré-escolares eram capazes de combinar fotos que mostravam a mesma expressão posada por diferentes indivíduos; identificar as expressões faciais que correspondem aos termos da emoção; identificar as expressões faciais de emoção que correspondem a retratos de situações que inferem emoção; e imitar ou produzir voluntariamente versões reconhecíveis das demonstrações de afeto fundamentais (Fridlund, Ekman e Oster, 1987).

Experimentalmente, podemos também sugerir as épocas aproximadas em que as crianças costumam *produzir* expressões faciais de emoção. Em geral, as crianças expressam suas emoções com mais partes do corpo e de uma maneira menos sutil do que os adultos. Com o aumento da idade, desenvolvemos um controle muscular mais refinado; nossas habilidades cognitivas tornam-se mais complexas; e aprendemos e reagimos a várias normas e pressões sociais. Como resultado disso, obteríamos um aumento gradual na capacidade de simular expressões faciais de emoção. Além disso, as mudanças repentinas de uma demonstração de emoção a outra provavelmente diminuirão com o avanço da idade.

Sorrir, como uma primeira reação reflexa, ocorre cedo na vida. O primeiro sorriso social, porém, provavelmente ocorre entre o segundo e o quarto mês (Wolff, 1963). Rir aparece mais tarde do que sorrir. As pessoas habituadas à criança podem provocar o riso pelo estímulo táctil (cócegas) mais cedo, mas rir sem estimulação táctil não ocorre até o final do primeiro ano. Sroufe e Waters (1976), usando cerca de uma centena de bebês, fizeram mães empregarem numerosos estímulos auditivos, tácteis, sociais e visuais para produzir risadas em suas crianças. Nas crianças de quatro meses ou menos, não se distinguiram exemplos de risada, mas casos sem ambiguidade apareceram após quatro meses e foram claramente evidentes na maior parte dos bebês aos oito meses. É difícil dizer quando as reações de afeto aparecem, mas é razoável presumir que antes dos 3 anos, essas respostas sejam dirigidas principalmente aos adultos que tomam conta do bebê. Durante o terceiro e o quarto anos, observamos mais afeição dirigida a seus semelhantes, freqüentemente notada na representação do comportamento de educar dos pais. A criança, nessa fase, vivencia experiências que podem resultar no sentimento de que dar afeto pode ser tão satisfatório quanto recebê-lo.

Expressões de raiva se desenvolvem, ao que tudo indica, antes dos seis meses de vida, mas o aumento da idade parece mudar as manifestações externas dessa raiva; por exemplo, impulsos menos explosivos. Assim como com a afeição, essa raiva é dirigida principalmente aos pais, com exibições crescentes de raiva dirigida aos seus amigos, com o aumento da idade. Condições ambientais algumas vezes terão muita influência nas manifestações dessa raiva. Em 69% das explosões de raiva que Ricketts (1934) observou em ambientes domésticos, gritar estava envolvido; mas gritar era parte de apenas 39% das reações de raiva na escola maternal.

Em meados do primeiro ano, expressões de medo manifestam-se claramente, embora alguns estudiosos entendam que pode haver dois tipos de expressão de medo, uma das quais ocorre muito cedo. E não é de surpreender que expressões de medo ocorram com mais freqüência em resposta a cães, cobras e quartos escuros.

O medo é uma das expressões mais difíceis de ser produzidas voluntariamente por crianças. Medo, tristeza e raiva são até difíceis de ser imitados com precisão por crianças de 13 anos. Expressões de surpresa são extremamente difíceis de localizar num *continuum* de desenvolvimento. A surpresa raramente é vista durante a segunda metade do primeiro ano. Uma razão para isso pode ser a natureza da face do bebê. Ela é macia, sem sobrancelhas plenamente desenvolvidas, o que dificulta a observação. Além disso, uma criança pequena não terá desenvolvido fortes expectativas que, quando violadas, produzem uma reação de surpresa. A configuração padrão da face durante a surpresa (boca aberta, olhos arregalados, sobrancelhas levantadas, franzimento momentâneo do cenho), descrita por Darwin, não parece ocorrer muito entre as crianças da escola primária e pode não se alterar muito da infância até a 6ª série inclusive.

Outros estudiosos especularam sobre a ocorrência de expressões de ciúme, simpatia, encabulamento, timidez, embaraço e vergonha, mas ainda não surgiram dados confiáveis. Muitas dessas reações aparecerão após a infância, porque exigem de quem as realiza que considere cognitivamente o comportamento de outros. A simpatia, por exemplo, requer que se sinta a angústia no outro; o embaraço só ocorre quando existe a preocupação com o que os outros pensam – condição que não existe nas crianças.

Se as observações precedentes sobre a natureza evolutiva do comportamento não-verbal nas crianças pareceram esquemáticas, é porque elas refletem a natureza dos dados disponíveis. Muitos estudos sobre crianças não fazem observações detalhadas que possam ser comparadas com outros. A aplicação do sistema FACS (Facial Action Coding System – Sistema de Codificação da Ação Facial) de Ekman e Friesen às expressões faciais das crianças é uma exceção digna de nota (Ekman e Friesen, 1978; Oster e Ekman, 1978). Em alguns casos, tentamos generalizar a freqüência de determinado comportamento nas crianças sem nenhuma norma comparável para outros estágios do tempo de vida. É difícil dizer que uma criança mostra "pouco" ou "muito" de certo comportamento, a menos que tenhamos algum referencial para a freqüência desse comportamento na mesma idade e em outras. Muitos pesquisadores presumem que, uma vez observado um comportamento, ele continua a se desenvolver da mesma maneira até alcançar normas adultas. Raramente um desenvolvimento não-linear é levantado como hipótese. A dificuldade, evidentemente, é que tal hipótese inibe o exame de um comportamento após este ter sido registrado pela primeira vez – presumindo-se que "saibamos" que ele existe. Algumas vezes, estudos sobre comportamentos não-verbais com crianças omitem considerações fundamentais, como classe social, bagagem cultural, nível de desenvolvimento cognitivo, domínio da língua e características de personalidade. Os estímulos usados para evocar o comportamento e o ambiente (escola, casa e aspectos afins) também deixam, às vezes, de ser relatados. Alguns estudos não podem ser usados porque a graduação etária não é adequada, ou seja, amontoar crianças de 2 a 4 anos numa categoria pode obscurecer diferenças que ocorrem por semanas e meses mais do que anos. Atualmente, há muitos métodos e muitas abordagens teóricas ao estudo do comportamento não-verbal infantil. Embora tal diversidade tenha suas vantagens, ela torna as análises das pesquisas mais demoradas e leva a conclusões inconsistentes.

Sumário

Este capítulo focalizou as origens e o desenvolvimento do comportamento não-verbal – desenvolvimento nas espécies humanas através do tempo geológico e no decorrer do período de uma vida. Com limitadas informações disponíveis para outras fases da vida, concentramo-nos principalmente na fase inicial.

Assumimos o ponto de vista de que nem a natureza nem a educação é suficiente para explicar a origem de muitos comportamentos não-verbais. Em muitos casos, herdamos um programa neurológico que nos dá a capacidade para realizar um determinado ato ou uma seqüência de atos; o fato de que um dado comportamento ocorre de modo algum pode ser geneticamente fundamentado. Nosso ambiente e nosso treinamento cultural, no entanto, podem ser responsáveis pelo momento em que o comportamento aparece, a freqüência de seu aparecimento e as regras de aparência que o acompanham. Examinamos cinco fontes de evidência do comportamento inato: 1) crianças cegas/surdas; 2) primatas não-humanos; 3) estudos multiculturais; 4) estudos sobre gêmeos; e 5) estudos sobre recém-nascidos. Foram examinados alguns comportamentos e seqüências de atos, mas as expressões faciais de emoção forneceram a linha consistente, colhendo dados apoiados em mais fontes.

Neste capítulo fizemos as seguintes observações. As crianças de 3,5 anos usam símbolos. As respostas de ouvinte ("hã-hã" e meneio de cabeça) são pouco freqüentes em crianças até cerca da 8ª série. Na época em que as crianças entram na escola, elas já estabeleceram preferências por compleições corporais (mesomorfos) e atratividade geral. Os professores também reagem às crianças com base na atratividade. Os olhos parecem fazer parte da face humana que os bebês observam muito cedo, mas sabemos pouco sobre o desenvolvimento do contato visual. O comportamento visual usado para regular o fluxo de interação é pouco freqüente nas crianças. A maior parte dos estudos do espaço pessoal feitos até hoje com crianças confirma as descobertas com os adultos. Os estágios do bebê vocalizando, preparando-se para usar a linguagem, são bem conhecidos. Sabemos pouco sobre a época em que as crianças começam a reconhecer e a reagir a várias expressões vocais. Uma linha de pesquisa intrigante sugere uma sincronia entre a voz do pai e os movimentos do bebê já nas primeiras doze horas após o nascimento. Finalmente, esboçamos algumas das obras sobre expressões faciais, sugerindo que um tipo primitivo de discriminação começa aos seis meses aproximadamente, mas que esse reconhecimento de uma expressão emocional na face de outra pessoa pode ser altamente dependente da emoção que é retratada (bem como de outros fatores).

Em relação ao desenvolvimento, o reconhecimento de atos não-verbais move-se de um processo indiferenciado para um cada vez mais diferenciado. A decodificação do significado do comportamento não-verbal normalmente ocorre mais cedo do que o ato de codificação do mesmo comportamento com o mesmo propósito. A criança e o pai se engajam em padrões de comportamento que permitem a eles se comunicar de maneiras gradualmente mais sofisticadas à medida que o relacionamento se desenvolve. Os últimos comportamentos não-verbais que a criança domina são os que estão mais adaptados ao ouvinte – exigindo que a criança codifique comportamentos com base no que ela percebe como apropriado ao ouvinte.

Referências e bibliografia selecionada

Abramovitch, R., & Daly, E. M. (1978). Children's use of head orientation and eye contact in making attributions of affiliation. *Child Development, 49*, 519–22.

Aiello, J. R., & Aiello, T. D. (1974). The development of personal space: Proxemic behavior of children 6 through 16. *Human Ecology, 2*, 177–89.

Aiello, J., & Jones, S. (1971). Field study of the proxemic behavior of young school children in three subcultural groups. *Journal of Personality and Social Psychology, 19*, 351–56.

Aiello, J. R., Nicosia, G., & Thompson, D. E. (1979). Physiological, social, and behavioral consequences of crowding on children and adolescents. *Child Development, 50*, 195–202.

Allen, V. L. (1981). The role of nonverbal behavior in children's communication. In W. P. Dickson (Ed.), *Children's oral communication skills* (pp. 337–56). Nova York: Academic Press.

Altmann, S. A. (1968). Primates. In T. A. Sebeok (Ed.), *Animal communication*. Bloomington: Indiana University Press.

Ambrose, J. A. (1961). The development of the smiling response in early infancy. In B. M. Foss (Ed.), *Determinants of infant behaviour* (pp. 179–96). Londres: Methuen.

Andersen, J. F., Andersen, P. A., Murphy, M. A., & Wendt-Wasco, N. (1985). Teacher's reports of students', nonverbal communication in the classroom: A development study in grades K-12. *Communication Education, 34*, 292–307.

Andrew, R. J. (1963). The origin and evolution of the calls and facial expressions of the primates. *Behaviour, 20*, 1–109.

Ashear, V., & Snortum, J. R. (1971). Eye contact in children as a function of age, sex, social and intellective variables. *Developmental Psychology, 4*, 479.

Bass, H. M., & Weinstein, M. S. (1971). Early development of interpersonal distancing in children. *Canadian Journal of Behavioural Science, 33*, 368–76.

Baxter, J. C. (1970). Interpersonal spacing in natural settings. *Sociometry, 33*, 444–56.

Beier, E. G., & Zautra, Z. (1972). *Identification of vocal communication of emotions across cultures*. ERIC Ed 056604.

Bloom, K. (1975). Social elicitation of infant vocal behavior. *Journal of Experimental Child Psychology, 20*, 51–8.

Blurton-Jones, N. G. (1971). Criteria for use in describing facial expressions of children. *Human Biology, 43*, 365–413.

Blurton-Jones, N. G. (Ed.), (1972). *Ethological studies of child behavior*. Cambridge: Cambridge University Press.

Blurton-Jones, N. G. (1972). Non-verbal communication in children. In R. Hinde (Ed.), *Non-verbal communication* (pp. 271–96). Cambridge: Cambridge University Press.

Bouchard, T. J., Jr. (1984). Twins reared apart and together: What they tell us about human diversity. In S. W. Fox (Ed.), *Individuality and determinism*. Nova York: Plenum.

Bouchard, T. J., Jr. (1987). Diversity, development and determinism: A report on identical twins reared apart. In M. Amelang (Ed.), *Proceedings of the meetings of the German Psychological Association - 1986*. Heidelberg, Alemanha.

Boucher, J. D., & Carlson, G. E. (1980). Recognition of facial expression in three cultures. *Journal of Cross-Cultural Psychology, 11*, 263–80.

Brazelton, T. B., Kaslowski, B., & Main, M. (1974). The origins of reciprocity: The early mother-infant interaction. In M. Lewis & L. A. Rosenbaum (Eds.), *The effect of the infant on its caregiver* (pp. 49–76). Nova York: John Wiley and Sons.

Brooks, J., & Lewis, M. (1976). Infants' responses to strangers: Midget, adult and child. *Child Development, 47*, 323–32.

Buck, R. (1975). Nonverbal communication of affect in children. *Journal of Personality and Social Psychology, 31*, 644–53.

Buck, R. (1982). Spontaneous and symbolic nonverbal behavior and the ontogeny of communication. In R. S. Feldman (Ed.), *Development of nonverbal behavior in children* (pp. 29–62). Nova York: Springer-Verlag.

Bugental, D. E., Kaswan, J. W., Love, L. R., & Fox, M. N. (1970). Child versus adult perception of evaluative messages in verbal, vocal, and visual channels. *Developmental Psychology, 2*, 367–75.

Bugental, D., Love, L., & Gianetto, R. M. (1971). Perfidious feminine faces. *Journal of Personality and Social Psychology, 17*, 314–8.

Bullowa, M. (1975). When infant and adult communicate how do they synchronize their behavior? In A. Kendon, R. M. Harris, & M. R. Key (Eds.), *Organization of behavior in face-to-face interaction* (pp. 95–129). Chicago: Aldine.

Bullowa, M. (Ed.), (1979). *Before speech: The beginning of interpersonal communication*. Cambridge: Cambridge University Press.

Burgess, J. W. (1981). Development of social spacing in normal and mentally retarded children. *Journal of Nonverbal Behavior, 6*, 89–95.

Cairns, R. B. (1976). The ontogeny and phylogeny of social interactions. In M. E. Hahn & E. C. Simmel (Eds.), *Communicative behavior and evolution*. Nova York: Academic Press.

Camras, L. A., & Allison, K. (1985). Children's understanding of emotional facial expressions and verbal labels. *Journal of Nonverbal Behavior, 9*, 84–93.

Capillari, M. J. L. (1958). *Gestures for communication by children eighteen to thirty-six months of age*. Tese de mestrado não publicada, Purdue University.

Cappella, J. N. (1991). The biological origins of automated patterns of human interaction. *Communication Theory, 1*, 4–35.

Caron, A., Caron, R., Caldwell, R., & Weiss, S. (1973). Infant perception of the structural properties of the face. *Developmental Psychology, 9*, 385–99.

Carr, S. J., Dabbs, J., & Carr, T. S. (1975). Mother-infant attachment: The importance of the mother's visual field. *Child Development, 46*, 331–8.

Castell, R. (1970). Effect of familiar and unfamiliar environments on proximity behaviors of young children. *Journal of Experimental Psychology, 9*, 342–7.

Caudill, W., & Weinstein, H. (1972). Maternal care and infant behavior in Japan and America. In C. Lavatelli & F. Stendler (Eds.), *Readings in child behavior and development*. Nova York: Harcourt.

Cavior, N., & Donecki, P. R. (1973). Physical attractiveness, perceived attitude similarity and academic achievement as contributors to interpersonal attraction among adolescents. *Developmental Psychology, 9*, 44–54.

Cavior, N., & Howard, L. R. (1973). Facial attractiveness and juvenile delinquency among black and white offenders. *Journal of Abnormal Child Psychology, 1,* 202–13.

Cavior, N., & Lombardi, D. A. (1973). Developmental aspects of judgments of physical attractiveness in children. *Developmental Psychology, 8,* 67–71.

Charlesworth, W. R., & Kreutzer, M. A. (1973). Facial expressions of infants and children. *In* P. Ekman (Ed.), *Darwin and facial expression.* Nova York: Academic Press.

Chevalier-Skolnikoff, S. (1973). Facial expression of emotion in nonhuman primates. *In* P. Ekman (Ed.), *Darein and facial expression.* Nova York: Academic Press.

Condon, W. S., & Sander, L. W. (1974). Synchrony demonstrated between movements of the neonate and adult speech. *Child Development, 45,* 456-62.

Cross, J. F., & Cross, J. (1971). Age, sex, race and the perception of facial beauty. *Developmental Psychology, 5,* 433–9.

Darwin, C. (1872/1965). *The expression of the emotions in man and animals.* Chicago: University of Chicago Press.

DeLong, A. J. (1974). Kinesic signals at utterance boundaries in preschool children. *Semiotica, 11,* 43–73.

DePaulo, B. M., Rosenthal, R., Finkelstein, S., & Eisenstat, R. A. (1979). The developmental priority of the evaluative dimension in perception of nonverbal cues. *Journal of Nonverbal Behavior, 3,* 164–71.

Dimitrovsky, L. (1964). The ability to identify the emotional meaning of vocal expression at successive age levels. *In* J. R. Davitz (Ed.), *The communication of emotional meaning* (pp. 69–86). Nova York: McGraw-Hill.

Dion, K. K. (1972). Physical attractiveness and evaluations of children's transgressions. *Journal of Personality and Social Psychology, 24,* 207–13.

Dion, K. K. (1973). Young children's stereotypes of facial attractiveness. *Developmental Psychology, 9,* 183–8.

Dion, K. K., & Berscheid, E. (1974). Physical attractiveness and peer perceptions among children. *Sociometry, 37,* 1–12.

Dittmann, A. T. (1972). Developmental factors in conversational behavior. *Journal of Communication, 22,* 404–23.

Eberts, E. H., & Lepper, M. R. (1975). Individual consistency in the proxemic behavior of preschool children. *Journal of Personality and Social Psychology, 32,* 841–9.

Eibl-Eibesfeldt, I. (1972). Similarities and differences between cultures in expressive movements. *In* R. Hinde (Ed.) *Non-verbal communication* (pp. 297–314). Cambridge: Cambridge University Press.

Eibl-Eibesfeldt, I. (1973). The expressive behavior of the deaf-and-blind born. *In* M. von Cranach & I. Vine (Eds.), *Social communication and movement* (pp. 163–94). Nova York: Academic Press.

Eibl-Eibesfeldt, I. (1975). *Ethology: The biology of behavior.* 2d. ed. Nova York: Holt, Rinehart & Winston.

Eibl-Eibesfeldt, I. (1987). Social interactions in an ethological, cross-cultural perspective. *In* F. Poyatos (Ed.), *Cross-cultural perspectives in nonverbal communication* (pp. 107–30). Toronto: Hogrefe.

Ekman, P. (1972). Universals and cultural differences in facial expressions of emotion. *In* J. Cole (Ed.), *Nebraska symposium on motivation.* Vol. 19. Lincoln: University of Nebraska Press.

Ekman, P. (1973a). Cross-cultural studies of facial expression. In P. Ekman (Ed.), *Darwin and facial expression*. Nova York: Academic Press.

Ekman, P. (Ed.), (1973b). *Darwin and facial expression: A century of research in review*. Nova York: Academic Press.

Ekman, P., & Friesen, W. V. (1969). The repertoire of nonverbal behavior: Categories, origins, usage, and coding. *Semiotica, 1*, 49–98.

Ekman, P., & Friesen, W. V. (1971). Constants across cultures in the face and emotion. *Journal of Personality and Social Psychology, 17*, 124–9.

Ekman, P., & Friesen, W. V. (1978). *The facial action coding system*. Palo Alto: Consulting Psychologists Press.

Ekman, P., Roper, G., & Hager, J. C. (1980). Deliberate facial movement. *Child Development, 51*, 886–91.

Feinman, S., & Entwisle, D. R. (1976). Children's ability to recognize other children's faces. *Child Development, 47*, 506–20.

Feldman, R. S. (1982). *Development of nonverbal behavior in children*. Nova York: Springer-Verlag.

Fenster, A., & Goldstein, A. M. (1971). The emotional world of children 'vis-a-vis' the emotional world of adults: An examination of vocal communication. *Journal of Communication, 21*, 353–62.

Field, T. (1982). Individual differences in the expressivity of neonates and young infants. In R. S. Feldman (Ed.), *Development of nonverbal behavior in children* (pp. 279–298). Nova York: Springer-Verlag.

Field, T. M., Woodson, R., Greenberg, R., & Cohen, D. (1982). Discrimination and imitation of facial expressions of neonates. *Science, 218*, 179–81.

Fitzgerald, H. E. (1968). Autonomic pupillary reflex activity during early infancy and its relation to social and non-social stimuli. *Journal of Experimental Child Psychology, 6*, 470–82.

Formby, D. (1967). Maternal recognition of infant's cry. *Developmental Medicine and Child Neurology, 9*, 293–8.

Freedman, D. G. (1964). Smiling in blind infants and the issue of innate versus acquired. *Journal of Child Psychology and Psychiatry, 5*, 171–84.

Fridlund, A. J., Ekman, P., & Oster, H. (1987). Facial expressions of emotion: Review of literature, 1970-1983. In A. W. Siegman & S. Feldstein (Eds.), *Nonverbal behavior and communication*. 2d ed (pp. 143–224). Hillsdale, NJ: Erlbaum.

Fry, A. M., & Willis, F. N. (1971). Invasion of personal space as a function of age of the invader. *Psychological Record, 21*, 385–9.

Gates, G. S. (1923). An experimental study of the growth of social perception. *Journal of Educational Psychology, 14*, 449–61.

Golomb, C. (1972). Evolution of the human figure in a three dimensional medium. *Developmental Psychology, 6*, 385–91.

Guardo, C. J. (1969). Personal space in children. *Child Development, 40*, 143–53.

Guardo, C. J., & Meisels, M. (1971). Factor structure of children's personal space schemata. *Child Development, 42*, 1307–12.

Hahn, M. E., & Simmel, E. C. (Eds.), (1976). *Communicative behavior and evolution*. Nova York: Academic Press.

Harper, L., & Sanders, K. M. (1975). Preschool children's use of space: Sex differences in outdoor play. *Developmental Psychology, 11*, 119.

Heider, K. (1974). *Affect display rules in the Dani*. Documento apresentado no encontro anual da American Anthropological Association, Nova Orleans.

Hinde, R. (Ed.), (1972). *Non-verbal communication*. Cambridge: Cambridge University Press.

Hinde, R. A. (1974). *Biological bases of human social behavior*. Nova York: McGraw-Hill.

Hudson, A., & Blane, M. (1985). The importance of nonverbal behavior in giving instructions to children. *Child and Family Behavior Therapy, 7*, 1–10.

Hutt, C., & Ounstead, C. (1966). The biological significance of gaze aversion with particular reference to the syndrome of infantile autism. *Behavioral Science, 11*, 346–56.

Hutt, C., & Vaizey, M. J. (1967). Differential effects of group density on social behavior. *Nature, 209*, 1371–2.

Illingworth, R. (1955). Crying in infants and children. *British Medical Journal, 75*, 75–88.

Izard, C. E. (1971). *The face of emotion*. Nova York: Appleton-Century Crofts.

Izard, C., Huebner, R., Risser, D., McGinnes, G., & Dougherty, L. (1980). The young infants' ability to produce discrete emotion expressions. *Developmental Psychology, 16*, 132–40.

Johnson, P. A., & Staffieri, J. R. (1971). Stereotypic affective properties of personal names and somatypes in children. *Developmental Psychology, 5*, 176.

Jones, S., & Aiello, J. (1973). Proxemic behavior of black and white first-, third-, and fifth-grade children. *Journal of Personality and Social Psychology, 25*, 21–7.

Kagan, J., & Lewis, M. (1965). Studies of attention in the human infant. *Merrill-Palmer Quarterly, 4*, 95–127.

Kashinsky, M., & Wiener, M. (1969). Tone in communication and the performance of children from two socioeconomic groups. *Child Development, 40*, 1193–202.

Keating, C. F., & Bai, D. L. (1986). Children's attributions of social dominance from facial cues. *Chick Development, 57*, 1269–76.

King, M. G. (1966). Interpersonal relations in preschool children and average approach distance. *Journal of Genetic Psychology, 109*, 109–16.

Kleck, R., Richardson, S. A., & Ronald, L. (1974). Physical appearance cues and interpersonal attraction in children. *Child Development, 45*, 305–10.

Kowal, S., O'Connell, D. C., & Sabin, E. J. (1975). Development of temporal patterning and vocal hesitations in spontaneous narratives. *Journal of Psycholinguistic Research, 4*, 195–207.

Kuhl, P. K., & Meltzoff, A. N. (1982). The bimodal perception of speech in infancy. *Science, 218*, 1138–41.

Kumin, L., & Lazar, M. (1974). Gestural communication in preschool children. *Perceptual and Motor Skills, 38*, 708–10.

LaBarbara, J. D., Izard, C. E., Vietze, P., & Parisi, S. A. (1976). Four and six month infants' visual responses to joy, anger, and neutral expressions. *Child Development, 47*, 535–8.

Lack, D. (1940). The releaser concept of bird behaviour. *Nature, 145*, 107–8.

Leach, E. (1972). The influence of cultural context on non-verbal communication in man. In R. Hinde (Ed.), *Non-verbal communication* (pp. 315–47). Cambridge: Cambridge University Press.

Lenneberg, E. (1969). *Biological foundations of language*. Nova York: Wiley.

Lerner, R. M., & Gellert, E. (1969). Body build identification, preference and aversion in children. *Developmental Psychology, 1*, 456–62.

Lerner, R. M., Karabenick, S. A., & Meisels, M. (1975). Effect of age and sex on the development of personal space schemata towards body build. *Journal of Genetic Psychology, 127*, 91–101.

Lerner, R. M., & Korn, S. J. (1972). The development of body build stereotypes in males. *Child Development, 43*, 908–20.

Lerner, R. M., & Schroeder, C. (1971). Physique identification, preference and aversion in kindergarten children. *Developmental Psychology, 5*, 538.

Lerner, R. M., Venning, J., & Knapp, J. R. (1975). Age and sex effects on personal space schemata toward body build in late childhood. *Developmental Psychology, 11*, 855–6.

Levin, H., Silverman, I., & Ford, B. (1967). Hesitations in children's speech during explanation and description. *Journal of Verbal Learning and Verbal Behavior, 6*, 560–4.

Levine, M. H., & Sutton-Smith, B. (1973). Effects of age, sex and task on visual behavior during dyadic interaction. *Developmental Psychology, 9*, 400–5.

Lieberman, P. (1966). *Intonation, perception, and language*. Cambridge, MA: M.I.T. Press.

Ling, D., & Ling, A. H. (1974). Communication development in the first three years of life. *Journal of Speech and Hearing Research, 17*, 146–59.

Lipsitt, L. P., Engen, T., & Kaye, H. (1963). Developmental changes in the olfactory threshold of the neonate. *Child Development, 34*, 371–6.

Lomranz, J., Shapira, A., Choresh, N., & Gilat, Y. (1975). Children's personal space as a function of age and sex. *Developmental Psychology, 11*, 651–4.

Loo, C., & Kennelly, D. (1979). Social density: Its effects on behaviors and perceptions of preschoolers. *Environmental Psychology and Nonverbal Behavior, 3*, 131–46.

Lord, C. (1974). The perception of eye contact in children and adults. *Child Development, 45*, 1113–7.

Maurer, D., & Salapatek, P. (1976). Developmental changes in the scanning of faces by young infants. *Child Development, 47*, 523–7.

Mann, V. A., Diamond, R., & Carey, S. (1979). Development of voice recognition: Parallels with face recognition. *Journal of Experimental Child Psychology, 27*, 153–65.

Matsumoto, D. (1991). Cultural influences on facial expressions of emotion. *Southern Communication Journal, 56*, 128–37.

Mayo, C., & LaFrance, M. (1978). On the acquisition of nonverbal communication: A review. *Merrill-Palmer Quarterly, 24*, 213–28.

McGrew, P. (1970). Social and spatial density effects on spacing behaviour in preschool children. *Journal of Child Psychology and Psychiatry, 11*, 197–205.

McGrew, W. C. (1972). *An ethological study of children's behavior*. Nova York: Academic Press.

Mead, M. (1975). Margaret Mead calls 'discipline-centric' approach to research an 'example of the appalling state of the human sciences'. *Journal of Communication, 25*, 209–13.

Mehrabian, A. (1972). Child communication. *In* A. Mehrabian (Ed.), *Nonverbal communication* (pp. 159–77). Chicago: Aldine-Atherton.

Meltzoff, A. N. (1985). Immediate and deferred imitation in fourteen- and twenty-four-month-old infants. *Child Development, 56*, 62–72.

Meltzoff, A. N. (1988a). Infant imitation and memory: Nine-month-olds in immediate and deferred tests. *Child Development, 59*, 217–25.

Meltzoff, A. N. (1988b). Infant imitation after a 1-week delay: Long-term memory for novel acts and multiple stimuli. *Developmental Psychology, 24*, 470–6.

Meltzoff, A. N. (1988c). Imitation, objects, tools, and the rudiments of language in human ontogeny. *Human Evolution, 3*, 45–64.

Meltzoff, A. N., & Gopnik, A. (1989). On linking nonverbal imitation, representation, and language learning in the first two years of life. *In* G. E. Speidel & K. E. Nelson (Eds.), *The many faces of imitation in language learning* (pp. 23–51). Nova York: Springer-Verlag.

Meltzoff, A. N., & Moore, M. K. (1977). Imitation of facial and manual gestures by human neonates. *Science, 198*, 75–8.

Meltzoff, A. N., & Moore, M. K. (1983a). Newborn infants imitate adult facial gestures. *Child Development, 54*, 702–9.

Meltzoff, A. N., & Moore, M. K. (1983b). The origins of imitation in infancy: Paradigm, phenomena, and theories. *In* L. P. Lipsitt (Ed.), *Advances in infancy research*, Vol. 2 (pp. 266–301). Norwood, NJ: Ablex.

Meltzoff, A. N., & Moore, M. K. (1989). Imitation in newborn infants: Exploring the range of gestures imitated and the underlying mechanisms. *Developmental Psychology, 25*, 954–62.

Michael, G., & Willis, F. N. (1968). The development of gestures as a function of social class, education and sex. *Psychological Record, 18*, 515–9.

Michael, G., & Willis, F. N. (1969).The development of gestures in three subcultural groups. *Journal of Social Psychology, 79*, 35–41.

Miller, E. H. A. (1975). A comparative study facial expressions of two species of pinnepeds. *Behavior, 53*, 268–84.

Miller, L. C., Lechner, R. E., & Rugs, D. (1985). Development of conversational responsiveness: Preschoolers' use of responsive listening cues and relevant comments. *Developmental Psychology, 21*, 473–80.

Milmoe, S., Novey, M. S., Kagan, J., & Rosenthal, R. (1974). The mother's voice: Postdictor of aspects of her baby's behavior. *In* S. Weitz (Ed.), *Nonverbal communication: Readings with commentary* (pp. 122–6). Nova York: Oxford University Press.

Mollard, A. R., & Daniloff, R. G. (1973). Glottal cues for parent judgement of emotional aspects of infant vocalization. *Journal of Speech and Hearing Research, 16*, 592–6.

Moss, H. A., & Robson, K. S. (1968). Maternal influences in early socio-visual behavior. *Child Development, 39*, 401–8.

Niit, T., & Valsiner, J. (1977). Recognition of facial expressions: An experimental investigation of Ekman's model. *Tartu Riikliku Ulikooli Toimetised: Trudy po Psikhologii, 429*, 85–107.

O'Hair, D., Allman, J., & Gibson, L. A. (1991). Nonverbal communication and aging. *Southern Communication Journal, 56*, 147–60.

Oster, H. (1981). "Recognition" of emotional expression in infancy? In M. Lamb & L. Sherrod (Eds.), *Infant social cognition: Empirical and theoretical considerations*. Hillsdale, NJ: Erlbaum.

Oster, H., & Ekman, P. (1978). Facial behavior in child development. In W. A. Collins (Ed.), *Minnesota symposia or child psychology*. Vol. 11. Hillsdale, NJ: Erlbaum.

Pagan, G., & Aiello, J. R. (1982). Development of personal space among Puerto Ricans. *Journal of Nonverbal Behavior, 7,* 59–68.

Pedersen, D. (1973). Developmental trends in personal space. *Journal of Psychology, 83,* 3–9.

Phillis, J. A. (1970). Children's judgments of personality on the basis of voice quality. *Developmental Psychology, 3,* 411.

Pitcairn, T. K., & Eibl-Eibesfeldt, I. (1976). Concerning the evolution of nonverbal communication in man. In M. E. Hahn & E. C. Simmel (Eds.), *Communicative behavior and evolution*. Nova York: Academic Press.

Plazewski, J. G., & Allen, V. L. (1985). The effect of verbal content on children's encoding of paralinguistic affect. *Journal of Nonverbal Behavior, 9,* 147–59.

Plomin, R. (1989). Environment and genes: Determinants of behavior. *American Psychologist, 44,* 105–11.

Post, B., & Hetherington, E. M. (1974). Sex differences in the use of proximity and eye contact in judgments of affiliation in preschool children. *Developmental Psychology, 10,* 881–9.

Ragsdale, J. D., & Dauterive, R. (1986). Relationships between age, sex, and hesitation phenomena in young children. *Southern Speech Communication Journal, 52,* 22–34.

Redican, W. K. (1982). An evolutionary perspective on human facial displays. In P. Ekman (Ed.), *Emotion in the human face*, 2d ed. (pp. 212–80). Cambridge: Cambridge University Press.

Rheingold, H. L., & Cook, K. V. (1975). The contents of boys' and girls' rooms as an index of parents' behavior. *Child Development, 46,* 459–63.

Richardson, S. A., Goodman, N., Hastorf, A., & Dornbusch, S. (1961). Cultural uniformities in relation to physical disabilities. *American Sociological Review, 26,* 241–7.

Ricketts, A. F. (1934). A study of the behavior of young children in anger. In L. Jack et al. (Eds.), *University of Iowa studies: Studies in child welfare*. Vol. 9 (pp. 163–71).

Robson, K. S. (1967). The role of eye-to-eye contact in maternal-infant attachment. *Journal of Child Psychology and Psychiatry, 8,* 13–25.

Rosenstein, D., & Oster, H. (1981, abril). *Facial expression as a means of exploring infants' taste responses*. Documento apresentado no Symposium on the Development of Food and Flavor Preferences no encontro anual da Society for Research in Child Development, em Boston.

Rovee, C. V., Cohen, R. Y., & Shlapack, W. (1975). Lifespan stability in olfactory sensitivity. *Developmental Psychology, 11,* 311–8.

Saha, G. B. (1973). Judgment of facial expression of emotion – a cross-cultural study. *Journal of Psychological Research, 17,* 59–63.

Scheman, J. D., & Lockard, J. S. (1979). Development of gaze aversion in children. *Child Development, 50,* 594–6.

Schmidt, W., & Hore, T. (1970). Some nonverbal aspects of communication between mother and child. *Child Development, 41*, 889–96.

Self, P. A., Horowitz, F., & Paden, L. (1972). Olfaction in newborn infants. *Developmental Psychology, 7*, 349–6.

Sheppard, W. C., & Lane, H. L. (1968). Development of the prosodic features of infant vocalizing. *Journal of Speech and Hearing Research, 11*, 94–108.

Shields, S. A., & Padawer, J. A. (1983). Children's standards for judging their own facial expressions of emotion. *Journal of Nonverbal Behavior, 8*, 109–25.

Shimoda, K., Argyle, M., & Ricci Bitti, P. (1978). The intercultural recognition of expressions by three national racial groups: English, Italian, and Japanese. *European Journal of Social Psychology, 8*, 169–79.

Smetana, J., Bridgeman, D. L., & Bridgeman, B. (1978). A field study of interpersonal distance in early childhood. *Personality and Social Psychology Bulletin, 4*, 309–13.

Smith, W. J. (1969). Displays and messages in intraspecific communication. *Semiotica, 1*, 357–69.

Spitz, R. A. (1957). *No and yes: On the genesis of human communication*. Nova York: International Universities Press.

Spitz, R., & Wolf, K. (1946). The smiling response: A contribution to the ontogenesis of social relations. *Genetic Psychology Monographs, 34*, 57–125.

Sroufe, L. A., & Waters, E. (1976). The ontogenesis of smiling and laughter. *Psychological Review, 83*, 173–89.

Staffieri, J. R. (1972). Body build and behavioral expectancies in young females. *Developmental Psychology, 6*, 125–7.

Stifter, C. A., & Fox, N. A. (1986). Preschool children's ability to identify and label emotions. *Journal of Nonverbal Behavior, 10*, 255–66.

Tautermannova, M. (1973). Smiling in infants. *Child Development, 44*, 701–4.

Tennis, G. H., & Dabbs, J. M. (1975). Sex, setting and personal space: First grade through college. *Sociometry, 38*, 385–94.

Thorpe, W. H. (1972a). Vocal communication in birds. In R. Hinde (Ed.), *Non-verbal communication* (pp. 153–76). Cambridge: Cambridge University Press.

Thorpe, W. H. (1972b). The comparison of vocal communication in animals and man. In R. Hinde (Ed.), *Non-verbal communication* (pp. 27–47). Cambridge: Cambridge University Press.

Tinbergen, N. (1951). *The study of instinct*. Londres: Oxford University Press.

Tronick, E. D., Als, H., & Brazelton, T. B. (1977). Mutuality in mother-infant interaction. *Journal of Communication, 27*, 74–9.

Turnure, C. (1971). Responses to voice of mother and stranger by babies in the first year. *Developmental Psychology, 4*, 182–90.

van Hooff, J. A. R. A. M. (1972). A comparative approach to the phylogeny of laughter and smiling. In R. Hinde (Ed.), *Non-verbal communication* (pp. 209–41). Cambridge: Cambridge University Press.

van Hooff, J. A. R. A. M. (1973). A structural analysis of the social behaviour of a semi-captive group of chimpanzees. In M. von Cranach & I. Vine (Eds.), *Social communication and movement* (pp. 75–162). Nova York: Academic Press.

van Hooff, J. A. R. A. M. (1976). The comparison of facial expression in man and higher primates. In M. von Cranach (Ed.), *Methods of inference from animal to human behaviour* (pp. 165–96). Chicago: Aldine.

Vine, I. (1973). The role of facial-visual signalling in early social development. In M. van Cranach & I. Vine (Eds.), *Social communication and movement* (pp. 195–298). Nova York: Academic Press.

von Cranach, M., & Vine, I. (Eds.), (1973). *Social communication and movement.* Nova York: Academic Press.

Walker, R. N. (1963). Body build and behavior in young children. *Child Development, 34*, 1–23.

Whiting, B. (1963). *Six cultures: Studies of child rearing.* Nova York: Wiley.

Wiggers, M., & van Lieshout, C. F. M. (1985). Development of recognition of emotions: Children's reliance on situational and facial expressive cues. *Developmental Psychology, 21*, 338–49.

Wilson, R. S. (1983). The Louisville twin study: Developmental synchronies in behavior. *Child Development, 54*, 298–316.

Winkelmayer, R., Exline, R. V., Gottheil, E., & Paredes, A. (1978). The relative accuracy of U. S., British, and Mexican raters in judging the emotional displays of schizophrenic and normal U. S. women. *Journal of Clinical Psychology, 34*, 600–8.

Wolff, P. H. (1963). Observations of the early development of smiling. In B. M. Foss (Ed.), *Determinants of infant behavior.* Vol. 2. Londres: Methuen.

Wood, B. (1976). *Children and communication.* Englewood Cliffs, NJ: Prentice-Hall.

Ziajka, A. (1981). *Prelinguistic communication in infancy.* Nova York: Praeger.

Zuckerman, M., & Przewuzman, S. J. (1979). Decoding and encoding facial expressions in preschool-age children. *Environmental Psychology and Nonverbal Behavior, 3*, 147–63.

12

A habilidade de enviar e receber sinais não-verbais

O estudo da comunicação não-verbal como uma habilidade interpessoal representa um recurso significativo na investigação do comportamento social humano.
H. S. *Friedman*

Quando olhamos à nossa volta, notamos prontamente que algumas pessoas parecem ter mais êxito que outras no convívio social. Todos nós já conhecemos indivíduos que "convivem com qualquer pessoa"; algumas pessoas que chamamos de compreensivas, diplomáticas, sagazes, ou apenas "ligadas". Em contrapartida, outras pessoas parecem insensíveis, desastradas, ou – para usar uma de nossas expressões – "desligadas". Todas essas qualidades se ajustam ao conceito de *competência social*. A competência social não é fácil de ser definida, mas por muito tempo interessou aos pesquisadores, e a "inteligência social" é agora considerada uma capacidade intelectual básica, diferente de outras habilidades cognitivas (Rosenthal e outros pesquisadores, 1979; Sternberg, 1984).

Sabemos com certeza que a capacidade de comunicação não-verbal é parte da competência social. Observando as pessoas, notamos que algumas são mais atentas a sinais não-verbais e mais sintonizadas com o que eles significam; outras são também mais hábeis em expressar seus sentimentos e atitudes de forma não-verbal. Certas pessoas tentam, usando sinais não-verbais bem como verbais, projetar uma imagem de si mesmas; assim, mostram-se legais, inconseqüentes, intelectuais, sinceras ou competentes, mas simplesmente não conseguem ser convincentes – pois seu comportamento parece falso ou imperfeito. Outras fazem um excelente trabalho quando se trata de projetar a imagem que desejam. A competência social, formada por tais habilidades, é essencial em nossa vida diária, seja no escritório, num tribunal, num bar, no quarto, ou quando desejamos vencer desníveis de classe social e/ou cultural. Se aceitamos a premissa de que a habilidade em comunicação não-verbal é importante e que algumas pessoas são mais competentes do que outras, podemos questionar como elas se tornaram competentes e indagar se a mesma habilidade pode ser desenvolvida por outras pessoas.

Neste capítulo, focalizamos o envio e a recepção de mensagens não-verbais, a que nos referimos como "capacidade" ou "habilidade" não-verbal. Estão incluídos na habilidade para enviar (expressar ou codificar) e receber (julgar ou decodificar) os seguintes tipos de sinais não-verbais:

- afeto ou emoção, como felicidade, mágoa e repugnância;
- orientação interpessoal, como dominância/subordinação e amigo/estranho;
- mensagens interpessoais, como "ela gosta de mim";
- intenções, como ele ou ela "quer sair", "quer falar" e "quer atenção".

Outras capacidades, é claro, são também essenciais ao funcionamento adequado da comunicação. Entre essas, incluem-se a habilidade para captar significados verbais (literais, metafóricos e nuances de insinuação); a habilidade para integrar sinais verbais e não-verbais a fim de compreender como seu significado é mutuamente influenciado (sarcasmo e brincadeira são, por exemplo, expressos por meio de combinações particulares de sinais verbais e não-verbais); e a habilidade para perceber contextos e papéis sociais (o que é esperado e indesejado em dada situação social, e como se espera que uma pessoa num determinado papel, como um homem de negócios, por exemplo, se comporte (Hall, 1979).

A aptidão de reconhecer um rosto visto antes e de associar um nome a esse rosto é outra habilidade requerida na vida cotidiana. Os psicofisiologistas acreditam atualmente que a capacidade de reconhecimento do rosto localiza-se numa região especial do cérebro, já que danos causados a ele, como um derrame, podem prejudicar essa habilidade. Fatores sociais também desempenham importante papel nessa capacidade. Por exemplo, as faces femininas são mais fáceis de ser reconhecidas do que as masculinas; as mulheres são de certa forma mais hábeis para reconhecer rostos do que os homens; e é mais difícil reconhecer o rosto de alguém de um grupo racial diferente do nosso (Bruce, 1988; Hall, 1984; Shapiro e Penrod, 1986).

A noção de habilidade não-verbal às vezes é empregada para se chegar a um novo *insight* de outros conceitos há muito estabelecidos. Tanto conceitos como empatia, harmonia, intuição e carisma como processos como comparação social e formação de impressão, podem ser construídos se levarmos em conta o envio ou a recepção de sinais não-verbais entre as pessoas (Friedman, 1979; Rosenthal, 1979). Kurt Danziger (1976) argumentou que a própria interação social é impossível sem uma negociação sutil e não falada dos respectivos papéis a serem desempenhados pelos participantes. Geralmente, uma pessoa se atribui um papel ou uma definição específicos do relacionamento (por meio de comportamento não-verbal), e a outra tem de se acomodar ou até contar com uma atribuição diversa de papel. Até que as duas pessoas concordem, tacitamente, elas não podem interagir de modo efetivo – simplesmente *não conseguem* ser "amigas", "professor–estudante", "vendedor–freguês", "médico–paciente", ou "mãe–filho". Pelo fato de as pessoas normalmente saberem como desempenhar esses papéis muito bem e fazê-lo de forma inconsciente, em geral sua negociação sobre papéis passa despercebida, a menos, é claro, que uma pessoa aja "em desacordo com o papel" ou de maneira inadequada às expectativas não expressas dos outros. Então as pessoas tendem a se tornar conscientes de que a interação foi rompida, embora muitas vezes não saibam a razão disso. Claramente, a habilidade para ler e enviar os sutis sinais requeridos para a negociação do papel é uma importante capacidade social.

Mesmo que a questão da origem da capacidade não-verbal e da maneira como se desenvolve pareça simples, existem muitos aspectos a ela relacionados que aumentam a complexidade da questão e impedem uma resposta fácil e descomplicada. Primeiramente, estamos falando da habilidade de enviar ou de receber? Se você é competente no envio, isso significa automaticamente que também é um decodificador sensível de sinais não-verbais? De pronto, então, devemos perguntar se estamos falando de uma única habilidade ou de várias, mesmo que uma forma singular da palavra *capacidade* ou *habilidade* seja usada do princípio ao fim. Segundo, falamos de uma habilidade que se manifesta por meio de um canal particular (rosto, espaço, voz, toque) ou de uma habilidade ligada a várias combinações de canais; por exemplo, sinais faciais somados a sinais vocais? Terceiro, referimo-nos a uma habilidade que se aplica a todas as mensagens não-verbais ou apenas a tipos específicos; por exemplo, mensagens de determinadas emoções (raiva, tristeza), mensagens gerais de afeto (agradável, desagradável) ou mensagens resultantes de atitudes (como parecer influente, submisso)? Quarto, estamos falando de uma habilidade que tem padrões comuns para julgar seu resultado? Por exemplo, procuramos semelhanças entre a pretensa mensagem enviada e a mensagem compreendida pelo receptor? Comparamos o desempenho de uma pessoa com normas desenvolvidas a partir do comportamento de outras pessoas? Ou aplicamos padrões diferentes para grupos etários e culturais diversos? Quinto, medimos essa habilidade por um ou muitos métodos – fisiológicos, verbais, por apontamentos com papel e lápis, formas de resposta não-verbal, relatórios ou procedimentos parecidos. Sexto, falamos de uma habilidade que transcende situações específicas ou da que se aplica a muitas situações: públicas *versus* privadas, posadas *versus* espontâneas, que está conforme requisito corrente *versus* que se defende no tribunal? E, finalmente, falamos de uma habilidade que transcende parceiros de comunicação diferentes? Manifestamos um nível de competência semelhante em interações com superiores, subordinados, pares, íntimos, estranhos?

Métodos para o desenvolvimento de habilidades não-verbais

A maior parte de nossa habilidade para enviar e receber sinais não-verbais é derivada de "treinamento no trabalho" – sendo o trabalho o processo de vivência diária.

Em suma, aprendemos (nem sempre conscientemente) habilidades não-verbais imitando e nos espelhando nos outros, e adaptando nossas respostas às instruções, ao *feedback* e às opiniões de terceiros. Esse processo começa na infância com a imitação por parte dos bebês das expressões faciais adultas. Mesmo nos primeiros dias de vida, os bebês conseguem imitar a abertura da boca e a protrusão da língua; nos primeiros meses, a imitação se amplia para a protrusão labial, os movimentos dos dedos, das sobrancelhas e até expressões emocionais diferentes na face (ver figura 11.15). Aos nove meses, as expressões faciais da mãe não apenas são correspondidas, como têm clara influência no afeto do bebê e no comportamento lúdico (Field, 1982; Field e outros pesquisadores, 1982; Meltzoff e Moore, 1983; Termine e Izard, 1988). Os especialistas acreditam que um repertório inato de expressões faciais, habilidade imitativa inata e reforço seletivo dos que cuidam de bebês combinam-se para produzir na criança uma compreensão dos significados socialmente consensuais dos diferentes sinais não-verbais (Lewis e Rosenblum, 1978).

O fato de essas habilidades não-verbais e outras capacidades sociais serem adquiridas em grande parte por meio da aprendizagem levou ao entendimento de por que os indivíduos diferem tanto em relação a essas habilidades. Entre muitos animais, a interação social é também essencial ao desenvolvimento do comportamento social apropriado à vida futura. Os estudos de Harlow (Harlow e Mears, 1978) sobre os macacos-resos mostraram, por exemplo, que os animais criados em isolamento completo por seis meses e depois testados com 2 a 3,5 anos de idade "demonstraram agressão mesmo a bebês de um ano de idade, como nenhum reso criado socialmente faria" (p. 272). As habilidades de comunicação específicas nos macacos foram ligadas à experiência social no início de sua vida. Miller e seus colegas descobriram que os macacos-resos criados isoladamente eram deficientes em expressão facial e na capacidade de julgamento. Num experimento, cada um dos macacos conseguia evitar um choque elétrico se pudesse comunicar ao outro por meio da face que o choque era iminente (sinal indicado ao macaco emissor por uma luz colorida); recebido o sinal, o macaco apertava uma alavanca em tempo de cancelar o choque para ambos. Os macacos criados isolados foram incapazes não só de produzir as expressões necessárias como, quando colocados no papel de macaco receptor, mostraram-se deficientes em ler as expressões faciais de medo do outro macaco (Miller, Caul e Mirsky, 1967).

O *feedback* de outras pessoas durante nosso crescimento nem sempre é explicitado verbalmente; pode tratar-se de *uma reação* a nosso comportamento. O *feedback*, portanto, às vezes é revelado por afirmações, como "Bem, você não parece feliz" ou, sem fazer tal comentário, seu interlocutor reage a você como a uma pessoa que não é feliz. Por meio do *feedback* aumentamos nossa consciência de nós mesmos e dos outros; por exemplo, "Você não consegue ver que não gosto de você!". Não apenas aprendemos quais comportamentos devemos desenvolver, mas como temos de agir, com quem, quando, onde e as conseqüências dessas atitudes. Naturalmente, alguns de nós têm mais e melhores "ajudantes" que outros; alguns de nós procuram ajudar mais do que outras pessoas. Você pode praticar o envio e a recepção de mensagens não-verbais com freqüência, mas sem um *feedback* acurado e regular não poderá aprimorar sua habilidade.

Embora tenhamos abordado principalmente o *feedback* interpessoal, também sabemos que o *feedback* da audiência a conferencistas, por exemplo, se for percebido, pode alterar o comportamento não-verbal. A fluência do falante, o ritmo da elocução, a extensão da fala, a altura da voz, o medo da platéia, o olhar fixo e o movimento corporal podem ser afetados por um *feedback* positivo ou negativo observado no auditório (Gardiner, 1971).

A representação de um papel é outro método popular para ensinar-se determinada habilidade social. Em geral, uma situação é apresentada, e o aluno tenta agir de uma maneira que se aproximaria de seu comportamento se essa situação realmente ocorresse. No método de ensino de representação de Stanislavski, por exemplo, os alunos podem improvisar várias maneiras de andar – impacientemente, para passar tempo, para perturbar as pessoas do apartamento de baixo, e assim por diante. A atuação e outros exercícios que tornam o aluno um participante ativo são uma passagem familiar nos grupos de sensibilização e em *workshops* de conscientização corporal (Pfeiffer e Jones, 1969–70; Wiemann e Knapp, 1978). Especialistas sustentam até que os participantes desses grupos desenvolvem de forma significativa grandes melhorias na sensibilidade ao seu próprio comportamento e ao comportamento não-verbal dos outros. Dados objetivos são difíceis de ser obtidos, mas algumas pessoas certamente aprendem muito com essas experiências. A maior parte das provas que mostram que esses *workshops* funcionam, todavia, deriva do testemunho dado pelos participantes. Assim, devemos fazer várias indagações a respeito desses participantes que optam por não testemunhar e dos que testemunham. Quanto de seu aprendizado observado se deve à redução da dissonância cognitiva? Quanto das avaliações positivas sobre a atuação de uma mãe reconfortando uma criança, tocando em outras pessoas, expondo seu corpo a estranhos e situações semelhantes se deve a uma necessidade de justificar o dispêndio de tempo, de esforço e de envolvimento psicológico?

Em pesquisas mais rigorosas, que usam vários meios de comunicação para o desenvolvimento da habilidade não-verbal, os indícios não corroboram os efeitos positivos do treinamento. Com freqüência, os estudos assumem uma abordagem cognitiva, ensinando os significados de diferentes sinais por meio da reprodução em fitas de vídeo, da discussão e do *feedback* nas respostas corretas. Ekman e Friesen (1975), num programa relativamente curto, de seis horas, foram capazes de treinar babás para identificar com precisão expressões faciais micromomentâneas. Jecker, Maccoby e Breitrose (1965) afirmaram que tiveram êxito aprimorando a acurácia com que os professores podiam julgar a "compreensão" do aluno a partir de filmes curtos. O treinamento consistia em quatro sessões de aproximadamente duas horas cada, durante as quais a atenção dos que treinavam se concentrava nos gestos e nas expressões faciais que acompanhavam a "compreensão". Os professores eram testados numa série de filmes anteriores ao curso, treinados com outros filmes, e testados posteriormente com mais uma série de filmes. Grupos de controle sem nenhum treinamento não melhoraram o reconhecimento desses sinais. Outra pesquisa com adultos (Davitz, 1964; Rosenthal e outros pesquisadores, 1979), bem como com crianças (Beck e Feldman, 1989), sustenta o uso desse tipo de treinamento de habilidade. As pessoas de uma cultura foram treinadas com sucesso a compreender e a realizar comportamentos não-verbais característicos de indivíduos de certa cultura ou subcultura diferente (Collett, 1971). A simples retomada de um teste de decodificação não-verbal pode melhorar os resultados (especialmente na decodificação de sinais corporais), ainda que não se saiba o quão duradouro ou generalizado seja esse efeito (Rosenthal e outros pesquisadores, 1979).

O "modelo de habilidades sociais" desenvolvido por Michael Argyle (1988) estimulou grande número de pesquisas e treinamentos. Nessa perspectiva, o comportamento socialmente hábil é visto como análogo à coordenação motora: nos dois tipos de habilidade, a pessoa faz movimentos especializados, observa as reações a eles (isto é, obtém *feedback*), e empreende uma ação corretiva, tudo com o propósito de alcançar uma meta. Os diferentes aspectos do comportamento social são vistos como hierárquicos: os de níveis mais finos e mais baixos são automáticos e habituais; os de níveis elevados são mais estratégicos, portanto estão subordinados a um controle cognitivo mais direto. Esse tipo de treinamento envolve atuação e prática mais ativas do que a pesquisa descrita previamente. O treinamento de habilidades sociais baseado nesse modelo foi usado para treinar pessoas de competência social reduzida no uso efetivo de sinais não-verbais para fazer amigos; é também empregado com casais em crise conjugal, pacientes psiquiátricos, crianças com problemas de aprendizagem e profissionais que necessitam de habilidades sociais em sua ocupação (Argyle, Trower e Bryant, 1974; Hargie, 1986b).

Uma importante categoria de comportamento enfatizada no treinamento das habilidades sociais é o *reforço* – a oferta de encorajamento e recompensa a outras pessoas no decorrer de uma interação. Os reforços podem ser verbais e não-verbais. Os reforços verbais abrangem reconhecimento e concordância, elogio, apoio e cumprimento; os reforços não-verbais incluem o uso positivo ou encorajador de atos como sorrir, acenar a cabeça, olhar para o outro, tocá-lo, aproximar-se fisicamente dele, e de certos gestos (por exemplo, polegar levantado) e qualidade da voz (Hargie, 1986a).

Finalmente, alguns educadores e treinadores acham o comparecimento a conferências e palestras importante. Certamente, o desenvolvimento de qualquer habilidade social é de alguma forma mediado pelo conhecimento obtido dessa maneira. Todavia, é difícil explicar o comportamento não-verbal apenas por meio de palavras faladas e escritas. Em segundo lugar, é difícil aprender qualquer habilidade social sem praticá-la. *Unmasking the Face* (*Retirando a máscara da face*), de P. Ekman e W. V. Friesen (1975), é uma tentativa de minimizar esses problemas. O livro contém muitas fotografias de expressões faciais que servem de modelo para várias demonstrações de emoção, apresentando inclusive expressões mescladas. Fotos de teste são fornecidas para analisar a habilidade de decodificar várias expressões. Além disso, também há métodos específicos de análise da habilidade para codificar. Os leitores recebem instruções detalhadas de como fazer registros visuais de suas próprias expressões, obter reações das pessoas que vêem as fotos, interpretar essas reações e corrigir eventuais erros na codificação.

Os estudantes freqüentemente perguntam se essas tentativas de aprender e desenvolver habilidades em comunicação não-verbal terão conseqüências negativas. O questionamento baseia-se na possibilidade de os pesquisadores ficarem sabendo "demais" sobre os outros e usar esse conhecimento em seu próprio benefício; afinal, aqueles que têm essa informação podem usá-la para manipular os outros com interesses pessoais. Os livros populares sobre comunicação não-verbal, do tipo "como fazer", freqüentemente dão receitas de como manipular os outros (Koivumaki, 1975). Por exemplo, há livros que ensinam que, se um homem imita as posições corporais da mulher por quem está atraído, ela certamente se apaixonará por ele. Outros sugerem que, num almoço de negócios, de modo inconsciente o cliente será colocado em desvantagem se o anfitrião mover gradualmente seu jogo americano, prato e talheres em direção a ele. Se você invade dessa forma o território do cliente e enfraquece suas defesas, o negócio com certeza será fechado! Felizmente, muitas recomendações desses "manuais de auto-ajuda" não se baseiam em provas confiáveis. Além disso, mesmo um conselho baseado em pesquisas simples estaria distante de um esquema infalível para o sucesso – as pessoas não são tão previsíveis assim.

Mas presumindo-se que o conhecimento de sinais não-verbais seja uma vantagem na vida cotidiana, devemos ter medo disso? Achamos que não. Considere um caso paralelo no estudo da "persuasão". Poderíamos também ficar receosos de aprender demais, e vimos como algumas pessoas têm a capacidade de controlar e manipular os outros sem considerar seu bem-estar, como na lavagem cerebral. Infelizmente, há pessoas com más intenções em qualquer área de estudo. Contudo, tem-se estudado a persuasão por mais de duzentos anos, e não há registro de alguém que tenha conseguido um nível de sofisticação tão elevado a ponto de alcançar o sucesso persuadindo invariavelmente qualquer pessoa em qualquer situação. Além disso, faz parte da natureza humana mudar de comportamento quando este se torna improdutivo. Se as pessoas que têm mais conhecimento sobre o comportamento não-verbal se tornarem suspeitas de empregá-lo "contra" os outros, logo surgirão tentativas de expor a atividade. E, se isso não dissuadi-las, as pessoas desenvolverão estratégias para impedir a influência tentada. Em suma, acreditamos que, como regra geral, mais conhecimento é sempre positivo e que todos temos a responsabilidade ética de não usar o conhecimento para causar prejuízo a alguém.

Achamos, todavia, que as pessoas se sentem mais incomodadas com a idéia do uso especializado (consciente) de sinais não-verbais do que com a idéia do uso especializado das palavras, como na persuasão. Isso se deve sem dúvida ao fato de desejarem pensar que a comunicação não-verbal é um reflexo espontâneo (e, portanto, sincero) de sentimentos ou intenções. Enquanto as pessoas acreditarem que todos os sinais não-verbais são expressões espontâneas do sentimento, ficarão menos defensivas contra a manipulação não-verbal e, portanto, mais vulneráveis a ela. Mas você sabe a essa altura que a comunicação não-verbal é muito mais do que uma simples "leitura" de sentimentos. Usamos sinais não-verbais para a auto-apresentação e uma ampla variedade de propósitos estratégicos. O advogado de defesa deve agir convencido da inocência de seu cliente; o terapeuta deve parecer sinceramente interessado e receptivo em relação à queixa do paciente, seja ela qual for; um pai usa comunicação não-verbal constantemente, com a deliberada intenção de reforçar e dirigir o comportamento de uma criança para que tenha maneiras socialmente aceitáveis. Cada um de nós tem uma infinidade de papéis a desempenhar na vida, e uma compreensão especializada dos sinais não-verbais relevantes para cada um deles só pode nos ajudar.

Perfis de emitentes e receptores não-verbais

Mesmo depois de aprofundar a definição de trabalho da habilidade social para a emissão e recepção de sinais não-verbais, há ainda muitas maneiras de medi-la. Houve várias abordagens intrigantes a respeito desse assunto. Num dos estudos, pessoas possuidoras de alta competência social, em oposição a outras de baixa competência, entrevistaram um estudante em apuros. O aspecto que melhor diferenciou esses grupos foi que as pessoas consideradas mais competentes sabiam manter-se silenciosas nos trechos sensíveis do relato dos problemas feito pelo estudante (Christensen, Farina e Boudreau, 1980). A arte de *não* falar é, portanto, uma habilidade social. Outro investigador viu a acurácia de comunicação como inextricavelmente ligada tanto ao emissor como ao receptor; digamos que, após um período de interação, você me avalie em dez traços, e então eu *presuma que você me avaliou* nos mesmos dez traços. A acurácia da comunicação pode ser definida como a correlação entre esses dois conjuntos de avaliações – com a comunicação acurada ocorrendo quando meu padrão de presunções sobre os dez traços combina com o padrão das avaliações reais que você fez de mim (Snodgrass, 1985). Usando esse método, não se podem separar as habilidades de um codificador (emissor) que envia mensagens claras sobre o que ele pensa do outro, ou as de um decodificador (receptor) que é extremamente sensível a sinais quase imperceptíveis emitidos pela outra pessoa, ou ambas as coisas.

A maior parte da pesquisa fez uma abordagem mais direta, que permite uma separação mais clara da habilidade de codificar da de decodificar. Uma variedade de métodos pode ser usada para testar as habilidades não-verbais de uma pessoa; algumas das habilidades básicas foram discutidas nos capítulos sobre a voz e a face. No caso da codificação vocal, pede-se freqüentemente aos emissores que gravem uma frase ou letras do alfabeto enquanto expressam diferentes estados emocionais/de atitude, ou que descrevam uma experiência emocional passada e desse modo revivam a emoção sentida na época. No caso da codificação facial, pede-se que a pessoa expresse facialmente uma série de emoções ou atitudes, ou que reviva uma experiência emocional do passado. Buck (Buck, Miller e Caul, 1974) mostra às pessoas observadas uma série de *slides* coloridos "emocionalmente carregados" classificados como teatrais, sexuais, maternais, desagradáveis e inusitados. As reações faciais aos *slides* podem então ser avaliadas. Nesse caso, os emissores diferem no grau de intenção consciente dos emissores aos quais foi pedido para retratar uma expressão especial. Essa questão de comportamento posado *versus* espontâneo é discutida mais adiante neste capítulo.

A habilidade para decodificar ou receber é geralmente avaliada pedindo-se às pessoas que identifiquem o estado emocional ou a atitude expressos por outra pessoa "ao vivo" ou em filme, videoteipe, fotografia ou fita gravada. Um problema constante nessa área de pesquisa é a questão do *critério*. É fácil pedir aos decodificadores para julgar o que o emissor está sentindo ou comunicando, mas como você sabe se eles estão certos (Archer e Akert, 1984)? Se a comunicação é posada, o critério é simplesmente considerar o que foi solicitado aos codificadores. Se foi pedido ao emissor para parecer feliz, o observador obteria uma resposta correta dizendo que a pessoa parecia feliz. Usando esse sistema, o observador pode incorrer em erro, mesmo sem nenhum erro de sua parte, caso o codificador apresente um desempenho medíocre na exibição da emoção pretendida. Outros critérios foram empregados, mas nenhum é perfeito. Com a técnica de ver um *slide*, a resposta de um decodificador é tipicamente avaliada como correta se ele identifica de modo acertado qual *slide* o codificador estava vendo quando sua face foi filmada. Esse método presume que as faces dos codificadores mostram uma resposta apropriada; e nem sempre isso acontece. Às vezes, os peritos decidem qual emoção está sendo expressa num estímulo. Outras, prevalece o consenso, de modo que a resposta correta é a que concorda com a maioria dos outros observadores.

O psicólogo social Robert Rosenthal e seus colegas desenvolveram um dos métodos mais abrangentes para testar a habilidade de decodificação não-verbal, denominado PONS (Profile of Nonverbal Sensitivity – Perfil de Sensibilidade

Não-Verbal). O teste PONS é um videoteipe de 45 minutos que contém 220 quadros audiovisuais numerados, aos quais se pede às pessoas que reajam. Cada quadro é um excerto de dois segundos de uma cena retratada por uma mulher americana. Cinco cenas retratam um afeto ou atitude positivo-influente; por exemplo, "admirando um bebê"; cinco cenas mostram um comportamento positivo-submisso, como o de "expressar gratidão"; cinco apresentam um comportamento negativo-influente, como "criticar alguém por se atrasar"; e cinco retratam um comportamento negativo-submisso; por exemplo, "pedir desculpas". Cada cena é apresentada aos espectadores de onze modos diferentes:

Apenas a face
Apenas o corpo (pescoço até joelhos)
Rosto mais corpo
Apenas fala filtrada eletronicamente*
Apenas fala emendada aleatoriamente*
Apenas face mais fala filtrada eletronicamente
Face mais fala emendada aleatoriamente
Corpo mais fala filtrada eletronicamente
Corpo mais fala emendada aleatoriamente
Face e corpo mais fala filtrada eletronicamente
Face e corpo mais fala emendada aleatoriamente

Desse modo, um receptor ou espectador obtém uma contagem para canais particulares e combinações de canais além da contagem total. O teste foi administrado a milhares de pessoas, com idades, ocupações e nacionalidades diversas.

A figura 12.1 mostra três fotos posadas tiradas de cenas de dois segundos do teste PONS. Cada item tem duas escolhas; por exemplo, "a) devolução de um item com defeito para uma loja, b) pedir comida num restaurante", ou "a) falar sobre o divórcio de alguém, b) expressar amor materno".

Em contraste com o uso do teste PONS de um emitente que representa uma série de cenas afetivas, a Tarefa de Percepção Interpessoal enfatiza o comportamento mais espontâneo por emissores muito diferentes. Aqueles que o desenvolveram raciocinaram que o melhor critério não é uma emoção pura ou um roteiro descontextualizado, mas um evento ou relacionamento real mais provável de ser julgado pelas pessoas na "vida real" (Archer e Akert, 1977; Costanzo e Archer, 1989). Por exemplo, um homem e uma mulher estão interagindo com duas crianças – quem é o filho dos dois adultos? Duas mulheres discutem sobre um jogo de tênis de praia que acabou de ser disputado – qual delas é a vencedora? Um homem conta a história de sua vida, e então conta-a de novo, de modo bastante diferente – qual história é a verdadeira? Duas pessoas são vistas interagindo – qual tem a posição mais elevada? Na figura 12.2 podem-se ver algumas amostras de fotos posadas, não do teste real, mas de uma versão preliminar. (As respostas estão no final deste capítulo.)

Para cada item no Teste de Percepção Interpessoal há uma resposta objetivamente correta. Archer acredita que cenas "ecologicamente válidas" como essas

---

* Veja a descrição dessas técnicas no capítulo 9.

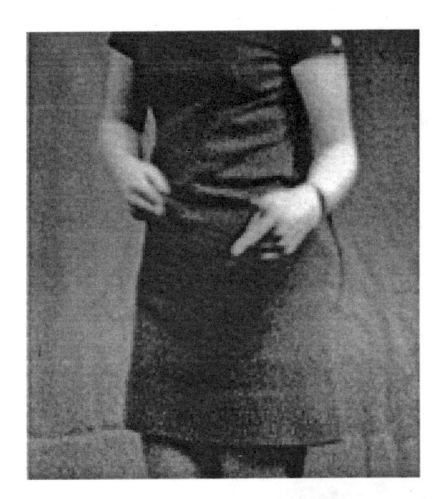

Figura 12.1 Fotos posadas tiradas do teste PONS.

medirão habilidades sutis que as pessoas usam na vida diária. Há, todavia, alternância no uso de cenas mais naturalísticas; por exemplo, o teste não isola canais chave, de modo que não se pode separar acurácia para face, corpo ou voz. De fato, é difícil dizer exatamente que sinais colaboram para a obtenção de uma resposta correta.

Características de receptores não-verbais habilitados

Talvez a descoberta mais consistente, a partir do PONS e de outros esforços de pesquisa, é a de que as mulheres geralmente têm uma contagem mais alta que os homens. Isso ocorre na idade escolar e também na idade adulta. Embora a diferença não seja grande – há apenas uma diferença de cerca de 2% nas contagens PONS de homens e mulheres –, é extremamente consistente. As mulheres tiveram contagem mais alta do que os homens em 80% de 133 grupos diferentes de pessoas que fizeram o teste PONS, inclusive uma variedade de exemplos de não-americanos (Hall, 1984; Rosenthal e outros pesquisadores, 1979). Uma pesquisa que usou ou-

Figura 12.2 Como é sua percepção interpessoal? Em (a), as duas pessoas constituem um par casado há dois anos ou estranhos posando juntos? Em (b), qual mulher é a mãe das crianças? Em (c), na página seguinte, a mulher está despertando seu marido de um cochilo, observando uma luta de queda-de-braço ou brincando com seu bebê? (Fotos © Dane Archer, Ph.D, Santa Cruz, 1980.)

tros testes de decodificação confirmou a generalidade dessa diferença sexual, mostrando que ela existe em pessoas de diversas idades, não importando se os codificadores julgados são homens ou mulheres (Hall, 1978); a diferença se mantém, quer sejam as pessoas dos Estados Unidos ou não (Dickey e Knower, 1941;

c

Figura 12.2 *Continuação*

Izard, 1971). A Tarefa de Percepção Interpessoal, que exige um tipo um pouco diferente de julgamento do PONS, também mostra uma acurácia significativamente mais alta para as mulheres (Costanzo e Archer, 1989). A pesquisa revela ainda que mulheres são especialmente eficientes no julgamento de sinais faciais relativos a outros canais (Rosenthal e DePaulo, 1979). Uma pesquisa recente sugere que, no caso de decodificação de sinais de raiva, os homens podem realmente ter uma vantagem, sobretudo quando a pessoa que está sendo julgada é do sexo masculino (Rotter e Rotter, 1988; Wagner, MacDonald e Manstead, 1986). A superioridade feminina na decodificação parece ser menor no caso dos sinais espontâneos do que no caso da emoção posada (Fujita, Harper e Wiens, 1980).

Por que as mulheres são melhores na decodificação não-verbal? Muitos avaliaram essa questão (Hall, 1984; Henley, 1977; Noller, 1986). A explanação mais provável vem de Noller (1986), que acredita que as mulheres são melhores decodificadoras (bem como codificadoras – ver abaixo) porque conhecem: 1) os papéis sociais gerais que comandam os relacionamentos interpessoais; 2) a exibição geral e as regras de decodificação apropriadas a várias situações; e 3) as regras mais específicas que comandam o uso de sinais não-verbais em particular.

Talvez a maior habilidade das mulheres como decodificadoras interpessoais tenha sido reconhecida por toda a história e tenha contribuído para a noção da "intuição feminina". A intuição é um termo confuso que pode significar muitas coisas, desde a empatia até a capacidade de prever o futuro. Mas pensamos que uma parte importante desse conceito é a sensibilidade não-verbal. O amplo reconhecimento de que as mulheres são mais sensíveis a sinais não-verbais se reflete neste diálogo de *Adam Bede*, de George Eliot (1859):

> – Ela nunca teria ido embora, eu sei, se Adam tivesse gostado dela e casado com ela... – disse Lisbeth.
> Seth fez uma pausa breve e olhou para cima, com um leve rubor, para o rosto de sua mãe.
> – O quê? Ela lhe disse algo parecido com isso, mamãe?
> – Disse? Não, ela não vai dizer nada. Só os homens esperam até que as pessoas comecem a falar as coisas antes de descobri-las.

Lisbeth passa a explicar que ela reconheceu o amor de Sue por Adam pela tendência que a garota mostrava de tremer na presença de Adam. Seria uma coincidência que o autor dessa passagem fosse uma mulher?

Embora a habilidade na decodificação não-verbal seja mais desenvolvida nas mulheres, não é necessariamente verdadeiro que os indivíduos do sexo masculino que tenham qualidades, por assim dizer, mais "femininas" (como a preocupação com os outros, os cuidados, a gentileza) sejam melhores decodificadores do que suas contrapartes menos "femininas". Na verdade, há indícios de que *dentro* de cada sexo, os indivíduos que são mais "masculinos" (assertivos, competitivos, independentes), ou menos femininos, têm contagem mais elevada nos testes de decodificação (Hall e Halberstadt, 1981; Isenhart, 1980). Contudo, numa tarefa de decodificação incomum – adivinhar o sexo de uma pessoa a partir apenas de sinais de movimento –, os indivíduos que eram "tipicamente sexuais", isto é, mulheres com feminilidade acentuada e baixa masculinidade, e homens com o padrão oposto, eram os mais acurados (Frable, 1987). Foi sugerido que tais pessoas são especialmente sintonizadas com a distinção homem–mulher na vida cotidiana.

A idade também foi estudada em relação à habilidade de decodificar e com freqüência mostra uma habilidade gradualmente crescente a partir do jardim-de-infância até a idade de vinte a trinta anos (Dimitrovsky, 1964; Gates, 1925; Hamilton, 1973; Nowicki e Duke, 1989; Rosenthal e outros pesquisadores, 1979); uma pesquisa provocativa indica que até os bebês têm alguma habilidade para reconhecer as expressões faciais (Haviland e Lelwica, 1987). Comumente, as crianças mais novas terão notas melhores nos testes de avaliação vocal do que nos testes visuais. Num estudo que comparava mulheres de 62 anos com mulheres de 32, as contagens PONS das mais idosas foram significativamente mais baixas, sugerindo mudanças relacionadas com a idade na atenção, memória e percepção (Lieberman, Rigo e Campain, 1988).

Em dois estudos, a raça do receptor não fornecia nenhuma vantagem ou desvantagem no julgamento acurado das expressões faciais (Eiland e Richardson, 1976; Gates, 1925). De fato, numa releitura de obras literárias, Halberstadt (1985) concluiu que não havia diferença entre a habilidade não-verbal de negros e brancos.

Os resultados de vários grupos de estudantes que fizeram o teste PONS tendem a refutar a noção de que a inteligência ou a habilidade acadêmica caracteriza os receptores não-verbais efetivos. Nem as contagens dos testes de QI (Quociente de Inteligência) e de Aptidão Escolar nem as contagens nos testes de vocabulário tinham relação com a habilidade não-verbal. Assim, o fato de alguém ir bem na escola, em que muitos critérios para a aprovação são baseados na habilidade verbal, não significa que também seja capaz de interpretar acuradamente os sinais não-verbais.

As pessoas que se saem bem no PONS e em outros testes de decodificação também parecem ter o seguinte perfil de personalidade: são mais bem ajustadas, mais democráticas e encorajadoras nas relações interpessoais, menos dogmáticas e mais extrovertidas. Além disso, os receptores não-verbais habilitados foram considerados mais populares e sensíveis por outras pessoas, como conhecidos, clientes, esposas e supervisores. Snyder incluiria o que denomina "automonitoração" como uma característica de decodificadores acurados de informações não-verbais tanto na face como na voz (Snyder, 1974). Os automonitores são sensíveis e exercem forte controle sobre seu próprio comportamento, mas eles também são sensíveis aos comportamentos dos outros e usam esses sinais como balizas para monitorar sua própria apresentação. Os resultados da Tarefa de Percepção Interpessoal sustentam essa descoberta: contagens mais altas nesse teste também tinham contagem significativamente mais elevada na Escala de Automonitoramento (Costanzo e Archer, 1989).

Usando uma extensa bateria de testes não-verbais, Nowicki e Duke (1989) determinaram que as crianças da 1ª série até a 5ª que tinham contagem mais alta na decodificação de sinais faciais, gestuais, vocais e de postura eram mais populares e menos perturbadas emocionalmente, e conseguiam notas mais altas nos testes de resultados acadêmicos. Após rever 22 outros estudos da habilidade cognitiva e da habilidade de decodificação não-verbal nas crianças, Halberstadt e Hall (1980) concordaram com esse último resultado e acrescentaram a intrigante descoberta de que as crianças que tinham contagem mais alta no teste PONS eram *percebidas* por seus professores como mais espertas, mesmo quando as avaliações acadêmicas reais do aluno e do QI eram medianas. Assim, é possível que os mais jovens com maior sensibilidade não-verbal criem uma impressão tão favorável que os adultos lhes atribuam uma capacidade cognitiva maior do que eles têm, o que pode criar uma expectativa de desempenho pessoal positivo, fazendo com que essas crianças recebam mais ensinamentos e sejam mais encorajadas, conduzindo a ganhos reais nas realizações acadêmicas.

Certos grupos tendem a ter notas melhores no PONS. Pela ordem, os três grupos principais testados até agora incluem atores, estudantes que pesquisam o comportamento não-verbal e estudantes que se dedicam às artes visuais. A pesquisa de Buck (1976) sobre a interpretação das expressões faciais descobriu que os alunos que faziam especialização em belas-artes e negócios eram receptores melhores do que os que faziam em ciências (estudantes de biologia, química, matemática e física). Executivos de negócios que passaram pelo teste PONS não parecem ter mostrado a mesma perícia que os especializados em negócios. Os executivos de negócios e os professores mostraram uma capacidade significativamente mais baixa do que os psicólogos clínicos e os estudantes de faculdade, que eram significativamente inferiores aos três grupos principais antes mencionados. Não devemos nos esquecer de que essas são contagens de grupo. Individualmente, professores, profissionais de negócios estrangeiros e clínicos que foram considerados excelentes em seus empregos também foram bem no teste PONS. Parece também que os pais (especialmente as mães) de crianças pré-verbais tinham maior sensibilidade de recepção não-verbal do que os casados sem filhos.

Doentes mentais e alcoólatras tiveram notas consideravelmente inferiores a um grupo normal no PONS. Um experimento intrigante que não usou o PONS, mas em vez disso recorreu a fotos de seis emoções, descobriu que quando se dava álcool às pessoas normais, sua acurácia de decodificação era prejudicada, especialmente a habilidade dos homens de identificar raiva, repugnância e desdém (Borrill, Rosen e Summerfield, 1987). Talvez parte do comportamento anti-social dos bebedores esteja ligada a uma deterioração de sua sensibilidade a esses sinais.

O trabalho de Robin DiMatteo e seus colegas (1980) sobre habilidades não-verbais dos médicos oferece fortes indícios de que essas habilidades realmente têm importância na vida diária. Nessa pesquisa, as contagens PONS dos médicos estavam ligadas à satisfação e aos registros de manutenção de compromissos dos pacientes reais. Os pacientes ficavam mais satisfeitos quando seu médico era um decodificador de sinais corporais competente; os pacientes também tinham mais complacência com os compromissos agendados quando seu médico era um eficiente decodificador de sinais de tom de voz (DiMatteo, Hays e Prince, 1986). Embora seja preciso realizar mais pesquisas para documentar *como* os médicos estão traduzindo sua habilidade de decodificação em comportamento efetivo com seus pacientes, pode-se imaginar que eles captam sinais sutis de infelicidade, insatisfação ou indecisão, e então dirijam essas questões com o paciente.

O PONS foi administrado a pessoas de mais de vinte nações diferentes. Pessoas de países semelhantes aos Estados Unidos em língua e cultura (modernização, uso dos meios de comunicação) tiveram contagens mais elevadas. A pesquisa PONS portanto oferece uma síntese das duas posições opostas sobre a universalidade das expressões de emoção: uma que afirma que essas são universalmente usadas e reconhecidas, e outra que defende que a comunicação não-verbal é específica da cultura, como a própria língua. A posição universalista é apoiada pelo fato de que todas as culturas foram capazes de desempenho satisfatório em níveis mais altos do que os casuais no PONS; o argumento de especificidade é apoiado pelo fato de que grupos culturalmente mais semelhantes ao do emissor PONS foram capazes de extrair mais significado preciso dos sinais. Numa contingência semelhante, exemplos de voz sem palavra de índios cree e brancos, residentes canadenses de fala inglesa, foram também julgados ao longo de linhas étnicas e culturais (Albas, McCluskey e Albas, 1976). Cada grupo era mais preciso na percepção do conteúdo emocional nos exemplos de voz dos membros de seu próprio grupo. Como foi afirmado em capítulos anteriores, algumas culturas utilizam certos tipos de comportamento não-verbal e prestam mais atenção a eles, e seria natural que se esperasse que mostrassem mais aptidão nessas áreas do que uma cultura que não enfatizava um comportamento ou canal de comunicação particular.

Várias pesquisas sobre o tema da atração sugerem que a semelhança nas atitudes ou no *background* é uma chave para selecionar e manter amigos e parceiros românticos. O reino não-verbal oferece provas para apoiar essa tese. Os amigos são mais parecidos um com o outro em sua compreensão de sinais faciais de emoção do que pessoas que não são amigas (Brauer e DePaulo, 1980). Quando amigos são mais semelhantes nesse tipo de habilidade (Brauer e DePaulo, 1980), ou ambos têm muita habilidade (Hodgins e Zuckerman, 1990), o relacionamento é marcado por uma partilha emocional mais profunda.

Outros fatores que afetam a acurácia da recepção não-verbal

Você pode pensar que os canais particulares (face, voz e aspectos afins) que são testados farão diferença na acurácia da recepção não-verbal de uma pessoa. De fato, vários estudos mostram que emoções e atitudes de gostar/não gostar são percebidas com mais acurácia na face do que na voz. E, embora você possa ser mais capaz de reconhecer muitas emoções e atitudes se receber sinais auditivos e visuais, algumas mensagens podem ser comunicadas com mais eficácia de um modo do que de outro; por exemplo, sinais vocais podem ser mais efetivos para comunicar ansiedade e intenção de seduzir do que outros canais de comunicação individual (Burns e Beier, 1973). Em nosso capítulo sobre a voz, também discutimos indícios que sugeriam que a voz pode transmitir sinais para a dominância mais do que a face. Além disso, é possível que, caso você tenha acuidade para reconhecer sinais faciais, também a terá para perceber sinais vocais (Zuckerman e outros pesquisadores, 1975). Isso não invalida a possibilidade de algumas pessoas confiarem mais num canal específico. A obra de Beldoch (1964) foi além da tradicional dicotomia face/voz. Ele obteve gravações em fita sem palavras de doze emoções, pedindo a músicos para escrever e gravar curtas interpretações musicais das mesmas doze emoções e, finalmente, solicitou a artistas para criar uma espécie de arte abstrata que expressasse tais emoções. Os resultados sustentavam a idéia de que a habilidade de alguém para decodificar com precisão sentimentos num meio pode ser levada para outros meios. De maneira análoga, a precisão pode variar de acordo com o fato de as expressões serem posadas (geralmente mais acurada) ou espontâneas; mas, se for possível decodificar uma, provavelmente também o será na outra (Zuckerman e outros pesquisadores, 1976). É claro que alguns estados emocionais e de atitude são mais difíceis de ser julgados do que outros. Mensagens não-verbais negativas, argumentam alguns, podem ser mais prontamente expressas do que as positivas, embora as descobertas sejam inconsistentes nesse aspecto e também variem de acordo com o canal não-verbal no qual os sinais são expressos (Zuckerman e outros pesquisadores, 1976). Guber (1966) diz que se você (como julgador) teve experiência prévia na situação de indução de expressão, sua acuidade excederá a das pessoas que não tiveram tais experiências.

Poderíamos também especular, como fizeram os pesquisadores PONS, que a quantidade de tempo que um receptor foi exposto a um sinal não-verbal afetaria sua acuidade na identificação. Os materiais PONS foram apresentados a pessoas com um tempo de exposição variado; por exemplo, 1/24 de segundo, 3/24 de segundo, e assim por diante. Embora a acuidade tenha crescido com o aumento do tempo de exposição, essas diferenças são provavelmente mínimas quando os tempos de exposição atingem níveis mais altos. Algumas pessoas, ao que parece, alcançam altos níveis de acuidade com um tempo mínimo de exposição. Elas percebem e processam essa informação não-verbal rapidamente. Especula-se até que essas pessoas podem "ver demais" e têm relacionamentos interpessoais menos satisfatórios por causa da acuidade de suas percepções.

Agora que examinamos as habilidades de decodificação, podemos retornar à habilidade de codificar ou de emitir.

Características de emissores não-verbais especializados

Quando concebida em grande escala, a definição de "emissão não-verbal" é até mais complexa do que uma definição de habilidade não-verbal de decodificar. Num certo sentido, a emissão não-verbal é tudo o que fazemos que pode ser classificado como de natureza interpessoal. Na verdade, como observamos em outro ponto, é impossível *não* enviar sinais não-verbais percebidos e interpretados por outras pessoas – mesmo que sua intenção seja parecer neutro ou inexpressivo. Tentativas de controlar sinais não-verbais procurando se comportar apaticamente tendem a ser *interpretadas* como estupidez, retraimento, inquietação, indiferença, ou até desilusão (DePaulo).

Como foi anteriormente mencionado, uma emissão não-verbal de uma pessoa é uma mistura de sinais espontâneos e de sinais mais deliberados ou intencionais. Estes são usados na vida diária para transmitir uma vasta gama de impressões de nós mesmos, como simpatia, esperteza, juventude, honestidade, coragem, e assim por diante. Também usamos intencionalmente a comunicação não-verbal como parte de nosso esforço para agir de maneira socialmente apropriada; por exemplo, sermos respeitosos em relação a autoridades, discretos num restaurante elegante, ou polidos diante do desapontamento.

As crianças atingem essas habilidades por meio de um longo processo que combina a experiência social com seu próprio desenvolvimento de identidade; numerosos estudos atestam as tendências evolutivas nessas aptidões (DePaulo; Harrigan, 1984; Nowicki e Duke, 1989; Rosenthal e outros pesquisadores, 1979). De acordo com DePaulo, o êxito em controlar comportamentos não-verbais para promover a imagem pública de uma pessoa depende de conhecimento, habilidade, prática, experiência, confiança e motivação. O êxito da apresentação não-verbal da imagem é também limitado pela inerente capacidade de controle de diferentes canais não-verbais, da intensidade da realidade que se deseja mascarar (por exemplo, quanto mais zangado você está, mais difícil é agir como se tudo estivesse bem), bem como das diferenças individuais entre as pessoas.

Uma diferença individual que afeta definitivamente a apresentação de nossa imagem é a expressividade espontânea do tipo que discutimos; por exemplo, o quanto sua face reflete o conteúdo de uma cena trágica ou romântica vista na televisão. Essas diferenças são observáveis na infância e mantêm-se estáveis no decorrer do desenvolvimento. A pessoa espontaneamente expressiva tem muitas vantagens sociais, como esboçaremos resumidamente, mas esse fator pode colocá-la em desvantagem sempre que a auto-apresentação requeira a aplicação de regras de exibição ou fraude. Diz-se com freqüência, por exemplo, que bons jogadores de pôquer não devem ser expressivos (DePaulo).

Outro fator que influi na auto-apresentação não-verbal envolve qualidades físicas permanentes e qualidades expressivas que marcam a "conduta especial" de uma pessoa. Assim, por exemplo, alguém com sobrancelhas muito espessas pode parecer ameaçador, não importando o quanto seja gentil. A pesquisa descobriu que algumas condutas tendem a fazer com que as pessoas pareçam honestas ou desonestas, agradáveis ou desagradáveis, independentemente do que estejam sentindo ou dizendo de fato (Walbott e Scherer, 1986; Zuckerman e outros pesquisadores, 1979). A conduta pode funcionar a seu favor ou contra, dependendo dos objetivos do sujeito; a pessoa socialmente hábil pode aprender a complementar a conduta com outros sinais expressivos para realçar a auto-apresentação. Por exemplo, alguém com um rosto naturalmente infantil ou franco pode desenvolver um repertório de sinais não-verbais "inocentes" para aumentar a impressão de sinceridade. Crianças com um alto desempenho na escola parecem desenvolver uma conduta "inteligente" – uma aparência que dá a impressão de que elas compreendem o que estão ouvindo, quer isso seja ou não verdadeiro; os rostos de crianças com baixo rendimento escolar revelam acuradamente seu nível de compreensão (Allen e Atkinson, 1978).

A maior parte das pesquisas sobre a acurácia da emissão (codificação) envolve emoções. A pessoa que é espontaneamente expressiva do ponto de vista emocional é, quase sempre, mulher; ela experimenta menos excitação fisiológica interna (ver capítulo 7) e relata menos habilidade para controlar suas emoções (Tucker e Riggio, 1988). Desse modo, as pessoas podem ter uma percepção de sua expressividade espontânea, embora a pesquisa tenha descoberto relações muito fracas entre os auto-relatos de habilidade posada de codificação e a habilidade do sujeito para representar emoções intencionalmente (Riggio, Widaman e Friedman, 1985; Zuckerman e Larrance, 1979).

O conceito aparentemente evasivo de "carisma" tem sido definido operacionalmente como expressividade, incluindo a emissão espontânea, assim como a mais intencional. Usando frases como: "Eu demonstro que gosto de alguém abraçando ou tocando nele", "Não gosto de ser observado por um grande grupo de pessoas", "Geralmente tenho uma expressão facial neutra" (essas duas avaliadas ao contrário), e "Posso expressar facilmente emoção ao telefone", Friedman e seus colegas documentaram que a pessoa expressiva é socialmente influente (Friedman e Riggio, 1981; Friedman, Riggio e Casella, 1988; Friedman, Prince, Riggio e DiMatteo, 1980). Por exemplo, indivíduos com altas avaliações têm mais probabilidade de dar uma palestra, ser eleitos para um cargo político, influenciar as disposições dos outros, ser considerados mais agradáveis ao encontrar novas pessoas e, no caso de médicos, ter mais pacientes. Indivíduos com notas mais altas tinham mais probabilidade de ter vivenciado experiências na área de vendas, desejar uma ocupação ligada às habilidades sociais (como conselheiro, ministro ou diplomata), e ser extrovertidos, associativos e influentes.

Os estudos que mensuraram realmente as habilidades de emissão não-verbais das pessoas (mais do que exigir auto-relatórios) também produziram uma variedade de descobertas. As mulheres manifestam mais habilidades de codificação do que os homens, tanto em expressividade facial como em acurácia facial posada e espontânea (Buck, Miller e Caul, 1974; Friedman, Riggio e Segall, 1980; Zaidel e Mehrabian, 1969). No entanto, os indícios foram muito confusos sobre a existência de uma diferença sexual para a codificação vocal de emoções. A diferença ligada ao sexo na habilidade de emissão não foi encontrada em crianças entre 4 e 6 anos de idade, no caso de expressões faciais espontâneas (Buck, 1975). Buck descobriu, com efeito, que meninos na idade pré-escolar eram emissores mais precisos de sinais faciais espontâneos do que meninas da mesma idade, mas a acurácia dos meninos diminuía dos 4 até os 6 anos, talvez devido à pressão da socialização ligada ao papel sexual masculino (Buck, 1977).

Algumas características de personalidade também foram associadas a emissores precisos de informações não-verbais. Como os receptores, os "automonitores" são mais capazes de enviar informações emocionais através de canais faciais e vocais (Snyder, 1974). Os "internalizadores" são estímulos mais fracos para os outros julgarem do que os "externalizadores" (Buck, Savin, Miller e Caul, 1972; ver capítulo 7). O perfil de personalidade de Buck no caso de crianças pequenas mostra muitas das características que resumimos anteriormente para os decodificadores (Buck, 1975). Crianças eficazes na emissão eram extrovertidas, sociáveis, ativas, populares e um tanto salientes e impulsivas. Emissoras ineficazes tendiam a brincar sozinhas, eram introvertidas, passivas, tímidas, controladas e avaliadas como cooperativas. Entre os adultos, há também personalidade correlata de decodificação não-verbal posada: emissores altamente precisos são mais influentes e exibicionistas (Friedman, Riggio e Segall, 1980); os melhores emissores também dão uma impressão de maior expressividade, confiança e amabilidade e, entre os homens, usam uma linguagem mais fluente, movimentos corporais mais soltos, e sorriem mais (Riggio e Friedman, 1986). A expressividade espontânea é, ao que tudo indica, um correlato mais forte da habilidade de codificação posada entre as mulheres do que entre os homens (Friedman, Prince, Riggio e DiMatteo, 1980). Médicos que são mais hábeis em expressar emoções por meio da voz também recebem de seus pacientes melhores avaliações de satisfação (DiMatteo, 1979).

Noller (1980; Noller e Gallois, 1986) realizou engenhosos experimentos para testar a acurácia da comunicação não-verbal de maridos e esposas *um com o outro*. As mulheres foram codificadoras mais hábeis do que os homens, tanto em termos de avaliações de acurácia pelos julgadores como em relação a usar os sinais particulares associados a uma dada mensagem (por exemplo, sorrir para uma mensagem positiva e franzir o cenho para uma negativa). O ajustamento marital estava relacionado com a habilidade de codificação entre os homens: os homens nos casamentos mais felizes enviavam mensagens mais claras por meio do rosto. Os maridos com ajustamento elevado tendiam a sorrir durante as mensagens positivas mais do que os maridos com baixo ajustamento (um sinal correto para uma mensagem positiva), enquanto os maridos com baixo ajustamento usavam mais acenos de sobrancelhas (sinal não associado a uma mensagem positiva). Essa pesquisa sugere claramente que a infelicidade marital pode ser devida em parte à inadequação do marido no que tange à comunicação não-verbal. Os maridos infelizes eram, de fato, mais precisos na decodificação do comportamento não-verbal de uma mulher casada desconhecida do que de sua própria esposa. O baixo ajustamento marital caracterizava-se também por uma quantidade maior de olhar fixo para o parceiro nas mensagens negativas, mais olhar ao sorrir, e menos semelhança nos padrões de olhar do que nos casais com ajustamento elevado.

Num estudo que obteve expressões espontâneas e posadas das mesmas pessoas, aprendemos que essas duas habilidades estão ligadas positivamente. Isto é, se a expressão facial espontânea de uma pessoa a estímulos agradáveis (uma cena de comédia na televisão) e a estímulos desagradáveis (uma cena de um acidente horrível) era expressa e interpretada claramente, o mesmo indivíduo mostrava habilidade em representar expressões posadas. Também sabemos que o tipo de mensagem (positiva/negativa; dominante/submissa; tipo de emoção) afetará a acurácia de alguém para emitir, sendo, com freqüência, as experiências emocionais extremas as mais acuradas.

Estamos agora prontos para formular uma pergunta final para este capítulo. Serão os hábeis codificadores também hábeis decodificadores?

O relacionamento entre as habilidades de emissão e recepção

Já em 1945, Knower sugeriu que emitentes eficazes de expressões faciais e vocais de emoções eram também receptores eficazes. Desde então, outros estudos apresentaram conclusão semelhante. Levy (1964), por exemplo, descobriu uma forte relação entre a habilidade de uma pessoa para enviar sinais emocionais vocais, interpretar sinais vocais dos outros e interpretar os próprios sinais vocais.

Os estudiosos levantaram então a hipótese de uma "habilidade geral de comunicação" (Zuckerman e outros pesquisadores, 1976). Essa teoria significa que, embora haja habilidades separadas envolvidas na emissão e na recepção, também parece haver uma capacidade geral que se superpõe a essas habilidades separadas: os emissores efetivos são amiúde receptores eficazes e vice-versa.

Outros pesquisadores não descobriram nenhum relacionamento *negativo* entre a capacidade de emitir e de receber. O estudo de Lanzetta e Kleck (1970) é freqüentemente citado em apoio a essa posição, pois estabelece uma relação negativa entre a capacidade de emitir e de receber; isto é, indivíduos que eram emitentes acurados revelaram-se receptores medíocres e vice-versa. Universitários foram filmados em videoteipe enquanto reagiam a uma série de luzes vermelhas e verdes. O vermelho assinalava o advento de um choque. Foi então pedido a esses indivíduos e a outros para distinguir entre provas de choque e não-choque assistindo às reações registradas em vídeo.

Todos os estudos disponíveis constatam que há apenas uma fraca associação positiva (DePaulo e Rosenthal, 1979). Os pesquisadores não sabem a que se deve essa variação nos resultados. Zuckerman e seus colegas (1976) sugeriram uma resolução: num estudo que usava várias emoções, a codificação e a decodificação geral estavam positivamente relacionadas, mas, para a *mesma* emoção, elas estavam negativamente ligadas (Zuckerman e outros pesquisadores, 1975). Assim, se alguém emite raiva relativamente bem, decodifica raiva de forma relativamente precária. Também, uma relação negativa entre emitir–receber pode ser mais provável com expressões espontâneas do que com as posadas.

Essa relação negativa da habilidade de codificar e decodificar, quando ocorre, pode provir da experiência de socialização na infância de uma pessoa, em especial do ambiente de comunicação dentro da família (Izard, 1971; Zuckerman e outros pesquisadores, 1975). O raciocínio prossegue desse modo. Numa família altamente expressiva, as habilidades de expressão serão bem desenvolvidas, mas pelo fato de os sinais emocionais serem tão claramente emitidos por outros membros da família, um determinado indivíduo nunca precisa depurar sua habilidade de decodificação e, portanto, esta permanece relativamente estacionada. Todavia, em lares inexpressivos, as habilidades de expressão de uma criança podem ser pouco desenvolvidas, mas sua habilidade de decodificar é afiada, porque a criança é forçada a ler sinais mínimos ou ambíguos vindos de outros membros da família.

Usando o Questionário de Expressividade Familiar para medir o ambiente de comunicação numa família, Halberstadt (1983; 1986) encontrou sustentação para essa teoria: primeiramente, constatou que a habilidade de codificar estaria positivamente ligada a uma maior liberdade de expressão emocional na família e, em segundo lugar, que a habilidade de decodificar estaria negativamente ligada à liberdade de expressão emocional.

Também devemos lembrar que, mesmo que possamos demonstrar acurácia na emissão e na recepção, nossas habilidades receptoras podem ser maiores que nossas habilidades emissoras. Odom e Lemond (1972) especularam que a produção de expressões faciais, por exemplo, talvez nunca atinja o mesmo nível de acurácia que temos para interpretar expressões faciais de emoção. Essa idéia resultou de suas análises das habilidades de emitir e receber de crianças de jardim-de-infância e da 5ª série. Seis das oito emoções testadas com essas crianças mostraram diferenças na habilidade de emitir e receber – com a de emitir mais baixa.

Tornando-se um observador da comunicação não-verbal

Tudo o que descrevemos nesta obra pode servir para refletirmos sobre a melhor maneira de usarmos a comunicação não-verbal. Pode-se aprender muito sobre os significados e as funções dos comportamentos não-verbais transmitidos por todos os sinais. Verificamos que os sinais não-verbais são importantes indicadores de emoção e que desempenham um papel crucial ao produzir impressões sociais e influir nos outros. As pessoas diferem marcadamente em suas habilidades para julgar e usar sinais não-verbais. Embora certos grupos, como os atores e os doentes mentais, se incluam nos extremos da habilidade, mesmo nas posições médias, "normais", há grande variação de pessoa para pessoa.

Os estudos indicam que não há fortes habilidades gerais; em vez disso, parece haver habilidades distintivas em diferentes domínios. Uma pessoa pode ser hábil para julgar emoções na face, mas não na voz; outra pode ter o padrão oposto. Alguém pode ser bom para identificar decepções comunicadas de forma não-verbal, enquanto outro indivíduo pode ser especialista em reconhecer faces, e um terceiro ser capaz de dizer onde certa pessoa está na hierarquia social simplesmente ouvindo seu tom de voz. Concluindo, há muitas maneiras de ser acurado na comunicação não-verbal (Boice, 1983).

Subjacentes às várias habilidades não-verbais estão as *perspectivas* e as *atitudes* que influem profundamente no que "vemos" no mundo e no que fazemos com isso. A essa altura, gostaríamos de focalizar o leitor como um observador da comunicação não-verbal na vida cotidiana. Como você pode realizar da melhor forma possível a tarefa de compreender o que está acontecendo a seu redor? De acordo com o que afirmou o sociólogo Erving Goffman (1974, p. 9), "Falar de algo que acontece diante dos olhos de observadores é estar em terreno mais sólido do que comumente acontece nas ciências sociais; mas o terreno é ainda incerto". Goffman quer dizer que perspectivas, expectativas, pressupostos e valores de uma pessoa – o modo como *estruturamos* nossas experiências – são muito importantes para determinar o significado que extraímos das experiências.

Quando procuramos nos lembrar dos melhores observadores do comportamento humano, os nomes de Aristóteles e de Darwin emergem inevitavelmente. Não está claro o motivo pelo qual algumas pessoas parecem fazer observações mais perceptivas do que outras, mas podemos oferecer algumas idéias baseadas em nossa própria experiência. O observador eficaz deve ser capaz de manter um delicado equilíbrio entre um papel culto, como um perito em seu ramo, e a ignorância e a ingenuidade presentes, por exemplo, nos olhos arregalados de uma criança. Quando você está se sentindo muito confiante em sua compreensão daquilo que está acontecendo a seu redor, é hora de mudar a ênfase para a da criança; quando você sente uma grande quantidade de caos e desordem em seu campo de observação, é hora de mudar para o do perito. Tal como falantes eficazes são altamente motivados a fazer seu auditório entender suas idéias, um observador eficaz provavelmente tem um forte interesse e se empenha em compreender o comportamento do observado. Isso, porém, não significa que o observador não possa alcançar o sentido de distanciamento daqueles que estão sendo observados quando for necessário.

Observadores eficazes provavelmente tiveram uma variedade de experiências educacionais e pessoais. Essa base experimental o auxilia no processamento de complexos e transitórios estímulos em curso e na colocação de observações isoladas em sua perspectiva adequada. Em outros termos, o observador deve ter as habilidades necessárias para um trabalho lento, cuidadoso, detalhado, e a capacidade de vislumbrar as linhas unificadoras de amplos conceitos que unam as muitas observações isoladas. Ambos os requisitos sugerem uma necessidade de paciência e perseverança. E, finalmente, se as pessoas quiserem ser observadoras eficazes, também devem mostrar alguma habilidade na autopercepção – ver e aceitar tanto as qualidades positivas como as negativas em si mesmas. Nem todos concordarão com o último ponto. É verdade que não sabemos se os que são melhores na compreensão de si mesmos são também os melhores na compreensão dos outros, ou se aqueles que são hábeis em observar e interpretar o comportamento de amigos são igualmente aptos em processos semelhantes com estranhos.

Outro modo de considerar observadores bem-sucedidos é olhar para a informação que eles buscam e obtêm. A lista que se segue pode ser útil para observadores de qualquer transação humana. Obviamente, por vezes, algumas das informações contribuirão para observar tendências, mas a lista pode ser necessária num ponto determinado para interpretar integralmente as observações: 1) descobrir sobre os *participantes* – idade, sexo, posição ou *status*, relação um com o outro, história anterior, e características semelhantes; 2) descobrir sobre o *local* de interação – tipo de ambiente, relacionamento dos participantes com o ambiente, comportamento esperado nesse ambiente, e assim por diante; 3) descobrir sobre os *propósitos* da interação – objetivos ocultos, compatibilidade de objetivos, e assim por diante; 4) descobrir sobre o *comportamento social* – quem faz o que ou com quem, forma do comportamento, sua intensidade, para quem ele é dirigido, o que dá início a ele, objetivo aparente do comportamento, efeito sobre os outros interagentes, e assim por diante; 5) descobrir qual a *freqüência* e a *duração* desse comportamento – quando ele ocorre, quanto dura, se é recorrente, freqüência da recorrência, o quanto tal comportamento se revela típico etc.

A falibilidade da percepção humana

Não é incomum que vários observadores do mesmo evento vejam coisas muito diferentes; tampouco é raro um observador ver coisas muito diferentes no mesmo evento em duas épocas diferentes. Algumas vezes um observador perceberá uma seqüência de ação como uma unidade perceptiva; outro pode entender a mesma seqüência como várias unidades ou apenas parte de uma unidade. Os fatores que se seguem são alguns dos que podem contribuir para estabelecer diferenças na percepção, aspecto que os observadores bem-sucedidos devem levar em consideração.

Primeiramente, precisamos reconhecer que nossas percepções são estruturadas por nosso próprio condicionamento cultural, educação e experiências pessoais. Os adultos ensinam às crianças o que julgam ser dimensões críticas dos outros mediante o assunto sobre o qual escolhem falar e fazer observações. Assim, formamos associações que inevitavelmente entram em nossas observações. Por exemplo, podemos ser incapazes de ver o que consideramos traços ou comportamentos contraditórios nos outros; isto é, você pode conceber uma pessoa ao mesmo tempo tranqüila e ativa? Rica e acessível? Ríspida e romântica? Outro aspecto dessa visão do mundo internamente consistente, que pode afetar nossas observações, refere-se às noções preconcebidas sobre o que veremos. Por exemplo: "Minhas observações terão lugar numa clínica de repouso. Portanto, as pessoas que vou observar serão velhas, não-comunicativas, doentes, inativas etc.". Tais expectativas e estereótipos podem algumas vezes ser úteis, mas, em alguns casos, impedem observações acuradas. Nos Estados Unidos, as pessoas aprendem a confiar principalmente nos sistemas visuais e auditivos para uma informação confiável, na falta, por vezes, de dados úteis derivados de outros sentidos, como o tato e o olfato.

Devemos ter consciência também de que algumas vezes projetaremos nossas próprias qualidades no objeto de nossa atenção – afinal, se elas são parte de nos, devem ser verdadeiras sobre os outros. Algumas vezes essa projeção te n origem menos no desejo de nos adularmos do que numa visão distorcida do mundo, como o exemplo dos valentões ou de outras pessoas agressivas que vêem os outros como hostis e ameaçadores. Revertemos o processo algumas vezes quando queremos nos ver como únicos; por exemplo: "Eu sou uma pessoa racional, mas muitas pessoas não são". Essa interação entre nossas próprias necessidades, desejos ou até estados emocionais temporários e o que vemos nos outros às vezes nos faz ver apenas o que queremos ou a não perceber o que pode ser óbvio para outras pessoas. Esse processo é conhecido como percepção seletiva. Para mostrar as revoluções mentais que podemos realizar na perseguição da percepção seletiva, vamos presumir que observamos uma mãe batendo em seu filho – mãe que foi anteriormente percebida como incapaz de tal ato. Podemos ignorar o estímulo: "Ela é uma mãe maravilhosa, de modo que não pode ter batido em seu filho". Podemos reduzir a importância da informação contraditória: "Crianças podem ser exasperantes, e é compreensível que os pais tenham de 'ser d iros', por vezes – além disso, não foi um tapa muito forte". Podemos mudar o s gnificado da inconsistência: "Não podia ser um tapa, porque a criança teria recuado e chorado mais forte – deve ter sido um 'tapa de amor'". Podemos reinterpretar traços observados anteriormente para ajustar a informação contraditória: "Penso que ela é uma pessoa enérgica, responsável e generosa, mas pode ser geniosa e excessivamente punitiva". Assim, não é incomum que as pessoas distorçam observações que contradizem o que acreditam ser verdade para que "façam sentido" para elas. Quando os adultos observam animais ou bebês, é difícil resistir a análises profundamente enraizadas na atividade humana adulta. Devido a essas tendências relativas à percepção, é importante que os observadores confrontem suas percepções com os relatos independentes de outros – ou verifiquem a consistência de suas próprias observações em vários pontos diferentes durante um extenso período de tempo.

Devemos também reconhecer que nossas percepções serão influenciadas pelo que escolhemos observar. Provavelmente não usamos os mesmos critérios para observar nossos amigos, nossos pais e estranhos. Ver nossos próprios filhos ou nossa esposa como os outros o fazem é quase tão difícil quanto ouvir uma fita gravada de nós mesmos como os outros. Podemos atribuir mais comportamentos positivamente percebidos à personalidade de nosso amigo e comportamentos percebidos negativamente a constrangimentos situacionais. A familiaridade pode tanto ajudar a observação como criar "ruído" observacional, mas de qualquer maneira afeta nossas percepções. Além disso, alguns fenômenos nos deixam travados na observação de um determinado tipo de comportamento – nós o focalizamos bem de perto, mas deixamos passar comportamentos simultâneos que ocorrem em outra parte qualquer. Pode ocorrer que o comportamento que enfatizamos seja mais importante, mais ativo ou simplesmente mais interessante. Ou que monitoremos um comportamento divergente mais de perto do que o comportamento normativo ou esperado. Ao observar uma conversação, é possível não estarmos atentos a tudo enquanto ela acontece. Em alguns momentos, olharemos, veremos e interpretaremos um determinado conjunto de sinais, e a ele reagiremos; outras vezes, os mesmos sinais passarão despercebidos ou não serão considerados. Em algumas ocasiões, os observadores se transformarão em vítimas da tendência natural de seguir as alternâncias no uso da palavra, visando o orador e deixando passar outros eventos não-verbais associados ao não-falante. E, é claro, alguns fenômenos são tão complexos, tão pequenos ou tão freqüentes que a fadiga do observador se torna uma grande preocupação.

Mesmo que duas pessoas observem o mesmo evento e lhe atribuam significados semelhantes, elas podem expressar suas observações diferentemente. Outros podem suspeitar, então, que os dois observadores vêem duas coisas diferentes. É a diferença entre descrever uma expressão facial, como felicidade, alegria, encanto, prazer ou diversão. Ou pode ser a diferença entre dizer "Ela bateu nele" *versus* "Ela o empurrou" ou entre descrever uma garota como "agressiva", mas um menino como "exibicionista", mesmo quando eles têm o mesmo comportamento. Assim, a linguagem que usamos para expressar nossas percepções pode ser uma variável importante no julgamento da acuidade dessas percepções.

Os observadores devem também ser sensíveis à possível influência de efeitos de ordem. Em certos casos, observaremos alguma característica do comportamento de outra pessoa que influenciará nossas percepções daquilo que se segue. E por vezes o último ato de alguém nos levará a reanalisar e a reinterpretar todo o comportamento anterior a ele.

Finalmente, devemos nos preocupar com as descrições factuais, não-avaliativas, do comportamento e com as interpretações que damos a essas descrições. No nível mais básico, podemos dizer que um observador bem-sucedido toma cuidado para não confundir a descrição pura com inferências ou interpretações sobre o comportamento. A falha no "estágio de inferência" é convenientemente ilustrada pela história do cientista que ordenou à rã para saltar. Ele repetiu sua instrução "Salta!" várias vezes e, em dado momento, a rã fez uma fraca tentativa de saltar com uma das pernas traseiras. Então, o cientista cortou a outra perna traseira da rã e ordenou repetidamente à rã para saltar. Não tendo ocorrido nenhum comportamento de saltar, o cientista registrou em seu diário: "Após a amputação de uma das pernas traseiras da rã, ela começa a perder sua audição; depois de ter cortadas ambas as pernas traseiras, a rã se torna totalmente surda". Outra valiosa lição a ser extraída dessa história refere-se ao problema das explicações simplistas para atos comportamentais complexos. Quando alguém parece evitar contato visual, é muito tentador anotar que isso sugere que o indivíduo está escondendo algo. Devemos estar constantemente prevenidos contra essas simples explicações de causa e efeito do comportamento observado. Apenas após considerar o contexto total do evento podemos começar a fazer inferências sobre a razão pela qual tal comportamento ocorreu. Mesmo assim, só relatamos com graus variados de probabilidade, nunca com certeza absoluta.

Quando observadores desejam fazer interpretações dos comportamentos observados, é preciso usar de considerável cautela. Por exemplo, suponhamos que você tenha observado alguém a uma certa distância e viu a pessoa usando o que você pensou que fosse um número desordenado de gestos ilustradores. Se esse era apenas o "estilo" comunicativo usual da pessoa ou se era o resultado da situação (por exemplo, conversar com uma pessoa que não falava sua língua muito bem) só ficaria claro quando você obtivesse mais informações. Algumas vezes, enfrentamos a questão de saber se um comportamento é atribuível à personalidade de uma pessoa ou a algo na situação imediata. Podemos procurar uma causa situacional para algum comportamento "indesejável", mas se não encontrarmos uma explanação plausível, poderemos atribuir o comportamento à personalidade do indivíduo até com mais confiança. Devemos, contudo, reconhecer que podemos ter deixado passar a causa situacional, sendo incapazes de ver a situação como o participante a vê. Se errarmos em alguma direção, estaremos mais sujeitos a atribuir ações a disposições duradouras dos outros e a minimizar nossas demandas situacionais. Obviamente, se um comportamento é parte da personalidade de alguém e é levado de um lugar para outro, nossas previsões sobre essa pessoa se tornam consideravelmente mais fáceis.

Assim, um bom observador deve ter em mente que a descrição factual de um comportamento é apenas um dos aspectos a serem considerados em sua análise.

Sumário

Este capítulo tratou das habilidades na comunicação não-verbal; explicamos como elas se desenvolvem e as características das pessoas que as possuem. Na primeira parte do capítulo, revimos diferentes definições de habilidade comunicacional, bem como as principais metodologias para habilidades de medir, enviar e receber. Também apresentamos descobertas sobre o treinamento de habilidades não-verbais, usando métodos como *feedback*, observação e representação. Parece que o desenvolvimento da habilidade não-verbal aumentará com um forte desejo ou motivação para melhorar, com atitudes positivas e produtivas para com a situação de aprendizagem, com uma compreensão adequada do conhecimento relacionado ao comportamento não-verbal, e com experiência e prática direcionadas a uma variedade de situações.

A segunda metade deste capítulo examinou pessoas e condições associadas à eficácia na emissão e na recepção não-verbal. A maior parte da pesquisa nessa área focalizou questões de habilidade de decodificação ou recepção. O instrumento mais amplamente testado, desenvolvido por Robert Rosenthal e seus colegas na Universidade de Harvard, foi chamado de PONS (Profile of Nonverbal Sensitivity ou Perfil da Sensibilidade Não-Verbal). Os resultados desse teste de onze canais e outras medidas forneceram as seguintes informações sobre as habilidades de recepção não-verbal: 1) como grupo, as mulheres geralmente tendem a ser melhores decodificadores do que os homens; 2) as habilidades decodificadoras tendem a aumentar até meados dos 20 anos; 3) parece haver uma relação mínima entre inteligência e outras medidas verbais e a habilidade de decodificação não-verbal; 4) as personalidades de decodificadores eficazes podem refletir extroversão, popularidade e julgamentos de eficácia interpessoal pelos outros; 5) atores, estudantes de comportamento não-verbal e estudantes de artes visuais tendem a ter boa contagem nos testes de habilidade de decodificação não-verbal, e presume-se que pessoas que em determinados grupos ocupacionais são consideradas excelentes em seu trabalho sejam eficientes decodificadores não-verbais; 6) estímulos faciais, corporais e vocais de um indivíduo dos Estados Unidos tendem a obter os resultados mais altos de culturas semelhantes à norte-americana, mas as contagens da acuidade sugerem a possibilidade de um componente pancultural no comportamento não-verbal de decodificação. Também discutimos como a acuidade de alguém em decodificar pode variar devido ao canal no qual a informação foi apresentada, se as expressões eram posadas ou espontâneas, quais características tinha a pessoa observada e quanto tempo o comportamento foi visto ou ouvido. Apesar dessas possíveis variações, alguns indícios sugerem que se alguém for eficaz em decodificar um canal, também o será em outros; e se alguém for eficaz em decodificar expressões posadas, também saberá decodificar as espontâneas.

Nossa discussão das habilidades de enviar ou codificar descobriu que: 1) as mulheres são também emissoras hábeis; 2) emissores hábeis são também extrovertidos, influentes, exibicionistas, populares e demonstram excitação fisiológica diminuída. Novamente, se um certo indivíduo consegue enviar expressões espontâneas acuradas, há uma indicação de que também enviará acuradamente expressões posadas – e vice-versa.

As conclusões são extremamente confusas sobre se ser um bom decodificador implica ser um bom codificador. A eficácia numa habilidade (de codificar ou decodificar) não implica necessariamente que uma pessoa seja eficaz na outra, embora por vezes isso aconteça. Em certos casos, a habilidade numa área diminui a eficácia em outra. Foi apresentada uma teoria que relaciona esse fenômeno com normas de expressão emocional na família.

Finalmente, falamos sobre o que é necessário para alguém se constituir um bom observador do comportamento não-verbal. Conhecer quais são os significados mais prováveis de sinais específicos e as combinações de sinais é importante, mas também o são outros fatores relacionados com as atitudes de alguém e o contexto no qual ocorre a observação.

Respostas à figura 12.2: a) estranhos posando juntos; b) mulher à esquerda; c) mulher brincando com seu bebê.

Referências e bibliografia selecionada

Albas, D. C., McCluskey, K. W., & Albas, C. A. (1976). Perception of the emotional content of speech: A comparison of two Canadian groups. *Journal of Cross Cultural Psychology, 7*, 481–90.

Allen, V. L. (1981). The role of nonverbal behavior in children's communication. In W. P. Dickson (Ed.), *Children's oral communication skills*. Nova York: Academic Press.

Allen, V. L., & Atkinson, M. L. (1978). Encoding of nonverbal behavior by high-achieving and low-achieving children. *Journal of Educational Psychology, 70*, 298–305.

Archer, D., & Akert, R. (1977). Words and everything else: Verbal and nonverbal cues in social interaction. *Journal of Personality and Social Psychology, 35*, 443–9.

Archer, D., & Akert, R. M. (1984). Problems of context and criterion in nonverbal communication: A new look at the accuracy issue. In M. Cook (Ed.), *Issues in person perception*. Nova York: Methuen.

Argyle, M. (1988). *Bodily communication*. 2d ed. Londres: Methuen.

Argyle, M., Trower, P., & Bryant, B. (1974). Explorations in the treatment of personality disorders and neuroses by social skills training. *British Journal of Medical Psychology, 47*, 63–72.

Beck, L., & Feldman, R. S. (1989). Enhancing children's decoding of facial expression. *Journal of Nonverbal Behavior, 13*, 269–78.

Beldoch, M. (1964). Sensitivity to expression of emotional meaning in three modes of communication. In J. R. Davitz (Ed.), *The communication of emotional meaning*. Nova York: McGraw-Hill.

Boice, R. (1983). Observational skills. *Psychological Bulletin, 93*, 3–29.

Borrill, J., Rosen, B. K., & Summerfield, A. B. (1987). The influence of alcohol on judgment of facial expressions of emotion. *British Journal of Medical Psychology, 60*, 71–7.

Brauer, D. V., & DePaulo, B. M. (1980). Similarities between friends in their understanding of nonverbal cues. *Journal of Nonverbal Behavior, 5*, 64–8.

Bruce, V. (1988). *Recognising faces*. Hillsdale, NJ: Erlbaum.

Buck, R. (1975). Nonverbal communication of affect in children. *Journal of Personality and Social Psychology, 31*, 644–53.

Buck, R. (1976). A test of nonverbal receiving ability: Preliminary studies. *Human Communication Research, 2*, 162–71.

Buck, R. (1977). Nonverbal communication of affect in preschool children:

Relationships with personality and skin conductance. *Journal of Personality and Social Psychology, 35*, 225–36.

Buck, R., Miller, R. E., & Caul, W. F. (1974). Sex, personality and physiological variables in the communication of affect via facial expression. *Journal of Personality and Social Psychology, 30*, 587–96.

Buck, R., Savin, V., Miller, R., & Caul, W. (1972). Communication of affect through facial expressions in humans. *Journal of Personality and Social Psychology, 23*, 362–71.

Burgoon, J. K., & Newton, D. A. (1991). Applying a social meaning model to relational message interpretations of conversational involvement: Comparing observer and participant perspectives. *Southern Communication Journal, 56*, 96–113.

Burns, K. L., & Beier, E. G. (1973). Significance of vocal and visual channels in the decoding of emotional meaning. *Journal of Communication, 23*, 118–30.

Camras, L. A., Ribordy, S., Hill, J., Martino, S., Spaccarelli, S., & Stefani, R. (1988). Recognition and posing of emotional expressions by abused children and their mothers. *Developmental Psychology, 24*, 776–81.

Christensen, D., Farina, A., & Boudreau, L. (1980). Sensitivity to non-verbal cues as a function of social competence. *Journal of Nonverbal Behavior, 4*, 146–56.

Collett, P. (1971). On training Englishmen in the non-verbal behaviour of Arabs: An experiment in intercultural communication. *International Journal of Psychology, 6*, 209–15.

Costanzo, M., & Archer, D. (1989). Interpreting the expressive behavior of others: The Interpersonal Perception Task. *Journal of Nonverbal Behavior, 13*, 225–45.

Danziger, K. (1976). *Interpersonal communication*. Nova York: Pergamon.

Davitz, J. R. (1964). *The communication of emotional meaning*. Nova York: McGraw-Hill.

DePaulo, B. M. (1991). Nonverbal behavior and self-presentation: A developmental perspective. In R. S. Feldman & B. Rime (Eds.), *Fundamentals of nonverbal behavior* (pp. 351–97). Cambridge: Cambridge University Press.

DePaulo, B. M., & Rosenthal, R. (1979). Ambivalence, discrepancy, and deception in nonverbal communication. In R. Rosenthal (Ed.), *Skill in nonverbal communication: Individual differences* (pp. 204–48). Cambridge, MA: Oelgeschlager, Gunn & Hain.

Dickey, E. C., & Knower, F. H. (1941). A note on some ethnological differences in recognition of simulated expressions of emotions. *American Journal of Sociology, 47*, 190–3.

DiMatteo, M. R. (1979). Nonverbal skill and the physician-patient relationship. In R. Rosenthal (Ed.), *Skill in nonverbal communication Individual differences* (pp. 104–34). Cambridge, MA: Oelgeschlager, Gunn & Hain.

DiMatteo, M. R., Hays, R. D., & Prince, L. M. (1986). Relationship of physicians' nonverbal communication skill to patient satisfaction, appointment noncompliance, and physician workload. *Health Psychology, 5*, 581–94.

DiMatteo, M. R., Taranta, A., Friedman, H. S., & Prince, L. M. (1980). Predicting patient satisfaction from physicians' nonverbal communication skills. *Medical Care, 18*, 376–87.

Dimitrovsky, L. (1964). The ability to identify the emotional meaning of vocal expressions at successive age levels. In J. R. Davitz (Ed.), *The communication of emotional meaning*. Nova York: McGraw-Hill.

Eiland, R., & Richardson, D. (1976). The influence of race, sex and age on judgments of emotion portrayed in photographs. *Communication Monographs, 3*, 167–75.

Ekman, P., & Friesen, W. V. (1975). *Unmasking the face*. Englewood Cliffs, NJ: Prentice-Hall.

Eliot, G. (1859). *Adam Bede*. Nova York: Harper & Brothers.

Field, T. (1982). Individual differences in the expressivity of neonates and young infants. In R. S. Feldman (Ed.), *Development of nonverbal behavior in children* (pp. 279–98). Nova York: Springer-Verlag.

Field, T. M., Woodson, R., Greenberg, R., & Cohen, D. (1982). Discrimination and imitation of facial expressions of neonates. *Science, 218*, 179–81.

Frable, D. E. S. (1987). Sex-typed execution and perception of expressive movement. *Journal of Personality and Social Psychology, 53*, 391–6.

Friedman, H. S. (1979). The concept of skill in nonverbal communication: Implications for understanding social interaction. In R. Rosenthal (Ed.), *Skill an nonverbal communication: Individual differences* (pp. 2–27). Cambridge, MA: Oelgeschlager, Gunn & Hain.

Friedman, H. S., Prince, L. M., Riggio, R. E., & DiMatteo, M. R. (1980). Understanding and assessing nonverbal expressiveness: The Affective Communication Test. *Journal of Personality and Social Psychology, 39*, 333–51.

Friedman, H. S., & Riggio, R. E. (1981). Effect of individual differences in nonverbal expressiveness on transmission of emotion. *Journal of Nonverbal Behavior, 6*, 96–104.

Friedman, H. S., Riggio, R. E., & Casella, D. F. (1988). Nonverbal skill, personal charisma, and initial attraction. *Personality and Social Psychology Bulletin, 14*, 203–11.

Friedman, H. S., Riggio, R. E., & Segall, D. O. (1980). Personality and the enactment of emotion. *Journal of Nonverbal Behavior, 5*, 35–48.

Fujita, B. N., Harper, R. G., & Wiens, A. N. (1980). Encoding-decoding of nonverbal emotional messages: Sex differences in spontaneous and enacted expressions. *Journal of Nonverbal Behavior, 4*, 131–45.

Gardiner, J. C. (1971). A synthesis of experimental studies of speech communication feedback. *Journal of Communication, 21*, 17–35.

Gates, G. S. (1925). A test for ability to interpret facial expressions. *Psychological Bulletin, 22*, 120.

Gitter, G., Mostofsky, D., & Quincy, A. (1971). Race and sex differences in the child's perception of emotion. *Child Development, 42*, 2071–5.

Goffman, E. (1974). *Frame analysis: An essay an the organization of experience*. Cambridge, MA: Harvard University Press.

Guber, G. (1966). Recognition of human facial expressions judged live in a laboratory setting. *Journal of Personality and Social Psychology, 4*, 108–11.

Guilford, J. P. (1929). An experiment in learning to read facial expressions. *Journal of Abnormal and Social Psychology, 24*, 191–202.

Halberstadt, A. G. (1983). Family expressiveness styles and nonverbal communication skills. *Journal of Nonverbal Behavior, 8*, 14–26.

Halberstadt, A. G. (1985). Race, socioeconomic status, and nonverbal behavior. In A. W. Siegman & S. Feldstein (Eds.), *Multichannel integrations of nonverbal behavior* (pp. 227–66). Hillsdale, NJ: Erlbaum.

Halberstadt, A. G. (1986). Family socialization of emotional expression and nonverbal communication styles and skills. *Journal of Personality and Social Psychology, 51*, 827–36.

Halberstadt, A. G., & Hall, J. A. (1980). Who's getting the message? Children's nonverbal skill and their evaluation by teachers. *Developmental Psychology, 16*, 564–73.

Hall, J. A. (1978). Gender effects in decoding nonverbal cues. *Psychological Bulletin, 85*, 845–57.

Hall, J. A. (1979). Gender, gender roles, and nonverbal communication skills. In R. Rosenthal (Ed.), *Skill in nonverbal communication: Individual differences* (pp. 32–67). Cambridge, MA: Oelgeschlager, Gunn & Hain.

Hall, J. A. (1984). *Nonverbal sex differences: Communication accuracy and expressive style*. Baltimore: Johns Hopkins University Press.

Hall, J. A., & Halberstadt, A. G. (1981). Sex roles and nonverbal communication skills. *Sex Roles, 7*, 273–87.

Hamilton, M. L. (1973). Imitative behavior and expressive ability in facial expressions of emotions. *Developmental Psychology, 8*, 138.

Hargie, O. (1986a). Communication as skilled behaviour. In O. Hargie (Ed.), *A handbook of communication skills*. Nova York: New York University Press.

Hargie, O. (Ed.), (1986b). *A handbook of communication skills*. Nova York: New York University Press.

Harlow, H. F., & Mears, C. (1978). The nature of complex, unlearned responses. In M. Lewis & L. A. Rosenblum (Eds.), *The development of affect*. Nova York: Plenum.

Harrigan, J. A. (1984). The effects of task order on children's identification of facial expressions. *Motivation and Emotion, 8*, 157–69.

Haviland, J. M., & Lelwica, M. (1987). The induced affect response: 10-week-old infants' responses to three emotion expressions. *Developmental Psychology, 23*, 97–104.

Henley, N. M. (1977). *Body politics: Power, sex, and nonverbal communication*. Englewood Cliffs, NJ: Prentice-Hall.

Hodgins, H., & Zuckerman, M. (1990). The effect of nonverbal sensitivity on social interaction. *Journal of Nonverbal Behavior, 14*, 155–70.

Isenhart, M. W. (1980). An investigation of the relationship of sex and sex role to the ability to decode nonverbal cues. *Human Communication Research, 6*, 309–18.

Izard, C. E. (1971). *The face of emotion*. Nova York: Appleton-Century-Crofts.

Jecker, J. D., Maccoby, N., & Breitrose, H. S. (1965). Improving accuracy in interpreting nonverbal cues of comprehension. *Psychology in the Schools, 2,* 239–44.

Keeley-Dyreson, M., Burgoon, J. K., & Bailey, W. (1991). The effects of stress and gender on nonverbal decoding accuracy in kinesic and vocalic channels. *Human Communication Research, 17,* 584–605.

Kellogg, W. N., & Eagleson, B. M. (1931). The growth of social perception in different racial groups. *Journal of Educational Psychology, 22,* 374–5.

Knower, F. H. (1945). Studies in the symbolism of voice and action: V. The use of behavioral and tonal symbols as tests of speaking achievement. *Journal of Applied Psychology, 29,* 229–35.

Koivumaki, J. A. (1975). "Body language taught here": Critique of popular books on nonverbal communication. *Journal of Communication, 25,* 26–30.

Lanzetta, J. T., & Kleck, R. E. (1970). Encoding and decoding nonverbal affect in humans. *Journal of Personality and Social Psychology, 16,* 12–9.

Levy, P. K. (1964). The ability to express and perceive vocal communication of feelings. In J. R. Davitz (Ed.), *The communication of emotional meaning*. Nova York: McGraw-Hill.

Lewis, M., & Rosenblum, L. A. (Eds.), (1978). *The development of affect*. Nova York: Plenum.

Lieberman, D. A., Rigo, T. G., & Campain, R. F. (1988). Age-related differences in nonverbal decoding ability. *Communication Quarterly, 36,* 290–7.

McKnight, P. C. (1971). Micro-teaching in teacher training: A review of research. *Research in Education, 6,* 24–38.

Meltzoff, A. N., & Moore, M. K. (1983). Newborn infants imitate adult facial gestures. *Child Development, 54,* 702–9.

Miller, R. E., Caul, W. F., & Mirsky, I. A. (1967). Communication of affects between feral and socially isolated monkeys. *Journal of Personality and Social Psychology, 7,* 231–9.

Noller, P. (1980). Misunderstandings in marital communication: A study of couples' nonverbal communication. *Journal of Personality and Social Psychology, 39,* 1135–48.

Noller, P. (1986). Sex differences in nonverbal communication: Advantage lost or supremacy regained? *Australian Journal of Psychology, 38,* 23–32.

Noller, P., & Gallois, C. (1986). Sending emotional messages in marriage: Non-verbal behaviour, sex and communication clarity. *British Journal of Social Psychology, 25,* 287–97.

Nowicki, S., Jr., & Duke, M. P. (junho de 1989). *A measure of nonverbal social processing ability in children between the ages of 6 and 10*. Pesquisa apresentada no encontro da American Psychological Society, Alexandria, VA.

Odom, R. D., & Lemond, C. M. (1972). Developmental differences in the perception and production of facial expressions. *Child Development, 43,* 359–69.

Patterson, M. L. (1973). Stability of nonverbal immediacy behaviors. *Journal of Experimental Social Psychology, 9,* 97–109.

Pfeiffer, J. W., & Jones, J. E. (1969–1970). *A handbook of structured experiences for* human relations training. Vol. 1 (pp. 109–111); vol. 2 (pp. 102–104) Iowa City, IA: University Associates.

Riggio, R. E. (1986). Assessment of basic social skills. *Journal of Personality and Social Psychology, 51*, 649–60.

Riggio, R. E., & Friedman, H. S. (1986). Impression formation: The role of expressive behavior. *Journal of Personality and Social Psychology, 50*, 421–7.

Riggio, R. E., Widaman, K. F., & Friedman, H. S. (1985). Actual and perceived emotional sending and personality correlates. *Journal of Nonverbal Behavior, 9*, 69–83.

Rosenthal, R. (Ed.), (1979). *Skill in nonverbal communication: Individual differences*. Cambridge, MA: Oelgeschlager, Gunn & Hain.

Rosenthal, R., & DePaulo, B. M. (1979). Sex differences in accommodation in nonverbal communication. In R. Rosenthal (Ed.), *Skill in nonverbal communication: Individual differences* (pp. 68–103). Cambridge, MA: Oelgeschlager, Gunn & Hain.

Rosenthal, R., Hall, J. A., DiMatteo, M. R., Rogers, P. L., & Archer, D. (1979). *Sensitivity to nonverbal communication: The PONS test*. Baltimore: Johns Hopkins University Press.

Rotter, N. G., & Rotter, G. S. (1988). Sex differences in the encoding and decoding of negative facial emotions. *Journal of Nonverbal Behavior, 12*, 139–48.

Shapiro, P. N., & Penrod, S. (1986). Meta-analysis of facial identification studies. *Psychological Bulletin, 100*, 139–56.

Snodgrass, S. (1985). Women's intuition: The effect of subordinate role on interpersonal sensitivity. *Journal of Personality and Social Psychology, 49*, 146–55.

Snyder, M. (1974). Self-monitoring of expressive behavior. *Journal of Personality and Social Psychology, 30*, 526–37.

Sternberg, R. (1984). *Beyond I. Q.: A triarchic theory of human intelligence*. Cambridge: Cambridge University Press.

Termine, N. T., & Izard, C. E. (1988). Infants' responses to their mothers' expressions of joy and sadness. *Developmental Psychology, 24*, 223–9.

Thompson, D. F., & Meltzer, L. (1964). Communication of emotional intent by facial expression. *Journal of Abnormal and Social Psychology, 68*, 129–35.

Tucker, J. S., & Riggio, R. E. (1988). The role of social skills in encoding posed and spontaneous facial expressions. *Journal of Nonverbal Behavior, 12*, 87–97.

Wagner, H. L., MacDonald, C. J., & Manstead, A. S. R. (1986). Communication of individual emotions by spontaneous facial expressions. *Journal of Personality and Social Psychology, 50*, 737–43.

Walbott, H. G., & Scherer, K. R. (1986). Cues and channels in emotion recognition. *Journal of Personality and Social Psychology, 51*, 690–9.

Wiemann, M., & Knapp, M. L. (1978). *Instructor's guide to Nonverbal Communication in Human Interaction*. Nova York: Holt, Rinehart & Winston.

Zaidel, S., & Mehrabian, A. (1969). The ability to communicate and infer positive and negative attitudes facially and vocally. *Journal of Experimental Research in Personality, 3*, 233–41.

Zuckerman, M., DeFrank, R. S., Hall, J. A., Larrance, D. T., & Rosenthal, R. (1979).

Facial and vocal cues of deception and honesty. *Journal of Experimental Social Psychology, 15*, 378–96.

Zuckerman, M., Hall, J. A., DeFrank, R. S., & Rosenthal, R. (1976). Encoding and decoding of spontaneous and posed facial expressions. *Journal of Personality and Social Psychology, 34*, 966–77.

Zuckerman, M., & Larrance, D. T. (1979). Individual differences in perceived encoding and decoding abilities. *In* R. Rosenthal (Ed.), *Skill in nonverbal communication: Individual differences* (pp. 171–203). Cambridge, MA: Oelgeschlager, Gunn & Hain.

Zuckerman, M., Lipets, M. S., Koivumaki, J. H., & Rosenthal, R. (1975). Encoding and decoding nonverbal cues of emotion. *Journal of Personality and Social Psychology, 32*, 1068–76.

Zuckerman, M., & Przewuzman, S. J. (1979). Decoding and encoding facial expressions in preschool-age children. *Journal of Nonverbal Behavior, 3*, 147–63.

Índice de autores

Este índice faz referências apenas aos autores citados no texto propriamente dito. Referências adicionais a esses autores e outros não citados podem ser encontradas nas bibliografias no final de cada capítulo.

Aboud, F. E., 335
Abrahams, D., 105
Adams, M., 237
Adams, R. S., 64
Addington, D. W., 333
Addison, W. E., 129
Aguilera, D. C., 36, 247
Aho, L., 372
Aiello, J. R., 163, 168, 169, 305, 386, 432, 433
Aiello, T. C., 168
Aiken, L., 136
Akert, R. M., 455, 456
Albas, C. A., 462
Albas, D. C., 462
Algozzine, R., 102, 103
Ali, F. A., 33
Allen, V. L., 427, 465
Alper, T., 242
Alpert, M., 332
Altman, I., 77, 156, 163, 164
Altmann, S. A., 407
Ancoli, S., 271
Andersen, J. F., 19, 44, 236, 427
Andersen, P. A., 19, 44, 236
Anderson, C. A., 73
Anderson, D. R., 41
Anderson, R. J., 332
Andrey, R., 156
Anisfield, M., 334
Antonoff, S. R., 270
Apostal, R. A., 354
Apple, W., 33
April, C., 31
Archer, D., 285, 452, 455, 456, 457, 458, 459, 460, 461
Argyle, M., 29, 30, 37, 38, 139, 165, 240, 296, 303, 371, 375, 384, 421, 452, 453

Aries, E., 338
Arnone, M. M., 286
Aronson, E., 108
Aronson, V., 105
Arvey, R. D., 107
Asendorpf, J., 36
Ashear, V., 432
Athanasiou, R., 88
Atkinson, M. L., 465
Aubrey, S., 375
Ayalah, D., 121

Baber, R. E., 104
Back, K., 88
Bailey, K. G., 168
Bakan, P., 299
Baker, E. E., 120
Bales, R., 174
Balogh, R. D., 124
Bandler, R., 299
Barakat, R., 195
Barash, D. P., 160
Barefoot, J., 170
Barker, L. L., 348
Barlow, J. D., 310
Barnlund, D. C., 251
Baron, R. A., 41, 73, 284
Baron, R. M., 114
Barrios, M., 285
Barroso, F., 191
Barsky, S., 75
Bar-Tal, D., 106
Bass, H. M., 432
Baum, A., 86
Bavelas, J. B., 208, 209, 215, 216, 219, 268
Baxter, J. C., 432
Beakel, N. G., 31
Beattie, G. W., 298

Beck, L., 452
Beck, S. B., 107
Becker, F. D., 158
Becker, S. W., 173
Beebe, S. A., 309
Beer, J., 296
Beets, J. L., 74
Behnke, R. R., 348
Beier, E. G., 342, 420
Beldoch, M., 463
Bell, P. A., 79
Berger, K. W., 210
Berke, J., 73
Berman, P. W., 111
Bernieri, F. J., 215
Berry, D. S., 114
Berscheid, E., 102, 103, 106, 112, 389, 430
Bevan, W. W., 114, 262
Bickman, L., 133
Biddle, B., 64
Birdwhistell, R. L., 17, 28, 37, 38, 39, 47, 49, 211
Birk, T., 350
Bitti, P., 421
Black, A., 219, 268
Black, J. W., 81
Blake, R., 133
Blanck, P. D., 41, 343
Blass, T., 246
Bloom, K., 431
Blumstein, P., 377
Bogo, N., 334
Boice, R., 468
Bolt, R., 330
Borelli, M., 232, 249
Borrill, J., 462
Boss, D., 236
Bouchard, T. J., Jr., 424
Boucher, J. D., 421
Boudreau, L., 454
Bourhis, R. Y., 337
Bradac, J. J., 338
Bradford, A., 335
Bradford, G., 335
Brady, R. M., 349
Brain, R., 139
Brandt, J. F., 338, 341
Brannigan, C. R., 264
Brannon, R., 236
Brauer, D. V., 462
Braunwald, K. G., 341
Breitrose, H. S., 452
Breitrose, M., 44
Brickman, J., 110
Brislin, R. W., 105
Broadbent, M., 215
Brody, E. B., 122
Broide, N., 195
Brooks, D. M., 43

Broughton, A., 302
Brown, B. B., 77
Brown, B. L., 325
Brown, C., 307
Brown, C. E., 376
Brown, R., 41, 212
Brown, W., 77
Bruce, V., 449
Bruneau, T. J., 357
Brunner, L. J., 263
Bryant, B., 453
Bryski, B. G., 42
Buchanan, R. W., 41
Buck, J., 336
Buck, R., 268, 276, 281, 387, 455, 461, 465, 466
Bugental, D. E., 31, 32, 33, 286
Bull, P. E., 207, 212
Buller, D. B., 384
Burgoon, J. K., 32, 165, 210, 349, 350, 372, 376, 377, 384
Burns, K. L., 463
Burns, S., 107
Burroughs, W., 375
Bustos, A. A., 298
Butler, D., 285
Byrne, D., 105, 106, 159

Calhoun, J. B., 161
Camden, C. T., 377
Cameron, C., 119
Campain, R. F., 460
Campbell, D. E., 74, 77, 83
Caplan, M. E., 168
Caporael, L. R., 341
Cappella, J. N., 111, 220, 286, 303, 350, 371
Carlsmith, J. M., 73
Carlson, G. E., 420
Carr, S. J., 82
Cartwright-Smith, J., 282
Cary, M. S., 298
Casella, D. F., 465
Casey, R. J., 103
Cash, T. F., 106, 107, 121
Caudill, W., 251, 432
Caul, W. F., 281, 451, 455, 465, 466
Cavan, S., 86
Cavior, N., 430
Cernoch, J. M., 124
Cervenka, E. J., 195
Chaiken, S., 108, 109
Chaikin, A. L., 45
Chan, M., 280
Channing, H., 119
Chapple, E. D., 355
Charlesworth, W. R., 405, 434, 435
Charney, E. J., 215
Chase, J., 264

Cheek, F. E., 81
Chemers, M. M., 164
Chevalier-Skolnikoff, S., 412
Choresh, N., 432
Chovil, N., 208, 219, 264
Christensen, D., 454
Christian, J. J., 160
Cicone, M., 213
Clay, V. S., 233
Clement, R., 335
Clifford, M. M., 102, 103
Cline, M., 278
Clore, G. L., 370
Cody, M. J., 387
Cohen, A. A., 209
Cohen, D., 426
Coleman, L. M., 341
Collett, P., 195, 452
Collins, K., 268
Collins, M., 88
Comadena, M. E., 387
Compton, N., 135, 136
Conaty, J. C., 376
Condon, W. S., 211, 213, 214, 215, 434
Conger, J. C., 107
Connelly, G., 207
Connolly, P. R., 169
Connor, J. M., 234
Cook, K. V., 432
Cook, M., 38, 175, 177, 178, 179, 180
    296, 345, 352
Coombs, R. H., 104
Cooper, J., 355
Cooper, K., 40
Corcoran, J. F. T., 387
Cordell, L. H., 41
Corsi, P., 329
Cortes, J. B., 115, 116
Costanzo, M., 459, 461
Cottle, T. J., 70
Craig, K. D., 270
Crane, D. R., 172
Creider, C., 195
Cross, J., 430
Cross, J. F., 430
Crusco, A. H., 232
Crystal, D., 28
Curtis, J. F., 330
Cutler, W. B., 124

Dabbs, J. M., 82, 215, 432
Daly, J. A., 243
Danziger, K., 449
Darwin, C. R., 36, 49, 264, 265, 267, 270, 271,
    281
Davidson, R. J., 271, 286
Davis, D. E., 161
Davis, F., 123, 214, 251

Davis, L. K., 296
Davis, M., 36, 339
Davis, P. B., 339
Davitz, J. R., 37, 343, 344, 452
Davitz, L., 342, 343, 344
Day, M. E., 299
Deabler, H. L., 80
Dean, J., 165, 303, 371
Dean, L. M., 234
Deethardt, J. F., 236
DeFrank, R. S., 45, 276
DeJong, W., 119
Delph, E. W., 47
DePaulo, B. M., 32, 341, 385, 387, 388,
    459, 462, 464, 467, 471
Derlega, V. J., 45, 106
Dermer, M., 103
deTurck, M. A., 389
Deutsch, M., 88
Dickey, E. C., 458
Diehl, C. F., 347, 348
Dilts, R. B., 299
DiMatteo, M. R., 285, 462, 465, 466
Dimitrovsky, L., 434, 460
Dindia, K. 338, 377
Dion, K. K., 108, 430
Dipboye, R. L., 107
DiPietro, J. A., 166
Dittmann, A. T., 37, 212, 213, 215
Dobrogaev, S. M., 210
Doddington, G., 329
Donecki, P. R., 430
Doob, A. N., 309
Doob, L., 70
Dosey, M., 171
Dougherty, L., 434
Dovidio, J. F., 286, 302, 307, 374, 375, 376
Draper, P., 164
Drew, C. J., 87
Driver, R. E., 326, 389
Driver, R., 387
Dubner, F. S., 337
Duke, J., 329
Duke, M. P., 460, 461
Dukes, W. F., 114, 262
Duncan, S., 350
Duncan, S. D., Jr., 378, 382
Dunlap, K., 274, 275
Dunn, D. J., 41

Eagly, A. H., 167
Eckland, B. K., 112
Edinger, J. A., 374
Efran, J. S., 302
Efran, M. G., 110
Efron, D., 37, 49, 202, 208
Eibl-Eibesfeldt, I., 263, 404, 405,
    406, 417, 420

Eiland, R., 460
Eisenstat, R., 32
Ekman, P., 23, 27, 30, 34, 36, 37, 38, 41, 49, 192, 194, 195, 198, 202, 244, 246, 262, 263, 264, 265, 266, 267, 269, 270, 271, 279, 280, 282, 283, 300, 386, 387, 402, 420, 421, 422, 423, 424, 434, 435, 436, 452, 453
Eldrige, C., 302
Ellgring, J. H., 296
Ellis, C., 266
Ellis, D. S., 340
Ellsworth, P. C., 38, 269, 271, 279, 282
Ellyson, S. L., 302, 307, 374, 376
Emmons, R. A., 281
Emmorey, K., 329
Erickson, B., 338
Erickson, D., 338
Erickson, F., 169, 212, 384, 385
Exline, R. V., 37, 302, 305, 309, 375, 376, 423

Fallon, A., 122
Faloultah, E., 108
Farb, B., 121
Farina, A., 102, 454
Farrenkopf, T., 85
Fast, J., 38
Fay, P., 339
Fehr, B. J., 302, 309, 376
Feldman, R. S., 427, 452
Fenster, A., 434
Ferber, A., 378
Ferguson, C. A., 340
Ferris, S. R., 325
Ferror, D., 335
Festinger, L., 88
Field, T., 281
Field, T. M., 426, 451
Fillenbaum, S.,
Finando, S. J., 158
Finkelstein, J. C., 45
Finkelstein, S., 32
Fischer, E., 102
Fisher, J. D., 159, 231, 250
Fisher, M. J., 354
Fiske, D. W., 350, 378
Fiske, S. T., 174
Fitzgerald, H. E., 431
Floyd, W., 111
Foddy, M., 307
Fode, K., 44
Foldi, N., 213
Folger, J. P., 210
Ford, B., 434
Fortenberry, J. H., 133
Foss, C., 77
Foster, S. H., 41
Fox, M. N., 33

Fox, N. A., 271
Frable, D. E. S., 460
Frandsen, K. D., 306
Frank, L. K., 37, 233
Frank, M. S., 80
Frankel, H., 335
Freedman, D. G., 128, 129
Freedman, J. L., 161
Freedman, N., 246
Freud, S., 37, 386
Frick, R. W., 346
Fridlund, A. J., 262, 268, 332, 420, 435
Friedman, H. S., 33, 45, 262, 281, 285, 449, 465, 466
Friedrich, G. W., 36, 379, 382, 386
Friesen, W. V., 23, 27, 34, 37, 38, 41, 49, 195, 198, 244, 246, 263, 264, 265, 266, 267, 269, 270, 271, 279, 280, 282, 283, 300, 402, 422, 423, 434, 436, 452, 453
Fry, A. M., 168, 433
Frye, J. K., 42
Fujita, B. N., 459
Furnham, A., 33
Fusco, M. E., 79

Gadpaille, W. J., 106
Galle, O. R., 162
Gallois, C., 466
Galloway, C. M., 43
Garcia, C. R., 124
Gardiner, J. C., 451
Gardner, H., 213
Garfinkel, P. E., 119
Garlick, R., 32
Garner, D. M., 119
Garrett, W. A., 74
Garrison, J. P., 19
Garver, R. B., 387
Gaskell, G., 33
Gates, G. S., 460
Gatewood, J. B., 215
Gatti, F. M., 115, 116
Geis, F. L., 173, 285
Geiselman, R. E., 103
Gellert, E., 431
Gianetto, R. M., 33, 286
Gibbins, K., 135
Gier, J. A., 167, 236
Gifford, R., 167
Gilat, Y., 432
Giles, H., 337
Gillen, B., 107
Gillespie, D. L., 376
Gilliland, A. R., 306
Gilovich, T., 80
Givens, D. B., 41
Glasgow, G. M., 347

Glass, D., 81
Gochman, I. R., 163
Goffman, E., 156, 251, 377, 468
Goldman, M., 168
Goldman-Eisler, F., 37, 352, 353, 354
Goldstein, A. G., 238, 375
Goldstein, A. M., 434
Golomb, C., 430
Gonzalez, A., 70
Goodwin, C., 209
Goodwin, M. H., 209
Gopnik, A., 426
Goranson, R. E., 73
Gorden, W. I., 130
Gorman, W., 121
Gottheil, E., 423
Graham, J. A., 109, 112, 210
Graves, T. D., 168
Grayson, B., 41
Green, C. R., 387
Greenacre, P., 294
Greenbaum, P. E., 236
Greenberg, R., 426
Greene, J. O., 220, 303, 306, 371
Grieser, D. L., 340
Griffin, J. H., 122
Griffin, W. V., 77
Griffith, W., 73
Grinder, J., 299
Groh, T., 102
Guardo, C. J., 432
Guber, G., 463

Haber, G. M., 65
Hagen, D., 208
Hager, J. C., 283
Haggard, E. A., 268
Haggard, L. M., 69
Haight, N., 103
Halberstadt, A. G., 169, 252, 276, 286, 309, 375,
    378, 384, 386, 460, 461, 468
Hale, J. L., 32
Hall, E. T., 37, 39, 49, 69, 70, 76, 125, 155, 164, 165
Hall, J. A., 11, 32, 45, 159, 166, 236, 237, 238, 247,
    276, 286, 306, 328, 332, 335, 341, 344, 345,
    368, 375, 377, 384, 385, 386, 432, 449, 457,
    458, 459, 460, 461
Hamid, P., 139
Hamilton, J., 135
Hamilton, M. L., 460
Hamilton, T. E., 106
Hancks, M., 382
Hanley, T. D., 336
Hansen, C. H., 286
Hansen, R. D., 286
Hare, A. 174
Hargie, O., 453
Harkins, S., 76

Harlow, H. F., 235, 451
Harms, L. S., 340
Harper, L., 432
Harper, R. G., 374, 459
Harrigan, J. A., 464
Harris, M. J., 45, 332, 389
Harrison, A. A., 119
Harrison, R. P., 41, 209, 283
Hart, C. J., 119
Hart, R. J., 325, 326
Hart, R. P., 36, 379, 382
Hartley, C. S., 168
Hartnett, J. J., 168
Harvey, L. A., 339
Hass, R. G., 349
Hatfield, E., 102, 109
Haviland, J. M., 460
Hayes, C. W., 286
Hays, E. R., 312
Hays, R. D., 462
Haythorn, W. W., 156
Hearn, G., 302
Hecht, M., 41
Hecker, M. H. L., 329
Heider, K., 422
Heidt, P., 232, 249
Heilman, M. E., 108
Heltman. K., 307, 376
Hemsley, G. D., 309
Henley, N. M., 167, 236, 237, 238, 286,
    306, 376, 377, 385, 459
Hensley, W. E., 132, 310
Herman, C. P., 102, 120
Herren, K. A., 83
Heslin, R., 231, 236, 237, 242, 250, 251, 254, 375
Hess, E. H., 37, 38, 310, 311
Hewitt, J., 102
Heywood, S., 210
Higgins, E. T., 102
Hines, D. G., 236
Hoban, T. M., 82
Hodgins, H., 333, 463
Hoffman, G. E., 234
Hoffman, S. P., 246
Hogg, E., 243
Hollien, H., 339, 340
Hong, H., 268
Hook, L., 173
Horai, J., 108
Houck, J. E., 326
Hoult, R., 132
Howard, L. R., 430
Howells, L. T., 173
Huebner, R., 434
Huggins, G. R., 124
Humphries, D. A., 264
Huntington, E., 72
Hutt, C., 433

Iliffe, A. M., 103
Infante, D. A., 130
Insko, C. A., 104
Iritani, B., 285
Isaacs, F. S., 268
Isenhart, M. W., 460
Itkin, S., 370
Izard, C. E., 269, 280, 281, 282, 421, 434, 451, 467

Jacobson, L., 44
Jacobson, M. B., 110
Jacobson, R., 197
Jaffe, J., 298
James, J. W., 158
Janda, L. H., 121
Janisse, M. P., 312
Jecker, J. D., 44, 452
Jeffords, J., 238, 375
Jenkins, V. Y., 103
Jensen, J. V., 357
Johnson, G. A., 74
Johnson, H. G., 195, 198
Johnson, K. R., 384
Johnson, P. A., 431
Johnston, R. E., 74, 267
Jonas, R., 281
Jones, A. J., 237
Jones, J. E., 452
Jones, S., 238, 432
Jones, S. B., 165, 372
Jones, S. E., 247, 248, 250
Jones, S. S., 268
Jorgenson, D. O., 74, 286
Jouhar, A. J., 109, 112
Jourard, S. M., 121, 238, 251
Juni, S., 236

Kagan, J., 434
Kahn, A., 109
Kalick, S. M., 106
Karabenick, S. A., 119, 431
Kartus, S., 238
Kasmar, J. V., 77
Kasprzak, M., 124
Kaswan, J. W., 31, 33
Katz, N. R., 344
Keating, C. F., 114, 307, 375, 376
Keating, J. P., 162, 163
Kees, W., 24, 25, 37, 49, 63, 85
Kelley, J., 134, 135
Kelly, I. W., 74
Kelly, J. R., 70
Kendon, A., 20, 28, 37, 191, 192, 193, 197, 202, 212, 213, 215, 297, 378
Kenkel, W. F., 104
Kennedy, C. W., 377
Kennedy, R., 88
Kennelly, D., 433

Kenrick, D. T., 74
Kerkstra, A., 385, 386
Kernis, M. H., 106
Kessler, J. B., 110
Kibler, R. J., 348
Kimata, L., 103
Kimes, D. D., 285
Kimura, D., 213
King, D., 73
King, L. A., 281
King, M. G., 158
King, M. J., 171
King, P. E., 348
Kleck, R. E., 119, 170, 281, 282, 303, 305, 430, 467
Kleinke, C. L., 121, 296, 298, 303, 375
Klinger, H. N., 348
Klopfer, P. M., 156
Knapp, J. R., 170, 431
Knapp, M. L., 21, 35, 36, 39, 66, 110, 180, 181, 212, 350, 372, 378, 379, 381, 382, 387, 452
Knight, R. A., 333
Knoth, R., 215
Knower, F. H., 458, 467
Knowles, E. S., 160
Koestner, R., 389
Koivumaki, J. H., 38, 344, 453
Kollock, P., 377
Koneya, M., 64
Korn, S. J., 431
Koulack, D., 110
Koutlak, R., 19
Kowal, S., 434
Kramer, C., 338
Kramer, E., 331, 332, 343
Krauss, R. M., 33
Kraut, R. E., 74, 267, 387
Kreiman, J., 329
Kretschmer, E., 36
Kreutzer, M. A., 405, 434, 435
Krieger, A., 124
Krieger, D., 232, 249
Krivonos, P. D., 35, 378
Krupat, E., 71
Kuhl, P. K., 340, 426
Kulka, R. A., 110
Kumin, L., 429
Kurtz, D. L., 121

Lack, D., 402
Ladefoged, J., 329
Ladefoged, P., 329, 330
LaFrance, M., 215, 427
Laird, J. D., 282
Lakoff, R., 338
Lalljee, M. G., 352, 354
Lamb, T. A., 375
Lambert, W. E., 334, 335, 336

Lane, L., 208
Langlois, J. H., 103, 112
Lanzetta, J. T., 281, 282, 467
Larrance, D. T., 465
Larson, C. E., 180, 181
Laser, P. S., 114
Lass, N. J., 337, 339
Latta, R. M., 167, 377
Laughery, K. R., 277
Lavater, J. C., 113
Lavrakas, P. J., 107
Lawley, H. J., 124
Lawrie, D. A., 208
Layton, B. D., 104
Lazar, M., 429
Leathers, D. G., 31
Lee, D., 72
Lee, R., 349
Leffler, A., 376, 377
Lefkowitz, M., 133
Leipold, W. E., 169
Lelwica, M., 460
Lemery, C. R., 219, 268
Lemond, C. M., 468
Lenihan, M. G., 232
Lenneberg, E., 402
Leonard, G., 69
LeResche, L., 270
Lerner, R. M., 119, 170, 431
Lesko, W. A., 74
Lester, D., 121
Levenson, R. W., 281, 282
Levin, H., 434
Levin, S., 333
Levine, M. H., 432
Levine, R., 69
Levy, E., 202
Levy, P. K., 467
Lewis, M., 233, 434, 451
Lewis, M. D., 387
Lewis, S. A., 105
Lewry, A. J., 82
Lieber, A., 74
Lieberman, D. A., 460
Lieberman, P., 338, 433, 434
Liebert, R. M., 41, 283
Lieblich, A. K., 264
Light, N. M., 88
Lillith, N., 167
Lippman, L. G., 124
Little, K. B. 170, 172
Livant, W. P., 353
Llewellyn, L. G., 212
Lockard, J. S., 237
Lombardi, D. A., 430
Lomranz, J., 432
London, O., 105
Long, B., 302, 376

Loo, C., 433
Lord, T., 124
Lott, D. F., 175
Lott, D. R. 377
Love, L. R., 31, 33, 286
Luce, G. G., 70
Lundell, T. L., 338
Lustig, M. W., 236
Lyman, S. M., 157

Maccoby, M., 44, 452
MacDonald, C. J., 459
Mackay, D. M., 20
Maclay, H., 352
MacLean, J., 133
Maddux, J. E., 108
Mahl, G. F., 328, 345
Major, B., 237, 375
Malatesta, C. Z., 281
Malloy, D., 215
Malmstrom, E. J., 41, 284
Manstead, A. S. R., 459
Mar, T. T., 113, 114
Markel, N. N., 326, 338, 341
Marsh, P., 195
Martin, L. L., 282
Marx, B. S., 87
Maslow, A. H., 37, 77
Matarazzo, J. D., 355
Mathes, E. W., 109
Mathie, V. A., 114
Matsumoto, D., 282, 423
Maur, B. J., 286
Maurer, C., 233
Maurer, D., 233
Mauritzen, J. H., 77
Maxwell, R., 81
Mayer, J., 119
Mayo, C., 427
Mazur, A. 114, 375, 377
McArthur, L. Z., 114
McBride, G., 158
McCallister, L., 386
McCaskey, M. B., 40
McClelland, D., 72
McClintock, M. K., 124
McClone, R. E., 339, 340
McCluskey, K. W., 462
McCormick, N. B., 237
McCornack, S. A., 387
McCroskey, J. C., 180, 181
McDonald, E. T., 348
McDowall, J. J., 215
McGehee, F., 330
McGinnes, G., 434
McGinniss, J., 42, 340
McGrath, J. E., 70
McHenry, R., 139

McKeachie, W., 139
McLaughlin, F. J., 124
McLear, P. M., 107
McNeill, D., 202, 206
Mears, C., 451
Meeker, F. B., 298
Meer, J., 82
Mehrabian, A., 22, 23, 30, 32, 37, 38, 49, 66, 68, 80, 81, 84, 89, 171, 302, 303, 309, 325, 349, 369, 375, 376, 465
Meisels, M., 119, 171, 326, 431, 432
Meissner, M., 192
Meltzoff, A. N., 425, 426, 451
Mermin, P., 102
Mertz, T. I., 285
Messick, D., 306
Michael, G., 429
Middleton, W., 339
Milgram, S., 164
Miller, D. T., 336
Miller, E. H. A., 417
Miller, G. A., 387
Miller, G. R., 111, 389
Miller, L. S., 82
Miller, N., 349
Miller, R. E., 281, 451, 455, 465, 466
Mills, J., 108
Milmoe, S., 343
Mintz, N. L., 37, 77
Mirsky, I. A., 451
Miyake, K., 333
Mobbs, N., 306
Modigliani, A., 308
Moe, J. D., 340
Moll, K. L., 330
Montagre, M., 77
Montagu, M. F. A., 38, 232
Montague, A., 156
Moore, H. T., 306
Moore, J. D., 124
Moore, M. K., 425, 426, 451
Moore, M. M., 47
Moos, R. H., 72
Morency, N., 33
Morris, D., 48, 192, 195, 240, 241, 242, 243, 304
Morris, P., 133
Mouton, J., 133
Mulac, A., 335, 338
Mullen, B., 285
Mullett, J., 219, 268
Munair, B., 195
Munn, N. L., 277, 278
Munroe, R. H., 164
Munroe, R. L., 164
Murray, D. C., 80
Murstein, B. I., 106
Myers, M. B., 41
Myrick, R., 87

Mysak, E. D., 339

Naccari, N., 108
Nerbonne, G. P., 337
Nevid, J. S., 107
Nevill, D., 375
Nezlek, J., 106
Nguyen, M. L., 250
Nguyen, T. D., 250
Nias, D., 102, 103
Nicosia, G., 433
Nielsen, G., 47
Nielson, G., 297
Niit, T., 421
Noller, P., 304, 359, 466
Notarius, C. I., 281
Nowicki, S., Jr., 460, 461, 464
Nuessle, W., 305

O'Connell, D. C., 434
O'Connell, M., 133
Odom, R. D., 468
Ogston, W. D., 211
Older, J., 249
O'Nan, B. A., 111
O'Neal, E. C., 170
Orr, D. B., 349
Osgood, C. E., 352
O'Shaughnessy, M., 195
Oskamp, S., 119
Oster, H., 262, 264, 420, 424, 426, 434, 435, 436
Ostwald, P. F., 333
O'Sullivan, M., 271, 280, 386

Palmer, M. T., 111
Paredes, A., 423
Parks, M. R., 387
Parnell, R. W., 118
Patrick, C. J., 270
Patterson, A. H., 163
Patterson, M. L., 38, 39, 158, 171, 220, 232, 303, 369, 371, 374, 375
Pattison, J. E., 247
Pear, T. H., 337
Peavler, W. S., 312
Peery, C., 298
Pellegrini, R. J., 129
Pelligrini, R. F., 79
Pendell, S. D., 42
Penrod, S., 449
Perdue, V. P., 234
Perri, M., 106
Peskin, S. H., 41
Petrovich, S. B., 310
Pfau, M. 350
Pfeiffer, J. W., 452
Pfungst, O., 16
Philpott, S. B., 192

Pike, K. M., 286
Pitcairn, T. K., 404, 417
Plath, D. W., 251
Plax, T. G., 136, 312
Plomin, R., 424
Polivy, J., 119
Polt, J. M., 310
Popelka, G. R., 210
Porter, N., 173
Porter, R. H., 124
Powell, E., 376
Powell, J. L., 232
Poyatos, F., 328
Prebor, L. D., 338, 341
Preti, G., 124
Prigge, D. Y., 336
Prince, L. M., 462, 465, 466
Prkachin, K. M., 270
Pryor, B., 41
Pulbratek, D., 41
Putnam, L. L., 386

Quirk, R., 28
Quitkin, F., 246

Rampey, M. S., 75
Rand, C. S., 32, 328, 344
Ransberger, V. M., 73
Ray, C., 238
Reardon, K. K., 387
Reda, R. M., 286
Redding, W. C., 120
Redican, W. K., 264, 407
Reed, J. A. P., 138
Reeves, D. L., 234
Reeves, K., 105
Reich, A., 329
Reich, A. R., 330
Reis, H. T., 106, 377
Reiss, M., 174
Reznick, J. S., 215
Rheingold, H. L., 432
Richardson, D., 460
Richardson, S. A., 430
Ricketts, A. F., 435
Rieser-Danner, L. A., 103
Rifkin, A., 246
Riggio, R. E., 262, 465, 466
Rigo, T. G., 460
Rinck, C. M., 234
Rinn, W. E., 262, 269, 283
Risser, D., 434
Ritter, J. M., 103
Roberts, J. V., 120
Robin, G., 326
Robinson, L. F., 377
Rochester, S. R., 352
Rogan, R. G., 32

Rogers, P. L., 32, 343
Rogers, R. W., 108
Rogers, W. T., 210
Roggman, L. A., 103, 112
Rohe, W., 163
Rohles, F. H., 67
Ronald, L., 431
Rosa, E., 375, 377
Rose, E., 44
Rosen, B. K., 462
Rosenblum, L. A., 451
Rosenfeld, H. M., 168, 171, 215, 236, 351, 382
Rosenfeld, L. B., 136, 238
Rosenfeld, P., 174
Rosenkrantz, J., 387
Rosenstein, D., 426
Rosenthal, R., 16, 32, 37, 41, 44, 45, 46, 49, 215,
    276, 342, 343, 344, 385, 387, 388, 389, 448,
    449, 452, 455, 456, 457, 459, 460, 464, 473
Rosenwein, R., 215
Ross, H., 83
Roter, D. L., 32, 328, 344
Roth, E. O., 286
Roth, V., 85
Rotter, G. S., 459
Rotter, N. G., 459
Rottmann, L., 105
Rotton, J., 74
Rozin, P., 122
Rubin, Z., 72, 303
Rubinstein, S., 303
Ruesch, J., 24, 25, 37, 40, 49, 63, 85
Russell, F., 123
Russell, M. J., 123, 124
Russo, N., 159, 160, 174
Rutter, D. R., 296, 298
Rytting, M., 231

Sabin, E. J., 434
Sachs, J., 338
Sack, R. L., 82
Sacks, D., 243
Saeed, L., 119
Safer, M. A., 19
Saitz, R. L., 195
Saks, M. J., 42
Sandalla, E., 77
Sander, L. W., 214, 434
Sanders, K. M., 433
Sapir, E., 191
Saruwatari, L. F., 108
Saslow, G., 355
Satz, P. H., 347
Savin, V., 281, 466
Savitsky, J. C., 284
Saxe, L., 106
Sayles, L. R., 355
Schachter, S., 88

Schauss, A. G., 79
Scheflen, A. E., 37, 38, 47, 212, 373, 374
Scherer, K. R., 29, 30, 45, 326, 327, 329, 332, 343, 344, 345, 346, 465
Scherer, S. E., 169
Schiffrin, D., 379
Schlien, J. M., 310
Schmidin, A. M., 237
Schmidt, D. E., 162
Schneider, F.W., 74
Schneider, K., 215
Schroeder, C., 431
Schulz, R., 170
Schulz, W., 375
Schulze, G., 328
Schutte, J. G., 88
Schwartz, B., 75, 376
Schwartz, D., 119
Schwartz, P., 376
Scott, M. B., 157
Seaford, H.W., 267
Sebeok, T.A., 16
Secord, P.F., 114, 121, 262
Segall, D. O., 465, 466
Segall, M. H., 114
Seligman, C., 110
Seltzer, A. L., 310
Shamo, G.W., 336
Shapira, A., 432
Shapiro, J. G., 33
Shapiro, P. N., 449
Shawn, T., 36
Sheehan, D., 121
Sheldon, W. H., 37, 116
Sherman, S., 102
Sherzer, J., 194
Shimoda, K., 421
Shontz, F. C., 121
Shulman, G. M., 36, 381, 382
Shuter, R., 168, 251, 252
Siegel, A. E., 33
Siegel, B., 118
Siegman, A.W., 332, 345
Sigler, E., 45
Silverman, I., 434
Sim, M. E., 284
Singer, J. E., 81
Singh, B. N., 105
Skinner, B. F., 89
Smith, D. E., 167, 236
Smith, E., 79
Smith, H.A., 43
Smith, M., 243
Smith, P. M., 338
Smith, W., 102
Smith, W. J., 264
Snodgnass, S., 455
Snortum, J. R., 432

Snow, C. E., 340
Snyder, J., 336
Snyder, M., 389, 461, 465
Snyder, R.A., 375
Sobel, R. S., 167
Solomon, D., 33
Solomon, H., 286
Solomon, L. Z., 286
Sommer, R., 37, 63, 64, 65, 66, 83, 84, 159, 160, 165, 175, 176, 177, 377
Sontag, S., 104
Sorenson, E. R., 280
Sparhawk, C. M., 195
Sparks, W., 119
Spiegel, N., 106
Spiegel, N. H., 388
Spilka, B., 270
Spitz, R., 431
Sprecher, S., 102, 109
Sroufe, L.A., 435
Stabler, B., 120
Staffieri, J. R., 431
Stamp, G., 21
Staneski, R.A., 121, 298
Star, S.A., 134
Starkweather, J. A., 342, 343
Stass, J.W., 312
Stefano, J., 41
Stein, M. I., 41
Stein, S., 108
Stephenson, G. M., 298
Stepper, S., 282
Stern, D. N., 298
Sternberg, R., 480
Stevens, K. N., 345
Stewart, J. E., 110
Stier, D. S., 237, 238, 375, 377
Stiff, J. B., 32, 387, 389
Stockdale, J. E., 162
Stouffer, S.A., 87
Strack, F., 282
Strayer, F. F., 299
Streeck, J., 39, 212
Street, R. L., Jr., 349
Strenta, A. C., 170
Strodtbeck, F., 173
Stroebe, W., 104
Strongman, K.T., 119
Suchner, R., 237
Sullins, E. S., 45
Summerfield, A. B., 462
Summerhayes, D., 237
Sunnafrank, M. J., 111
Sussman, N. M., 168
Sutker, L.W., 375
Sutton-Smith, B., 432
Szymanski, K., 76

Tabor, E., 32
Tanke, E. D., 389
Tavris, C., 104
Taylor, D. M., 335
Taylor, S. E., 174
Taylor, V. L., 174
Templer, D. I., 41
Tengler, C. D., 130
Tennis, G. H., 432
Termine, N. T., 451
Terpstra, D. E., 107
Tesser, A., 376
Thayer, S., 375
Thiel, D. L., 103
Thirer, J., 75
Thompson, D. E., 164, 169, 433
Thompson, J. J., 43
Thompson, M., 119
Thompson, T. L., 305
Thompson, V. D., 104
Thorpe, W. H., 402, 407
Tiemens, R. K., 42, 43
Timaeus, E., 45
Timmerman, K., 102
Todd-Mancillas, W. R., 44
Tomkins, S. S., 300
Tourangeau, R., 282
Trager, G. L., 28, 37, 328
Trevethan, R., 33
Trimboli, A., 33
Trimboli, C., 207, 296
Trout, D. L., 215
Trower, P., 453
Trupin, C. M., 195
Tucker, G. R., 335
Tucker, J. S., 465

Udry, J. R., 112
Umiker-Sebeok, J., 16
Uno, Y., 45
Utzinger, V. A., 348

Vaizey, M. J., 433
Vallins, S., 86
Valsiner, J., 420
Vancil, D. L., 42
Vande Creek, L., 33
Vanderslice, R., 330
van Hooff, J. A. R. A. M., 407, 408
Vanicelli, M., 343
van Lancker, D., 329
Veccia, E. M., 236, 237
Veitch, R., 73
Venning, J., 170, 431
Vine, I., 434
Vinsel, A., 77
Volkmar, F. R., 33
von Cranach, M., 296

Vrugt, A., 385, 386

Wade, A., 208
Wagner, H. L., 459
Walbott, H. G., 36, 465
Walker, M. B., 33, 207, 296
Walker, R. N., 118, 437
Wallbott, H. G., 36
Walster, E. H., 102, 103, 105, 112
Wapner, W., 213
Ward, C., 173, 174
Warden, J., 135
Ward-Hull, C. I., 107
Warner, R. M., 215
Waters, E., 435
Watkins, J. T., 33
Watson, B., 110
Watson, O. M., 168
Watson, W. H., 239
Waxer, P. H., 247
Weaver, J. C., 332
Weinstein, C. S., 44
Weinstein, E., 266
Weinstein, H., 251, 432
Weinstein, M. S., 432
Weinstein, N. D., 81
Weinstock, I., 121
Weisman, R., 81
Weiten, W., 110
Wells, W., 118
Wenzel, C., 33
Werner, C. M., 69
Wetzel, C. G., 232
Wexner, L. B., 80
Wheeler, L., 106
Whitcher, S. J., 250
White, A. G., 82
White, G. L., 106
White, P. A., 298
White, R. C., 347
Widaman, K. F., 465
Widgery, R. N., 108
Wiemann, J. M., 34, 350, 379
Wiemann, M., 452
Wiener, M., 21, 22, 30, 325
Wiens, A. N., 355, 459
Wiggins, J. S., 107
Wiggins, N., 107
Wiggins, N. H., 370
Wilder, B., 215
Wilke, W., 336
Williams, C. E., 345
Williams, F., 336
Williams, J. K., 41
Williams, L., 237
Williams, M., 309, 349
Willis, F. N., 168, 171, 172, 234, 236, 429, 433
Willis, F. N., Jr., 167, 312

Wills, J., 309
Wilson, G., 102, 103
Wilson, T. P., 379
Wilson, V., 73
Winkelmayer, R., 423
Winstead, B. A, 121
Winters, L., 302
Winton, W., 33
Wolf, K., 432
Wolff, E., 69
Wolff, P. H., 431, 435
Wollin, D. D., 77
Wong, H., 77
Wood, B., 434
Woodall, W. G., 210, 349, 384
Woodmansee, J. J., 312
Woodson, R., 426
Woolbert, C., 347
Woolfolk, A. E., 31, 43
Worchel, S., 172

Word, C. C., 355
Worthy, M., 295
Wylie, L., 195

Yarbrough, A. E., 247, 248, 250
Yoshioka, G. A., 88

Zahn, G. L., 33
Zaidel, S., 465
Zanna, M. P., 102, 355
Zautra, A., 342, 420
Ziajka, A., 427
Zimbardo, P. G., 70
Zimmerman, D. H., 379
Zimring, L., 243, 283
Zlatchin, C., 41
Zuckerman, M., 45, 276, 285, 326, 333, 387, 388, 389, 463, 465, 467
Zurif, E., 213
Zweigenhaft, R., 83

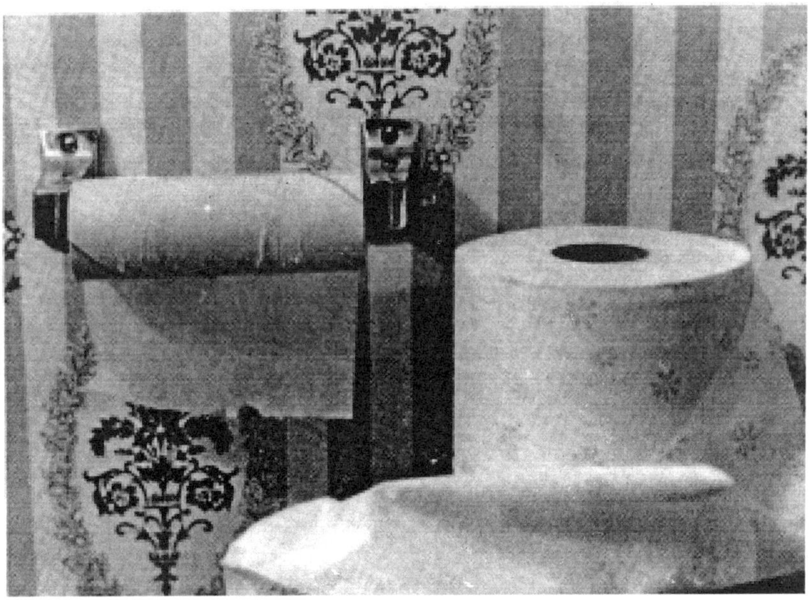

Impressão e Acabamento
Prol Editora Gráfica Ltda - Unidade Tamboré
Al. Araguaia - Barueri - SP
Tel.: 4195 - 1805 Fax: 4195 - 1384